양극성장애 ^{제3판}

조울병의 이해와 치료

대한우울조울병학회 대표저자 **박원명** | **전덕인**

Σ시그마프레스

양극성장애 : 조울병의 이해와 치료, 제3판

발행일 | 2019년 3월 29일 1쇄 발행
2022년 1월 20일 2쇄 발행

지은이 | 대한우울조울병학회 공동대표저자 박원명, 전덕인
발행인 | 강학경
발행처 | ㈜**시그마프레스**
디자인 | 고유진
편　집 | 이지선

등록번호 | 제10-2642호
주소 | 서울특별시 영등포구 양평로 22길 21 선유도코오롱디지털타워 A401~402호
전자우편 | sigma@spress.co.kr
홈페이지 | http://www.sigmapress.co.kr
전화 | (02)323-4845, (02)2062-5184~8
팩스 | (02)323-4197

ISBN | 979-11-6226-167-5

* 책값은 뒤표지에 있습니다.
* 이 도서의 국립중앙도서관 출판예정도서목록(CIP)은 서지정보유통지원시스템 홈페이지
(http://seoji.nl.go.kr)와 국가자료공동목록시스템(http://www.nl.go.kr/kolisnet)에서
이용하실 수 있습니다.(CIP제어번호 : CIP2019008577)

머리말

양극성장애 개념의 근원은 고대 그리스 시대로 거슬러 올라간다. 이 시대의 의사와 철학자들은 Hippocrates 시대 이전부터 현대의 양극성장애와 우울증에 해당되는 질환에 대하여 다양한 견해들을 기술하였다. 이 시기에 Homer의 서사시에 나오는 많은 영웅들이 양극성장애와 우울증의 예로 인용되기도 하였다. 그러나 이에 대한 체계적인 기술이 이루어지기 시작한 것은 Hippocrates부터라고 할 수 있다.

현대적 개념의 양극성장애는 1957년 Leonhard가 정동장애(기분장애)를 양극성 정동장애와 단극성 정동장애로 구분한 이래, 양극성장애는 주요우울장애와 함께 기분장애의 큰 축을 이루고 있으며 현재까지 국제적인 진단 분류에 공식적으로 사용되고 있다. 여기에는 1형 양극성장애와 2형 양극성장애, 순환기분장애(cyclothymia) 등의 다양한 아형이 포함된다. 그러나 현대적인 관점에서 접근이 시작된 20세기에도 대부분의 기간 동안 양극성장애에 대한 주된 관심은 조증에만 머물렀고, lithium만이 공인된 치료약물이었다. 21세기에 들어서야 경조증 삽화, 우울 삽화, 혼재성 양상, 급속순환, 유지기 등 양극성장애의 다양한 삽화와 유형의 중요성을 제대로 인식하기 시작하였고, 만성적인 경과가 예후와 삶의 질에 심각한 영향을 미치고 있음을 알게 되었다. 치료적 측면에서는 lithium과 항전간제 이외의 비정형 항정신병약물, 3세대 항전간제 등이 양극성장애 치료에 새로이 도입되거나 개발되어 효과적으로 사용되기 시작했다. 국내에서도 21세기에 들어 양극성장애 환자가 급증하는 추세 속에 다양한 원인론과 변화된 진단개념과 치료전략에 대하여 포괄적인 이해와 체계적인 연구의 필요성이 대두되었다. 이런 시대적 당위성 속에 2001년 대한우울조울병학회가 창립되었고, 2005년에는 양극성장애만을 심도 있게 연구하는 전문가 집단인 Korean Bipolar Disorders Forum(KBF)이 만들어졌다.

2000년대 초반까지도 체계적으로 서술된 양극성장애 전문서적이 전무하던 국내 현실속에 대한우울조울병학회와 KBF 전문가 집단은 정신건강의학과 전문의와 전공의들이 양극성장애를 제대로 이해하고 나아가 최상의 진료를 하기 위한 공식적이고 전문적인 양극성장애 교과서가 필요하다는 공감대를 형성하였다. 이에 국내 대부분의 양극성장애 전문가들이 저자로 참여하여 방대한 작업 끝에 2009년 국내 최초로 양극성장애 교과서(대표저자 가톨릭의대 박원명, 한림의대 전덕인 교수)가 발간되었으며, 이후 초판을 보완 수정한 제2판이 2014년에 발간되었다. 하지만 2014년에 발간된 제2판에서는 2013년 미국정신의학회에서 출판한 DSM-5 개정판의 변경된 양극성장애 진단의 기준과 정의를 충분히 반영하지 못하였으며, 또한 제2판 발간 이후에도 원인론과 진단의 개념, 그리고 치료약물에 대한 새로운 연구 결과들이 지속적으로 보고되고 있다. 이러한 점들을 현 시점에 반영하고, 그 어느 때보다 빠르게 변화하고 있는 국내의 의료 환경에 발맞추기 위하여 교과서 재개정 작업의 필요성이 대두되었으며, 2018년 2월 개최된 대한우울조울병학회 이사회에서 양극성장애 교과서 제3판 작업을 진행하기로 결정하였다.

이번 제3판은 이전 초판과 제2판과 같이 크게 두 부분으로 구성하였다. 제1부는 전통적인 교과서의 형식을 갖추고 있다. 양극성장애의 개요, 원인론, 임상양상, 치료라는 4개의 대주제하에 14개의 소주제로 구성하여 양극성장애에 관한 내용을 폭넓게 그리고 깊이 있게 다루고 있다. 제2부는 개념과 진단, 특정 진단, 치료, 기타 등 4개의 카테고리 안에 최근 이슈가 되는 21가지의 주제를 선정하여 가장 최근의 연구 결과와 함께 소개하고자 하였다. 따라서 제2부의 내용들 중 일부는 아직 정설로 확정되지 않은 가설이나 의견일 수도 있지만 양극성장애를 다양하게 조망한다는 면에서 매우 유용할 것으로 생각한다. 특히 제2부는 초판 발간 후 많은 독자들로부터 신선하고 매우 흥미로웠다는 평을 지속적으로 받은 바 있어, 이번 제3판에서도 최근 이슈에 맞는 주제로 일부를 바꾸고 새롭게 편성하였다. 또한 초판과 제2판과 같이 진취적이고 젊은 연구자들과 경륜이 높은 학자들이 짝을 이루어 관심 주제를 균형 있게 집필하도록 하였다.

이 책의 가장 주된 목적은 정신건강의학과 전문의와 전공의들이 양극성장애를 폭넓고 깊이 있게 이해할 수 있도록 하는 것이다. 이런 이해를 바탕으로 냉철한 사고와 따뜻한 마음으로 양극성장애 환자들을 돌볼 수 있게 되기를 기대한다. 또한 이 책은 양극성장애에 관심을 가진 의과대학생, 간호대학생 그리고 임상심리사, 간호사, 사회사업사 등 연관 분야의 전문가들에게도 매우 훌륭한 참고서적이 될 것이다. 뿐만 아니라 전문적인 지식을 원하는 환자, 보호자, 또는 일반인들에게도 도움이 될 것으로 생각한다.

바쁜 일정에도 불구하고 지난 1년간 양극성장애에 대한 학문적 열정과 사명감을 가지고 원고를 기꺼이 집필해주신 양극성장애 교과서 팀에 진심으로 감사를 드리며, 이 책의 출판을 도와준 시그마프레스 직원 여러분께도 감사를 드린다. 이번 제3판 역시 지난 1년간 공동 대표저자로 처음부터 끝까지 세세한 모든 부분을 챙겨주신 한림의대 전덕인 교수의 열정이 있었기에 어려운 작업을 끝마칠 수 있었다. 이 자리를 빌어 나의 고마움과 깊은 동료애를 보낸다.

　이 글을 마치는 저자는 구순(九旬)이 되신 연세에도 불구하고 SCI 논문을 지속 게재하시는 등 끊임없는 학문적 고뇌와 연구로 학자의 사표(師表)를 보여주시고, 저자를 학자의 길로 이끌어주신 박용휘 명예교수님께 끝없는 외경심(畏敬心)을 올린다. 끝으로 이 책을 양극성장애라는 질환을 완치시키고자 하는 임상의와 연구자 그리고 완치하고자 하는 모든 환자분들께 바친다.

눈이 시리게 눈이 내리는 2019년 雨水 날 아침
대표저자 박원명

책의 구성

양극성장애 교과서가 2014년 개정판이 나온 이후 5년 만에 제3판이 출판된다. 이 책이 처음 출판된 시기는 양극성장애에 대한 수많은 연구들이 나오고 있었고 이에 힘입어 질병에 대한 개념과 치료법이 새롭게 정립되고 있었을 때였다. 당시 이 분야에 대해 전문서적을 만든다면 어떻게 구성하는 것이 가장 효율적인가 하고 저자들은 다각도로 고민하였다. 교과서로 만드는 만큼 정확하고도 신뢰성 있는 내용을 어느 한쪽에 치우치지 않게 기술해야 하지만, 한편으로는 새롭게 제안된 의미 있는 연구 결과와 아직 논란의 여지가 있는 다양한 주장들을 그냥 묻어버릴 수는 없었다. 그러한 고민의 결과, 양극성장애 교과서는 당시에 출판된 다른 영역의 교과서들과는 조금은 남다른 체계를 가지고 태어났다. 이번 제3판에서도 이런 체계의 장점을 그대로 이어가면서, 최근의 새로운 학설과 연구 결과들을 추가하였다.

다른 체계라 함은 책을 크게 두 부분으로 나누어 구성한 것인데, 말하자면 두 마리 토끼를 모두 잡으려는 시도였다. 제1부는 전통적인 교과서의 개념으로 중요한 주제들을 기술하고, 내용 또한 가급적 전형적인 방식에 따랐다. 우선 양극성장애의 뿌리를 알 수 있게 기원과 개념의 변천을 다루었고 역학을 종합하였다. 원인론에서는 유전학, 신경생물학, 뇌영상학, 정신사회학 등과 연관된 요인들을 골고루 접할 수 있게 구성하였다. 특히 이 중에서도 다양한 연구가 활발히 진행 중인 신경생물학 및 뇌영상학 분야의 연구 결과들이 비중 있게 다루어졌다. 이후 임상양상 부문에서는 증상, 진단, 감별진단, 동반이환, 경과 및 예후가 심도 있게 기술되었다. 제1부의 마지막은 양극성장애의 치료로서, 가장 큰 몫을 차지하는 약물치료에만 치중하지 않고, 그동안 불모지에 가까웠던 비약물치료와 심리사회치료도 포함하여 전체적인 균형감을 살리도록 노력하였다.

제2부는 가장 이슈가 되는 여러 다양한 주제들을 폭넓고 깊이 있게 소개하자는 취지로 구성하였다. 양극성장애를 접하다 보면 다음과 같은 의문들이 들 수 있다. 양극성(bipolarity)을 찾기 위한 선별검사들은 무엇인가? 양극성장애의 우울증은 주요우울장애(단극성 우울증)와 과연 다른가? 혼재성 상태는 무엇이며 DSM-5에서는 어떻게 변하였는가? 경조증은 정말 가벼운 상태인가? 양극성장애에도 조현병처럼 인지기능의 장애가

분명히 있는가? 여성, 노인, 소아-청소년 등 특정인구층에서 양극성장애는 어떤 의미를 가지는가? 양극성장애 환자들에서 신체질환이 더욱 흔한가? 중독과 양극성장애는 어떤 관계가 있는가? lithium과 valproate는 이젠 잊혀져 가는 약인가? 그러면 비정형 항정신병약물은 보장된 치료약물인가? 항우울제를 쉽게 사용해도 되는가? 양극성장애 환자들은 창의성이 뛰어난가? 소아-청소년에서 양극성장애를 ADHD와 어떻게 구별하는가? 양극성장애 환자들의 자녀들은 어떠한가? 양극성장애에서 자살은 심각한 문제인가? 등이다. 이번 제3판에서는 이런 주제들을 카테고리별로 구분하였고 초판과 제2판의 주제 중 일부 오래된 주제들은 제외하였으며, 2002년 처음 발간 이후 16년에 걸쳐 4차례 개정된 한국형 양극성장애 약물치료지침이 어떻게 변하였고, 외국의 치료지침과는 어떻게 다른가? 양극성장애를 가졌던 역사적 인물들은 누구인가? 지금까지 국내에서 양극성장애와 관련하여 어떠한 의미 있는 연구를 하고 있었나? 등의 새로운 주제들을 추가하였다. 제2부에서 제시한 이러한 의문점들 중 일부분은 명확한 답을 내놓지 못할 수도 있다. 남겨진 의문들은 양극성장애를 연구하는 우리 전문가 집단이 고뇌하면서 향후에 과학적으로 풀어가야 할 과제이고 추후 제4판에 그 답이 명확하게 나타나기를 희망한다.

이번에 출간되는 **양극성장애** 교과서 제3판을 통하여 관련 전문가들이 폭넓고도 깊이 있는 지식을 배양하고, 궁극적으로는 양극성장애 환자들에게 큰 도움이 될 수 있기를 간절히 바란다.

2019년 3월
대표저자 전덕인

차례

PART 2

양극성장애의 관심 주제

PART

1

양극성장애의 개괄

TEXTBOOK OF BIPOLAR DISORDERS

01

양극성장애의 개요

기원과 개념의 변천

Historical overview

박영민[+] | 박원명[++]

인제대학교 의과대학 정신건강의학교실[+] | 가톨릭대학교 의과대학 정신과학교실[++]

19 57년 Leonhard가 정동장애를 양극성 정동장애와 단극성 정동장애로 구분한 이래, 양극성장애는 주요우울장애와 함께 기분장애의 큰 축을 이루고 있으며 현재는 국제적인 진단분류에서 공식적으로 사용되고 있다. 여기에는 1형 양극성장애와 2형 양극성장애, 순환기분장애(cyclothymia) 등의 다양한 아형이 포함된다. 우울 증상만을 보이는 단극성 우울증과는 달리, 양극성장애의 진단에는 우울증 삽화와 더불어 한번 이상의 경조증(hypomania) 이상의 삽화가 있는 임상경과가 필수적인 조건으로 받아들여지고 있지만 현재에도 양극성장애의 개념 변화는 지속적으로 이루어지고 있으며 새로운 이론들을 통해 범위가 점차 확대되고 있는 추세이다. 이러한 양극성장애 아형들에 대한 연구는 아직까지도 많이 부족한 상태이며 질병의 개념뿐 아니라 병태생리와 치료 등의 분야에서 많은 연구가 필요한 미개척 분야로 생각된다.

이 장에서는 양극성장애의 기원과 개념의 변화에 대한 역사적인 조망을 통해, 현재 받아들여지고 있는 양극성장애의 실체를 이해하고 향후 이의 발전을 위한 방향을 파악하고자 한다.

고대의 개념

양극성장애 개념의 근원은 고대 그리스 시대로 거슬러 올라간다. 이 시대의 의사와 철학자들은 Hippocrates 시대 이전부터 현대의 조증(mania)과 멜랑콜리아(melancholia)에 해당되는 질환에 대하여 다양한 견해들을 기술하였다. 이 시기에 Homer의 서사시에 나오는 많은 영웅들이 조증과 멜랑콜리아의 예로 인용되기도 하였다. 그러나 이에 대한 체계적인 기술이 이루어지기 시작한 것은 Hippocrates부터라고 할 수 있다. 조증과 멜랑콜리아에 대한 그의 기술은 Pythagoras와 Alcmaeon, Empedocles 등과 같은 학자들이 제시한 유물론적 관점에 기초하였다. 동물의 뇌를 연구하였던 최초의 과학자이자 철학자인 Alcmaeon은 정신질환의 근원이 뇌와 체액의 상호작용 때문이라고 생각하였다. Hippocrates는 뛰어난 관찰력과 오랜 기간의 추적 관찰을 통해 이들의 이론을 보완 발전시켰는데, 특히 정신의학은 Hippocrates의 주요 관심사의 하나였다. 그는 처음으로 정신질환을 멜랑콜리아, 조증, 편집증(paranoia)의 세 가지로 분류하였다.[1] 또한 정신기능과 정신질환과 연관된 신체기관은 뇌일 것이라는 가설과 함께 "사람들은 뇌가 불쾌감과 슬픔뿐만 아니라 기쁨, 즐거움, 웃음, 농담, 슬픔, 걱정 등의 근원임을 알아야 한다. 뇌를 통해 우리는 생각하고 보고 들을 수 있으며, 부끄럽고 좋고 나쁘며 행복한 느낌들 사이의 차이를 구분해낼 수 있다. 뇌를 통해 우리는 미치기도 하고 격노하기도 하며, 밤이나 낮 동안 올 수 있는 두려움과 공포를 느끼기도 한다. 우리는 졸음을 겪고 실수를 하며 이유 없는 걱정을 하기도 하고, 현실을 인식하는 능력을 잃기도 하며 무감각해지거나 사회생활에 참여할 수 없게 되기도 한다. 우리는 뇌가 병들었을 때 위에 언급한 모든 것을 겪을 수 있다"라고 그의 저서에서 주장하였다.

어원상 조증이란 단어의 기원은 신화의 범주에서부터 출발하였기 때문에 비교적 명확한 어원을 갖는 멜랑콜리아에 비해 모호한 면이 있다. 멜랑콜리아는 검은색을 뜻하는 melan과 담즙을 뜻하는 chole이 합쳐진 어휘로, 그 기원은 체액 특히 담즙과 뇌의 상호작용으로 여러 정신질환들의 정신병리학적 상태를 설명한 Alcmaeon의 체액설에 기초를 두고 있다. 그러나 조증의 어원에 대해서는 이 어휘가 여러 의미를 가진 단어라는 점에서 유추에 어려움이 있는데 많은 신화와 시에서 조증은 서로 다른 상태를 나타내는 말로써 쓰였다.

1. 격노, 화, 흥분 등을 의미하는 어떠한 사건에 대한 반응(Homer의 서사시)
2. 생물학적인 질환(Hippocrates, Aretaeus)
3. 신성한 상태(Socrates, Plato)

4. 기질의 한 종류(Hippocrates)

일부의 근대 학자들은 Hippocrates와 Aretaeus를 포함한 고대 그리스 의사들에 의해 기술된 조증과 멜랑콜리아의 개념은 근대의 개념과는 완전히 상이한 것이라고 주장하기도 한다.[2] 반면에 실제 고대의 개념이 근대의 개념보다 폭이 더 넓어서 조증과 멜랑콜리아뿐만 아니라 혼재성 상태(mixed state), 조현정동장애(schizoaffective disorder), 조현병의 일부, 급성 기질성 정신증(acute organic psychosis), 비전형 정신증(atypical psychosis) 등의 일부가 포함되어 있는 것으로 보는 견해도 있다.[3] 고대 그리스와 로마의 많은 의사들이 조증과 멜랑콜리아에 대해 관심을 가졌지만 이들 사이의 연관성을 가장 명확하게 기술한 사람은 Aretaeus였다.

Aretaeus의 개념

카파도키아의 Aretaeus는 기원후 1세기 알렉산드리아에서 거주했던 학자로 절충주의학파(eclectics)의 대표주자였다. 이 학파는 Hippocrates에 의해 큰 영향을 받았는데 어느 한 가지의 치료 방법에 얽매이지 않고 많은 방법들 중 최선을 선택한다는 철학을 가지고 있었으며, 특히 현대의 정신치료에서 그 의미가 명백히 유지되고 있다. Aretaeus는 질환에 대한 기술에 신중하였고 매우 주의 깊은 관찰을 선호하였다. 동시대의 다른 학자들보다 독단과 미신으로부터 자유로웠던 그는 저서인 *On the Aetiology and Symptomatology of Chronic Disease*에서 정신질환에 대해서 기술하면서 멜랑콜리아를 조증과 구분하여 독립적으로 기술하였다. 그는 Hippocrates의 의견에 동의하며 정신질환은 생물학적 원인에 의해 발생한다고 기술하였지만, 한편으로는 생물학적 원인에 의한 멜랑콜리아와 심리학적 원인에 의한 반응성 우울증(reactive depression)을 구분하기도 하였다. 하지만 그의 이론에서 가장 부각되는 부분은 처음으로 조증과 멜랑콜리아를 연관지어 생각하였다는 것이다.[4] 그는 조증과 멜랑콜리아가 하나의 질환에서 나타나는 2개의 다른 표현형으로 생각하였는데 저서에서 다음과 같이 표현하였다. "나는 멜랑콜리아가 조증의 시작이고 조증의 일부분이라고 생각한다. 조증의 발생은 멜랑콜리아로부터의 변화라기보다는 질환의 악화로 볼 수 있다. 대부분의 멜랑콜리아에서 슬픔은 긴 기간 후에 더 좋아지고 행복으로 변화한다. 환자들은 그 시기에 조증이 생길 수 있다." Aretaeus는 조증과 멜랑콜리아가 뇌나 다른 기관의 기능장애와 같은 공통된 원인으로 발생하지만, 현상학적으로 극단에 상응하는 질환으로 생각하였고 멜랑콜리아의 악화로 인해 조증이 발생한다고 생각하였다.[4] 조증과 멜랑콜리아의 연관성을 포함한 Aretaeus의 이론은 극성(polarity)에 대한 최초의 개념으로 생각할 수 있다.

중세와 근대

중세의 긴 암흑기를 지나 근대의 과학적 탐구 방법의 발전은 정신질환에 대한 이해에 의미 있는 진전을 가져왔다.[4] 이 시기에 조증과 멜랑콜리아의 연관성은 일부 학자들로부터 다시 주목을 받기 시작하였다. 독일의 과학적 정신의학의 창시자인 Wilhelm Griesinger는 멜랑콜리아로부터 조증으로의 변화가 일반적으로 나타나며 이러한 변화가 규칙을 가지는 순환의 양상을 띤다고 생각하였다. Griesinger는 후에 멜랑콜리아는 주로 가을과 겨울에 시작하고 조증은 봄에 시작한다는 계절성 정동장애(seasonal affective disorder)의 개념을 제시하였고 이를 발전시켜 기분장애에서 관찰되는 급속순환형(rapid cycling)에 대한 개념을 세우게 되었다. 또한 17, 18세기의 학자였던 Willis, Morgagni, Lorry 등도 조증과 멜랑콜리아의 순환적 연관성에 대해 기술하였고, 영국의 Richard Mead도 고대 Aretaeus의 가설처럼 조증과 멜랑콜리아가 같은 경과를 가지는 서로 다른 측면일 수 있음에 주의를 기울였다.[5] 이탈리아 토스카나의 Chiarugi는 조증과 멜랑콜리아, 정신지체(mental retardation)를 기초로 새로운 분류법을 제시하면서 "조증은 광란 상태의 정신이상을 의미한다. 매니악(maniac)은 호랑이나 사자와 같다. 그러한 측면에서 조증은 멜랑콜리아의 대비되는 상태로 여겨질 수도 있다"라고 주장하였다.[1]

근대적 개념의 탄생

19세기 이전까지 조증과 멜랑콜리아의 연관성에 대한 많은 가설에도 불구하고 양극성장애가 실체가 있는 하나의 질환으로 증명되지는 못하였다. 그러나 19세기 중반 프랑스 의사인 Jean-Pierre Farlet가 처음으로 folie circulaire라는 용어를 제시하며 양극성장애를 독립된 정신질환의 개념으로 표현하였다. 그는 1851년에 발표한 저서에서 우울증과 조증의 지속적인 순환과 다양한 기간의 간격을 특징으로 하는 folie circulaire에 대해 기술하였고 3년 후인 1854년 그 개념을 완성시켜 하나의 논문을 발표하였다.[1] Jean-Pierre Farlet의 발표 이후 Jules Baillarger는 folie à double forme라는 개념을 주장하면서 Farlet의 학설을 반박하였다. Baillarger는 조증과 멜랑콜리아가 서로 변화하는 하나의 질환에 포함되나 변화의 간격은 중요하지 않다고 주장하였는데 이는 두 삽화가 긴 간격으로 분리되어 있다고 하더라도 간격의 개념이 중요한 의미를 가진다는 Farlet의 주장과는 차이를 보이는 것이었다.

Folie circulaire와 folie à double forme의 개념은 프랑스와 다른 유럽의 국가들, 특히 독일어권에 속하는 나라에 널리 전파되었다. 정신질환에 대한 체계적인 분류로 근대 정신의학의 선구자 중 한 사람으로 인정받는 Karl Kahlbaum은 1863년 그의 저서 *The Grouping and Classification of Mental Disorder*에서 두 가지 개념을 모두 소개하였다. 그러나 Kahlbaum은 Farlet의 개념이 이전의 학자인 Griesinger의 개념과 근본적인 부분에서 일치한다고 언급하면서 Farlet의 이론을 지지하였고 Baillarger의 의견에 반대의 입장을 표현하였다.[1] 이후에도 folie circulaire의 개념은 많은 학자들의 상반되는 지지와 비판을 받으며 치열한 논란이 되었지만, 이로부터 10년 후 Kahlbaum이 발표한 circulares irresein(circular insanity)의 개념을 통하여 보편적으로 받아들여지게 되었다.[6]

통합과 침체기

근대 정신의학의 아버지로 불리는 Kraepelin은 일부의 취약성이 있기는 하지만 내인성 정신병(endogenous psychosis)을 조기치매(dementia praecox)와 조울병(manic depressive insanity)으로 구분함으로써 근대 정신의학 발달에 결정적인 공헌을 하였다.[5] 특히 그가 조울병의 이해에 미친 임상적인 공헌은 매우 큰 의미가 있다. 그러나 우울형(depressive form)과 순환형(circular form)의 차이를 간과하고 조울병이라는 하나의 개념에 모든 정동장애를 포함시킨 것은 정동장애의 발전을 퇴보시킨 것이라는 주장까지 나왔다.[6] circuläres irresein(circular insanity)의 우울형까지 조울병으로 통합한 것은 Kraepelin이 제시한 새로운 가설이었고 이것은 이전 연구자들의 주장과 상반되는 것이었다.

일부의 학자들은 Kraepelin의 견해에 반대하는 의견을 제시하였다. Carl Wernicke는 정동장애의 매우 미묘한 차이를 구분해냈는데, 예를 들면 멜랑콜리아를 affective melancholia, depressive melancholia, melancholia agitata, melancholia attonita, melancholia hypochondriaca 등 다섯 가지 아형으로 구분하면서 멜랑콜리아를 조울병의 일부로 본 Kraepelin의 견해에 이의를 제기하였다.[6] 또한 그는 조울병은 Falret과 Baillarger가 제시한 folie circulaire와 folie à double forme로 이해되어야 하며 조증 또는 멜랑콜리아의 단독 삽화나 서로 간에 변화를 보이지 않는 재발성 우울증(recurrent depression)이나 재발성 조증(recurrent mania)은 조울병과 미묘한 차이가 있다고 주장하였다. Wernicke의 동료였던 Kleist 역시 Kraepelin의 견해에 반대하며 단극성 정동장애와 양극성 정동장애를 구분해야 한다고 주장하였다. Wernicke와 Kleist의 개념은 이후 Karl Leonhard에 의해 완성되었는데 그는 phasic psychosis를 pure melancholia 혹은 pure mania 등이 포함되는 pure phasic psychosis와 manic-depressive insanity와 cycloid psychoses 등이 포함되는 polymorphous phasic disorders로 구분하였다.[7]

Wernicke, Kleist, Leonhard의 가설은 다양한 아형과 구별점을 가진 매우 구조적인 이론이었음에도 불구하고 광범위하게 받아들여지지 않았으며 특히 단극성 정동장애와 양극성 정동장애를 구분하였다는 중요한 측면을 정신의학계에서는 제대로 인식하지 못하였다. Kraepelin은 자신의 학설에 대해 늘 풀리지 않는 의문에 대하여 고민하였고 유연성을 통해 개념을 수정하였지만 그의 추종자들은 이에 대해 경직된 태도를 보여 Wernicke, Kleist, Leonhard 등 이후 학자들의 주장에 귀를 기울이지 않았다. 그 결과 양극성장애의 발전은 거의 70년 동안 침체기를 겪게 되었다.[8]

양극성장애의 재탄생

양극성장애의 개념이 다시 정신의학에서 인식되기 시작한 것은 1966년에 발표된 두 편의 중요한 논문에 의해서이다. 하나는 Angst의 논문인 "Zur Atiologie und Nosologie endogener depressiver Psychosen"(on the etiology and nosology of endogenous depressive psychosis)이고, 두 번째는 Perris에 의해 발표된 "A Study of Bipolar and Unipolar Recurrent Depressive Psychosis"로 두 저자들은 자신들의 연구를 통해 단극성장애와 양극성장애의 구분을 주장하였다.[9] 3년 후 미국에서도 Winokur 등에 의해 비슷한 결과가 보고되었다.[10] Angst, Perris, Winokur 등의 연구들이 계기가 되어 Farlet와 Baillarger의 개념뿐만 아니라 Wernicke, Kleist, Leonhard, Neele 등이 발표한 양극성장애의 가설이 집중적으로 연구되고 발전하게 되었다. 이는 Kraepelin이 조울병을 보고한 뒤 67년 그리고 Farlet와 Baillarger의 저서가 발표된 이후 150년이 지난 일로 1966년은 양극성장애가 재탄생이 된 해로 여겨진다.[11]

Angst의 논문은 취리히대학병원에서 1959년부터 1963년까지 치료를 받은 326명의 환자들에 대한 연구에 기초를 두고 있는데, 그의 연구 결과는 다음 4개의 중요한 결론으로 요약할 수 있다.[4, 12]

1. 유전적, 환경적 요소가 내인성 우울증의 병인에 상승작용을 한다.

2. 성별의 차이는 내인성 우울증의 병인에 중요한 역할을 한다. 여성과 내인성 우울증 사이에는 어떠한 연관성이 있으나, 양극성장애는 남성과 여성에서 같은 비율로 나타난다.

3. 단극성장애는 유전, 성, 경과, 병전 성격 같은 여러 특징에 있어 양극성장애와 유의한 차이를 보인다.

4. 만발성 우울증(late onset depression)은 단극성 우울증에 속하는 것 같고, 양극성장애와는 관련성이 적을 것으로 생각된다.

Perris의 연구는 1963년부터 1966년까지 스웨덴의 Sidsjon 정신병원에서 280명의 환자를 대상으로 시행하였으며 그 결과는 Angst의 결과와 매우 유사하였다. 이 연구에서는 추가적으로 단극성 조증이 유전적으로 양극성장애와 강하게 연관이 있음을 강조하였고, 임상적 요인과 유전적 요인에 대한 결과를 근거로 단극성 조증을 양극성장애와 분리하는 것은 매우 인위적인 분류라고 주장하였다.[13]

양극성장애의 분류와 개념의 확대

Angst, Perris, Winokur로부터 시작된 현대의 양극성장애 개념은 더욱 발전하여 1976년 Dunner 등[14]에 의해 1형 양극성장애와 2형 양극성장애가 구분되고 각각의 개념이 발전되었으며 또한 순환기분장애(cyclothymia)나 조현정동장애, 혼재성 상태의 개념도 점차 명확해졌다. 나아가 양극성장애의 연속선상에서 새로운 개념의 분류가 시도되기 시작하였고 기존의 양극성장애에서 더욱 범위가 넓어진 양극성스펙트럼(bipolar spectrum)의 개념이 도입되었다.[15]

순환기분장애

양극성장애에 속하는 순환기분장애는 19세기 후반 Kahlbaum에 의해 처음으로 제시되었다.[16] Kahlbaum은 순환기분장애를 우울증과 고양된 기분의 주기적인 변화로 기술하면서 기분저하증(dysthymia)과 기분고양증(hyperthymia)과 함께 부분적 정신장애(partial mental disorder)에 포함시켰고 시간에 따른 악화가 없는 질환으로 생각하였다. 또한 Kahlbaum은 순환기분장애를 양극성장애의 가장 가벼운 유형으로 생각하였고 이러한 개념은 Hecker와 Kraepelin, 그리고 20세기 초의 다른 학자들에게도 받아들여졌다.[17] 이후 Ernst Kretschmer와 Kurt Schneider는 순환기분장애의 개념을 두 가지로 구분하는 데 기여하였다. Kretschmer는 cyclothymic average man과 cycloid temperament라는 개념을 통해 순환기분장애란 정상과 질병을 동시에 포함하는 넓은 의미의 개념이라고 주장하였고, 이에 비해 Schneider는 순환기분장애를 오직 질병의 의미로만 받아들여 조울병과 동의어로 사용하였다.[15, 18]

현재까지 순환기분장애를 양극성장애의 범주로 제한할지 혹은 기질(temperament) 또는 인격장애의 범주에 포함해야 할지에 대해서는 일치된 견해가 없으며 불안정한 순환성 기질(cyclothymic temperament)과 2형 양극성장애와의 구분점도 명확하지 않다.

경조증

경조증의 개념은 조증에 비해 명확하지 않다. 경조증이라는 용어는 1881년 Erich Mendel이 기분고양 성격(hyperthymic personality)을 묘사하고 개념화하면서 사용하기 시작하였는데 현상학적으로 약한 강도로 나타나는 조증에 대해 경조증이라는 용어를 사용하기를 제안하였다. Jung은 어린 시절에 나타나 시간이 경과해도 완화되지 않고 오랫동안 지속되는 안정적인 고양된 기분을 특징으로 하는 환자들의 기분 변화에 대해 기술하였는데 장애의 과정 중 병의 악화가 나타날 수 있다는 것을 발견하였고 사회적 불안감, 사회문제, 알코올중독, 범죄, 그리고 소위 도덕적 해이와 같은 증상들을 이 환자들에서 나타나는 아조증 증상(submanic symptom)으로 특징지었다.[15]

Jung이 기술한 증상들은 오늘날의 기분고양증이나 매우 가벼운 조증에 부합한다. 경조증은 지난 수십 년 동안 2형 양극성장애, 재발성 단기 경조증(recurrent brief hypomania), 기분고양성 기질(hyperthymic temperament)과의 연관성이 보고되면서 더욱 타당성을 갖게 되었다.[14] 그러나 경조증의 개념은 조증에 비해 명확하지 않으며 현재까지도 삽화의 기간이나 횟수 등의 기준에서 많은 변화가 이루어지고 있다.

조현정동장애

조현정동장애를 별개의 질환으로 기술한 최초의 정신과 의사는 Kahlbaum이다. Kahlbaum은 그의 저서인 *Vesania Typical Circularis*에서 단면적인 관점과 연속적인 (longitudinal) 관점을 모두 적용하여 조현정동장애를 기술하였다.[19] 이후 Kraepelin도 자신의 가설인 조기치매와 조울병의 중간지점에 존재하는 질환에 대해 인식한 것으로 보이는데 이러한 사실은 그에게는 해결해야 할 큰 과제였다. Kraepelin은 소위 내인성 정신증을 예후가 나쁜 조기치매와 예후가 좋은 조울병으로 양분하였지만, 모든 내인성 정신증을 두 가지로 구분할 수 있다고 생각하지는 않았다. Kraepelin에 의해 묘사된 혼재성 상태와 섬망성 조증(delirious mania) 그리고 일부 다른 정신질환들은 두 가지 분류에 모두 포함될 수 있거나 혹은 두 가지 어느 것에도 일치하지 않았다. 그는 자신의 분류법을 스스로 비판하면서 1920년 "The Phenomenological Forms of Insanity"라는 논문을 발표 하였다. 그는 이 논문에서 어떤 정신질환은 조기치매와 조울병 두 질환의 특징을 모두 가지면서, 조기치매와는 다른 경과와 예후를 가질 수 있고 두 질환의 경계는 변화할 수 있으며 연결점에 해당하는 어떠한 것이 존재한다고 하였다. 1966년 초 Angst는 조현정 동장애를 정동장애의 한 부분으로 가정하고 mischpsychosen(mixed psychoses)이라는 개 념을 사용하였으며 지속적인 연구를 통해 조현정동장애와 정동장애의 연관성이 조현정 동장애와 조현병(정신분열병)과의 연관성보다는 더 밀접하다는 주장을 발표하였고,[20] 이는 여러 연구자들의 후속 연구를 통해 많은 지지를 받았다. 최근 연구에서는 조현정 동장애도 다른 정동장애들처럼 단극성장애, 양극성장애로 분리되어야 하며 양극성 조 현정동장애는 단극성 조현정동장애보다는 양극성장애와 더 강한 관련성이 있다고 보고 하고 있다.[21, 22]

혼재성 상태

양극성장애 혼재성 상태에 대한 개념을 처음 사용한 사람은 Kraepelin이지만, 이러한 상 태에 대해서는 이미 Hippocrates와 Aretaeus 같은 고대의 그리스 학자들이 묘사하였다. 1852년 Pohl은 우울증에서 조증으로 전환되는 과정에서 나타나는 혼재성 상태와 멜랑 콜리아와 단기 조증(brief mania) 사이의 짧은 기간 동안 나타나는 순환 상태에 대해 기 술하였는데, 후에 Focke는 더욱 규칙적인 주기성을 갖는 상태로 기술하기도 하였다.[23] 이후 1899년에 Kraepelin은 동료 Weygandt와 함께 혼재성 상태에 대해 다음의 여섯 종 류로 명확히 개념화하여 기술하였다.[5]

1. 우울성 혹은 불안성 조증(depressive or anxious mania)
2. 흥분성 혹은 초조성 우울증(excited or agitated depression)
3. 빈곤 사고를 동반한 조증(mania with thought poverty)
4. 조증성 혼미(manic stupor)
5. 사고 비약을 동반한 우울증(depression with flight of ideas)
6. 억제성 조증(inhibited mania)

나아가 혼재성 상태의 개념을 더 추가하여 우울증 삽화와 조증 삽화 간의 변화 시 에 일시적으로 나타나는 transition forms과 그 자체로 하나의 질환의 성향을 띠는 autonomic forms로 분류하였다.

오랜 시간이 지난 1990년대 초반 Akiskal은 이를 바탕으로 그 개념을 더욱 강화하였다.

그는 증상과 기질의 혼합을 통해 다음 세 가지 형태의 혼재성 상태를 제안하였다.[24, 25]

1. 우울성 기질＋조증성 정신병(manic psychosis)
2. 순환성 기질＋우울증
3. 기분고양성 기질＋우울증

Akiskal의 제안에서, 하나의 삽화가 반대편 극성(polarity)의 기질로부터 발생할 때 두 삽화의 혼재된 상태가 발생한다는 주장은 주목할 만하다.

이외에도 역치 이하의 우울증과 조증의 혼합 상태나 경조증이 주요우울장애로 침입해 가는 상태에서 혼재성 상태가 나타날 수 있다는 주장에 대한 지지도 증가하고 있으며,[26, 27] 양극성장애의 혼재성 삽화의 양상과 조현병의 증상이 함께 존재하는 혼재형 조현정동 장애(mixed type of schizoaffective disorder)에 대한 기술도 보고되었다.[28]

양극성스펙트럼장애(bipolar spectrum disorder)

Kretschmer와 Eugen Bleuler에 의해 발전된 조증 상태의 연속성에 대한 개념은 양극성장 애를 여러 아형으로 분류하려는 다양한 시도들을 촉발시켰다. 1981년 Klermann은 양극 성장애를 여섯 가지 아형으로 분류하였는데 여기에는 조증, 경조증, 약물에 의해 유발 된 조증 혹은 경조증, 기분순환적 성격, 양극성장애의 가족력이 있는 환자에서 나타나 는 우울증, 우울증이 없는 조증 등이 포함된다.[29] Angst는 조증의 연속성에 따라 경조증 (m), 순환기분장애(md), 조증(M), 경도의 우울증을 가진 조증(Md), 조증과 주요우울장 애(MD), 주요우울장애와 경조증(Dm)으로 분류하였다. 또 최근에는 DSM-IV의 진단 분류상 경조증보다 역치 이하의 증상에 해당하며 1~3일의 지속기간을 갖는 상태에 대 해 단기 경조증(brief hypomania)이라는 개념도 새롭게 사용되고 있다. Akiskal과 Angst 같은 연구자들은 양극성장애가 주요우울장애와 다른 질환이라는 전제하에서 양극성장 애의 범위를 확장시킨 반면 Ghaemi와 같은 연구자들은 양극성스펙트럼장애를 단극성 과 양극성장애의 중간 단계에 있는 질환으로 비교적 좁게 정의하면서 단극성과 양극성 장애가 연속선상에 있는 질환임을 주장하였다.[30~32]

Akiskal은 20년 동안 임상적 관찰과 기존의 문헌에 기초하여 이러한 연속성의 확장에 근거가 될 수 있는 다양한 결과들을 발표했다.[25, 33] 그가 제시한 새로운 개념에는 종종 양극성장애의 가족력을 가지는 환자들에서 자발적인 경조증이 동반되지는 않지만 재 발성 우울증을 보이는 가성-단극성장애(pseudo-unipolar disorder)와 항우울제 치료 중 에 경조증으로의 전환이 일어나는 3형 양극성장애(bipolar III disorder), 기분고양성 기질 을 가진 환자에서 주요우울장애가 있는 4형 양극성장애(bipolar IV disorder)가 포함된다.

Akiskal과 Pinto는 이러한 분류에서 연속성을 강조하기 위해 중간 단계의 개념도 제시하였는데 여기에는 1과 1/2형 양극성장애(지속적인 경조증), 2와 1/2형 양극성장애(기분 순환성 기질＋주요우울장애), 3과 1/2형 양극성장애(주요우울장애＋정신자극제 남용) 등이 포함된다.[15]

그러나 이러한 개념에는 몇 가지 문제점이 존재하는데 그중 하나는 약물에 의해 유발된 경조증의 증상들이 항우울제를 이용한 체계적인 임상 연구를 통해 증명이 되지 못했다는 것과 위약대조 연구로부터 얻은 증거가 없다는 것이다. 또 양극성스펙트럼의 개념이 아직 가족 연구를 통해 확인되지 않았다는 것도 중요한 제한점이다. 하지만 Akiskal의 제안처럼 양극성스펙트럼의 개념은 유전적이기보다는 임상적인 것이며 전향적인 추적 연구의 결과들은 항우울제의 사용으로 인해 경조증이 발생한 우울증 환자들의 일부가 실제 양극성장애로 진행한다는 사실을 증명하고 있다. 현재 일부 논란이 되고 있는 부분이 있지만 과도한 항우울제 사용과 연관되어 발생하는 급속 순환을 넓은 의미의 양극성장애 범위에 포함시키는 데에는 대체로 전문가들의 견해가 일치하고 있다.

현 DSM-5 진단체계에서의 양극성장애

가장 최근인 2013년에 발표된 미국정신의학회의 정신질환의 진단 및 통계 편람 5판(Diagnostic and Statistical Manual of Mental Disorders 5th edition, DSM-5) 진단체계에서는 양극성장애 진단에 일부 변화를 가져왔다. 첫째로, 임상 환경에서 좀 더 양극성장애를 빨리 그리고 정확하게 진단하기 위하여 조증 및 경조증 삽화의 기준 A 항목에 기분의 변화뿐만 아니라 활동과 에너지 수준의 변화가 진단기준에 추가되었다. 조증 삽화의 경우, 비정상적이고 지속적으로 증가된 목표 지향적 활동이나 에너지의 증가가 1주일 이상 지속되어야 한다는 기준이 추가되었으며, 경조증 삽화에서도 지속적이고 비정상적인 활동이나 에너지의 증가가 4일 이상 지속되어야 한다는 항목이 추가되었다. 이러한 진단기준의 변화는, 기분의 변화뿐만 아니라 활동이나 에너지의 변화가 양극성장애의 핵심증상이라는 견해가 반영된 것이며, 기존의 연구에서 양극성장애 환자들이 과거의 기분 변화보다 활동이나 에너지 수준의 변화를 보다 쉽게, 민감하게 기억해낸다는 연구 결과를 바탕으로 하였다.[34] 둘째는, 기존의 DSM-IV 진단체계에 있었던 혼재성 삽화가 빠지고, 대신 혼재성 양상(mixed features)이라는 임상형이 생겼다는 점이다.[35] 기존에 혼재성 삽화를 진단하기 위해서는 조증 삽화와 주요우울 삽화를 동시에 만족해야 했으나, DSM-5에서는 조증이나 경조증 삽화를 만족하면서 3개 이상의 우울 증상을 가진 경우, 조증이나 경조증 삽화에 혼재성 양상을 추가하고, 반대로 주요우울 삽화를 만족하면서 동시에 3개 이상의 조증 혹은 경조증 증상을 만족하는 경우에는 주요우울 삽화에 혼재성 양상을 추가하도록 개정되었다. 셋째는, DSM-5가 도입되면서 불안증 세분양상(anxious distress specifier)이 새로 추가된 점을 들 수 있다. 이 세분양상은 조증, 경조증 혹은 우울증 삽화 기간 동안 적어도 2개 이상의 불안 관련 증상을 보이는 환자에게 적용되는 임상형이다. 불안증 세분양상이 등장하게 된 배경에는 높은 불안 수준이 동반될 때 자살위험이 높아지고, 긴 유병기간 및 불량한 치료반응 등 부정적인 예후와 관련된다고 알려지면서, 동반된 불안 증상의 유무와 그 심각도를 확인하는 것이 치료 계획을 세우고, 치료반응을 확인하는데, 임상적으로 중요하다는 기존의 연구 결과들을 근거로 하였다. 넷째는, DSM-IV에서 '달리 세분되지 않는 양극성장애(bipolar disorder not otherwise specified)'에 해당하던 진단범주가 DSM-5에서는 다른 명시된 양극성 및 관련장애(other specified bipolar and related disorder)로 변화된 점이다. 이 진단기준에는 경조증 증상의 기간이 4일 이상 지속되지 않고 2~3일 정도로 짧게 유지되는 경우와 불충분한 증상으로 인해 경조증 삽화의 진단기준을 충족시키지 못하는 경우, 그리고 24개월 이하의 비교적 짧은 기간의 순환기분장애를 보이는 경우 등이 포함된다.[36]

하지만 이런 DSM-5 개정에 대한 반론도 있다. 예를 들면 일부 학자들은 DSM-5의 혼재성 양상이 임상 실제에서는 존재할 수 없는 형태라며 DSM-5의 혼재성 양상은 초조성 우울증(agitated depression)으로 대체되어야 한다고 주장하고 있다. 초조성 우울증에서 흔히 나타나는 자극과민성(irritability), 기분의 기복(lability), 분노(anger), 자살사고(suicide ideation), 안절부절(restlessness), 초조(agitation)와 같은 겹치는 증상(overlapping symptom)이 혼재성 우울증의 핵심이라는 것이다. 이들은 우울 삽화와 더불어 동반되는 이러한 비특이적 양상들이 혼재성 우울증의 특징이며 고양된 기분이나 자존감의 증가, 과대망상 등을 동반하는 우울 삽화와 동반된 혼재성 양상은 드물다고 주장하면서 DSM-5의 기준이 잘못되었음을 주장하고 있다.[37]

또한 최근 발표된 전장유전체 연관분석 연구(genome wide association study)의 결과에서 양극성장애와 주요우울장애가 유사한 유전적 배경을 가지고 있다는 결과가 도출되었다. 33,332명의 주의력결핍과잉행동장애, 자폐증, 주요우울장애, 양극성장애, 조현병 환자와 27,888명의 정상 대조군의 유전자를 분석하였을 때 각각의 질환과 정상군과의 비교에서는 유전자의 발현 빈도에서 유의한 차이가 없는 것으로 나타났지만 주요우울장애, 양극성장애, 조현병 환자군을 모두 합쳐서 정상군과 비교했을 때는 유의한 차이가 나타났다. 따라서 이러한 결과는 주요우울장애와 양극성장애가 서로 유사한 유전적 배경을 가질 가능성을 시사한다.[38]

지금까지 양극성장애의 진단, 개념, 병인, 임상 특징 및 치료에 관한 많은 연구와 임상적 노력으로 인해 DSM 진단체계에 많은 개념의 변화가 있어 온 것이 사실이다. 위에서 소개한 바와 같이, 새롭게 변화된 DSM-5 진단체계가 임상에서 보다 널리 활용되면서 임상에서 새로운 문제들이 제기되고, 이를 규명하고 보완하는 후속 연구들이 앞으로 활발히 진행될 것으로 기대된다.

결론

이 장에서는 고대 그리스 시대부터 현재의 양극성스펙트럼장애와 DSM-5의 개념까지 양극성장애의 기원과 개념의 변천에 대해 살펴보았다. 현재 양극성장애의 개념은 이전에 비해 보다 더 명확해졌고 치료 방법에도 많은 발전이 있었으며 다양한 여러 연구를 통해 개념의 정립과 확대가 이루어지고 있는 추세이다. 하지만 아직까지 상당수의 연구들은 양극성 조증과 우울증 연구에 집중되어 있고, 혼재성 삽화, 급속순환형 등 일부 아형에 대한 다양한 연구는 많이 부족한 상태이다.

최근까지 양극성장애는 DSM-IV의 기분 증상에 근거한 증후군의 개념으로 정의되어 있다. 이는 상당히 신뢰할 만한 기준을 제시하지만, 진단을 위하여 조증 혹은 경조증 증상을 반드시 필요로 한다는 점에서 문제가 있다. 이러한 문제점은 대부분의 양극성장애 환자들의 증상이 우울증 삽화로 시작된다는 점과 실제 많은 환자들이 주요우울장애나 다른 우울증으로 오진되는 경우가 많다는 사실에서 명확히 드러난다. 최근에 발표된 DSM-5에서는 기존의 DSM-IV 진단체계를 보완하여 양극성장애 진단에 있어서 일부 변화를 가져왔다. 하지만 양극성장애의 진단과 관련한 여러 임상적인 문제들은 여전히 남아 있는 숙제이다.

향후에는 양극성스펙트럼장애의 개념을 증명하기 위한 더 많은 연구들이 필요할 것이며 유전, 역학, 정신병리, 치료 동반질환 등의 다양한 분야의 연구가 여기에 포함되어야 할 것이다. 이러한 연구들이 좋은 결실을 맺는다면 정확한 양극성장애의 개념과 진단기준이 제시될 수 있는 날도 멀지 않을 것이다.

참고문헌

1) Crocq MA. A history of anxiety: from Hippocrates to DSM. Dialogues Clin Neurosci 2015;17:319-325.

2) Goldney RD. From mania and melancholia to the bipolar disorders spectrum: a brief history of controversy. Aust N Z J Psychiatry 2012;46:306-312.

3) Gaebel W, Zielasek J. Focus on psychosis. Dialogues Clin Neurosci 2015;17:9-18.

4) Angst J, Marneros A. Bipolarity from ancient to modern times: conception, birth and rebirth. J Affect Disord 2001;67:3-19.

5) Mondimore FM. Kraepelin and manic-depressive insanity: an historical perspective. Int Rev Psychiatry 2005;17:49-52.

6) Akiskal HS. [From circular insanity (in double form) to the bipolar spectrum: the chronic tendency for depressive recurrence]. Bull Acad Natl Med 2004;188:285-296; discussion 296.

7) Pfuhlmann B. [The concept of cycloid psychoses. Developments, clinical significance and the state of research]. Fortschr Neurol Psychiatr 1998;66:1-9.

8) Perris C. The distinction between unipolar and bipolar mood disorders. A 25-years perspective. Encephale 1992;18 Spec No 1:9-13.

9) Perris C. The separation of biplor (manic-depressive) from unipolar recurrent depressive psychoses. Behav Neuropsychiatry 1969;1:17-24.

10) Winokur G. Manic-depressive disease (bipolar): is it autonomous? Psychopathology 1995;28 Suppl 1:51-58.

11) Mason BL, Brown ES, Croarkin PE. Historical Underpinnings of Bipolar Disorder Diagnostic Criteria. Behav Sci (Basel) 2016;6.

12) Angst J, Dobler-Mikola A. The Zurich Study--a prospective epidemiological study of depressive, neurotic and psychosomatic syndromes. IV. Recurrent and nonrecurrent brief depression. Eur Arch Psychiatry Neurol Sci 1985;234:408-416.

13) Angst J, Perris C. [On the nosology of endogenous depression. Comparison of the results of two studies]. Arch Psychiatr Nervenkr (1970) 1968;210:373-386.

14) Dunner DL, Fleiss JL, Fieve RR. The course of development of mania in patients with recurrent depression. Am J Psychiatry 1976;133:905-908.

15) Akiskal HS, Pinto O. The evolving bipolar spectrum. Prototypes I, II, III, and IV. Psychiatr Clin North Am 1999;22:517-534, vii.

16) Baethge C, Salvatore P, Baldessarini RJ. "On cyclic insanity" by Karl Ludwig Kahlbaum, MD: a translation and commentary. Harv Rev Psychiatry 2003;11:78-90.

17) Baethge C, Salvatore P, Baldessarini RJ. Cyclothymia, a circular mood disorder. Hist Psychiatry 2003;14:377-399.

18) Bocker FM. [Social integration and contacts to reference persons of the normal social environment in inpatient treatment in the psychiatric hospital. A prospective catamnestic study of patients admitted for the first time with schizophrenic and cyclothymic psychoses]. Eur Arch Psychiatry Neurol Sci 1984;234:250-257.

19) Marneros A. The schizoaffective phenomenon: the state of the art. Acta Psychiatr Scand Suppl

2003;29-33.

20) Angst J, Felder W, Frey R, Stassen HH. The course of affective disorders. I. Change of diagnosis of monopolar, unipolar, and bipolar illness. Arch Psychiatr Nervenkr (1970) 1978;226:57-64.

21) Marneros A, Deister A, Rohde A. The concept of distinct but voluminous groups of bipolar and unipolar diseases. I. Bipolar diseases. Eur Arch Psychiatry Clin Neurosci 1990;240:77-84.

22) Marneros A, Deister A, Rohde A. The concept of distinct but voluminous groups of bipolar and unipolar diseases. III. Bipolar and unipolar comparison. Eur Arch Psychiatry Clin Neurosci 1990;240:90-95.

23) Cermolacce M, Belzeaux R, Correard N, Dassa D, Dubois M, Micoulaud-Franchi JA, et al. [Short history of mixed states]. Encephale 2013;39 Suppl 3:S129-133.

24) Akiskal HS. The distinctive mixed states of bipolar I, II, and III. Clin Neuropharmacol 1992;15 Suppl 1 Pt A:632A-633A.

25) Akiskal HS. The prevalent clinical spectrum of bipolar disorders: beyond DSM-IV. J Clin Psychopharmacol 1996;16:4S-14S.

26) McElroy SL, Strakowski SM, Keck PE, Jr., Tugrul KL, West SA, Lonczak HS. Differences and similarities in mixed and pure mania. Compr Psychiatry 1995;36:187-194.

27) Perugi G, Akiskal HS, Micheli C, Musetti L, Paiano A, Quilici C, et al. Clinical subtypes of bipolar mixed states: validating a broader European definition in 143 cases. J Affect Disord 1997;43:169-180.

28) Marneros A. Schizoaffective disorder: clinical aspects, differential diagnosis, and treatment. Curr Psychiatry Rep 2003;5:202-205.

29) Klerman GL. The spectrum of mania. Compr Psychiatry 1981;22:11-20.

30) Piver A, Yatham LN, Lam RW. Bipolar spectrum disorders. New perspectives. Can Fam Physician 2002;48:896-904.

31) Ghaemi SN, Ko JY, Goodwin FK. "Cade's disease" and beyond: misdiagnosis, antidepressant use, and a proposed definition for bipolar spectrum disorder. Can J Psychiatry 2002;47:125-134.

32) Angst J, Gamma A. Diagnosis and course of affective psychoses: was Kraepelin right? Eur Arch Psychiatry Clin Neurosci 2008;258 Suppl 2:107-110.

33) Akiskal HS, Mallya G. Criteria for the "soft" bipolar spectrum: treatment implications. Psychopharmacol Bull 1987;23:68-73.

34) Geoffroy PA, Leboyer M, Scott J. Predicting bipolar disorder: what can we learn from prospective cohort studies?. Encephale 2015;41:10-16.

35) Jain R, Maletic V, McIntyre RS. Diagnosing and Treating Patients With Mixed Features. J Clin Psychiatry 2017;78:1091-1102.

36) Uher R, Payne JL, Pavlova B, Perlis RH. Major depressive disorder in DSM-5: implications for clinical practice and research of changes from DSM-IV. Depress Anxiety 2014;31:459-471.

37) Koukopoulos A, Sani G. DSM-5 criteria for depression with mixed features: a farewell to mixed depression. Acta Psychiatr Scand 2014;129:4-16.

38) Identification of risk loci with shared effects on five major psychiatric disorders: a genome-wide analysis. Lancet 2013;381:1371-1379.

역학
Epidemiology

정종현[+] | 윤보현[++]
가톨릭대학교 의과대학 정신과학교실[+] | 국립나주병원 정신건강의학과[++]

개요

1910년 이후 모든 선진국가에서 우울증, 조증, 자살 및 정신병적 기분장애는 세대가 거듭될수록 증가하고 있는 추세이며 미국인의 절반 가까이는 평생 동안 하나 또는 그 이상의 기분 삽화(lifetime mood episodes)를 가진다고 한다.[1]

기분장애 중 양극성장애의 유병률은 일반적으로 0.6~2.5% 사이로 알려져 있지만, 연구자에 따라서는 3~6.5%까지도 보고하고 있다(표 1).[2-7] 최근의 메타분석에서는 1형 양극성장애의 평생유병률과 1년 유병률은 각각 1.06%, 0.71%로 보고하였고, 2형 양극성장애의 경우에는 각각 1.57%, 0.5%로 분석하였다.[2]

이러한 유병률의 차이는 어떻게 양극성장애를 정의하느냐에 따라 달라진다고 할 수 있다. 유병률을 0.6~2.5%까지 보는 경우는 정신질환의 진단 및 통계 편람 5판(Diagnostic and Statistical Manual of Mental Disorders 5th edition, DSM-5)에서도 언급된 바와 같이 DSM-IV처럼 엄격한 진단체계에서 정의하는 모든 기준들(criteria)을 적용한 경우라 할 수 있다.[7] 하지만 DSM-5와 같이 양극성장애의 진단체계를 보다 넓은 개념으로 사용한 경우에서는 이보다 훨씬 높은 비율로 진단될 수 있다.[2, 6, 7] 지금까지 대부분의 유병률 연구들은 조증 삽화의 존재가 진단에 꼭 필요한 1형 양극성장애를 중심

표 1	양극성장애 평생유병률[2-5, 7]
기분장애	평생유병률
양극성장애	0.6~2.5%
1형 양극성장애	0.2~2.2%
2형 양극성장애	0.3~1.6%
순환기분장애	0.4~1.0%

으로 이루어졌기 때문에 유병률이 그리 높지 않았다. 하지만 경조증과 우울증 삽화로 진단할 수 있는 2형 양극성장애는 그동안 진단이 잘 이루어지지 않았지만 상당히 유병률이 높다는 보고들이 늘고 있다.[2] 더욱이 양극성장애의 개념을 확장한 개념인 양극성스펙트럼장애(bipolar spectrum disorder)의 기준으로 조사한다면[6] 양극성장애의 유병률은 훨씬 더 증가하게 될 것이다. 이렇게 확장된 개념을 적용하면 주요우울장애를 가진 환자의 1/3은 양극성스펙트럼장애로 진단될 수 있다고 한다.[6] 특히 DSM-5에서는 양극성장애의 진단분류에서 독립적인 혼재성 삽화를 배제하고 조증과 우울증에서의 혼재성 양상(mixed feature)으로 구분하도록 하였다. 이러한 진단분류에서의 변화로 인해 양극성장애의 진단을 이전에 비해서 보다 용이하게 할 수 있기 때문에 향후의 연구에서 양극성장애의 유병률은 과거에 비해 높아질 가능성이 있다.

우리나라에서는 양극성장애만을 대상으로 한 대규모 역학조사는 아직까지 없으며, 여러 정신장애를 대상으로 한 역학조사에 양극성장애도 포함이 되어 조사가 이루어졌다. 가장 최근의 결과는 조맹제 등[8]이 일반 인구에서 양극성장애의 유병률을 0.3%로 보고하였으며, 이는 과거의 국내 조사[9, 10]에서 0.49%와 0.44%(조증 삽화)였던 것에 비해 오히려 더 낮은 수치를 보이고 있어 외국의 결과들보다는 다소 낮게 조사되었다. 하지만 엄격한 기준을 적용했을 때 양극성장애의 평생유병률은 문화에 상관없이 대체적으로 일치하는 것으로 보고되고 있기 때문에, 국내 양극성장애 유병률도 이와 비슷할 것으로 예상할 수 있을 것이다. 국내에서도 이에 대한 대규모 역학조사가 필요할 것이다.

1형 양극성장애

발생률과 유병률

주요우울장애의 평생유병률은 15% 정도이며, 발생률은 1차진료 환자의 10%, 내과계 입원환자의 15% 정도이다. 지역사회 연구에서 1형 양극성장애의 평생유병률은 0.4~1.6%로 그 범위가 넓은데, 보통 평생유병률은 1% 정도로 보고 있으며, 이는 조현병과 비슷한 정도이다. 2형 양극성장애는 대략 0.5% 정도이며, 순환기분장애(cyclothymia)는 0.4~1.0% 정도이다. 1형 양극성장애 및 2형 양극성장애 환자의 5~15%는 급속순환형(rapid cycling)을 보이는 것으로 알려져 있다.[2-7]

성별

주요우울장애의 경우 여성이 남성에 비해 2배 정도 유병률이 높은 것에 비해, 1형 양극성장애의 경우 남성 대 여성의 비율은 1 : 1.1 정도로 알려져 있다. 또한 삽화에 따라 구분해보면, 조증 삽화의 경우 남성에서 더 흔하며, 우울증 삽화는 여성에서 더 흔하다.[2, 7] 한편 여성은 남성에 비해 혼재성 삽화 및 급속순환형을 더 많이 경험하는 것으로 알려져 있다.[7, 11] 또한 여성 1형 양극성장애 환자의 경우 남성에 비해 더 높은 섭식장애(eating disorder) 및 알코올사용장애(alcohol use disorder)의 평생유병률을 보이는 것으로 조사된다.[11]

성별은 또한 조증 및 주요우울 삽화가 나타나는 순서와 관련이 있는 것으로 보이는데, 남성에서 첫 삽화는 조증 삽화가 더 많고, 여성에서 첫 삽화는 주요우울 삽화가 더 많다.[12] 임신과 관련하여, 여성은 산욕기 동안 첫 삽화를 경험하기도 하며, 1형 양극성장애를 가지고 있는 경우에는 산욕기 직후에 또 다른 삽화를 일으킬 위험성이 높다.[7, 11]

발병나이

1형 양극성장애의 발병나이는 주요우울장애보다 더 빠르다. 증상이 처음 나타나는 시기는 처음 병원을 찾는 나이나 처음 병원에 입원한 나이와 일치하지 않은 경우가 많으며, 보통은 병원에 도움을 요청하기 전에 증상은 시작한다.[13] 대체로 양극성장애의 경우는 20대(25~30세 사이), 주요우울장애의 경우는 늦은 30대에 발병한다. 하지만 청소년(빠른 경우 5~6세도 가능) 및 50세가 넘은 나이에서도 발병하는 경우도 있다.[7] 평균적인 발병나이는 약 18세로 알려지고 있으며, 소아청소년기에도 상당히 많이 발병하는 것으로 알려져 있지만, 나타나는 임상 증상을 양극성장애로 진단할지, 혹은 환자의 발달 단계에서 나타날 수 있는 양상인지, 정상인지에 대한 판단이 어려울 수 있으므로 반드시 환자 개인의 특성에 맞게 판단해야 한다.

결혼 상태

1형 양극성장애의 경우는 별거, 이혼, 사별한 경우에 기혼 혹은 미혼인 경우보다 더 많이 발생한다고 알려져 있다.[7] 그러나 결혼 상태가 질병의 발병에 영향을 미치는지 혹은 질병이 결혼 상태에 영향을 미치는지 여부는 불분명하다.

사회경제적 그리고 문화적 요인

인종이나 민족별로 1형 양극성장애의 발생률을 비교한 연구 결과는 없으나, 기분장애의 경우 서로 다른 민족들 사이에서 유병률은 큰 차이가 없는 것으로 알려져 있다. 그러나 수입이 높은 선진국에서의 양극성장애 발생비율이 약 1.4%인 것에 비해 후진국에서의 발생비율은 약 0.7% 정도로 조사되어 약 2배 정도의 차이를 보이는 것으로 알려졌다.[7]

주요우울장애의 경우 사회경제적 상태와 큰 연관성이 없다고 알려진 반면, 양극성장애의 경우는 높은 사회경제적 집단에서 다소 많이 발생한다. 또한 대학졸업자보다는 졸업하지 못한 집단에서 더 높은데, 이는 상대적으로 발병나이가 더 빠르기 때문으로 보는 견해도 있다.[7]

가족력

양극성장애의 가족력은 양극성장애 발병에 있어 큰 위험요인 중의 하나이며, 양극성장애의 가족력이 있으면 약 10배의 위험도를 보인다.[7]

몇몇 연구에서 양극성장애와 주요우울장애 사이에 강한 가족력이 있음을 제시하고 있다. 양극성장애 환자의 가족에서 주요우울장애의 유병률은 대조군보다 3배 더 높은 수치로 보고된 바 있는데 이는 주요우울장애와의 가족력에 대한 가능성을 시사하며,[14] 다른 연구들에서도 비슷한 결과를 보여주고 있다.[15, 16]

한편 양극성장애와 조현병 환자 간의 유전적 기원의 공유 가능성을 주장하기도 한다.[17]

동반질환

동반되는 정신질환이 흔하며, 가장 많이 동반되는 경우는 불안장애, 주의력결핍과잉행동장애(attention-deficit/hyperactivity disorder, ADHD), 충동조절장애(impulse control disorder), 품행장애(conduct disorder), 물질사용장애(substance use disorder) 등이다. 불안장애의 경우 일반 인구에서보다 양극성장애 환자에서 3~4배 정도 많은 것으로 보고되며, 양극성장애 환자에서 동반질환의 비율은 50%를 상회하는 것으로 보인다.[7]

한편 성인 양극성장애 환자의 경우에는 심각하거나 치료하지 않고 방치 중인 신체질환이 동반되어 있는 경우가 많다. 대사증후군(metabolic syndrome)이나 편두통(migraine)도 흔하다. 알코올사용장애가 같이 동반되는 경우는 자살시도의 가능성이 높다.[7]

혼재성 양상

혼재성 양상은 나이 든 성인에서보다 청소년이나 젊은 성인에게서 발생하기 쉽다. 혼재성 양상에 대한 유병률은 흔하지 않다고도 하고 실제보다 훨씬 많다고 하는 등 아직까지는 논란이 많다. 보고된 유병률은 양극성장애 환자의 5%[18, 19]에서 70%[20]까지 매우 다양한데, 17개의 연구를 평균한 정도는 31%[21] 정도 된다. 이러한 일치되지 않는 결과들은 양극성장애의 정의에 따라 유병률이 차이가 나듯이, 혼재성 상태에 대한 정의 역시 서로 다르기 때문으로 생각할 수 있다.[21] 많은 연구들을 분석한 자료에 의하면[18] 오직 8%에서만 DSM-III-R에서 정의하는 혼재성 삽화의 기준들을 만족하였고, 다른 보고에서도 오직 6.7%에서만 조증 외에 DSM-IV에서 언급하는 우울 증상 중 다섯 가지 이상을 만족하여, 대부분의 연구들은 우울 증상 중 일부만을 만족하여도 혼재성 삽화로 진단을 하였음을 보여주고 있다. 따라서 혼재성 양상의 유병률은 혼재성 양상의 정의에 따라 그 차이가 많음을 알 수 있다.

가장 최근에 발표된 정신장애의 진단체계인 DSM-5에서는 혼재성 삽화가 진단분류에서 배제되고 조증과 우울증에서의 혼재성 양상(mixed feature)으로 바뀌었다. 이로 인해 혼재성 삽화 혹은 혼재성 양상에 대한 유병률에 많은 변화가 있을 것으로 예상된다.[7, 22]

혼재성 양상은 남성보다는 여성에서 많다고 알려져 있는데, 특히 우울 증상에 대해 엄격한 정의를 하는 경우 더 그렇다고 한다.[21, 23] 하지만 자살 및 경과, 치료반응[23] 등에서는 남녀 간 큰 차이가 없는 것으로 보고되었다.

급속순환형

급속순환형의 유병률은 양극성장애 환자의 13.6~24.2%까지 매우 다양하다. 하지만 양극성장애의 아형에 따라 비교하면, 1형 양극성장애에서는 4.3%, 2형 양극성장애에서는 최고 31%까지 보고되고 있어 특히 2형 양극성장애에서 매우 흔하다고 할 수 있다.[7, 24, 25]

발병나이가 빠를수록 양극성장애 환자의 경우에서는 더 일찍 급속순환형으로 진행하는 것으로 보인다.[26] 초발 나이가 60이 넘은 환자에서도 급속순환형이 보고되고 있지만 일반적으로 초발 나이가 어린 경우에 훨씬 더 흔하다.[26, 27]

여성에서 급속순환형이 많다는 사실은 여러 문헌들에서 상당히 일치하는 것 같다.[28] 10개의 연구 결과로부터 2,057명의 양극성장애 환자를 비교한 조사[28]에서는 그 성비를 교정하더라도 여성이 남성보다 급속순환형이 1.8배 더 많았는데, 전체 여성의 29.6%, 전체 남성의 16.5%에서 급속순환형을 보였다. 남성보다 여성에게 급속순환형이 높은 이유들로는 여성에서 갑상선기능저하증의 높은 발생률과 더 많은 항우울제의 투여, 그리고 월경주기로 인한 기분의 변화(fluctuation) 등으로 설명하고 있으나 아직까지는 이러한 가정들이 확증된 것은 아니다.

급속순환형은 가족력과는 무관한 것으로 알려졌다.[27, 29] 한 조사에 따르면[29] 급속순환형을 가진 가족과 그렇지 않은 가족에서 급속순환형의 비율은 각각 23.5%, 31%를 보여 가족력과 관련은 없는 것으로 나타났으며, 이는 다른 연구에서도 비슷한 결과를 보였다.[27]

2형 양극성장애

발병률과 유병률

연구에 따라 차이가 있지만 2형 양극성장애의 평생유병률은 0.3~1.6%로 보고되며, 최근의 메타분석에서는 2형 양극성장애 평생유병률은 1.57%로 나타났다.[2]

2형 양극성장애의 1년 유병률은 미국에서는 약 0.8%로 조사되며, 전 세계적으로는 0.3%로 알려져 있다.[7] 최근의 메타분석에서는 0.5%를 1년 유병률로 보고 있다.[2]

한편 지역사회 연구에서는 2형 양극성장애의 평생유병률은 0.5~3.0%를 보이며, 1년 유병률은 0.5%이다.[30, 31]

성별

1형 양극성장애의 발생에 있어 성비의 차이는 없으나, 2형 양극성장애에서는 아직 논란의 여지가 있으며, 조사대상, 지역사회조사, 임상조사, 조사국가 등에 따라 차이가 있다.

그러나 2형 양극성장애에서 혼재성 우울양상이 동반된 경조증(hypomania with mixed depressive features) 및 급속순환형은 남성보다 여성에서 더 많이 보고되며, 여성은 출산 직후 2형 양극성장애의 삽화를 경험할 위험도가 더 높다.[7, 11, 12]

발병나이

보통 후기 청소년기에서 성인기에 걸쳐 나타나며 평균 발병나이는 20대 중반이다. 즉 1형 양극성장애보다는 조금 늦고, 주요우울장애보다는 빨리 발병하는 것으로 생각할 수 있다.[7]

가족력

1형 양극성장애나 주요우울장애와는 다르게 2형 양극성장애의 가족력이 2형 양극성장애의 발병에 가장 큰 위험요인이며, 발병나이에 영향을 미치는 것으로 보인다.[7]

동반질환

불안장애가 가장 흔하며, 물질사용장애의 동반도 쉽게 관찰된다. 약 75%의 2형 양극성장애환자가 불안장애를 동반질환으로 가지고 있으며, 약 37%는 물질사용장애가 동반된다. 약 60%의 환자에서 3개 이상의 동반질환을 가지고 있다고 한다.[7] 또한 섭식장애(폭식장애, 신경성 과식장애, 신경성 식욕부진장애) 및 ADHD의 동반이 흔하다.

기타 특징

자살이 가장 심각한 위험이며, 자살시도의 경우 1형 양극성장애 환자의 36.3%, 2형 양극성장애 환자의 32.4%로 비슷하게 조사되는 데 비해,[7] 2형 양극성장애 환자의 경우 더 치명도가 높은 것으로 알려졌다. 2형 양극성장애의 약 10~15%에서 자살이 발생한다고 한다.[32]

또한 2형 양극성장애의 1차 가족력이 있으면 1형 양극성장애의 1차 가족력이 있는 경우보다 자살의 위험도가 더 높은 것으로 알려져 있다.[7] 무단결석, 학업수행의 실패, 직업실패, 이혼 등은 특히 2형 양극성장애에 더 많이 동반된다.

순환기분장애

발병률과 유병률

일반 인구에서 순환기분장애의 평생유병률은 약 0.4~1%에 해당된다.[4, 5] 하지만 이는 실제보다 더 낮은 것으로 추정되는데, 1형 양극성장애 환자처럼 본인은 정신과적 문제가 있다고 생각하지 않는 경향이 있기 때문이다. 하지만 실제 기분장애 클리닉에서의 유병률은 3~5%로 더 높다.

발병나이 및 성별

순환기분장애는 보통 청소년기나 초기 성인기에 시작되는데, 모든 환자의 50~75%는 15~25세 사이에 발병한다.[4, 5, 7] 일반 인구 대상 역학 연구에서 순환기분장애의 발병에 있어 남녀차이는 없는 것으로 보고하고 있다.[12] 하지만 실제 임상에서는 남성보다는 여성에서 더 치료에 임하는 경향이 더 높다. 순환기분장애로 진단된 소아환자의 경우 평균 발병나이는 약 6.5세로 보고되었다.

가족력

주요우울장애, 1형 양극성장애, 2형 양극성장애의 1차 가족력이 있는 경우가 자주 보고되며, 물질사용장애의 가족력도 높다.[16] 1형 양극성장애의 1차 가족력이 가장 흔하게 보고된다.[7, 16]

동반질환 및 기타 특징

순환기분장애 환자에게는 물질사용장애, 수면장애의 동반이 흔하며, 소아청소년기 환자의 경우 ADHD의 동반이 가장 흔하다.[7, 16]

또한 결혼생활 및 대인관계의 어려움을 호소하는 경우가 많다. 순환기분장애의 경우 경계성인격장애와 공존하는 경우가 많은데, 대략 외래환자의 10%, 입원환자의 20%에서 경계성인격장애로 같이 진단된다.[4, 31]

특별한 상황들

노인 환자

역학

노인에서 양극성장애의 유병률과 발생률은 지역사회를 대상으로 한 결과와 입원환자를 대상으로 한 결과들을 각각 살펴볼 필요가 있다. 지역사회 대상의 Epidemiologic Catchment Area(ECA) 연구의 첫 결과는 1,000명의 노인에서 조증을 보인 경우는 1명도 없었다.[33] ECA 연구의 최종 결과는 젊은 성인에서 조증의 유병률은 1.4%를 나타내었으나, 65세 이상의 지역사회 인구에서는 겨우 0.1%로 젊은 성인에 비해 무척 낮은 수치를 보이고 있다.

이와 대조적으로 정신과 입원환자들에서 보고된 유병률은 4.7~9.0%로 지역사회 조사와 달리 매우 높은 수치를 보이고 있다. 노인 조증 환자는 노인 기분장애의 약 12%를 차지하였으며, 입원 상황에서 남녀 비율은 1 : 2로 여성이 더 많았다. 또한 조증으로 인해 처음으로 입원한 비율 역시 젊은 성인에 비해 노인층에서 매우 높았다. 이처럼 늦은 나이에서 조증과 관련하여 첫 입원의 발생률이 증가한 이유를 치매의 발생과 연관이 있다고 가정하기도 하였으나[34] 다른 연구들에서 아직까지 입증되지는 않았다. 65~85세의 양극성장애 환자를 17.6년 동안 추적 관찰한 대규모 코호트 연구에서는 50세 이전에 발병한 양극성장애환자와 50세 이후에 발병한 양극성장애 환자의 치매 위험도는 차이가 없었음을 보고하였다.[35] 그러나 늦은 중년기 이후에 첫 발병하는 조증 삽화의 환자에서 는 일차적으로 전측두엽 인지기능장애(frontotemporal neurocognitive disorder) 등을 포함한 신체장애, 물질중독을 포함한 물질사용장애의 가능성을 고려해야 할 것이다.

초발 나이에 따른 임상양상

입원한 노인 환자의 경우 40세 이전에는 거의 조증으로 발병한 경우가 없었다.[36, 37] 입원한 노인 양극성장애 환자의 약 절반에서 첫 기분 삽화는 주요우울 삽화를 나타내었다.[36] 주요우울 삽화의 평균 발병나이는 50세에 가까웠지만, 주요우울 삽화 발병 이후 조증 삽화가 나타나기까지의 잠재기간은 무척 길어서 평균 15년이나 되었다.[36] 약 1/4 에서는 최소 25년까지 그 기간이 늦어지기도 하고 때로는 첫 주요우울 삽화 이후 조증 삽화가 나타나기까지 47년이 걸리기도 하였다. 또한 첫 삽화가 주요우울 삽화인 노인 양극성장애 환자의 경우, 첫 번째 조증 삽화를 보이기까지 평균 세 번 정도의 주요우울 삽화를 경험하였다.[36, 38]

발병나이와 가족력과의 관계에 대해서는 의견의 일치를 보이고 있지 않다. 이른 발병나이가 가족력과 관련이 있다고 한 보고가 있는 반면, 신경학적 장애(neurological disorder)가 있는 경우는 오히려 가족력과 관련성이 적다고 한다.[36, 37] 특히 가족력과 가장 관련이 적은 경우는 신경학적 장애와 관련이 있으면서 매우 늦은 조증 삽화를 보이는 소위 2차성 조증의 경우였다. 따라서 일반적으로 노인 양극성장애에서 유전적 소인은 큰 영향력을 미치지 않으며, 특히 신경학적 장애와 합병되어 있는 경우가 특히 그렇다고 할 수 있다.

노인에서의 양극성장애의 표현형(phenotype)은 신경학적 질환, 특히 뇌혈관질환의 특성에 영향을 받는 것 같다. 노인 환자에서 대부분 나타나는 뚜렷한 양상은 인지장애이다. 관해 상태의 60세 이상 양극성장애 환자의 절반 정도에서 양극성장애가 없는 60세이상의 사람들에 비해 신경인지기능의 저하 소견을 보였다.[39]

노인 양극성장애 환자에서 인지기능 저하를 제외하면 젊은 환자들의 임상양상과 비슷하였으며, 아형 및 발병나이에 따른 차이도 크지 않은 것 같다.[40]

발병나이에 따른 차이

이른 발병과 늦은 발병의 차이점

18세 이하와 40세 이상에서 발병한 경우를 비교한 조사에서는, 이른 발병 환자에게 정신병적 증상과 혼재성 삽화의 비율이 더 높았으며, lithium의 반응률은 더 낮았다. 다른 보고[41]에서는 21세 이전 발병과 30세 이후 발병을 비교하였는데, 이른 발병에는 남성이 더 많았고, 물질사용장애와 편집증, 유아기 행동장애 등의 비율이 더 높았으며 치료반응도 더 낮았다. 이러한 결과들은 다른 조사[42]에서도 비슷하여, 이른 발병에서 정신사회적 문제와 더 연관이 있으며,[43] 치료반응도 더 떨어지는 것 같다.

한편 50세 이전에 발병한 양극성장애 환자에서는 그 이후에 발병한 환자에 비해 심혈관계질환이 더 흔하게 나타난다.[35]

양극성장애는 발병나이와 관계없이 치매나 사망의 위험도를 높이는데, 60세 이전에 발병한 환자에서는 자살이나 사고사가 많았던 것에 비하여 60세 이후에 발병한 양극성장애 환자에서는 주로 뇌졸중이나 신경퇴행성질환과 관련된 사망이 많았다.[35]

청소년기 발병 양극성장애

각 삽화의 발병나이를 살펴보면, 첫 번째 우울증 삽화는 평균 15.5세에 나타났으며, 첫 번째 조증 삽화는 이보다 약 1년 늦게 나타났다.[44] 이 시기의 조증 삽화의 특징은 혼재성 기분 상태의 증상들 및 자극과민성(irritability) 등의 증상이 더 확연하였고 급속순환형이 더 많았다.[42, 44] 우울 증상의 경우는 보다 갑자기 나타나며, 정신운동지연(psychomotor retardation)과 기분과 일치하지 않은 정신병 증상(mood-incongruent psychotic symptom) 등이 더 많았으며, 또한 항우울제로 인한 조증으로의 전환 등도 특징적이었다.[45] 이른 발병의 양극성장애는 발생률과 유병률에서 남녀 간 차이는 없었다. 일반적으로 양극성장애의 평생유병률은 1%인데, 청소년기 발병 양극성장애의 경우는 아직 명확하게 확립되지는 않았지만 청소년의 1% 이상에서 양극성장애의 진단기준에 맞다는 의견과 그렇지 않다는 의견들이 있어 성인기 발병 양극성장애의 유병률과 차이가 있는지는 아직 명확하지 않다.[46]

성별에 따른 차이

성별에 따른 유병률

일반 인구를 대상으로 한 역학조사가 임상 환자를 대상으로 한 연구에 비해 편차가 적을 것으로 예상되는데, 미국과 캐나다, 독일 그리고 뉴질랜드에서 행해진 역학조사에는 성별에 따른 유병률의 차이는 없는 것으로 나타났다.[47] 각 나라별로 평생유병률을 살펴보면, 미국은 남자와 여자의 유병률은 각각 0.8%, 1.0%를 나타내었고, 캐나다는 각각 0.7%, 0.6%를, 뉴질랜드는 각각 1.1%, 1.0%를 나타내었다.

2형 양극성장애는 여자가 더 많다는 보고도 일부 있으나[11] 조사대상, 지역사회조사, 임상조사, 조사 방법, 조사국가 등에 따라 차이가 있어 논란의 대상이다. 그러나 2,953명의 성인을 대상으로 한 대규모 역학 연구에서 남녀 간 2형 양극성장애 유병률은 큰 차이가 없이 비슷하였다.[48] 따라서 1형 양극성장애와 달리 2형 양극성장애에서 남녀 간 유병률의 차이가 있다고 보기는 어려울 것이다.

성별에 따른 발병나이

여성은 남성에 비해 다소 늦은 발병을 보인다는 보고들[49]이 있다. 관해 상태인 69명의 양극성장애 환자를 비교한 연구에서, 첫 번째 우울증 삽화의 발병나이는 남녀 각각 22.4세, 27.2세였고, 첫 번째 조증 삽화의 경우는 각각 21.8세, 25.9세를 보여, 여성이 남성에 비해 더 늦은 발병을 보인다고 하였다.[12] 하지만 다른 연구들에서는 발병나이에 대한 성별의 차이를 발견할 수 없었다.[11, 50-52] 이상을 종합해볼 때 성별에 따른 발병나이에서 차이가 있다고 보기는 어렵다.

성별에 따른 경과의 차이

성별에 따른 입원횟수 및 삽화의 수를 비교한 여러 보고들[11, 51, 52]에서는 일치하는 결과를 보이지 않았다. 이러한 결과들은 성별 자체가 입원횟수 및 삽화의 수를 통해 본 질병의 경과에는 큰 영향을 미치지는 않은 것으로 보인다. 특히 주요우울장애는 여성이 남성에 비해 2배 정도 더 많다는 것은 잘 알려져 있지만,[47] 양극성장애에서는 주요우울 삽화와는 달리 성별의 따른 큰 차이를 보이지 않고 있다.

　그러나 혼재성 양상 및 급속순환형의 경우는 1형 양극성 장애와 2형 양극성장애 모두에서 여성에서 더 많이 나타나며, 2형 양극성장애의 경우는 혼재성 우울양상을 동반한 경조증이 남성에서보다 흔하다. 특히 출산 후에 경조증을 경험할 가능성이 높다.[11]

　산욕기 우울증(postpartum depression)은 임산부의 약 10%에서 발생한다. 특히 기분장애의 과거력이 있거나 원하지 않은 임신인 경우에 그 가능성이 커진다고 한다.[53] 또한 최근에는 10대 임산부들의 술과 불법 약물의 사용의 기회가 증가함에 따라 발생률이 증가하고 있다.[54] 산욕기에 처음으로 시작된 우울증은 양극성장애로 발전할 가능성이 높으며, 산욕기 정신증(postpartum psychoses)도 양극성장애로 발현되는 경우가 많다.

양극성장애와 자살

자살과 관련하여 90% 정도에서는 정신질환과 관련이 있으며, 특히 주요우울장애 및 양극성장애가 자살과 가장 관련이 있는 정신질환이라 할 수 있다. 양극성장애의 아형에 따라 자살의 빈도가 다르다.

　자살시도의 경우 1형 양극성장애와 2형 양극성장애의 평생유병률은 비슷하다(36.3% 대 32.4%). 그러나 2형 양극성장애는 자살시도에 비해 자살에 이르는 비율이 1형 양극성장애 환자에 비해 더 높다.[7] 따라서 1형 양극성장애 보다는 오히려 2형 양극성장애가 훨씬 더 자살과 관련이 있다고 할 수 있겠다. 특히 양극성장애의 10~15%는 결국 자살로 인해 죽게 되는데[32] 이는 일반인에 비해 25배 이상 높은 수치에 해당된다.

자살의 과거력이 있는 경우 및 지난 1년 동안의 우울증 기간이 길수록 자살위험도가 올라간다. 알코올사용장애가 동반되면 자살시도의 가능성이 높다. 2형 양극성장애에서는 2형 양극성장애의 1차 가족력이 있는 경우에서 1형 양극성장애의 가족력이 있는 경우보다 자살의 위험도가 6.5배 정도 높아진다. 증상별로는 주요우울 삽화 및 혼재성 양상의 경우에서 조증 삽화에 비해 자살의 가능성이 높다고 알려져 있다.[7]

참고문헌

1) Weissman MM, Wickramaratne P, Greenwald S, Hsu H, Ouellette R, Robins LN, et al. The changing rate of major depression. Cross-national comparisons. Cross-National Collaborative Group. JAMA 1992;268:3098-3105.

2) Clemente AS, Diniz BS, Nicolato R, Kapczinski FP, Soares JC, Firmo JO, et al. Bipolar disorder prevalence: a systematic review and meta-analysis of the literature. Rev Bras Psiquiatr 2015;37:155-161.

3) Vega WA, Kolody B, Aguilar-Gaxiola S, Alderete E, Catalano R, Caraveo-Anduaga J. Lifetime prevalence of DSM-III-R psychiatric disorders among urban and rural Mexican Americans in California. Arch Gen Psychiatry 1998;55:771-778.

4) Hoertel N, Le Strat Y, Angst J, Dubertret C. Subthreshold bipolar disorder in a U.S. national representative sample: prevalence, correlates and perspectives for psychiatric nosography. J Affect Disord 2013;146:338-347.

5) Angst J, Cui L, Swendsen J, Rothen S, Cravchik A, Kessler RC, et al. Major depressive disorder with subthreshold bipolarity in the National Comorbidity Survey Replication. Am J Psychiatry 2010;167:1194-1201.

6) Akiskal HS. [The bipolar spectrum: research and clinical perspectives]. Encephale 1995;21 Spec No 6:3-11.

7) American Psychiatric Association. Diagnostic and statistical manual of mental disorders. 5 ed. Washington, DC: American Psychiatric Association; 2013.

8) 조맹제, 함봉진, 홍진표, 이동우, 이준영, 정인원. 정신질환실태 역학조사. 보건복지부 연구용역사업보고서 2007:70-71.

9) 이정균, 곽영숙, 이희. 한국 정신장애의 역학적 조사연구(I): 도시 및 시골지역의 평생 유병률. 서울의대정신의학부록 1986;11:121-141.

10) 이정균, 이희, 김용식. 한국정신장애의 역학적 조사연구 (II): 서울지역. 서울의대정신의학부록 1986;11:162-189.

11) Hendrick V, Altshuler LL, Gitlin MJ, Delrahim S, Hammen C. Gender and bipolar illness. J Clin Psychiatry 2000;61:393-396; quiz 397.

12) Robb JC, Young LT, Cooke RG, Joffe RT. Gender differences in patients with bipolar disorder influence outcome in the medical outcomes survey (SF-20) subscale scores. J Affect Disord 1998;49:189-193.

13) Marneros A, Deister A, Rohde A. [Affective, schizoaffective and schizophrenic psychoses. A comparative long-term study]. Monogr Gesamtgeb Psychiatr Psychiatry Ser 1991;65:1-454.

14) Gershon ES, Hamovit J, Guroff JJ, Dibble E, Leckman JF, Sceery W, et al. A family study of schizoaffective, bipolar I, bipolar II, unipolar, and normal control probands. Arch Gen Psychiatry 1982;39:1157-1167.

15) Andreasen NC, Rice J, Endicott J, Coryell W, Grove WM, Reich T. Familial rates of affective disorder. A report from the National Institute of Mental Health Collaborative Study. Arch Gen Psychiatry 1987;44:461-469.

16) Sadovnick AD, Remick RA, Lam R, Zis AP, Yee IM, Huggins MJ, et al. Mood Disorder Service Genetic Database: morbidity risks for mood disorders in 3,942 first-degree relatives of 671 index cases with single depression, recurrent depression, bipolar I, or bipolar II. Am J Med Genet 1994;54:132-140.

17) Whalley HC, Sussmann JE, Johnstone M, Romaniuk L, Redpath H, Chakirova G, et al. Effects of a mis-sense DISC1 variant on brain activation in two cohorts at high risk of bipolar disorder or schizophrenia. Am J Med Genet B Neuropsychiatr Genet 2012;159b:343-353.

18) Bauer MS, Whybrow PC, Gyulai L, Gonnel J, Yeh HS. Testing definitions of dysphoric mania and hypomania: prevalence, clinical characteristics and inter-episode stability. J Affect Disord 1994;32:201-211.

19) Keller MB, Lavori PW, Coryell W, Andreasen NC, Endicott J, Clayton PJ, et al. Differential outcome of pure manic, mixed/cycling, and pure depressive episodes in patients with bipolar illness. JAMA 1986;255:3138-3142.

20) Evans DL, Nemeroff CB. The dexamethasone suppression test in mixed bipolar disorder. Am J Psychiatry 1983;140:615-617.

21) McElroy SL, Keck PE, Jr., Pope HG, Jr., Hudson JI, Faedda GL, Swann AC. Clinical and research implications of the diagnosis of dysphoric or mixed mania or hypomania. Am J Psychiatry 1992;149:1633-1644.

22) Shim IH, Woo YS, Bahk WM. Prevalence rates and clinical implications of bipolar disorder "with mixed features" as defined by DSM-5. J Affect Disord 2015;173:120-125.

23) Arnold LM, McElroy SL, Keck PE, Jr. The role of gender in mixed mania. Compr Psychiatry 2000;41:83-87.

24) Schneck CD. Treatment of rapid-cycling bipolar disorder. J Clin Psychiatry 2006;67 Suppl 11:22-27.

25) Valenti M, Pacchiarotti I, Undurraga J, Bonnin CM, Popovic D, Goikolea JM, et al. Risk factors for rapid cycling in bipolar disorder. Bipolar Disord 2015;17:549-559.

26) Fujiwara Y, Honda T, Tanaka Y, Aoki S, Kuroda S. Comparison of early- and late-onset rapid cycling affective disorders: clinical course and response to pharmacotherapy. J Clin Psychopharmacol 1998;18:282-288.

27) Coryell W, Endicott J, Keller M. Rapidly cycling affective disorder. Demographics, diagnosis, family history, and course. Arch Gen Psychiatry 1992;49:126-131.

28) Tondo L, Baldessarini RJ. Rapid cycling in women and men with bipolar manic-depressive disorders. Am J Psychiatry 1998;155:1434-1436.

29) Nurnberger J, Jr., Guroff JJ, Hamovit J, Berrettini W, Gershon E. A family study of rapid-cycling bipolar illness. J Affect Disord 1988;15:87-91.

30) Angst J. The emerging epidemiology of hypomania and bipolar II disorder. J Affect Disord 1998;50:143-151.

31) Angst J, Azorin JM, Bowden CL, Perugi G, Vieta E, Gamma A, et al. Prevalence and characteristics of undiagnosed bipolar disorders in patients with a major depressive episode: the BRIDGE study. Arch Gen Psychiatry 2011;68:791-798.

32) Harris EC, Barraclough B. Suicide as an outcome for mental disorders. A meta-analysis. Br J Psychiatry 1997;170:205-228.

33) Kramer M, German PS, Anthony JC, Von Korff M, Skinner EA. Patterns of mental disorders among the elderly residents of eastern Baltimore. J Am Geriatr Soc 1985;33:236-245.

34) Spicer CC, Hare EH, Slater E. Neurotic and psychotic forms of depressive illness: evidence from age-incidence in a national sample. Br J Psychiatry 1973;123:535-541.

35) Almeida OP, Hankey GJ, Yeap BB, Golledge J, Flicker L. Older men with bipolar disorder: Clinical associations with early and late onset illness. Int J Geriatr Psychiatry 2018.

36) Snowdon J. A retrospective case-note study of bipolar disorder in old age. Br J Psychiatry 1991;158:485-490.

37) Shulman KI, Tohen M, Satlin A, Mallya G, Kalunian D. Mania compared with unipolar depression in old age. Am J Psychiatry 1992;149:341-345.

38) Shulman K, Post F. Bipolar affective disorder in old age. Br J Psychiatry 1980;136:26-32.

39) Gildengers AG, Butters MA, Seligman K, McShea M, Miller MD, Mulsant BH, et al. Cognitive functioning in late-life bipolar disorder. Am J Psychiatry 2004;161:736-738.

40) Montes JM, Alegria A, Garcia-Lopez A, Ezquiaga E, Balanza-Martinez V, Sierra P, et al. Understanding bipolar disorder in late life: clinical and treatment correlates of a sample of elderly outpatients. J Nerv Ment Dis 2013;201:674-679.

41) Schurhoff F, Bellivier F, Jouvent R, Mouren-Simeoni MC, Bouvard M, Allilaire JF, et al. Early and late onset bipolar disorders: two different forms of manic-depressive illness? J Affect Disord 2000;58:215-221.

42) McGlashan TH. Adolescent versus adult onset of mania. Am J Psychiatry 1988;145:221-223.

43) Lish JD, Dime-Meenan S, Whybrow PC, Price RA, Hirschfeld RM. The National Depressive and Manic-depressive Association (DMDA) survey of bipolar members. J Affect Disord 1994;31:281-294.

44) Kutcher S, Robertson HA, Bird D. Premorbid functioning in adolescent onset bipolar I disorder: a preliminary report from an ongoing study. J Affect Disord 1998;51:137-144.

45) Strober M, Carlson G. Bipolar illness in adolescents with major depression: clinical, genetic, and psychopharmacologic predictors in a three- to four-year prospective follow-up investigation. Arch Gen Psychiatry 1982;39:549-555.

46) Grande I, Berk M, Birmaher B, Vieta E. Bipolar disorder. Lancet 2016;387:1561-1572.

47) Weissman MM, Bland R, Joyce PR, Newman S, Wells JE, Wittchen HU. Sex differences in rates

Gabriel Francois Baillarger를 거쳐 여러 이론가들의 다양한 견해들을 취합하여 folie circulaire and folie à double forme, psychosis manic-depressive 등의 진단명이 존재하기도 하였다. 이후 1957년 Karl Leonhard는 우울감 조증, 경조증, 또는 혼재성 우울증 삽화 등이 특징적인 양극성 우울증을 우울감만 지속되는 단극성 우울증과 진단적으로 구분하는 견해를 제시하기도 하였으며, 이러한 의견은 Jules Angst 및 Carlo Perris 등에 의하여 지지되었다.[2]

최근에는 여러 연구자들이 이전 연구와 최근 연구의 결과들을 분석하여 제안한 '스펙트럼성 질환'이라는 단일 모델이 임상양상을 더욱 설득력 있게 기술한다고 제시되기도 하였다. 이러한 견해는 질환의 가족 내 전달성과 환경적 요인을 모두 고려한 것으로 유전 연구에서 동종집단의 선택을 고려하고 생물학적 지표에 대한 연구를 고무시킬 수 있는 장점이 있다.[3] 또한 최근에는 국제 유전연구공동체에서 이러한 양극성장애의 취약성에 중대한 역할을 하는 전통적인 유전성 및 환경적 요인의 시발성 요인 등 다양한 유전적 요인에 초점을 맞추고 있다.[4]

분자유전 연구 배경

양극성장애와 같은 복잡한 질환의 유전인자를 규명하기 위한 방법으로는 크게 두 가지, 연관 연구(linkage study)와 연합 연구(association study) 방법을 고려할 수 있다. 표 1에 연관 연구와 연합 연구의 간략한 비교가 제시되어 있다.

일반적으로 유전질환의 유전자를 발견하는 방법은 functional cloning과 positional cloning의 두 가지가 있다. functional cloning은 질환 유전자의 기능을 예측하고 유전

표 1   연관 연구와 연합 연구

	연관 연구	연합 연구
표본의 단위	가계	환자/대조군
표본 추출의 방식	어려움	용이
검증력	중등도	중등도
일반화	어려움	용이
유전적 모수가정	복잡	단순
표현형 정의의 일치성	높음	낮음
층화성	높음	중등도
대립유전자	유전표지자	후보유전자

자를 발견하는 방법인 데 비하여 positional cloning은 질환 유전자에 대한 어떠한 정보도 없는 상태에서 전 염색체상에 존재하면서 동시에 멘델의 유전 모델을 따르고 개인적인 구별이 가능할 정도의 다형성(polymorphism)을 가진 지표(marker)를 이용하여 연관 유전자의 개괄적인 위치를 발견한 후에 그 유전자에 존재하는 다양한 유전자들을 개별적으로 분리하여 돌연변이의 여부에 따라 분석·조사하여 질환 유전자를 찾는 방법이다.[5] 그러나 양극성장애와 같은 복합질환인 경우에는 이러한 발병과 관련된 유전자가 주효과 유전자를 제외하고서도 소수효과 유전자들이 상상할 수 없을 정도로 많이 존재할 수 있다.[6] 즉 유전자들이 서로 상호작용하여 새로운 형질을 발현할 수 있고, 또 억제할 수 있기 때문에 임상적으로 보면 같은 진단의 질환이라고 하더라도 분명 이질적인 양상을 보일 수 있다.[7, 8] 이외에도 환경 등 다른 여러 요인들이 내재되어 있으므로 질환의 유전자를 탐색하는 데는 필연적으로 어려움이 따른다.[9] 단일 유전자질환의 경우에는 positional cloning인 연관분석법이 매우 성공적일 수 있지만 연관분석법은 여러 임상적 변인이 내재되는 경우에는 제한점이 있다.[10] 이 방법을 정확하게 시행하기 위해서는 무작위 교배가 이루어져야 하며, 투과율, 유전방식, 유전빈도 등의 유전적인 변수 등을 사전에 알고 있어야 하는 단점이 있으며 만약 질환의 발병에 미치는 주효과 유전자들이 소수효과 유전자들과 상호작용 혹은 소수효과 유전자들이 발병에 독립적인 작용을 가지고 있다면 상당한 어려움이 있다.[11] 즉 양극성장애는 대표적인 복합적인 유전질환으로 연관분석법만으로 후보유전자를 찾아내는 데는 한계가 있다.

따라서 게놈분석에 있어서 최근에 많은 연구자들 사이에 염색체 연관분석법에 대한 상호보완적인 접근 방법으로 호응을 받고 있는 것이 연합 연구이다.[1] 비록 단일유전염기다형성(single nucleotide polymorphism, SNP)을 이용한 연합 연구가 염색체 연관분석법과 마찬가지로 제한점이 있지만, 이 방법은 양극성장애가 복합질환이며 특정한 유전변수들 및 가계구성원들을 필요로 하지 않고 동시에 시행 및 분석의 간편성 등이 있다는 점 등에서 상대적으로 유리하다고 볼 수 있다. 최근 국내에서도 이러한 연합 연구의 편의성에 힘입어 사례 수가 증가하고 있고 그 결과들을 국제 학술지에 보고하는 것이 증가하고 있는 추세이다.[7] 연합 연구는 환자군과 대조군 간 질병 취약성 혹은 질병의 임상적 발현과 후보유전자에서 발견된 돌연변이와의 관련성을 조사하는 것이다. 연합 연구에서 분석의 기본단위는 한 개인이며 따라서, 이는 한 사람의 개인 혹은 다수의 독립적인 개인들이 동원되어야 하는 복합형질을 보이는 유전 연구에 특히 부합된다.[10] 특히 연구에 동원된 개인 및 모든 개인들의 집합은 다른 가족 구성원들의 임상적 상태와 관련 없이 포함될 수 있다. 더욱이 연합 연구는 연구자가 표현형을 확인하고 SNP에 대한 생물학적 자료에 근거하여 관련성을 조사하기 위한 연구의 후보유전자를 정확히 선별

한다면 연관분석법과 달리 적절한 가설을 도출할 수 있다.[12]

연합 연구를 시행하기 전에 가장 먼저 고려되어야 할 점은 적절한 표현형을 선택하는 것인데, 연관분석법에서는 허용될 수 없는 다양한 표현형이 연합 연구에서는 허용될 수 있다.[13] 한 가지 예를 든다면 약물유전체학을 꼽을 수 있는데, 연관분석법의 경우에는 같은 진단을 받고 같은 약물을 복용한 병력이 있는 최소 2군의 가계 자료가 필요하게 될 것이다. 그러나 연합 연구는 개인이 연구의 근간이 되므로 대규모의 임상 연구를 기획한 센터의 주관하에 대량의 자료를 수집하여 연구를 시행할 수 있다.[14] 연합 연구의 경우에는 이러한 임상 자료를 가지고 있는 표본을 수집하기에 매우 용이하므로 통계적 검증력을 극대화할 수 있다.[15] 연합 연구에서 표현형을 선택하는 데 있어 한 가지 결정적인 단점은 많은 정신질환에서 보이는 표현형들이 실제로 유전적임을 증명하는 자료들이 현재까지는 부족하다는 점이다.[14] 실제로 특정의 표현형들이 유전적임을 증명하는 연구들이 시도되어서 이와 관련한 자료들이 축적된다면 더할 나위 없지만, 다소 축적된 자료가 적다고 하더라도 유전적으로 동질적임이 보편적으로 알려진 표현형들을 연구에 이용함으로써 부분적인 극복이 가능하다.[16] 전통적인 질환 개념의 표현형을 사용하는 대신에 보다 범위를 좁힌 대체표현형을 사용하는 경우의 이점은 첫째, 이환되지 않은 친족들의 자료를 모두 포함할 수 있으므로 유전 분석의 검증력을 증가시키고 둘째, 양극성장애 환자에서 생물학적 차이를 발견할 수 있는 점이다.[17] 즉 유전적으로 보다 동질적인 생물학적 지표는 통계적 검증력을 증가시킬 수 있을 뿐 아니라 질환의 고유한 생물학적 원인 및 경과 등에 대한 부가적인 정보도 제공할 수 있다.[18] 또한 연관이 밝혀지면 특정 유전자의 돌연변이를 밝혀서 유전자의 잘못된 기능으로 인하여 어떠한 병태생리적 변화가 초래되는지를 동물 모델을 이용하여 기전을 연구할 수도 있다.[14] 그렇다면 어떤 대체표현형을 선정할 것인지가 중요한 관건으로 대두되는데, 우선 양극성장애에서 뚜렷이 관찰되는 생물학적 이상 소견이 좋은 예가 될 수 있다.[19] 적절한 대체표현형의 주요 조건으로는 첫째, 표현형은 그 자체가 특정의 약물이나 질환 고유의 경과와 무관해야 하며 둘째, 하나의 표현형이 각각 분리가 가능한 생물학적 이상 소견이어야 한다는 점이다. 양극성장애 자체는 다원적 복합질환이므로 환자들은 거의 모든 가능한 요인들을 가지고 있겠지만 친족들의 경우에는 매우 드물거나 하나 정도의 요인이 발견될 가능성이 높을 것이다.[20, 21] 생화학적 기전, 신경인지적 정보 및 영상 연구 자료 등의 대체표현형을 사용하는 것도 추천된다.[17] 표 2에서 흔히 사용될 수 있는 표현형이 제시되어 있으며 최근에는 포괄적 시스템 구성 표현형(multi-system component phenotype)도 시도되고 있다.[22]

다음으로는 후보유전자의 선정이다.[15] 후보유전자는 현재까지 염색체 연관분석법 등

표 2	양극성장애의 표현형
일반적(임상적) 표현형	정신병 동반, 발병나이, 공황 증상의 동반, 물질남용 동반, 자살력 유무, 현실검증력, 주의력결핍과잉행동장애 동반, lithium 반응성, 치료저항성, 재발성, 만성화, temperament, 우울증 및 조증 삽화의 우위성, 계절성, 충동성, 동반 정신질환 등
대체표현형	생화학적 연구 결과(GABA수용체 등), 신경생리 연구 결과, 해부학적 영상 연구 결과, 신경인지기능 평가, temeperament

으로 연관이 밝혀진 구역에서 선택될 수 있다. 즉 significant 혹은 suggestive linkage가 제시된 다형성지표 주위의 모든 유전자들은 적절한 후보유전자들이 될 수 있다.[2] 후보유전자는 유전자와 관련된 생산물질(gene product)이 특정 표현형의 병태생리에 중요한 역할을 한다는 증거들을 기준으로 선택될 수 있다.[21] 이상적으로는 염색체 연관분석법의 연구 결과물과 생물학적 기준에 의하여 선택이 될 수도 있다. 그러나 첫째, 염색체 연관분석법이 지속적으로 시행되었음에도 불구하고 일치된 연관 결과가 없었다는 점이 있다. 둘째, 특정 단백질이 주요 정신질환에 미치는 영향에 대한 자료가 매우 제한적이므로 중추신경계를 코딩하는 유전자에 대한 적절성 논란 등으로 인하여 양극성장애의 후보유전자 자체에 대한 논쟁이 있어 왔다.[23] 그러나 최근에는 가능성 있는 후보유전자들의 변이가 특정 행동학적 문제 등과 연관된다는 보고들이 증가하고 있다.[16, 24] 또한 병태생리와 관련된 단백질 기능의 규명은 특정 유전자의 변이가 질병의 취약성에 미치는 영향을 더욱 분명하게 밝힐 수 있도록 도움을 줄 것이다. 하지만 이러한 변이가 출현하는 빈도는 유전적 배경이 서로 다른 인종들 간 차이가 있을 수 있음을 고려해야 한다.[25] 후보유전자의 선택은 이미 밝혀져 있는 표현형은 물론 현재까지 이루어진 병태생리 연구들과 관련짓는 것에서부터 출발할 수 있다. 연합 연구를 시행하기 위하여 후보유전자를 선별한 후에는 적당한 변이를 선택해야 한다.[26] 후보유전자에는 당연히 SNP을 위시한 다양한 변이가 존재할 수 있으므로 연합 연구를 시행하기에 앞서 어떠한 변이를 선택할 것인지는 매우 중요한 문제이다. 그 기준으로 첫째, 변이의 희소성을 들 수 있는데, 만약 연구 표본 수가 매우 크거나 그 변이가 특정 표현형에 매우 강력한 영향을 가지고 있지 않다면 연합 연구의 파워를 감소할 우려가 있을 수 있다.[24] 둘째, 대립유전자의 수가 중요한데, 상대적으로 다양한 대립유전자를 지닌 변이인 경우, 한 유전자에서의 유전적 정보는 다양할 수 있지만 통계적 분석을 어렵게 할 수 있다.[10] 셋째, 기능적 변이를 선택하는 것이 중요한데, 대부분의 변이는 coding region에 존재하지만 실질적으로 유전자와 관련된 생산물질의 표현 혹은 생산, 그리고 이러한 기능에 관여하는 중요

한 아미노산의 치환 등에는 관여하지 않는 것으로 보고되고 있다. 즉 많은 변이들은 기능적인 변이들과 연관불균형의 관계 및 인종 간 차이가 존재하는 경우가 많다.[18] 그러나 연합 연구에서 비기능적 변이가 양의 결과를 도출하였다면 비록 위음성일 가능성이 높지만, 기능적 변이와 연관불균형의 관계에 있거나 후보유전자 주변에 있을 가능성이 높으므로 후보유전자의 탐색 영역을 좁히는 결과를 기대할 수도 있다. 마지막으로 가장 중요한 선택기준은 하나의 후보유전자에서 발견되는 여러 변이를 대상으로 한 일배체형 (haplotype) 자료를 이용하는 것이다.[6] 그러나 이 방법은 특정 표현형과 연관된 후보유전자들에 대하여 보다 포괄적인 정보를 제공하지만 위음성 결과의 위험성을 증가시키는 단점도 있다.[8, 27, 28]

양극성장애의 연관 연구

매우 오랜 시기에 걸쳐 다양한 연구들이 시행되었으나 현재까지의 연구 결과들로는 일관된 결론을 내리기에는 미약하며, 이는 가장 최근에 시행된 972가계들(2,284 증례) 대상으로 시행된 대규모 연관 연구[26]의 결과에서도 강력한 연관성은 제시되지 못하였다. 이 연구에서 가장 강력한 연관성은 6q21과 9q21에서 발견되었으나 다중비교분석을 교정한 후에는 유의성을 재현하지 못하였다. 현재까지 양극성장애에 대한 연관 연구는 표 3에 제시된 바와 같은 다양한 염색체좌위들이 제시되었다.[13, 18]

표 3 양극성장애에 대한 현재까지의 유전연관 연구 결과[18]

염색체	연관성이 보인 구체적 유전좌위
1q, 2p, 4p, 4q, 6q, 8q, 9q, 11p, 12q, 13q, 16p, 16q, 18p, 18q, 21q, 22q, Xp, Xq	1p36, 1q31-32, 1q42.1, 2p13-16, 3p21, 4p16-p14, 4q35, 4q31, 5p15.3, 5q11.2-q13, 5q34-35, 6p21.3, 7p11, 8p22-p11, 10q24, 11p13, 12q21.1, 12q24, 13q14-q21, 13q32, 15q11.2-q12, 17q11.1-q12, 18q22-23, 20q12-q13.1, 21q22, 22q11.21, 22q12.1, Xp11.23, Xp22.1, Xq24/28

양극성장애의 연합 연구

여러 연구자들에 의하여 다양한 후보유전자들을 대상으로 하여 연합 연구들이 시행되고 있다. 주로 생화학적인 병인과 관련한 연구들이 주로 이루어졌으나 최근에는 신경인지, 감정처리 과정 및 영상 연구들의 결과들을 이용하여 통합적인 연구를 시행하는 경향이다. 주로 세로토닌, 도파민, 노르에피네프린/노르아드레날린 등의 주요 신경전달물질 경로와 관련된 유전자들을 후보유전자로 선정하였다.[2] 하지만 현재까지도 일관성 있는 연구 결과는 없다. 최근에는 top-down 방식으로 여러 후보유전자를 동시에 선택하여 상호작용을 조사하거나 많은 표본을 대상으로 하여 전장게놈연합 연구를 통하여 통계적 검증력을 높이는 동시에 후보유전자를 발굴하고 있는 추세이다.[29, 30] 비교적 일관된 연합 연구 결과들을 보이고 있는 대표적인 후보유전자들로는 SLC6A4, TPH2, DRD4, SLC6A3, DAOA, DTNBP1, NRG1, DISC1 및 BDNF들이 거론되고 있다.[18, 21, 31]

세로토닌 관련 유전자

17q11.1-q12 유전좌위에 존재하는 것으로 알려진 세로토닌 운반수송체 유전자(SERTPR)는 세로토닌 운반체를 코딩하는 유전자의 전사개시 영역의 삽입/탈락 다형성과 우울 증상의 발현과의 관련성이 시사되어 많은 관심을 받았다.[18, 32] 주로 48 bp전사개시 유전자다형성인 SERTPR이 연구되었으며 독립 연구들에서 일관된 관련성을 보였고 이러한 결과들이 여러 메타분석들에서도 지지를 받았다.[33] 다음으로는 VNTR유전자다형성이 분석되었으나 SERTPR보다는 일관된 연구 결과를 보이지 못하고 있다.[33] 세로토닌형성 제한효소를 코딩하는 TPH2의 경우에도 일관된 연구 결과를 보이지 못하고 있으며 TPH1의 경우는 그 연관성 연구들에서 후보유전자로서의 역할이 일관되게 부정되었다.[33] 세로토닌 수용체 1A(HTR1A), 세로토닌 수용체 2A(HTR2A), 세로토닌 수용체 2C(HTR2C) 및 세로토닌 수용체 7(HTR7)에 대한 연구 결과들도 일관성을 보이고 있지 못하다. 현재까지는 SLC6A4와 TPH2가 가장 일관된 연구 결과를 보이고 있으며 HTR1A, HTR2A 및 HTR2C도 유망한 후보유전자이지만 HTR7의 경우는 그렇지 않은 것으로 생각된다.[18]

도파민 관련 유전자

도파민 관련 유전자 중 가장 흔히 연구된 것은 DRD4(11p15.5)이고 양극성장애와 연관이 강하게 시사되는 영역에 존재하여 주목을 받았으며 주로 VNTR이 강한 주목을 받았다. 이외에도 DRD1(−48A/G)이 있으나 일관된 연구 결과를 보이지 못하고 있다.[34] 한 편 도파민수송체 유전자(SLC6A3)의 경우에는 긍정적인 결과를 도출하지 못하고 있으나 아시안(−67A/T)을 대상으로 한 연구에서 일부 관련성이 입증되었다.[35] DRD3 혹은 DDC(dopa decarboxylase) 유전자들도 연구되고 있다.[34] TH(tyrosine hydroxylase)는 카테콜라민 합성에서 속도제한 효소 중 하나로 일부에서 연관성이 제시되기도 하였으나 후속 메타분석에서는 그 관련성이 입증되지 못하였다. COMT(catechol-omethyltransferase)의 경우 기능적 SNP인 Val108/158Met이 일관성 있게 연관성이 보고되고 있다.[18] COMT는 모노아민의 분해물을 포함하는 효소이므로 이 유전자는 당연히 양극성장애의 후보유전자로 매력적이라고 볼 수 있다. 흥미롭게도 일부 연구에서는 158Val/Met이 급속순환형과 같은 양극성장애의 임상양상과 관련성이 있다고 알려져 있으며 조현병/양극성장애에 모두 질환 감수성을 전달하는 유전자로 알려졌다.[9]

글루타메이트 관련 유전자

DAOA(D-amino acid oxidase activator : 표지자 rs1981272)도 연관성이 일부 입증되었는데, 조현병에 대한 질환 감수성을 증가시키지는 않지만, 이 유전자 복합성의 다양성이 전형적인 양극성장애/조현병 경계의 기분장애 삽화 시 감수성에 영향을 미친다고 밝혀졌다.[36] GRIN2B(N-methyl-D-aspartate 2B) 및 DTNBP1(dystrobrevin-bindingprotein 1)의 경우에도 유의한 연관 연구 결과를 보이고 있다.[18]

brain-derived neurotropic factor(BDNF)

BDNF유전자는 양극성장애 연관 표지자 D11S987과 매우 가까운 11p13에 위치한다. 단극성 우울증과의 관련성이 매우 강하게 시사되고 있으며, 신경성장인자 단백질을 코딩하며 항우울제의 효과 발현에도 관련되는 것으로 연구되었다. Val66Met이 주로 서양인 연합 연구에서 긍정적인 연구 결과를 보이고 있다. 최근에 연구되는 유전자에는 BDNFOS(rs4923460)가 있다.[1, 2, 18]

γ-Aminobutyric acid(GABA) 관련 유전자

GABA 수용체 α-1(GABRA1)유전자의 경우도 환자-대조군 및 가족연합 연구들에서 최근 매우 유망한 결과들을 제시하고 있다(156T>C SNP). GABRA5유전자는 일부 연관성을 보이고 있으나 GABRA3유전자는 그렇지 못한 것으로 조사되었다.[18, 37]

아세틸콜린 관련 유전자

콜린성수용체인 CHRNA7(neuronalnicotinic, a polypeptide 7)의 경우도 유망한 후보유전자이나 현재까지 많은 연구들이 시행되지는 못하였다.[38]

neuregulin(NRG1)

NRG1은 조현병에 대한 질환 감수성이 처음으로 확인된 유전자 중 하나였다. 일부 연합연구에서 조현병과 마찬가지로 양극성장애에서도 NRG1이 비슷한 결과를 보였으며, 특히 하나의 독립된 표현형으로 간주할 수 있는 기분불일치-정신 증상을 가지는 양극성장애 환자들에서 훨씬 유의한 관련성을 보였다.[1, 39]

signal transduction 관련 유전자

18p11.21유전좌위에 존재하는 IMPA2는 lithium 반응성과 관련하여 매우 유망하다고 볼 수 있는데 인종 간 연구 결과들이 편차가 크다는 점이 제한점이기도 하다(아시안과 아랍인의 경우 −461C>T와 −207T>C : 서양인의 경우 +97G>A, +99G>A 및 rs3786282A>C에 연관).[18, 40] ODZ4(teneurin transmembrane protein 4; rs12576775)도 양극성장애와 연관성이 밝혀져 있다.[41]

disrupted in schizophrenia 1(DSC1)

DISC1은 연관 연구를 통하여 양극성장애와의 관련성이 매우 강한 것으로 알려진 1q42.2에 매우 근접하여 위치하는 유전자로 정확히 11q42.1유전좌위에 존재한다.[42] 이는 피질 발생 및 성장에 관여하는 cytoskeletalproteins들과도 상호작용하는 것으로 알려져 있으며 854개의 아미노산단백질을 코딩한다.[38]

ion channel 관련 유전자

최근의 GWAS 연구 결과를 보면 calcium channel(voltage-dependent, L type)을 코딩하는 유전자인 CACNA1C가 여러 후보유전자 중 가장 강력한 연관을 보임이 지속적으로 보고되고 있다.[26, 43, 44] 이 유전자는 해마[45] 및 편도[46]의 기능적 활동에도 관련되는 것으로 알려져 있다. 또한 sodium channel을 코딩하는 ANK3도 최근의 GWAS 연구에서 강력한 연관성이 보고되었다.[44] 이 유전자는 포괄적인 정신행동과 관련성이 입증되었는데, 특히 스트레스 반응 및 lithium 치료반응과도 관련성이 높은 것으로 보고되었으며[47] 환경적 영향에 따른 취약성의 조절과도 관련된다.[48]

NCAN(neurocan)

19p13.11유전좌위에 존재하며, SNP rs1064395가 양극성장애와 관련성이 있는 것으로 최근 알려졌다. 세포결합, 세포이동, 신경세포 분지에 관여하는 유전자이다.[49]

이외에도 매우 흥미로운 후보유전자들이 존재하는데 표 4에 정리되어 있다.

최근에는 기존의 일부 유전자를 대상으로 시행하던 단순연합 연구를 넘어서 많은 표본을 대상으로 다국가간 협력을 통하여 GWAS(Genome-Wide Association Study)를 시행하여 유망한 연구 결과들을 제시하고 있다.[14] GWAS는 유전체 전체를 본다는 의미의 Genome-Wide라는 표현을 사용하고는 있지만, 실제로 인간 한 명의 30억 염기쌍 유전체 모두를 분석하는 것은 아니고 50만~100만 개 염기를 조사하는 수준이지만, 지금까지 유전체의 일부만을 연구할 수밖에 없던 과학자들이 처음으로 유전체 전체를 바라볼 수 있게 되었다는 점에서 큰 의의를 가진다.[3, 39] GWAS는 실제

표 4 기타 유망한 후보유전자들[18]

유전자	기능
Glycogen synthase kinase 3-b gene (GSK3B)	energy metabolism, neuronal cell development and body pattern formation
Tumor necrosis factor (TNF)	multifunctional proinflammatory cytokine
Transient receptor Potential cation channel, subfamily M, member 2 (TRPM2)	subunits of capacitative calcium entry channels, which mediate calcium influx into cells
Phospholipase C g 1 isoform A (PLCG1)	production of second-messenger molecules
Synaptobrevin-like 1 (SYBL1)	molecular events underlying neurotransmitter release and vesicle recycling
Transcription factor 4 (TCF4)	glucocorticoid response element
X-box binding protein 1 (XBP1)	X2 promoter element
Locomotor output cycles kaput (Clock)/aryl hydrocarbon receptor nuclear translocator-like (ARNTL)/Period homolog 3 (PER3)	Circadian rhythm
Monoamine oxidase A (MAOA)	oxidizes neurotransmitters such as serotonin, norepinephrine and dopamine
N-Methyl-D-aspartate 2B (GRIN2B)	N-methyl-D-aspartate receptor
Angiotensin I-converting enzyme isoform 1 (ACE)	hydrolyzing angiotensin I into angiotensin II

microarray 기술의 발달로 가능해졌는데, 50만 개, 100만 개, 현재는 약 200만 개 이상
의 SNP marker를 한 번에 screening할 수 있는 정도이다.[50] 따라서 GWAS는 이론적으
로 유전체 전체의 유전정보를 탐색하여 정상인 집단과 환자 집단 사이에서 유의한 차
이가 나는 유전요인을 찾아내는 연구 분야로서, 수많은 SNP marker를 이용하여 유전
적 질병지표를 발굴하게 된다. 그러나 GWAS 연구의 가장 큰 맹점 중 하나는, 얻어지
는 표현형 연관 유전형이 결국 marker에 관한 것이라는 사실이다.[5] 2011년을 기준으
로 미국 국립유전체연구소의 GWAS 데이터베이스에 등록된 연구의 수는 총 993개이
며 총 4,914개의 SNP marker가 특정 표현형들과 연관되어 있는 것으로 보고되어 있
다.[13] 정신과 영역에서도 다양한 GWAS 연구 결과들이 제시되고 있는데, 주목할 점
은 소위 Sequenced Treatment Alternatives to Relieve Depression(STAR*D) 및 Systematic
Treatment Enhancement Program for Bipolar Disorder(STEP-BD)와 같은 대단위 자연
적 치료 상황에서의 임상 연구들에 도입하여 여러 결과들을 도출하고 있는 점이다.
STEP-BD 연구 결과를 보면 10p15(rs10795189)가 가장 연관이 큰 유전좌위 및 SNP
marker로 밝혀졌으며 8q22, 3p22, 11q14, 4q32 및 15q26 유전좌위의 경우 lithium반
응성과 관련성이 존재하는 것 또한 밝혀졌다.[50] 이 영역은 alpha-amino-3-hydroxy-
5-methyl-4-isoxazolpropionate(AMPA)에 결합하는 GluR2/GLURB유전자를 코딩하
는 유전좌위이다(각 SNP 마커: rs2439523, s6772967, rs11237637, rs9784453 및
rs5021331).[50] 최근에는 방대한 생체은행 정보 데이터를 이용한 생체리듬 관련 유전자
연구에서 Neurofascin(NFASC), Solute Carrier Family 25 Member 17(SLC25A17) 및 Meis
Homeobox 1(MEIS1) 유전좌위가 양극성장애 등 기분장애의 취약 유전자로 밝혀지는
등 GWAS 연구 결과들이 방대한 생체은행 자료들을 바탕으로 진일보하고 있다.[51] 표 5
는 현재까지 밝혀진 GWAS의 결과이다.

표 5   GWAS 연구 결과(유럽 표본)[2, 39]

SNP marker	p value	Odds ratio	Nearest gene(s)
rs12576775	4.4×10^{-8}	1.14	ODZ4
rs4765913	1.5×10^{-8}	1.14	CACNA1C
rs1064395	2.1×10^{-9}	1.17	NCAN
rs7296288	$9. \times 10^{-9}$	0.90	RHEBL1, DHH
rs3818253	$3. \times 10^{-8}$	1.16	TRPC4AP
rs9371601	$2. \times 10^{-8}$	1.10	SYNE1

가계 및 쌍생아 연구

양극성장애가 특정 가계에서 유전되는 경향은 잘 알려져 있다.[3] 많은 연구에 따르면 양극성장애 환자의 1촌은 일반인보다 5~10배의 유병률을 나타내며 단극성장애에 걸릴 확률이 2배 높았다.[38] 양극성장애를 가지는 일란성 쌍생아는 일반인보다 45~75배 더 높게 이 질환을 가질 확률을 가지고 있었다.[30] 일란성 그리고 이란성 쌍생아 연구에서 일란성 쌍생아는 양극성장애에 높은 일치도(75%)를 보여주었지만 이란성 쌍생아는 더 낮은 일치(10.5%)를 보였다.[19] 이전 연구 결과들에서도 비슷한 결과를 보여, 일란성의 경우 67%, 이란성의 경우 19%의 일치를 보였다.[30, 52] 그러나 일반적인 유전 연구 결과들과 마찬가지로, 일란성 쌍생아의 일치도가 100%가 아니라는 것은 양극성장애의 표현형이 유전적으로만 결정되는 것이 아님을 강력하게 시사한다. 즉 환자의 유전자에 의해서만 질환의 발병이 결정되는 것이 아니며, 환경 등과 같은 매우 다양한 요인들이 관련하고 이들이 서로 복잡한 방식으로 질환의 발현에 기여함을 의미한다.[52]

향후 연구 방향

최근 여러 나라에서 앞다투어 유전체연구소를 개설하고 이 분야를 선점하기 위하여 노력하는 동시에 다양한 국제 공동 연구들이 진행되고, 또한 유전체 연구 및 분석 분야의 하드웨어 및 소프트웨어 개발의 눈부신 발전으로 인하여 상당한 성과를 올리고 있다.[33] 실제 이러한 성과들을 바탕으로 하여 당뇨 및 심질환의 경우에는 후보유전자의 선정에 있어 어느 정도의 전문가 간 일치가 이루어지고 있기도 하다. 그러나 정신질환, 특히 양극성장애의 유전 연구는 현재까지 초기 단계이며 향후 연구의 필요성은 매우 분명하다고 볼 수 있다. 연관 및 연합 연구 결과들의 관련성 혹은 다른 창의적이고 통합적인 접근법 등을 통하여 양극성장애의 복합적인 유전 메커니즘을 밝히는 데 일조할 수 있을 것이다.[3]

아울러 표현형의 정립이 전술한 바와 같이 유전 연구의 대전제가 되므로 이의 조속한 정의적 확립이 매우 중요한데, 조현병 연구에서 내적표현형은 많은 발전을 보이고 있으나 상대적으로 양극성장애에서는 내적표현형을 이용한 연구가 덜 시행되어 왔다. 양극성장애의 내적표현형으로 이용될 수 있는 부분은 매우 다양하다. 예를 들면, 일주기 리듬성, 수면박탈, 정신자극제 반응성, lithium 반응성, tryptophan 고갈도, P300 지연반응, 두부 백질 강조영상, 콜린성 민감도, 단핵세포 생화학적 이상 등 매우 다양하다고 볼 수 있다.[17] 그러나 이러한 내적표현형들이 유전적 취약성을 지니는 것인지 조사하기 위한 연구들도 동시에 진행되어야 한다.[3]

양극성장애에서 유전적 요인이 중요한 점은 지극히 당연하지만 여러 통제 불가능한 환경적인 요소 역시 이 질환의 발병 및 임상적 경과에 매우 중요한 역할을 한다는 것도 속속 밝혀지고 있다. 최근 밝혀진 바에 따르면 다양한 과거의 정신적 충격, 최근 일련의 일상생활 사건 및 스트레스들이 양극성장애뿐 아니라 여러 정신질환들의 발병과 재발 및 악화에 관련된다는 것들이 밝혀지고 있다.[53, 54] 예를 들면, 약 1만여 명의 환자 코호트를 이용한 대규모 분석 연구에서 두부손상의 경우 약 2배 정도 양극성장애의 발병 위험도가 높음이 밝혀지기도 하였고, 특히 두부손상 5년 이내인 경우 양극성장애 발병의 위험성이 높다고 보고되었다. 즉 양극성장애에 걸리기 쉬운 유전적인 요소 이외에도 유전자-환경 및 유전자-유전자 상호작용과 같은 통합적인 접근법이 요구된다고 볼 수 있다.

또한 특정 표현형을 대상으로 유전 연구의 통계적 검증력을 극대화하기 위해서는 이를 충족하는 임상자료가 구축된 표본 수집이 가능해야 한다. 이에 발맞추어 최근에는 세계적으로 생체유래물 은행의 다국가 간 연합 연구를 시도하고 있다. 그러나 우리나라의 경우 정신질환에 대한 개인 및 사회적 편견이 심한 편이고 정신유전학적 연구를 위한 특정 가계 구성원 및 환자들의 개별 자료 구축에 있어서도 협조가 용이하지 않으므로 국가 차원의 이해 및 정책적 지원도 매우 중요하다고 볼 수 있다.

요약

조증-우울증으로 알려져 있는 양극성장애는 기분, 에너지, 활동, 일상생활을 수행하는 능력에서 비정상적인 변화를 야기시키는 뇌질환이다. 유전적 요인의 관련성에 대해서는 쌍생아, 가계, 연관 및 연합 연구, GWAS 등을 통하여 평가 및 분석들이 이루어지고 있으며 다양한 많은 후속 연구들이 시행되고 있지만 유전 연구에 있어서 일반적인 제한점 및 양극성장애의 연구에서 발생되는 고유의 제한점으로 이 질환에 기여하는 구체적인 특정 후보유전자 및 유전인자들에 대한 결과는 아직도 매우 미비하다. 따라서 향후에도 보다 발전된 유전 연구 기법이 도입되고, 동시에 양극성장애 병인론의 확립과 이에 따른 임상 및 내적 표현형의 정립이 절실히 요구된다고 볼 수 있다.

참고문헌

1) Juli G, Juli MR, Juli L. Involvement of genetic factors in bipolar disorders: current status. Psychiatr Danub 2012;24 Suppl 1:S112-116.

2) Craddock N Sklar P. Genetics of bipolar disorder. Lancet 2013; 381: 1654-1662.

3) Phillips ML, Kupfer DJ. Bipolar disorder diagnosis: challenges and future directions. Lancet 2013;381:1663-1671.

4) Murphy E, McMahon FJ. Pharmacogenetics of antidepressants, mood stabilizers, and antipsychotics in diverse human populations. Discov Med 2013;16:113-122.

5) 송규영. 인간 유전체 프로젝트이후 비교유전체의 전망. 의학연구의 최신 동향 2000;2:217-221.

6) Risch N, Merikangas K. The future of genetic studies of complex human diseases. Science 1996;273:1516-1517.

7) Pae CU, Drago A, Forlani M, Patkar AA, Serretti A. Investigation of an epistastic effect between a set of TAAR6 and HSP-70 genes variations and major mood disorders. Am J Med Genet B Neuropsychiatr Genet 2010;153B:680-683.

8) Pae CU, Drago A, Patkar AA, Jun TY, Serretti A. Epistasis between a set of variations located in the TAAR6 and HSP-70 genes toward schizophrenia and response to antipsychotic treatment. Eur Neuropsychopharmacol 2009;19:806-811.

9) Shifman S, Bronstein M, Sternfeld M, Pisante A, Weizman A, Reznik I, et al. COMT: a common susceptibility gene in bipolar disorder and schizophrenia. Am J Med Genet B Neuropsychiatr Genet 2004;128B:61-64.

10) Merikangas KR, Chakravarti A, Moldin SO, Araj H, Blangero JC, Burmeister M, et al. Future of genetics of mood disorders research. Biol Psychiatry 2002;52:457-477.

11) Jurewicz I, Owen RJ, O'Donovan MC, Owen MJ. Searching for susceptibility genes in schizophrenia. Eur Neuropsychopharmacol 2001;11:395-398.

12) Burmeister M. Basic concepts in the study of diseases with complex genetics. Biol Psychiatry 1999;45:522-532.

13) Ahn SM. Phenotype-Genotype Association Study: From GWAS to NGS. Endocrinol Metab 2011;26:187-192.

14) Plomin R, Owen MJ, McGuffin P. The genetic basis of complex human behaviors. Science 1994;264:1733-1739.

15) Freedman R, Adams CE, Adler LE, Bickford PC, Gault J, Harris JG, et al. Inhibitory neurophysiological deficit as a phenotype for genetic investigation of schizophrenia. Am J Med Genet 2000;97:58-64.

16) Malhotra AK, Goldman D. Benefits and pitfalls encountered in psychiatric genetic association studies. Biol Psychiatry 1999;45:544-550.

17) Lenox RH, Gould TD, Manji HK. Endophenotypes in bipolar disorder. Am J Med Genet 2002;114:391-406.

18) Serretti A, Mandelli L. The genetics of bipolar disorder: genome 'hot regions,' genes, new potential candidates and future directions. Mol Psychiatry 2008;13:742-771.

19) Kieseppa T, Partonen T, Haukka J, Kaprio J, Lonnqvist J. High concordance of bipolar I disorder in a nationwide sample of twins. Am J Psychiatry 2004;161:1814-1821.

20) Coon H, Jensen S, Holik J, Hoff M, Myles-Worsley M, Reimherr F, et al. Genomic scan for genes predisposing to schizophrenia. Am J Med Genet 1994;54:59-71.

21) Freedman R, Adler LE, Leonard S. Alternative phenotypes for the complex genetics of schizophrenia. Biol Psychiatry 1999;45:551-558.

22) Fears SC, Service SK, Kremeyer B, Araya C, Araya X, Bejarano J, et al. Multisystem component phenotypes of bipolar disorder for genetic investigations of extended pedigrees. JAMA Psychiatry 2014;71:375-387.

23) Chang SH, Gao L, Li Z, Zhang WN, Du Y Wang J. BDgene: A Genetic Database for Bipolar Disorder and Its Overlap With Schizophrenia and Major Depressive Disorder. Biol Psychiatry 2013.

24) Ghosh S, Collins FS. The geneticist's approach to complex disease. Annu Rev Med 1996;47:333-353.

25) Gow M, Mirembe D, Longwe Z, Pickard BS. A gene trap mutagenesis screen for genes underlying cellular response to the mood stabilizer lithium. J Cell Mol Med 2013;17:657-663.

26) Badner JA, Koller D, Foroud T, Edenberg H, Nurnberger JI, Jr., Zandi PP, et al. Genome-wide linkage analysis of 972 bipolar pedigrees using single-nucleotide polymorphisms. Mol Psychiatry 2012;17:818-826.

27) Pae CU, Drago A, Kim JJ, Patkar AA, Jun TY, De Ronchi D, et al. TAAR6 variations possibly associated with antidepressant response and suicidal behavior. Psychiatry Res 2010;180:20-24.

28) Pae CU, Serretti A, Mandelli L, Yu HS, Patkar AA, Lee CU, et al. Effect of 5-haplotype of dysbindin gene (DTNBP1) polymorphisms for the susceptibility to bipolar I disorder. Am J Med Genet B Neuropsychiatr Genet 2007;144B:701-703.

29) Pae CU, Yu HS, Amann D, Kim JJ, Lee CU, Lee SJ, et al. Association of the trace amine associated receptor 6 (TAAR6) gene with schizophrenia and bipolar disorder in a Korean case control sample. J Psychiatr Res 2008;42:35-40.

30) McGuffin P, Rijsdijk F, Andrew M, Sham P, Katz R Cardno A. The heritability of bipolar affective disorder and the genetic relationship to unipolar depression. Arch Gen Psychiatry 2003;60:497-502.

31) Mann JJ. The serotonergic system in mood disorders and suicidal behaviour. Philos Trans R Soc Lond B Biol Sci 2013;368:20120537.

32) Porcelli S, Fabbri C, Serretti A. Meta-analysis of serotonin transporter gene promoter polymorphism (5-HTTLPR) association with antidepressant efficacy. Eur Neuropsychopharmacol 2012;22:239-258.

33) Jiang HY, Qiao F, Xu XF, Yang Y, Bai Y Jiang LL. Meta-analysis confirms a functional polymorphism (5-HTTLPR) in the serotonin transporter gene conferring risk of bipolar disorder in European populations. Neurosci Lett 2013;549:191-196.

34) Itokawa M, Arinami T, Toru M. Advanced research on dopamine signaling to develop drugs for the treatment of mental disorders: Ser311Cys polymorphisms of the dopamine D2-receptor gene and schizophrenia. J Pharmacol Sci 2010;114:1-5.

35) Pinsonneault JK, Han DD, Burdick KE, Kataki M, Bertolino A, Malhotra AK, et al. Dopamine

transporter gene variant affecting expression in human brain is associated with bipolar disorder. Neuropsychopharmacology 2011;36:1644-1655.

36) Chiesa A, Pae CU, Porcelli S, Han C, Lee SJ, Patkar AA, et al. DAOA variants on diagnosis and response to treatment in patients with major depressive disorder and bipolar disorder. J Int Med Res 2012;40:258-265.

37) Brady RO, Jr., McCarthy JM, Prescot AP, Jensen JE, Cooper AJ, Cohen BM, et al. Brain gamma-aminobutyric acid (GABA) abnormalities in bipolar disorder. Bipolar Disord 2013.

38) Jones I, Jacobsen N, Green EK, Elvidge GP, Owen MJ Craddock N. Evidence for familial cosegregation of major affective disorder and genetic markers flanking the gene for Darier's disease. Mol Psychiatry 2002;7:424-427.

39) Psychiatric GCBDWG. Large-scale genome-wide association analysis of bipolar disorder identifies a new susceptibility locus near ODZ4. Nat Genet 2011;43:977-983.

40) Bloch PJ, Weller AE, Doyle GA, Ferraro TN, Berrettini WH, Hodge R, et al. Association analysis between polymorphisms in the myo-inositol monophosphatase 2 (IMPA2) gene and bipolar disorder. Prog Neuropsychopharmacol Biol Psychiatry 2010;34:1515-1519.

41) Heinrich A, Lourdusamy A, Tzschoppe J, Vollstadt-Klein S, Buhler M, Steiner S, et al. The risk variant in ODZ4 for bipolar disorder impacts on amygdala activation during reward processing. Bipolar Disord 2013;15:440-445.

42) Duff BJ, Macritchie KA, Moorhead TW, Lawrie SM Blackwood DH. Human brain imaging studies of DISC1 in schizophrenia, bipolar disorder and depression: a systematic review. Schizophr Res 2013;147:1-13.

43) Cross-Disorder Group of the Psychiatric Genomics Consortium. Identification of risk loci with shared effects on five major psychiatric disorders: a genome-wide analysis. Lancet 2013;381:1371-1379.

44) Ferreira MA, O'Donovan MC, Meng YA, Jones IR, Ruderfer DM, Jones L, et al. Collaborative genome-wide association analysis supports a role for ANK3 and CACNA1C in bipolar disorder. Nat Genet 2008;40:1056-1058.

45) Krug A, Witt SH, Backes H, Dietsche B, Nieratschker V, Shah NJ, et al. A genome-wide supported variant in CACNA1C influences hippocampal activation during episodic memory encoding and retrieval. Eur Arch Psychiatry Clin Neurosci 2013.

46) Tesli M, Skatun KC, Ousdal OT, Brown AA, Thoresen C, Agartz I, et al. CACNA1C risk variant and amygdala activity in bipolar disorder, schizophrenia and healthy controls. PLoS One 2013;8:e56970.

47) Leussis MP, Berry-Scott EM, Saito M, Jhuang H, de Haan G, Alkan O, et al. The ANK3 bipolar disorder gene regulates psychiatric-related behaviors that are modulated by lithium and stress. Biol Psychiatry 2013;73:683-690.

48) Pandey A, Davis NA, White BC, Pajewski NM, Savitz J, Drevets WC, et al. Epistasis network centrality analysis yields pathway replication across two GWAS cohorts for bipolar disorder. Transl Psychiatry 2012;2:e154.

49) Cichon S, Muhleisen TW, Degenhardt FA, Mattheisen M, Miro X, Strohmaier J, et al. Genome-wide association study identifies genetic variation in neurocan as a susceptibility factor for bipolar disorder. Am J Hum Genet 2011;88:372-381.

50) Perlis RH, Smoller JW, Ferreira MA, McQuillin A, Bass N, Lawrence J, et al. A genomewide association study of response to lithium for prevention of recurrence in bipolar disorder. Am J Psychiatry 2009;166:718-725.

51) Ferguson A, Lyall LM, Ward J, Strawbridge RJ, Cullen B, Graham N, et al. Genome-Wide Association Study of Circadian Rhythmicity in 71,500 UK Biobank Participants and Polygenic Association with Mood Instability. EBioMedicine 2018.

52) Edvardsen J, Torgersen S, Roysamb E, Lygren S, Skre I, Onstad S, et al. Heritability of bipolar spectrum disorders. Unity or heterogeneity? J Affect Disord 2008;106:229-240.

53) Mortensen PB, Mors O, Frydenberg M Ewald H. Head injury as a risk factor for bipolar affective disorder. J Affect Disord 2003;76:79-83.

54) Fass DM, Schroeder FA, Perlis RH Haggarty SJ. Epigenetic mechanisms in mood disorders: Targeting neuroplasticity. Neuroscience 2013.

신경생물학적 소견
Neurobiological aspect

이정구
인제대학교 해운대백병원 및 백인제기념임상의학연구소

양극성장애는 고대 그리스 시절부터 존재가 알려진 질환이었으나 20세기에 들어와서야 질환으로 이해되기 시작하였고 의학적 연구가 이뤄졌다. 그동안 양극성장애의 발생의 원인을 찾으려는 많은 노력들이 있어 왔지만 주로 신경전달물질들을 중심으로 이루어지는 연구들이 대부분이었다. 하지만 최근 들어서 급속하게 발전한 신경분자생물학과 뇌영상 연구 기법에 의해서 양극성장애의 발생에 있어서 신경전달물질 이외에 뇌의 구조적인 변화나 신경신호전달 변화 등의 새로운 소견들이 발견되었다. 이에 양극성장애의 신경생물학적 원인에 대해서 밝혀진 내용들을 살펴보고 앞으로의 연구 방향에 대해서도 알아보고자 하였다.

신경전달물질

양극성장애에서 뇌 신경전달물질의 이상이 관찰되며, 변연계(limbic system)의 생체아민 신경전달물질(biogenic amine neurotransmitter) 시스템의 기능이 훼손되어 있고, 이것이 수면이나 식욕, 각성, 성기능, 내분비 기능, 그리고 공포나 분노와 같은 감정 상태를 조절하는 데 영향을 미친다고 알려져 있다.[1] 신경전달물질은 양극성장애의 발병기전에 대한 연구에서 오랜 기간 동안 중심적인 위치를 차지해왔다.

노르아드레날린(noradrenaline)

양극성장애는 평상시 노르아드레날린 농도는 감소하나 스트레스에 반응해 노르아드레날린 분비가 증가하는 정도는 단극성 우울증에 비해 크며,[2] 조증 삽화 시기에 노르아드레날린의 대사물질인 3-methoxy-4-hydroxyphenylglycol(MHPG)이 상승하는 경향을 보인다.[2] 이와 같은 연구 결과들을 종합해보면 우울증일 때는 노르아드레날린의 분비와 전환이 증가하고 조증 삽화일 때는 노르아드레날린 활동성이 증가한다고 할 수 있으며, 노르아드레날린의 증가는 억제성 α_2-adrenaline 수용체의 낮은 감수성 때문으로 보인다. 하지만 α_2-adrenaline의 낮은 감수성은 공황장애 등의 질환에서도 나타나기 때문에 양극성장애만의 특이한 병태생리를 반영하는 것이 아니라는 주장이 있으며, 노르아드레날린 농도는 우울증이나 조증 삽화와 같은 특정 증후군의 특성이 아닌 불안의 정도를 반영하는 것이라는 의견도 있다. 그러나 lithium에 대한 반응 정도와 MHPG 농도 사이의 관계 등을 볼 때, 노르아드레날린 농도의 변화가 양극성 장애의 임상양상을 어느 정도는 반영한다.[3, 4]

조증 삽화 치료제로 사용되는 lithium의 경우, 뇌 영역에 따라 노르아드레날린 시스템에 서로 다른 영향을 미치며, 시간적으로 볼 때는 두 가지 시스템 효과(bimodal effect)를 나타내는 것으로 알려져 있다.[5] 처음 투약했을 때는 노르아드레날린 자극에 의한 β-adrenaline 수용체의 기능을 저하시키고 이는 cAMP 축적을 억제하는 효과를 가지고, 일정 기간 이상 투여한 시점에서는 시냅스전 α_2-자가수용체에 작용한다. 이때 시냅스전 α_2-자가수용체가 노르아드레날린의 분비를 억제하므로 결과적으로 노르아드레날린의 분비를 증가시키게 된다.[7] carbamazepine은 노르아드레날린의 전환을 감소시키며, 장기간 투약했을 때 β-adrenaline 수용체를 상향조절 하나, adenylate cyclase(AC)의 촉매소단위를 직접 억제함으로써 β-adrenaline 수용체 자극에 의한 AC 활성 자체는 감소한다는 보고가 있다.[8]

세로토닌(serotonin)

세로토닌과 기분 이상의 연관성을 뒷받침하는 증거는 무수히 많으며, 주요우울장애 환자에서 세로토닌의 대사체인 5-hydroxyindoleacetic acid(5-HIAA)의 뇌척수액 농도가 자살이나 공격적 행동이 나타나는 것과 밀접한 상관관계를 보인다.[9] 그러나 이는 주로 단극성 우울증 환자들을 대상으로 한 것으로, 양극성장애를 대상으로 한 연구는 상대적으로 그 수가 적고 세로토닌과의 관련성 역시 단극성 우울증만큼 명확하지는 않다.

조증 삽화 환자의 뇌척수액의 5-HIAA 변화에 대한 연구들은 다양한 결과를 보고하고 있다.[10] 조증 삽화 환자와 우울증 환자의 뇌척수액 5-HIAA 농도가 차이가 없다는 결과도 있으며, 일부에선 뇌척수액 내의 5-HIAA 농도가 우울 증상 자체보다는 자살이나 공격적인 행동의 빈도와의 사이에서 더 높은 상관관계를 보인다는 연구 결과가 있는데, 양극성장애 환자에서는 5-HIAA 농도의 감소가 뚜렷하게 나타나지 않으며, 자살시도를 한 환자의 경우에서도 마찬가지였다.[11, 12] 말초혈액에 대한 연구에서는 특히 우울증 삽화를 겪고 있는 양극성장애 환자의 혈소판에서 세로토닌의 흡수가 감소했다는 보고도 있었다.[13]

도파민(dopamine)

고양감이나 우울감 등 기분 변화뿐 아니라 운동이나 동기 변화 역시 양극성장애에서 관찰되는 주요한 임상 증상이며, 활동성이나 동기의 조절 및 보상 회로에는 중뇌의 도파민 시스템이 중요한 역할을 한다.[1] 우울증의 동물 모델 연구에서 mesocorticolimbic 신경세포의 도파민 분비가 감소했다는 보고가 있으며,[25] 도파민의 대사체인 homovanillic acid(HVA)의 뇌척수액 농도 역시 우울증에서 감소하고 조증 삽화에서 증가한다.[14] 우울한 상태의 환자 중 일부에서 뇌척수액에서 HVA 축적이 감소하는데, 정신운동지연이 동반된 환자에서 초조성 환자에 비해 HVA가 감소하는 정도가 더 크다는 연구 결과 등을 볼 때, 우울증에서 관찰되는 정신운동속도의 변화는 도파민의 이상과 관련이 있을 가능성이 있다.[15] 이외에도 정신병적 우울증인 경우에 HVA의 상대적 증가가 관찰되는 등 정신병적 증상의 동반 여부가 도파민과 관련이 있다는 주장도 있다.[16] 또 도파민 시스템이 다른 신경전달물질에 비해 양극성장애의 우울증에서 조증 삽화로의 전환과 관련이 크다는 결과가 있다.[16] 도파민의 전구체인 L-dopa 투여 시 경조증 삽화가 발생하는 것, 도파민 분비를 촉진하고 흡수를 억제하는 작용을 가진 amphetamine이 양극성장애 환자에서 경조증 삽화를 일으키고 정상인에서도 경조증 삽화와 유사한 상태를 유발하는 것, 도파민 수용체를 차단하는 항정신병약물이 조증 삽화의 치료에 효과가 있다는 사실 등이 모두 이를 뒷받침하고 있다.[17, 18] 한편 양극성장애 환자에게 amphetamine을 투여하고 행동의 변화를 관찰했을 때, 반응의 크기 자체는 정상 대조군보다 유의미하게 컸으나 도파민 분비의 차이는 관찰되지 않는다는 보고가 있다.[19] 이는 양극성장애 환자에서 도파민 분비 자체의 변화보다는 시냅스 후 도파민 반응성이 증가함을 의미한다.[1] 항정신병약물이 조증 삽화의 치료에도 효과적인데, 도파민 효현제(agonist)나 도파민 재흡수 억제제 등 도파민 수용체를 자극하는 약물들은 항우울 효과가 있다고 한다. 기분조절제인 lithium은 도파민 전환을 증가시키고 도파민 생성을 용량 의존적으로 감소시킨다고 알려져 있으며, haloperidol 투여에 의해 수용체가 상향 조절되는 것이나 초감수성이 생기는 것을 차단한다.[20] 조증 삽화의 출현이 도파민 수용체의 초감수성 때문이라는 가설을 고려할 때, 위의 연구들은 lithium이 도파민 시스템에 작용해서 양극성장애에 효과를 나타낸다고 기전을 설명할 수 있다.[21]

gamma-aminobutyric acid(GABA)

GABA는 선조체, 담창구, 대뇌 피질 등 기분을 조절하는 영역에서 신경세포 간 시냅스를 통해 신경전달에 관여하며,[34] 억제성 신경전달물질로 작용한다.[22] 우울증 환자를 대상으로 한 사후 연구에서 GABA를 합성하는 효소인 glutamic acid decarboxylase의 활성이 저하되어 있다는 보고가 있으며, 이것이 GABA 활성의 저하로 연결된다고 생각된다.[23] 그리고 우울증 환자에서 혈장의 GABA 농도가 낮게 측정되며, 조증 삽화 환자의 혈장에서는 GABA 농도가 상승하는 정도는 valproate에 대한 치료반응과 상관관계를 보인다고 한다.[24, 25] 양극성장애 환자에게 기분조절제를 장기간 투여했을 때 GABA 전환률(turnover)이 감소하고 GABA성 신경전달이 강화되며,[38] GABAB 수용체가 전두엽 피질과 해마에서는 상향 조절되고 시상하부에서는 하향 조절되는 것이 관찰된다는 보고가 있다.[26, 27] 그리고 lithium이나 valproate를 투여했을 때 GABA의 기능이 강화된다는 연구 결과도 있었다.[28]

신경내분비 시스템

시상하부-뇌하수체-부신피질 축

시상하부-뇌하수체-부신피질(hypothalamic-pituitary-adrenal, HPA) 축의 활성 증가는 포유류에서 특징적으로 나타나는 스트레스 반응이다(그림 1). 주요우울장애를 비롯한 여러 정신질환에서 HPA 축의 이상이 관찰되며, 양극성장애 환자에서도 corticotrophin releasing hormone(CRH)에 대한 반응이 증가하는 등 HPA 축의 과활성이 보고되는데, 이는 전형적인 조증 삽화보다는 혼재성 삽화 상태나 우울증 삽화와 더 많이 관련된 것으로 생각된다.[29] 또한 조증 삽화에서 증상의 심각도가 신경내분비 이상 정도와 연관되어 있다는 연구 결과나 불안, 불면이나 우울증의 정도가 코티졸의 농도와 밀접하게 관련되어 있다는 보고 등이 양극성장애에서의 HPA 축의 이상을 뒷받침하고 있다.[30] 한편 만성적인 스트레스가 해마, 특히 CA3 신경세포의 위축을 초래하는데, 이는 고농도 글루코코티코이드(glucocorticoid)에 노출될 때도 관찰된다. 이를 볼 때 HPA 축이 스트레스로 인한 해마의 위축에서 중요한 역할을 하고 있음을 알 수 있다. 스트레스와 글루

| 그림 1 | 시상하부-뇌하수체-부신피질 축 |

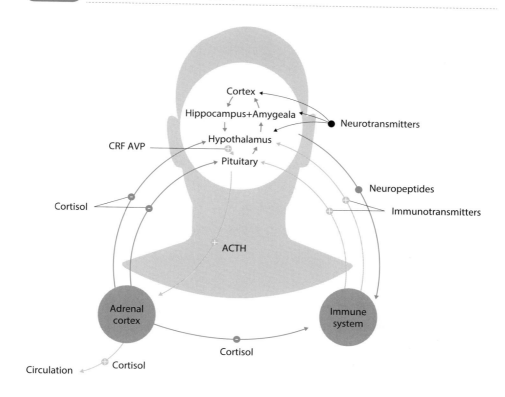

코코티코이드는 직접적인 위축을 일으킬 뿐 아니라 세포 탄력성(cellular resilience)을 떨어뜨려 허혈, 저혈당, 흥분성 아미노산 독성 등 다른 종류의 위해 자극에도 취약하게 만드는 것으로 알려져 있다. 또 만성적인 스트레스에 의해 BDNF의 발현이 감소하는 것에도 HPA 축이 관여한다고 생각된다. 일부에서는 HPA 활성을 저하시켜서 양극성장애의 증상을 경감시키려는 시도를 하고 있는데, 글루코코티코이드 수용체 길항제인 mifepristone(RU-486)을 투약했을 때 HPA 축의 활성이 크지는 않지만 유의미하게 감소했다는 보고가 있어 양극성장애 치료에 사용될 수 있는 가능성을 보여주고 있다.[31]

성선 호르몬과 갑상선 호르몬

성선 호르몬(gonadal hormone) 또한 기분장애의 발병이나 임상양상에 영향을 주는 것으로 알려져 왔다. 주요우울장애의 발병률이 여성에서 더 높으며 양극성장애도 전체적인 유병률은 비슷하나 여성에서 우울증 삽화의 발병 빈도가 더 높은 것은 잘 알려진 사실인데, 성선 호르몬은 이와 같은 성별에 따른 증상의 차이에 일정 부분 기여한다고 생각된다. 그중에서 에스트로겐(estrogen)은 노르아드레날린, 도파민, GABA 등 각종 신경전달물질에 영향을 주며, 신경가소성(neuroplasticity)에도 영향을 미치는 것으로 알려져 있으며, 세로토닌 시스템을 활성화시켜 항우울작용을 한다거나, BDNF 발현을 증가시켜 신경가소성에 관여하고 protein kinase C(PKC) 발현을 증가시켜 세포내 신호전달체계 역시 관여한다는 보고도 있다.[32, 33]

갑상선 호르몬과 기분장애 사이의 관련성 역시 널리 알려진 사실이다. thyroxine(T4) 과 triiodothyronine(T3)을 투약했을 때 약물치료에 반응을 하지 않는 난치성 우울증이나 양극성장애에서 효과가 있음이 잘 알려져 있으며, 갑상선 기능의 정도가 양극성장애의 예후나 임상양상과 관련을 보인다고 한다. 또한 갑상선 호르몬이 신경영양성 효과를 나타낸다고 하며 T3-수용체 복합체가 전사인자나 세포내 신호전달을 담당하는 단백질과 관련된 유전자들의 발현을 증가시킨다고 한다.[34, 35] 갑상선 호르몬은 cAMP response element binding protein(CREB)의 발현을 증가시켜 신경영양성 효과(neurotrophic effect)를 나타낸다고 한다.[36]

세포내 신호전달

지금까지 뇌의 신경전달물질의 변화 그리고 신경내분비계의 변화에 대해서 언급하였다. 이 가설들은 양극성장애의 병태생리적 기전과 기분조절제 및 항우울제 등의 치료기전의 일부를 설명할 수는 있지만, 아직도 상당 부분은 규명이 필요한 상태이다. 예를 들어 기분조절제 투약 후 수 주일이 지나서야 충분한 임상 효과가 나타나는 점은 기존의 단가아민설(monoamine hypothesis)만으로는 설명하기 힘들며, 신경전달물질과 신경내분비계의 변화는 우울증이나 조증 삽화의 상태의존적 소견일 뿐 양극성장애 자체의 특징적 소견이 아닐 가능성이 많다.[37] 그리고 양극성장애의 특징적 임상소견인 주기성과 다양한 임상양상을 설명하기 위해서는 새로운 모델이 더욱 필요하다. 이에 최근에는 이차전달물질(second messenger)과 같은 세포내 신호전달체계(intracellular signal transduction system)의 변화에 대한 연구들이 진행되고 있다.

신경세포막의 변화

Na-K ATPase는 세포내 이온 농도를 조절해 세포막을 기준으로 전기화학적 전위차를 유지하는 역할을 하는데, 급성 조증 삽화 환자의 말초혈액 세포에서 Na-K ATPase 농도가 감소하고, 세포내 Na와 Ca의 농도가 증가한 것이 보고되었다.[38] 설치류를 대상으로 한 실험에서 Na-K ATPase 억제제인 ouabain을 투여했을 때 양극성장애의 임상적 특성인 활동성의 증가와 감소가 용량에 따라 나타나는 것이 관찰되었으며, 이런 활동성 변화가 extracellular signal-regulated kinase(ERK) 경로의 활성화와 관련이 있음이 보고되었다.[39, 40]

한편 세포막의 기능이나 투과성 등은 서로 다른 인지질들이 세포막에서 차지하고 있는 위치나 농도에 따라 달라지는데, 신경세포를 대상으로 한 생체실험이 제한되어 있기 때문에 신경세포의 세포막과 유사한 특성을 가진 적혈구나 혈소판이 세포내 신호전달 체계를 연구하기 위해 많이 이용되고 있다.[41] 양극성장애 환자에서 적혈구와 림프구 세포막의 소수성 영역(hydrophobic region)의 변화가 관찰되었고,[42] phosphatidylcholine 농도의 이상이 조현병과 조증 삽화 환자에게서 관찰되었다.[43]

G단백

대부분의 신경전달물질이나 신경조절물질은 G단백과 연결되어 세포 내에서 특정 효과를 나타낸다. G단백은 α, β, γ의 아단위(subunit)로 구성되며 세포내 효소를 자극하거나 억제하는데, 각각을 G_s, G_i라고 일컫는다. 세포내 효소 중 adenylate cylase(AC)는 adenosine 3',5'-monophosphate(cAMP)를, phospholipase C(PLC)는 diacylglycerol(DAG)과 같은 이차 신호전달물질을 생성한다. cAMP와 DAG는 또다시 PKA와 protein kinase C(PKC)를 각각 활성화시키며, PKA와 PKC는 기질 단백질들을 인산화시켜 세포내 대사를 조절하거나 전사인자(transcription factor)를 활성화시킨다. PKA는 CREB의 활성화와 주로 관련되어 있으며 CREB은 다시 각종 유전자의 발현에 작용한다. PKC는 myristolated alanine-rich C kinase substrate(MARCKS)와 같은 각종 신호전달체계에 영향을 준다고 알려져 있다. 항우울제나 기분조절제의 장기적인 임상 효과가 나타나는 것은 각종 신호전달체계의 활성이나 기능 변화로 인해 유전자의 발현과 같은 이차적인 변화가 생기는 것으로 추정된다.[1]

Gs/cAMP 생성 신호전달 경로

G단백의 변화와 양극성장애의 발병 사이의 관련성을 뒷받침하는 연구 결과는 다수가 있다. 약물치료를 받지 않은 양극성장애 환자의 말초 혈액세포에서 특정 $G_s\alpha$ 아형의 증가가 관찰되며, 이때 $G_s\alpha$ mRNA가 증가하지 않은 것을 보면 $G_s\alpha$의 증가는 전사 후 과정에만 영향을 주는 것으로 보인다.[44, 45] 약물을 복용하지 않았던 조증 삽화 환자의 백혈구에서는 G단백 기능의 증가도 관찰되며, 반대로 양극성 우울증 삽화에는 백혈구의 $G_s\alpha$와 $G_i\alpha$가 모두 감소한다는 연구 결과도 있다.[46, 47]

사후 연구에서 $G_s\alpha$와 연결된 AC의 활성이 측두엽과 후두엽에서 증가했다는 보고도 있으며, 이것이 결국 cAMP를 통해 양극성장애 환자의 세포내 신호전달체계에 영향을 미친다고 볼 수 있다.[48] 한편 우울한 환자에서 β adrenaline성 자극에 대한 cAMP의 반응이 감소되어 있고, 양극성장애 환자의 측두엽과 후두엽 피질에서 forskolin 자극에 의한 cAMP의 생성이 증가했다는 보고가 있다.[49, 50]

PKA의 변화는 양극성장애 환자에서 cAMP 활성의 증가를 반영한다고 생각할 수 있는데, PKA의 조절단위(regulatory subunit)가 감소한 것이 사후 뇌 연구에서 관찰된다.[51] 양극성장애 환자의 측두엽 피질에서 PKA 촉매 활성이 강화되었다는 보고도 있으며, 안정된 상태의 양극성장애 환자의 혈소판에서는 cAMP 자극에 의한 내인성 인산화(cAMP-stimulated endogenous phosphorylation)에 이상이 있다는 보고도 있다.[52, 53]

PKA의 활성이 기분 상태의 변화를 유발하는 약물, 전기경련요법, 기분조절제 등에 의해 영향을 받는다고 알려졌다.[54] 자극이 없는 기저 상태에서 lithium은 $G_i\alpha$가 AC와 결합하는 것을 분리시키고 결과적으로 cAMP 생성을 증가시키지만, 반대로 β-adrenaline 자극에 의해 $G_s\alpha$가 AC와 연결되어서 cAMP 축적되는 상황에서는 lithium이 $G_s\alpha$와 AC를 서로 분리시켜 cAMP의 축적을 억제하게 된다.[55] 즉 lithium이 cAMP에 대해 보이는 이러한 이중작용은, 양극성장애의 조증 삽화와 우울증 삽화에 모두 치료 효과를 나타낼 수 있음을 의미한다. 또한 사후 환자의 측두엽에서 PKA 활성의 증가가 관찰되는 것도 lithium 치료 후 cAMP가 증가하는 사실과 부합한다.[56]

포스파티딜이노시톨 경로

포스파티딜이노시톨(phosphophatidylinositol, PI) 경로를 살펴보면, $G_s\alpha$가 AC를 통해 cAMP를 조절하는 것처럼, $G\alpha_{q/11}$이 phophoinositol을 조절하면서 세포내 신호전달체계에 영향을 미치게 된다. 양극성장애 환자의 사후 연구에서 후두엽의 $G\alpha_{q/11}$이 감소한 것이 관찰되었고, 전두엽에서는 $G\alpha_{q/11}$의 결합이 증가한 것이 관찰되었다.[57, 58] 한편 조증 삽화 환자의 혈소판 세포막에서는 phosphatidylinositol 4,5-bisphophate(PIP_2)의 증가가 관찰되었는데, 이는 조증 삽화 동안 PI 경로의 기능이 과도하게 증가한 것을 시사한다.[59, 60] 그리고 양극성장애 환자에게서는 PI 경로의 전구물질인 myoinositol을 형성하는 효소인 inositol monophosphatase는 정상이나 myoinositol은 낮게 측정된다는 보고도 있다.[61] 또한 양극성장애 환자의 사후 연구에서 전두엽, 측두엽, 후두엽 피질의 PLC 기능이 정상이라는 연구 보고도 있으며, 약물을 복용하지 않은 조증 삽화 환자에서 혈소판 세포막의 PKC 활성이 정상 대조군이나 조현병 환자에 비해 증가되어 있다는 보고도 있다.[62, 63] 사후 연구에서는 PKC 활성의 증가, α, γ, ε PKC 동질효소(isozyme)의 증가, 전두엽에서의 ε PKC의 감소 등이 보고되고 있다.[64] 앞서 PKA가 여러 약물에 영향을 받았던 것처럼, 증가된 PKC 활성도 기분조절제에 의해서 정상화된다.[65]

양극성장애에서 lithium의 약리작용을 살펴보면, PI 경로에서 중요한 역할을 하는 두 효소인 inositol-1-phosphatase와 polyphosphatase-1-phosphatase를 비경쟁적으로 강력하게 억제한다.[66] 이 효소들이 억제될 때 유리 이노시톨(free inositol)은 고갈되고, 결과적으로 PI 경로를 구성하는 물질의 합성이 감소해, 특정 세포내 전달물질을 감소시키게 된다.[67] 조증 삽화를 신경세포 내의 특정 기능이 과활성화가 된 상태로 생각한다면, lithium이 가지는 기분조절제로서의 효과가 조증 삽화의 이런 특성과 관련이 있다고 할 수 있겠다. 또 lithium은 PI 신호체계를 변화시키고 이 변화가 PKC에 의해 매개되는 경로와 유전자 발현을 조절함으로써, 장기적인 변화까지 유도하게 된다. lithium을 장기간 투약했을 때는 전두엽 피질과 해마의 특정 PKC 동질효소를 감소시킨다는 보고가 있으며, lithium이 양극성장애 환자의 혈소판에서 세포질 PKC-α와 세포막 PIP_2 농도를 감소시킨다는 보고도 있다.[66, 67] PKC의 기질인 MARCKS는 여러 세포내 과정에 관여하는 물질로서 시냅스 가소성(synaptic plasticity)에도 관여하는데, 4주간 lithium 투여로 해마에서의 MARCKS 발현이 유의미하게 감소한다는 연구 결과도 있다.[67] 또 lithium이 특정 전사인자에 작용하는 데 있어서 PKC 활성이 중요한 역할을 차지한다는 보고도 있다.[68]

한편 분자구조가 상이한 lithium과 valproate가 양극성장애에 효과가 있고, 또 두 가지 약물 모두가 PKC에 작용한다는 연구 결과가 보고되면서, PKC를 좀 더 선택적으로 억제하는 약물들이 양극성장애의 치료제로서 어떤 효능을 가지는지에 대한 연구들이 시도되어 왔다. 그중 PKC 억제제인 tamoxifen의 경우, 동물실험에서 항조증 가능성이 입증되었고 최근엔 조증 삽화 환자를 대상으로 한 이중맹검 위약대조 임상 연구에서 tamoxifen이 lithium이나 valproate의 효과와 맞먹을 정도의 우수한 치료 효과를 보였다.[69, 70] 따라서 PKC를 표적으로 한 신약 개발이 계속해서 시도될 것으로 보인다.

한편 양극성장애에서 PI 경로가 과활성되어 있다는 가설을 뒷받침하는 또 다른 증거로 세포내 Ca 농도의 증가가 있다. 약물치료를 받지 않은 양극성장애 환자의 말초혈액 세포에서 기저 Ca 농도가 상승한다는 보고가 있다.[71] 또 약물을 복용하지 않는 환자에서는 자극에 대한 Ca의 반응성이 증가해 있었으나 lithium을 복용하는 안정된 환자에서는 반응성이 감소한다는 보고도 있다.[72, 73]

신경가소성

최근에는 신경가소성과 신경보호작용(neuroprotective effect) 기능에 초점을 맞춘 연구가 다수 시행되고 있다. 신경가소성은 인간의 뇌가 환경과 상호작용하면서 뇌를 구성하고 있는 신경 네트워크에 일어나는 각종 변화를 총칭하는 개념이라 할 수 있으며, 시냅스 재구조화(synaptic remodeling), 장기강화(long-term potentiation), 축삭발아(axon spouting), 시냅스생성(synaptogenesis), 신경생성(neurogenesis) 등이 모두 포함된다.[74] 신경보호작용은 허혈이나 자유 라디칼(free radicals), 과도한 글루타메이트 등의 해로운 자극에 의한 신경세포의 세포사를 차단하는 작용을 말한다. lithium을 장기간 투여했을 때, NMDA에 의한 흥분성 독성이 차단되어 신경세포의 자멸사(apoptosis)를 막는다는 보고가 있다.[75] 이런 작용에는 CREB과 같은 전사인자, BDNF와 같은 신경영양성인자, 그리고 Glycogen synthase kinase-3(GSK-3), mitogen activated protein kinase(MAPK)와 같은 인산화 효소 등이 관여하는 것으로 알려져 있다.

cAMP response element binding protein(CREB)

CREB은 전사인자 중의 하나로서, 각종 유전자의 전사나 BDNF 기능에 영향을 주는 등 신경세포의 장기적인 기능 조절에 관여한다. CREB이 항우울제 치료에 의해서 상향 조절된다는 보고가 있으며, lithium은 뇌의 특정 영역에 따라서 CREB의 발현을 감소시키기도 하고[89] 증가시키기도 한다.[76, 78] lithium과는 관련 부위의 차이가 다소 있지만, valproate 역시 CREB의 발현을 증가시키는 역할을 한다.[79]

Brain derived neurotrophic factor(BDNF)

성장인자 중 하나인 BDNF는 신경세포의 생존과 기능 유지에 필수적인 요소로 TrkB 수용체에 작용하여 MAPK 신호전달계를 활성화시키고, bcl-2와 같은 신경보호 단백질 발현을 증가시킨다.[80] BDNF는 CREB의 주된 표적 중의 하나인데, 항우울제 치료에 의해서 CREB와 BDNF가 증가되는 것이 관찰되었다. 이때 발현이 증가되는 정도와 동물의 우울증 행동 모델에서 관찰되는 행동의 변화와도 일치하는 것으로 보고되고 있다. 이외에도 전기경련치료(electro-convulsive therapy, ECT) 후 BDNF가 증가하고, 동물실험에서 BDNF를 주입했을 때 항우울제와 유사한 특성을 보인다는 보고도 있었다. 한편 BDNF를 비롯한 여러 내인성 성장인자는 MAPK 신호전달계를 자극하며, 이는 다시 bcl-2나 BDNF의 전사나 활성을 증가시키게 되는데, lithium과 valproate가 이 과정에서 작용하는 것으로 생각되고 있다.[81] BDNF 유전자의 다형성이 양극성장애 환자의 인지기능이나 발병나이에 영향을 준다는 보고가 있어 이에 대한 연구도 활발하게 진행되고 있다.

Glycogen synthase kinase-3(GSK-3)

GSK-3는 여러 세포내 신호전달 경로를 매개하는 역할을 하는 효소로 신경가소성이나 세포 탄력성의 조절에 중요한 역할을 한다. GSK-3는 인산화를 통해 전사인자나 세포골격을 형성하는 단백질을 불활성화시키며 축삭의 미세소관(axonal microtubule), 시냅스 소포(synaptic vesicle)의 기능 등에도 작용한다. GSK-3의 활성화가 자멸사를 촉진시키며,[94] GSK-3의 억제는 자멸사를 막는 효과를 보인다.[82, 83] 또한 저산소증과 같은 자극에 의해 자멸사가 일어나는 기전에도 관여하는 것으로 알려져 있다.[83] GSK-3는 앞서 언급된 PKC와 BDNF에 의해서 활성이 억제되며, p53을 통해 bcl-2 단백질의 발현을 조절하고, CREB을 통해 전사를 억제한다고 한다.[81] 이처럼 GSK-3는 수많은 신호전달체계의 조절에 관여하고 있으며, BDNF와 같은 여러 성장인자들이 가지는 신경보호 작용 중 일부분도 GSK-3로 인한 것이라 생각된다. 때문에 GSK-3를 억제시키는 약물이 양극성장애의 치료에 효과를 가질 것이라고 생각되며, 실제로 lithium이나 valproate가 GSK-3를 억제시키는 것으로 알려져 있다. 그리고 최근에 양극성장애의 치료에 사용되고 있는 olanzapine과 같은 비정형 항정신병약물도 GSK-3를 억제한다고 밝혀졌다.[84]

이처럼 lithium과 valproate 등의 약물은 다양한 세포내 신호전달체계나 유전자의 전사인자 등에 작용해서 신경보호작용을 나타내며 이는 각종 영상 연구를 통해서도 확인되고 있다. 가족력을 가진 양극성장애 환자에서 전전두엽 부피가 40% 정도 감소하는 것이 보고되었는데, 장기간 lithium 치료를 받은 양극성장애 환자에서는 전전두엽의 부피 감소가 관찰되지 않았으며, 정상 대조군의 부피와 비슷한 양상을 보였다.[85, 86]

일주기성 리듬(circardian rhythm)

포유류의 일주기성 리듬은 시각교차위핵(suprachiasmatic nucleus, SCN)이 담당하고 있는 것으로 생각되며, 운동성, 수면-각성주기, 체온, 호르몬 분비와 같은 생리학적 조절에 관여한다. 기분장애 특히 양극성장애에서 질환 자체가 가진 주기성 때문에 일주기성 리듬의 조절 이상이 양극성장애의 발생이나 임상양상과 관련성을 보일 것이라 생각되어 왔다. 일주기성 리듬과 양극성장애 사이의 관계는 동물 모델에서 확인되어 왔고, 인간을 대상으로 한 연구에서도 1형 양극성장애 환자군에서 수면주기가 지연되어 있다는 보고 등이 있었다.[87] 약물치료를 받고 있는 환자들을 대상으로 한 연구이기 때문에 수면주기의 지연이 약물에 의한 변화일 가능성도 있으나, 실제 임상 환자군에서 일주기성 리듬의 변화가 나타나는 것을 확인했다는 점에서 의의가 있다. 또 수면박탈이 단극성 혹은 양극성 우울증에서 치료 효과를 보이고, 양극성장애 환자에서는 조증 삽화를 유발시킨다는 사실이 확인된 바 있다.[88, 89] 수면주기의 변화는 뇌에 존재하는 도파민 수용체와 관련 있는 것으로 여겨지며, 수면박탈로 인해 신경가소성과 관련된 유전자들의 발현이 증가한다는 연구 결과도 있다.[90]

한편 이러한 일주기성 리듬의 조절에는 CLOCK, BMAL1, mPer1, mPer2, mPer3, mTim, mCry1, mCry2 등과 같은 여러 시계 유전자들(clock genes)이 중요한 역할을 담당하고 있다. 일주기성 유전자가 양극성장애의 모델이 되는 cocaine 유도 행동감작 등의 기전과 관련되어 있다는 보고가 있다.[91] 또한 mPer1과 mPer2 mutant mice를 이용한 연구에서도 조건 장소 선호(conditioned place preference)와 같은 행동이 증가하거나 감소하는데, 이것 역시 시계 유전자들에 의해 조절된다는 사실도 밝혀졌다. lithium은 일주기성 리듬의 상후진(phase delay)을 가져온다고 하며 SCN 세포에 직접 작용하여 리듬을 연장시킨다는 연구 결과도 있다.[92]

후성유전적 기전

장기간 지속되는 단백질 발현과 기능의 변화를 유발시킬 수 있는 여러 가지 기전들 중에서 최근에는 후성유전적(epigenetic) 기전이 우울증과 기분장애의 병태생리에 미치는 영향에 대한 연구들이 이루어지고 있다.[93] 후성유전적 변화에는 DNA의 공유결합을 변화시키는 DNA 메틸화(DNA methylation), 히스톤 단백질의 N 말단을 아세틸화(acetylation) 혹은 메틸화를 시킨 후 번역 수정과 비전사적 유전자 발현 억제가 있다.[93] 이러한 장기간 발생하는 후성유전적 변화는 우울증에서 잘 설명이 되지 않던 현상들을 설명해줄 수 있다. 일란성 쌍둥이에서 우울증의 발생률이 일치하지 않는 것, 근친 교배한 설치류의 우울증 동물 모델에서도 서로 다른 증상들이 나타나는 것, 만성적으로 재발을 하는 것과 여성에게서 우울증의 유병률이 높은 것들이 후성유전적 변화로 설명이 가능하다.[94]

후성유전적 변화는 DNA 염기서열의 변화가 일어나지 않고도 환경적 영향이 유전자 기능을 변화를 일으킬 수 있음을 의미한다. 그리고 우울증에 대한 많은 상관 연구에서 결과들이 일치하지 않는 이유도 후성유전적 변화로 설명이 가능하다. DNA 염기서열의 다형성이 우울증의 병태생리에 미치는 영향은 그리 크지 않을 수도 있다. 후성유전적 변화들이 많은 정신질환에 연관이 있다고는 하지만 주로 두 가지의 크로마틴(chromatin) 단백질 변형 과정에 초점이 맞추어져 있다.

하나는 DNA 메틸화 과정으로 DNA 메틸화 과정은 어머니의 행동이 성인이 된 자녀의 정서발달 과정에 중요한 영향을 미친다. 어미 쥐에게서 젖을 잘 먹지 못하고 돌봄을 잘 받지 못한 새끼 쥐들은 충분한 모성 행동을 받으면서 자란 새끼 쥐에 비해 성체가 되면, 불안행동이 증가하고 해마에서 글루코코티코이드 수용체(glucocorticoid receptor, GR)의 발현 감소가 관찰된다. 이러한 GR의 발현 감소는 GR 유전자 촉진제에 의해 메틸화가 증가되어 유전자 발현이 감소된 것이다. 이렇게 오랜 기간 동안 지속되는 '분자적 상처'들은 태어나서 첫 1주일 동안 발생되고 어미 쥐를 바꿔버리면 효과적으로 없어지게 된다. 그리고 이러한 메틸화의 증가는 히스톤 단백질 탈아세틸라제(histone deacetylase, HDAC) 억제제를 투여하면 감소되는 것을 확인하였다. 다른 하나는 단백질 전사를 활성시키고 크로마틴을 느슨하게 풀어주는 과정인 히스톤 아세틸화가 항우울제 작용에 중요한 기질로 생각된다. 해마에서 BDNF 유전자 촉진부위에 히스톤 아세틸화를 증가시키는 것이 사회적 좌절에 의해서 발생하는 우울증의 증상을 유발시킨다고 한다(그림 2). 히스톤 아세틸화 억제제들이 사회적 좌절과 다른 행동 분석의 결과에 의하면 항우울제와 유사한 효과를 보이는 것으로 나타났다.[95] 최근에는 크로마틴 조절 단백질의 다양성에 대한 정보와 유전정보를 밝혀내려고 하고 있다. 이러한 연구 결과들에 대해서 임상적으로 적용을 할 때 임상의가 주의해야 할 점은 이 모든 연구 결과들이 in vivo 실험으로 이루어진 것이며 인체를 대상으로 시행한 연구가 아니라는 것이다. 하지만 이러한 연구 결과들을 통해서 인체에서 지역 특성적인 크로마틴이 우울증과 항우울제의 치료반응과 연관이 있다고 생각해볼 수 있게 되었다.

그림 2   후성유전학적 기전

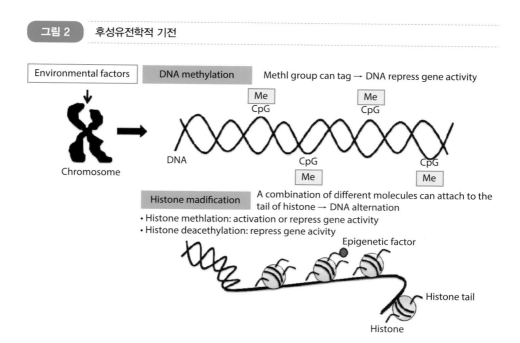

통합적인 관점에서의 양극성장애의 신경 생물학적 발생원인

지금까지 이야기한 양극성장애의 생물학적 발생 원인에 대한 이야기를 종합해보면, 양극성장애는 다인성의 생물학적 발생의 원인을 가지는 질환이며 각각의 생물학적 발생의 원인에 의해서 기분 삽화, 치료반응 그리고 신체질환 등이 양극성장애에서 나타나는 원인이 된다고 통합적인 관점에서 추정할 수 있다(그림 3).

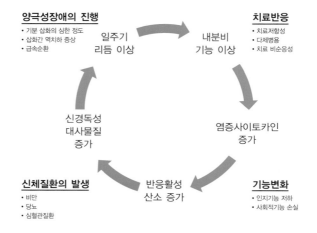

그림 3   통합적 관점에서 양극성장애의 신경생물학적 발생 원인

향후 연구 방향

양극성장애의 신경생물학에 대한 지속적인 연구는 양극성장애에 대한 더 나은 이해를 위한 가장 앞선 방법이다. 양극성장애에서 분자 시계 유전자의 기능장애는 반복적으로 보이고 일주기 유전자의 이상은 기분장애의 삽화가 발생한 경우만 아니라 증상이 관해 상태에 있을 때도 나타난다. 앞으로의 연구는 이러한 일주기 유전자의 이상이 어떻게 조정되는지를 밝혀야 하고 유전자 이상을 조절하여 기분조절을 가능할 수 있게 해야 한다. 그리고 신경가소성에 연관된 단백질과 유전자를 밝혀내고 이들의 발현을 조절하여 기분 이상을 조절할 수 있어야 한다. 결국 양극성장애의 신경생물학적 원인을 밝히는 이유는 양극성장애의 맞춤치료와 표적치료를 가능하게 하는 바탕을 제공하고자 함이라고 할 수 있다(그림 4).

그림 4   양극성장애의 맞춤치료

양극성장애 환자

양극성장애 환자의 피부세포 채취 → 피부세포를 만능줄기세포로 역분화 → 양극성장애 환자의 신경세포 생산 → 맞춤치료에 이용

참고문헌

1) Goodwin FK, Jamison KR. Manic-Depressive Illness. 1st ed. New York. Oxford University Press;1990. p.402-502.

2) Potter WZ, Manji HK. Catecholamines in depression: an update. Clin Chem 1994;40:279-287.

3) Nutt DJ. Altered central alpha 2-adrenoceptor sensitivity in panic disorder. Arch Gen Psychiatry 1989;46:165-169.

4) Swann AC, Stokes PE, Secunda SK, Maas JW, Bowden CL, Berman N, et al. Depressive mania versus agitated depression: biogenic amine and hypothalamic-pituitary-adrenocortical function. Biol Psychiatry 1994;35:803-813.

5) Lenox RH, Hahn CG. Overview of the mechanism of action of lithium in the brain: fifty-year update. J Clin Psychiatry 2000;61 Suppl 9:S5-15.

6) Chen G, Pan B, Hawver DB, Wright CB, Potter WZ, Manji HK. Attenuation of cyclic AMP production by carbamazepine. J Neurochem 1996;67:2079-2086.

7) Oquendo MA, Mann JJ. The biology of impulsivity and suicidality. Psychiatr Clin North Am 2000;23:11-25.

8) Shiah IS, Yatham LN. Serotonin in mania and in the mechanism of action of mood stabilizers: a review of clinical studies. Bipolar Disord 2000;2:77-92.

9) Goodwin FK. Suicide, aggression, and depression. A theoretical framework for future research. Ann N Y Acad Sci 1986;487:351-355.

10) Meltzer HY, Arora RC, Baber R, Tricou BJ. Serotonin uptake in blood platelets of psychiatric patients. Arch Gen Psychiatry 1981;38:1322-1326.

11) Asberg M, Nordstrom P, Traskman-Bendz L. Cerebrospinal fluid studies in suicide. An overview. Ann N Y Acad Sci 1986;487:243-255.

12) Hughes JH, Dunne F, Young AH. Effects of acute tryptophan depletion on mood and suicidal ideation in bipolar patients symptomatically stable on lithium. Br J Psychiatry 2000;177:447-451.

13) Wilner P. Dopaminergic mechanisms in depression and mania. In: Bloom FE, Kupfer DJ, editors. Psychopharmacology: The Fourth Generation of Progress. New York: Raven;1995. p.921-931.

14) Manji HK, Potter WZ. Monoaminergic systems. In: Young LT, Joffe RT, editors. Bipolar Disorder: Biological Models and Their Clinical Application. New York: Marcel Dekker;1997.

p.1-40.

15) Shah PJ, Ogilvie AD, Goodwin GM, Ebmeier KP. Clinical and psychometric correlates of dopamine D2 binding in depression. Psychol Med 1997;27:1247-1256.

16) Lykouras L, Markianos M, Hatzimanolis J, Malliaras D, Stefanis C. Association of biogenic amine metabolites with symptomatology in delusional (psychotic) and nondelusional depressed patients. Prog Neuropsychopharmacol Biol Psychiatry 1995;19:877-887.

17) Murphy DL, Brodie HK, Goodwin FK, Bunney WE, Jr. Regular induction of hypomania by L-dopa in "bipolar" manic-depressive patients. Nature 1971;229:135-136.

18) Jacobs D, Silverstone T. Dextroamphetamine-induced arousal in human subjects as a model for mania. Psychol Med 1986;16:323-329.

19) Anand A, Darnell A, Miller HL, Berman RM, Cappiello A, Oren DA, et al. Effect of catecholamine depletion on lithium-induced long-term remission of bipolar disorder. Biol Psychiatry 1999;45:972-978.

20) Berggren U, Ahlenius S, Engel J. Effects of acute lithium administration on conditioned avoidance behavior and monoamine synthesis in rats. J Neural Transm 1980;47:1-10.

21) Bunney WE, Jr., Garland BL. Possible receptor effects of chronic lithium administration. Neuropharmacology 1983;22:367-372.

22) Murakami T, Okada M, Kawata Y, Zhu G, Kamata A, Kaneko S. Determination of effects of antiepileptic drugs on SNAREs-mediated hippocampal monoamine release using in vivo microdialysis. Br J Pharmacol 2001;134:507-520.

23) Massat I, Souery D, Mendlewicz J. The GABAergic Hypothesis of Mood Disorders. In: Soares JC ,Gershon S, editors. Bipolar Disorders: Basic Mechanisms and Therapeutic Implications. New York: Marcel Dekker;2000. p.143-165.

24) Shiah IS, Yatham LN. GABA function in mood disorders: an update and critical review. Life Sci 1998;63:1289-1303.

25) Prosser J, Hughes CW, Sheikha S, Kowatch RA, Kramer GL, Rosenbarger N, et al. Plasma GABA in children and adolescents with mood, behavior, and comorbid mood and behavior disorders: a preliminary study. J Child Adolesc Psychopharmacol 1997;7:181-199.

26) Petty F, Rush AJ, Davis JM, Calabrese JR, Kimmel SE, Kramer GL, et al. Plasma GABA predicts acute response to divalproex in mania. Biol Psychiatry 1996;39:278-284.

27) Post RM, Weiss SR, Chuang DM. Mechanisms of action of anticonvulsants in affective disorders: comparisons with lithium. J Clin Psychopharmacol 1992;12 Suppl 1:S23-35.

28) Motohashi N. GABA receptor alterations after chronic lithium administration. Comparison with carbamazepine and sodium valproate. Prog Neuropsychopharmacol Biol Psychiatry 1992;16:571-579.

29) Vieta E, Martinez-De-Osaba MJ, Colom F, Martinez-Aran A, Benabarre A, Gasto C. Enhanced corticotropin response to corticotropin-releasing hormone as a predictor of mania in euthymic bipolar patients. Psychol Med 1999;29:971-978.

30) Rybakowski JK, Twardowska K. The dexamethasone/corticotropin-releasing hormone test in depression in bipolar and unipolar affective illness. J Psychiatr Res 1999;33:363-370.

31) Gallagher P, Watson S, Elizabeth Dye C, Young AH, Nicol Ferrier I. Persistent effects of mifepristone (RU-486) on cortisol levels in bipolar disorder and schizophrenia. J Psychiatr Res.

2008;42:1037-1041.

32) Halbreich U, Kahn LS. Role of estrogen in the etiology and treatment of mood disorders. CNS Drugs 2001;15:797-817.

33) Payne JL. The role of estrogen in mood disorders in women. Int Rev Psychiatry 2003;15:280-290.

34) Bauer M, London ED, Silverman DH, Rasgon N, Kirchheiner J, Whybrow PC. Thyroid, brain and mood modulation in affective disorder: insights from molecular research and functional brain imaging. Pharmacopsychiatry 2003;36 Suppl 3:S215-221.

35) Carlson PJ, Singh JB, Zarate CA, Jr., Drevets WC, Manji HK. Neural circuitry and neuroplasticity in mood disorders: insights for novel therapeutic targets. NeuroRx 2006;3:22-41.

36) Manji HK, Quiroz JA, Payne JL, Singh J, Lopes BP, Viegas JS, et al. The underlying neurobiology of bipolar disorder. World Psychiatry 2003;2:136-146.

37) Cuellar AK, Johnson SL, Winters R. Distinctions between bipolar and unipolar depression. Clin Psychol Rev 2005;25:307-339.

38) Looney SW, el-Mallakh RS. Meta-analysis of erythrocyte Na,K-ATPase activity in bipolar illness. Depress Anxiety 1997;5:53-65.

39) El-Mallakh RS, El-Masri MA, Huff MO, Li XP, Decker S, Levy RS. Intracerebroventricular administration of ouabain as a model of mania in rats. Bipolar Disord 2003;5:362-365.

40) Kim SH, Yub H-S, Park HG, Jeon WJ, Kang UG, Ahn YM, et al. Dose-dependent effect of intracerebroventricular injection of ouabain on the phosphorylation of the MEK1/2-ERK1/2-p90RSK pathway in the rat brain related to locomotor activity. Prog Neuropsychopharmacol Biol Psychiatry. 2008;32:1637-1642.

41) Mallinger AG. Cell membrane abnormalities in bipolar disorder. In: Soares JC, Gershon S, editors. Bipolar Disorders: Basic Mechanisms and Therapeutic Implications. New York: Marcel Dekker;2000. p.167-177.

42) Pettegrew JW, Nichols JS, Minshew NJ, Rush AJ, Stewart RM. Membrane biophysical studies of lymphocytes and erythrocytes in manic-depressive illness. J Affect Disord 1982;4:237-247.

43) Hitzemann RJ, Hirschowitz J, Garver DL. On the physical properties of red cell ghost membranes in the affective disorders and psychoses. A fluorescence polarization study. J Affect Disord 1986;10:227-232.

44) Manji HK, Chen G, Shimon H, Hsiao JK, Potter WZ, Belmaker RH. Guanine nucleotide-binding proteins in bipolar affective disorder. Effects of long-term lithium treatment. Arch Gen Psychiatry 1995;52:135-144.

45) Young LT, Asghari V, Li PP, Kish SJ, Fahnestock M, Warsh JJ. Stimulatory G-protein alpha-subunit mRNA levels are not increased in autopsied cerebral cortex from patients with bipolar disorder. Brain Res Mol Brain Res 1996;42:45-50.

46) Schreiber G, Avissar S, Danon A, Belmaker RH. Hyperfunctional G proteins in mononuclear leukocytes of patients with mania. Biol Psychiatry 1991;29:273-280.

47) Avissar S, Nechamkin Y, Barki-Harrington L, Roitman G, Schreiber G. Differential G protein measures in mononuclear leukocytes of patients with bipolar mood disorder are state dependent. J Affect Disord 1997;43:85-93.

48) Young LT, Li PP, Kish SJ, Siu KP, Kamble A, Hornykiewicz O, et al. Cerebral cortex Gs alpha

protein levels and forskolin-stimulated cyclic AMP formation are increased in bipolar affective disorder. J Neurochem 1993;61:890-898.

49) Mann JJ, Brown RP, Halper JP, Sweeney JA, Kocsis JH, Stokes PE, et al. Reduced sensitivity of lymphocyte beta-adrenergic receptors in patients with endogenous depression and psychomotor agitation. N Engl J Med 1985;313:715-720.

50) Rahman S, Li PP, Young LT, Kofman O, Kish SJ, Warsh JJ. Reduced [3H]cyclic AMP binding in postmortem brain from subjects with bipolar affective disorder. J Neurochem 1997;68:297-304.

51) Fields A, Li PP, Kish SJ ,Warsh JJ. Increased cyclic AMP-dependent protein kinase activity in postmortem brain from patients with bipolar affective disorder. J Neurochem 1999;73:1704-1710.

52) Perez J, Zanardi R, Mori S, Gasperini M, Smeraldi E, Racagni G. Abnormalities of cAMP-dependent endogenous phosphorylation in platelets from patients with bipolar disorder. Am J Psychiatry 1995;152:1204-1206.

53) Nestler EJ, Terwilliger RZ, Duman RS. Chronic antidepressant administration alters the subcellular distribution of cyclic AMP-dependent protein kinase in rat frontal cortex. J Neurochem 1989;53:1644-1647.

54) Newman M, Klein E, Birmaher B, Feinsod M, Belmaker RH. Lithium at therapeutic concentrations inhibits human brain noradrenaline-sensitive cyclic AMP accumulation. Brain Res 1983;278:380-381.

55) Mathews R, Li PP, Young LT, Kish SJ, Warsh JJ. Increased G alpha q/11 immunoreactivity in postmortem occipital cortex from patients with bipolar affective disorder. Biol Psychiatry 1997;41:649-656.

56) Friedman E, Wang HY. Receptor-mediated activation of G proteins is increased in postmortem brains of bipolar affective disorder subjects. J Neurochem 1996;67:1145-1152.

57) Brown AS, Mallinger AG, Renbaum LC. Elevated platelet membrane phosphatidylinositol-4,5-bisphosphate in bipolar mania. Am J Psychiatry 1993;150:1252-1254.

58) Soares JC, Mallinger AG. Intracellular signal transduction dysfunction in biplor disorder. In: Soares JC ,Gershon S, editors. Bipolar Disorder: Basic Mechanism and Therapeutic Implications. New York: Marcel Dekker;2000. p.179-200.

59) Shimon H, Agam G, Belmaker RH, Hyde TM, Kleinman JE. Reduced frontal cortex inositol levels in postmortem brain of suicide victims and patients with bipolar disorder. Am J Psychiatry 1997;154:1148-1150.

60) Friedman E, Hoau Yan W, Levinson D, Connell TA, Singh H. Altered platelet protein kinase C activity in bipolar affective disorder, manic episode. Biol Psychiatry 1993;33:520-525.

61) Wang HY, Friedman E. Enhanced protein kinase C activity and translocation in bipolar affective disorder brains. Biol Psychiatry 1996;40:568-575.

62) Hahn CG, Friedman E. Abnormalities in protein kinase C signaling and the pathophysiology of bipolar disorder. Bipolar Disord 1999;1:81-86.

63) Nahorski SR, Ragan CI, Challiss RA. Lithium and the phosphoinositide cycle: an example of uncompetitive inhibition and its pharmacological consequences. Trends Pharmacol Sci 1991;12:297-303.

64) Ikonomov OC, Manji HK. Molecular mechanisms underlying mood stabilization in manic-depressive illness: the phenotype challenge. Am J Psychiatry 1999;156:1506-1514.

65) Manji HK, Bebchuk JM, Moore GJ, Glitz D, Hasanat KA, Chen G. Modulation of CNS signal transduction pathways and gene expression by mood-stabilizing agents: therapeutic implications. J Clin Psychiatry 1999;60 Suppl 2:S27-39; discussion 40-41, 113-116.

66) Soares JC, Chen G, Dippold CS, Wells KF, Frank E, Kupfer DJ, et al. Concurrent measures of protein kinase C and phosphoinositides in lithium-treated bipolar patients and healthy individuals: a preliminary study. Psychiatry Res 2000;95:109-118.

67) Watson DG, Lenox RH. Chronic lithium-induced down-regulation of MARCKS in immortalized hippocampal cells: potentiation by muscarinic receptor activation. J Neurochem 1996;67:767-777.

68) Chen G, Masana MI, Manji HK. Lithium regulates PKC-mediated intracellular cross-talk and gene expression in the CNS in vivo. Bipolar Disord 2000;2:217-236.

69) Einat H, Yuan P, Szabo ST, Dogra S, Manji HK. Protein kinase C inhibition by tamoxifen antagonizes manic-like behavior in rats: implications for the development of novel therapeutics for bipolar disorder. Neuropsychobiology 2007;55:123-131.

70) Yildiz A, Guleryuz S, Ankerst DP, Ongur D, Renshaw PF. Protein kinase C inhibition in the treatment of mania: a double-blind, placebo-controlled trial of tamoxifen. Arch Gen Psychiatry 2008;65:255-263.

71) Forstner U, Bohus M, Gebicke-Harter PJ, Baumer B, Berger M, van Calker D. Decreased agonist-stimulated Ca2+ response in neutrophils from patients under chronic lithium therapy. Eur Arch Psychiatry Clin Neurosci 1994;243:240-243.

72) van Calker D, Forstner U, Bohus M, Gebicke-Harter P, Hecht H, Wark HJ, et al. Increased sensitivity to agonist stimulation of the Ca2+ response in neutrophils of manic-depressive patients: effect of lithium therapy. Neuropsychobiology 1993;27:180-183.

73) Dubovsky SL, Thomas M, Hijazi A, Murphy J. Intracellular calcium signalling in peripheral cells of patients with bipolar affective disorder. Eur Arch Psychiatry Clin Neurosci 1994;243:229-234.

74) Mesulam MM. Neuroplasticity failure in Alzheimer's disease: bridging the gap between plaques and tangles. Neuron 1999;24:521-529.

75) Nonaka S, Hough CJ, Chuang DM. Chronic lithium treatment robustly protects neurons in the central nervous system against excitotoxicity by inhibiting N-methyl-D-aspartate receptor-mediated calcium influx. Proc Natl Acad Sci U S A 1998;95:2642-2647.

76) Thome J, Sakai N, Shin K, Steffen C, Zhang YJ, Impey S, et al. cAMP response element-mediated gene transcription is upregulated by chronic antidepressant treatment. J Neurosci 2000;20:4030-4036.

77) Chen B, Wang JF, Hill BC, Young LT. Lithium and valproate differentially regulate brain regional expression of phosphorylated CREB and c-Fos. Brain Res Mol Brain Res 1999;70:45-53.

78) Manji HK, Moore GJ, Rajkowska G, Chen G. Neuroplasticity and cellular resilience in mood disorders. Mol Psychiatry 2000;5:578-593.

79) Yuan PX, Huang LD, Jiang YM, Gutkind JS, Manji HK, Chen G. The mood stabilizer valproic acid activates mitogen-activated protein kinases and promotes neurite growth. J Biol Chem 2001;276:31674-31683.

80) Pap M, Cooper GM. Role of glycogen synthase kinase-3 in the phosphatidylinositol 3-Kinase/Akt cell survival pathway. J Biol Chem 1998;273:19929-19932.

81) Beurel E, Jope RS. The paradoxical pro- and anti-apoptotic actions of GSK3 in the intrinsic and extrinsic apoptosis signaling pathways. Prog Neurobiol 2006;79:173-189.

82) Chen G, Hasanat KA, Bebchuk JM, Moore GJ, Glitz D, Manji HK. Regulation of signal transduction pathways and gene expression by mood stabilizers and antidepressants. Psychosom Med 1999;61:599-617.

83) Eldar-Finkelman H. Glycogen synthase kinase 3: an emerging therapeutic target. Trends Mol Med 2002;8:126-132.

84) Kim NR, Park SW, Lee JG, Kim YH. Protective effects of olanzapine and haloperidol on serum withdrawal-induced apoptosis in SH-SY5Y cells. Prog Neuropsychopharmacol Biol Psychiatry. 2008 Apr 1;32(3):633-42.

85) Drevets WC, Price JL, Simpson JR, Jr., Todd RD, Reich T, Vannier M, et al. Subgenual prefrontal cortex abnormalities in mood disorders. Nature 1997;386:824-827.

86) Drevets WC. Neuroimaging studies of mood disorders. Biol Psychiatry 2000;48:813-829.

87) Ahn YM, Chang J, Joo YH, Kim SC, Lee KY, Kim YS. Chronotype distribution in bipolar I disorder and schizophrenia in a Korean sample. Bipolar Disord 2008;10:271-275.

88) Barbini B, Colombo C, Benedetti F, Campori E, Bellodi L, Smeraldi E. The unipolar-bipolar dichotomy and the response to sleep deprivation. Psychiatry Res 1998;79:43-50.

89) Wehr TA, Sack DA, Rosenthal NE. Sleep reduction as a final common pathway in the genesis of mania. Am J Psychiatry 1987;144:201-204.

90) Demontis MG, Fadda P, Devoto P, Martellotta MC, Fratta W. Sleep deprivation increases dopamine D1 receptor antagonist [3H]SCH 23390 binding and dopamine-stimulated adenylate cyclase in the rat limbic system. Neurosci Lett 1990;117:224-227.

91) Abarca C, Albrecht U, Spanagel R. Cocaine sensitization and reward are under the influence of circadian genes and rhythm. Proc Natl Acad Sci U S A 2002;99:9026-9030.

92) Nikaido T, Akiyama M, Moriya T, Shibata S. Sensitized increase of period gene expression in the mouse caudate/putamen caused by repeated injection of methamphetamine. Mol Pharmacol 2001;59:894-900.

93) McEachron DL, Kripke DF, Hawkins R, Haus E, Pavlinac D, Deftos L. Lithium delays biochemical circadian rhythms in rats. Neuropsychobiology 1982;8:12-29.

94) Tsankova N, Renthal W, Kumar A, Nestler EJ. Epigenetic regulation in psychiatric disorders. Nature Rev. Neurosci 2007;8:355-367.

95) Szyf M, Weaver I, Meaney M. Maternal care, the epigenome and phenotypic differences in behavior. Reprod Toxicol 2007;24:9-19.

및 보상 과제에서의 뇌 활성도의 변화는 양극성장애 환자의 기분 상태와 상관없이 일부 일치되는 소견들도 있으나, 일부 결과들은 기분 상태에 따라 다소 달라질 수 있다는 사실이 제시되고 있다. 또한 휴지기 기능적 연결성과 관련하여 양극성장애에서 PFC-측두엽피질-선조체 신경회로에서의 이상이 보고되고 있다.

양극성장애의 구조적 뇌영상 연구 결과

양극성장애에서 초기의 구조적 뇌영상 연구들은 백질의 고강도 신호(hyperintensity) 및 편도의 회백질 용적 증가를 보고한 바 있으며, 최근의 연구들은 다양한 분석기술을 동원하여 피질 및 피질하 부위의 회백질 용적의 변화를 보고하고 있다. 이들 연구들은 정서조절에 필수적인 정서처리 및 인지처리 관련 신경회로에 속하는 PFC과 전측두엽 피질의 변화, 그리고 새로운 자극에 대한 지각을 담당하는 뇌섬 부위와 ACC의 변화를 보고하고 있는데, 대부분 회백질 및 백질 용적의 감소, 피질 두께의 감소를 양극성장애 환자군 및 고위험군(예 : 1차 친족)에서 보고하고 있다.[13]

회백질 용적과 관련해서 Selvaraj 등[30]이 양극성장애 환자와 정상 대조군을 비교한 16개의 VBM 연구에 대해서 메타분석을 시행하였다. 이들 16개의 VBM 연구는 VLPFC, DLPFC, 측두엽 영역, ACC, PCC, OFC에서의 용적 감소를 보고하고 있다. 또한 16개의 VBM 연구 중 8개의 연구에 대해서 메타분석을 시행한 결과, VLPFC에 해당하는 하전두이랑(inferior frontal gyrus)에서 가장 두드러진 용적 감소가 나타나고 있었다. 또한 Bora 등[31]이 양극성장애 환자에 대한 24개의 VBM 연구를 메타분석한 결과에서는 ACC, 전두-뇌섬(fronto-insular cortex)에서의 용적 감소가 두드러진다고 보고하였다. 또한 이들 연구에서는 PFC의 용적은 질병의 경과에 따라 감소가 진행되거나 또는 유병기간과 역의 상관관계를 보인다고 보고하고 있으며, lithium 치료에 의해 이러한 용적 감소가 정상화되거나, 오히려 증가된다고 보고하고 있다.[13] 한편 피질의 회백질 용적 감소와 함께 중요한 결과로서 정서처리 및 조절에 관여하는 핵심적인 피질하 구조물인 편도와 해마의 용적 감소이다. 구조적 MRI 연구들은 비교적 일관되게 편도의 용적 감소를 보고하고 있으며, 이러한 감소는 우울증 삽화 동안에 두드러지며, lithium 치료에 의해 정상화된다고 보고하고 있다.[13] 또한 해마의 감소 또한 일관되게 보고되고 있으며, 편도와 마찬가지로 lithium에 의해 정상화된다는 보고도 있다.[13] 이러한 변연계 구조물의 용적 감소는 fMRI 연구에서 보여주듯이 이들 부위의 과잉 활성화로 인한 신경독성 효과(neurotoxic effect)에 의한 것으로 보이며, 질병 이환기간과의 상관성이나

lithium 치료에 의한 정상화는 이러한 가설을 지지한다.

　양극성장애 환자에 대한 피질 두께 분석 연구들은 VBM 연구에 비해서 그 숫자가 다소 제한적이나, 대부분의 연구들에서 ACC, DLPFC, mPFC에서의 피질 감소를 보고하고 있었다.[32] 이에 대해 몇몇 연구들을 소개하자면, Ryu 등[6]은 25명의 양극성장애 환자와 21명의 정상인들에 대해서 FreeSurfer 프로그램을 이용하여 피질 두께 분석을 시행하였으며, 그 결과 ACC, PCC, OFC, DLPFC 등의 영역에서 양극성장애 환자군의 피질 두께 감소를 보고하였다. 또한 Foland-Ross 등[33]은 lithium을 복용하지 않고 있는 34명의 안정기 기분 상태 양극성장애 환자와 31명의 정상인들의 피질 두께를 분석하는 연구를 시행하였다. 그 결과 환자군에서 유의한 피질 두께 감소가 보고된 영역들은 OFC, VLPFC, DMPFC, ACC였다. 앞서 언급한 이 두 연구에서 피질 두께 감소를 보인 뇌영역들은 기분장애 환자들에 대한 그간의 많은 구조적 뇌영상 연구들에서 반복적으로 보고하였던 영역들이었으며, 결국 양극성장애의 병태생리로서 정서처리 및 조절 과정에 관여하는 PFC의 구조적 이상을 주장하는 기존의 결과들을 뒷받침해주는 소견이기도 하다. 가장 최근에는 ENIGMA Bipolar Disorder Working Group에 의해 세계 각지의 연구자들이 참여하여 2,447명의 양극성장애 환자와 4,056명의 정상 대조군을 대상으로 피질 두께를 분석한 연구가 진행되었는데, 이 연구에서는 양극성장애 환자에서 PFC, 측두엽, 두정엽 부위의 광범위한 피질 두께 감소를 보고한 바 있다.[34] 특히 VLPFC에 해당하는 좌측 하전두피질의 덮개부(pars opecularis of inferior frontal cortex), 좌측 방추형이랑(fusiform gyrus), DLPFC에 속하는 좌측 문측 중간 전전두피질(rostral middle frontal cortex)에서 효과크기(effect size)가 가장 컸다고 보고하였다. 한편 이 연구에서는 유병기간과 전두엽, 내측 두정엽, 후두엽 부위의 피질 두께와 유의한 역의 상관관계를 제시한 바 있다.

　DTI 영상과 관련한 연구에서는 최근 DTI 신경경로추적도(DTI tractography)를 생성시키고 백질 경로에 대한 미세구조적 변화와 구조적 연결성 등에 대한 통계적 분석을 구현하게 해주는 TBSS 프로그램 등을 통해서 백질 경로의 연속성(integrity)을 분석한 연구들이 늘어가고 있는 추세이다. 양극성장애의 연구 결과들 역시 주요우울장애에서의 결과들과 크게 다르지 않게 대부분 전측 대상속(anterior part of cingulum), 전측 뇌량(anterior corpus callosum), 구상속(uncinate fasciculus, UF), 뇌궁(fornix), 내포(internal capsule)와 같은 백질 경로에서의 연속성 감소를 보고하였다.[35] Heng 등[8]은 양극성장애 환자에서 이루어졌던 16개의 DTI 연구들을 분석한 결과, 피질 영역을 기준으로 보았을 때는 PFC에서의 광범위한 백질 연속성 감소를 반영하는 FA 값 감소가 나타났으며, 그 외에도 두정엽, 측두엽, 후두엽에 속하는 백질에서도 FA 값이 감소되었다고 보고하였

| 표 2 | 양극성장애의 구조적 뇌영상 연구 소견 |

구조적 MRI modalities	뇌영상 소견 요약
피질의 회백질 용적 (cortical volumes)	• VLPFC, DLPFC, OFC, 전측 측두엽(anterior temporal cortex), 뇌섬(insula), ACC의 용적 감소 • lithim에 의한 용적의 정상화 또는 증가 • 피질 용적과 유병기간 간의 역의 상관관계
피질하 구조물 용적 (volumes of subcortical structures)	• 편도 및 해마 용적 감소, 복측 선조체(ventral striatum) 용적의 변화 • lithium에 의한 용적의 정상화 또는 증가 • 피질하 구조물 용적과 유병기간 간의 역의 상관관계
피질 두께 (cortical thickness)	• ACC, DLPFC, mPFC, OFC, PCC 등의 피질 두께 감소 • 피질 두께와 유병기간 간의 역의 상관관계
백질 경로의 구조적 연결성 (structural connectivity of white matter tracts)	• 전측 대상속(anterior part of cingulum), 전측 뇌량(anterior corpus callosum), 구상속(uncinate fasciculus) 등 PFC와 변연계를 연결하는 백질 경로의 구조적 연결성 감소

VLPFC : ventrolateral prefrontal cortex, DLPFC : dorsolateral prefrontal cortex, OFC : orbitofrontal cortex, ACC : anterior cingulate cortex, mPFC : medial prefrontal cortex, PCC : posterior cingulate cortex, PFC : prefrontal cortex

다. 한편 백질 경로(white matter tract) 중에서는 내포와 같은 투사 섬유(projection fiber)에서 일관되게 FA 감소가 보고되었으며, 연합섬유(association fiber)에 속하는 상세로다발(superior longitudinal fasciculus, SLF), UF 영역에서의 FA 감소가 대다수의 연구들에서 보고되었다고 언급하였다. 또한 뇌의 대표적인 교련 섬유(commissural fiber)에 속하는 뇌량에서도 연속성 감소를 시사하는 소견들을 보고하였다. 양극성장애에 관한 DTI 연구에서 백질의 구조적 이상을 보이는 영역들은 대부분 양극성장애의 기본 병태생리로 주장되고 있는 정서조절 메커니즘이 관여하는 회백질 영역들을 기능적으로 연결시키는 데 관여하는 영역들이기는 하다.[35] 그러나 이들 영역에 대한 연구들은 아직 기분장애에 관한 피질이나 피질하 구조물들에 대한 연구들에 비해서는 부족한 것이 사실이므로 추후 더 많은 연구들이 필요하다고 본다.

양극성장애와 단극성 우울증 간의 기능적/구조적 뇌영상학적 차이

기존 연구에 따르면 69%의 양극성장애 환자들이 최초에 단극성 우울증으로 잘못 진단되며, 양극성장애로 진단받게 되기 전까지 대략 4명의 의사를 만나게 된다는 보고가 있을 정도로, 단극성 우울증의 감별진단은 전통적으로 양극성장애에서 중요한 관심 분야이다.[36] 뇌영상 연구 분야에서도 이와 마찬가지로 양극성장애와 우울증 간의 뇌의 기능적, 구조적 차이를 밝혀내려는 노력이 이루어졌으며, 양극성장애 또는 우울증 환자를 정상 대조군과 비교한 MRI 연구에 비하면, 그 수가 제한적이기는 하지만, 특히 일부 연구들은 양극성 우울증과 단극성 우울증 간의 직접적인 비교를 통해 뇌영상학적 차이를 규명하려고 하였다.

기능적 뇌영상 연구에서는 많은 연구들이 정서처리 및 조절 과정에서의 두 질환의 차이를 규명하기 위해 정서적 얼굴 표현 패러다임을 이용하고 있으며, 두 질환의 뇌 부위 활성 패턴의 차이는 편도에서 두드러지게 나타난다.[37] 정서처리 과제를 이용한 대부분의 연구들은 부정적인 정서자극에서는 단극성 우울증에서 양극성장애에 비해 더 높은 편도의 활성이 나타나는 반면, 긍정적인 정서자극에서는 반대의 결과가 나타난다고 보고한 바 있다.[38, 39] Grotegerd 등은 무의식적인 정서자극(subliminal emotional stimuli)을 이용한 과제에서 단극성 우울증 환자들은 양극성 우울증 환자와 비교하여 슬픈 얼굴 표정에 더 높은 편도 활성을 보인 반면(슬픈 얼굴 대 중립적 얼굴), 양극성 우울증 환자는 행복한 얼굴 표정에서 단극성 우울증 환자에 비해 더 높은 편도 활성을 보고한 바 있다(행복한 얼굴 대 중립적 얼굴).[40] 이들은 또 다른 연구에서 편도를 관심 영역으로 하여 패턴 분류 분석(pattern classification analysis)을 시행한 결과, 두 질환을 분류하는 데 있어 단극성 우울증의 경우 부정적인 정서자극에서 더 높은 가중치가 나타난 반면, 양극성 우울증의 경우 긍정적인 정서자극에서 더 높은 가중치가 나타났다고 보고한 바 있다.[39] 또한 Fournier 등은 화난 얼굴 표정에서 양극성장애 환자는 단극성 우울증 환자보다 더 높은 좌측 편도의 활성을 보인다고 보고하였다.[38] 하지만 몇몇 연구들은 이러한 '편도-중심 모델(amygdalo-centric model)'에 이의를 제기하기도 한다. Burger 등은 관심 영역 분석에서는 행복한 얼굴 및 공포스러운 얼굴 표정을 제시했을 시에 단극성 우울증 환자에서 양극성 우울증 환자에 비해 슬상 전대상피질(supragenual ACC)의 감소된 활성이 관찰되었으며, 전체 뇌 영역 분석(whole-brain analysis)에서는 배측 전대상피질(ventral ACC)의 활성 감소가 관찰되었는데, 이러한 결과는 양극성장애와 비교하여 단극성 우울증에서 PFC에서 변연계로 향하는 하향식 정서 조절과 변연계에서 PFC로 향하는 상향식 정서 인식의 기능 실패를 시사하는 것이라고 제시한 바 있다.[41] 그 외에 보상처리 신경회로와 관련해서는 양극성장애에서 복측 선조체와 VLPFC의 활성이 단극성 우울증에 비해 증가되어 있는지에 대해 다소 불일치되는 연구 결과들이 보고되고 있다.[37] Chase 등은 금전적 보상기대 과제를 이용한 연구에서 양극성 우울증 환자는 단극성 우울증 환자에 비해 VLPFC의 활성이 더 높다고 보고하였으나,[24] Redlich 등은 카드 예측 패러다임을 이용한 보상처리 과제에서 양극성 우울증 환자는 단극성 우울증 환자에 비해 중격핵,

시상, 선조체 부위, 뇌섬엽, PFC에서 더 낮은 활성을 보였다고 보고한 바 있다.[42] 인지 처리와 관련해서는 Rive 등이 런던 타워 시공간 계획 과제(Tower of London visuospatial planning task)를 이용한 연구에서 양극성 우울증은 PFC-선조체 신경회로(특히 DLPFC와 미상핵)에서 단극성 우울증에 비해 증가된 활성을 보인다고 보고하였다.[43]

구조적 뇌영상 연구의 경우, 양극성 우울증과 단극성 우울증에서 ACC, 해마, 편도, DLPFC에서의 회백질 용적의 차이, PFC(주로, DLPFC) 및 두정엽 영역의 피질 두께의 차이, 전측 뇌량(anterior corpus callosum) 및 후대상속(posterior cingulum) 등의 백질 신경회로의 구조적 연결성의 차이 등이 보고되고 있다.[37] 회백질 용적과 관련하여, Redlich 등은 양극성 우울증에서는 단극성 우울증에 비해 해마와 편도의 용적이 감소한 반면, 단극성 우울증에서는 양극성 우울증에 비해 ACC에서 용적 감소가 관찰된다고 보고한 바 있다.[44] 최근 Wise 등은 4,001명의 단극성 우울증 환자와 2,407명의 양극성장애 환자를 대상으로 한 메타분석 연구에서 단극성 우울증의 경우 양극성장애와 비교하여 우측 DLPFC, 좌측 해마 및 해마곁이랑(parahippocampal gyrus), 우측 하측두이랑(inferior temporal gyrus), 방추형이랑 등의 뇌 영역에서 유의한 회백질 용적 감소를 보인다고 보고하였다.[45] 피질 두께와 관련해서는 Lan 등은 양극성 우울증에서 단극성 우울증에 비해 우측 DLPFC을 중심으로 한 PFC와 좌측 하두정피질(inferior parietal gyrus)과 우측 쐐기앞소엽(precuneus) 등 두정엽 부위의 피질 감소가 관찰된다고 보고하였으며,[46] Niu 등도 양극성 우울증에서 단극성 우울증에 비해 좌측 DLPFC, 전두극(frontal pole), 상전두피질(superior frontal cortex)의 두께 감소를 보고하였다.[47] 그러나 이러한 피질 두께의 차이는 앞서 언급한 Wise 등의 회백질 용적에 대한 메타분석의 결과와는 일치되지 않는 소견으로 추가적인 연구가 필요하다. 백질 연결성과 관련해서는, Repple 등의 복셀 기반 연구에서는 양극성 우울증에서 단극성 우울증에 비해 우측 피질척수로(corticospinal tract)/SLF, 전측 뇌량(anterior corpus callosum) 및 후대상속(posterior cingulum)의 연결성 감소가 보고되고 있다.[48] 40개의 DTI 뇌영상 데이터에 대한 메타분석을 시행한 Wise 등의 연구에서도 양극성장애 환자에서 단극성 우울증 환자에 비해 좌측 후대상속의 연결성 감소를 보고하고 있다.[49]

영상 유전학적 연구

최근 생물정신의학 영역에서 유전 연구와 뇌영상 연구를 융합한 영상 유전학 연구(imaging genetic study)가 늘어나고 있다. 영상 유전학적 연구는 기존의 정신과적 유전 연구와는 달리 표현형이 특정 질환의 이환 여부나 이와 관련한 임상적 특성이 아닌 뇌의 특정 기능이나 구조의 변이라는 것이다. 양극성장애 역시 다른 대부분의 정신질환이나 행동특성과 마찬가지로 유전적 요인이 50% 이상을 차지한다.[50] 한편 인간 유전자의 70%가 뇌에서 발현되기 때문에 양극성장애와 관련 있다고 알려진 유전자 변이의 영향이 뇌의 구조 및 기능적 신경회로를 통해 나타나게 된다고 추정해볼 수 있다.[51] 특히 정서처리 및 조절, 보상처리 과정에 관여하는 뇌 영역의 반응은 뇌영상 연구에서는 객관적으로 측정 가능하기 때문에 기존의 분석기법에 비해 보다 강력한 연구 방법이라 할 수 있다. 따라서 뇌영상 기법을 유전 연구에 이용하면, 기존의 유전 연구보다 적은 수의 대상으로도 유의한 유전인자를 찾을 수 있는 장점을 가진다.[52]

현재 기분장애의 영상 유전학적 연구들은 기존 유전 연구에서의 후보유전자들로 알려진 5-HTTLPR, BDNF Val66Met, COMT Val158Met, CACNA1C, DISC1, ZNF804 등과 같은 다양한 유전자 다형성에 대해서 내적 표현형(endophenotype)으로서 fMRI나 구조적 MRI 데이터를 이용함으로써 기분장애 환자에서 뇌의 기능적, 구조적 이상에 대한 유전적 영향에 대해서 조사하고 있다.[53] 우울증의 영상 유전학 연구에 비해서는 아직 그 수가 적은 것이 사실이나 양극성장애 분야에서도 영상 유전학 연구가 비교적 활발히 이루어지고 있다. 이들 대부분의 연구들은 기존의 잘 알려진 후보유전자들이 정서/기분 처리 및 조절에 관여하는 피질-변연계 신경회로의 기능적, 구조적 변이에 미치는 영향에 대해서 조사하는 것들이다. 그러나 대부분의 이 분야 연구들이 아직은 일치되는 중요한 소견들로 종합되는 단계에는 이르지는 못하였으며, 개별 유전자와 뇌영상 결과들 사이의 연관성에 대한 다양한 탐색이 이루어지고 있는 단계로서, 이에 본 교과서는 양극성장애에 대한 몇몇 영상 유전학적 연구들을 소개하는 차원에서 진행하고자 한다.

Lelli-Chiesa 등[54]은 뇌 내 도파민의 대사에 관여하며, 시냅스 간 도파민 농도의 중요한 결정인자로 알려진 catechol-O-methyltransferase(COMT)의 유전자 다형성인 COMT Val158Met이 양극성장애 환자의 슬픈 얼굴 표정에 대한 정동처리 과정(sad facial affect processing)에 어떠한 영향을 미치는지에 대해서 조사하였다. 이 연구에서는 양극성장애 환자, 그들의 건강한 친족, 1축 질환을 가진 친족, 정상 대조군의 4개 군으로 나누어 슬픈 얼굴 표정을 보여준 뒤의 fMRI를 측정하여 뇌의 국소적 반응 양상을 측정하였다. 그 결과, 임상적 표현형과는 관계없이 Val158 대립유전자는 슬픈 얼굴에 해당하는 정서 자극에 대해서 편도의 과활성화와 관련이 있었으며, Met158 대립유전자는 VMPFC와 VLPFC에서의 보다 많은 반응 변화와 관련이 있었다고 보고하였다. 특히 Met158 대립유전자를 가진 환자나 1축 질환을 가진 친척군은 정상 대조군과 건강한 친척에 비해서 우측 VLPFC에서 더 많은 활성도를 보이고 있었다. 이는 뇌 내 각 부위의 도파민 생체이용성(bioavailability)에 영향을 미치는 유전자가 실제 감정처리 과정에 어떠한 영향을 미치는지를 밝힌 결과에 해당한다.

　구조적 영상 유전학 연구에 해당하는 다른 연구를 살펴보면, Benedetti 등[55]은 70명의 양극성 우울증 환자를 대상으로 하여 뇌 내 신경전달물질의 조절 및 신경가소성에 영향을 미친다고 알려진 glycogen synthase kinase 3-b(GSK3-b) 프로모터(promoter) 영역의 유전자 다형성(rs334558)이 lithium 치료와 함께 백질 연속성에 어떠한 영향을 미치는지에 대해서 조사하였다. 그 결과 유전현상에서 GSK3-b 프로모터의 기능을 떨어뜨린다고 알려진 C 대립유전자를 갖고 있으며, GSK3-b의 억제제로서 기능하는 lithium을 장기간 복용한 양극성 우울증 환자들에서 뇌량, 대상속, 상세로다발(superior longitudinal fasciculus), 하세로다발(inferior longitudinal fasciculus) 등의 다양한 백질 경로에서 축 확산계수(axial diffusivity)가 증가되어 있다고 보고하였다. 이는 GSK3-b에 영향을 미치는 요인으로서 프로모터 영역의 유전자 다형성과 lithium이 백질의 구조적 변이에 미치는 영향을 입증한 연구이다.

　이처럼 근래에 진행되고 있는 양극성장애의 영상 유전학적 연구들은 유전자, 정신약물, 아동기 역경, 스트레스성 생활 사건과 같은 환경적 요인이 복합적으로 뇌의 기능적, 구조적 변이에 어떠한 영향을 미치는지에 대한 다채로운 결과들을 내어놓고 있으며, 이러한 연구 결과들은 추후 유전자-뇌의 기능적/구조적 변이-양극성장애 간의 관계를 규명하는 새로운 신경 모형을 제시하는 데 중요한 근거들로 이용될 것으로 보인다.

결론 및 제언

양극성장애의 신경생물학적 기반을 이해하기 위한 노력들이 그간에 부단히 이루어졌으며, 현재 뇌영상 연구도 생물정신의학 분야에 있어서 가장 중요한 연구 방법론으로 자리 잡고 있다. 최근 20여 년 전부터 양극성장애의 병태생리를 설명하기 위한 신경 모형들이 제안되었으며, 이들 모형들은 기분 불안정성의 기저에 있는 정서처리 및 조절 과정의 결함과 보상처리의 이상을 그 원인으로 지목하고 있다.[13] 또한 양극성장애와 관련하여 진행되었던 수많은 뇌영상 연구 역시 이와 일치되는 소견으로서 피질-변연계, 피질-선조체 신경회로의 구조적, 기능적 이상을 추정하게 하는 결과들을 내놓았다.[13] 그러나 이들 연구 결과들의 상당수는 단극성 우울증에서 도출된 뇌영상 연구 결과들과 크게 다르지 않은 것들이며, 특히 정서처리 및 정서조절과 관련한 신경회로의 기능적, 구조적 이상의 경우 더욱 그러하다.[56, 57] 이는 단극성 우울증과 양극성장애가 현재 유사한 신경회로 모형으로 병태생리를 설명함에 기인하며, 따라서 앞으로의 과제로는 단극성 우울증과 대비되는 뇌의 구조적, 기능적 차이가 무엇인지를 밝혀내는 연구들이 필요하다는 점을 들 수 있겠다.[57] 또한 양극성장애에 관한 뇌영상 연구의 제한점으로 항상 지적된 것이, 양극성장애에서 특징적인 다양한 기분 상태를 동일 연구상에서 반영한 연구 디자인이 많지 않다는 점으로서 이 역시 추후 연구에서 기대해볼 만한 점이다.[10] 한편 양극성장애 환자들에서 뇌의 구조적, 기능적 변이를 매개하는 요인들로서 유전적 요인, 정신약물학적 요인, 개개인이 일생 동안 겪게 되는 사회심리적 요인들이 있겠으며, 따라서 앞으로 개발될 새로운 양극성장애의 신경회로 모형들은 이러한 요인들을 모두 포함해야 할 것으로 생각된다. 이를 위해서는 앞으로의 연구들이 질환-두뇌의 단선적인 관계를 밝히는 데에서 탈피하여, 앞서 언급한 양극성장애에 미치는 다양한 요인들에 대해서 다면적으로 탐색하는 연구들이 뒤따라야 할 것으로 보인다.

참고문헌

1) Alloy LB, Abramson LY, Urosevic S, Walshaw PD, Nusslock R Neeren AM. The psychosocial context of bipolar disorder: environmental, cognitive, and developmental risk factors. Clin Psychol Rev 2005;25:1043-1075.

2) Manji HK, Quiroz JA, Payne JL, Singh J, Lopes BP, Viegas JS, et al. The underlying neurobiology of bipolar disorder. World Psychiatry 2003;2:136-146.

3) Strakowski SM, Adler CM, Almeida J, Altshuler LL, Blumberg HP, Chang KD, et al. The functional neuroanatomy of bipolar disorder: a consensus model. Bipolar disord 2012;14:313-325.

4) Kempton MJ, Salvador Z, Munafò MR, Geddes JR, Simmons A, Frangou S, et al. Structural neuroimaging studies in major depressive disorder. Meta-analysis and comparison with bipolar disorder. Arch Gen Psychiatry 2011;68:675-690.

5) Haller S, Xekardaki A, Delaloye C, Canuto A, Lövblad KO, Gold G, et al. Combined analysis of grey matter voxel-based morphometry and white matter tract-based spatial statistics in late-life bipolar disorder. J Psychiatry Neurosci 2011;36:391-401.

6) Lyoo IK, Sung YH, Dager SR, Friedman SD, Lee JY, Kim SJ, et al. Regional cerebral cortical thinning in bipolar disorder. Bipolar disord 2006;8:65-74.

7) Fornito A, Malhi GS, Lagopoulos J, Ivanovski B, Wood SJ, Saling MM, et al. Anatomical abnormalities of the anterior cingulate and paracingulate cortex in patients with bipolar I disorder. Psychiatry Res 2008;162:123-132.

8) Heng S, Song AW Sim K. White matter abnormalities in bipolar disorder: insights from diffusion tensor imaging studies. J Neural Transm (Vienna) 2010;117:639-654.

9) Kim SG Ogawa S. Biophysical and physiological origins of blood oxygenation level-dependent fMRI signals. J Cereb Blood Flow Metab 2012;32:1188-1206.

10) Townsend J Altshuler LL. Emotion processing and regulation in bipolar disorder: a review. Bipolar disord 2012;14:326-339.

11) Whalley HC, Papmeyer M, Sprooten E, Lawrie SM, Sussmann JE McIntosh AM. Review of functional magnetic resonance imaging studies comparing bipolar disorder and schizophrenia. Bipolar disord 2012;14:411-431.

12) Phillips ML, Drevets WC, Rauch SL Lane R. Neurobiology of emotion perception II: Implications for major psychiatric disorders. Biol Psychiatry 2003;54:515-528.

13) Phillips ML Swartz HA. A critical appraisal of neuroimaging studies of bipolar disorder: toward a new conceptualization of underlying neural circuitry and a road map for future research. Am J Psychiatry 2014;171:829-843.

14) Vizueta N, Rudie JD, Townsend JD, Torrisi S, Moody TD, Bookheimer SY, et al. Regional fMRI hypoactivation and altered functional connectivity during emotion processing in nonmedicated depressed patients with bipolar II disorder. Am J Psychiatry 2012;169:831-840.

15) Lawrence NS, Williams AM, Surguladze S, Giampietro V, Brammer MJ, Andrew C, et al. Subcortical and ventral prefrontal cortical neural responses to facial expressions distinguish patients with bipolar disorder and major depression. Biol Psychiatry 2004;55:578-587.

16) Blumberg HP, Donegan NH, Sanislow CA, Collins S, Lacadie C, Skudlarski P, et al. Preliminary evidence for medication effects on functional abnormalities in the amygdala and anterior cingulate in bipolar disorder. Psychopharmacology (Berl) 2005;183:308-313.

17) Phillips ML, Ladouceur CD Drevets WC. A neural model of voluntary and automatic emotion regulation: implications for understanding the pathophysiology and neurodevelopment of bipolar disorder. Mol Psychiatry 2008;13:829-833.

18) Foland LC, Altshuler LL, Bookheimer SY, Eisenberger N, Townsend J Thompson PM. Evidence for deficient modulation of amygdala response by prefrontal cortex in bipolar mania. Psychiatry Res 2008;162:27-37.

19) Townsend JD, Torrisi SJ, Lieberman MD, Sugar CA, Bookheimer SY Altshuler LL. Frontal-amygdala connectivity alterations during emotion downregulation in bipolar I disorder. Biol Psychiatry 2013;73:127-135.

20) Keener MT, Fournier JC, Mullin BC, Kronhaus D, Perlman SB, LaBarbara E, et al. Dissociable patterns of medial prefrontal and amygdala activity to face identity versus emotion in bipolar disorder. Psychol Med 2012;42:1913-1924.

21) Surguladze SA, Marshall N, Schulze K, Hall MH, Walshe M, Bramon E, et al. Exaggerated neural response to emotional faces in patients with bipolar disorder and their first-degree relatives. Neuroimage 2010;53:58-64.

22) Almeida JR, Versace A, Mechelli A, Hassel S, Quevedo K, Kupfer DJ, et al. Abnormal amygdala-prefrontal effective connectivity to happy faces differentiates bipolar from major depression. Biol Psychiatry 2009;66:451-459.

23) Nusslock R, Almeida JR, Forbes EE, Versace A, Frank E, Labarbara EJ, et al. Waiting to win: elevated striatal and orbitofrontal cortical activity during reward anticipation in euthymic bipolar disorder adults. Bipolar Disord 2012;14:249-260.

24) Chase HW, Nusslock R, Almeida JR, Forbes EE, LaBarbara EJ Phillips ML. Dissociable patterns of abnormal frontal cortical activation during anticipation of an uncertain reward or loss in bipolar versus major depression. Bipolar Disord 2013;15:839-854.

25) Fleck DE, Eliassen JC, Durling M, Lamy M, Adler CM, DelBello MP, et al. Functional MRI of sustained attention in bipolar mania. Mol Psychiatry 2012;17:325-336.

26) Kaladjian A, Jeanningros R, Azorin JM, Nazarian B, Roth M, Anton JL, et al. Remission from mania is associated with a decrease in amygdala activation during motor response inhibition. Bipolar Disord 2009;11:530-538.

27) Meda SA, Gill A, Stevens MC, Lorenzoni RP, Glahn DC, Calhoun VD, et al. Differences in resting-state functional magnetic resonance imaging functional network connectivity between schizophrenia and psychotic bipolar probands and their unaffected first-degree relatives. Biol Psychiatry 2012;71:881-889.

28) Ongur D, Lundy M, Greenhouse I, Shinn AK, Menon V, Cohen BM, et al. Default mode network abnormalities in bipolar disorder and schizophrenia. Psychiatry Res 2010;183:59-68.

29) Chai XJ, Whitfield-Gabrieli S, Shinn AK, Gabrieli JD, Nieto Castanon A, McCarthy JM, et al. Abnormal medial prefrontal cortex resting-state connectivity in bipolar disorder and schizophrenia. Neuropsychopharmacology 2011;36:2009-2017.

30) Selvaraj S, Arnone D, Job D, Stanfield A, Farrow TF, Nugent AC, et al. Grey matter differences in bipolar disorder: a meta-analysis of voxel-based morphometry studies. Bipolar disord 2012;14:135-145.

31) Bora E, Fornito A, Yücel M Pantelis C. The effects of gender on grey matter abnormalities in major psychoses: a comparative voxelwise meta-analysis of schizophrenia and bipolar disorder. Psychol Med 2012;42:295-307.

32) Rimol LM, Hartberg CB, Nesvåg R, Fennema-Notestine C, Hagler DJ, Jr., Pung CJ, et al. Cortical thickness and subcortical volumes in schizophrenia and bipolar disorder. Biol Psychiatry 2010;68:41-50.

33) Foland-Ross LC, Thompson PM, Sugar CA, Madsen SK, Shen JK, Penfold C, et al. Investigation of cortical thickness abnormalities in lithium-free adults with bipolar I disorder using cortical pattern matching. Am J Psychiatry 2011;168:530-539.

34) Hibar DP, Westlye LT, Doan NT, Jahanshad N, Cheung JW, Ching CRK, et al. Cortical abnormalities in bipolar disorder: an MRI analysis of 6503 individuals from the ENIGMA Bipolar Disorder Working Group. Mol Psychiatry 2018;23:932-942.

35) Ha TH, Her JY, Kim JH, Chang JS, Cho HS Ha K. Similarities and differences of white matter connectivity and water diffusivity in bipolar I and II disorder. Neurosci Lett 2011;505:150-154.

36) Hirschfeld RM, Lewis L Vornik LA. Perceptions and impact of bipolar disorder: how far have we really come? Results of the national depressive and manic-depressive association 2000 survey of individuals with bipolar disorder. J Clin Psychiatry 2003;64:161-174.

37) Han KM, De Berardis D, Fornaro M Kim YK. Differentiating between bipolar and unipolar depression in functional and structural MRI studies. Prog Neuropsychopharmacol Biol Psychiatry 2018.

38) Fournier JC, Keener MT, Almeida J, Kronhaus DM Phillips ML. Amygdala and whole-brain activity to emotional faces distinguishes major depressive disorder and bipolar disorder. Bipolar Disord 2013;15:741-752.

39) Grotegerd D, Suslow T, Bauer J, Ohrmann P, Arolt V, Stuhrmann A, et al. Discriminating unipolar and bipolar depression by means of fMRI and pattern classification: a pilot study. Eur Arch Psychiatry Clin Neurosci 2013;263:119-131.

40) Grotegerd D, Stuhrmann A, Kugel H, Schmidt S, Redlich R, Zwanzger P, et al. Amygdala excitability to subliminally presented emotional faces distinguishes unipolar and bipolar depression: an fMRI and pattern classification study. Hum Brain Mapp 2014;35:2995-3007.

41) Burger C, Redlich R, Grotegerd D, Meinert S, Dohm K, Schneider I, et al. Differential Abnormal Pattern of Anterior Cingulate Gyrus Activation in Unipolar and Bipolar Depression: an fMRI and Pattern Classification Approach. Neuropsychopharmacology 2017;42:1399-1408.

42) Redlich R, Dohm K, Grotegerd D, Opel N, Zwitserlood P, Heindel W, et al. Reward Processing in Unipolar and Bipolar Depression: A Functional MRI Study. Neuropsychopharmacology 2015;40:2623-2631.

43) Rive MM, Koeter MW, Veltman DJ, Schene AH Ruhe HG. Visuospatial planning in unmedicated major depressive disorder and bipolar disorder: distinct and common neural correlates. Psychol Med 2016;46:2313-2328.

44) Redlich R, Almeida JJ, Grotegerd D, Opel N, Kugel H, Heindel W, et al. Brain morphometric biomarkers distinguishing unipolar and bipolar depression. A voxel-based morphometry-pattern classification approach. JAMA Psychiatry 2014;71:1222-1230.

45) Wise T, Radua J, Via E, Cardoner N, Abe O, Adams TM, et al. Common and distinct patterns of grey-matter volume alteration in major depression and bipolar disorder: evidence from voxel-based meta-analysis. Mol Psychiatry 2017;22:1455-1463.

46) Lan MJ, Chhetry BT, Oquendo MA, Sublette ME, Sullivan G, Mann JJ, et al. Cortical thickness differences between bipolar depression and major depressive disorder. Bipolar Disord 2014;16:378-388.

47) Niu M, Wang Y, Jia Y, Wang J, Zhong S, Lin J, et al. Common and Specific Abnormalities in Cortical Thickness in Patients with Major Depressive and Bipolar Disorders. EBioMedicine 2017;16:162-171.

48) Repple J, Meinert S, Grotegerd D, Kugel H, Redlich R, Dohm K, et al. A voxel-based diffusion tensor imaging study in unipolar and bipolar depression. Bipolar Disord 2017;19:23-31.

49) Wise T, Radua J, Nortje G, Cleare AJ, Young AH Arnone D. Voxel-Based Meta-Analytical Evidence of Structural Disconnectivity in Major Depression and Bipolar Disorder. Biol Psychiatry 2016;79:293-302.

50) Plomin R, Owen MJ McGuffin P. The genetic basis of complex human behaviors. Science 1994;264:1733-1739.

51) Kempf L, Nicodemus KK, Kolachana B, Vakkalanka R, Verchinski BA, Egan MF, et al. Functional polymorphisms in PRODH are associated with risk and protection for schizophrenia and fronto-striatal structure and function. PLoS genetics 2008;4:e1000252.

52) Falcone M, Smith RM, Chenoweth MJ, Kumar Bhattacharjee A, Kelsoe JR, Tyndale RF, et al. Neuroimaging in Psychiatric Pharmacogenetics Research: The Promise and Pitfalls. Neuropsychopharmacology 2013;38:2327-2337.

53) Craddock N Sklar P. Genetics of bipolar disorder. Lancet 2013;381:1654-1662.

54) Lelli-Chiesa G, Kempton MJ, Jogia J, Tatarelli R, Girardi P, Powell J, et al. The impact of the Val158Met catechol-O-methyltransferase genotype on neural correlates of sad facial affect processing in patients with bipolar disorder and their relatives. Psychol Med 2011;41:779-788.

55) Benedetti F, Bollettini I, Barberi I, Radaelli D, Poletti S, Locatelli C, et al. Lithium and

GSK3-β promoter gene variants influence white matter microstructure in bipolar disorder. Neuropsychopharmacology 2013;38:313-327.

56) Arnone D, McIntosh AM, Ebmeier KP, Munafò MR Anderson IM. Magnetic resonance imaging studies in unipolar depression: systematic review and meta-regression analyses. Eur Neuropsychopharmacol 2012;22:1-16.

57) Delvecchio G, Fossati P, Boyer P, Brambilla P, Falkai P, Gruber O, et al. Common and distinct neural correlates of emotional processing in Bipolar Disorder and Major Depressive Disorder: a voxel-based meta-analysis of functional magnetic resonance imaging studies. Eur Neuropsychopharmacol 2012;22:100-113.

정신사회적 소견
Psychosocial factors

양종철[+] | 민경준[++]
전북대학교 의과대학 정신건강의학교실[+] | 중앙대학교 의과대학 정신건강의학교실[++]

다른 정신질환과 마찬가지로 양극성장애 역시 생물학적, 정신적, 사회적 원인이 복합적으로 작용하여 발병한다. 20세기 초만 해도 정신 내적 갈등, 정신역동, 대인관계 등 정신사회적 원인에 대한 연구가 활발하였지만 쌍생아 연구, 유전 연구, 약물의 개발 등으로 인해 최근에는 양극성장애에 관한 다양한 생물학적 원인과 유전적 원인에 관한 연구가 정신사회적 연구를 압도하고 있다. 그러나 양극성장애가 생물학적 원인이나 유전적 원인만으로 충분히 설명할 수 없고 현재 개발된 약물로 충분히 치료가 되지 않는다는 점에서 정신사회적 원인에 관한 관심이 지속되고 있다. 특히 정신사회적 스트레스는 호르몬이나 유전자 발현에 변화를 초래하는 것으로 알려지면서 생물학적 원인과 연관 짓는 연구들이 활발하게 진행되고 있다. 임상적으로도 정신사회적 스트레스는 양극성장애의 발병뿐 아니라 발병 증상, 치료에 대한 반응, 재발 등 양극성장애의 전반적 경과에 지대한 영향을 주는 것으로 알려져 있다. 여기서는 양극성장애의 정신사회적 원인을 심리적 측면과 환경적 측면으로 나누어 기술하고자 한다.

심리적 측면

정신질환의 발생에 대해 심리적 이유를 찾아내려는 시도와 연구는 정신과 영역에서는 필수적이다. 정신과 의사가 환자에 대한 심리적 이해 없이 치료를 한다는 것은 신체질환만 다루는 타과 의사와 다를 바가 없기 때문이다. 환자에 대한 이해는 정신역동을 파악하는 것이 중요하다. 최근에는 양극성장애 환자의 인지(cognition)에 대한 연구도 많이 이루어지고 있다.

정신역동적 측면

우울증의 정신역동

정신분석적 관점에서 보면 리비도가 부여된 대상에 대해 공격욕동(aggressive drive)을 간직하는 것을 상당히 위험하다고 자아가 받아들임으로써 오는 내적 갈등 때문에 우울증이 온다고 본다. 이러한 공격욕동은 엄격하고 요구가 많은 초자아에 의해 자신에게로 향해진다.

Freud는 *Mourning and Melancholia*(1917)에서 애도와 멜랑콜리아(melancholia)가 각각 어떻게 시작되는지에 대해 기술하였다.[1] 둘 다 상실에 의해 자극받아 일어나게 되는데, 애도가 사랑하던 사람의 죽음 이후에 일어나는 반면, 멜랑콜리아는 대상의 사랑을 상실함으로 인해서 발생한다. 즉 멜랑콜리아는 대상의 죽음 자체로 인한 것은 아니다. 일부 멜랑콜리한 사람은 자신이 뭔가를 잃었다는 사실까지는 인지하겠지만, 상실 그 자체는 의식적인 이해가 불가능하므로 자신이 무엇을 상실했는지까지는 알 수 없다. 둘 다 동일한 임상양상을 보이지만 멜랑콜리아에서는 자존감의 상실이 동반된다. 즉 애도와 달리 멜랑콜리아의 경우는 상실의 범위 속에 자아가 포함됨으로써 더 큰 고통을 받는다. 그래서 이들은 자신에 대해 형편없고 무가치하다고 느낀다. 이렇듯 스스로를 비난하지만 그 비난이 향하는 것은 실은 이들 자신이 아닌 상실한 대상이다. 따라서 이들은 스스로에 대한 수치심은 느끼지 않는다. 즉 이들의 자아는 분열되어 있다. 한쪽은 다른 한쪽을 비난하는 역할을 하며, 다른 한쪽은 자기애적 기전(narcissistic mechanism)에 의해 상실한 대상과 동일시된다. 이 같은 자기애는 애도와 멜랑콜리아 간의 가장 근본적인 차이로서, Freud는 이것이 우울성 인격의 특징이라고 하였다.[1] 멜랑콜리한 사람은 상실을 견디지 못한 결과, 상실한 대상을 자신의 자아 속으로 구강 함입(oral incorporation)하며, 이로 인해 초자아의 공격을 받는다. 반면 애도 상태에 있는 사람은 상실한 대상에 부착되어 있던 리비도를 떼어내는 데 있어 자신이 고통을 느끼고 있음을 발견하고는 그리비도를 외부 대상에게 재부착시킨다. 그러나 이러한 Freud의 개념은 정도가 다양한 우울 상태 각각에 대한 개별적 심리기전을 설명할 수 없다는 한계가 있다.

Melanie Klein은 우울 위치(depressive position)로써 애도와 우울을 비교하였다.[2] 개인은 좋은 내적 대상(good internal object)을 상실하게 되면 심리적 갈등이 발생하고, 그 결과 우울적 자리에 놓이게 된다. 개인이 애도를 훈습하는 능력은 이러한 우울적 자리를 해소하는 능력에 달려 있다. 이러한 개념은 비록 우울증의 원인이 다양함을 설명할 수 없다는 단점이 있으나, 실제로 가장 극심한 애도(melancholia in statu nascendi)와 애도의 성공적 훈습이라는 양극단 사이에 모든 단계의 우울증이 존재한다.

Karl Abraham은 애도와 멜랑콜리아의 관계를 언급하면서, 멜랑콜리아를 무의식적 요소의 억압으로 인한 욕구충족의 실패에서 오는 신경증적 우울(neurotic depression)과는 다르다고 보았다.[3] 외부 세계에 대해 강한 적대감을 갖는다는 점에서 멜랑콜리아는 오히려 강박신경증(obsessional neurosis) 쪽에 더 가깝다.[4] 멜랑콜리아와 강박신경증 모두 적대감으로 인해 사랑하는 능력이 감퇴되며, 이것이 병의 시작이라 할 수 있다. 그러나 적대적 욕동의 억압을 위해 격리, 취소를 사용하는 강박신경증과는 달리, 멜랑콜리아에서는 투사를 사용한다. 그는 편집증(paranoia)에 대한 Freud 학파의 모델에 기초하여 정신병적 우울의 정신병리학적 모델을 제안하였는데, 개인의 리비도적 증오심(libidinal hatred)은 외부로 투사되었다가 자신에 대한 혐오감 및 죄책감의 형태로 돌아옴으로써 우울증을 유발한다고 하였다. Abraham은 다섯 가지 요소를 언급하며 이들이 상호작용을 통해 멜랑콜리아의 특징적 임상양상을 유발한다고 하였다.[4]

1. 구강 성애(oral eroticism)의 타고난 강화
2. 리비도의 구강기 고착(oral fixation)
3. 모성 대상(maternal object)에게 기대했던 사랑이 좌절됨으로써 오는 유아적 자기애 (infantile narcissism)의 손상
4. 이러한 손상의 극복이 전성기기(pregenital period)에 일어남
5. 이러한 초기 실망의 생애에 걸친 반복

그는 우울증에서 관찰되는 양가감정에 대해 최초로 기술한 정신분석가 중 한 사람이다. 그는 양가감정이 전성기기와 관련되어 있으며, 구강기 고착은 우울증 환자들의 중요한 특징이라고 하였다.[5] 멜랑콜리아가 일어나려면 대상관계는 반드시 양가적, 즉 사랑과 미움이 서로 경쟁적인 상태라야 한다. 자기애적 동일시를 해오던 대상으로부터 사랑을 거부당하게 되면, 대상과 동일시되던 자아 부분(ego part)에 대해 증오가 작동하기 시작하여 가학적인 만족을 추구해나간다. 이로써 대상에 대한 증오심은 동시에 자기

(self)에게로 향한다. 멜랑콜리아에서 나타나는 자살욕구는 이것의 좋은 예이다. 타고났 건 혹은 상실로 인해 나타났건 간에 양가감정은 무의식 속에서 사랑-미움 간의 전쟁으로 발전한다. 여기에서 오는 무의식적 위협으로부터 벗어나기 위한 일종의 자기 보호로 서, 대상에 대한 사랑은 의식적인 자아 쪽으로 옮겨가며 무의식 속에는 대상에 대한 미 움만이 남게 된다. 그리하여 멜랑콜리아의 다양한 임상양상들이 나타나게 된다. 스스로 투쟁을 중단한 것이건 혹은 대상이 무가치해져서 더 이상의 투쟁이 무의미해진 것이건 간에, 상실한 대상과의 무참한 투쟁은 늘 마지막 고갈(exhaustion) 상태에 이를 때까지 지속된다.

그는 *Melancholia and Obsessional Neurosis*(1927)에서도 멜랑콜리아와 전성기기 간의 관 련성에 대해 기술하였다.[4] 그는 이른바 항문-가학기(anal-sadistic phase)라 하여 항문 성 애(anal eroticism)와 가학증(sadism)을 연결지었으며 이 시기를 다시 두 단계로 나누었다. 첫 번째 단계는 퇴행 단계로서, 멜랑콜리한 개인은 퇴행을 계속하여 상실된 대상을 함 입하기에 이른다. 그리하여 두 번째 단계인 구강-식인기(oral-cannibalistic stage)로 접어 든다. 멜랑콜리아의 특징인 먹는 데 대한 거부는 바로 이 단계에서 나타나는 것이다.

조증의 정신역동

외부 세계의 현실로부터 단절될 때, 마음은 더 이상 경험을 통해 배우거나 성장, 생산하 지 못하게 된다. 얼어붙은 황무지에서 더 이상의 성장은 일어날 수 없다. 개인은 상실에 대한 의식적인 지각을 통해 자신이 다른 이들과 분리되어 독특하고 다르게 존재함을 인 식한다. 따라서 개인이 분리를 알고 경험하는 것은 자기감 및 타인 인식에 대한 기초가 된다.[6]

Freud는 *Mourning and Melancholia*(1917)에서 조증과 멜랑콜리아 모두 동일한 'complex' 간의 격투 결과로서, 조증은 멜랑콜리한 자아(melancholic ego)가 굴복하고 조 증적 자아(manic ego)가 승리를 거둔 상태라 하였다.[1] 둘 다 상실의 고통을 피하기 위한 노력이지만, 그 대신 스스로를 지치게 만드는 엄청난 대가를 치른다.

또한 멜랑콜리아의 가장 큰 특징이 '조증으로 바뀌고자 하는 경향'이라고 하였다. 그 가 *Group Psychology and Analysis of the Ego*(1921)에서 언급하였듯이,[7] 멜랑콜리한 사람은 가혹한 자아 이상(ego ideal)에 의해 자아가 엄격히 통제되는 반면, 조증에서는 그러한 자아 이상이 갑자기 자아로 흡수 내지 융합된다. 이렇듯 하나가 된 자아와 자아 이상은 여타의 모든 방해, 비난으로부터 자유로워지며, 그 결과 무한한 만족감과 승리감을 얻 는다. 멜랑콜리아의 고통받던 자아는 조증으로 바뀌는 시점부터 비로소 자유를 얻는다. 그동안 대상 상실 등 다양한 정신적 고통으로 인해 소진되어 오던 정신 내적 에너지들은 조증이 되면서 갑자기 남아도는 상태가 되며, 그리하여 '다양한 형태로 배출'이 가능해진다.

Karl Abraham 역시 "조증은 초자아의 멍에를 벗어 던진 상태로서, 초자아는 자아에 융합되어 더 이상 자아에 대해 비판적이지 않다"고 하였다. 그는 이러한 상태를 '조증적 승리주의(manic triumphalism)라고 표현했다.[8]

비록 일부 애도 반응의 경우 조증 수준의 리비도적 욕구 증가를 보이기도 하지만,[9] 대부분의 애도반응에서는 이러한 갑작스러운 형태의 정신적 고통으로부터의 해방은 나타나지 않으며, 상실한 대상으로부터의 분리(detachment)는 좀 더 단계적으로 일어난다.

그는 조증에서 관찰되는 가속화된 정신성적 대사(psychosexual metabolism)에 대해 다음과 같이 설명했다. 조증에서는 구강욕구가 증가하여 가속화된 대상함입(object incorporation)이 일어나는, 이른바 대상폭식(object-bulimia) 상태가 되며, 이어서 함입된 대상을 곧바로 배설해버리는 쾌락적 행동이 일어난다. 그래서 그는 조증을 식인축제(cannibalistic orgy)에 비유하기도 했다.[9]

이에 대한 Klein의 견해를 보면 그녀는 조증의 자아가 식인축제와도 같은 가속화된 대상함입 및 배설이 일어나는 동안에 발생하는 모든 부정적인 감정들을 부정해버린다고 하였다.[10] 조증은 대상에 대한 채워지지 않는 배고픔을 특징으로 하며, 워낙 많은 대상들을 함입하기 때문에 특정 대상이 파괴되었다고 해서 이를 걱정하지는 않는다. 대상의 중요성에 대한 비난과 대상에 대한 멸시는 조증의 독특한 특징이다.[10] 대상에 대한 배고픔과 그러한 배고픔을 느끼는 자아로부터의 부분적인 분리가 동시에 존재한다. 이러한 분리는 우울적 위치에서는 도달할 수 없는 상태로서 대상에 대한 자아기능의 강화를 뜻하지만, 그럼에도 불구하고 이러한 긍정적인 측면은 조증적 자아가 사용하는 여러 미숙한 방어기제들 —부정, 전지전능, 지배와 통제에 대한 환상— 에 의해 감쇄되고 만다.

Freud는 Mourning and Melancholia(1917)에서 "조증적 자아는 대상 상실을 극복해야 하므로, 이들은 자신에게 고통을 유발한 대상으로부터 자신들이 얼마나 자유로운지를 명백히 증명해내려고 한다"고 하였다.[1] Klein은 이러한 Freud의 개념을 확장하여 조증적 방어(manic defense)라는 표현을 사용했다. 조증적 방어는 멸시, 통제, 승리라는 세 가지 느낌을 특징으로 한다. 이들은 대상의 힘을 경시하는 경향이 있으며, 동시에 그 대상을 최대한 통제하려고 한다. 그녀는 우울 위치를 기술하면서 정신적 삶에 있어서 조증적 방어의 중요성을 강조하였다.[11] 조증적 자아는 정신적 현실에 대해 의기양양하고 비웃는 태도를 취함으로써 내적 대상을 파괴했다는 자각으로부터 오는 우울감을 피할 수 있게 된다.

그녀는 조증에 대한 Freudian의 개념에 더하여 대상의 사라짐과 파괴를 걱정하는 죄책감에 대해서도 언급했다. 조증의 자아는 멜랑콜리아로부터의 도피뿐 아니라 편집증적 상태로부터의 도피 역시 추구한다. 이들의 자아는 애정대상(loved objects)에 대한 과도한 의존 상태로부터 벗어나고자 애씀과 동시에 악한 대상(bad object) 및 이드의 위협으로부터도 쫓기는 처지에 놓여 있다. 따라서 이들은 자신을 방어할 또 다른 방법을 필요로 한다. 조증적 자아는 대상을 통제하고 지배하기 위한 목적으로 전지전능함이라는 기제를 사용한다. 이것은 조증의 가장 중요한 특징으로서, 발달의 상당히 초기 단계에서부터 나타나는 부정(denial)이라는 기제를 기초로 한다. 이들은 전지전능의 환상 속에서 대상들을 죽이지만 또한 즉각적으로 되살려낸다. 즉 자신의 방어를 위해 대상을 파괴한 뒤, 이렇게 잃어버린 대상을 되찾기 위해 다시 또 살려내는 것이다.[10] 이러한 일련의 노력 속에서 조증적 자아의 과활동성(hyperactivity)이 나타나게 된다.

인지적 측면

양극성장애의 인지적 모델은 단극성 우울증의 인지이론을 확장시킨 것으로 부적응적 인지 패턴이 우울증을 야기한다는 것이다.[12] 즉 단극성 우울증에서와 같이 양극성 우울증 환자의 경우에도 자기 자신과 세상에 대한 부정적 관점을 갖게 되며, 이로 인해 우울증이 생긴다.[12, 13] 한편 양극성장애 환자는 조증/경조증을 야기하기 쉬운 긍정적인 인지 패턴을 가지고 있어 긍정적인 생활 사건이 생겼을 때 이 긍정적 인지 과정이 활성화된다.[14] 하지만 긍정적 사건에 대한 해석보다는 부정적 사건에 대한 해석이 조증/경조증의 발생에 더 중요하다는 주장도 있다.[15] 이러한 인지 패턴은 기분 상태에 따라 달라진다는 연구도 있으나[16] 개인에서는 기분 상태가 변하더라도 인지 패턴이 크게 달라지지 않는다는 연구도 있다.[12] 또한 인지 패턴은 양극성장애의 재발에도 관여한다고 알려져 있다.[16~18]

양극성장애 환자를 위한 인지행동치료는 잘못된 인지 과정과 행동을 수정해줌으로써 재발을 막는 데 효과가 있다.[19~21]

환경적 스트레스 측면

양극성장애에 관한 가족 연구, 쌍생아 연구, 그리고 양자 연구를 통해 양극성장애가 유전적 성향이 많다고 밝혀지고,[22, 23] 양극성장애의 치료에 있어 lithium이나 항경련제 같은 기분조절제가 효과가 있다고 알려지면서[24] 양극성장애의 발병 원인에 있어 정신사회적 원인보다는 생물학적 원인에 관심이 집중되어 왔다.

그러나 일란성 쌍생아의 일치율이 100%가 아니므로 양극성장애의 발병을 유전적 요인만으로 설명할 수 없다. 특히 유전적 또는 생물학적 과정만으로는 증상의 출현, 시기, 극성의 차이를 충분히 설명할 수 없다. 뿐만 아니라 양극성장애 환자 중에는 약물치료에 잘 반응하지 않거나 예방적 약물치료에도 불구하고 재발하는 경우도 있으므로,[25] 생물학적 원인이 양극성장애의 발병에 중요하기는 하지만 정신사회적 원인 역시 중요한 발병요인으로 관심을 받고 있다. 특히 양극성장애의 원인으로 알려진 kindling 이론에서 보더라도 유전적인 취약성뿐 아니라 환경적 스트레스가 같이 작용하며, 특히 이런 스트레스가 유전자 수준에서 생물학적 변화를 야기할 수 있다. 이러한 환경적 스트레스에 대한 연구는 현재의 환경적 요인에 관한 것과 과거 발달상의 환경적 요인에 관한 것 두 가지로 나눌 수 있다.

현재의 환경적 요인

현재의 환경적 요인은 현재의 생활 사건과 사회적 지지로 구분할 수 있다. 양극성장애 환자는 처음 발병하기 직전에 스트레스를 야기하는 생활 사건을 더 많이 경험한다.[26] 한편 중요한 인물로부터의 사회적 지지는 양극성장애의 경과를 더 긍정적으로 이끄는 반면 가족이나 친구로부터의 높은 표출 감정(high expressed emotion)은 경과를 나쁘게 한다.[27] 이러한 생활 사건이나 사회적 지지에 관한 연구 결과를 통해 개발된 정신사회적 치료기법들이 양극성장애에 대한 효과적인 부가 치료로 이용되고 있다.[28, 29]

최근의 생활 사건

양극성장애 환자는 삽화가 일어나기 이전에 스트레스가 되는 생활 사건을 더 많이 경험한다.[30, 31] 이러한 스트레스성 사건을 경험하는 경우는 초발뿐 아니라 재발한 경우에도 흔하지만, 이후에 나타나는 삽화보다 첫 번째 삽화에서 더 많았다.[32, 33] 삽화 이전에 최소 1회 이상의 생활 사건을 경험한 비율을 보면 양극성장애 환자의 경우 첫 번째 삽화 때는 63%였고, 다섯 번째 삽화 때는 30%로 감소하였다.[34] 결과적으로 생활 사건은 후기보다는 초기의 기분 삽화를 야기하는 데 더 중요하게 작용한다. 한편 일찍 발병한 경우보다 늦게 발병한 경우에 스트레스성 사건이 더 많았다.[32, 33] 특히 우울증 삽화뿐 아니라 조증/경조증 삽화 이전에도 부정적 생활 사건이 선행한다.[35] 사별, 대인관계 문제, 경제적 위기, 업무 관련 어려움, 실패, 실직과 같은 부정적 생활 사건들이 조증 삽화 이전에 종종 선행하는 것으로 나타났다.[36, 37] 그러나 조증과 우울증 모두 재발한 경우에는 삽화 이전 생활 사건의 차이가 없었다.[38]

물론 이러한 생활 사건들은 증상의 원인이 될 수 있지만 환자의 행동에 의해서 야기될 수도 있다. 하지만 개인의 행동과 독립적인 생활 사건을 조사한 결과에서도 발병 전에 생활 사건이 많았다.[39] 여러 가지 생활 사건 중에서 특히 일상 사회적 리듬(식사 시간, 수면-각성 주기 등)이 파괴되는 경우에 기분 삽화가 발생할 수 있다.[40, 41] 또한 목표 달성 또는 목표 추구와 연관된 생활 사건들은 조증 증상의 증가를 예측해준다.[42]

이런 생활 사건과 관련된 연구들은 대인관계 및 사회리듬치료(interpersonal and social rhythm therapy, IPSRT)의 근간이 되었다.[43] 이 치료기법은 약물치료에 부가적인 요법으로 양극성장애의 경과를 향상시키는 데 도움이 된다.[44]

사회적 지지

가족이나 친구로부터의 사회적 지지는 스트레스에 의한 악영향으로부터 보호해주는 완충역할을 할 뿐 아니라 개인의 기능을 직접적으로 증가시킬 수 있다. 반면에 높은 표출 감정(expressed emotion)은 부가적인 스트레스가 될 뿐 아니라 경과를 악화시킨다.

사회적 지지의 결핍은 장기적인 심리사회적 스트레스로도 볼 수 있기 때문에 정신질환 분야에서 매우 중요한 요소이다. 양극성장애 역시 사회적 지지가 질환의 임상경과에 중요한 영향을 미친다.

주로 조증이 많은 환자는 우울증이 많은 환자에 비해 적절한 애착이 적고, 사회적 통합능력이 적다. 사회 부적응은 현재의 증상 및 과거 기분 삽화의 수와 관련이 있다.[45] 입원한 양극성장애 환자에서 낮은 사회적 지지는 일생 동안의 높은 삽화 수와 상관관계가 있는데,[46] 한편으로는 양극성장애의 이환기간이 오래될수록, 조증 삽화가 많을수록 사회적 지지에 부정적인 영향을 미치는 것으로 볼 수 있다.[47] 연구 결과 실제로 양극성장애 환자들은 부모나 배우자, 다른 가족들, 그리고 친구 같은 다양한 사회적 관계에서 결핍을 보였으며,[48] 현재 조증인 환자들은 현재 우울증이나 안정된 환자에 비해 지지를 받지 못한다고 느끼는 것으로 나타났다.[49] 낮은 사회적 지지를 받는 환자들은 더 많은 재발을 경험하고 더 많은 회복 시간이 필요하다.[50]

양극성장애 환자와 가족 간의 상호 작용에 있어서 높은 표출 감정은 중요한 요소이다. 가족 내 높은 표출 감정과 부정적인 정서는 재발 위험을 높이고, 젊은 양극성장애 환자에서 자살사고 발생에 영향을 미친다.[51] 높은 표출 감정을 보이는 가정에 있는 양극성장애 환자는 표출 감정이 적은 가정의 환자에 비해 우울증과 조증 모두에서 더 심한 증상을 보인다.[52, 53] 높은 표출 감정은 양극성장애의 나쁜 경과를 예측하는데, 환자의 재발[54]뿐 아니라 이환율(입원, 증상, 부가 약물)[55]도 높았다.

가족의 사회적 지지를 강화시키는 가족초점 정신교육(family-focused psychotherapy, FFT)이 표출 감정을 낮추고 약물 순응도를 높이며 재발률을 낮춘다.[56, 57]

결론적으로 현재의 환경적 요인들(스트레스 생활 사건, 사회적 지지, 표출 감정)은 양극성장애의 발병뿐 아니라 재발에 일조를 하며, 부정적 사건들은 우울증 삽화를 야기할 뿐 아니라 조증과 경조증 삽화의 위험도 높인다.

발달적 요인

어린 시절의 가정 환경이 양극성장애의 발병과 경과에 영향을 준다고 알려져 있다. 이런 연구는 대개 2개의 축으로 전개되고 있는데, 하나는 양극성장애 환자 부모의 양육 방식에 관한 것이고, 다른 하나는 환자의 학대 경험에 관한 것이다. 다만 이런 발달적 요인이 원인인지 결과인지는 아직 확실하지 않다.

최근에는 출생 전 노출되는 위험요소가 양극성장애에 미치는 영향에 대한 연구들도 진행되고 있다. 출생 전 인플루엔자에 노출된 경우 정신병적 양상을 동반한 양극성장애의 발병 위험을 높이는데, 이것은 이전에 밝혀진 조현병과의 상관관계를 고려할 때 정신병적 증상의 발병 위험을 높이는 것으로 해석할 수 있다.[58] 이미 다양한 정신질환의 위험을 증가시키는 것으로 밝혀진 산모의 흡연 역시 기분장애의 위험성을 높이며, 이는 흡연량과 연관이 있다.[59, 60] 그러나 아직 연구들마다 결과가 일치하지 않는 부분이 있으므로 추가적인 연구가 필요할 것이다.

양육/애착

일부 연구에서 양극성장애 환자 부모의 양육 방식에 대해 과잉보호, 심리적 통제, 지배적인 어머니, 아버지의 부재와 같은 특징을 보고하였으나,[61] 다른 연구에서는 양극성장애 환자 부모의 양육 태도는 일반 대조군과 차이가 없었다.[62, 63]

학대

정신질환이 있는 환자에서 소아기 외상(trauma) 경험은 흔한 편으로, 양극성장애의 경우 거의 50% 가까이 되는 환자들에서 소아기 외상 경험이 있는 것으로 나타났다.[64] 양극성장애에서 외상후스트레스장애의 동반 이환율은 16~39%에 이른다.[65]

소아기 외상은 기분장애에서 조기 발병, 급속순환형, 정신병적 증상 발생, 평생 동안 경험하는 기분 삽화 수, 자살사고 및 자살시도, 약물남용과 관련이 있다.[66, 67] 외상 유형별로 보면 양극성장애 환자는 단극성 우울증 환자와 비교하였을 때, 어린 시절 신체적 학대를 경험하는 비율이 더 높으나,[68] 일부 연구에서는 성적 학대가 양극성장애 환자에서 더 많이 보고되었다.[69]

양극성장애에서 발달적 요인이 중요하게 작용을 할 것이라는 연구도 있으나 그렇지 않다는 연구도 있으므로 결론을 얻기 위해서는 앞으로 연구 결과를 계속 지켜보아야 한다.

요약

양극성장애 환자에서 정신사회적 사건과 그로 인한 결과를 확인하는 것은 원인을 규명하고 치료와 예방을 이끌어내는 데 중요하다. 많은 연구를 보면 단극성 우울증과 마찬가지로 최근의 생활 사건과 지지적인 대인관계가 양극성 삽화의 발생과 재발의 가능성을 예측해준다. 그러나 양극성장애와 연관된 유전자를 아직 모르기 때문에 유전적 위험도를 양적으로 평가할 수 없는 것처럼, 현재의 스트레스와 과거 발달상의 환경적 스트레스도 다양한 요인들(양육 방식, 학교 환경, 이웃의 안전성 등)로 구성되므로 이런 환경적 위험을 양적으로 평가할 수 있는 적절한 방법은 아직까지 없다. 그러므로 유전과 환경이 얼마나 영향을 주는지 알기는 어렵다. 따라서 이런 영향을 평가하기 위한 전향적이고 장기적인 연구가 필요하다.

참고문헌

1) Freud S. Mourning and melancholia. 1917. SE. 14:237-258.

2) Klein M. Mourning and its relation to manic-depressive states. International Journal of Psycho-Analysis 1940;21:125-153.

3) Abraham K. Notes on the psychoanalytical investigation and treatment of manic-depressive insanity and allied conditions. In Selected papers of Karl Abraham, M.D. London: Hogarth; 1927. P.137-156.

4) Abraham K. Melancholia and obsessional neurosis. In Selected papers of Karl Abraham, M.D. London: Hogarth; 1927. p.422-432.

5) Abraham K. The process of introjection in melancholia: two stages of the oral phase of the libido. In Selected papers of Karl Abraham, M.D. London: Hogarth; 1927. p.442-452.

6) Quinodoz. Jean-Michel. The Taming of Solitude: Separation Anxiety in Psychoanalysis. London: Routledge;1993.

7) Freud S. Group psychology and the analysis of the ego. 1921.SE,18:65-143.

8) Abraham K. A short study of the development of the libido, viewed in the light of mental disorders. In Selected papers of Karl Abraham, M.D. London: Hogarth and the Institute of Psycho-analysis; 1927. p.418.

9) Abraham K. Notes on the psycho-analytical investigation and treatment of manic-depressive insanity and allied conditions. In Selected Papers of Karl Abraham, M.D. London: Hogarth and the Institute of Psycho-analysis; 1927. p.137-156.

10) Sánchez-Pardo E. Cultures of the death drive: Melanie Klein and modernist melancholia. North Carolina: Duke University Press; 2003. p.126-126.

11) Klein M. Mourning and its relation to manic-depressive states. International Journal of Psycho-Analysis 1940;21:125-153.

12) Alloy LB, Reilly-Harrington NA, Fresco DM, Whitehouse WG, Zechmeister JS. Cognitive styles and life events in subsyndromal unipolar and bipolar mood disorders: Stability and prospective prediction of depressive and hypomanic mood swings. J Cogn Psychother 1999;13:21-40.

13) Hall KS, Dunner DL, Zeller G, Fieve RR. Bipolar illness: A prospective study of life events. Compr Psychiatry 1977;18:497-502.

14) Eckblad M, Chapman LJ. Development and validation of a scale for hypomanic personality. J Abnorm Psychol 1986;95:214-222.

15) Thompson M, Bentall RP. Hypomanic personality and attributional style. Personality and Individual Differences 1990;11:867-868.

16) Scott J, Pope M. Cognitive styles in individuals with bipolar disorders. Psychol Med. 2003;33:1081-1088.

17) Johnson SL, Fingerhut R. Cognitive styles predict the course of bipolar depression, not mania. J Cogn Psychother 2004;18:149-162.

18) Johnson S L, Meyer B, Winett C, Small J. Social support and self-esteem predict changes in bipolar depression but not mania. J Affect Disord 2000;58:79-86.

19) Lam DH, Watkins ER, Hayward P, Bright J, Wright K, Kerr N, et al. A randomised controlled study of cognitive therapy for relapse prevention for bipolar affective disorder: Outcome of the first year. Arch Gen Psychiatry 2003;60:145-152.

20) Fava GA, Bartolucci G, Rafanelli C, Mangelli L Cognitive-behavioral management of patients with bipolar disorder who relapsed while on lithium prophylaxis. J Clin Psychiatry 2001;62:556-559.

21) Cochran SD. Preventing medical non-compliance in the outpatient treatment of bipolar affective disorders. J Consult Clin Psychol 1984;52:873-878.

22) Goodwin FK, Jamison KR. Manic-depressive illness. New York: Oxford University Press;1990.

23) Nurnberger JL, Gershon ES. Genetics. In ES Paykel (Ed.). Handbook of affective disorders (2nd. ed.). New York: Guilford Press;1992. p.131-148.

24) Keck PE, McElroy SL. Outcome in the pharmacological treatment of bipolar disorder. J Clin Pharmacol 1996;16(Suppl. 1):15-23.

25) Prien RF, Potter WZ. NIMH workshop report on treatment of bipolar disorder. Psychopharmacol Bulletin 1990;26:409-427.

26) Johnson SL, Kizer A. Bipolar and unipolar depression. A comparison of clinical phenomenology and psychosocial predictors. In IH Gotlib, CL Hammen (Eds.). Handbook of depression. New York: Guilford Press; 2002. p.141-165.

27) Rosenfarb IS, Miklowitz DJ, Goldstein MJ, Harmon L, Nuechterlein KH, Rea MM. Family transactions and relapse in bipolar disorder. Fam Process 2001;40:5-14.

28) Colom F, Vieta E, Martinez-Aran A, Reinares M, Goikolea JM, Benabarre A, et al. A randomised trial on the efficacy of group psychoeducation in the prophylaxis of recurrences in bipolar patients whose disease is in remission. Arch Gen Psychiatry 2003;60:402-407.

29) Rea MM, Tompson MC, Miklowitz DJ, Goldstein MJ, Hwang S, Mintz J. Family-focused treatment versus individualized treatment for bipolar disorder: Results of a randomised clinical trial. J Consult Clin Psychol2003;71:482-492.

30) Bidzinska EJ. Stress factors in affective disorders. Br J Psychiatry 1984;144:161-166.

31) Dunner DL, Patrick V, Fieve RR. Life events at the onset of bipolar affective illness. Am J Psychiatry 1979;136:508-511.

32) Glassner B, Haldipur CV. Life events and early and late onset of bipolar disorder. Am J Psychiatry 1983;140:215-217.

33) Glassner B, Haldipur CV, Dessauersmith J. Role loss and working-class manic depression. J Nerv Ment Dis 1979;167:530-541.

34) Johnson L, Andersson-Lundman G, Aberg-Wistedt A, Mathew AA. Age of onset in affective disorder: Its correlation with hereditary and psychosocial factors. J Affect Disord 2000;59:139-148.

35) Sclare P, Creed F. Life events and the onset of mania. Br J Psychiatry 1990;156:508-514.

36) Kessing LV, Andersen PK. Predictive effects of previous episodes on the risk of recurrence in depressive and bipolar disorders. Curr Psychiatry Rep 2005;7:413-420.

37) Hosang GM, Korszun A, Jones L, Jones I, McGuffin P, Farmer AE. Life-event specificity: Bipolar disorder compared with unipolar depression. Br J Psychiatry 2012;201:458-465.

38) Hunt N, Bruce-Jones W, Silverstone T. Life events and relapse in bipolar affective disorder. J Affect Disord1992;25:13-20.

39) Perris H. Life events and depression: Part 2. Results in diagnostic subgroups, and in relation to the recurrence of depression. J Affect Disord1984;7:25-36.

40) Malkoff-Schwartz S, Frank E, Anderson BP, Hlastala SA, Luther JF, Sherrill JT, et al. Social rhythm disruption and stressful life events in the onset of bipolar and unipolar episodes. Psychol Med 2000;30:1005-1010.

41) Kadri N, Mouchtaq N, Hakkou F, Moussaoui D. Relapses in bipolar patients: Changes in social rhythm? Int J Neuropsychopharmacol 2000;3:45-49.

42) Johnson SL, Sandrow D, Meyer B, Winters R, Miller I, Solomon D, et al. Increases in manic symptoms after life events involving goal attainment. J Abnorm Psychol 2000;109:721-727.

43) Frank E, Swartz HA, Kupfer DJ. Interpersonal and social rhythm therapy: Managing the chaos of bipolar disorder. Biol Psychiatry 2000;48:593-604.

44) Rucci P, Frank E, Kostelnik B, Fagiolini A, Mallinger A, Swartz HA, et al. Suicide attempts in patients with bipolar I disorder during acute and maintenance phases of intensive treatment with pharmacotherapy and adjunctive psychotherapy. Am J Psychiatry 2002;159:1160-1164.

45) Bauwens F, Tracy A, Pardoen D, Vander Elst M, Mendlewicz J. Social adjustment of remitted bipolar and unipolar out-patients: A comparison with age- and sex-matched controls. Br J Psychiatry 1991;159:239-244.

46) Kulhara P, Basu D, Mattoo SK, Sharan P, Chopra R. Lithium prophylaxis of recurrent bipolar affective disorder: Long-term outcome and its psychosocial correlates. J Affect Disord 1999;54:87-96.

47) Romans SE, McPherson HM. The social networks of bipolar affective disorder patients. J Affect Disord 1992;25:221-228.

조증(경조증) 상태

조증 증상

전통적인 유쾌성 조증(euphoric mania)의 증상은 명백하다. 즉 고양된 기분과 함께 과대성, 빠른 정신운동속도, 아이디어의 쇄도, 주의산만, 그리고 수면욕구 감소 등이 나타난다. 조증 삽화의 증상은 환자에 따라 개인차가 있으며, 동일한 환자에서도 시간에 따라 차이가 있다.[1]

조증 환자는 위트가 있고, 행동이 대범하며, 농담을 좋아하고, 극적이다.[2] 환자는 사람들에게 활기를 불어넣기도 하지만 짜증나게 할 수도 있다. 이러한 방식의 감정 교류는 조증 상태에서 매우 특징적이다. 조증 상태의 기분은 변하기 쉬워서 신뢰할 수가 없다. 환자들은 기분이 너무 좋은 상태를 보이다가도 굉장히 신경질적으로 변하기도 한다. 게다가 기분이 바뀔 때 매우 적대적으로 변할 수도 있다. 따라서 불안정한 기분과 적대감은 조증 상태에서 흔히 나타나는 임상 증상이다.[2] 조증 삽화 시 기분 상태는 평균적으로 과민한(irritable) 기분이 가장 많고(71%), 다음으로 유쾌한 기분(63%) 또는 대범한 기분(60%), 불안정한 기분(49%), 우울한 기분(46%)이 나타난다. 그러나 일반적으로 조증 삽화의 초기 단계에서는 우울, 과민한 기분, 불안정한 기분은 덜 나타난다.[1]

정신운동항진(psychomotor activation)은 조증 상태의 현저한 특징인데, 조증 환자의 약 80~90%에서 과도한 에너지와 활동, 말이 많음, 빠른 말투 및 압출언어(pressured speech)와 같은 증상이 나타난다.[1, 3] 사고 과정이 빨라져서 주관적으로 사고의 비약(flight of idea)을 경험한다. 환자들은 말이 너무 빠르고 많은데, 때로 연상이 어려워져 연상의 이완이 나타날 수 있다. 목이 쉴 정도인데도 불구하고 압출언어가 지속될 수 있다. 여러 영역에서 발생하는 조증 환자들의 위험한 행동은 흔히 정신운동 탈억제(disinhibition)와 연관성이 있다. 그들은 주의가 산만하고 사고의 속도가 빠르기 때문에 사고의 주제나 사람에 대한 관심도 자주 바뀌며, 갑자기 떠오르는 공상 속의 모든 새로운 활동에 최고의 흥미를 보인다. 그들은 피로한 줄도 모르고 여러 가지 활동에 참여하며, 대개 상황 판단력이 떨어진다(예 : 거리에서 설교하거나 춤추기, 시도 때도 없이 불필요한 장거리 전화 걸기나 과도한 SNS 이용, 불필요한 새 차 구입, 한꺼번에 많은 물건 구입, 값비싼 보석이나 불필요한 장신구 구입, 술집에서 모든 손님들의 술값을 자신이 전부 지불, 자기 물건을 이유 없이 남에게 주기, 수익이 불투명한 벤처 사업에 참여, 도박, 계획에 없는 충동적 여행, 갑작스러운 결혼 등). 이러한 일련의 행동들로 인해 개인적 낭패나 재정적 실패를 가져올 수 있다. 또한 조증 환자들은 전형적으로 성적 욕구가 항진되어 있기 때문에 성적인 문제가 자주 발생하고 결국 결혼생활에 위기가 닥치고 수 차례의 별거나 이혼이 발생할 수 있다. 행동과다는 조증 상태의 주요 증후이다. 그들은 남에 대한 간섭이 많기 때문에 가족 구성원, 친구, 동료들과 심각한 갈등을 일으킨다.

이러한 정신운동항진과 함께 주요 증후로서 조증 환자의 약 80%에서 수면욕구가 줄 어들어, 조금만 자고도 원기왕성하게 느낀다. 이따금 그들은 3~4일 동안 실제로 잠을 자지 않고 지내면서 활동과다가 위험할 정도로 증가되기도 하며, 그 결과 육체적으로 탈진하기도 한다. 과다활동을 하면서도 영양섭취를 잘 하지 않아 체중감소가 일어날 수 도 있다.

섬망성 조증(delirious mania, Bell's mania라고도 알려져 있음)은 드물지만 극도로 심 한 조증의 표현 형태로서 열광적인 신체활동을 포함하고 있으며, 그러한 활동이 약해지 지 않고 계속되면 생명에 위협이 되는 응급 상황을 초래한다.[2] 혼란한 조증 상태에서 가 성 치매 증상의 발현이 보고된 바 있다.[4] 일부 조증 환자(25%)에서는 긴장증(catatonia) 이 관찰된다.[1]

조증 삽화 시 사고의 내용은 지나치게 긍정적이고 낙관적이며 과대적이다. 그들은 팽 창된 자존심, 과도한 자신감을 보이며, 자신의 업적에 대해 자랑한다. 그들은 자신의 문 제점에 대해 인정하지 않기 때문에 약물치료를 잘 받지 않으려고 하며, 병식이 없고 판 단력 장애가 있어서 자신이나 주위 사람들에게 피해를 입힌다. 이는 주의집중, 계획수 립, 문제해결 등 조증에서의 주요한 인지적 손상에 따른 결과이며, 부분적으로는 충동 조절 문제에 기인한다.[2]

조증 환자들의 약 2/3에서 일생 동안 적어도 한 가지의 정신병적 증상이 있었던 것으 로 밝혀졌다. 이러한 정신병적 증상의 발생률은 47~90%였다.[1] 조증 삽화 시 나타나는 정신병적 증상으로는 과대망상을 비롯한 여러 가지 망상이 나타날 수 있다(예 : 특별한 정신적 능력과 빼어난 신체적 외모와 관련된 망상, 재산, 명문 가문, 혹은 기타 과대적 신분, 종교와 관련된 망상, 관계망상, 피해망상 등). 조증 삽화 시 보이는 환각은 종종 황홀경과 종교적 특성을 갖고 있고, 그 기간이 짧으며, 일시적이고 일관성이 없는 양상 을 보인다.[1] 이러한 조증 삽화 시 보이는 정신병적 양상은 일반적으로 유쾌한 기분이나 과대적인 자기상과 일치하나, 드물긴 하지만 기분과 일치하지 않을 수도 있다.[2]

경조증 증상

경조증 상태는 조증 상태에 비해 덜하나 분명 정상 기분상태에 비해 증가되어 있는 기 분상태를 보인다. 대개 정신병적 증상이 없고, 비교적 짧은 기간에 나타나며, 유의한 기 능적 손상을 초래하지 않는다.[2] 경조증의 증상들로는 여러 가지가 있다(예 : 수면 감소,

에너지와 기력 증가, 자신감 증가, 활동 증가, 평소보다 많은 일 수행, 많은 사회활동, 과도한 금전적 낭비, 많은 아이디어와 계획, 수줍음과 자제력의 감소, 말이 많음, 성욕 증가, 커피, 담배, 알코올의 소비 증가, 불필요한 스마트폰 전화통화, SNS 시간이나 횟수의 과도한 사용과 증가, 유쾌한 기분과 과도한 낙관주의, 웃음, 농담, 익살의 증가, 예리한 생각과 새로운 아이디어 등).[5] 고양된 기분 상태가 경할 수 있는데, 명백한 기분상의 변화보다는 목표지향성 활동의 증가, 즉 과활동성이 경조증에서 가장 중요한 증상일 수 있다.

조증의 단계에 따른 주요 임상적 특징

일부 환자들에서는 조증 상태가 점진적으로 시작되고 진행되다가 나중에 완전한 조증이 나타난다. 또 일부 환자들에서는 조증의 발생이 급작스럽고 극적으로 나타나기도 하는데, 그러한 경우에도 초기 단계가 일시적으로 존재한다. Carlson과 Goodwin은 경미한 경조증부터 섬망성 정신병적 조증까지 진행 단계를 구분하여 다음과 같이 기술하였다.[6]

조증의 초기 단계(1단계)는 전형적으로 활동 증가, 불안정한 기분(유쾌, 과민, 혹은 두 가지 모두), 팽창하고 과대하며 과신하는 사고가 특징이다. 사고의 일관성을 유지하나, 흔히 사고의 이탈(tangentiality)이 있다. 환자들은 이러한 자신의 변화를 '기분 좋은 상태'라고 표현하며, 종종 빠른 사고(racing thought)를 보인다. 어떤 경우에, 그러한 '기분 좋은 상태'는 1단계 이상 진행되지 않으며, 이 단계는 경조증 삽화에 해당한다.

그러나 많은 삽화들은 다음 단계로 진행된다. 정신운동 활동이 증가하여 말이 훨씬 더 빨라지고, 기분 상태가 더 불안정해져서 유쾌와 불쾌의 혼재 상태가 특징을 이룬다. 과민한 기분은 공공연히 적개심과 분노로 바뀌고, 이에 수반되는 행동은 흔히 폭발적이고 공격적이다. 빠른 사고가 분명한 사고의 비약으로 진행되면서 인지기능은 점점 혼란스러워진다. 집착적인 사고가 강화되어 과대적이고 편집증적 경향을 띠면서 명백한 망상으로 나타난다. 이러한 수준은 급성 조증 삽화에 해당하며, 2단계로 불린다.

일부 환자들에서 조증 삽화는 더 진행되어 미분화된 정신병적 상태가 되는데(3단계), 이런 단계에 접어든 환자들은 분명히 불쾌한, 보통 무서운 상태로 경험하고, 광적인 행동을 보인다. 초기의 빠른 속도의 사고 과정이 점점 지리멸렬해지고 흔히 연상의 이완이 관찰된다. 망상은 대개 기괴하고 특이하며, 일부 환자들은 관계사고, 지남력장애, 섬망과 같은 상태를 경험한다. 이런 단계의 증상들은 적어도 피상적으로 보면 다른 급성 정신병과 구별하기가 어렵다. 일반적으로 조증 삽화가 진행되면서 1단계에서는 고조된 기분(또는 과민한 기분)과 과대성이 우세하고, 2단계에서는 과다행동과 각성 수준이 증가하며, 3단계에서는 정신병적 혼란 상태가 드러난다.

양극성 우울증 상태

양극성 우울증에서는 일반적으로 정신운동지연(psychomotor retardation)이 특징으로 나타난다.[7] 양극성 우울증은 발병과 시작이 급작스럽게 일어나기도 하고, 수 주에 걸쳐 서서히 발병할 수도 있다. 이러한 우울증은 회복되어 증상이 없어지거나 조증 상태로 직접 전환될 수도 있다.[8]

양극성 우울증 상태는 보통 정서와 행동의 거의 모든 면(사고와 언어의 속도, 기력, 식욕, 체중, 성욕, 즐거움을 느끼는 능력 등)에서 지연되거나 감소하는 특징이 있다. 이 상태의 심한 정도는 환자 개인이나 시간 경과에 따라 다양한 차이를 보인다.

우울 증상은 경미한 인지와 지각기능의 왜곡을 보이는 경한 신체적, 정신적 지연으로부터 심각한 우울성 혼미, 망상, 환각, 의식의 혼탁까지 다양한 범위에 걸쳐 있다.[1] 이 시기의 기분은 쓸쓸하고, 무덤덤하기도 하며, 비관적이고, 자포자기의 특성을 보인다. 또한 즐거움을 제대로 느낄 수 없기 때문에 삶이 무의미하다고 생각한다. 신체와 정신의 세계가 흑백으로 단조롭게 느껴진다. 주관적으로 무기력감을 느끼고, 과민한 기분, 분노, 편집증, 정서적 소용돌이, 불안도 흔히 나타난다. 대부분의 환자들은 기분의 일중 변화가 있는데, 대개 아침에 가장 저조하고 저녁에 나아진다고 보고한다.[1]

우울증 기간 동안에는 정신운동속도가 현저하게 느려져서, 환자들은 "두뇌 회전이 잘 안 되고, 머리가 멍하고 느려서 멍청해졌다", "정신집중이 잘 되지 않는다", "기억력이 심하게 나빠졌다"고 말한다.[1] 이렇듯 양극성 우울증 환자는 기억, 학습 등 다른 고위인지기능의 출입문 역할을 하는 주의력의 심각한 어려움을 겪는다. 또한 기억력과 실행기능의 장애, 의미 측면에서 언어 유창성의 장애와 같은 인지기능의 장애를 보인다.[9]

양극성 우울증에서는 활동이나 행동이 느려진다. 이와 함께 피로감, 활동 감소, 대인관계 위축, 의욕감퇴, 현저한 수면 변화(주로 불면이나 일부 과다수면), 식욕 변화(대부분 식욕감퇴나 일부 식욕과다), 체중 변화(감소 또는 일부 증가) 등이 특징적으로 나타난다.[1] 이런 상태의 환자들은 흔히 "내 몸이 너무 처지고 늘어져서 땅속으로 들어가는 듯하다", "힘이 없다", "피곤하다"고 호소한다.

비정신병적 우울증 환자들은 의식의 혼탁이나 망상, 환각이 나타나지 않는다. 그러나 자살사고는 양극성 우울증에서 흔히 나타나는 위험한 증상이고, 자포자기, 무감동, 죄책감, 부적합감을 흔히 동반한다. 또한 병적으로 반추하는 경향이 있고, 주의집중을 할 수 없으며, 자신을 부적합하고 쓸모없는 사람이라고 생각한다. 또한 우유부단하고, 건강염려증적 사고도 흔하다. 불합리한 두려움이 단순한 두려움, 공황불안부터 강박관념,

망상 수준까지 나타날 수 있다.[1]

양극성 우울증에서 기분이 일치하는 특성을 가진 정신병적 양상이 나타날 수도 있다.[10] 이러한 정신병적 우울증은 비정신병적 우울증과 동일한 증상과 증후가 악화된 형태로서 망상과 환각이 추가되어 있는 특징을 갖고 있다.[1] 이러한 망상은 자책감, 죄의식, 빈곤, 건강염려증, 신체적 관심, 피해의식에 관련된 경향을 보인다. 그러나 이러한 망상과 환각은 흔하지 않다.[2] 정신병적 우울증을 경험하는 양극성장애 환자들은 비정신병적 우울증을 경험하는 환자들보다 더 심하고 만성적인 경과를 밟는 경향이 있다.[1] 정신병적 우울증의 더 심한 상태로서 환상적 멜랑콜리아(fantastic melancholia)가 나타날 수 있는데, 이것은 섬망성 우울증보다 덜 심하며, 망상과 환각이 더 현저하고 일부 의식의 혼탁이 존재할 수 있다. 섬망성 멜랑콜리아(delirious melancholia)도 드물게 나타나는데, 이것은 인지와 지각의 왜곡, 지남력장애가 가장 심한 단계에서 나타낸다.[1] 또한 오늘날 매우 드물게 나타나는 가장 심한 형태의 양극성 우울증으로서 우울성 혼미(depressive stupor)가 나타날 수도 있는데, 이는 의학적으로 응급 상황이다. 노인에서 양극성 우울증은 가성 치매로 나타날 수도 있고, 청소년이나 젊은 여성의 경우에 비전형적 우울증이 더 특징적으로 나타난다.[2]

여러 연구들에서 양극성 우울증과 단극성 우울증이 서로 다른 임상적 특징을 보일 가능성이 제시되고 있다. 양극성 우울증 환자에서 기분의 가변성(lability), 정신운동지연, 정신병적 양상, 수면과다가 보다 흔하다는 것은 널리 알려져 있는 사실이다. 그 외 삽화의 갑작스러운 발병과 호전, 연마비(leaden paralysis), 잦은 우울증 삽화, 산후 발병, 이른 시기의 발병, 약물로 인한 경조증(pharmacologic hypomania), 물질남용의 잦은 동반 등은 양극성 우울증이 단극성 우울증과 구별되는 특징이다.[11-13] 그러나 DSM-5의 진단 기준에서는 삽화 자체에 차이를 두지는 않는다.

혼재성 상태(mixed state)

혼재성 상태는 조증 상태 혹은 우울증 상태라는 두 가지 차원을 바탕에 두고, 이들의 다른 조합들로 설명할 수 있다(그림 1).[14] 그러나 혼재성 상태가 단순히 우울증과 조증이라는 서로 다른 극단의 기분 증상이 동시에 또는 순차적으로 나타나는 것이 아니라 복잡하고 불안정한 양상의 다양한 증상들을 보인다는 점에 대해서는 어느 정도 의견의 일치를 보인다. 다시 말해 순수한 조증(pure mania)이나 우울증(pure depression) 상태에서 한 가지의 정반대 상태(조증 동안의 우울한 기분 또는 우울증 동안의 빠른 사고와 같은)

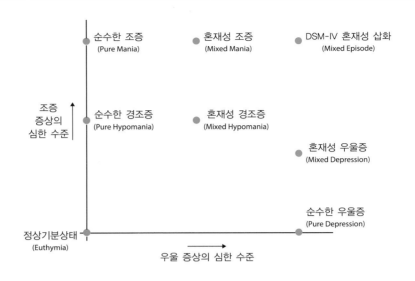

그림 1   혼재성 상태에 대한 두 가지 차원 모델

를 보이는 양상에서부터 기분, 사고, 행동의 훨씬 더 복합적인 혼재 상태까지 매우 넓은 범주에 걸쳐 있다.[1]

혼재성 상태의 기분 증상

혼재성 조증(mixed mania)을 특징짓는 조증 증상은 기분의 불안정성과 자극과민성(irritability)이 높은 것, 과장된 자존감 또는 과대성, 다행감, 압출언어, 수면에 대한 욕구 감소 등이고, 혼재성 조증과 관련되어 있는 우울 증상에는 불쾌한 기분, 과민성/적개심, 무쾌감증, 피로나 활력의 상실, 정신운동지연, 절망감/무력감, 무가치감 또는 과도한 죄책감, 자살사고 및 자살시도 등이 있다.[15~18] 혼재성 조증은 흔히 '불쾌성 조증(dysphoric mania)'이라고 언급되기도 하며, 그 증상의 특징은 다음과 같다. 불쾌하게 흥분된 기분, 과민함, 분노, 공황발작, 언어압박, 초조, 자살위기, 심한 불면증, 과대성, 성욕과다증, 피해망상과 혼란 상태 등이다.[16~18] 이런 환자들은 흔히 "짜증이나 신경질, 화가 너무 많이 나서 불쾌하고 기분이 안 좋다"고 호소한다.[1] 혼재성 조증은 다른 조증 증상을 동반하지 않은 초조성 우울증(agitated depression)과 비교할 때, 그 우울과 불안의 심각도 측면에서는 유사하지만, 초조감과 자극과민성, 인지기능장애는 더욱 심각하다.[19]

혼재성 우울증(mixed depression)에서 나타나는 조증 증상으로는 과민한 기분, 주의산만성(distractibility), 사고질주(racing thought), 말이 많아지는 것 등이 있다.[20, 21] 혼재성 우울증에서 보이는 특징적인 우울 증상은 전형적인 우울증의 그것과 임상적으로 별다른 차이가 없는 것으로 보이나 그에 대한 구체적인 보고는 아직 없다. 그 외에도 과도한

걱정, 부정적인 자기평가, 증가된 에너지, 뚜렷한 과잉행동, 사고질주가 극성과 관계없이 혼재성 상태와 관련되어 있는 것으로 보고된다.[22]

혼재성 상태의 비기분 증상

기분 증상은 조증과 우울증 상태의 일부분일 뿐이다. 불안, 초조, 정신병적 증상과 같은 비기분(non-mood) 증상이 혼재성 상태의 근본일 수도 있다.[23]

먼저 불안 증상은 조증 상태에서의 우울 증상, 우울증 상태에서의 조증 증상 모두와 관련성이 있으며, 극성과 관계없이 이러한 증상들이 혼재하는 정도와 상관관계를 보인다.[22] 불안 증상의 이러한 전반적인 역할은 혼재성 상태가 과잉각성에 의한 것이라는 주장과 일치한다.[23]

초조 증상은 조증, 우울증 상태 모두에서 현저하게 나타날 수 있으며, 일반적으로 두 가지 특성으로 정리될 수 있다. 초조 증상의 첫 번째 특성은 고통스러운 내적 긴장으로, 이는 발 구르기 또는 손 꼬기와 같은 비목표지향적 운동 활성(non-goal-directed motor activity)의 증가를 유발한다. 이러한 초조 증상은 때로는 조증 증상의 존재와 관계없이 우울증 상태에서 뚜렷하게 나타난다.[19, 25] 두 번째 특성은 목표지향적 행동의 현저한 증가로, 때로는 자극과민성 및 성급함과 동반되는데, 이는 특히 조증 상태에서 분명하게 나타나며 우울 증상의 존재 여부와는 관계가 없다.[19, 25] 혼재성 상태에서는 그 우세 극성과 상관없이 이러한 초조의 두 가지 특성이 모두 나타난다.[19]

일반적으로 조증 삽화에서는 정신병적 증상이 매우 흔하게 나타나며, 정신병적 증상의 심각도는 혼재성 조증 삽화가 비혼재성 조증 삽화에 비해 높지는 않은 것으로 보인다.[26, 27] 그와 달리, 혼재성 양상이 있는 양극성 우울증 삽화에서는 그렇지 않은 우울증 삽화에 비하여 기분 불일치 정신병적 증상이 보다 흔했다.[28] 일부 심한 정신병적 혼재성 상태는 조현정동장애로 오진될 위험성이 높다.[2]

혼재성 상태에서는 알코올사용장애와 같은 정신과적 공존질환이 흔하다.[28] 혼재성 상태는 입원한 여성 환자에서 가장 특징적으로 나타나는데, 흔히 이전의 경과에서 조증 삽화보다 우울증 삽화가 더 많았고, 시간이 경과하면서 반복되는 경향을 나타낸다.[29~31] 이런 상태의 환자들은 가족력상 조증보다 우울증이 더 흔하고,[30] 혼란 상태와 정신병적 증상(기분에 일치하거나 일치하지 않는 경우 모두)도 또한 흔한 임상 증상들이다.[28, 31, 32]

혼재성 조증 삽화에서는 조증 상태의 충동성 및 행동과다와 더불어 절망감, 죄책감과 같은 우울 증상이 동반되고 그로 인해 비혼재성 조증 삽화에서보다 자살위험도가 증가한다.[33, 34] 혼재성 우울증 삽화에서도 순수한 양극성 우울증 상태에서보다 자살시도가 흔하며,[21] 동반되는 불안 증상으로 인해 자살위험도는 더욱 높아진다.[35] 결과적으로 혼재성 상태에서는 그 우세극성과 상관없이 절망감, 충동성, 행동과다, 불안 등이 동반되어 있으므로 자살 행동의 위험성이 높다고 할 수 있다.

결론

양극성장애는 기분, 사고, 행동, 기력, 수면 등의 다양한 증상 차원을 가진 질환으로, 삽화의 형태, 개인, 시간 경과에 따라 다양하고 특징적인 양상으로 나타난다. 다시 말해 삽화나 개인에 따른 차이뿐만 아니라 동일한 환자에서도 시간 경과에 따른 차이가 있다. 상당수 증상들은 삽화에 따라 주기성을 나타내지만, 일부 증상들은 여러 삽화에서 중복되거나 일과성으로 나타나기도 하고, 변화되는 양상을 나타내기도 한다. 따라서 임상가들이 양극성장애의 다양한 임상 증상을 정확히 이해하고 파악해야 정확한 진단을 내릴 수 있고, 적절한 치료 전략을 수립할 수 있다.

참고문헌

1) Goodwin FK, Jamison KR. Manic-Depressive Illness. New York: Oxford University Press; 2007. p.29-87.

2) Maj M, Akiskal HS, Lopez-Ibor JJ, Satorius N. Bipolar Disorder. Chichester: John Willey & Sons, ltd.; 2002. p.14-52.

3) Bauer MS, Crits-Christoph P, Ball WA, Dewees E, McAllister T, Alahi P, et al. Independent assessment of manic and depressive symptoms by self-rating: scale characteristics and implications for the study of mania. Arch Gen Psychiatry 1991;48:807-812.

4) Cowdry RW, Goodwin FK. Dementia of bipolar illness: diagnosis and responseto lithium. Am J Psychiatry 1981;138:1118-1119.

5) Angst J. L'hypomanie: a propos d'une cohorte de jeunes. Encephale 1992;18:23-29.

6) Carlson GA,Goodwin FK. The stages of mania: A longitudinal analysis of the manic episode. Arch Gen Psychiatry 1973;28:221-228.

7) Himmelhoch JM. Social anxiety, hypomania and bipolar spectrum: data, theory and clinical issues. J Affect Disord 1998;50:203-213.

8) Bunney WE, Goodwin FK, Murphy DL, House KM, Gordon EK. The "switch process" in manic-depressive illness, II: Relationship to catecholamines, REM sleep, and drugs. Arch Gen Psychiatry 1972;27:304-309.

9) Bearden CE, Hoffman KM, Cannon TD. The neuropsychology and neuroanatomy of bipolar affective disorder: a critical review. Bipolar Disord 2001;3:106-150.

10) Akiskal HS, Puzantian VR. Psychotic forms of depression and mania. Psychiatr Clin North Am

1979;2:419-439.

11) Benazzi F. Depression with DSM-IV atypical features: a marker for bipolar II disorder. Eur Arch Psychiatry Clin Neurosci 2000;250:53-55.

12) Akiskal HS, Walker P, Puzantian VR, King D, Rosenthal TL, Dranon M. Bipolar outcome in the course of depressive illness : phenomenologic, familial, and pharmacologic predictors. J Affect Disord 1983;5:115-128.

13) Mitchel PB, Wilhelm K, Parker G, Austin MP, Rutgers P, Malhi GS. The clinical features of bipolar depression: a comparison with matched major depressive disorder patients. J Clin Psychiatry 2001;62:212-216.

14) McElory SL, Keck PE. Dysphoric mania, mixed states, and mania with mixed features specifier: are we mixing things up? CNS spect 2017;22:134-140.

15) Cassidy F, Murry E, Forest K, Caroll BJ. Signs and symptoms of mania in pure and mixed episodes. J Affect Disord 1998;50:187-201.

16) MeElroy SL, Keck PE, Pope HGJ, Hudson JI, Faedda GL, Swann AC. Clinical and research implications of the diagnosis of dysphoric or mixed mania hypomania. Am J Psychiatry 1992;149:1633-1644.

17) Bauer MS, Whybrow PC, Gyulali J, Yeh HS. Testing definitions of dysphoric mania and hypomania: prevalence, clinical characteristics and interepisode stability. J Affect Disord 1994;32:201-211.

18) Cassidy F, Murry E, Forest K, Carrol BJ. The performance of DSM-III-R major depression criteria in the diagnosis of bipolar mixed states. J Affect Disord 1997;46:79-81.

19) Swann AC, Secunda SK, Katz MM, Croughan J, Bowden CL, Koslow SH, et al. Specificity of mixed affective states: clinical comparison of dysphoric mania and agitated depression. J Affect Disord 1993;28:81-89.

20) Benazzi F, Akiskal HS. Delineating bipolar II mixed states in the Ravenna-San Diego collaborative study: the relative prevalence and diagnostic significance of hypomanic features during major depressive episodes. J Affect Disord 2001;67:115-122.

21) Goldberg JF, Perlis RH, Bowden CL, Thase ME, Kiklowitz DJ, Marangel LB, et al. Manic symptoms during depressive episodes in 1,380 patients with bipolar disorder: findings from the STEP-BD. Am J Psychiatry 2009;166:173-181.

22) Swann AC, Steinberg JL, Lijffijt M, Moeller GF. Continuum of depressive and manic mixed states in patients with bipolar disorder: quantitative measurement and clinical features. World Psychiatry 2009;8:166-172.

23) Swann AC, Lafer B, Perugi G, Frye MA, Bauer M, Bahk WM, et al. Bipolar mixed states: an International Society for Bipolar Disorders task force report of symptom structure, course of illness, and diagnosis. Am J Psychiatry 2013;170:31-42.

24) Bertschy G, Gervasoni N, favre S, Liberek C, Ragama-Pardos E, Aubry JM, et al. Frequency of dysphoria and mixed states. Psychopathology 2008;41:187-193.

25) Katz MM, Koslow SH, Berman N, Secunda S, Mass JW, Casper R, et al. A multi-vantaged approach to measurement of behavioral and affect states for clinical and psychobiological research. Psychol Rep 1984;55:619-671.

26) Swann AC, Secunda SK, Katz MM, Koslow SH, Mass JW, Chang S, et al. Lithium treatment

of mania: clinical characteristics, specificity of symptom change, and outcome. Psychiatry Res 1986;18:127-141.

27) Gonzalez-Pinto A, Aldama A, Pinto AG, Mosquera F, Perez de Heredia JL, et al. Dimensions of mania: differences between mixed and pure episodes. Eur Psychiatry 2004;19:307-310.

28) Perugi G, Akiskal HS, Micheli C, Toni C, Madaro D. Clinical characterization of depressive mixed state in bipolar I patients: Pisa-San Diago collaboration. J Affect Disord 2001;67:105-114.

29) Himmelhoch JM, Mulla D, Neil JF, Detre TP, Kupfer DJ. Incidence and significance of mixed affective states in a bipolar population. Arch Gen Psychiatry 1976;33:1062-1066.

30) Akiskal HS, Hantouche EG, Bourgeois M, Azorin JM, Sechter D, Allilaire JF, et al. Gender, temperature, and the clinical picture in dysphoric mixed: findings from a French national study (EPIMAN). J Affect Disord 1998;50:175-186.

31) Dell'Osso L, Placidi GF, Nassi R, Freer P, Cassano GB, Akiskal HS. The manic-depressive mixed state: Familial, temperamental and psychopathologic characteristics in 108 female inpatients. Eur Arch Psychiatry Clinical Neurosci 1991;240:234-239.

32) Perugi G, Akiskal HS, Micheli C, Musetti L, Paiano A, Quilici C, et al. Clinical subtypes of bipolar mixed states: validating a broader European Definition in 143 cases. J Affect Disord 1997;43:169-180.

33) Strakowsky SM, McElory SL, Keck PE Jr, West SA. Suicidality among patients with mixed and manic bipolar disorder. Am J Psychiatry 1996;153:674-676.

34) Goldberg JF, Gamo JL, Leon AC, Kocsis JH, Portera L. Association of recurrent suicidal ideation with nonremission from acute mixed mania. Am J Psychiatry 1998;155:1753-1755.

35) Diefenbach GJ, Woolley SB, Goethe JW. The association between self-reported anxiety symptoms and suicidality. J Nerv Ment Dis 2009;197:92-97.

진단
Diagnosis

서정석[+] | 김문두[++]
건국대학교 충주병원 정신건강의학과[+] | 제주대학교 의과대학 정신건강의학교실[++]

양극성장애는 양상이 복잡하여 진단이 어렵기 때문에 시대에 따라 진단분류의 변화가 큰 질병이다. 최근 개정되어 발표된 정신질환의 진단 및 통계 편람 5판(Diagnostic and Statistical Manual of Mental Disorders 5th edition, DSM-5)[1]에서는 기분장애 내에 있던 양극성장애와 우울장애를 각각 독립된 장으로 기술하고 있고 양극성장애를 조현병스펙트럼장애와 우울장애 사이에 위치시켜, 양극성장애가 이 두 질환 사이에서 증상, 가족력, 유전적인 측면에서 가교역할을 할 것이라는 것을 시사하고 있다.[2]

양극성장애는 임상경과가 삽화적(episodic)이고 주기적인 특징이 있으므로, 정확한 진단은 횡단면적인 임상양상뿐만 아니라 장기적인 병력과 경과를 검토해서 내려야만 한다. 현재 삽화를 파악하고, 과거 삽화의 병력을 찾아내고, 특징적인 증상들로 인하여 해당 기간 동안 사회적, 직업적 생활에 영향을 끼쳤는지를 파악해야 한다.[3]

이 장에서는 DSM-5의 진단기준을 중심으로 기술하고자 한다. 이전에는 1형 양극성장애, 2형 양극성장애, 주요우울장애의 정의, 그리고 조증 및 경조증과 주요우울 삽화를 기술했지만 DSM-5판에서는 각 장애의 개별적인 진단범주 내에 각 요소들을 포함시켜 기술하였다. 또한 정상 애도(bereavement)기간에 주요우울 삽화가 있을 경우에는 주요우울장애로 진단할 수 있도록 하였다. 새로운 세분양상(specifier)으로서 불안증 양상(anxious distress)과 혼재성 양상(mixed feature)을 추가하였다.

양극성장애와 주요우울장애는 흔히 불안을 동반한다. 심한 불안은 높은 자살위험, 장기적인 질병 이환기간, 치료에 반응하지 않을 가능성과 연관이 있다. 따라서 치료 계획과 치료반응을 살피는 데 있어서 불안스트레스의 수준을 정확히 표현하는 것이 임상적으로 중요하다.[4]

혼재성 삽화가 없어지고 모든 기분 삽화에 혼재성 양상을 기술하게 된 것도 큰 변화이다. 이것은 DSM-IV 혼재성 삽화의 진단기준이 너무도 엄격하여 실제보다 더 적게 진단이 될 수 있고, 아증후군적(subsyndromal) 양상을 무시하여 환자의 치료가 적극적으로 이루어지지 않는다는 판단에 따른 것이다. DSM-5에서는 각 삽화에서 반대 삽화의 아증후군적 증상들이 있는 경우를 포함하게 되어 이전에 비해 보다 적극적인 진단이나 치료를 하도록 하고 있다.[5]

기분 삽화

조증 삽화와 경조증 삽화

조증 삽화의 핵심 양상은 비정상적으로 지속되는 들뜨고, 팽창되거나, 과민한 기분과 활동과 에너지의 증가가 최소 1주일 이상(입원이 필요할 정도라면 기간에 관계없다), 하루 중 대부분의 시간 동안, 거의 매일 지속되며, 조증 삽화 일곱 가지의 증상 중 세 가지 이상을 보이며, 이로 인하여 사회적, 직업적 기능저하가 심각해야 한다. 또한 증상들이 약물에 의하지 않아야 하지만 약물의 생리적인 효과를 넘어선 완전히 증후군적 수준으로 지속되는 경우에는 조증 삽화로 진단 가능하다.

경조증 삽화는 조증 삽화와 다른 진단기준은 같으나 4일 이상 증상 지속기간과 사회적, 직업적 기능장해가 조증 삽화만큼은 아니지만 환자가 정상 시에 보이지 않는 명확한 기능변화가 있고, 기분 또는 기능변화가 본인의 보고뿐만 아니라 타인에게도 관찰될 정도의 수준이어야 한다. 만약 입원이 필요하거나 정신병적 증상이 있는 경우처럼 심각한 사회적 직업적 기능의 손상이 있다면 조증 삽화로 진단한다.

조증 삽화의 DSM-5 진단기준

A. 비정상적이면서 지속적으로 상승된(elevated), 팽창된(expansive) 또는 과민한(irritable) 기분과 비정상적이면서 지속적으로 증가된 목표지향적 활동 또는 에너지가 1주 이상(만약 입원이 필요한 정도

표 1	애도와 주요우울 삽화[6]	
	애도	주요우울 삽화
주요 정동	공허함과 상실감	지속적인 우울한 기분과 행복과 즐거움을 기대할 수 없는 것
기분의 내용과 경과	불쾌한 기분은 비탄의 갑작스러운 고통으로서 시간이 지나면서 강도가 떨어지고, 상실한 사람에 대한 생각도 같이 약해진다.	더 지속적이며, 특정한 사고 내용이나 몰두하고 있는 내용과는 관련이 없다.
사고의 내용	긍정적 정서와 유머와도 관련될 수 있고 상실한 대상에 대한 생각과 기억에 몰두	만연한 불행감과 비극적인 느낌, 자기 비판적이며, 비관적인 반추
자존심	대개는 유지된다. 만약 자기 비판적인 경향이 있다면, 대개는 상실한 대상에 관해 스스로 느끼는 실패감과 관련이 있다(예 : 자주 방문하지 못했던 것, 얼마나 자기가 그 사람을 사랑했던가를 말하지 못했던 것).	무가치감과 자기 혐오가 많다.
죽음에 대한 생각	대부분 상실한 대상에 초점을 두고, 상실한 사람을 다시 만나는 것에 관한 내용	초점은 자신의 삶을 끝내는 것이며, 그 이유는 무가치감, 인생이 힘든 것, 우울증의 고통에 대처할 수 없는 것 때문이다.

양극성장애의 진단

DSM-5에서는 양극성 및 관련장애를 1형 및 2형 양극성장애, 순환기분장애, 물질/약물-유발성 양극성장애 및 관련장애, 다른 의학적 질환에 의한 양극성장애 및 관련장애, 기타 양극성장애 및 관련장애, 분류되지 않는 양극성장애 및 관련장애로 분류하고 있다.

1형 양극성장애

현재 삽화에 관계없이 조증 삽화가 과거에 있었거나, 현재 조증 삽화라면 1형 양극성장애로 진단한다. 현재 삽화에 대한 세분양상을 다음과 같이 나누어 기술한다. 불안증 양상, 혼재성 양상 동반, 급속순환형, 멜랑콜리아 양상, 비전형적 양상, 기분과 일치하는 정신병적 양상, 기분과 일치하지 않는 정신병적 양상, 긴장증 양상, 출산전후 발병, 계절성이다.

| 표 2 | 1형 양극성장애에 적용되는 DSM-5 세분양상(specifiers) |

	현재 또는 최근 조증 삽화	현재 또는 최근 경조증 삽화	현재 또는 최근 우울 삽화	현재 또는 최근 분류되지 않는 삽화
중등도	경도 중등도 고도		경도 중등도 고도	
정신병적 증상이 있는 경우	기분일치성 기분불일치성		기분일치성 기분불일치성	
관해 여부	부분 관해 완전 관해 특정불능	부분 관해 완전 관해 특정불능	부분 관해 완전 관해 특정불능	
세분양상	불안증 양상 혼재성 양상 급속순환형 멜랑콜리아 양상 비전형적 양상 기분과 일치하는 정신병적 양상 기분과 일치하지 않는 정신병적 양상 긴장증 양상 출산전후 발병 계절성			

즉 어떤 환자에 대해서 1형 양극성장애의 진단을 나타낼 때는 "1형 양극성장애, 현재나 최근 삽화의 유형, 심각도/정신병적 양상/관해 상태, 현재나 최근 증상의 세분양상" 순으로 기술한다.

1형 양극성장애의 DSM-5 진단기준

A. 진단기준은 적어도 한 번의 조증 삽화(앞의 조증 진단기준 A~D)를 만족하는 것이다.

B. 조증, 주요우울 삽화는 조현정동장애, 조현병, 조현양상장애, 망상장애, 기타 또는 달리 분류되지 않는 조현병스펙트럼 및 기타 정신병적 장애로 설명되지 않는다.

세분양상

다만, 현재 또는 최근의 경조증 삽화는 심각도와 정신병적 세부진단을 적용할 수 없고, 현재 또는 최근의 분류되지 않는 삽화의 경우에는 심각도, 정신병적 양상, 관해 여부에 관한 세부진단을 적용할 수 없다. 또 정신병적 양상이 있다면, 삽화의 심각도에 관계없이 "정신병적 양상이 있는"으로 기술한다.

2형 양극성장애

2형 양극성장애는 일생 동안 한 번 이상의 주요우울 삽화와 최소 한 번 이상의 경조증 삽화가 있는 경우에 진단한다. 주의해야 할 것은 2형 양극성장애가 더 이상 단지 1형 양극성장애의 경한 형태가 아니라는 것이다. 왜냐하면 이 장애를 가진 경우 많은 시간을 우울증 상태로 지내게 되고, 기분의 불안정성이 직업과 사회적 기능에 심각한 장해를 전형적으로 동반하기 때문이다.

2형 양극성장애 환자들은 주로 주요우울 삽화 때문에 병원을 방문한다. 실제로 경조증 삽화 자체보다는 주요우울 삽화나 예측할 수 없는 기분의 변화가 지속되고 대인관계와 직업적 기능이 신뢰할 수 없을 정도로 빈번한 변화를 보인다. 경조증 삽화를 확인하기 위해서는 주변 정보가 유용하다.

2형 양극성장애는 거의 대부분 주요우울 삽화로 시작하므로 주요우울 삽화로 처음 방문한 환자에서는 항상 2형 양극성장애의 진단도 고려해야 한다.

1차 친족 중에 양극성장애의 가족력, 약물로 유발된 경조증의 병력, 기분고양성(hyperthymic) 기질, 3회 이상의 반복되는 주요우울 삽화, 3개월 미만의 비교적 짧은 주요우울 삽화, 비전형적 우울 증상, 정신병적 양상 동반, 이른 나이, 특히 25세 이전에 발병한 주요우울 삽화, 산후우울증의 병력, 초기 항우울제의 좋았던 반응이 곧바로 소실, 세 가지 이상의 항우울제 치료에 반응이 없는 경우에는 주요우울장애라도 양극성스펙트럼을 시사하는 소견이기 때문에 임상에서 주의하여 경과를 관찰하면서 최종 진단하는 것이 중요하다.[7]

2형 양극성장애의 DSM-5 진단기준

A. 적어도 한 번의 경조증 삽화('경조증 삽화'의 진단기준 A~F)와 적어도 한 번의 주요우울 삽화(위의 '주요우울 삽화'의 진단기준 A~C)의 진단기준을 만족시킨다.

B. 조증 삽화는 한 번도 없어야 한다.

C. 경조증 삽화와 우울증 삽화의 발생이 조현정동장애, 조현병, 조현양상장애, 망상장애 또는 기타 또는 달리 분류되지 않는 조현병스펙트럼 및 기타 정신병적 장애로 잘 설명되지 않는다.

D. 우울증의 증상 또는 우울증과 조증의 잦은 교체로 인한 예측 불가능성이 사회적, 직업적, 또는 기타 중요한 기능 영역에서 심각한 고통이나 장해를 일으킨다.

순환기분장애

DSM-5에서는 각 삽화의 진단기준에는 미치지 못하지만 수많은 경조증 증상과 우울 증상 사이의 변동이 많은 만성적인 상태가 최소 2년간(소아청소년의 경우 최소 1년) 있는 경우 순환기분장애로 진단한다. 순환기분장애 환자의 15~50%에서는 이후에 1형 또는 2형 양극성장애가 발생하고, 1/3에서 2형 양극성장애가 발생하며,[8-10] 일반 인구집단에서보다 1형 양극성장애 환자의 1차 친족에서 많이 발생한다.

순환기분장애의 DSM-5 진단기준

A. 적어도 2년 동안(소아와 청소년에서는 1년) 다수의 경조증 기간(경조증 삽화의 진단기준을 충족시키지 않는)과 우울증 기간(주요우울 삽화의 진단기준을 충족시키지 않는)이 있어야 한다.

B. 2년 이상의 기간 동안(소아와 청소년에서는 1년), 경조증 기간과 우울증 기간이 절반 이상 존재해야 하고, 증상이 없는 기간이 2개월 이상 지속되어서는 안 된다.

C. 주요우울 삽화, 조증 삽화, 또는 경조증 삽화가 존재하지 않는다.

D. 진단기준 A의 증상이 조현정동장애, 조현병, 조현양상장애, 망상장애, 또는 기타 또는 달리 분류되지 않는 조현병스펙트럼 및 기타 정신병적 장애로 잘 설명되지 않는다.

E. 증상이 물질(예 : 남용물질, 투약)이나 다른 의학적 상태(예 : 갑상선기능항진증)의 직접적인 생리적 효과로 인한 것이 아니어야 한다.

F. 증상이 사회적, 직업적, 기타 중요한 기능 영역에서 임상적으로 심각한 고통이나 장해를 일으킨다.

세분양상 : 불안증 동반이 있는 것

물질/약물 유발성 양극성 관련장애
(substance-induced bipolar and related disorder)

DSM-IV에서는 물질관련장애 편에 기술하였으나 DSM-5에서는 양극성장애 편에 약물 급성 중독 상태 또는 금단 상태에서 발병했는지를 기술하도록 하고 있다. 동시에 이 관련된 물질이 조증을 일으킬 수 있어야 한다는 문구를 넣어 이전 DSM-IV의 "관련된 물질이 원인적으로 연관이 있어야 한다"란 애매한 범주를 확실히 하였다. 또 DSM-5에서는 어떤 물질의 사용장애로 인해 유발된 것인지, 또 ICD-9과 ICD-10-CM 코드를 사용하여 심각도와 사용장애 여부를 표시하도록 하였다. ICD-10에서는 각 물질을 알코올, phencyclidine, 기타 환각제, 진정수면 항불안제, amphetamine이나 다른 자극제, cocaine, 기타(또는 미상의) 물질로 분류하였다. 환자에 대한 기술은 예를 들면, 경도의 알코올 사용장애가 있는 상태에서 약물유발성 양극성장애가 있는 경우라면, "경도의 알코올

B. 혼재성 양상은 객관적으로 관찰 가능하고, 평소의 행동과는 다른 것이다.

C. 조증과 우울증 증상을 모두 보이는 환자에게는, 조증으로 인한 현저한 장해와 임상적 중증도를 고려하여, 혼재성 양상이 있는 조증 삽화라고 진단해야 한다.

D. 혼재성 증상은 물질(예 : 남용물질, 치료약물, 또는 기타 치료)의 생리적 효과로 인한 것이 아니다.

우울증 삽화, 혼재성 양상 동반 :

A. 우울증 삽화의 진단기준을 만족시키고, 다음 중 세 가지 이상의 증상이 현재 또는 가장 최근의 우울증 삽화의 대부분의 시간 동안 나타난다.

　1. 비정상적으로 들뜨거나 의기양양한 기분

　2. 과장된 자존감 또는 과대성

　3. 평소보다 말이 많아지거나 계속 말을 함

　4. 사고의 비약 또는 사고가 질주하는 듯한 주관적인 경험

　5. 활력 또는 목표지향적 활동의 증가(직장에서나 학교에서의 사회적 활동, 또는 성적인 활동)

　6. 고통스러운 결과를 초래할 가능성이 높은 활동에의 지나친 몰두(예: 과도한 쇼핑 등의 과소비, 무분별한 성행위 또는 어리석은 사업 투자)

　7. 수면에 대한 욕구 감소(예 : 평소보다 적게 수면을 취하고도 피로를 회복했다고 느낌. 불면과 구별하기 위해)

B. 혼재성 증상은 객관적으로 관찰 가능하고, 평소의 행동과는 다른 것이다.

C. 조증 및 우울증 증상을 모두 보이는 환자에게는, 조증으로 인한 현저한 장해와 임상적 중증도를 고려하여, 혼재성 양상이 있는 조증 삽화라고 진단해야 한다.

D. 혼재성 증상은 물질(예 : 남용물질, 치료약물, 또는 기타 치료)의 생리적 효과로 인한 것이 아니다.

급속순환형(1형 또는 2형 양극성장애에 적용 가능함) : 지난 12개월 동안 조증, 경조증, 또는 주요우울 삽화의 진단기준을 만족시키는 기분 삽화가 4회 이상 발생한다.

멜랑콜리아 양상 :

A. 다음 중 한 가지가 최근 삽화의 가장 심한 기간 동안에 나타난다.

　1. 모든 또는 거의 모든 활동에서 즐거움의 상실

　2. 일반적으로 즐거움을 주는 자극에 대한 반응의 결여(좋은 일이 있어났을 때, 일시적으로라도 기분 좋게 느끼지 못함)

B. 다음 중 세 가지(또는 그 이상)

1. 현저한 낙담, 절망과/또는 시무룩함 또는 소위 말하는 공허감을 특징적으로 보이는 질적으로 뚜렷한 우울한 기분

2. 보통 아침에 더 심해지는 양상의 우울증

3. 아침에 일찍 깸(즉 평상시 일어나는 시간보다 적어도 2 시간 먼저)

4. 현저한 정신운동초조 또는 지연

5. 뚜렷한 식욕부진이나 체중감소

6. 과도하거나 부적절한 죄책감

비전형적 양상 : 이는 현재 또는 가장 최근의 주요우울 삽화의 대부분의 시간 동안 다음의 양상이 두드러질 때 적용할 수 있다.

A. 기분의 반응성(즉 실제 또는 잠재적인 긍정적 사건에 반응하여 기분이 좋아진다).

B. 다음 양상 중 두 가지(또는 그 이상)

1. 뚜렷한 체중증가 또는 식욕증가

2. 수면과다

3. 연마비(즉 팔 또는 다리가 납같이 무거운 느낌)

4. 인간관계에 있어서 오랫동안 지속되는 거절 민감성(기분장애의 삽화에만 국한되지 않은)이 심각한 사회적 또는 직업적 장해를 초래한다.

C. 동일한 삽화 동안에 '멜랑콜리아 양상' 또는 '긴장증 양상'의 진단기준을 충족시키지 않는다.

정신병적 양상(psychotic features) : 삽화의 어느 시점에서든 망상이나 환각이 존재하는 경우이다. 정신병적 양상이 존재한다면 기분과 일치되는 경우와 기분과 일치되지 않는 경우로 세분한다.

기분과 일치되는 정신병적 양상 : 조증 삽화가 있는 동안에는 망상이나 환각의 내용이 과대함이나 불사신이라는 식으로 대개는 전형적인 조증의 주제와 일치한다. 그러나 그 당사자의 능력이나 성취 등에 대한 다른 이들의 의구에 대해서 의심하거나 편집적으로 나타나기도 한다.

기분과 일치되지 않는 정신병적 양상 : 망상이나 환각의 내용이 위에서 기술한 것과는 반대의 극단에 있는 주제에 관한 것이거나 기분과 조화되는 부분과 조화되지 않는 주제가 혼재된 경우이다.

긴장증 양상(catatonia) : 이 세분은 조증이나 우울증 삽화 동안 대부분의 기간에 긴장증 양상이 존재하는 경우이다. 긴장증의 기준에 대해서는 '조현병스펙트럼과 다른 정신병 적 질환들'에 대한 부분을 참고하기 바란다.

출산 전후 발병(peripartum onset) : 이 세부진단은 현재는 기분 삽화 기준에 맞지 않는다 고 하더라도 임신기간 동안 또는 분만 후 4주 이내에 주요우울장애, 1형 또는 2형 양극 성장애, 최근의 주요우울 삽화, 조증 삽화, 경조증 삽화에 해당하는 기분 삽화가 발생했 던 경우 적용될 수 있다.

계절성(seasonal pattern) : 이는 일생 동안 발생하는 기분 삽화의 발생 경향에 적용된다. 필수적인 부분은 해마다 일정한 시기에 한 가지 종류의 삽화(조증, 경조증, 또는 우울증 삽화 중)가 발생하는 것이다. 다른 종류의 삽화의 발생은 이러한 경향을 따르지 않을 수 도 있다. 예를 들면, 계절성 조증을 지니고 있는 환자의 우울증 삽화는 매년 일정한 시 기에 규칙적으로 발생하지는 않을 수도 있다.

　A. 1형 양극성장애, 2형 양극성장애에서 주요우울 삽화, 경조증 삽화, 또는 조증 삽 화의 발병과 한 해의 일정한 기간(예 : 가을 또는 겨울에) 사이에 규칙적인 시간적 관계가 있다.

주의 : 계절과 관련된 명백한 정신사회적 스트레스가 영향을 미치는 경우는 포함되지 않는다(예 : 매해 겨울 규칙적으로 실 업자가 된다).

　B. 완전 관해(또는 우울증에서 조증이나 경조증으로의 변화) 또한 그해의 특징적인 기간에 발생한다(예 : 우울증이 봄에 사라진다).
　C. 지난 2년 동안 진단기준 A와 B에 정의된, 계절적 시간관계를 나타내는 조증, 경조 증 또는 주요우울 삽화가 발생하였고, 동일한 삽화가 비계절성으로 발생하지 않 았다.
　D. 계절성 조증, 경조증, 또는 주요우울(위에서 기술했듯이) 삽화가 일생 동안 발생한 비계절성보다 훨씬 더 많다.

부분 관해(in partial remission) : 이전의 조증/경조증 또는 우울증 삽화의 일부 증상이 아 직 남아 있으나 완전한 진단기준을 충족시키지 않는 경우이거나, 더 이상 기분 삽화의 주요 증상은 없으나 관해기간이 2개월 미만인 경우이다.

완전 관해(in full remission) : 지난 2달간 어떠한 기분 삽화의 주요 증상이나 징후도 없는 경우이다.

현재 중증도의 분류 : 중증도는 증상들의 수와 심한 정도, 그리고 기능적 장해의 정도에 기초하여 판단된다.

- 경도 : 단지 진단기준을 충족시킬 만큼의 증상이 존재하고, 증상의 강도는 장해를 초래하되 조절할 수 있는 정도이며, 사회 직업적 기능에 경도의 지장을 주는 정도 이다.
- 중등도 : 증상들의 수와 심한 정도, 그리고 기능적 장해의 정도가 경도와 고도의 중간 상태이다.
- 고도 : 진단을 충족하는 정도를 넘어서는 증상들이 존재하고, 증상의 강도는 심각히 장해를 초래하고 조절 불가능한 정도이며, 사회 직업적 기능에 심각한 지장을 주는 정도이다.

양극성장애 진단의 어려운 점과 진단의 정확도를 높이기 위한 방법

실제 임상에서 양극성장애를 정확하게 진단하기 어렵다. 현재 우울증 삽화를 보이는 양극성장애를 가진 환자 중 단 20%만이 치료 첫 1년 내에 양극성장애로 진단을 받으며,[9] 발병에서부터 진단을 받기까지는 5~10년이 걸리므로 제대로 진단을 받지 못하는 이 기간 동안 환자 개인과, 가족 및 사회가 져야 하는 부담이 너무나 크다.[12]

가장 큰 이유는 1형 및 2형 양극성장애, 특히 이전 조증이나 경조증의 병력이 확실하지 않은 환자가 현재 우울증 삽화가 있을 때 이를 반복성 우울증 삽화가 특징인 단극성 우울증과 구분하는 것이 힘들기 때문이다. 양극성장애가 가장 많이 오진되는 진단은 단극성 우울증이다. 특히 2형 양극성장애의 경우에 더 그러한데, 2형 양극성장애의 경우 진단기준 자체에 조증 삽화를 경험하지 않아야 하기 때문이다.[11, 13] 다른 이유들로는, 1형 및 2형 양극성장애가 주로 우울증 삽화로 시작되며, 우울 증상의 유병률이 조증이나 경조증의 유병률보다 훨씬 높기 때문이다. 또 특히 2형 양극성장애의 경우에 인생의 많은 부분을 우울한 상태로 지내고, 조증이나 경조증 삽화보다 우울증 삽화로 있는 시간이 훨씬 더 많기 때문이다.[11, 14] 다른 이유로는 2형 양극성장애 환자의 경우 경조증이나 조증 증상 때문에는 곤란을 겪지 않는다고 생각하며 주로 우울증 삽화의 경우에 병원을 찾기 때문에 임상의들이 이러한 질병을 찾아내고 치료하는 것을 더 어렵게 만든다.[15]

DSM-5에서는 혼재성 삽화가 1형 양극성장애, 2형 양극성장애의 세부진단 중 하나인 혼재성 양상으로 바뀌기는 했지만 DSM-IV까지는 독립된 삽화로서 존재하였다. 실제로 임상에서 느끼게 되는 혼재성 삽화의 유병률은 생각보다는 높지만, DSM-IV에서의 혼재성 삽화의 진단기준은 너무나 협소하여 실제 진단을 내리기 어려웠다. 또 혼재성 삽화의 정의가 독립된 우울증 삽화, 경조증 삽화, 조증 삽화로 구분되는 전통적인 양극성장애의 개념에 잘 어울리지 않고, 혼재성 삽화 환자에서 우울 증상의 보고 편차와 확연히 구분되는 경조증이나 조증 삽화의 부재로 인해, 경험이 미숙한 임상의사들은 혼재성삽화의 병력을 가진 양극성장애 환자에서 아주 뚜렷이 구분되는 경조증이나 조증 증상을 찾아내기가 어렵다.[15]

양극성장애의 역치하 증상들(우울증 삽화, 경조증 삽화, 조증 삽화, 혼재성 삽화의 진단 역치를 넘기지 못하는 우울증 유사, 경조증 유사, 또는 조증 유사 증상)이 있는 경우에 역치하 증상이 없는 환자들에 비해서 완전한 삽화가 일어날 때까지의 시간이 짧다는 증거들이 많이 보고되고 있고, 이 소견이 양극성장애 환자의 추후 경과에 있어서 중요한 의미가 있다.[16] 경조증의 역치하 증상들이 단극성 우울증에서 흔하고 이전에 생각보다는 많은 것으로 보인다. 역치하 경조증 증상은 우울증 삽화 동안 40~50%의 환자에서 보이고 단극성 우울증에서 흔하다.[17, 18] 따라서 치료저항성 단극성 우울증의 최소한 일부는 잘못 진단된 양극성장애일 가능성이 있다.

따라서 양극성장애의 진단을 좀 더 정확하게 하기 위해서 기분의 변화뿐만 아니라 활동성과 에너지의 변화를 진단기준에 포함시킨 것, 혼재성 삽화를 제거하고 혼재성 양상으로 대체하여 아증후군적 증상들을 놓치지 않도록 한 DSM-5에서 변화를 주의 깊게 살피고, 양극성장애 조기 발견을 위한 새로운 자가평가용, 의사평가용의 척도를 이용하는 것이 좋다. 이 척도에는 Bipolar Inventory Symptoms Scale, Screening Assessment of Depression Polarity, Hypomania Checklist, Probabilistic Approach for Bipolar Depression(lancet) 등이 있으며 한국에서는 한국형 조울병 선별검사지(Korean version of Mood Disorder Questionnaire, K-MDQ) 등이 있다. 또한 우울증 환자에서 주변인들의 정보를 통한 이전의 조증과 경조증의 세심한 병력 청취가 필요한 것은 말할 것도 없다.[15]

참고문헌

1) American Psychiatric Association. Diagnostic and Statistical Manual of Mental Disorders 5th ed. Washington, DC: American Psychiatric Association; 2013.

2) American Psychiatric Association. Diagnostic and Statistical Manual of Mental Disorders 5th ed. Washington, DC: American Psychiatric Association; 2013. p.123.

3)   Park WM, Jeon DI, editor. Bipolar disorder. Seoul: Sigma press; 2009. p.95.

4)   American Psychiatric Association. Diagnostic and Statistical Manual of Mental Disorders 5th ed. Washington, DC: American Psychiatric Association; 2013. p.149.

5)   Vieta E, Valenti M. Mixed states in DSM-5: Implications for clinical care, education, and research. J Affect Disord 2013;148:28-36.

6)   Cassano GB, Akiskal HS, Savino M, Musetti L, Perugi G. Proposed subtypes of bipolar ii and related disorders: With hypomanic episodes (or cyclothymia) and with hyperthymic temperament. J Affect Disord 1992;26:127-140.

7)   Ghaemi SN, Ko JY, Goodwin FK. "Cade's disease" And beyond: Misdiagnosis, antidepressant use, and a proposed definition for bipolar spectrum disorder. Can J Psychiatry 2002;47:125-134

8)   Akiskal HS, Khani MK, Scotts-Strauss A. Cyclothymic temperamental disorders. Psychiatr Clin North Am 1979;2:527-554.

9)   Hirschfeld RM, Lewis L, Vornik LA. Perceptions and impact of bipolar disorder: how far have we really come? Results of the national depressive and manic-depressive association 2000 survey of individuals with bipolar disorder. J Clin Psychiatry 2003;64:161-174.

10) Baldessarini RJ, Tondo L, Baethge CJ, Lepri B, Bratti IM. Effects of treatment latency on response to maintenance treatment in manic-depressive disorders. Bipolar Disord 2007;9:386-393.

11) Goodwin FK, Jamison KR, Ghaemi SN. Manic-depressive illness: bipolar disorders and recurrent depression, 2nd edn. New York:Oxford University Press; 2007.

12) Judd LL, Schettler PJ, Akiskal HS, Maser J, Coryell W, Solomon D, et al. Long-term symptomatic status of bipolar I vs. bipolar II disorders. Int J Neuropsychopharmacol 2003;6:127-137.

13) Phillips M, Kupfer D. Bipolar disorder diagnosis:challenges and future directions. Lancet. 2013;381:1663-1670.

14) DeDios C, Ezquiaga E, Agud JL, Vieta E, Soler B, Garcia-Lopez A. Subthreshold symptoms and time to relapse/recurrence in a community cohort of bipolar disorder outpatients. J Affect Disord 2012;143:160-165.

15) Angst J, Gamma A, Benazzi F, Ajdacic V, Eich D, Rossler W. Toward a re-definition of subthreshold bipolarity: epidemiology and proposed criteria for bipoar-II, minor bipolar disorders and hypomania. J Affect Disord. 2003;73:133-146.

16) Benazzi F. Symptoms of depression as possible markers of bipolar II disorder. Prog Neuropsychopharmacol Biol Psychiatry 2006;30:471-477.

17) Trivedi MH, Rush AJ, Wisniewski SR, Nierenberq AA, Warden D, Ritz L, et al. Evaluation of outcomes with citalopram for depression using measurement-based care in STAR*D: implications for clinical practice. Am J Psychiatry 2006;163:28-40.

18) Rush AJ, Trivedi MH, Wisniewski SR, Nierenberq AA, Stewart JW, Warden D, et al. Acute and longer-term outcomes in depressed outpatients requiring one or several treatment steps: a STAR*D report. Am J Psychiatry 2006;163:1905-1917.

감별진단
Differential diagnosis

남범우[+] | 이상열[++]

건국대학교 충주병원 정신건강의학과[+] | 원광대학교 의과대학 정신건강의학교실[++]

의사는 적절한 치료를 위해 진단을 정확히 내려야 한다. 실제 임상에서 한 개인이 양극성장애로 진단 내려지기까지 많은 시간이 걸리며 여러 전문가를 거치게 된다고 알려져 있다.[1] 환자들은 양극성장애로 정확히 진단되기 전까지 부적절한 치료를 받거나 그로 인해 불필요한 심각한 부작용(예 : 지연발생 운동이상증)이 생기거나, 학업 중단, 실직 또는 이혼과 같은 불행을 경험했을 가능성이 있다. 또한 양극성장애 환자가 흔히 가지고 있는 공존질환은 양극성장애의 진단을 더욱 어렵게 만들기도 한다. 1980년대까지 양극성장애와 감별진단을 해야 하는 가장 흔한 질환은 조현병과 조현정동장애 그리고 경계성인격장애였다. 하지만 임상적으로 가장 중요한 것은 역시 양극성 우울증과 단극성 우울증을 감별진단하는 것이다. 양극성장애를 정확히 진단 내리는 것이 중요하기 때문에, 임상가는 양극성장애와 주요우울장애를 포함한 기분과 관련된 질환들을 감별하기 위해 많은 노력과 주의를 기울여야 한다. 임상가는 주요우울 삽화를 보이는 환자의 경우 단극성 우울증인지 양극성 우울증인지 감별진단해야 하며, 조증 삽화를 나타내는 경우 1형 양극성장애, 2형 양극성장애, 순환기분장애, 다른 의학 상태에 의한 양극성장애 및 물질/약물 유발성 양극성장애 등을 구분해야 한다. 그 외에도 조현병, 주의력결핍과잉행동장애, 인격장애, 불안장애 등 역시 양극성장애와 감별해야 할 주요 정신질환들이다.

주요우울장애와 양극성장애

양극성장애와 관련된 중요한 감별진단은 주요우울장애이다. 현재의 범주적 진단체계는 주요우울 삽화가 양극성장애와 주요우울장애 가운데 어디에 속하는지 구분하도록 요구하고 있으나 임상 실제에서는 용이하지 않다.

Kraepelin은 조증-우울증 정신병(manic-depressive insanity)을 조증과 경조증에서부터 우울증까지, 그리고 혼재성 상태의 조증 기질까지 포함된 다양한 변형이 있는 하나의 질환으로 보았고 20세기 중반 Leonhard 등에 의해 기분장애가 양극성장애와 단극성장애로 나뉘기까지 오랫동안 지속되었다.[2] 이로 인해 주요우울장애와 양극성장애의 우울증 삽화가 혼동되어 임상에서 치료되어 왔다.

특히 우울증 환자들이 정신건강의학과 진료에 대한 막연한 두려움, 낙인에 대한 우려, 우울증의 다양한 신체 증상 등의 이유로 정신건강의학과 치료를 받지 못하는 경우가 많았다. 그러나 현재 과거에 비해 쉽게 사용할 수 있고 상대적으로 부작용이 적은 항우울제가 많이 개발되면서 우울증 환자가 일반의, 내과, 신경과, 가정의학과 등 타과 의사로부터 단순히 항우울제만 처방받는 식의 부적절한 치료를 받는 사례가 증가하고 있다. 아울러 정신건강의학과 전문의는 이미 타과 의사에 의한 항우울제 처방에 호전이 없거나 오히려 악화된 우울증 환자를 만나는 경우도 적지 않다. 타과에서 치료에 반응하지 않거나 어려운 우울증과 불안장애 환자의 대부분이 양극성장애 환자이다.[3] 이러한 상황이 벌어지는 이유는 주요우울장애와 양극성장애를 왜, 그리고 어떻게 구분해야 하는지에 대해 그동안 소홀히 다뤄졌기 때문이다.

우울 증상을 보이는 환자에서 양극성장애를 진단하는 것은 전적으로 환자의 과거력에 의존할 수밖에 없다는 데 단극성 우울증 감별진단의 어려움이 있다. 환자의 병식이 중요한 요인 중의 하나인데 급성조증기 환자의 절반 이상이 자신의 증상에 대해 인지하지 못하고 있다. 우울 증상을 보이는 환자가 단순히 자신에게 조증 증상이 있었다는 것을 인지하지 못하기 때문에 조증과 경조증의 과거력을 확인하지 못하고 양극성장애 진단을 내릴 수 없게 된다. 따라서 가족 등 제3자의 정보가 감별진단에 중요하다. 사실상 제3자의 정보가 없는 경우 양극성장애를 분명하게 배제하는 것은 불가능하다고 할 수 있다. 우울증 환자의 자기보고의 정확도는 또한 우울 증상 자체에 의해 영향을 받는다. 잘 알려진 대로 우울 증상은 환자의 기억능력에 손상을 줄뿐만 아니라 우울증 상태를 선택적으로 더 잘 기억하게 한다. 환자는 경조증을 병적인 상태보다는 정상적이고 안정된 상태로 받아들이거나 심지어는 사회적으로 바람직한 상태로 바라보고 주변에서도 경조증을 이상하게 여기지 않는 사회 분위기 때문에 정확한 진단이 어려워진다.

양극성장애의 조증/경조증 삽화가 어떻게 구성되고, 양극성장애 또는 양극성스펙트럼장애에서 '양극성(bipolarity)'의 핵심적 증상이 무엇인지에 대한 논란이 있으나, 대부분 질환의 정의에서 그리고 환자의 주관적 경험에서 가장 많고 핵심적인 증상은 우울증이다. 양극성장애의 경과에서 우울 증상은 가장 우세한 증상이다. 1형 양극성장애에서 우울 증상으로 보내는 시간과 조증 증상으로 지내는 시간의 비율은 3 : 1이며, 2형 양극성장애에서는 우울증/경조증의 비율이 37 : 1로 보고되고 있다.[4]

한편 양극성장애 환자의 69%가 오진을 받았다는 연구 결과가 있다.[5] 이 연구에서는 그들 가운데 60%는 이전의 진단이 단극성 우울증이었다고 보고했다. 다른 연구에서는 주요우울 삽화로 치료받는 환자의 약 20%는 양극성 우울증이었다.[6]

주요우울 삽화가 양극성 우울증인지 단극성 우울증인지 정확히 진단 내리지 못하면 매우 위험한 결과를 가져올 수 있다. 양극성 우울증을 단극성 우울증으로 진단하여 항우울제 단독요법을 시용했을 때 조증/경조증 삽화를 유발하거나 삽화의 순환주기를 짧게 하는 등 양극성장애의 경과를 악화시키거나 적절한 약물치료의 시작을 지연시킬 수 있으며 심한 경우 자살의 가능성을 높인다.[7] 항우울제에 의한 조증 전환이 모든 환자에서 나타나는 것은 아니지만 일부는 아주 예민하다고 보고되고 있다. 단극성 우울증 환자에게 기분조절제와 함께 항우울제를 10주간 사용했을 때 조증 혹은 경조증으로 전환되는 비율이 20%였으며, 1년 이상 사용했을 경우에는 40%로 보고되고 있다.[8] 양극성장애의 50%가 일생 동안 적어도 한 번은 자살을 기도하며 그중 15%가 자살로 생을 마감하고 있으나, 최근에는 치료 기술의 발전으로 감소하고 있는 추세이다. 자살이 조증 혹은 경조증 삽화에서 보다는 고통스러운 우울증 삽화에서 더 많은 것은 당연하며 양극성장애의 어떤 형태라 하더라도 우울증 삽화에서 우세하게 나타난다. 따라서 양극성 우울증과 단극성 우울증 삽화를 조기에 감별하는 것이 양극성장애에서 자살률을 감소시키는 데 필요하다.

한 번 또는 반복적인 주요우울 삽화의 존재는 양극성장애와 주요우울장애를 구분하는 데 유용하지 못하다. 주요우울 삽화의 진단기준은 주요우울장애와 양극성장애 진단에 똑같이 사용되고 있기 때문이다. 개인이 주요우울 삽화를 나타내고 있을 경우, 과거의 조증 또는 경조증 삽화 여부를 반드시 확인해야 한다. 왜냐하면 주요우울장애로 진단 내리기 위해서는 조증 또는 경조증 삽화의 과거력이 반드시 없어야 하기 때문이다. 그러나 주의해야 할 점은 주요우울장애에서도 조증 또는 경조증 증상이 동반될 수 있다는 점이다. 물론 이 경우 조증 또는 경조증 삽화의 진단에 요구되는 것보다 증상의 수가 더 적거나 지속기간이 더 짧다.[9]

표 1에는 우울감을 주 호소로 내원한 초발 우울증 환자에서 양극성을 예측할 수 있는 임상양상이 제시되어 있으며, 표 2는 양극성 우울증과 단극성 우울증의 특징적인 차이점에 대해 보여주고 있다. 표에 제시된 내용 외에, 초조성 우울증, 순환우울증(cyclical depression), 삽화적 수면조절 이상(episodic sleep dysregulation), 치료저항성 우울증(3개의 다른 계열의 항우울제 치료의 실패), 항우울제에 의한 여러 부작용(특히 항우울제에 의한 초조)의 경우 양극성장애를 고려해야 한다.

단극성 우울증 환자에서 항우울제에 의한 조증 전환은 '양극성'의 가장 강한 지표이다. 하지만 이것만 가지고 양극성 우울증과 주요우울장애를 감별진단하는 것은 쉬운 일이 아니다.

이처럼 항우울제 치료에 의해 조증, 경조증 혹은 혼재성 삽화가 유발되는 것 역시 단극성 우울증과 양극성 우울증을 구별하기 어렵게 만든다. 정신질환의 진단 및 통계 편람(Diagnostic and Statistical Manual of Mental Disorders, DSM) IV-TR판에서는 투약이나 전기경련요법에 의해 조증으로 전환되는 경우 양극성장애로 진단하지 않았으나 개정된 DSM-5에서는 직접적인 생리적 효과가 나타날 수 있는 기간 이후까지 명백한 증상이 지속되면 양극성장애로 진단할 수 있게 하였다.

주요우울 삽화의 경우 이 두 가지 기분장애를 고려하기 전에 가능한 다른 원인이 먼저 탐색되어야 한다. 여기에는 다른 의학 상태(예 : 갑상선 기능항진증), 물질-유발성(예 :

표 1   우울증에서 양극성(bipolarity)을 예견할 수 있는 임상양상

Early age at onset

Psychotic depression before 25 years of age

Postpartum depression, especially one with psychotic features

Rapid onset and offset of depressive episodes of short duration (less than 3 months)

Recurrent depression (more than five episodes)

Depression with marked psychomotor retardation

Atypical features (reverse vegetative signs)

Seasonality

Bipolar family history

High-density three-generation pedigrees

Trait mood lability (cyclothymia)

Hyperthymic temperament

Hypomania associated with antidepressants

Repeated (at least three times) loss of efficacy of antidepressants after initial response

Depressive mixed state (with psychomotor excitement, irritable hostility, racing thoughts, and sexual arousal during major depression)

표 2	양극성 우울증과 단극성 우울증의 비교

	Bipolar	Unipolar
History of mania or hypomania (definitional)	Yes	No
Temperament and personality	Cyclothymic and extroverted	Dysthymic and introverted
Sex ratio	Equal	More women than men
Age of onset	Teens, 20s, ad 30s	30s, 40s, and 50s
Postpartum episodes	More common	Less common
Onset of episode	Often abrupt	More insidious
Number of episodes	Numerous	Fewer
Duration of episode	3~6 months	3~12 months
Psychomotor activity	Retardation > agitation	Agitation > retardation
Sleep	Hypersomnia > insomnia	Insomnia > hypersomnia
Family history		
Bipolar disorder	Yes	±
Unipolar disorder	Yes	Yes
Alcoholism	Yes	Yes
Pharmacological response		
Most antidepressants	Induce hypomania/mania	±
Lithium	Prophylaxis	±

알코올과 약물), 적응장애, 애도, 심리사회적 요인, 인격장애 등이 해당된다. 물질남용 병력이 있는 경우에는 기분과 물질사용의 시간적인 연관성을 고려하여 양극성장애를 감별해야 한다.

1형 양극성장애의 감별진단

환자가 조증 삽화 상태로 내원하였을 때에는 1형 양극성장애, 2형 양극성장애, 순환기분장애 등의 다른 기분장애들, B군 인격장애(경계성인격장애, 자기애성인격장애, 히스테리성인격장애, 반사회성인격장애) 등과 감별진단되어야 하며, 조현병, 주의력결핍과 잉행동장애 등과도 구분되어야 한다.

조현병

비록 Kraepelin이 양극성장애와 조현병을 범주적으로 분리하였으나 일부 증거는 이 두 질환을 연속선상에서 바라볼 수 있으며 조현정동장애가 중간 형태의 하나라는 견해도 있다. 조현병과 양극성장애는 여러 면에서 많은 유사성을 보이고 있다. (1) 평생유병률이 둘 다 남성과 여성에서 동일하고 또한 유병률이 두 질환 모두 1%로 비슷하며, (2) 청소년기 후기 또는 조기 성인기에서 초발하는 등의 조발성의 특징이 있고, (3) 동일한 질환에 대해 친족에게서 유사한 재발률을 보이는 유전적 성향이 있으며, (4) 일란성 및 이란성 쌍둥이에서 질환의 일치율이 60~80%인 점이 유사하다.[10] 이러한 유사점에도 불구하고 현재의 정신과적 진단체계에서는 이 두 질환을 구분하도록 요구하고 있다. 또한 장기적으로 두 질환이 각각 다른 계열의 약물(항정신병약물과 기분조절제)을 복용해야 한다는 관점에서 볼 때, 두 질환의 감별은 임상적 중요성을 지닌다.

임상에서는 특히 양극성장애의 조증 삽화와 조현병의 급성기 증상을 감별해야 한다. 예를 들면 횡단면적으로 정신병적이고 와해된 젊은 양극성장애 환자는 조현병처럼 보일 수 있기 때문이다. 또한 양극성장애의 혼재성 삽화는 조증 증상과 우울 증상이 복잡하게 뒤섞여 있으며 조증의 가장 심한 단계에 동반된다는 점에서 조현병 혹은 조현정동장애와의 감별을 어렵게 한다. 이러한 혼재성 양상은 알코올 등 약물사용과 빈번히 동반되며, 이는 순수한 정동 증상을 은폐하고 감별진단에 혼돈을 일으킬 수 있다.

임상가는 환자가 보이고 있는 전반적인 임상장면, 현상학, 가족력, 경과 등을 토대로 감별진단을 하게 된다. 먼저 기분 증상과 정신병적 증상 간에 시간적 관련성, 그리고 우울 또는 조증 증상의 심각한 정도를 파악한다. 조현병은 정신병적 증상이 우세하며 현저한 기분 삽화 없이 나타난다. 기분 상태에 부합하지 않는 정신병적 양상의 존재는 조현병을 강력히 시사한다. 사고주입, 사고전파, 연상의 이완, 현실 검증력의 상실 또는 괴이한 행동들 또한 조현병을 시사한다. 반면에 고양된 기분, 과대적인 사고, 유쾌함, 즐거운 기분의 전염성 등은 조증 삽화에서 더 일반적으로 나타나며, 기분의 고양과 더불어 말이 빨라지고 활동이 증가한다면 이는 조증 삽화를 강력히 시사하는 것이다. 조증 삽화의 시작은 더욱 급격하고, 환자의 병전 행동에 비해 현저한 변화가 관찰된다. 1형 양극성장애 환자의 50% 정도에서 기분장애의 가족력을 가진다. 긴장증 특징이 기분장애에서 조현병보다 더 높은 빈도로 나타나며 긴장증을 보이는 환자를 평가할 때는 기분 삽화의 과거력이나 기분장애의 가족력을 주의 깊게 확인해야 한다. 삽화에서 회복된 직후의 기능 수준은 양극성장애 환자의 경우 조현병 환자와는 다르게 비교적 또는 매우 정상 수준에 도달한다. 그러나 양극성장애 환자에서도 이혼, 경제적 곤란, 학업중단, 직업문제 등의 누적 효과에 의한 약간의 사회적 장해가 있을 수 있다.

단기정신병

단기정신병은 하루에서 한 달 이내의 정신병적 증상을 경험하며 "결과적으로 병전 기능의 100%를 회복하는" 경우에 진단한다. 정신병적 증상은 주요 심리적 혹은 사회적 스트레스에 즉각적으로 발병하는 경우도 있고 시간을 두고 발병할 수도 있으며 산후에도 발병할 수 있다. 만약 조증과 주요우울 삽화를 만족한다면, 기분장애에 대한 진단이 선행되어야 한다. 종종 처음에는 단기정신병의 범주에 속하는 사람들이 최종적으로는 양극성장애나 조현병으로 진단되는 경우도 있다. 특히 산후정신병 특히 우울양상을 보이는 경우 양극성장애와 높은 연관이 있으며 조증 삽화가 이어지는 양극성장애의 첫 번째 삽화일 수 있다.

2형 양극성장애(경조증 삽화)

조증 삽화는 경조증 삽화와 구별되어야 한다. 조증 삽화와 경조증 삽화의 특징적인 양상은 동일하지만, 경조증 삽화에서의 장해는 사회적·직업적 기능에 심각한 장해를 일으키거나 입원을 필요로 할 만큼 심하지 않다. 그러나 일부 경조증 삽화는 완전한 조증 삽화로 발전하기도 한다.

순환기분장애

순환기분장애는 적어도 지난 2년 동안(소아청소년의 경우 적어도 1년) 경조증 삽화의 진단기준을 만족하지 않는 경조증 증상이 여러 기간 동안이나 주요우울 삽화의 진단기준을 만족하지 않는 우울 증상이 여러 기간 동안 나타나는 것으로 다수의 경조증 삽화와 우울 증상이 나타난다. 이 증상들은 임상적으로 심각한 고통이나 장해를 일으키며, 조증 삽화 또는 주요우울 삽화의 진단기준을 결코 만족시켜서는 안 된다. 그러나 임상적 현장에서는 급속순환형, 1형 양극성장애 혹은 2형 양극성장애와 감별하는 데 어려움이 있다.

주의력결핍과잉행동장애(attention-deficit/hyperactivity disorder, ADHD)

이 질환은 아동 및 청소년의 경우 특히 양극성장애로 오진될 수 있다. 조증 삽화와 ADHD는 주의산만, 과도한 행동, 충동적 행동, 판단력 결여, 병식의 부재, 빠른 사고(racing thought) 등 겹치는 증상이 많은데 주로 겹치는 증상으로는 주의산만이다. 만일 주요우울 삽화와 함께 특기할 만한 짜증 냄과 공격성이 동반된다면 양극성장애가 아닌지 의심을 해야 하며 최소한 ADHD와 동반질환 여부를 고려해야 한다. 양극성장애를 앓고 있는 성인들의 경우 소아 시기에는 ADHD 증상이나 불안장애에 대한 증상이 우세를 보이지만 청소년기나 성인기가 되면 기분 증상이 나타날 수 있다. 따라서 일부 환자에 있어서는 ADHD가 나중에 기분장애로 나타날 전체 질환의 초기 증세일 수도 있다.

양극성장애와 ADHD의 가장 큰 감별점은 양극성장애가 삽화적인 특징을 가지고 있다는 점이다.[11] 따라서 증상들이 삽화적으로 나타나는지 여부를 구분하여 각 진단기준에 적용하는 노력이 필요하다. 그 외에도 ADHD는 특징적인 조기발병(7세 이전), 만성 경과(경과 중간에 호전이 없는 편임), 시작과 끝이 명확하지 않은 점, 비정상적으로 과대하거나 의기양양한 기분이 없고 정신병적 증상을 동반하지 않는다는 점에서 조증 삽화와 구분할 수 있다. 또한 양극성장애의 가족력이 ADHD가 아닌 양극성장애의 발병 확률을 현저히 증가시킨다. 자극제가 효과가 없거나 오히려 공격성과 과민성, 조증 증세를 악화시킨다면, 이는 양극성장애의 확률을 증가시킨다고 볼 수 있다.

최근 성인 ADHD의 진단이 늘고 있다. 이는 성인 ADHD에 대한 인식의 증가뿐만 아니라 새로운 약물이 이러한 진단에 적응증이 되는 측면이 함께 작용한 결과이다. 한 연구에 의하면 성인 ADHD는 전체 성인 인구 중 4.4%에서 진단 가능하다. 그러나 이 인구집단 중 86%는 또한 다른 기분장애나 불안장애로 진단 가능하다. 이러한 결과는 단순히 동반질환이 반영된 것이라고 보는 것이 대체적인 견해이다. 따라서 성인 ADHD의 감별진단과 치료에 대한 중요성은 강조되어야 한다. 더 논리적인 것은 아니나 가능한 다른 결론은, 성인 ADHD가 다른 기분장애나 불안장애 없이는 진단 내리기 어렵다는 점에 근거한 것으로, 그러한 진단들은 ADHD로 분류된 모든 인지 증상을 설명할 수는 없더라도 대부분은 설명 가능하다는 이론이다. 이러한 관점은 특히 기분장애가 정신병적 증상, 불안, 인지 증상 등 다른 종류의 증상을 유발할 수 있다는 진단 계층 개념의 이해에서 비롯된다. 따라서 활성화된 기분장애의 존재하에서는 다른 진단이 내려져서는 안 된다. 다른 말로 하자면, 기분장애나 불안장애가 적절하게 치료가 되고, 인지 증상이 개선된다면 별도의 ADHD 진단은 필요하지 않을 것이다. 이러한 진단 사이의 광범위한 겹침은 단순히 다중진단을 가정할 것이 아니라 다양한 증상을 가진 단일 진단의 가능성을 제기하게 한다.

물론 성인 ADHD 진단 옹호론자들은 성인 양극성장애 환자를 후향적으로 연구해볼 때 9.5%의 환자들은 어린 시절의 증상을 ADHD로 소급 적용할 수 있다는 점을 지적한다. 그러나 그러한 결과들은 성인 ADHD의 존재를 증명하기보다는, 양립 가능한 다음과 같은 대안, 즉 ADHD로 알려진 아이들이 성인이 되어 양극성장애로 발전하는 것이 아니라, 어린 시절의 ADHD와 비슷한 증상이 사실은 양극성장애의 조기 증상일 가능성을 시사한다. 다른 말로 하자면, 한 사람이 어린 시절 특정 질환을 앓고 어른이 되어서 다른 질환을 앓는다고 가정하기보다는, 같은 질환이 나이에 따라 차별적으로 다른

참고문헌

1) Lish JD Dime-Meenan S, Whybrow PC, Price RA, Hirschfeld RM. The national depressive and manic-depressive association survey of bipolar member. J Affect Disord 1994; 31:281-294.

2) Galabrese JR, Muzina DJ, Kemp DE, Frye MA, Thompson TR, et al. Predictors of bipolar disorder risk among patients currently treated for major depression. MedGenMed Medscape General Medicine 2006;8:38.

3) Angst J, Mameros A. Bipolarity from ancient to modem times: concept, birth and rebirth. J Affect Disorder 2001;67-3-19.

4) Manning JS. Difficult-to-treat depressions: a primary care perspective. J Clin Psychiatry 2003;64(suppl 1):24-31.

5) Hirschfeld RM, Lewis L, Vornik LA. Perceptions and impact of bipolar disorder: how far have we really come? Results of the national depressive and manic-depressive association 2000 survey of individuals with bipolar disorder. J Clin Psychiatry 2003; 64:161-174.

6) Muzina DJ. Bipolar spectrum disorder: differential diagnosis and treatment. Prim Care Clin Office Pract 2007; 34:521-550.

7) Hirschfeld RM, Holzer C, Calabrese JR, Weissman M, Reed M, Davies M, et al. Validity of mood disorder questionnaire: a general population study. Am J Psychiatry 2003; 106:178-180.

8) Leverich GS, Altshuler LL, Frye Ma, Suppes T, McElroy SL, Keck PE Jr, et al. Risk of switch in mood polarity to hypomania or mania in patients with bipolar depression during acute and continuation trials of venlafaxine, sertraline, and bupropion as adjuncts to mood stabilizers. Am J Psychiatry 2006; 163:232-239.

9) American Psychiatry Association. Diagnostic and Statistical Manual of mental Disorder. 5th edition. Washington, DC: American Psychiatric Press, Inc.; 2013.

10) Maier W, Zobel A, Wagner M. Schizophrenia and bipolar disorder: difference and overlaps. Curt Opi Psychiatry 2006; 19:165-170.

11) Kernberg OF, Yeomans FE. Borderline personality disorder, bipolar, disorder, depression, attention deficit/hyperactivity disorder, and narcissistic personality disorder: Practical differential diagnosis. Bull Menninger Clin 2013;77:1-22.

12) American Psychiatry Association Practice Guidelines. Practice guideline for the treatment of patients with borderline personality disorder: American Psychiatry Association. Am j Psychiatry 2001; 158:1-52.

13) Gunderson JG, Weinberg I, Daversa MT, Kueppenbender KD´ Zanarini MC, Shea MT, et al. Descriptive and longitudinal observations on the relationship of borderline personality disorder and bipolar disorder. Am J Psychiatry 2006; 163:1173-1178.

14) Stone MH. Relationship of borderline personality disorder and bipolar disorder. Am J Psychiatry 2006; 163:1126-1128.

동반이환

Comorbidity

우영섭[+] | 손인기[++]

가톨릭대학교 의과대학 정신과학교실[+] | 계요의료재단 계요병원 정신건강의학과[++]

양극성장애에서는 기분 삽화와 관련되어 파급되는 여러 문제들 때문에 대인관계, 직업기능, 건강 등의 문제가 발생한다. 이런 기능적 손상은 다른 질환이 동반이환하는 경우에 더 커지기 때문에 동반이환의 여부는 임상적으로 중요하다. 양극성장애에서 동반이환된 질병이 있을 때 그렇지 않은 경우보다 건강 관련 및 기능저하에 관련된 비용이 크게 증가한다. 양극성장애에서 정신질환이 동반이환하는 경우에는 몇 가지 측면을 염두에 두어야 하는데, 첫째는 진단의 문제로, 다른 정신질환의 증상이 양극성장애의 증상을 가려 양극성장애에 대한 치료가 지연되어 만성화의 위험성이 높아지고, 자살이나 조기사망의 위험성 역시 높아질 수 있다는 점이다. 둘째는 치료의 문제로, 동반이환된 질환이 있는 경우 기분 삽화에서 회복할 가능성이 줄어들고, 동반이환 질환의 치료를 위한 개입이 양극성장애의 경과에 부정적 영향을 줄 수 있다. 예를 들면 불안장애가 양극성장애에 동반된 경우, 양극성장애에 대한 고려 없이 항우울제를 사용하는 경우가 이러한 경우에 해당한다. 셋째는 동반이환의 개념에 대한 문제이다. 동반이환은 양극성장애와는 다른 원인에 의한 질환이 동시에 존재하는 것을 의미하지만, 정신질환의 경우 증상에 따른 분류라는 한계 때문에 원인적으로 서로 다른 것인지 확언할 수 없고, 우울증과 불안증과 같이 서로 다른 질환들이 공통적인 증상을 공유할 수 있기 때문에 이를 별개의 질환이 동반이환하는 것인지 혹은 한 질환에서 여러 증상이 공존하는 것인지를 확연하게 구분하기 어려울 수 있다.

　양극성장애에서는 진단기준에 미달하는 역치하(subthreshold) 상태보다 진단기준을 충족하는 양극성장애에서 동반이환율이 더 높다. 지역사회 역학 연구인 National Comorbidity Survey Replication(NCS-R)의 연구에 따르면, 양극성장애 환자 중 63.1~ 86.7%가 최소 한 가지의 불안장애를 일생 중 경험하며, 물질관련장애는 35.5~60.3% 의 양극성장애 환자에서 일생 중 동반이환된다.[1] 임상집단을 대상으로 한 연구에서도 비슷한 결과를 보고한다. Stanley Foundation Bipolar Treatment Outcome Network의 조사에서는 양극성장애의 65%에서 최소 한 가지 이상의 Diagnostic and Statistical Manual of Mental Disorders, fourth edition(DSM-IV) 1축 질환의 평생 동반이환율을 보이며,[2] Sequenced Treatment Alternatives to Relive Depression(STAR-D)에서는 양극성장애의 65.2%에서 최소 한 가지 이상의 정신질환이 동반이환되었고, 두 가지 이상인 경우가 38.6% 정도였다. 신체질환은 평균 3.3가지가 동반이환되었다.[3] 한편 국내의 후향적 의무기록조사 연구에 의하면 양극성장애 환자 중 약 21%에서 신체질환이 동반되었고, 두 가지 이상인 경우는 3.9%였는데 외국의 연구에 비하여 동반이환이 적게 조사된 것은 조사 방법의 한계 때문일 수 있다.[4]

　양극성장애에 다른 질환이 동반이환된 경우의 치료원칙은 각 질환의 상태와 특성에 따라 다르다. 두 질환을 동시에 치료해야 할 수도 있고, 특정 질환을 먼저 치료해야 할 수도 있다. 예를 들어서 물질관련장애와 신체질환의 경우는 양극성장애와 동반된 다른 질환을 동시에 치료하는 것이 회복의 가능성을 높이지만, 주의력결핍과잉행동장애 (attention-deficit/hyperactivity disorder, ADHD)의 경우에는 기분 삽화를 안정시키는 것이 우선되어야 한다. 두 질환 중 어느 질환을 먼저 치료할지는 어떤 질환에 의한 장애가 주된 것인지에 대한 평가에 기초해서 결정한다. 예를 들어 양극성장애와 동반이환된 질환으로 물질관련 문제와 공황장애가 있다면, 기분 삽화의 안정과 물질사용을 중단하는 치료를 우선하고, 그 뒤에 공황장애를 치료하는 것이 바람직할 수 있다.[5]

　양극성장애에서는 불안장애와 물질관련장애가 가장 흔하게 동반이환되는 정신질환이지만, ADHD, 인격장애, 섭식장애도 종종 동반이환된다. 신체질환 중에는 당뇨, 심혈관질환, 대사증후군과 편두통 등이 가장 빈번한 동반질환이다. 본 장에서는 양극성장애와 동반이환되는 주요 질환의 역학과 임상적 의미, 그리고 치료에 있어서 고려할 점에 대하여 정리해보고자 한다.

정신질환의 동반이환

양극성장애 환자 중 1/2에서 2/3는 일생 중 한 가지 이상의 정신질환에 동반이환되고, 가장 흔한 정신과적 동반이환 질환은 불안장애, 알코올을 포함한 물질관련장애, 충동조절장애, 섭식장애, ADHD 등이다. 또한 이들 중 42%는 두 가지의 정신질환이, 25%는 세 가지의 정신질환이 동반이환된다는 보고도 있다.[2] 양극성장애 환자에서 정신질환 동반이환의 시점유병률은 이보다 낮아서 약 1/3의 정도로 나타난다.[6, 7] 특히 양극성장애에서 정신질환의 동반이환은 젊은 나이에 발병한 경우가 흔하며, 자살과 자해가 빈번하고 치료 순응도가 낮아 장기적으로 좋지 못한 경과를 보인다.[7] 또한 양극성장애의 조증/경조증 시기에는 우울기 혹은 혼재성 시기에 비하여 정신질환의 동반이환이 적게 나타난다.[8]

불안장애

Kraepelin 이후 불안이 양극성장애와 연관되었다는 주장은 지속되고 있다. 양극성장애 환자에서 불안장애를 경험하는 비율은 연구 대상군의 특성에 따라 다양하게 나타나서, 평생유병률은 42~93%, 시점유병률은 11~70%로 보고되고 있다. 여러 연구를 종합한 결과에서는 시점유병률은 14%로, 평생유병률은 42%로 나타나는데, 이는 정상 대조군에 비하여 3배 이상 높지만 단극성 우울증에 비해서는 낮은 수준이다.[9] 불안장애를 동반하는 양극성장애 환자 중 절반가량은 두 가지 이상의 불안장애를 함께 나타낸다.[10] Stanley Foundation Network의 자료에 따르면 불안은 여성에서 더 흔하며,[11] 1형과 2형 양극성장애 사이의 차이는 없었다.[11, 12] 양극성장애에 동반이환된 불안장애는 특히 우울 증상과 관련성이 높은데, 우울증 삽화가 우세한 경우(predominant polarity), 조증 삽화에 우울 증상이 동반된 경우, 우울증 삽화에서 회복까지의 기간이 긴 경우에 흔하고, 조기의 재발, 낮은 삶의 질과 같은 불량한 장기적 경과와도 관련되어 있다.[13-15] 또한 자살사고와 자살시도 역시 증가한다는 보고가 있는데, 이는 DSM-IV에 의한 B군 인격장애의 동반이환이 증가하는 것과 연관될 수 있다.[16] 동반이환된 불안의 영향으로 삶의 질과 사회적 기능이 저하되고, 증상의 심각도가 증가하는 현상은 다른 임상양상이나 다른 동반이환질환의 영향과는 독립적인 것으로 생각된다.[17] 이를 반영하여 DSM-5에서는 불안증 동반(with anxious distress)을 세분양상(specifier)으로 특정할 수 있도록 하였다. 특히 불안장애는 양극성장애와 흔히 공존하고, 불안장애의 치료를 위하여 항우울제를 사용하는 경우 조증 혹은 경조증 삽화를 유발할 수 있다는 보고들이 있기 때문에 더욱 주의가 필요하다.

강박장애

양극성장애 환자에서 강박장애의 평생유병률은 연구에 따라 1.5~62.3%로, 시점유병률은 1.6~35%로 매우 큰 차이를 보인다. 임상 집단을 대상으로 한 조사에는 외래의 경우 10~16%에서 강박장애가 동반이환되었고,[18] 입원의 경우 입원 시점에서는 35%가 이환되었으나 보통 기분 상태에서는 7%로 적어진다.[19] 반대로, 강박장애 환자 중 10.3~16%가 양극성장애를 동반하는데, 이런 경우 2/3가량이 2형 양극성장애였다.[20] 양극성장애와 강박장애가 동반이환된 경우, 각 질환이 나타나는 시기가 서로 다를 수 있다. National Comorbidity Survey Replication에서는 환자들의 37%에서 강박장애 증상이 먼저 나타났고, 52%에서 기분 삽화가 먼저 나타났으며, 같은 해에 동시에 나타난 경우는 11%라고 보고하였으나,[21] 다른 연구에서는 강박장애가 양극성장애에 비하여 먼저 나타나는 경우가 더 흔하다고 하였다.[22] 첫 삽화 시에는 낮은 동반이환율을 보인다는 보고도 있기 때문에, 양극성장애로 첫 평가를 받는 시점에 강박장애 증상을 보이지 않더라도 경과가 진행됨에 따라서 강박장애가 새롭게 출현할 수도 있다는 점을 염두에 두어야 한다. 또한 강박장애의 증상은 우울증 삽화 시기나 보통 기분인 경우에 나타나고, 조증 삽화 시에는 나타나지 않을 수도 있다. 이에 대하여 일부 연구자들은 양극성장애와 강박장애가 동반이환하는 경우, 양극성장애의 병태생리가 강박 증상에 주된 역할을 하여 강박장애도 삽화적 경과를 보인다고 주장하기도 한다.[22] 강박장애가 동반이환된 경우는 여성에서 흔하고, 급속순환형, 만성적인 경과, 알코올의존, 인격장애(특히 자기애성 및 반사회성인격장애), 자살시도, 낮은 삶의 질, 치료받지 않고 지내는 기간의 증가, 치료에 대한 비순응 등과 연관되며, 기분장애에 대한 가족력이 더욱 빈번히 나타난다.[19, 23] 동반이환되는 강박장애의 증상은 성적, 종교적, 그리고 대칭성 강박이 흔하고, 확인하는 강박행동은 적다.[24]

공황장애

양극성장애 환자에서 공황장애의 평생 동반이환율은 17%, 시점 동반이환율은 약 15% 정도이다.[9] 공황장애 역시 양극성장애의 상태에 따라 다르게 나타나는데, 조증 시기에는 거의 보고되지 않으며 우울증 혹은 혼재성 삽화 시기에는 80% 이상으로 높게 나타난다.[25] 공황장애의 동반이환은 여성에서, 그리고 조기 발병한 경우에 흔하고, 첫 기분 삽화가 우울증 삽화였던 것, 빈번하고 심각한 우울증 삽화, 다른 정신질환의 동반이환, 급속순환형, 자살위험의 증가와 연관되며, 공황 스펙트럼 증상이 있는 경우에는 기분 삽화가 관해되는 데 더 많은 시간이 걸리는 등 좋지 못한 경과를 보인다.[26, 27] 반대로, 공황 발작은 향후 양극성장애 발병의 위험요인이며, 공황장애가 양극성장애와 동반되는 경우 양극성장애가 더욱 조기에 발병하고 증상도 심하다.[26] 공황장애와 양극성장애는 공황장애 환자에서 양극성장애의 가족력이 흔히 관찰되기 때문에 유전적 관련성이 있는 것으로 보이며, 연관 연구에서는 18번 염색체 장완에 위치하는 유전자가 관련되어 있어 공황장애의 동반이환 여부에 따라서 양극성장애를 분류할 수 있다고 주장하기도 한다.[28] 또한 병태생리적으로는 편도핵의 기능 이상, 이산화탄소에 대한 과민성도 두 질환이 공유하는 특성이다.[29]

외상후스트레스장애(post-traumatic stress disorder, PTSD)

PTSD가 양극성장애에 동반이환되는 비율은 시점유병률로는 0.9~21%, 평생유병률로는 2~62.3%로 보고된다. 여러 결과들을 종합하면 시점유병률은 약 8%, 평생유병률은 약 12%로 나타난다. 여성에서 남성보다 2배 더 흔하며, 이 두 질환이 동반이환된 경우에는 아동기 성적 학대, 성인기 성적 외상, 자살 또는 타살 생존자, 친구나 친지의 사고사의 빈도가 높다. 또한 발병 시기가 더 빠르고, 재발이 빈번하며, 급속순환형과 자살시도, 물질의존과 다른 질환의 동반이환의 빈도가 높다.[30]

　PTSD와 양극성장애가 흔히 동반이환되는 이유는 분명하지 않으나, 양극성장애 환자는 충동성과 판단력의 문제 때문에 외상 사건에 노출될 위험성이 높고, 동시에 외상 사건을 경험하였을 때 PTSD로 발전할 가능성도 높은 것으로 생각된다. 외상 사건은 주로 조증이나 기분이 고양된 상태(hyperthymia)에서 경험하지만 이 시기에는 회복탄력성(resilience)이 높아 PTSD가 나타나지 않으나, 조증이나 고양된 기분은 곧 사라지게 되며 이후 우울기에 들어서며 외상 사건에 취약한 반응을 보이게 된다. PTSD는 수면장애나 스트레스를 유발하여 양극성장애의 경과를 악화시킬 수 있으며, 이로 인하여 좋지 못한 경과, 빈번한 물질관련장애의 동반, 낮은 삶의 질과 심한 기능장애 및 높은 자살위험성과 관련된다. 이외에도 양극성장애 환자의 반수 이상에서 아동기 학대의 경험이 있고, 아동기에 학대의 경험이 있는 경우에는 양극성장애의 경과가 더 심각하므로, 아동기 학대가 양극성장애의 직접적인 원인 인자일 수 있지만, 아동기에 외상 사건을 제공한 가족이 양극성장애이기 때문에 가족력이 영향을 준 것일 수도 있다.[31]

기타 불안장애

양극성장애 환자에서 범불안장애의 동반이환율은 시점유병률로는 약 11%, 평생유병률로는 약 18% 정도이다. 대부분의 불안장애와 마찬가지로 2형 양극성장애에서의 동반이환이 1형 양극성장애에 비하여 흔하다. 범불안장애가 동반된 경우 자살위험성이 증가된다.[32] 사회불안장애 또한 양극성장애에서 흔한데, 미국의 Epidemiological Catchment Area(ECA) 연구에 의하면 양극성장애 환자 중 거의 절반가량이 사회불안장애를 동반하였다.[33] 그러나 이후 다른 연구들을 종합하면, 양극성장애에 사회불안장애가 동반이환되는 비율은 시점유병률로는 약 14%, 평생유병률로는 약 19% 정도였다. 양극성장애와 사회불안장애 중 어떤 질환이 먼저 나타나는지에 대해서, 미국의 ECA 연구에서는 양극성장애와 사회불안장애에 동반이환된 환자 중 약 절반에서 사회불안장애가 양극성장애보다 먼저 발생하였다고 하였다.[33] 사회불안장애도 조증 시기보다는 주로 혼재성 혹은 우울 시기에 나타나며, 기능장애, 자살위험성, 심각한 중증도 및 좋지 못한 경과와 관련된다.

양극성장애와 불안장애 동반 시의 일반적인 치료원칙

두 질환이 동반이환된 경우에는 단계적 접근을 하는 것이 우선이다. 즉 불안 증상에 대한 개별치료를 하기 전에 현재의 기분 상태를 안정시키는 치료가 적절한지를 검토하는 것이 우선이다. 예를 들어서 PTSD 증상을 치료하기 전에 우선적으로 기분을 안정화하는 것이 필요하다. 일단 기분이 안정화되면 PTSD 증상을 재평가한 뒤 약물치료를 한다. 이렇게 하는 이유는 PTSD에 효과적인 약은 대부분 항우울제이기도 해서 조증 삽화를 초래할 가능성이 있기 때문이다. 양극성장애와 강박장애가 동반이환된 경우에 대부분의 경우에서 항우울제를 투여하게 된다. 기분조절제와 항우울제를 병용투여하는 경우에 항우울제 유도성 (경)조증이 10% 정도에서 출현하는데, 이는 항우울제 단독투여 시에 39% 정도에서 나타나는 것에 비하여 적다.[34] 그러나 항우울제에 의해서 양극성장애 경과가 불안정해질 가능성을 항상 염두에 두어야 하는데, 특히 젊은 사람에서 더 주의해야 하며, 항우울제 유도성 (경)조증의 출현 여부를 항상 점검해야 한다. benzodiazepine은 불안 증상을 조절하는 중요한 약물이지만, 남용이나 의존의 가능성에 주의해야 한다. 이런 이유들로 비교적 젊은 나이라면 인지행동치료를 먼저 고려하는 것이 적절할 수도 있다.

동반이환된 증상이 양극성장애의 치료약물에 반응을 할 수 있다. 그러나 약물들 간에는 차이가 있을 수 있어서 lithium과 carbamazepine은 불안장애에 큰 효과가 없을 수 있지만, valproate는 효과를 기대할 수 있고,[35] lamotrigine은 PTSD에 도움이 될 수 있다.[36] 비정형 항정신병약물들은 강박장애에 도움이 될 수 있으며, 특히 quetiapine과 olanzapine은 불안 증상에도 효과가 있을 수 있다.[37] 항우울제는 불안 증상의 치료에 효과적이지만, 약물유도성 조증 삽화의 출현과 같은 부작용에 유의해야 한다.

알코올 및 물질관련장애

역학

물질관련장애는 기분장애 환자에서 높은 유병률을 보이고 있다. ECA 연구에서는 평생유병률이 56.1%였다. 이런 동반이환율은 DSM-IV의 1축 질환 중에서 가장 높으며, 일반 인구에 대한 교차비는 6.9로 주요우울장애의 1.8보다 높다.[38] National Comorbidity Survey Replication에서는 1형과 2형 양극성장애와 함께 역치하 양극성장애에 대해서도 역학조사를 시행했는데, 물질관련장애의 동반이환율은 1형 양극성장애에서 가장 높았다.[1] 임상환자를 대상으로 한 조사인 Systemic Treatment Enhancement Program for Bipolar Disorder(STEP-BD)에서는 물질관련장애의 평생유병률이 48%로 조사되었는데, 시점유병률은 알코올사용장애의 경우 8%, 비알코올 물질관련장애는 5%였다.[39] 평생유병률과 시점유병률의 차이가 큰 것이 물질관련장애 동반이환의 특징적 현상인데, 이는 물질관련장애가 양극성장애의 경과 중에 호전과 악화를 반복하기 때문이다. 양극성장애에서 물질관련장애의 동반이환율이 높지만, 물질관련장애가 1형 양극성장애의 위험인자이기도 해서, 물질관련장애 환자 중에서 양극성장애의 유병률은 일반 인구의 경우보다 높다. 남성, 젊은 나이, 낮은 교육 수준은 양극성장애 환자에서 물질남용의 위험인자이다. 남성에서 물질관련장애의 동반이환율이 높지만, 일반 인구에 대한 교차비는 여성에서 7.35로 남성의 2.77보다 높다.[40] 물질관련장애가 동반이환된 경우에는 다른 질환의 동반이환의 가능성도 높아진다는 점을 고려해야 한다. 특히 불안장애와 인격장애(주로 B군 인격장애)의 빈도가 높다. 이렇게 여러 질환이 동반이환된 경우에는 예후가 더 나쁘다.[8]

　두 질환이 자주 동반이환되는 현상을 설명하기 위한 여러 이론들이 있다.[41] 첫째는 취약성을 가진 사람에서 물질에 의한 기분 증상이 유발된다는 가설이다. 둘째는 (경)조증 증상의 과정 중에 쾌락 추구적 행동을 하게 되어서 물질사용이 과다하게 된다는 가설이다. 셋째는 양극성장애로 인해서 직업을 잃는 등의 심리사회적 손상의 결과 물질을 사용하게 된다는 가설이다. 넷째는 불안장애가 양극성장애에서 빈번하고, 불안이 있는 경우 물질관련장애에 취약한 것을 근거로 불안이 이 두 질환을 매개하고 있다는 견해도 있다. 양극성장애에서 높은 충동성과 새로움 추구(novelty seeking)를 보이는데, 이는 물질관련장애에서도 공통되는 현상으로 공유되는 성격 요소인 것으로 설명되기도 한다. 다음으로 두 질환 사이에 유전적 공통성이 있다는 가설과 두 질환 사이에 도파민 등 신경전달물질 이상의 병태생리를 공유한다는 가설이 있다. 알코올사용장애가 동반이환된 양극성장애의 경우 재발이 잘 하는 것을 알코올의 kindling 효과로 설명하려는 시도도 있다. 마지막으로 자가치료(self-medication) 가설이다. 이는 양극성장애에서 우울증과 같은 자신의 증상을 조절하려는 목적으로 물질을 사용한다는 가설인데, 임상에서는 조증 시기에 물질을 더 사용하는 경우도 있기 때문에 논란의 여지가 있다.

두 질환이 동반이환되는 경우 증상이 더 심하고, 치료하기가 어려우며, 예후가 좋지 않다. 혼재성 삽화가 더 많고, 회복에도 더 많은 시간이 필요하고, 입원의 횟수, 입원기간 역시 늘어나고, 전체 기분 삽화의 횟수와 급속순환형이 증가한다. 물질남용이나 의존의 과거력이 있는 경우에는 항우울제 유도성 조증의 위험이 증가한다.[42] 조증 삽화의 증상 자체도 심해지고, 증상의 개수도 증가하며, 충동성, 폭력성, 자살의 위험성이 증가한다.[43] 결과적으로 범죄와 관련성이 증가해서, 1형 양극성장애를 앓고 있는 구속된 범죄자 중 50% 이상이 물질남용이 동반이환된 상태였다.[44] 두 질환의 동반이환은 또한 좋지 않은 순응도와 연관되고, 결국 전체 기능의 저하, 불량한 예후로 이어진다.[45] 이용되는 물질에 따른 차이도 관찰되어서 알코올의 사용 기간은 우울 기간과 상관을 보이지만, 대개는 조증 기간과 상관을 보인다.[45] 물질관련장애가 양극성장애에 좋지 않은 영향을 주는 현상은 니코틴 의존에서도 입증되어서 첫 삽화의 발병나이가 빨라지고, 증상이 심하고, 자살위험성이 높고, 다른 동반이환 질환이 증가한다.[46]

동반이환의 순서에 따른 차이

두 질환이 동반이환되는 경우 어떤 집단은 물질관련장애가 먼저 발생하고, 다른 집단은 양극성장애가 먼저 발생한다. 이 경우 서로 다른 경과를 보이기 때문에 다른 아형이라는 주장도 있다.[47] 양극성장애가 먼저 발생하는 집단은 물질관련장애가 먼저 발생하는 집단과 가족력에서는 차이가 없지만, 증상이 더 심하고, 회복 후 기분 삽화가 더 빈번하며, 첫 재발이 더 빠르며, 회복의 가능성이 낮다. 이에 비해 알코올의존이 먼저 발생하는 집단은 경한 경과를 보이는데, 심지어는 알코올사용장애가 없는 양극성장애보다 회복이 더 빠르다.[45] 발병 순서에 따른 경과의 차이는 알코올사용장애만큼 현저하지는 않지만 대마사용장애에서도 확인된다. 대마의 경우에는 첫 조증 삽화로 입원하는 나이도 차이가 나서, 한 연구에 의하면 대마사용장애가 먼저 발병한 경우에는 23세이지만, 양극성장애가 먼저 발병한 경우는 16세이며, 양극성장애만 있는 경우는 18세였다. 약물사용장애의 증상의 심각도도 두 집단이 차이를 보이는데 알코올과 대마 모두 양극성장애가 먼저 발병하는 경우에 더 심한 의존을 보였다.[48] 동반이환의 순서에 대한 다른 연구에서는 물질관련장애가 우선하는 경우를 양극성장애가 우선하는 경우와 양극성장애만 있는 경우와 비교했을 때, 전체 기분 삽화의 출현 형태는 비슷해서, 조증 삽화에서는 차이가 없지만, 우울증 삽화의 횟수가 적고, 우울증 삽화로 발병할 가능성이 낮지만, 정신

병적 증상의 빈도는 높다고 한다. 정신병적 증상이 흔한 이유는 물질사용의 직접적 결과일 수 있다.[49]

치료

두 질환이 동반이환된 경우의 약물치료에 대한 연구는 많지 않으며, 양극성장애 환자에서 동반이환된 물질관련장애에 대해서 약물치료(예 : 알코올사용장애에 naltrexone을 투여하는 것)를 하는 비율은 매우 낮고, 양극성장애를 치료하기 위한 약물만으로 물질관련장애도 치료하려는 경우가 더 흔하다. 이 경우 두 가지 목적, 즉 양극성장애 자체의 증상에 대한 추가적인 효과와 물질관련장애의 증상을 감소시키려는 목적으로 처방하게 된다. 두 질환이 동반이환된 경우 양극성장애의 증상은 그렇지 않은 경우보다 임상경과가 더 좋지 않으므로 추가적인 약물치료를 통해서 양극성장애 증상을 더 호전시킬 수 있는지가 중요할 수 있으나, 대부분의 연구에서 기분 증상이 더 호전되지는 않았다.[50] 일부 개방 연구들에서 quetiapine, aripiprazole, 그리고 lamotrigine이 양극성장애 환자에서 cocaine 의존이 동반된 경우 기분 증상이나 물질관련장애 증상을 호전시킬 수 있다는 보고가 있었다. 또한 aripiprazole의 경우 알코올사용장애에도 도움이 될 수 있다는 보고가 있었다.[51] valproate에 대한 2개의 위약대조 연구에서는 lithium 복용 중인 알코올의존 환자에게 추가적으로 투여한 valproate가 기분 증상과 알코올의존 증상을 호전시켰다. 특히 valproate의 혈중농도가 높을수록 과음한 일수와 음주 횟수가 감소하고, 복약순응도가 호전되었다.[52] 알코올사용장애에 사용하는 naltrexone과 acamprosate의 경우는 음주가 감소하는 경향을 보였으나 통계적 유의성은 없었다.[53, 54]

정신치료적 측면에서 중요한 것은 물질사용의 이유와 패턴, 그리고 치료 동기를 파악하는 것이다. 물질사용의 이유는 개인에 따라 다양하고 개인적 경험에 근거하여 생겨난다. 물질관련장애의 치료에 대해서는 인지행동치료, 동기강화치료, 자기주장 공동체 치료(assertive community treatment), 연관사건 조절(contingency management) 등이 연구되었다. 각 치료들의 효과에 대해선 논란의 여지가 있지만, 심리사회적 치료의 무작위 대조군 연구의 어려운 점을 고려해야만 한다. 이 중 주목할 만한 것은 Weiss 등이 인지행동치료를 기반으로 두 질환이 동반이환된 환자들을 대상으로 개발한 통합 집단치료(integrated group therapy)로서, 무작위 대조군 연구에서 일관된 결과를 보이고 있지만 장기적 연구가 필요하다.[55] 이 치료는 20회기의 집단치료로 구성되는 인지행동적 재발 방지 프로그램이다. 양극성장애와 물질관련장애의 회복과 재발의 유사점에 초점을 맞추고, 두 질환 사이의 상호작용이 강조된다. 최근의 문헌고찰 연구에 의하면 양극성장애와 물질관련장애 증상 모두에 동시에 효과적인 근거가 있는 정신사회적 치료는 없었으나, 통합 집단치료의 경우 물질관련장애 증상에 대해 효과적이었고, 인지행동치료, 자기주장 공동체치료 등은 기분장애 증상에만 효과적이었다.

주의력결핍과잉행동장애(attention-deficit/hyperactivity disorder, ADHD)

ADHD는 소아기에 발병하는 질환으로 일부는 성인기까지 증상이 지속되어 약 2/3에서 성인기에도 일부 증상을 갖고 있고, 15%는 진단기준을 충족한다.[56] 미국에서 성인기 ADHD의 유병률은 약 3~4.5% 정도로 추산된다.[57] 성인기까지 지속되는 증상은 주로 주의력의 문제이고 과도한 행동과 충동성은 다소 완화되는 편이나, 성인기까지 지속되는 경우 직업, 대인관계 등의 문제가 발생하고, 사고와 범죄에 취약한 상태가 될 수 있다. 성인 ADHD 환자 중 80% 이상이 다른 정신질환을 동반하는데, 성인 ADHD 환자 중 약 1/4~1/3은 우울장애와 동반이환되어 있고, 양극성장애의 동반이환은 성인 ADHD 환자 중 5~47%로 나타난다. 성인 양극성장애 환자에서 ADHD의 동반이환율은 약 6%로 보고되고 있으며, 양극성장애에서 다섯 번째로 빈번하게 동반이환되는 질환이다.[1] 두 질환은 한 가족 내에서 공존하는 경우가 흔하고, 동반이환의 경향이 같이 유전되는 경향(cosegregation)을 보인다.[58]

ADHD와 양극성장애의 동반이환율은 소아에서 더 높아서 양극성장애 아동에서는 약 85%에서 ADHD가 나타나고, ADHD 아동에서는 약 22%에서 양극성장애가 나타난다.[57] 또한 18세 이전에 발병한 1형 양극성장애에서는 ADHD의 동반이환율이 높게 나타나지만, 이후 발병 집단에서는 그렇지 않다는 결과도 있으며,[59] 소아기에 ADHD였으나 성인기에는 ADHD가 호전된 경우에도 양극성장애의 유병률은 10~34%로 일반 인구에 비하여 높게 나타난다.[60, 61] 일부 연구자들은 이러한 결과가 ADHD 소아에서 정신자극제가 널리 사용되어 양극성장애의 조기 발병이 유발될 수 있음을 의미한다고 주장하지만, 다른 연구자들은 정신자극제가 오히려 보호 효과를 보일 수 있다고 하며 아직 그 이유는 확실하지 않다.[62, 63]

두 질환이 동반이환된 경우에는 기분이 정상화된 이후에도 ADHD의 영향으로 기능 저하가 지속된다.[61] 기분 증상이 더 심하고, 발병나이가 더 빠르고, 기분 삽화 특히 우울증 삽화가 빈번하고, 자살시도가 많다. 다른 동반이환(불안장애, 물질관련장애, 반사회성인격장애)이 증가하고, 사회적 기능과 직업, 생산성에 문제가 생기고, 삶의 질이 저하된다. 이런 중요성에도 불구하고 상당수의 환자들이 진단과 치료를 적절하게 받지 않고 있다. 이는 두 질환의 증상이 유사하기 때문에 소아청소년환자를 진료할 때는 ADHD만을 고려하게 되고, 성인 환자를 진료할 때는 ADHD가 아동기 질환이라는 인식 때문에 기분 삽화 호전 후 잔존 증상이 ADHD 증상일 수 있다는 점을 고려하지 않기 때문일 수 있다. 양질로 설계된 연구와 부모와 같은 제3자 보고를 참고한 연구들일수록 동반이환율이 높게 보고된다는 점은 시사하는 바가 있다.[58]

　ADHD와 양극성장애가 동반이환된 경우 치료에 있어, 기분조절제 단독투여 또는 비정형 항정신병약물 병합투여는 조증 삽화에는 효과적이지만, ADHD 증상에는 효과적이지 않으며,[64, 65] 두 질환이 공존하는 경우에 기분조절제의 양극성장애 증상에 대한 효과도 감소한다.[66] 임상에서는 양극성장애를 치료한 뒤 잔존 증상 중 ADHD 증상을 조절하기 위한 추가적 진단과 치료적 접근을 하는 것이 일반적이다. 즉 기존의 양극성장애의 치료약물에 ADHD 치료약물로 사용되는 정신자극제인 methylphenidate나 mixed amphetamine salts, atomoxetine과 bupropion 등이 병합투여될 수 있다. 기분조절제에 정신자극제를 병합투여하는 것은 ADHD 증상을 감소시킨다고 알려져 있다.[64, 67, 68] 한 메타분석 연구에 의하면 양극성장애에 ADHD가 동반된 경우 정신자극제를 사용할 때 정신증이나 조증의 발생은 100인-년(person-year)당 1.48로, Number Needed to Harm(NNH)은 526으로 나타나 그 위험성은 높지 않다.[69] 그러나 많은 연구자들이 조증이나 정신증의 위험성을 주의해야 한다는 점을 지적하고 있으며 atomoxetine에 의한 조증 발생 또한 특히 소아에서 보고된 바 있어, 특히 정신증의 가족력과 같은 위험요인이 있는 경우에는 더욱 주의해야 하며, 기분 증상이 충분히 안정된 이후 정신자극제를 투여해야 한다.

인격장애

양극성장애에서 인격장애의 동반이환율은 20~40% 정도이며, 극적이고 감정적으로 불안정한 형태, 그리고 공포/회피적 형태의 인격장애가 흔하며 기이한(eccentric) 형태, 예를 들면 A군 인격장애들은 흔하지 않다. 개별 인격장애 중에는 경계성인격장애가 약 17%, 반사회성인격장애가 약 6%, 연극성인격장애가 약 5%, 자기애성인격장애가 8% 정도의 비율로 동반이환된 것으로 추산된다. 다른 연구에 의하면 양극성장애 환자 중 62%가 인격장애를 동반하는데, 연극성인격장애, 경계성인격장애, 반사회성인격장애 등이 흔하다.[9] 경계성인격장애와 양극성장애는 충동성과 기분의 불안정성 등 공통적인 증상 때문에 두 진단을 감별하기 어려우며, 동시에 경계성인격장애는 다른 인격장애보다 양극성장애의 동반이환율이 높은 것 또한 사실이다. 경계성인격장애의 19.4%에서 양극성장애가 동반이환되어 있고, 4년 동안의 추적 관찰에서 8.2%에서 새롭게 양극성장애가 진단되었다는 연구도 있다.[70] 인격장애의 정도가 낮은 경우 양극성장애의 증상이 경하고, 기능 수준이 높았다.[71] 특히, B군 인격장애는 양극성장애의 경과와 예후에 영향을 주고, 자살위험성이 증가하는 것과 관련이 있다.[72] 동반이환된 경우 양극성장애의 치료도 어려워서, 한 연구에서는 양극성장애만 있는 경우에 43%가 안정화가 된 것에 비해서 경계성인격장애와 동반이환된 경우에는 25%만이 안정화되었다고 한다.[73]

임상에서는 양극성장애를 진단하고 치료할 때 인격장애의 가능성을 미리 점검하는 것은 필수이다. 특히 치료에 잘 반응하지 않는 경우에는 더욱 면밀하게 조사해야 한다. 반면에 인격장애의 양상이 장기간 지속되지 않는다면, 인격장애 증상이 양극성장애의 부수적 증상일 가능성을 염두에 두어야 한다. 또한 인격장애적 요소들은 치료동맹, 순응도, 자해나 물질사용과 같은 요인을 매개로 치료의 방해요인이 된다는 점에서 중요하다. 특히 B군 인격장애의 경우 충동성이 높고, 좌절에 취약하고, 때로 현실검증력이 떨어지기 때문에 치명성이 높을 수 있는 lithium 등의 처방 시 유념해야 하며, 치료동맹에 대한 부정적 영향 때문에 정신치료적 전략이 필요하다. 이처럼 두 질환이 동반이환된 경우에는 약물치료와 정신치료의 병행이 필수적이라고 할 수 있다. 이들은 예후가 좋지는 않지만, 두 치료의 병행을 통해서 근본적인 변화가 발생하는 환자들이 있기 때문에 치료적 허무주의를 경계해야 하며, 이 메시지가 환자, 치료 팀과 가족들에게 반드시 전달되어야 한다.

인격장애가 양극성장애에 동반된 경우에는 정신교육(psychoeducation)이 도움이 될 수 있으며, 경계성인격장애가 동반된 경우 valproate, lamotrigine, 변증법적 행동치료(dialectical behavioral therapy) 등이 경계성인격장애 증상을 호전시킬 수 있다.[74]

섭식장애

양극성장애에서 섭식장애 증상은 비만, 자살사고, 잔류기분 증상과 연관된다. 섭식장애의 평생 동반이환율은 약 10% 정도이며 섭식장애 환자 중 2/3는 양극성장애를 동반한다. 가장 흔한 증상은 폭식으로, 양극성장애 환자 중 절반가량이 음식 섭취를 통제하는 데 어려움을 겪는다.[75] 섭식장애 중에서는 양극성장애 환자 중 9~13%가 폭식장애를 동반하며, 그 2배의 확률로 역치하 폭식장애를 가지고 있고, 양극성장애와 폭식장애가 동반된 환자의 40% 이상이 비만이다.[76] 여성에서는 생리주기에 따라 폭식 증상이 악화되기도 하는데, 주로 생리 전에 심해진다. 신경성 식욕부진증은 양극성장애 환자 중 2.4%에서 동반되며, 주로 젊은 나이에 나타나고 조증 증상기에는 호전되는 양상을 보이기도 한다.[77] 신경성 폭식증은 양극성장애 환자 중 4.4%에서 동반되며, 여성에서는 7~12%까지 보고되기도 한다.

양극성장애에서 섭식장애의 동반이환은 여성, 젊은 나이, 양극성장애의 이른 발병, 우울 우세(predominantly depressive), 혼재성 삽화, 잦은 삽화 재발 및 급속순환형, 자살시도, 심한 비만, 알코올의존과 약물남용과 관련이 있으며, 비정형우울 증상과 관련이 있는 것으로 보인다.[78, 79] 두 질환이 동반된 경우에는 물질관련장애와 불안장애가 잘 동반되며,[80] 1형과 2형 양극성장애에 따른 동반이환율의 차이는 없다.[2]

신체질환의 동반이환

양극성장애 환자에서 신체질환의 동반이환은 예외적인 것이라기보다는 일반적인 현상인데, 양극성장애 환자들은 평균적으로 2.7개 이상의 신체질환에 동반이환된다.[81] 양극성장애에서 신체질환의 동반이환은 높은 조기 사망률, 짧은 기대수명, 높은 의료 이용비용 등과 관련되어 임상적으로 중요하나 과소평가되기 쉽다. 양극성장애 환자의 조기사망에는 신체적 동반질환이 양극성장애로 인한 질병 부담을 증가시키는 측면과 동시에, 양극성장애가 신체질환에 대한 적절한 진단과 치료를 방해하는 점 또한 기여한다. 적절한 진단과 치료가 시행된다고 하더라도, 치료에 대한 순응도가 낮을 수 있다는 점 또한 좋지 못한 경과와 연관된다. 대부분의 조기 사망은 심혈관질환에 의해 나타나는데, 양극성장애의 치료를 위하여 사용하는 약물 중 일부가 심혈관질환에 대한 위험성을 증가시킬 수 있다는 점 또한 치료에 어려움을 유발한다. 연구에 따라 다르지만 약 12~76%의 양극성장애 환자가 심혈관, 내분비, 소화기계 질환 등을 동반하고, 특히 통증이 가장 흔한 신체적 문제이다. 특히 갑상선질환, 편두통, 비만 등은 여성에서 더욱 흔하다. 이렇게 신체질환이 동반이환되는 경우 양극성장애의 경과가 나빠지고, 질환으로 인한 장애가 심하다.[82]

양극성장애와 신체질환이 흔히 동반되는 이유는 아직 명확하지 않다. 그러나 신체질환이 단지 양극성장애의 질병 부담에 의한 2차적 현상만은 아니고, 당뇨나 자가면역질환과 같은 질환들은 스트레스에 대한 민감성과 같은 면역/염증계와 관련된 병인-병태적 기전을 양극성장애와 공유하기 때문인 것으로 생각된다.[81] 이와 관련된 비만, 대사증후군 등에 대한 내용은 이 책의 뒷부분에서 별개의 장으로 다룰 것이다.

비만, 대사증후군 이외에 양극성장애 환자에서 가장 흔하고 심각한 문제 중 하나로 심혈관질환이 있다. 심혈관질환은 양극성장애 환자에서 13~23%의 평생유병률을 보이며, 여러 연구를 종합할 때 동반이환율은 부정맥이 약 7.5%, 울혈성 심부전이 1.5%, 허혈성 심질환이 3.3%, 말초혈관질환이 0.3~2.9%로 나타난다. 이 중 부정맥과 허혈성 심질환은 일반 인구에 비해 수 배 이상 높은 이환율이나, 오히려 울혈성 심질환은 일반 인구에 비해 적다.[9] 여러 연구들을 종합할 때, 양극성장애 환자에서 심혈관질환의 동반이환율은 약 8% 정도로, 조현병이나 주요우울장애 환자군과 유사하며 일반 인구에 비해 약 2배가량 흔하다. 심혈관질환은 양극성장애뿐만 아니라 조현병에서도 조기사망과 관련된 중요한 위험인자인데, 흔히 조절 가능한 심혈관질환 위험인자들, 예를 들면 비만, 흡연, 당뇨, 고혈압, 지질이상증 등과 관련되어 있다. 또한 일부 항정신병약물이나 항경련제, 항우울제 등은 체중증가를 유발하거나 대사성 심혈관질환 위험인자를 악화시키기도 한다. 양극성장애 환자들은 또한 일반 인구에 비하여 건강검진과 같이 위험인자를 조기 발견하기 위한 건강관리를 덜 받는다. 실제로 한 연구에 의하면 심혈관질환의 유병률이 일반 인구에 비하여 높지 않게 조사되었음에도, 이로 인한 사망률은 양극성장애 환자에서 수 배 이상 높다는 점에서 심혈관 질환이 동반된 양극성장애 환자에서는 일반 인구에 비하여 더욱 많은 주의가 필요하다.[83]

양극성장애 환자에서는 신경학적 질환 역시 빈번하게 동반이환되어, 시점 동반이환율은 약 11%, 평생 동반이환율은 약 38%로 추산된다.[84, 85] 특히 편두통, 외상성 뇌손상, 치매, 파킨슨병과 같은 운동성 질환 등이 빈번히 동반되는 질환이다. 편두통은 양극성장애에서 빈번하게 동반되는 질환이다. 특히 전조 증상이 동반된 편두통이 전조 증상이 없는 편두통에 비하여 정신질환과 더 연관성이 높으며, 양극성장애에서도 그러하다.[86] 양극성장애 환자에서 편두통의 동반이환율은 5~10% 정도로 나타나는데, 일부 연구자는 양극성장애와 편두통의 관련성이 없다고 주장하기도 하지만,[87] 많은 연구에서는 양극성장애 환자가 편두통을 빈번하게 동반하며 일반 인구에 비하여 수 배 높은 유병률을 보인다.[86, 88] 보통 편두통이 양극성장애보다 먼저 발생하고, 약 1/3~3/4의 2형 양극성장애 환자 중 일생 중 어느 시점에서는 편두통을 경험할 정도로 주로 2형 양극성장애에서 흔하다.[86] 편두통은 우울 증상을 보이는 환자들 중 이후에 양극성장애로 진단될 가능성을 고려할 수 있는 지침이 될 수도 있다.[89] 양극성장애에 동반이환된 편두통은 질환의 심각도가 증가하는 것과 다른 정신질환이 동반이환될 가능성이 증가하는 것과 연관성이 있다.[86]

뇌졸중의 경우, 혈관성 질환의 일종이기 때문에 전술한 심혈관질환과 많은 위험인자를 공유하여 양극성장애 환자에서 동반이환율이 높게 나타날 것으로 예상할 수 있다. 그러나 비록 아직 이에 대한 연구는 소수에 불과하지만, 양극성장애 환자에서의 뇌졸중의 유병률은 3% 정도로 일반 인구와 큰 차이를 보이지 않는다.[85]

내분비 질환 중에는 특히 lithium 치료 및 예후와 관련하여 갑상선 질환이 문제가 될 수 있다. 양극성장애 환자에서 갑상선 질환의 유병률은 최대 15%까지 보고되며, 이 중 갑상선 기능저하증은 양극성장애 환자 중 최대 14%의 평생유병률을 보인다.[18] 양극성장애 환자에서는 일반 인구에 비하여 소화 궤양 등의 소화기 질환, 천식 및 만성 폐색성 폐질환과 같은 호흡기 질환, 습진 및 건선 등의 피부과 질환, 크론병과 섬유근육통 등의 면역성 질환, 다낭성 난소증후군 등의 비뇨생식기계 질환 등도 양극성장애에서 일반 인구에 비해 흔하다.[22] 이외에도 양극성장애 환자에서는 악성 종양의 위험성 또한 일반 인구에 비하여 1.5~2배 정도 높은데, 이는 아마도 흡연, 혈중 prolactin 농도의 증가, 적은 운동량, 식사 습관 등 악성 종양의 위험요인들을 일반 인구에 비해 더 많이 가지고 있기 때문일 수 있다.[88]

정리하면, 양극성장애는 자주, 많은 수의 질환에 동반이환된다. 정신질환으로는 불안장애, 물질관련장애, ADHD, 인격장애, 섭식장애가 흔하고, 신체질환으로는 당뇨, 심혈관질환, 대사증후군과 편두통 등이 주요 질환이다. 양극성장애에 여러 질환이 동반된 경우, 당연히 그 치료는 어려운데 이를 위하여 몇 가지 치료적 원칙이 제시될 수 있다. 우선적으로 진단을 확립하고, 각 질환에 따른 위험성을 평가한다. 이후 치료를 위한 적절한 환경을 결정하고, 장기적 치료 계획을 수립하며, 동시에 여러 질환을 치료하는 것이 문제가 될 수 있기 때문에 치료의 순서를 정해야 한다. 또한 여러 질환이 동반되어 있기 때문에 다양한 측면에서 치료의 효과를 평가해야 한다. 동반이환된 질환이 있는 경우에는 일반적으로 양극성장애의 경과에 영향을 주고, 기능 수준과 삶의 질도 떨어뜨리며, 치료 효과도 저하된다. 특히 물질관련장애가 동반된 경우에는 조증 삽화의 증상 자체도 심해져서 자살의 위험성이 증가할 뿐 아니라 충동성, 폭력성이 증가하여 결과적으로 범죄와 관련성이 증가할 수 있기 때문에 진단 및 치료에 주의를 기울여야 한다. 이외에도 불안장애와 섭식장애 등의 질환이 동반이환되어 있는지를 점검해야 하며, 특히 치료에 잘 반응하지 않는 경우에는 인격장애의 동반이환 가능성을 조사해야 한다. ADHD의 경우 아동기부터 치료를 받았던 과거력이 없는 경우에도 가능성을 조사해야 하는데, 이때 환자가 보고하는 정보의 신뢰도가 낮을 수 있다는 점을 염두에 두어야 한다.

양극성장애는 심혈관계 질환의 유병률이 높고, 이에 따른 조기 사망의 비율도 높다. 따라서 심혈관계 질환의 고위험군을 미리 발견하여 관리하는 것이 중요하며, 이때 대사증후군의 개념을 적용하는 것이 유용하다. 대사증후군을 구성하는 위험인자들은 개입 가능한 것들이기 때문이다. 그러나 양극성장애 환자들은 건강하지 못한 생활습관을 갖고 있는 경우가 많고, 개입 후에도 변화의 성공률이 낮다는 점을 염두에 두고 더욱 각별한 관심이 필요할 것이다.

참고문헌

1) Merikangas KR, Akiskal HS, Angst J, Greenberg PE, Hirschfeld RM, Petukhova M, et al. Lifetime and 12-month prevalence of bipolar spectrum disorder in the National Comorbidity Survey replication. Arch Gen Psychiatry 2007;64:543-552.

2) McElroy SL, Altshuler LL, Suppes T, Keck PE, Jr., Frye MA, Denicoff KD, et al. Axis I psychiatric comorbidity and its relationship to historical illness variables in 288 patients with bipolar disorder. Am J Psychiatry 2001;158:420-426.

3) Trivedi MH, Rush AJ, Wisniewski SR, Nierenberg AA, Warden D, Ritz L, et al. Evaluation of outcomes with citalopram for depression using measurement-based care in STAR*D: implications for clinical practice. Am J Psychiatry 2006;163:28-40.

4) Jon DI, Seok JH, Choi K, Yoon HJ, Cho HS, Kim SJ, et al. Medical comorbidity in patients with bipolar disorder: a retrospective chart review. J of Kor Soc for Dep and Bip Disorders 2007;5:30-33.

5) McIntyre RS, Rosenbluth M, Ramasubbu R, Bond DJ, Taylor VH, Beaulieu S, et al. Managing medical and psychiatric comorbidity in individuals with major depressive disorder and bipolar disorder. Ann Clin Psychiatry 2012;24:163-169.

6) Oreski I, Jakovljevic M, Aukst-Margetic B, Orlic ZC, Vuksan-Cusa B. Comorbidity and multimorbidity in patients with schizophrenia and bipolar disorder: similarities and differencies. Psychiatr Danub 2012;24:80-85.

7) Vieta E, Colom F, Corbella B, Martinez-Aran A, Reinares M, Benabarre A, et al. Clinical correlates of psychiatric comorbidity in bipolar I patients. Bipolar Disord 2001;3:253-258.

8) Mantere O, Melartin TK, Suominen K, Rytsala HJ, Valtonen HM, Arvilommi P, et al. Differences in Axis I and II comorbidity between bipolar I and II disorders and major depressive disorder. J Clin Psychiatry 2006;67:584-593.

9) Fountoulakis KN. Bipolar Disorder: An Evidence-Based Guide to Manic Depression. Heidelberg, Germany:Springer-Verlag;2015.

10) Henry C, Van den Bulke D, Bellivier F, Etain B, Rouillon F, Leboyer M. Anxiety disorders in 318 bipolar patients: prevalence and impact on illness severity and response to mood stabilizer. J Clin Psychiatry 2003;64:331-335.

11) Altshuler LL, Kupka RW, Hellemann G, Frye MA, Sugar CA, McElroy SL, et al. Gender and depressive symptoms in 711 patients with bipolar disorder evaluated prospectively in the Stanley Foundation bipolar treatment outcome network. Am J Psychiatry 2010;167:708-715.

12) Gao K, Tolliver BK, Kemp DE, Verduin ML, Ganocy SJ, Bilali S, et al. Differential interactions between comorbid anxiety disorders and substance use disorder in rapid cycling bipolar I or II disorder. J Affect Disord 2008;110:167-173.

13) Das A. Anxiety disorders in bipolar I mania: prevalence, effect on illness severity, and treatment implications. Indian J Psychol Med 2013;35:53-59.

14) Coryell W, Solomon DA, Fiedorowicz JG, Endicott J, Schettler PJ, Judd LL. Anxiety and outcome in bipolar disorder. Am J Psychiatry 2009;166:1238-1243.

15) Gonzalez-Pinto A, Galan J, Martin-Carrasco M, Ballesteros J, Maurino J, Vieta E. Anxiety as a marker of severity in acute mania. Acta Psychiatr Scand 2012;126:351-355.

16) Nakagawa A, Grunebaum MF, Sullivan GM, Currier D, Ellis SP, Burke AK, et al. Comorbid anxiety in bipolar disorder: does it have an independent effect on suicidality? Bipolar Disord 2008;10:530-538.

17) Simon NM, Otto MW, Wisniewski SR, Fossey M, Sagduyu K, Frank E, et al. Anxiety disorder comorbidity in bipolar disorder patients: data from the first 500 participants in the Systematic Treatment Enhancement Program for Bipolar Disorder (STEP-BD). Am J Psychiatry 2004;161:2222-2229.

18) Magalhaes PV, Kapczinski NS, Kapczinski F. Correlates and impact of obsessive-compulsive comorbidity in bipolar disorder. Compr Psychiatry 2010;51:353-356.

19) Kruger S, Braunig P, Cooke RG. Comorbidity of obsessive-compulsive disorder in recovered inpatients with bipolar disorder. Bipolar Disord 2000;2:71-74.

20) Timpano KR, Rubenstein LM, Murphy DL. Phenomenological features and clinical impact of affective disorders in OCD: a focus on the bipolar disorder and OCD connection. Depress Anxiety 2012;29:226-233.

21) Ruscio AM, Stein DJ, Chiu WT, Kessler RC. The epidemiology of obsessive-compulsive disorder in the National Comorbidity Survey Replication. Mol Psychiatry 2010;15:53-63.

22) Zutshi A, Kamath P, Reddy YC. Bipolar and nonbipolar obsessive-compulsive disorder: a clinical exploration. Compr Psychiatry 2007;48:245-251.

23) Baldessarini RJ, Perry R, Pike J. Factors associated with treatment nonadherence among US bipolar disorder patients. Hum Psychopharmacol 2008;23:95-105.

24) Perugi G, Akiskal HS, Pfanner C, Presta S, Gemignani A, Milanfranchi A, et al. The clinical impact of bipolar and unipolar affective comorbidity on obsessive-compulsive disorder. J Affect Disord 1997;46:15-23.

25) Dilsaver SC, Chen YW. Social phobia, panic disorder and suicidality in subjects with pure and depressive mania. J Affect Disord 2003;77:173-177.

26) Goodwin RD, Hoven CW. Bipolar-panic comorbidity in the general population: prevalence and associated morbidity. J Affect Disord 2002;70:27-33.

27) Frank E, Cyranowski JM, Rucci P, Shear MK, Fagiolini A, Thase ME, et al. Clinical significance of lifetime panic spectrum symptoms in the treatment of patients with bipolar I disorder. Arch Gen Psychiatry 2002;59:905-911.

28) MacKinnon DF, Xu J, McMahon FJ, Simpson SG, Stine OC, McInnis MG, et al. Bipolar disorder and panic disorder in families: an analysis of chromosome 18 data. Am J Psychiatry 1998;155:829-831.

29) MacKinnon DF, Craighead B, Hoehn-Saric R. Carbon dioxide provocation of anxiety and respiratory response in bipolar disorder. J Affect Disord 2007;99:45-49.

30) Romero S, Birmaher B, Axelson D, Goldstein T, Goldstein BI, Gill MK, et al. Prevalence and correlates of physical and sexual abuse in children and adolescents with bipolar disorder. J Affect Disord 2009;112:144-150.

31) Leverich GS, McElroy SL, Suppes T, Keck PE, Jr., Denicoff KD, Nolen WA, et al. Early physical and sexual abuse associated with an adverse course of bipolar illness. Biol Psychiatry 2002;51:288-297.

32) Neves FS, Malloy-Diniz LF, Correa H. Suicidal behavior in bipolar disorder: what is the influence

경과 및 예후
Course and Prognosis

김원[+] | 신영철[++]
인제의대 서울백병원 정신건강의학과[+] | 강북삼성병원 정신건강의학과[++]

양극성장애는 만성적인 질병이기 때문에 경과나 예후에 대한 연구와 관찰이 매우 중요하다. 또한 정확한 진단을 위해서도 경과 관찰이 필요한데 특정 시점의 증상을 보는 것도 필요하지만 장기적인 질병의 경과를 관찰하는 것이 진단과 감별진단에 중요한 의미를 갖는다.

양극성장애의 경과를 이해하기 위해서는 아래와 같은 몇 가지 임상양상을 이해하는 것이 필요하다.[1]

- 양극성장애의 발병(발병 시의 증상 유형, 발병나이, 유발인자 등)
- 각 삽화 및 임상양상의 순환(유형, 횟수, 빈도, 기간, 증상의 변화 등)
- 결과(일정 기간의 경과 등)

양극성장애의 경과나 장기 예후에 관한 과거의 연구들은 대부분 여러 제한점을 가지고 있다.[2] 특히 과거에는 진단기준상의 문제도 있었는데 조현병을 비롯한 여러 정신질환과의 경계도 명확하지 않았던 것으로 생각된다. 또한 표준화된 적절한 도구를 사용하지 않은 연구도 많고, 용어에 대한 의견 일치도 이루어지지 않아 신뢰성이 떨어진다. 이런 관점에서 볼 때 신뢰할 만한 양극성장애의 예후에 대한 장기 연구는 Zurich 연구[3]가 그 시초라고 할 수 있다. 이 연구는 220명의 양극성장애 환자들을 28년간 관찰한 전향적 연구로 연구대상이나 사용한 도구, 용어의 정의 등이 비교적 잘 확립된 연구로 볼 수 있다. 이후 Iowa-500 연구, Cologne 연구, NIMH 연구와 Collaborative Depression 연구 등이 비교적 체계화된 연구로 인정받고 있다.[2]

　양극성장애의 경과나 예후에 대한 연구들은 대부분 삽화의 정도에 따라 좋은 경과 유무를 따지거나 일부 연구들은 관해(remission) 또는 회복(recovery)의 개념을 사용하고 있는데 최근에는 사회적 기능의 회복(functional recovery)에 초점을 맞춘 연구들도 보고되고 있다.[4]

회복에 걸리는 시간

일반적으로 조증의 경우 자연 회복에 2~5개월 정도 걸리는 것으로 알려져 있다.[1] 5년간의 예후를 관찰한 연구에 따르면 6개월 이내의 회복률은 74%, 1년 이내는 81%, 5년 후에는 94%의 환자들이 회복된 것으로 나타났다.[5] 같은 연구에 따르면 치료를 받는 경우에는 조증 삽화가 양극성 우울증이나 혼재성/급속순환형(mixed/rapid cycling)에 비해 회복이 빨랐고, 회복에 평균 5주 정도의 시간이 걸린다고 보고되었다. 양극성 우울증은 평균 9주, 혼재성이나 급속순환형은 치료 후 회복에 평균 14주 정도가 걸리는 것으로 나타났다.[5]

　양극성장애의 장기 예후에 영향을 미치는 요소는 많다. 양극성장애의 유형이나 임상 양상에 따라 예후가 다양할 수 있다. 같은 유형이라고 하더라도 회복 속도나 예후가 다르다. 본 장에서는 양극성장애의 경과와 예후에 영향을 미치는 다양한 요인들에 대해 알아보고자 한다.

양극성장애의 발병 양상

발병나이

양극성장애의 경우 처음 병원을 찾는 시점보다 훨씬 이전에 질병이 시작된 경우가 많기 때문에 발병나이를 정확히 추정하기 어려운 경우가 많다. 그러나 일반적으로 단극성 우울증에 비해서는 비교적 더 어린 시절에 발병하는 것으로 알려져 있다.[6] 여러 연구를 종합해보면 단극성 우울증의 경우 30대 후반이 가장 흔한 데 비해 양극성장애의 경우 첫 발병은 대개 25세 이전이 많으며, 특히 15~19세 사이 발병하는 경우가 가장 흔하다.[7] 그러나 25세 이후에도 처음 발병할 수 있는데 아주 늦은 나이에 발병하는 경우는 가족 력이 적은 것으로 알려져 있으며[8] 기질적 이상이 있는 경우가 많아[9] 늦은 나이에 첫 발 병 시에는 다른 의학적 원인에 의한 2차적인 양극성장애일 가능성을 고려해야 한다.

기분장애의 가족력이 있는 경우는 더 일찍 발병하는 경향이 있는데, 이 경우 경과가 좋지 않아 조증/경조증 또는 우울증 삽화가 더 자주 발생할 가능성이 높다.[10] 발병나이 와 급속순환형과의 관계는 아직 확실하지 않으나 조기 발병과 급속순환형은 궁극적으 로 관련이 있다는 연구가 있으며, 늦게 발병하는 경우 삽화기간(cycle lengths)이 더 짧다 는 보고도 있다.[11, 12] 청소년기 조증 환자는 성인에 비해 혼재성 조증의 양상을 보이는 경우가 더 많다고 알려져 있으나,[13] 혼재성 삽화와 발병나이와의 연관성은 불명확하고 병의 기간과 혼재성 상태와의 관계도 명확하지 않다.

공존질환이 있는 경우 조기발병과 연관이 있는 것으로 알려지고 있다. 불안장애가 동 반된 환자와 동반되지 않은 환자들을 비교한 연구를 보면 불안장애가 동반된 경우 발병 나이가 평균 15.6세로 그렇지 않은 경우의 19.4세에 비해 조기에 발병하는 것으로 나타 났다.[14]

발병 유형

일반적으로 우울증의 양상으로 시작되는 경우 수일 내에 급속하게 진행되어 심한 우울 증상을 보이는 경우는 드물고 전구 증상을 보이다가 수 주나 수 개월에 걸쳐 서서히 진 행되는 경우가 많다. 양극성장애의 경과를 관찰한 연구[15]에 따르면 우울증으로 시작되 면 평균 전구기의 기간은 약 1년 정도인 것으로 알려져 있다. 조증으로 시작되는 경우는 전구 증상기가 긴 경우도 있지만 대부분 수일 내 급속히 발현되는 경우가 많다.

첫 삽화는 일반적으로 우울증 삽화로 시작되는 경우가 85%로 조증(12%)이나 혼재성 삽화(3%)에 비해 월등히 많다.[1] 이로 인해 양극성장애는 첫 삽화 때 주요우울장애로 진 단되는 경우가 많을 수밖에 없다. 양극성장애 환자가 잘못 진단되는 비율은 20~60% 로 높으며,[16-19] 이 중에서 주요우울장애가 69%로 역시 가장 많았다. 단극성 우울증에 서 양극성장애로 진단이 전환되는 경우를 살펴보면, 어린 나이, 이른 발병나이, 갑작스 러운 발병, 긴 치료기간, 많은 우울증 삽화, 정신병 증상, 경조증의 과거력, 정신운동지 연, 가족 중 양극성장애의 존재, 항우울제에 반응하지 않은 치료저항성 우울증 삽화 등 이 주요 관련인자인 것으로 나타났다.[7, 20-25]

유발요인

일상생활의 스트레스는 비록 큰 부분은 아니지만 양극성장애의 발현에 어느 정도 영향을 미치는 것으로 알려져 있다.[26] 그러나 여러 연구를 종합해보면 스트레스나 생활 사건들이 양극성장애의 원인으로 작용하기보다는 증상의 발현 시기에 관여한다고 볼 수 있다. 특히 이런 유발요인(precipitant)들은 첫 삽화의 발현과 비교적 연관성이 높고 이후에는 큰 역할을 하지 않는 것으로 알려져 있다. 또한 단극성 우울증에 비해 생활 스트레스가 질병 발현에 미치는 영향이 다소 적은 것으로 생각되며 스트레스에 따른 조증이나 우울증 삽화 사이의 차이도 없는 것으로 알려져 있다.[6] 그러나 심한 부정적인 사건을 경험한 사람은 회복이 더디고 스트레스는 약물 순응도에 영향을 미쳐 예후를 좋지 않게 할 가능성이 크다.

수면과 각성 사이클의 변화와 24시간 주기 리듬의 방해는 조증 및 경조증 삽화의 유발요인으로 작용한다.[27] 따라서 양극성장애 환자에서 수면의 기간과 질을 알아보고 관리하는 것은 재발을 막는 데 중요한 역할을 한다. 특히 수면각성 주기의 변화는 조증, 혼재성 혹은 경조증 삽화의 원인이 되거나 악화시킨다.

순환과 삽화의 기간

과거 적절한 치료약물이 개발되기 전에 실시된 여러 자연관찰적 연구에 따르면 삽화의 기간이 짧게는 2개월에서 길게는 수년까지 지속되는 것으로 조사되었다.[28] 우울증 삽화는 일반적으로 2~5개월 정도 지속되는 것으로 생각되는데 물론 경우에 따라서는 더 길게 지속되기도 한다.[15] 조증 삽화는 우울증 삽화에 비해서 다소 짧은 평균 2개월 정도로 알려져 있다.[29] 혼재성 삽화는 조증이나 우울증 삽화보다 더 길게 지속되는 경우가 많고, 평균 5개월 이상 1년까지 지속되는 경우도 있다고 보고되고 있다.[30]

양극성장애에 대한 장기 관찰 연구 결과를 보면 대부분의 환자들이 20년의 이환기간 중 최소 3회 이상의 삽화를 경험하는 것으로 보고되었다.[6] 그러나 양극성장애 장기 경과 중 삽화의 횟수가 몇 번이나 되는가 하는 것은 질병의 이환기간이나 재발 방지를 위한 치료에 얼마나 잘 반응하느냐에 따라 상당한 차이가 있을 수 있다. 따라서 연구마다 양극성장애의 평균 발병 횟수에 차이가 있고 이를 단순히 비교하는 것은 큰 의미가 없을 수 있다. 이런 연구상의 문제를 극복하기 위해 연간 발병 횟수(annual frequency of episode, AFE)를 측정한 연구가 있는데 평균 0.23으로 단극성 우울증(0.12)에 비해 삽화

다.[65, 66] 자살 또한 조증 및 우울증에 비해 혼재성 삽화에서 위험도가 더 높고,[64, 67-70] 불안 및 음주, 물질남용의 공존이 많으며 이는 혼재성 삽화의 좋지 않은 예후와 관련이 있다.[70-73] 그러나 혼재성 유형이 장기 예후도 더 나쁜지에 대해서는 논란이 있다. 좁은 진단기준을 사용한 연구에서는 예후가 좋지 못했으나 넓은 진단기준을 사용한 경우 다른 양극성장애와 예후에 차이가 없어 아직 결론을 내리기 어렵다.

급속순환형

급속순환형 양극성장애의 경과나 예후에 대한 연구는 많지 않은데 이는 급속순환형 자체가 많지 않은 것도 한 요인이 된다. 물론 어떤 진단기준을 적용하는가에 따라 급속순환형의 비율은 매우 달라지는데, 4년 관찰 기간 동안 3% 정도가 급속순환을 보였다는 보고[74]도 있는 반면, 5년의 관찰 기간 중 41%가 급속순환형의 진단기준을 만족했다는 보고[75]도 있다. 실제로는 급속순환형이 많지만 임상의가 주의 깊게 보지 않아서 많지 않은 것으로 보일 가능성도 많다.

급속순환형의 경우 약물치료에 대한 반응도 다르고 경과도 다르기 때문에 중요한 의미가 있다. 여러 번의 삽화가 있었다면 다시 삽화가 생길 가능성이 높아지기 때문에 급속순환형의 경우 경과가 좋지 못하다. 치료에 대한 반응도 좋지 못해 일반적인 조증이나 양극성 우울증에 비해 치료기간도 더 오래 걸리고 증상이 완전 관해되지 못하고 지속되는 비율이 높다. 또한 우울증 삽화 시 증상이 더 심하고 사회적 기능에도 장애가 많으며 자살시도율도 높다.[76] 그러나 한 번 급속순환형이라고 해서 지속적으로 급속순환 상태에 있는 것은 아니다.[77] 2~5년간의 추적기간 중 25%만이 지속적으로 급속순환 상태에 있었다는 보고도 있다. 대부분의 급속순환형이 시간이 흐름에 따라 비급속순환형으로 바뀐다는 보고도 있어 부정적인 결과만을 보이는 것은 아니라는 사실을 명심하는 것이 좋다.

2형 양극성장애

2형 양극성장애는 1형에 비해 비교적 가벼운 형태로 보이기 때문에 예후가 좋을 것으로 생각하기 쉽다. 그러나 여러 연구 결과나 임상경험을 통해 볼 때 조증의 심각성만 다를 뿐 결코 예후가 좋다고 할 수는 없다. 최근의 연구들은 두 양극성장애 유형이 발병나이나 정신사회적 장애의 정도 등에 있어 큰 차이가 없다는 보고가 많은데 오히려 우울증의 기간이나 횟수가 2형에서 더 많고 실제 생활의 기능적인 측면에서 어려움이 많다는 보고가 있다.[78] 이는 실제 사회적 기능에 있어 조증보다 우울증 삽화의 횟수가 더 큰 영향을 미치기 때문인 것으로 추정된다. 2형은 경과 중 경조증 기간에 비해 우울 기간이 월등히 길어서 경조증의 기간보다 약 40배 정도나 많다.[79] 특히 심각한 병적 우울 상태가 깨끗하게 낫지 않고 가벼운 우울 상태(minor depression and subsyndromal states)가 지속되는 경우가 많은데 추적기간 중 약 50% 정도의 기간이 이런 증상기라는 보고도 있다. 따라서 자살률도 2형이 1형에 비해 다소 높다는 보고가 많다.[80]

임상적인 측면에서 보면 2형의 경우 진단이 되지 않거나 주요우울장애 등으로 잘못 진단되는 경우가 많고, 따라서 항우울제를 사용해서 급속순환형이 되는 등 경과가 나빠지는 경우도 있다.[81]

정신병 증상의 유무

양극성장애에 있어 정신병적 증상이 동반되는 경우는 매우 흔하지만 대부분 일시적이다. 50% 이상의 환자들이 특정 기간에 정신병적 증상을 보이지만 전체 기간의 약 2% 정도로 비교적 짧은 기간이고 조증이나 우울증 시기에 상관없이 나타난다.[82]

정신병적 우울증이 동반된 혼재성/급속순환형은 회복에 시간이 더 많이 걸리는 것으로 알려져 있다. 일반적으로 정신병 증상이 동반되면 6개월 추적기간 중 37% 정도의 회복률을 보여 정신병적 증상이 없는 환자의 회복률 67%에 비해 낮다.[82]

정신병 증상이 발병나이와 관련이 있는가에 대해서는 논란의 여지가 있다. 과거 연구들은 어린 시절 발병하면 정신병 증상이 동반되는 경향이 높다고 했으나, 이후 연구에서는 그렇지 않다는 보고도 있다.[83] 그러나 여러 연구를 종합해보면 조기 발병과 정신병적 증상의 유무는 큰 연관성이 있다는 증거가 비교적 많다.

공존질환과 예후

양극성장애 환자 중 2/3가 다른 정신질환을 가지고 있는 것으로 알려져 있는데 이런 경우 공존질환이 없는 경우보다 일반적으로 예후가 좋지 않다. 특히 2형 양극성장애는 공존질환이 있는 경우가 76% 정도로 매우 높다.[84] 많은 양극성장애 환자가 주요우울장애, 불안장애 등 다른 질병으로 진단되는데 공존질환이 높은 것도 진단이 어려운 한 요인이 된다.

공존질환이 있으면 경과나 예후에 부정적인 영향을 미치는데 공존질환은 혼재성 삽화와 우울증 삽화의 횟수를 증가시키고 높은 자살시도와도 연관이 있다.[85] 공존질환이 있으면 첫 삽화가 우울증 삽화인 경우가 많다고 한다. 한편 조기 발병이나 심한 증상, 그리고 순환의 악화 등이 있으면 공존질환을 가질 가능성이 높아진다.[84] 가장 많이 공존하는 질환은 불안장애와 약물관련장애이다. 불안장애 중에는 공황장애와 사회불안장애, 범불안장애 등이 흔하고 이외에도 외상후스트레스장애와 강박장애도 적지 않다.[14] 불안장애가 동반되면 그렇지 않는 경우에 비해 자살시도의 가능성이 월등히 높은데 (52.1% 대 22.1%), 특히 외상후스트레스장애나 공황장애가 동반한 경우에 가장 높다.[14] 또한 불안장애가 공존하면 경과 중 정상적 기분 상태가 유지되는 기간(euthymic state)이 더 짧아서 경과가 나쁘다.

양극성장애 환자의 물질남용 비율은 약 40~60%나 된다.[57] 이는 일반 인구의 약 2~3배 정도로 높은 것이다. 왜 양극성장애 환자들이 알코올을 비롯한 물질남용이 많은지는 명확하지 않다. 두 질환에 공통의 유전적 요인이 있는 것인지, 물질남용이 일종의 자가치료(self-medication) 방법으로 쓰이는 것인지, 혹은 양극성장애가 물질남용의 위험인자인지 등에 대해서는 논란이 있다. 대부분의 연구에서 물질남용이 동반된 경우 예후가 좋지 않다고 보고되고 있다.[86, 87] 물질남용이 동반된 환자들의 경우 회복도 느리다. 첫 삽화에서 회복되는 기간도 물질남용이 동반되지 않은 환자들에 비해 길다. 또한 삽화 횟수, 입원 횟수가 많고 약물 순응도도 떨어뜨려 예후가 좋지 못하다. 또한 삽화 사이의 순환도 빨라지고 결국 급속순환을 일으킬 가능성도 높아진다.

특정 유형에서 공존질환의 비율이 높다는 보고도 있다. 혼재성 조증 삽화에서 물질남용의 비율이 더 높다는 보고[86, 87]도 있으며 2형은 1형에 비해 불안장애나 물질남용, 인격장애의 비율이 높다는 주장도 있는데 경조증 삽화 후에 오는 불안장애와 공황장애 증상들은 병의 경과를 복잡하게 한다.[84]

양극성장애에 주의력결핍과잉행동장애(attention-deficit/hyperactivity disorder, ADHD)가 동반되기도 한다. 양극성장애 환자에서 ADHD의 평생유병률은 9.5% 정도로 알려져 있는데 1형에서 2형보다 더 높게 나타난다.[88] ADHD가 동반되면 다른 정신질환이 동반될 가능성도 높고 예후도 좋지 않으며, 발병나이도 더 어리고, 정상 기분 기간이 짧고, 삽화 횟수가 많으며 자살시도도 더 많다.[88]

결론

양극성장애는 환자에 따라 다양한 경과를 보이지만 만성적인 질병이기 때문에 경과나 예후에 대한 연구와 관찰이 매우 중요하다. 그러나 경과나 예후에 대한 과거 연구들은 진단의 문제나 연구 도구의 문제 등 여러 가지 제한점을 가지고 있다. 최근 연구들은 이러한 문제들을 극복하고 있으며 삽화의 정도, 관해 또는 회복의 개념과 함께 사회적 기능의 회복에 초점을 맞춘 연구들도 보고되고 있다.

양극성장애의 장기 예후에 영향을 미치는 요소는 많다. 사회인구학적 소견은 양극성
장애의 경과와 큰 연관성이 없는 것으로 보이지만 조기에 발병하는 경우는 여러 요인으
로 인해 좋지 못한 경과를 보이는 경우가 많다.

양극성장애의 유형이나 임상양상에 따라서도 예후가 다양할 수 있다. 같은 유형이라
하더라도 회복 속도나 예후가 다르다. 일반적으로 조증의 경우 자연 회복에 2~5개월 정
도 걸리며 양극성 우울증이나 혼재성/급속순환형은 더 오랜 기간이 필요하다.

어떤 유형인가에 따라 예후나 경과가 달라지는데 혼재성 삽화, 급속순환형, 정신병
증상이 동반되면 예후가 좋지 못하다. 2형 양극성장애는 우울기가 상대적으로 길기 때
문에 사회적 기능에 큰 영향을 받는다.

양극성장애에 가장 흔한 공존질환은 불안장애와 물질남용인데, 공존질환이 있으면
경과에 부정적인 영향을 미친다.

참고문헌

1) Marneros A, Brieger P. Prognosis of bipolar disorder: A review. In: Maj M, Akiskal HS, Lopez-
    Ibor JJ, Sartorius N, editors. Bipolar disorder. London: Wiley; 2002. p.97-189.

2) Boland RJ, Keller MB. Clinical course in bipolar disorder. In: Kasper S, Hirschfeld RMA, editors.
    Handbook of bipolar disorder. New York: Taylor and Francis; 2005. p.95-106.

3) Angst J, Felder W, Frey R, Stassen HH. The course of affective disorders. I. Change of diagnosis
    of monopolar, unipolar, and bipolar illness. Arch Psychiatr Nervenkr. 1978;226:57-64.

4) Tohen M, Stoll AL, Strakowski SM, Faedda GL, Mayer PV, Goodwin DC, et al. The McLean
    First-Episode Psychosis Project: six-month recovery and recurrence outcome. Schizophr Bull.
    1992;18:273-82.

5) Keller MB, Lavori PW, Coryell W, Endicott J, Mueller TI. Bipolar I: a five-year prospective
    follow-up. J Nerv Ment Dis. 1993;181:238-45.

6) Marneros A, Deister A, Rohde A. The concept of distinct but voluminous groups of bipolar
    and unipolar diseases. III. Bipolar and unipolar comparison. Eur Arch Psychiatry Clin Neurosci.
    1990;240:90-5.

7) Kupfer DJ, Frank E, Grochocinski VJ, Cluss PA, Houck PR, Stapf DA. Demographic and clinical
    characteristics of individuals in a bipolar disorder case registry. J Clin Psychiatry. 2002;63:120-5.

8) Benedetti A, Scarpellini P, Casamassima F, Lattanzi L, Liberti M, Musetti L, et al. Bipolar
    disorder in late life: clinical characteristics in a sample of older adults admitted for manic episode.
    Clin Pract Epidemiol Ment Health. 2008;4:22.

9) Tamashiro JH, Zung S, Zanetti MV, de Castro CC, Vallada H, Busatto GF, et al. Increased rates
    of white matter hyperintensities in late-onset bipolar disorder. Bipolar Disord. 2008;10:765-75.

79) Judd LL, Akiskal HS, Schettler PJ, Coryell W, Endicott J, Maser JD, et al. A prospective investigation of the natural history of the long-term weekly symptomatic status of bipolar II disorder. Arch Gen Psychiatry. 2003;60:261-9.

80) Bulik CM, Carpenter LL, Kupfer DJ, Frank E. Features associated with suicide attempts in recurrent major depression. J Affect Disord. 1990;18:29-37.

81) Ghaemi SN, Boiman EE, Goodwin FK. Diagnosing bipolar disorder and the effect of antidepressants: a naturalistic study. J Clin Psychiatry. 2000;61:804-8.

82) Judd LL, Akiskal HS, Schettler PJ, Endicott J, Maser J, Solomon DA, et al. The long-term natural history of the weekly symptomatic status of bipolar I disorder. Arch Gen Psychiatry. 2002;59:530-7.

83) Perlis RH, Miyahara S, Marangell LB, Wisniewski SR, Ostacher M, DelBello MP, et al. Long-term implications of early onset in bipolar disorder: data from the first 1000 participants in the systematic treatment enhancement program for bipolar disorder (STEP-BD). Biol Psychiatry. 2004;55:875-81.

84) McElroy SL, Altshuler LL, Suppes T, Keck PE, Jr., Frye MA, Denicoff KD, et al. Axis I psychiatric comorbidity and its relationship to historical illness variables in 288 patients with bipolar disorder. Am J Psychiatry. 2001;158:420-6.

85) Vieta E, Colom F, Corbella B, Martinez-Aran A, Reinares M, Benabarre A, et al. Clinical correlates of psychiatric comorbidity in bipolar I patients. Bipolar Disord. 2001;3:253-8.

86) Sonne SC, Brady KT, Morton WA. Substance abuse and bipolar affective disorder. J Nerv Ment Dis. 1994;182:349-52.

87) Goldberg JF, Garno JL, Leon AC, Kocsis JH, Portera L. A history of substance abuse complicates remission from acute mania in bipolar disorder. J Clin Psychiatry. 1999;60:733-40.

88) Nierenberg AA, Miyahara S, Spencer T, Wisniewski SR, Otto MW, Simon N, et al. Clinical and diagnostic implications of lifetime attention-deficit/hyperactivity disorder comorbidity in adults with bipolar disorder: data from the first 1000 STEP-BD participants. Biol Psychiatry. 2005;57:1467-73.

04

양극성장애의 치료

약물치료

Pharmacological treatment

전덕인
한림대학교 의과대학 정신건강의학교실

양극성장애는 하나의 질병이지만, 때에 따라 증상이 달라지는 다면적 특징을 보인다. 그러므로 전체적으로 일관성 있는 치료가 중요하지만, 나타나는 임상양상에 따라 치료전략이 달라지기도 한다. 양극성장애의 치료는 크게 조증 삽화, 우울증 삽화, 유지기(예방)의 세 가지로 나누어지며, 각 시기에 효과적인 약물이 다를 수 있다. 그러므로 환자의 임상 상태에 맞추어 약을 선택함이 매우 중요하다.

양극성장애에 쓰이는 약물은 전통적 기분조절제(mood stabilizer, MS), 새로운 항경련제(novel anticonvulsant), 비정형 항정신병약물(atypical antipsychotic, AAP), 항우울제(antidepressant, AD) 등이 있다. 여기서 전통적 기분조절제라 함은 lithium과 valproate(carbamazepine은 근래 선호도가 떨어짐)를 지칭하며 이후 기분조절제라 하겠다.

양극성장애의 약물치료는 제2부에서 각 분야별로 보다 상세하게 기술되므로 이를 추가로 참조하기 바라며, 여기서는 약물치료를 전반적으로 개괄하겠다.

조증 삽화의 약물치료

오랫동안 조증은 양극성장애의 가장 중요한 유형이고, 양극성장애의 진단을 내릴 수 있는 필수적인 판단기준이었다. 그런 이유로 양극성장애의 치료에 대한 연구는 주로 조증에 집중되어 있었고 따라서 축적된 연구 결과가 가장 풍부하다. 반면에 혼재성(mixed) 삽화는 단독으로 조사되기보다는 조증 연구에 포함되어 있는 경우가 많고 DSM-5에서 기준이 바뀌었기 때문에 따로 말하기는 어렵다. 그래서 조증의 치료에 준하는 것이 일반적 입장이다.

급성 조증 삽화의 경우, 과거 북미(北美)에서는 항정신병약물을 배제하고 기분조절제 단독투여를 선호했었다.[1-3] 항정신병약물은 추체외로증후군, 지연발생운동장애 등과 같은 부작용이 우려되고 조증에서의 효능(efficacy)이 검증되지 않았다는 것이 가장 큰 이유였다. 반면에 유럽을 비롯한 다른 나라에서는 항정신병 약물을 처음부터 단독으로 또는 기분조절제와 병합하여 투여하는 경향이었고 우리나라도 같았다. 그러나 심각한 부작용이 적은 비정형 항정신병약물의 항조울 효과가 점차 알려지면서 비정형 항정신병약물의 단독요법(monotherapy) 및 기분조절제와의 병합요법(combination therapy)은 조증의 1차 치료로 평가받고 있다.[4-6]

급성 조증에서 우선 선택할 1차 약물은 lithium, valproate, 또는 비정형 항정신병약물이다.[1-6] 조증 삽화의 약물치료는 1949년 lithium의 항조증 효과가 밝혀진 후에 시작되었다. 초기 연구들은 lithium의 치료반응률이 80%에 이른다고 하였지만, 최근의 엄격한 연구기준에 따르면 이보다는 크게 낮다.[7-10] 그럼에도 불구하고 아직 lithium은 가장 널리 사용되고 있는 약물이며 우울증과 유지기에서도 효과적이다. 이후 valproate와 carbamazepine이 조증 치료에 도입되어 널리 쓰이다가 carbamazepine은 부작용과 약물상호작용 때문에 점차 사용이 감소되었다. 조현병에 사용되던 항정신병약물은 오래전부터 조증에 사용되었으나 비정형 항정신병약물이 나오면서 양극성장애의 치료에 핵심적인 약물로 자리 잡게 되었다. 특히 21세기에 들어서면서 대부분의 비정형 항정신병약물이 조증 치료에 허가를 받으면서 사용이 급격히 늘어나게 되었다(표 1). 비정형 항정신병약물은 기분조절제에 비해 빠른 진정 효과, 정신병적 증상에 대한 효과, 항우울 효과, 높은 관해율 등을 보이면서도 비교적 약물 부작용이 적고 약물농도를 측정할 필요가 없으며 임신 관련 기형의 위험성(최기성)이 낮다는 장점을 가지고 있다.[11] 따라서 비정형 항정신병약물은 현재 양극성장애의 급성기 치료와 유지치료에 있어서 병합치료제뿐 아니라 단독치료제로서 널리 인정받고 있다.

조증의 약물치료는 단독요법이 우선 권장되지만 실제 임상에서는 병합요법이 널리 선호되고 있다.[12-14] 특히 기분조절제와 비정형 항정신병약물의 병합은 가장 많이 사용되는 치료전략이다. 빠른 효과, 넓은 치료범위(혼재성, 급속순환형, 정신병적 양상, 난치성 등), 높은 관해율 등의 다양한 장점을 그 이유로 본다(제2부의 '전통적 기분조절제의

| 표 1 | 미국 식품의약품안전처(Food and Drug Administration, FDA)에서 양극성장애 치료에 허가된 약물과 시기 |

약물	조증 치료	우울증 치료	유지 치료
lithium	1970		1974
chlorpromazine	1973		
valproate	1995		
olanzapine	2000		2004
risperidone	2003		2009*
olanzapine-fluoxetine combination		2003	
lamotrigine			2003
quetiapine	2004	2006	2008
aripiprazole	2004		2005
ziprasidone	2004		2009
carbamazepine-ER	2004		
asenapine	2009		
lurasidone		2013	
cariprazine	2015		

* long-acting injection

시대는 지나갔는가?' 및 '양극성장애에서 비정형 항정신병약물의 역할' 편 참조).

lithium

lithium의 항조증 효능은 오래전부터 여러 연구에서 입증되었고 1970년에 미국 식품의약품안전처(Food and Drug Administration, FDA)에서 조증 치료에 허가를 받았으나, 현재 시점에서 보면 연구 디자인에 문제가 없지 않다.[7, 8, 15, 16] 1994년에 발표된 대규모 무작위 통제 연구(randomized controlled trial, RCT)가 lithium의 효능을 입증하였으나 valproate의 효능을 알기 위한 비교 연구였다.[9] 여기서 lithium은 3주의 치료에서 약 50% 정도에서 치료반응을 보여주었다. 그러나 이러한 lithium의 효과는 전형적인 조증에서 뚜렷하였고 혼재성 삽화에서는 valproate보다 떨어졌다. 그리고 전에 삽화의 수가 많았어도 valproate보다 낮은 치료반응을 보였다. 이후 quetiapine과 비교한 연구에서 lithium의 반응률은 53%로 quetiapine과 다르지 않다.[10] 다른 RCT에서도 비슷한 수준의 치료반응으로 효능이 입증되었다.[8, 11, 16] lithium에 대한 좋은 치료반응과 관련된 요인으로는 다음과 같은 것들이 있다. 순수한 유쾌성 조증, lithium에 대한 좋은 과거의 치료반응, 평생 동안 삽화 수가 적은 경우, 정신병적 양상이 없음, 급속순환형이 아님, 물질남용이 공존하지 않음, 증상의 심각도가 덜 함이 그것이다.[8, 17, 18]

lithium은 혈중농도에 따라 치료반응이 다를 수 있다. 일반적으로 적절한 치료농도는 0.6~1.5mEq/L이지만 급성기 조증에서는 1.0~1.5mEq/L 정도로 높게 한다.[11] 이는 증상의 심각도 때문일 수도 있으나 lithium의 배설과도 연관된다. 그러므로 독성이 나타나지 않을 범위에서 용량을 적절하게 조절해야 한다. 용량은 처음에 600~900mg/day로 낮게 시작하여 1,200~1,800mg/day로 점차 증량한다. 그러나 투여 용량이 혈중농도 및 효능과 반드시 일치하지 않기 때문에 개인에 따라 적절한 혈중농도를 유지하도록 용량을 결정한다. lithium을 빠르게 중단하면 재발이 쉽게 된다거나 자살위험성이 높다는 연구 결과들이 있기 때문에 만약 약을 중단한다면 천천히 감량함이 원칙이다.[19, 20]

valproate

전반적으로 valproate의 항조증 효과는 lithium과 동일한 수준으로 본다. 이미 언급한 1994년의 연구에서 valproate의 치료반응은 48%로 lithium(49%)과 동등하였다.[9] 미국 FDA는 1995년에 조증에서 valproate(divalproex)의 사용을 허가하였다.

valproate에서 나타난 항조증 효과는 lithium으로 효과가 없었던 환자에게 사용해볼 수 있다는 점에서 매우 고무적이었다. 실제 lithium 치료에 실패한 환자의 일부에게서 valproate는 효과를 보였다.[9, 18, 21] 전에 삽화의 수가 많았던 재발성 환자가 lithium에 효과가 떨어졌던 반면에, valproate의 효과는 삽화 수에 영향받지 않았다. 또한 lithium은 전형적인 유쾌성 조증에 보다 효과적이고, valproate는 혼재성에 더 낫다고 보고되었다. 즉 valproate는 lithium과는 약간 다른 치료 특성을 갖고 있다. 이러한 이유와 내약성 측면에서 보다 안전하다는 이유로 lithium보다 valproate를 선호하는 경향도 있지만 어느 것이 효능 면에서 더 우월하다고 하기는 어렵다.[22] 급성 조증에서 olanzapine과 valproate를 직접 비교한 연구에서는 뚜렷하게 우열을 가리기 어려웠지만 olanzapine이 일부 효능 면에서 valproate보다 우월한 경향을 보였다.[23]

치료용량은 750mg/day로 시작하여 보통 1,200~1,500mg/day에서 적정 혈중농도(50~125μg/mL)에 이르지만 사람에 따라 다르다.[11] 94μg/mL 이상에서 항조증 효과가 가장 좋다는 연구 결과가 있으므로 급성기 조증에서는 가급적 높은 용량으로 사용한다.[24] 천천히 증량해야 하는 lithium과 달리, valproate는 천천히 증량할 수도 있고 빠른 효과를 위해서 20mg/kg/day 정도의 고용량으로 처음부터 사용하기도 한다(oral loading 전략).[11] 그러나 고용량의 정맥투여가 장점이 없었다는 연구 결과도 고려해야 할 것이다.[25]

carbamazepine

carbamazepine은 항조증 효과를 가지고 있어서 오래전부터 조증 치료에 사용되었으며, 최근에 서방형 제제를 이용한 RCT에 의해 조증과 혼재성 삽화에 적응증을 얻었다.[11, 26, 27] 그러나 Stevens-Johnson syndrome 같은 심각한 이상반응과 약물 상호작용 때문에 점차 사용이 줄고 있으며 여러 치료지침서에서도 2차 약물로 분류하는 경향이다.[4~6] 또한 초기의 연구는 뚜렷한 효과를 보이지 못하기도 하였으며, 전반적으로 대규모 RCT가 별로 없었기 때문에 carbamazepine의 효능이 널리 인정받지 못한 측면이 있다. carbamazepine의 대사물질인 oxcarbazepine은 carbamazepine보다 부작용이 가벼운 편이라서 학문적 관심을 받았으나, 효능을 입증할 만한 RCT가 아직 부족하다.[25]

이상반응의 우려 때문에 용량은 낮게 시작하는 것이 좋으며(100~400mg/day), 통상 800~1,600mg/day를 투여한다. 혈중농도는 가능한 $12\mu g/mL$을 넘지 않도록 한다.[11]

olanzapine

olanzapine은 양극성장애에서 폭넓게 연구가 이루어진 약이다. olanzapine 단독뿐아니라 기분조절제와의 병합으로 항조증 효과가 입증되었으며, 혼재성 삽화 및 유지치료에도 적응증을 갖고 있다.

처음으로 발표된 3주 RCT에서 olanzapine을 10mg/day로 시작하였고 치료반응률이 절반 정도로 나타났다.[28] 후속 연구는 투여기간을 4주로 늘렸고 시작용량을 15mg/day로 높였는데, 위약군에 비해 치료반응이 7일만에 빠르게 나타나서 고용량으로 시작하는 것이 효능 측면에서는 좋았다.[29] 이 연구들에서 olanzapine은 조증 및 혼재성 삽화 모두에서 효과적이었고, 정신병적 양상의 유무와 그 효과와는 무관하였다. 즉 조증에서 olanzapine의 치료 효과는 항정신병 효과 때문만이 아닌 것이다. valproate와 비교해서 뚜렷하게 우열을 가리기 어려웠지만 olanzapine이 일부 효능 면에서 우월한 경향을 보였다.[23] lithium과 비교한 연구에서는 olanzapine이 lithium보다 전반적으로 우월한 호전을 보여주었다.[30]

전통적 기분조절제에 olanzapine을 추가한 연구에서 olanzapine 추가가 위약 추가보다 치료반응이 뛰어났을 뿐 아니라, 효과가 나타나는 시간이 빨랐다.[31] 기분조절제에 반응을 보이지 않는 혼재성 삽화에서 olanzapine의 추가는 유의한 호전을 보였다.

국내에서 olanzapine 단독요법 개방 연구(76명)가 시행되었는데, 6주 후에 75%의 환자에서 치료반응이 나타났고 60.5%의 환자가 관해에 도달했다. 6주째 olanzapine의 평균 용량은 17.4mg/day였다. 추체외로부작용은 olanzapine 투여로 증가되지 않았으나 체중증가는 평균 2.2kg로 유의하였다.[32]

quetiapine

현재까지 quetiapine만이 유일하게 조증, 양극성 우울증, 유지치료에서 모두 적응증을 받아서 가장 광범위한 효능을 가진 약물이다.

단독요법 RCT에서 quetiapine의 항조증 효과는 뚜렷하였는데, 위약에 비해 약물 투여 4일째부터 유의미한 호전을 보였고 이러한 호전은 연구기간 종료까지 지속되었다.[33] 대조약물(lithium 또는 haloperidol)과 비교한 연구에서 quetiapine은 대조약물과 유사한 수준의 호전을 보여주었다.[10, 34] 기분조절제에 quetiapine을 부가한 연구에서도 기분조절제 단독보다는 quetiapine과의 병합이 더욱 효과적이었다.[35, 36] 급성기 연구에서 최종 평균용량은 단독요법과 병합요법이 크게 다르지 않았으며 400~600mg/day의 범위였다.

기분조절제에 quetiapine을 부가한 국내의 개방 연구도 유의한 항조증 효과를 보여주었을 뿐 아니라 부작용으로 인한 치료중단의 예가 없다고 보고하였다.[37] 또한 국내에서 시행한 quetiapine 단독요법 연구도 유의한 증상의 호전과 기능의 개선을 보여주었다.[38]

risperidone

risperidone은 조증과 혼재성 삽화에 단독과 기분조절제와 병합으로 효과가 있음이 보고되었다. 단독요법 연구에서 risperidone은 위약[39]보다 우월한 효과를 보였고 haloperidol 및 lithium과는[40] 유사하였다. 병합 연구로는 기분조절제(lithium, valproate)에 risperidone, haloperidol, 또는 위약을 부가한 연구[41]와 기분조절제(lithium, valproate, carbamazepine)에 risperidone 또는 위약을 부가한 연구[42]가 있다. 위약에 비해 우월한 치료 효과는 조증과 혼재성 환자에서 같았고 정신병적 양상의 유무와도 무관하였다. 기분조절제에 risperidone을 병합한 효과도 유의하다고 보고되었다.[42]

국내에서 시행된 다기관 개방 연구(909명)에서 risperidone과 기분조절제의 병합은 조증 증상의 현저한 감소를 보여주었고 6주 치료 후의 치료반응률은 77.8% 정도였다.[43]

aripiprazole

aripiprazole은 2004년 미국 FDA에서 조증 및 혼재성 삽화의 치료에 허가를 받았다. 시간이 지날수록 aripiprzole은 양극성장애의 치료에서 다른 비정형 약물보다 선호도가 늘고 있다. 아마도 관련연구들의 꾸준한 발표, 약물의 내약성 등이 그 이유로 추정된다.

2개의 이중맹검 위약대비 단독요법 연구에서 aripiprazole은 위약에 비해 빠르고도 월등한 항조증 효과를 보여주었다.[44, 45] 연구 마지막의 평균용량은 28mg/day였다. aripiprazole은 전반적으로 증상의 심한 정도 및 정신병적 양상의 유무와 무관하게 효과적이었고 혼재성 및 급속순환형에도 효과를 보였다. haloperidole과 비교한 연구에서

aripiprazole 투여군은 더 높은 치료반응률을 보였고 연구중단이 적었다.[45] lithium 및 위약과 비교한 3주 및 12주 연장 연구에서 aripiprazole 투여군은 2일째부터 항조증 효과를 보였고 3주까지 지속되었다. 이러한 급성 효과는 lithium보다 빠르게 나타났다. 12주째에도 aripiprazole의 효과는 유지되었고 그 정도는 lithium과 비슷하였다.[46]

급성기 조증 및 혼재성 환자들에게 valproate와 aripiprazole을 병합투여한 국내의 연구에서 aripiprazole의 병합은 투여 1주부터 증상을 유의하게 감소시켰다.[47]

ziprasidone

연구 결과에 근거하여 2004년 미국 FDA는 급성 조증과 혼재성 삽화의 치료제로 ziprasidone 사용을 허가했다.

2개의 이중맹검 위약대비 단독요법 연구에서 ziprasidone 투여군은 위약군에 비해 투여 2일째부터 조증 증상이 유의하게 감소되었고, 이러한 증상 호전은 연구 종료시점인 3주까지 지속되었다.[48, 49] 3주째의 평균용량은 120~130mg/day 정도였다. haloperidol을 포함한 연구에서도 ziprasidone은 효과 면에서 위약보다 우월했으나 haloperidol과는 큰 차이가 없었다.[50] 혼재성 삽화에도 효과적이었으며 정신병적 양상의 유무는 치료 효과와 무관하였다. ziprasidone은 일반적으로 저용량에서 큰 효과를 보이지 못한 반면에 120mg/day 이상의 고용량에서 효과적으로 나타났기 때문에 용량의 조절에 유념해야 한다.

한편 기분조절제에 ziprasidone를 부가한 대규모 RCT에서 ziprasidone 40~80mg/day과 120~160mg/day 그리고 위약으로 나누어 조사했지만 ziprasidone는 유의한 효과를 보이지 못했다.[51]

급성기 조증 및 혼재성 환자에게 valproate와 ziprasidone을 병합투여한 국내 개방 연구에서 저용량(80mg/day 미만)보다는 표준용량(80mg/day)으로 시작한 경우가 더 효과적이었다.[52] 또 다른 국내 개방 연구는 기분조절제와 olanzapine으로 치료받다가 olanzapine을 ziprasidone으로 교체하여 조증 증상의 호전과 대사관련 수치(metabolic parameters)의 개선을 보고했다.[53]

asenapine 및 기타 비정형항 정신병약물

asenapine은 2개의 위약대조 3주 연구에서 위약에 비하여 우월한 효과를 보였다.[54, 55] asenapine은 조증과 혼재성 환자에게서 2주부터 빠른 효과를 보여주었고 용량은 초기 용량(20mg/day)이 대부분 연구 종료까지 유지되었다. 2개의 3주 연구 환자들을 9주로 연장한 연구에서 asenapine은 대조약물인 olanzapine과 비교해서 증상의 호전, 반응률, 관해율, 연구탈락률 등에 큰 차이가 나타나지 않았다.[56] 기분조절제에 asenapine을 병합한 연구에서도 asenapine은 위약에 비해 조증과 혼재성 삽화에 효과적이었다.[57] 이런 연구들에 의해 asenapine은 조증과 혼재성 삽화에 대한 급성기 치료약물(단독요법 및 부가치료)로 FDA 허가를 받았다.

cariprazine은 조증 및 혼재성 환자들을 대상으로 한 위약대비 단독투여 3주 연구에서 항조증 효과가 4일째부터 나타났고 3주 동안 지속되었다.[58] 다른 연구에서 용량에 따른 효과를 조사했는데 고용량(6~12mg/day)과 저용량(3~6mg/day) 모두 위약보다 효과적이었다.[59] cariprazine은 2015년에 FDA에서 적응증을 허가받았다.

paliperidone은 가변 용량(3~12mg/day)의 RCT에서 위약대비 효과가 있었으나,[60] 용량을 통제한(3, 6, 12mg/day) 위약대조 연구에서는 12mg/day 투여군만이 위약에 비하여 우월한 조증 효과를 보였다.[61] lithium 혹은 valproate에 paliperidone을 부가한 6주 연구에서는 기분조절제 단독요법에 비하여 paliperidone의 병합이 우월하지 않았으나, 아마도 낮은 용량(3~12mg/day, 가변 용량) 때문일 수도 있다.[62]

비록 대부분이 개방 연구여서 단정짓기는 어렵지만, clozapine도 항조증 효과를 보여주고 있다. 많은 연구들이 치료저항성 환자들을 대상으로 하여 치료 효과가 있음을 보고하였다. 조현병에서처럼 여러 약물을 사용하였지만 효과가 없는 환자들에게 투여해볼 수 있다.[25]

정형 항정신병약물(typical antipsychotics)

chlorpromazine이 양극성장애에 효과가 있다고 알려진 이후에 오랫동안 정형 항정신병약물은 양극성장애 치료에 사용되었다. 정형 항정신병약물은 조증에서 나타나는 초조, 흥분, 공격성 및 과다행동을 빠르게 호전시키므로 전통적 기분조절제의 효과가 밝혀지기 전에는 매우 유용한 약물이었다. 그러나 위약과 대조한 연구가 거의 없고 대부분의 연구가 디자인에 제한점을 가지고 있다.[25]

전반적으로 기분조절제 및 비정형 항정신병약물과 비슷한 정도의 항조증 효과가 있다고 여겨진다. 한편 정형 항정신병약물은 조증의 핵심증상을 조절하기보다는 다만 진정 작용에 의한 표면적인 효과일 뿐이라는 지적도 고려해야 한다.[25] 일부 의견에 의하면 아주 심한 조증 상태(입원이 필요할 정도)에서는 정형 항정신병약물이 효과적이라고 하므로 이런 경우에 사용을 고려해볼 여지가 있다.

혼재성 삽화(혼재성 양상)의 약물치료

혼재성 삽화(DSM-5에서는 혼재성 양상)의 치료는 조증에 비해 대체적으로 만족스럽지 못하다. 혼재성 삽화는 전반적으로 약물의 치료반응이 떨어지고 증상의 정도가 심하며 자살위험성과 물질남용의 가능성이 크기 때문에 보다 적극적이고 알맞은 치료가 요망되지만 아직 연구가 부족하다.[25, 63] 대부분의 연구가 기분조절제보다는 비정형 항정신병약물과 관련된 것이며, 조증과 혼재성 삽화를 모두 연구대상으로 하였기에 혼재성 삽화만 대상으로 치료 효과를 조사한 RCT는 드문 편이다. 한편 혼재성 삽화의 효과는 조증 증상과 우울증 증상 모두에 대해 평가해야 하므로 그 효과의 측정이 단순하지 않아 더욱 어렵다. 대부분의 연구가 혼재성 상태의 조증 증상의 변화만을 평가한 경향이 있어서 해석에 주의가 필요하다.

혼재성 삽화의 전반적인 치료전략은 조증과 크게 다르지 않다. 대부분의 치료지침서들도 조증의 치료에 준한다는 모호한 내용이거나, 하나의 약물보다는 병합하는 치료전략이 나을 것이라고 제안하고 있다.

혼재성 삽화에서 valproate가 lithium보다 효과적이라는 연구 결과에 따라 대개 기분조절제로 valproate를 권장하지만 두 약물 중에서 어느 것이 더 우월하다고 단정짓기는 무리가 있다.[4-6, 17, 18, 63] valproate 외에도 olanzapine, asenapine, quetiapine 등과 같은 여러 비정형 항정신병약물을 추천한다. 이는 일부 비정형 항정신병약물 단독투여와 병합투여가 혼재성 삽화에 효과를 보여준 연구 결과에 의거한다.[63, 64] 혼재성 상태에 대한 약물치료 연구는 기분조절제보다는 비정형 항정신병약물이 더 많이 실행되었다. 한편 기분조절제와 비정형 항정신병약물 각각보다는 병합이 더욱 우수한 치료 효과를 보인다고 하므로 실제 임상에서는 병합요법이 널리 쓰인다.

혼재성 우울증 상태에 어떤 약물이 효과적인가는 아직 연구 결과가 충분하지 않다. 대부분 조증 증상의 호전에만 결과분석이 이루어졌기 때문이다. 또한 DSM-5에서 주요우울장애에 혼재성 상태가 새로 포함되어서 그동안 관심이 부족하기도 했다. 따라서 사후분석에 의한 추론이 대부분이고, DSM-5에 의한 혼재성 우울증의 약물치료 연구는 대부분 비정형 항정신병약물에 대한 것이다. 자세한 내용은 제2부의 '비정형 항정신병약물의 역할' 부분에 기술되어 있다.

혼재성 삽화에 우울 증상이 포함되는 반면에, 혼재성 삽화가 항우울제에 의해 유발될 수 있기 때문에 항우울제의 사용은 복잡한 문제이다.[25, 63, 64] 기본적으로는 양극성 우울증의 경우와 크게 다르지 않다고 본다. 항우울제를 가능한 자제하는 것이 바람직하지만 만약 사용해야 한다면, 우선 약물치료로 조증 증상은 관해되었거나 충분히 호전되었지만 우울 증상은 유의하게 남아 있는 경우, 우울증이 조증이나 기분 불안정성보다 그 심각성이 훨씬 크고, 항우울제에 의한 기분 불안정성의 과거력이 없었으며, 현재 기분조절제나 비정형 정신병약물이 충분히 투여되고 있는 경우에 국한하는 것이 좋겠다.

요약하자면 혼재성 삽화는 조증 삽화보다 치료가 까다롭고 치료반응도 낮다. 전반적인 치료방침은 조증에 준하지만, valproate와 비정형 항정신병약물이 우선 추천되고 있으며 두 가지 약물의 병합은 좋은 선택이다. 다만 항우울제의 사용은 매우 신중해야 한다. 자세한 내용은 제2부에서 '혼재성 상태 : 낮은 인식과 그 치료', '양극성장애에서 비정형 항정신병약물의 역할'을 참고하기 바란다.

우울증 삽화의 약물치료

양극성장애에서 우울증 삽화는 자주 나타나고 발현기간이 길며 조증에 비해 치료반응이 나쁠 뿐 아니라 자살의 위험성이 높아서 임상에서 매우 중요하다. 그러나 양극성 우울증의 치료에 대한 연구는 적을 뿐 아니라 일치되지 않는 부분도 있어서 아직도 논란이 많다. 더욱이 항우울제의 사용은 아직도 득과 실에 대해 논란의 여지가 있다. 전통적 기분조절제가 사용되었지만 근거는 부족하고, 일부 비정형 항정신병약물은 뚜렷한 항우울 효과가 보고되고 있어 앞으로 양극성 우울증도 효과적으로 조절되리라 기대된다.

양극성 우울증의 치료에 사용되는 약물은 치료 효과도 좋아야 하지만 조증 및 경조증을 유발하거나 급속순환을 야기해서는 안 될 것이다. 그러나 아직 모든 것을 갖춘 약물은 없기 때문에 여러 요인을 고려하여 치료 방법을 선택해야 한다.

lithium

lithium과 위약을 비교한 연구에서 lithium은 급성 우울증에 매우 효과적이었다.[65, 66] 그러나 이들 연구들은 대부분 오래전에 시행된 것으로 연구대상이 적고 투여기간이 짧으며 이중맹검이 아닌 문제가 있다. 요즘의 엄격한 기준으로 본다면 치료반응은 더욱 낮으리라고 예측된다. 한편 lithium과 imipramine을 비교한 연구들은 서로 상반된 연구 결과를 보이고 있어서 어느 것이 낫다고 하기 어렵다.[67~69] 요약하면, 급성 양극성 우울증에서 lithium이 효과적이라고 할 수 있지만 imipramine과 같은 항우울제보다 낫다고 할 수 없다. 그러나 lithium이 자살을 막는 효과가 보고된 바가 있기 때문에 양극성 우울증 치료에서 고려해야 할 점이다.[19, 20]

한편 quetiapine과 lithium의 항우울 효과를 비교한 RCT에서 quetiapine은 위약에 비하여 유의한 호전을 보였지만 lithium은 그러지 못했다.[70] 이런 연구 결과에 따라 일부 연구자들은 lithium은 위약과 비교하여 유의한 항우울 효과가 없는 것으로 보고 있다.[71]

lamotrigine 및 기타 항경련제

항경련제들도 항우울 효과가 있다고 하지만 이를 증명할 RCT는 매우 적다. lamotrigine만이 대규모 이중맹검 위약대조 연구가 있지만 결과가 일관되지 않는다.

lamotrigine

대규모 이중맹검 위약대조 연구에서 양극성 우울증 외래환자들을 3군으로 나누어 각각 위약, lamotrigine 50mg/day, 또는 lamotrigine 200mg/day을 투여하였다.[72] lamotrigine 투여군은 위약 투여군에 비해 우울 증상이 유의하게 호전되었고, 치료반응률도 유의하게 높았다(50% 전후 대 29%). 또한 난치성 우울증 환자들을 대상으로 한 2개의 위약대조 교차연구에서도 lamotrigine은 위약에 비해 효과적이었다.[73, 74] 그러나 효과를 보지 못한 lamotrigine 연구들도 상당수 있었는데, 5개의 이중맹검 연구를 분석한 연구에서도 4개 연구가 급성 우울증에 대한 효과가 분명하지 못하다고 보고하였다.[75] 일부에서는 천천히 증량해야 하는 약물임에도 불구하고 연구기간이 짧았고 최종 용량이 낮아서 긍정적인 결과가 나오지 못했다고 주장한다. 한편 이 연구들을 개인별 자료로 메타분석하니(1,072명) lamotrigine이 위약에 비해 양극성 우울증에 효과가 있었으며 특히 심한 증상을 가진 환자에 효과적이었다고 하였다.[76] 부정적 결과로 인해 lamotrigine은 양극성 우울증에서 미국 FDA의 허가를 받지 못한 상태이다. 그럼에도 불구하고 대부분의 양극성장애 약물치료 지침들은 lamotrigine을 양극성 우울증의 1차 약물로 인정하고 있다.[3, 4, 6, 77] 한편 유지치료에서는 우울증 삽화를 예방하는 효과가 있어서 미국 FDA의 허가를 받았다.[78]

1형 양극성장애의 우울증 환자를 대상으로 lamotrigine과 olanzapine-fluoxetine combination(OFC)을 비교한 7주 연구에서는[79] OFC 투여군(205명)이 lamotrigine 투여군(205명)보다 전반적 임상인상 척도(Clinical global impression-Severity, CGI-S), Montgomery-Asberg 우울증 평가 척도(Montgomery-Asberg Depression Rating Scale, MADRS), YMRS에서 유의한 호전을 보였고 치료반응 시간이 더욱 짧았으나, 반응률에 있어서는 차이가 없었다(OFC 68.8%, lamotrigine 59.7%). 그러므로 OFC가 lamotrigine보다는 효과 면에서 낫다고 할 수 있으나 이상반응이 더 많았다. 실제 임상에서 외래환자들을 대상으로 한 개방 연구에서 lamotrigine을 투여한 경우에 치료를 중단한 경우가 적었고 심각한 피부발진은 없었으며 피부발진 때문에 중단한 경우는 3.5%에 불과했다.[80] lithium에 lamotrigine과 위약을 부가한 8주 이중맹검 연구에서 lamotrigine 부가치료군은 lithium 단독투여군보다 MADRS가 유의하게 호전되었고 치료반응률이 높았으며 부작용 측면에서 크게 다르지 않았다.[81]

이러한 연구 결과들을 종합하면, 양극성 우울증의 치료에 있어서 lamotrigine이 효과적이지만 대규모 연구에서 충분히 입증되지 않았다는 제한점을 가지고 있다. 그러나 대부분의 치료지침들은 1차약물로 인정하고 있다. 한편 lamotrigine은 일반적으로 부작용이 적어서 장기간 복용에 있어 매우 적합하다는 장점을 가진다.[78, 80] 그러나 치료 초기에 특히 피부발진의 부작용을 주의해야 한다.

피부 부작용은 증량의 속도와 관계가 있기 때문에 천천히 증량함이 원칙이어서 적절한 항우울 효과를 보기 위해서는 시간이 필요하다. lamotrigine의 증량의 원칙은 매우 중요하며 다른 약물, 특히 valproate와 함께 사용할 때에는 더욱 주의가 필요하다(표 2). 낮은 용량으로 시작하여 천천히 늘리는데, 처음 2주 동안에는 25mg/day를 투여하며 다음 2주 동안에는 50mg/day를 투여하고 5주째에는 100mg/day를 사용한다.[82] 이후에는 의사의 선택에 따라 가감하는데 대개 100~300mg/day 정도를 투여한다. 이보다 더 느리게 증량하면 피부발진이 줄어든다는 보고도 있으므로 피부발진이 우려되는 환자들에게는 참고할 만하다.[83] valproate와 함께 투여하는 경우에는 절반 수준으로 증량한다. lamotrigine의 대사를 촉진하는 약물인 carbamazepine과 함께 투여한다면 2배로 증량한다.

carbamazepine

carbamazepine의 효과에 대한 연구는 매우 적다. 소규모의 이중맹검 위약대조 교차연구가 보고되었는데, 총 40명의 양극성 우울증 환자 중 68%의 환자들이 반응하였다.[84, 85] 이후 다시 위약으로 바꾸었을 때, 이들 중 절반에서 우울증이 재발되었다. 따라서 carbamazepine의 효과가 시사되지만 아직 확실한 근거가 부족하다.

표 2   lamotrigine(mg/day)의 증량 원칙

	0~14일	15~28일	28일 이후	최대
Lamotrigine 단독투여	25	50	100~200	500
Lamotrigine과 valproate의 병합	12.5	25	50~200	200
Lamotrigine과 carbamazepine의 병합	50	100	200~500	700

valproate

valproate도 조증에 비해 우울증에 대한 연구는 매우 적다. valproate 단독요법의 효과를 조사한 8주의 소규모 위약대조 연구가 있으나 Hamilton 우울증 평가 척도(Hamilton Depression Rating Scale, HDRS) 점수의 호전이 위약보다 현저하지 않았다.[86] 이와 달리 2형 양극성장애 환자를 대상으로 한 12주 소규모 개방 연구에서는 valproate(divalproex) 단독투여가 63%의 치료반응을 보였다.[87] 이 연구에서 주목할 결과는 전혀 정신약물 치료를 받지 않았던(medication-naïve) 환자가 기분조절제 치료를 받지 않았던(mood stabilizer-naïve) 환자보다 치료반응이 유의하게 높았던 것이다. 한편 소규모의 이중맹검 위약대조 8주 연구에서 valproate는 위약보다 효과적이었다.[88] 다만 연구대상자가 너무 적고(25명) 대부분이 남자였다는 제한점이 있다.

valproate 단독요법 위약대조 연구들을 메타분석한 연구에 따르면 valproate는 위약에 비해 유의하게 효과적이었다. valproate의 반응률은 39.3%, 관해율은 40.6%였던 반면에 위약은 각각 17.5%, 24.3%였다.[89] 요약하면 valproate는 양극성 우울증에 효과적일 수 있지만 이를 증명하기 위해서는 대규모의 위약대조 연구가 필요하다.

항우울제(antidepressant)

양극성장애에서 항우울제의 사용은 논란의 여지가 있는 상태이다. 이 책의 제2부에서 항우울제에 대한 내용을 자세히 다루고 있으니 참조하기 바란다. 여기에서는 가급적 항우울제의 단독요법에 대해 논의하려 하는데 연구가 매우 적다.

삼환계 항우울제(tricyclic antidepressant, TCA)

imipramine, fluoxetine, 위약을 비교한 이중맹검 연구에서 imipramine 투여군은 위약보다 효과적이었고 효과부족으로 투약을 중단한 환자가 적었다.[90] fluoxetine 외에도 imipramine을 moclobemide와[91] tranylcypromine[92] 등의 항우울제와 비교한 연구들이 있는데, imipramine의 반응률은 moclobemide와 비견할 만하였으나 tranylcypromine과 fluoxetine보다는 낮았다.

단가아민 산화억제제(monoamine oxidase inhibitor, MAOI)

무력성 양극성 우울증 환자를 대상으로 시행된 이중맹검 연구에서 tranylcypromine 투여군은 imipramine 투여군에 비해 치료반응률이 높았다.[92] 반면에 양극성 우울증 환자에게 moclobemide 또는 imipramine을 투여한 8주 연구에서 두 군 간의 우울 증상의 변화는 차이가 없었다.[93] 요약하면 비가역성 MAOI인 tranylcypromine은 TCA보다 더 효과적일 가능성이 있으나 가역성 MAOI인 moclobemide는 그러한 효과를 뚜렷이 보여주지는 못하였다.

선택적 세로토닌 재흡수 억제제(selective serotonin reuptake inhibitor, SSRI)

fluoxetine, imipramine, 위약의 3개 투여군으로 구성된 6주 이중맹검 연구에서(위에서 기술) fluoxetine은 위약에 비해 효과적이었는데 치료반응률이 fluoxetine 투여군에서는 86%이고 위약 투여군에서는 38%였다.[90] 2형 양극성 우울증에서 fluoxetine의 14주 투여는 유의하게 우울 증상을 호전시켰고 60%에 가까운 반응률과 관해율을 보여주었다. 반면에 4.1%의 환자가 경조증 상태로, 19.6%의 환자가 증후군에 못 미치는(subsyndromal) 경조증 상태로 되었다.[94] 이러한 결과로 보아 fluoxetine이 급성 양극성 우울증에 효과적일 가능성이 있지만, 다른 SSRIs의 효과를 위약과 비교한 연구는 거의 없었다.

bupropion

bupropion은 특히 양극성 우울증에서 추천되는 항우울제이다.[3, 4, 6] 이유는 조증 전환이 적고, 성적 부작용과 체중증가가 없다는 일반적 장점이 있으며, 정신운동지연(retardation)에 맞는 활성화 특성을 가졌다는 점 등이다. 그러나 의외로 bupropion의 단독요법 효과를 지지할 만한 RCT는 매우 적고, 대부분이 기분조절제에 부가한 경우이다. 그런 이유로 bupropion의 장점을 인정하기 어렵다는 견해도 있다. bupropion의 효과는 항우울제의 병합요법 부분에 기술하였다.

비정형 항정신병약물

일부 비정형 항정신병약물은 다른 종류의 약물보다는 항우울 효과가 있으며 olanzapine, quetiapine, lurasidone의 결과들이 보고되었다. olanzapine은 그 자체보다는 olanzapine-fluoxetine combination(OFC) 복합제의 효과가 더욱 좋았고,[95] quetiapine은 여러 개의 이중맹검 위약대조 연구[70, 96~98]가 시행되어 단독치료제로서 가능성을 확실하게 보여주었다(그림 1). 그 결과, 미국 FDA에서 OFC, quetiapine, lurasidone이 허가받았고 한국에서는 quetiapine과 olanzapine이 허가받았다. 보다 자세한 내용은 제2부의 '비정형 항정신병약물의 역할'에 관한 기술을 참조하기 바란다.

olanzapine

1형 양극성 우울증 환자들(833명)을 대상으로 olanzapine과 OFC의 효과에 대해 8주 이중맹검 연구를 시행하였다.[95] 위약 투여군, olanzapine(5~20mg) 투여군 및 OFC 투여

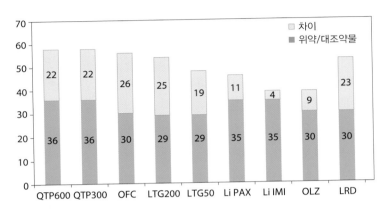

그림 1 | 양극성 우울증을 대상으로 시행된 대규모 임상 연구에서 보고된 치료반응률[67~70, 72, 95, 97, 98, 101, 104, 105]

전체 막대는 치료약물의 반응률을 나타내며 막대의 아랫부분은 위약 또는 대조약물의 반응률을 나타낸다. 대조 약물의 효과도 상당한 정도로 보고되었다. IMI : imipramine, Li : lithium, LRD : lurasidone, LTG50 : lamotrigine 50mg/day, LTG200 : lamotrigine 200mg/day, OFC : olanzapine-fluoxetine combination, OLZ : olanzapine, PAX : paroxetine, QTP300 : quetiapine 300mg/day, QTP600 : quetiapine 600mg/day

군으로 나누어 비교하였으며, olanzapine 투여군의 평균용량은 9.7mg/day, OFC 투여군은 olanzapine 7.4mg/day, fluoxetine 39.3mg/day였다. OFC 투여군은 olanzapine 투여군과 위약 투여군보다 치료반응이 빨랐다. MADRS 총점 변화는 위약 투여군에서 −11.9점, olanzapine 투여군에서 −15.0점, OFC 투여군에서 −18.5점이었다. 관해율은 위약 투여군 24.5%, olanzapine 투여군 32.8%, OFC 투여군 48.8%이었다. 그러면서도 olanzapine이나 OFC의 조증 전환율은 위약보다 높지 않았다. 이 연구는 양극성 우울증에서 olanzapine의 효과에 대한 최초의 대규모 연구로, olanzapine이 효과적이며 특히 fluoxetine과 병합하면 더 큰 효과를 얻을 수 있음을 제시하였다.

양극성 우울증에서 OFC와 lamotrigine을 비교한 7주 이중맹검 RCT에서는 반응률(OFC 69%, lamotrigine 60%)과 조증 전환율에 차이는 없었으나, 다른 임상지표(연속적인 우울 증상, 치료반응 시간)에서는 OFC가 우월한 반면에 OFC는 부작용 측면에서 lamotrigine보다 못하였다.[79] 최근의 6주 위약대조 RCT에서 olanzapine 단독투여는 위약에 비해 유의할 정도로 MADRS 점수를 감소시키는 항우울 효과가 있었다. 그러나 대사성 지표들은 위약군에 비해 악화되는 양상을 보였다. 이 연구는 다수의 환자가 일본에서 모집되었다는 점이 특징이다.[96]

quetiapine

quetiapine은 대규모 RCT들이 발표되어 치료가 까다로운 양극성 우울증에서 가장 가능성을 보여주었다. 첫 번째 대규모 위약대조 이중맹검 연구(BOLDER I)에서 1형 및 2형 양극성 우울증 환자에게 quetiapine 300mg/day, 600mg/day, 위약을 8주 동안 투여하였다. quetiapine의 효과가 1주부터 빠르게 나타났고, MADRS의 거의 모든 항목에서 호전이 있었으며 특히 자살사고가 유의하게 좋아진 점이 주목할 만하다.[97] 300mg과 600mg 사이에 별달리 차이가 없었기 때문에 조증과 달리 우울증 상태에서는 적은 용량으로도 효과적이다. 동일한 디자인의 후속 연구(BOLDER II)도 거의 동일한 연구 결과를 보고하였다.[98]

BOLDER I과 II를 합쳐서 새롭게 분석한 연구는 총 542명의 환자에서 number needed to treat(NNT), time to response, time to remission을 조사하였다.[99] 반응률은 quetiapine 600mg/day, 300 mg/day, 위약이 각각 58.2%, 57.6%, 36.1%로 통계적으로 유의하였고 관해율은 치료군이 52.9%였고 위약군이 28.4%로 역시 유의한 차이를 보였다. NNT는 치료반응과 관해에 있어 5였으며 반응 및 관해 도달 시간도 위약에 비해 빨랐다. 따라서 quetiapine은 양극성 우울증에서 단독치료제로서 효과적이라고 판단할 수 있다. 마찬가지로 BOLDER I과 II를 합쳐서 351명의 2형 양극성 우울증 환자들만을 대상으로 quetiapine의 효과를 분석한 연구가 있다.[100] MADRS 총점의 호전은 quetiapine 300mg/day(−17.1)와 600mg/day(−17.9) 모두에서 1주부터 8주까지 위약(−13.3)보다 유의하였다. 따라서 quetiapine은 2형 양극성 우울증에서도 효과적이라고 할 수 있었다. 2형 양극성 우울증에 대한 연구가 많지 않은 상황에서 매우 유용한 자료라고 본다.

이후에 quetiapine 단독과 대조약물 및 위약을 비교한 후속 RCT가 발표되었다. EMBOLDEN I 연구에서는 대조약물로 lithium이,[70] EMBOLDEM II 연구에서는 paroxetine이[101] 사용되었다. EMBOLDEN I 연구에서는 양극성 우울증 환자(1형 499명, 2형 303명)에게 8주 동안 quetiapine(300mg/day와 600mg/day)과 lithium을 투여하여 위약군과 비교하였다. quetiapine군은 모두 위약보다 유의하게 MADRS 총점이 좋아졌으나 lithium군은 그러지 못했으며, quetiapine 600mg/day군은 lithium군보다 유의한 차이를 보였다. 반응률과 관해율에서 quetiapine군은 모두 위약군보다 유의한 차이를 보였지만 lithium군은 아니었다. EMBODEN II 연구는 EMBOLDEN I 연구와 동일한 디자인이지만 lithium 대신 paroxetine을 사용한 연구로 양극성 우울증 환자(1형 478명, 2형 262명)를 대상으로 하였다. quetiapine 300mg/day와 600mg/day군에서 각각 MADRS 총점의 변화는 위약군에 비하여 우월했지만 paroxetine군에서는 위약군과 유의한 차이를 보이지 못했다.

요약하면 양극성 우울증에서 quetiapine의 단독요법은 위약보다 효과적이며 lithium과 paroxetine에 비하여 우월할 가능성이 크다고 할 수 있고, 1형과 2형 모두에서 좋은 치료 효과를 보였다.

국내에서 시행된 대규모 8주 개방 연구(1097명)에서 quetiapine은 기저 상태에 비해 유의한 우울 증상의 호전을 보여주었고(반응률 58.9%, 관해율 42.1%) 이러한 호전은 1형과 2형 모두에서 나타났다. 또한 조증/경조증으로 전환된 환자는 매우 적었다.[102] 이 연구는 비록 병용약물을 제한하지 않은 개방 연구이지만 오히려 실제 임상 상황에서 quetiapine이 1형 및 2형 양극성 우울증에 유용할 가능성을 제시했다.

risperidone

양극성 우울증에 대한 risperidone의 효과를 조사한 RCT는 없고 다만 개방 연구의 제한적인 결과가 보고되었다.[103] 조현정동장애 양극형과 1형 및 2형 양극성장애 환자들을 대상으로 시행한 연구에서, 초기 HDRS 점수가 6개월 동안 12.8점에서 4.1점으로 감소하여 상당히 유의한 호전이 있었다. 호전은 투여 7일에 뚜렷하였으며, 이후 계속 유지되었다.

lurasidone

lurasidone은 2013년도에 양극성 우울증의 치료에 FDA의 허가를 받았다. lurasidone 단독요법과 기분조절제 병합요법의 두 가지 이중맹검 연구에서 유의한 결과를 보고했다.[104, 105] 단독요법 연구는 두 용량의 lurasidone 투여군(20~60mg/day; 80~120mg/day)과 위약군으로 구성되어 6주 동안 진행되었다. MADRS 총점의 변화는 저용량군(−15.4)과 고용량군(−15.4) 모두에서 위약군(−10.7)보다 유의하게 호전되었다. 부작용 때문에 연구를 중단한 비율은 세 군에서 비슷했다. lurasidone에서 더 많이 나타난 부작용은 구역감, 두통, 정좌불능증, 졸림 등이었다. 체중, 지질, 혈당 등의 변화는 크지 않았다. 병합요법 연구는 lithium 또는 valproate에 lurasidone 또는 위약을 6주 동안 추가한 디자인이다. lurasidone은 위약에 비해 유의하게 우울 증상을 호전시켰다(−17.1 대 −13.5). 부작용 측면의 보고는 단독투여 연구와 크게 다르지 않았다. 따라서 lurasidone은 심각한 부작용이 없으면서(특히 대사성 부작용) 1형 양극성장애의 우울증을 호전시켜 주었다.

기타 비정형 항정신병약물

aripiprazole을 양극성 우울증 환자들에게 8주 투여한 대규모 RCT가 2개 진행되었으나 위약보다 효과 면에서 우월하지 못했고 이상반응은 더 많았다.[106] aripiprazole을 10mg/

day로 시작하여 임상적 판단에 따라 5~30mg/day로 조절하도록 하였는데 aripiprazole의 평균용량은 각각 17.6±8.3mg/day, 15.5mg±7.5mg/day였다. 연구 초기에는 MADRS 총점에서 위약에 비하여 효과적이었으나 종료시점에서는 유의한 차이를 보이지 않았다. 연구 중간에 탈락한 경우도 aripiprazole군에서 더 많았다. 이러한 부정적 결과는 약물용량, 연구대상 등 연구 디자인의 문제일 수도 있다.

ziprasidone은 monoamine에 대한 재흡수 차단 효과와 더불어 5-HT1A 효현작용 및 5-HT1B/1D 길항작용을 갖고 있어서 약리학적 특징상 기분 증상의 개선이 기대되는 약물이지만 임상 연구 결과는 만족스럽지 않다.[107] 기분조절제를 사용하고 있는 양극성 우울증 외래환자에게 ziprasidone을 부가투여한 RCT에서도 ziprasidone은 위약에 비해 유의한 호전을 보이지 못했다.[108]

치료약물에 의한 (경)조증으로의 전환 또는 순환 가속

전통적 기분조절제투여가 (경)조증 또는 급속순환형을 유발시킨다는 분명한 증거는 거의 없다. lamotrigine은 1999년의 연구에서 (경)조증으로의 전환이 5.5%으로 위약 5%와 차이는 없었다.[72] 1형 양극성장애 환자들을 대상으로 한 유지치료 연구에서도 위약과 유의한 차이가 없었다.[78] 따라서 lamotrigine은 양극성 우울증 치료에 있어서 (경)조증 전환의 위험성은 우려할 수준이 아니라고 본다. olanzapine, OFC, quetiapine의 (경)조증 위험성은 위약에 비해 높지 않았다.[95, 97, 98]

항우울제의 사용이 (경)조증으로의 전환 및 급속순환을 야기한다는 문제는 민감한 논란을 일으킨다. 여러 치료지침서마다 제시하는 방향이 다르기도 하다. 그러므로 (경)조증 전환에 대해서는 독자들이 이러한 배경을 고려하고 판단하는 것이 좋겠다(제2부 '양극성장애에서 항우울제의 유용성' 및 '양극성장애치료지침의 비교' 참조).

TCA, MAOI, SSRI의 (경)조증 전환은 직접 조사된 바가 별로 없으며, 약물 효과를 알기 위한 연구에서 부수적으로 보고된 것이 대부분이다(표 3). 임상 연구에서 TCA인 imipramine은 7~25%, SSRIs는 0~7%, 위약은 3~4% 정도이다.[90, 92, 93, 109] 특히 SSRI 단독투여 시의 조증 전환에 대한 위약대비 연구는 드물어서, SSRI가 조증이나 경조증 유발을 증가시키는지의 여부에 대한 결론을 내리기 쉽지 않다. 일부 연구에서는[110] SSRI보다 세로토닌노르에피네프린 재흡수 억제제(serotonin-norepinephrine reuptake inhibitor, SNRI)의 (경)조증 전환이 더 흔하다고 보고하고 있어 여러 수용체에 작용하는 약물(예 : TCA, SNRI)이 이런 문제를 더욱 초래하는 것 같다. 항우울제 투여에 대한

표 3   통제된 임상 연구에 나타난 조증/경조증 전환율(switching rate, %)

약물	단독요법	병합요법	비교약물
Imipramine[90~93]	7~25	8	위약 등
Moclobemide[93]	3		imipramine
Paroxetine[114]		0	위약, imipramine
Fluoxetine[90]	0		위약, imipramine
Sertraline[110]		7	bupropion, venlafaxine
Venlafaxine[110]		15	bupropion, sertraline
Bupropion[110]		4	sertraline, venlafaxine
Bupropion/paroxetine[115]		10.1	10.7(위약)
Lamotrigine[72]	5.5		5(위약)
Olanzapine[95]	5.7		6.7(위약)
Olanzapine+fluoxetine[95]	6.4		6.7(위약)
Quetiapine[97]	3.2		3.9(위약)
Lurasidone[104]	2.7		1.9(위약)

RCT들을 체계적으로 개괄한 한 연구에서 항우울제의 위험성은 위약보다 크지 않으며 (항우울제 3.8%, 위약 4.7%), 항우울제 중에서 TCA가 가장 높게 나타난다 하였다.[111] 자연경과에서 드러나는 삽화 전환율과 항우울제 치료에 의한 전환율을 보면, 항우울제 사용경험이 없는 양극성장애 환자에서의 자연적인 (경)조증 전환율은 13.8%이며 항우울제에 의해 유발된 전환율은 15.3%로 보고한 메타분석이 있다.[112] 또한 양극성 우울증을 대상으로 한 RCT를 보면 항우울제 또는 위약에 의한 전환율은 모두 8% 정도이고 따라서 항우울제와 자연경과에 따른 전환율에는 유의한 차이가 없다는 주장도 있다.[113]

이렇듯 항우울제 투여로 인한 (경)조증 전환의 문제는 결론 내리기가 어려운데, 가능한 요인들로는 첫째, 양극성장애가 원래 순환성을 가지고 있어서 약물에 의한 것인지 여부를 구별하기 어렵다는 점(약물과 무관한 재발), 둘째, 양극성장애의 진단범주가 경험적으로 나왔다는 점, 셋째, 치료약물과 방법이 크게 변해서 장기 연구가 매우 어렵다는 점 등이다. 대부분의 치료지침서들은 양극성 우울증에서 항우울제(특히 TCA)를 단독으로 투여하는 것에 부정적이다.

양극성 우울증의 1차 약물은 어느 것인가

양극성 우울증에서 가장 이상적인 1차 약물은 첫째, 우울증 자체도 호전시켜야 하고 둘째, (경)조증 전환이 없어야 하며 셋째, 추후 우울증 재발을 억제할 수 있어야 한다. 양극성 우울증에서 1차 약물로 권장되는 것은 기분조절제 중에서는 lithium이라고 할 수 있으며 valproate는 그다음으로 고려해야 할 것이다. 왜냐하면 valproate를 지지하는 근거가 약하기 때문이다. 또한 lamotrigine이 많은 지침서에서 1차 약물로 분류되고 있는데, 급성 양극성 우울증에 효과적이라고 보고되었고 (경)조증 내지 급속순환형으로 전환시키는 위험성이 낮으며 우울증 삽화의 재발을 유의하게 억제하기 때문일 것이다.[72, 76, 80] olanzapine도 급성 양극성 우울증에 어느 정도 효과가 있고 조증 전환의 위험성이 높지 않으며 조증이나 우울증의 재발을 억제한다.[95, 96] quetiapine은 이러한 세 가지 기준을 모두 만족시키므로 양극성 우울증의 1차 약물로 충분히 인정받고 있다.[70, 97, 98, 101] 또한 lurasidone도 객관적인 근거를 가지고 있어서 고려할 수 있다.[104, 105] 현재까지 결과에 근거했을 때, 다른 항경련제, 항우울제, 비정형 항정신병약물은 이러한 기준을 골고루 만족시키지 못하고 있어서 1차 치료제로 추천하기는 어렵다.

한편 일부 연구자들은 항우울제에 의한 조증 전환의 위험성은 생각보다 높지 않으며 이런 위험보다는 항우울제를 기피함으로 인해 늘어나는 자살의 위험성이 더 심각하기 때문에 항우울제도 양극성 우울증의 1차 약물로 봐야 한다고 주장하였다.[77, 116] 그러나 항우울제가 (경)조증 전환 또는 급속순환을 유발하지 않고 자살률을 유의하게 줄일 수 있다는 체계적인 연구 결과는 아직 미진하다.

치료반응이 떨어지는 양극성 우울증에서의 치료전략

치료반응이 만족스럽지 않은 양극성 우울증은 임상에서 흔히 접하는 문제이다. 치료전략을 세우기 전에 양극성 우울증의 진단이 정확한지, 공존질환이 있는지, 약물 순응도(compliance 또는 adherence)는 좋은지, 또 다른 방해요인은 없는지 반드시 확인해야 한다. 즉 약물과 관련되지 않은 다른 요인이 있는지 조사하고, 만약 있다면 이를 바로잡는 전략이 필요하다. 이런 단계 후에는 크게 세 가지 방법을 고려해볼 수 있다. (1) 현재 사용 약물의 증량 또는 최적화(optimization), (2) 다른 약물의 병합(combination) 또는 부가치료(adjunctive therapy), (3) 약물의 교체(switching)가 그것이다.

최적화

현재 사용중인 기분조절제 또는 비정형 항정신병약물이 적정농도 또는 적정용량인지 알아보고 약물 용량을 맞춘 다음 충분한 기간 동안 투여한다. 예를 들어 lithium은 0.8mmol/L 이상의 혈중농도로 적어도 4~6주간 투여해야 한다. 혈중 lithium 농도가 0.8mmol/L 이상인 경우에는 lithium 단독투여로도 항우울제를 함께 투여한 경우와 차이가 나지 않는다는 연구가 이를 뒷받침한다.[114] 즉 부작용이 심하지 않은 적정범위 내에서 최대한 올려보길 권한다.

병합 또는 부가

용량을 조절해도 안 된다면, 다음 약물을 추가해본다. 다만 어느 방법이 더 우위에 있다고는 할 수 없으므로 경험적인 선택이 중요하다. 추가해볼 약물은 다음과 같다.

- 비정형 항정신병약물 : 급성 양극성 우울증에서 비정형 항정신병약물, 특히 olan-zapine, quetiapine, lurasidone의 부가요법이 난치성 양극성 우울증의 치료에 효과적일 가능성이 있다.[95~98, 101, 104, 105] aripiprazole이 주요우울장애에서 부가치료로서 인정받은 만큼 양극성 우울증에서도 다른 비정형약물보다 좋은 반응을 보여줄 가능성은 있다.[117, 118] 그리고 ziprasidone은 근거는 부족하지만 고유의 약리학적 특성 때문에 고려할 만하다.[108]

- lamotrigine : 양극성 우울증에서 lamotrigine은 1차 약물로 인정받기 때문에 기존 약물에 부가했을 경우에 호전 가능성이 있다. lithium에 lamotrigine 또는 위약을 부가한 8주 이중맹검 연구에서 lamotrigine과 lithium의 병합은 lithium 단독투여보다 우울 증상이 유의하게 호전되었고 치료반응률이 높았으며 부작용 측면에서 큰 차이를 보이지 않았다.[81] 따라서 lamotrigine의 부가는 2차 치료전략으로서 중요하다고 여겨진다.

- valproate 또는 carbamazepine : 양극성 우울증에서 valproate나 carbamazepine을 lithium에 병합하였을 때의 효과에 대한 위약대조 이중맹검 연구는 거의 없으며, carbamazepine에 반응이 없었던 환자들 중에서 lithium을 병합하였을 때 일부 호전이 있다고 보고한 개방 연구가 있다.[119] 또 다른 연구에서 기분조절제 또는 paroxetine 부가의 효과를 이중맹검으로 6주간 비교하였는데, 두 군 모두 비슷한 정도의 호전을 보여주었다.[120]

- 항우울제 : 기분조절제에 항우울제를 부가하는 전략은 전부터 임상에서 흔히 사용되었지만 조증 전환의 위험성이 우려되는 선택이므로 이에 대한 많은 연구들

이 시행되었다. 급성 양극성 우울증 환자에게서 기분조절제들에 bupropion 또는 desipramine을 부가한 효과를 조사한 소규모 이중맹검 연구에서 각각 절반 정도의 반응률을 보인 반면, (경)조증 전환은 bupropion 투여군에서 유의하게 적었다.[121] 환자를 paroxetine-lithium, imipramine-lithium, 위약-lithium 투여군으로 나누어 이중맹검으로 비교한 연구에서 효과에는 유의한 차이가 없었다.[114] 다만, 혈중 lithium 농도가 0.8mmol/L 이하일 때 항우울제가 위약을 부가한 것에 비해 유의한 효과를 보였다. 즉 lithium과 같은 기분조절제의 용량이 충분하다면 항우울제가 필요하지 않을 수 있다는 의미를 갖는다. 기분조절제에 bupropion, sertraline 또는 venlafaxine을 부가한 10주 연구에서 세 항우울제는 효과 면에서 비슷하였으나, 항우울제 중에서 venlafaxine 투여군의 (경)조증 전환율이 높았고 1형이 2형보다 전환율이 더 높았다.[110] 따라서 결론적이지는 않지만 SSRI보다 SNRI에서 전환을 더 조심해야 한다. 항우울제의 부가치료가 과연 우울 증상에 효과적인지 그리고 조증 전환을 높이는지 조사한 대규모 RCT에 의하면, 8주 동안 연속으로 안정 기분(euthymic mood)에 있는 환자(durable recovery라고 정의함)에 유의한 차이가 없었다.[115] 조증 전환의 발현도 비슷한 정도였다. 이 결과에 따르면 항우울제의 부가가 굳이 효과적이지 않으며, 그렇다고 조증 전환 위험성이 더 높아진다고 할 수 없어서 오히려 혼동스럽기도 하다.

　종합하면, 양극성 우울증에서 항우울제를 부가하는 것은 다른 약물로 호전되지 않거나 우울증이 매우 심하다면 사용을 고려할 만하다. 1차 선택이기보다는 2차 또는 3차로 선택할 수 있으며, 반드시 기분조절제나 항정신병약물을 병용하는 것이 바람직하다. 만약 사용한다면 (경)조증 전환의 위험성을 고려하여 약물을 선택하는데, bupropion이나 SSRI 같은 항우울제가 권장된다. TCA는 조증 전환의 위험이 높은 편이기 때문에 가급적 피한다.

교체

치료반응이 없는 약물을 다른 약물로 바꾸는 것은 근거가 빈약하여 그 효과를 명확하게 말하기 어렵다. 주요우울장애 등 다른 질병에서도 교체는 흔히 사용되는 방법이므로 효과가 있을 개연성이 있다. 다만 약물의 교체는 기존 약물의 부분적인 효과를 포기하는 것이므로, 새로운 효과발현에 시간이 소요될 수 있고 교체약물에 의한 새로운 부작용의 부담이 있다.

급속순환형의 약물치료

급속순환형은 양극성장애의 한 유형이지만 연구가 드문 편이고 의사들도 급속순환형을 진단하는 데 아직 익숙하지 않다. 그러므로 임상에서 급속순환형을 고려하면서 치료방침을 결정하는 경우는 많지 않다. 급속순환형은 나쁜 치료반응의 한 요인으로 알려져 있다. 급속순환형의 치료에 대한 임상 연구는 매우 적다. 기분조절제, 항정신병약물, 항우울제 등이 조사되었지만, 비정형 항정신병약물에 대한 연구가 가장 많다. 그러나 비정형 항정신병약물에 대한 연구조차도 대부분이 사후분석에 의한 것이다. 결과적으로 아직 급속순환형의 치료에 대해 컨센서스는 아직 이루어지지 않았고 보다 많은 연구가 필요하다.[122]

우선 기분조절제를 살펴보면, valproate는 olanzapine과 비교한 연구에서 항조증 효과가 비슷하였고,[123] 위약보다 항우울 효과가 좋았다.[124] lamotrigine을 lithium과 비교한 사후분석에서 두 약물은 급성기 우울증에 유사한 항우울 효과를 보였다.[125] 한편 20개월 동안 lithium 또는 valproate 단독투여를 시행한 연구에서[126] 우울증이 재발된 비율과 조증/경조증으로 재발된 비율은 크게 다르지 않았다. 따라서 급속순환형 양극성장애의 치료에 있어 기분조절제 및 항경련제의 사용은 효과적일 것으로 예상되나 어느 약물이 우월하다고 하기 어렵다.

비정형 항정신병약물 중에서는 aripiprazole, olanzapine, quetiapine이 급속순환형에 효과적이라고 보고되었다. aripiprazole 효과를 사후분석한 연구에서 위약보다 aripiprazole을 사용한 경우에 더 높은 효과가 있었다.[127] olanzapine도 급성기 연구의 사후분석에서 위약에 비해 효과가 있었다.[128, 129] olanzapine에 의한 조증 증상의 호전은 급속순환형이나 비급속순환형에서 모두 나타났지만 급속순환형에서 더 빠르게 호전되었다.[129] 또한 olanzapine과 valproate를 비교한 분석에서 두 약물은 조증 조절 효과가 유사하였다.[123] 급성기 우울증 환자에게 quetiapine을 위약과 비교한 연구의 사후분석에서 quetiapine은 조증으로의 전환은 크지 않으면서도 위약보다 우울증 호전이 더 나았다.[130, 131] 그러나 비정형 항정신병약물 연구들은 대부분 사후분석이고 대상자가 작다는 제한점이 있으므로 해석에 주의가 필요하다.

급속순환형인 경우에도 대개 조증 증상이 우울증 증상보다 더 치료반응이 좋지만, 급속순환형은 조증보다는 우울증이 더 현저하기 때문에 바라는 만큼의 효과를 보지 못하고 있으며 우울증에서의 연구가 더욱 필요하다. 특히 조증 전환과 순환의 가속(cycle acceleration)이 염려되므로 항우울제는 가급적 사용을 피하도록 하며, 어쩔 수 없이 항우울제를 사용해야 한다면 주의가 필요하다.

양극성장애 치료약물의 내약성(tolerability)

lithium

lithium은 고농도에서 독성(toxicity)이 나타나므로 매우 주의해야 한다.[11, 25] lithium을 복용하면서 잘 나타날 수 있는 이상반응(adverse event)으로는 구역감, 구갈, 진전(tremor), 다뇨(polyuria), 인지기능장애, 설사 등이다(그림 2).[132] 고농도로 가면 이러한 이상반응뿐 아니라 신경학적 이상반응(ataxia, nystagmus, muscular weakness 등)도 나타나며 혈중 농도가 2mEq/L를 넘어서면 발작, 의식의 변화, 섬망, 순환기 장애 등이 나타날 수 있으며 심하면 치명적일 수 있다. 과다 복용으로 상태가 위험할 정도이면 위 세척과 수분공급 등의 응급처치가 필요하며 혈액투석을 시행하기도 한다. 따라서 lithium의 이상반응은 평소 잘 알고 있어야 한다. 이러한 이상반응을 피하기 위해 약물은 낮은 용량부터 적절한 속도로 증량해야 하며 투여 초기에는 자주 농도를 측정하여 환자에게 맞는 적정용량을 투여해야 한다. 특히 신장질환, 심혈관계 질환, 탈수 상태, sodium 결핍의 상태에서는 독성이 쉽게 나타날 수 있으므로 더욱 주의가 필요하다. lithium을 사용하는 환자는 투여 전에 기본적인 검사가 필요하며 특히 갑상선기능, 신장기능, 심장기능은 점검하도록 한다. 신장기능과 갑상선기능 검사는 유지기에도 1년에 1회 이상 하도록 한다.

> **그림 2**　12개월 장기 위약대조 임상 연구에 나타난 lithium과 valproate의 이상반응(%)[132]

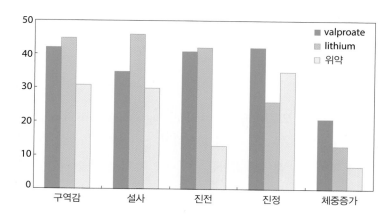

lithium은 구역감, 설사, 진전(tremor)이 위약보다 유의하게 많았으며, valproate는 진전과 체중증가가 위약보다 흔했다. 두 기분조절제 사이에 유의한 차이는 진정(sedation)에서만 나타났다.

lithium에 의한 부작용들은 우선 용량을 줄이면 호전되는 편이며, 구역감은 식사와 함께 먹으면 없어지기도 한다.[11]

임신 중에 lithium 사용은 태아에 기형(특히 Ebstein's anomaly와 같은 심혈관계 이상)을 초래할 위험이 있으므로 사용하지 않는 것이 좋다(Category D). 어쩔 수 없이 사용해야 한다면 가급적 첫 3개월은 피하고 낮은 유효용량을 사용하며 초음파 검사 등의 면밀한 추적검사가 권장된다. 한편 최근 연구에 따르면 lithium의 최기성은 과도하게 알려져 있다고 한다.[133] 양극성장애 환자의 약물치료와 임신과 연관된 문제들은 제2부의 '여성과 양극성장애' 부분에서 따로 상세하게 기술되므로 이를 참조하기 바란다.

valproate

valproate도 적절한 혈중농도를 유지해야 하므로 정기적인 검사가 필요하며 투약 초기에는 자주 하는 것이 좋다. 자주 나타나는 이상반응은 구역감 같은 소화기 증상, 진정, 진전, 체중증가, 탈모현상 등이다.[11, 132] 탈모현상이 있는 경우에는 미네랄을 함유한 종합비타민을 권한다. 체중증가도 상당히 나타나므로 체중조절에 조심하도록 환자에게 주의 주는 것이 좋다. 가장 유의할 이상반응은 간(간독성)과 췌장(췌장염)에 관한 것이지만 발생빈도가 낮고 성인에서는 크게 위험하지 않은 편이다. 그리고 혈소판감소의 가능성이 있다. 따라서 valproate를 투여하면 혈구검사와 간기능검사는 정기적으로 한다. 전반적으로 lithium만큼 위험한 이상반응은 없는 편이다. 확정적이지는 않지만 일부 연구가 valproate의 사용이 polycystic ovary syndrome(PCOS)과 연관되었다고 보고하였으므로 특히 젊은 여성에서는 이를 주의할 필요가 있다.[134] 임신 중의 사용은 신경관(neural tube) 결손 등이 발생할 수 있으므로 가급적 피한다(Category D). 사용해야만 한다면 역시 임신 중 추적조사를 철저히 해야 한다. 특히 valproate는 최기성이 가장 문제되기 때문에 가임기 여성에서는 피하라는 권고가 있다.[135] 역시 제2부의 '여성과 양극성장애' 부분을 참조하기 바란다.

carbamazepine

가능한 이상반응으로는 aplastic anemia, agranulocytosis, benign leucopenia, Stevens-Johnson syndrome과 같은 심한 피부발진 등이 있다.[11] 투여 초기에는 예기치 못한 부작용을 피하기 위해 혈액검사를 주기적으로 하는 것을 권한다. 임신 중에 사용하면 craniofacial defect, finger-nail hypoplasia, developmental delay, spina bifida 등의 가능성이 있으므로 유의해야 한다(Category D).

약물 상호작용으로 인해 carbamazepine의 독성이 증가할 위험도 있고 다른 약물의 효과가 감소할 수도 있다.[136] 따라서 여러 약물을 사용해야 하는 환자라면 carbamazepine 을 선택하지 않는 것이 좋고, 사용해야 한다면 상호작용 가능성에 유념한다.

lamotrigine

lamotrigine은 내약성 측면에서 비교적 긍정적이다. 일반적으로 위약에 비해 뚜렷하게 흔한 이상반응은 없는 편이다.[11] 또한 양극성장애에 사용되는 다른 약과 달리 체중증가 나 대사증후군 측면에서 상당한 장점이 있다. 일부 BMI가 높은 환자들에게서는 체중이 감소되는 효과도 나타났다. 그리고 자살위험성을 높인다거나 조증을 초래하는 위험성 도 나타나지 않았다. lamotrigine과 연관된 피부발진은 가장 유의해야 할 이상반응이다. 여러 임상 연구에서 피부발진은 전체적으로 10% 내외 정도로 보고된다.[75, 80] 피부발진 을 조사한 국내 연구에서도 이와 비슷한 정도로 보고되었고 병용한 약물과 피부발진은 무관하였다.[137] 그중 염려되는 피부발진은 Stevens-Johnson syndrome과 toxic epidermal necrolysis인데, 이는 매우 위험하며 의학적으로 중한 상태로 봐야 한다. 다만 여러 연구 에서 이처럼 심각한 피부발진은 0.1% 정도로 보고되었기 때문에 매우 드문 현상이라고 할 수 있다.[75, 78, 80] 특히 약물을 천천히 올리는 현재의 증량 스케줄로는 심각한 피부발 진의 발현은 그리 염려되는 정도는 아니라고 볼 수 있다(앞의 양극성 우울증 치료 관련 부분 참조). 피부발진의 위험요소로 지목되는 것은 빠른 증량, 높은 시작용량, valproate 와의 병용 등이다. 피부발진이 나타나면 바로 의사에게 알리고 일단 스스로 약물을 중 단하도록 알려주는 것이 바람직하다. 피부발진으로 약을 중단한 경우에는 다시 투여하 지 않는 것이 좋으나 피치 못할 이유로 이 약이 반드시 필요한 환자에게서는 더 낮은 용 량으로 시작해야만 한다.

　따라서 피부발진을 유의하면서 천천히 증량한다면 lamotrigine은 특히 장기적인 유지 치료에 있어서 좋은 선택으로 볼 수 있다. 임신 동안의 위험성은 뚜렷하지 않다고 알려 져 있다(Category C).

비정형 항정신병약물

olanzapine에서 흔히 나타나는 이상반응으로는 졸림, 입마름, dizziness, 변비, 체중증가 등이다.[23, 31] 특히 기분조절제와의 병합요법이 기분조절제 단독요법보다 이상반응이 더 흔하고 심하게 나타날 가능성이 있으며 조기 탈락이 많은 경향이다. 조현병에서와 마찬 가지로 장기적으로 투여할 때에는 비만, 당뇨병, 고지혈증 등의 대사증후군의 위험성을 반드시 고려하고 점검해야 한다. 임신 동안의 위험성은 뚜렷하지 않으므로 환자별로 이 득-손해를 함께 평가하여 판단한다(Category C).

quetiapine에서 흔히 나타나는 이상반응으로는 졸림, 입마름, dizziness, 기립성 저혈압, 체중증가 등이다.[33, 35, 38] 특히 졸림은 초기에 현저하며 약물 순응도를 떨어뜨리므로 주의가 필요하다. 그러나 졸림은 시간이 지나면서 점차 완화되는 경향을 보이지만 일부 환자에서는 지속적이다. quetiapine도 비만, 당뇨병, 고지혈증과 같은 대사증후군의 위험이 있으므로 이에 주의해야 한다. 임신 동안의 위험성은 Category C에 해당된다.

risperidone을 투여할 때 흔한 이상반응은 졸림, 추체외로 증상, dizziness, 생리불순 또는 무월경, 체중증가 등이다.[39, 41, 43] 단독요법에 비해 병합요법에서 체중증가가 더욱 뚜렷했다. risperidone도 당뇨병, 고지혈증 같은 대사증후군에 유의해야 하며 그 위험도는 quetiapine처럼 intermediate이다. 장기적으로 사용할 때에는 지연성 운동장애의 위험성에 대해서도 고려한다. 임신 중의 위험도는 Category C이다.

aripiprazole의 흔한 이상반응으로는 구역감, 소화불량, 정좌불능증, 변비 등이다.[44, 45] 비정형 항정신병약물을 투여하는 경우에 비만, 당뇨병, 고지혈증과 같은 대사증후군의 위험성을 고려해야 하나 aripiprazole의 심각성은 ziprasidone과 함께 비교적 적은 편이다. 임신 중의 위험도는 Category C이다.

ziprasidone의 흔한 이상반응으로는 졸림, 두통, dizziness, 추체외로 증상, 구역감 등이다.[48~50] ziprasidone은 시판 전 조사에서 QT prolongation의 위험성이 제기되었으나 시판 후 조사에서는 QT prolongation의 위험성이 우려할 수준은 아니었다.[11, 25] 비정형 항정신병약물 중에서는 aripiprazole과 함께 대사증후군의 위험이 비교적 적은 편이나 점검이 필요하다. 임신 중의 위험도는 Category C이다.

정형 항정신병약물

정형 항정신병약물이 조현병에서 초래하는 일반적인 이상반응은 양극성장애에서도 모두 가능하다. 다만 정형 항정신병약물이 양극성장애에서 우울 증상을 초래하거나 악화시킬 가능성이 있으므로 더욱 유의해야 한다. 정형 항정신병약물은 지연성 운동장애의 위험에서 자유롭지 않기 때문에 특히 장기적으로 사용할 경우에는 운동장애의 유무를 자주 평가해야 한다. 특히 항정신병약물(비정형약물 포함)이 조현병에서 보다 양극성장애에서 추체외로증후군을 더 잘 초래한다는 결과가 있으므로 주의해야 한다.[138, 139] 이러한 여러 요인 때문에 양극성장애에서 정형 항정신병약물의 사용은 점차 줄고 있다.

요약

양극성장애의 치료는 질병 자체의 다면성(多面性)과 만성 경과 등으로 인해 매우 까다로운 뿐 아니라 다른 어느 질환보다도 의사의 세심한 주의가 필요하다. 양극성 조증은 약물치료로 비교적 호전이 잘되는 편이지만 양극성 우울증은 조증보다도 치료반응이 느리고 오래 지속되며 자살위험성이 높기 때문에 치료에 더욱 관심을 가져야 한다. 전반적으로 lithium과 같은 전통적 기분조절제들이 오랫동안 양극성장애의 치료에서 큰 흐름을 차지하였으나 점차 새로운 약들이 전면에 등장하고 있다. 특히 비정형 항정신병약물과 새로운 항경련제 등은 다양한 연구를 통해 양극성장애 치료에 있어서 새로운 가능성을 제시하고 있다. 한편 양극성 우울증에서 항우울제 사용의 득과 실은 아직도 결론이 나지 않은 상태여서 실제 임상에서는 의사의 판단과 경험이 중요한 역할을 하고 있다. 종합하건대, 양극성장애의 약물치료는 현재에도 변화와 발전을 하고 있는 단계이므로 우리는 최적의 치료를 위해서 과거의 경험과 근거를 바탕으로 새로운 지식을 꾸준히 탐구하고 받아들여야 할 것이다.

참고문헌

1) American Psychiatric Association. Practice guideline for the treatment of patients with bipolar disorder (revision). Am J Psychiatry 2002;159(4 Suppl):1-50.

2) Keck PE, Perlis RH, Otto MW, Carpenter D, Ross R, Docherty JP. The Expert Consensus Guideline Series: Medication Treatment of Bipolar Disorder 2004. Postgrad Med 2004;Spec No:1-116.

3) Suppes T, Dennehy EB, Hirschfeld RM, Altshuler LL, Bowden CL, Calabrese JR, et al. The Texas implementation of medication algorithms: update to the algorithms for treatment of bipolar I disorder. J Clin Psychiatry 2005;66:870-886.

4) Yatham LN, Kennedy SH, Parikh SV, Schaffer A, Bond DJ, Frey BN, et al. Canadian Network for Mood and Anxiety Treatments (CANMAT) and International Society for Bipolar Disorders (ISBD) 2018 guidelines for the management of patients with bipolar disorder. Bipolar Disord 2018;20:97-170.

5) Grunze H, Vieta E, Goodwin GM, Bowden C, Licht RW, Moller HJ, et al. The World Federation of Societies of Biological Psychiatry (WFSBP) guidelines for the biological treatment of bipolar disorders: update 2009 on the treatment of acute mania. World J Biol Psychiatry 2009;10:85-116.

6) Woo YS, Lee JG, Jeong JH, Kim MD, Sohn I, Shim SH, et al. Korean Medication Algorithm Project for Bipolar Disorder: third revision. Neuropsychiatr Dis Treat 2015;11:493-506.

7) Stokes PE, Shamoian CA, Stoll PM, Patton MJ. Efficacy of lithium as acute treatment of manic-

depressive illness. Lancet 1971 26;1:1319-1325.

8)   McIntyre RS, Mancini DA,Parikh S, Kennedy SH. Lithium revisited. Can J Psychiatry 2001;46:322-327.

9)   Bowden CL, Brugger AM, Swann AC, Calabrese JR, Janicak PG, Petty F, et al. Efficacy of divalproex vs lithium and placebo in the treatment of mania. The depakote mania study group. JAMA 1994;271:918-924.

10) Bowden CL, Grunze H, Mullen J, Brecher M, Paulsson B, Jones M, et al. A randomized, double-blind, placebo-controlled efficacy and safety study of quetiapine or lithium as monotherapy for mania in bipolar disorder. J Clin Psychiatry 2005;66:111-121.

11) Ketter TA, Wang PW, Nowakowska C, Marsh WK, Bonner J. Treatment of acute mania in bipolar disorder. In: Ketter TA editor. Advances in treatment of bipolar disorder. Washington DC: American Psychiatric Publishing;2005. p.11-55.

12) Wolfsperger M, Greil W, Rössler W, Grohmann R. Pharmacological treatment of acute mania in psychiatric in-patients between 1994 and 2004. J Affect Disord 2007;99:9-17.

13) 김은주, 조현상, 이은, 김세주, 석정호, 김택수, 전덕인: 4개 병원에서 양극성 장애 입원 환자의 최근 5년간 약물 처방 경향 대한정신약물학회지 2007;18:308-317.

14) Baldessarini R, Henk H, Sklar A, Chang J, Leahy L. Psychotropic medications for patients with bipolar disorder in the United States: polytherapy and adherence. Psychiatr Serv 2008;59:1175-1183.

15) Goodwin FK, Murphy DL, Bunney WE Jr. Lithium-carbonate treatment in depression and mania. A longitudinal double-blind study. Arch Gen Psychiatry 1969;21:486-496.

16) Keck PE Jr, Mendlwicz J, Calabrese JR, Fawcett J, Suppes T, Vestergaard PA, et al. A review of randomized, controlled clinical trials in acute mania. J Affect Disord 2000;59 Suppl 1:S31-S37.

17) Bowden CL. Predictors of response to divalproex and lithium. J Clin Psychiatry 1995;56 Suppl 3:25-30.

18) Swann AC, Bowden CL, Calabrese JR, Dilsaver SC, Morris DD. Differential effect of number of previous episodes of affective disorder on response to lithium or divalproex in acute mania. Am J Psychiatry 1999;156:1264-1266.

19) Tondo L, Baldessarini RJ. Reduced suicide risk during lithium maintenance treatment. J Clin Psychiatry 2000;61 Suppl 9:97-104.

20) Goodwin FK, Fireman B, Simon GE, Hunkeler EM, Lee J, Revicki D. Suicide risk in bipolar disorder during treatment with lithium and divalproex. JAMA. 2003;290:1467-1473.

21) Pope HG Jr, McElroy SL, Keck PE Jr, Hudson JI. Valproate in the treatment of acute mania. A placebo-controlled study. Arch Gen Psychiatry 1991;48:62-68.

22) Bowden CL, Mosolov S, Hranov L, Chen E, Habil H, Kongsakon R, et al. Efficacy of valproate versus lithium in mania or mixed mania: a randomized, open 12-week trial. Int Clin Psychopharmacol. 2010;25):60-67.

23) Tohen M, Baker RW, Altshuler LL, Zarate CA, Suppes T, Ketter TA, et al. Olanzapine versus divalproex in the treatment of acute mania. Am J Psychiatry 2002;159:1011-1017.

24) Allen MH, Hirschfeld RM, Wozniak PJ, Baker JD, Bowden CL. Linear relationship of valproate serum concentration to response and optimal serum levels for acute mania. Am J Psychiatry 2006;163:272-275.

25) Goodwin FK, Jamison KR. Manic Depressive Illness. 2nd ed. Oxford: Oxford University Press; 2007.

26) Licht RW. Drug treatment of mania: a critical review. Acta Psychiatr Scand 1998;97:387-397.

27) Weisler RH, Kalali AH, Ketter TA. A multicenter, randomized, double-blind, placebo-controlled trial of extended-release carbamazepine capsules as monotherapy for bipolar disorder patients with manic or mixed episodes. J Clin Psychiatry 2004;65:478-484.

28) Tohen M, Sanger TM, McElroy SL, Tollefson GD, Chengappa KN, Daniel DG, et al. Olanzapine versus placebo in the treatment of acute mania. Olanzapine HGEH Study Group. Am J Psychiatry 1999;156:702-709.

29) Tohen M, Jacobs TG, Grundy SL, McElroy SL, Banov MC, Janicak PG, et al. Efficacy of olanzapine in acute bipolar mania: a double-blind, placebo-controlled study. The Olanzipine HGGW Study Group. Arch Gen Psychiatry 2000;57:841-849.

30) Niufan G, Tohen M, Qiuqing A, Fude Y, Pope E, McElroy H, et al. Olanzapine versus lithium in the acute treatment of bipolar mania: a double-blind, randomized, controlled trial. J Affect Disord 2008;105:101-108.

31) Tohen M, Chengappa KN, Suppes T, Zarate CA, Jr., Calabrese JR, Bowden CL, et al. Efficacy of olanzapine in combination with valproate or lithium in the treatment of mania in patients partially nonresponsive to valproate or lithium monotherapy. Arch Gen Psychiatry 2002;59:62-69.

32) 윤보현, 박원명, 이상열, 이정구, 정상근, 박상훈 등. 급성기 양극성 조증에서 Olanzapine 단독요법의 효능과 안전성 : 다기관 개방 연구. 대한정신약물학회지 2008;19:197-208.

33) Vieta E, Mullen J, Brecher M, Paulsson B, Jones M. Quetiapine monotherapy for mania associated with bipolar disorder: combined analysis of two international, double-blind, randomised, placebo-controlled studies.Curr Med Res Opin 2005;21:923-934.

34) McIntyre RS, Brecher M, Paulsson B, Huizar K, Mullen J. Quetiapine or haloperidol as monotherapy for bipolar mania-a 12-week, double-blind, randomised, parallel-group, placebo-controlled trial. Eur Neuropsychopharmacol 2005;15:573-585.

35) Sachs G, Chengappa KN, Suppes T, Mullen JA, Brecher M, Devine NA, et al. Quetiapine with lithium or divalproex for the treatment of bipolar mania: a randomized, double-blind, placebo-controlled study. Bipolar Disord 2004;6:213-223.

36) Yatham LN, Paulsson B, Mullen J, Vågerö AM. Quetiapine versus placebo in combination with lithium or divalproex for the treatment of bipolar mania. J Clin Psychopharmacol 2004;24:599-606.

37) Bahk WM, Yoon BH, Lee KU, Chae JH. Combination of mood stabilizers with quetiapine for treatment of acute bipolar disorder: an open label study. Hum Psychopharmacol. 2004;19:181-185.

38) 윤보현, 박원명, 이정구, 원승희. 전덕인, 이상열 등. 급성기 조증에서 Quetiapine 단독요법의 효능과 안전성: 다기관 개방 연구. 대한정신약물학회지 2006;17:374-383.

39) Hirschfeld RM, Keck PE, Jr., Kramer M, Karcher K, Canuso C, Eerdekens M, et al. Rapid antimanic effect of risperidone monotherapy: a 3-week multicenter, double-blind, placebo-controlled trial. Am J Psychiatry 2004;161:1057-1065.

40) Segal J, Berk M, Brook S. Risperidone compared with both lithium and haloperidol in mania: a

double-blind randomized controlled trial. Clin Neuropharmacol 1998;21:176-180.

41) Sachs GS, Grossman F, Ghaemi SN, Okamoto A, Bowden CL. Combination of a mood stabilizer with risperidone or haloperidol for treatment of acute mania: a double-blind, placebo-controlled comparison of efficacy and safety. Am J Psychiatry 2002;159:1146-1154.

42) Yatham LN, Grossman F, Augustyns I, Vieta E, Ravindran A. Mood stabilisers plus risperidone or placebo in the treatment of acute mania. International, double-blind, randomised controlled trial. Br J Psychiatry 2003;182:141-147.

43) Bahk WM, Yoon JS, Kim YH, Lee YH, Lee C, Kim KS, et al. Risperidone in combination with mood stabilizers for acute mania: a multicentre, open study. Int Clin Psychopharmacol. 2004;19:299-303.

44) Keck PE, Jr., Marcus R, Tourkodimitris S, Ali M, Liebeskind A, Saha A, et al. A placebo-controlled, double-blind study of the efficacy and safety of aripiprazole in patients with acute bipolar mania. Am J Psychiatry 2003;160:1651-1658.

45) Vieta E, Bourin M, Sanchez R, Marcus R, Stock E, McQuade R, et al. Effectiveness of aripiprazole v. haloperidol in acute bipolar mania: double-blind, randomised, comparative 12-week trial. Br J Psychiatry 2005;187:235-242.

46) Keck PE, Orsulak PJ, Cutler AJ, Sanchez R, Torbeyns A, Marcus RN, et al. Aripiprazole monotherapy in the treatment of acute bipolar I mania: a randomized, double-blind, placebo- and lithium-controlled study. J Affect Disord. 2009;112:36-49.

47) Woo YS, Bahk WM, Chung MY, Kim DH, Yoon BH, Lee JH, et al. Aripiprazole plus divalproex for recently manic or mixed patients with bipolar I disorder: a 6-month, randomized, placebo-controlled, double-blind maintenance trial. Hum Psychopharmacol. 2011;26:543-553.

48) Keck PE, Jr., Versiani M, Potkin S, West SA, Giller E, Ice K. Ziprasidone in the treatment of acute bipolar mania: a three-week, placebo-controlled, double-blind, randomized trial. Am J Psychiatry 2003;160:741-748.

49) Potkin SG, Keck PE, Jr., Segal S, Ice K, English P Ziprasidone in acute bipolar mania: a 21-day randomized, double-blind, placebo-controlled replication trial. J Clin Psychopharmacol 2005;25:301-310.

50) Vieta E, Ramey T, Keller D, English PA, Loebel AD, Miceli J. Ziprasidone in the treatment of acute mania: a 12-week, placebo-controlled, haloperidol-referenced study. J Psychopharmacol 2010;24:547-558.

51) Sachs GS, Vanderburg DG, Edman S, Karayal ON, Kolluri S, Bachinsky M, et al. Adjunctive oral ziprasidone in patients with acute mania treated with lithium or divalproex, part 1: results of a randomized, double-blind, placebo-controlled trial. J Clin Psychiatry. 2012;73:1412-1419.

52) Woo YS, Bahk WM, Jo SH, Yoon BH, Lee JG, Kim W, et al. Effect of initial ziprasidone dose on treatment outcome of Korean patients with acute manic or mixed episodes. Psychiatry Investig. 2011;8:207-213.

53) Lee HB, Yoon BH, Kwon YJ, Woo YS, Lee JG, Kim MD, et al. The efficacy and safety of switching to ziprasidone from olanzapine in patients with bipolar I disorder: an 8-week, multicenter, open-label study. Clin Drug Investig. 2013;33:743-753.

54) McIntyre RS, Cohen M, Zhao J, Alphs L, Macek TA, Panagides J. A 3-week, randomized, placebo-controlled trial of asenapine in the treatment of acute mania in bipolar mania and mixed states. Bipolar Disord 2009;11:673-686.

55) McIntyre RS, Cohen M, Zhao J, Alphs L, Macek TA, Panagides J. Asenapine in the treatment of acute mania in bipolar I disorder: a randomized, double-blind, placebo-controlled trial. J Affect Disord. 2010;122:27-38.

56) McIntyre RS, Cohen M, Zhao J, Alphs L, Macek TA, Panagides J. Asenapine versus olanzapine in acute mania: a double-blind extension study. Bipolar Disord. 2009;11:815-826.

57) Szegedi A, Calabrese JR, Stet L, Mackle M, Zhao J, Panagides J, et al. Asenapine as adjunctive treatment for acute mania associated with bipolar disorder: results of a 12-week core study and 40-week extension. J Clin Psychopharmacol 2012;32:46-55.

58) Sachs GS, Greenberg WM, Starace A, Lu K, Ruth A, Laszlovszky I, et al. Cariprazine in the treatment of acute mania in bipolar I disorder: a double-blind, placebo-controlled, phase III trial. J Affect Disord 2015;174:296-302.

59) Calabrese JR, Keck PE, Starace A, Lu K, Ruth A, Laszlovszky I, et al. Efficacy and safety of low- and high-dose cariprazine in acute and mixed mania associated with bipolar I disorder: a double-blind, placebo-controlled study. J ClinPsychiatry 2014;76:284-292.

60) Vieta E, Nuamah IF, Lim P, Yuen EC, Palumbo JM, Lough DW, et al. A randomized, placebo- and active-controlled study of paliperidone extended release for the treatment of acute manic and mixed episodes of bipolar I disorder. Bipolar Disord 2010;12:230-243.

61) Berwaerts J, Xu H, Nuamah I, Lim P, Hough D. Evaluation of the efficacy and safety of paliperidone extended-release in the treatment of acute mania: a randomized, double-blind, dose-response study. J Affect Disord. 2012;136:e51-60.

62) Berwaerts J, Lane R, Nuamah IF, Lim P, Remmerie B, Hough DW. Paliperidone extended-release as adjunctive therapy to lithium or valproate in the treatment of acute mania: a randomized, placebo-controlled study. J Affect Disord 2011;129:252-260.

63) Fountoulakis KN, Kontis D, Gonda X, Siamouli M, Yatham LN. Treatment of mixed bipolar states. Int J Neuropsychopharmacol. 2012;15:1015-1026.

64) Muralidharan K, Ali M, Silveira LE, Bond DJ, Fountoulakis KN, Lam RW, et al. Efficacy of second generation antipsychotics in treating acute mixed episodes in bipolar disorder: a meta-analysis of placebo-controlled trials. J Affect Disord. 2013;150:408-414.

65) Zornberg GL, Pope HG Jr. Treatment of depression in bipolar disorder: new directions for research. J Clin Psychopharmacol 1993;13:397-408.

66) Srisurapanont M, Yatham LN, Zis AP. Treatment of acute bipolar depression: a review of the literature. Can J Psychiatry 1995;40:533-544.

67) Fieve RR, Platman SR, Plutchik RR. The use of lithium in affective disorders. I. Acute endogenous depression. Am J Psychiatry 1968;125:487-491.

68) Watanabe S, Ishino H, Otsuki S. Double-blind comparison of lithium carbonate and imipramine in treatment of depression. Arch Gen Psychiatry 1975;32:659-668.

69) Worrall EP, Moody JP, Peet M, Dick P, Smith A, Chambers C, et al. Controlled studies of the acute antidepressant effects of lithium. Br J Psychiatry 1979;135:255-262.

70) Young AH, McElroy SL, Bauer M, Philips N, Chang W, Olausson B, et al. A double-blind, placebo-controlled study of quetiapine and lithium monotherapy in adults in the acute phase of bipolar depression (EMBOLDEN I). J Clin Psychiatry 2010;71:150-162.

71) Vieta E, Locklear J, Günther O, Ekman M, Miltenburger C, Chatterton ML, et al. Treatment

options for bipolar depression: a systematic review of randomized, controlled trials. J Clin Psychopharmacol. 2010;30:579-590.

72) Calabrese JR, Bowden CL, Sachs GS, Ascher JA, Monaghan E, Rudd GD. A double-blind placebo-controlled study of lamotrigine monotherapy in outpatients with bipolar I depression. Lamictal 602 Study Group. J Clin Psychiatry 1999; 60:79-88.

73) Frye MA, Ketter TA, Kimbrell TA, Dunn RT, Speer AM, Osuch EA, et al. A placebo-controlled study of lamotrigine and gabapentin monotherapy in refractory mood disorders. J Clin Psychopharmacol 2000;20:607-614.

74) Obrocea GV, Dunn RM, Frye MA, Ketter TA, Luckenbaugh DA, Leverich GS, et al. Clinical predictors of response to lamotrigine and gabapentin monotherapy in refractory affective disorders. Biol Psychiatry 2002;51:253-260.

75) Calabrese JR, Huffman RF, White RL, Edwards S, Thompson TR, Ascher JA, et al. Lamotrigine in the acute treatment of bipolar depression: results of five double-blind, placebo-controlled clinical trials. Bipolar Disord 2008;10:323-333.

76) Geddes JR, Calabrese JR, Goodwin GM. Lamotrigine for treatment of bipolar depression: independent meta-analysis and meta-regression of individual patient data from five randomised trials. Br J Psychiatry 2009;194:4-9.

77) Grunze H, Vieta E, Goodwin GM, Bowden C, Licht RW, Moller HJ, et al. The World Federation of Societies of Biological Psychiatry (WFSBP) Guidelines for the Biological Treatment of Bipolar Disorders: Update 2010 on the treatment of acute bipolar depression. World J Biol Psychiatry 2010;11:81-109.

78) Calabrese JR, Bowden CL, Sachs G, Yatham LN, Behnke K, Mehtonen OP, et al. A placebo-controlled 18-month trial of lamotrigine and lithium maintenance treatment in recently depressed patients with bipolar I disorder. J Clin Psychiatry 2003; 64:1013-1024.

79) Brown EB, McElroy SL, Keck PE Jr, Deldar A, Adams DH, Tohen M, et al. A 7-week, randomized, double-blind trial of olanzapine/fluoxetine combination versus lamotrigine in the treatment of bipolar I depression. J Clin Psychiatry 2006;67:1025-1033.

80) Ketter TA, Brooks JO, Hoblyn JC, Champion LM, Nam JY, Culver JL, et al. Effectiveness of lamotrigine in bipolar disorder in a clinical setting. J Psychiatr Res 2008;43:13-23.

81) van der Loos ML, Mulder PG, Hartong EG, Blom MB, Vergouwen AC, de Keyzer HJ, et al. Efficacy and safety of lamotrigine as add-on treatment to lithium in bipolar depression: a multicenter, double-blind, placebo-controlled trial. J Clin Psychiatry 2009;70:223-231.

82) Bowden CL, Singh V. Long-term management of bipolar disorder. In: Ketter TA editor. Advances in treatment of bipolar disorder. Washington DC: American Psychiatric Publishing;2005. p.111-146.

83) Joe SH, Chang JS, Won S, Rim HD, Ha TH, Ha K. Feasibility of a slower lamotrigine titration schedule for bipolar depression: a naturalistic study. Int Clin Psychopharmacol 2009;24:105-110.

84) Ballenger JC, Post RM. Carbamazepine in manic-depressive illness: a new treatment. Am J Psychiatry 1980;137:782-790.

85) Post RM, Uhde TW, Roy-Byrne PP, Joffe RT. Antidepressant effects of carbamazepine. Am J Psychiatry 1986;143:29-34.

86) Sachs G, Altshuler L, Ketter TA, et al. Divalproex versus placebo for the treatment of bipolar

depression. Presented at the American College of Neuropsychobiology. 2001;Puerto Rico.

87) Winsberg ME, DeGolia SG, Strong CM, Ketter TA. Divalproex therapy in medication-naive and mood-stabilizer-naive bipolar II depression. J Affect Disord 2001;67:207-212.

88) Davis LL, Bartolucci A, Petty F. Divalproex in the treatment of bipolar depression: a placebo-controlled study. J Affect Disord 2005;85:259-266.

89) Bond DJ, Lam RW, Yatham LN. Divalproex sodium versus placebo in the treatment of acute bipolar depression: a systematic review and meta-analysis. J Affect Disord 2010;124:228-234.

90) Cohn JB, Collins G, Ashbrook E, Wernicke JF. A comparison of fluoxetine, imipramine and placebo in patients with bipolar depressive disorder. Int Clin Psychopharmacol 1989; 4:313-322.

91) Baumhackl U, Biziere K, Fischbach R, Geretsegger C, Hebenstreit G, Radmayr E, et al. Efficacy and tolerability of moclobemide compared with imipramine in depressive disorder (DSM-III): an Austrian double blind, multicentre study. Br J Psychiatry Suppl 1989;78-83.

92) Himmelhoch JM, Thase ME, Mallinger AG, Houck P. Tranylcypromine versus imipramine in anergic bipolar depression. Am J Psychiatry 1991;148:910-916.

93) Silverstone T. Moclobemide vs. imipramine in bipolar depression: a multicentre double blind clinical trial. Acta Psychiatr Scand 2001; 104:104-109.

94) Amsterdam JD, Shults J. Efficacy and mood conversion rate of short-term fluoxetine monotherapy of bipolar II major depressive episode. J Clin Psychopharmacol. 2010;30:306-311.

95) Tohen M, Vieta E, Calabrese J, Ketter TA, Sachs G, Bowden C, et al. Efficacy of olanzapine and olanzapine/fluoxetine combination in the treatment of bipolar I depression. Arch Gen Psychiatry 2003;60:1079-1088.

96) Tohen M, McDonnell DP, Case M, Kanba S, Ha K, Fang YR, et al. Randomised, double-blind, placebo-controlled study of olanzapine in patients with bipolar I depression. Br J Psychiatry. 2012;201:376-382.

97) Calabrese JR, Keck PE Jr, Macfadden W, Minkwitz M, Ketter TA, Weisler RH, et al. A randomized, double-blind, placebo-controlled trial of quetiapine in the treatment of bipolar I or II depression. Am J Psychiatry 2005;162:1351-1360.

98) Thase ME, Macfadden W, Weisler RH, Chang W, Paulsson B, Khan A, et al. Efficacy of quetiapine monotherapy in bipolar I and II depression: a double-blind, placebo-controlled study (the BOLDER II study). J Clin Psychopharmacol 2006;26:600-609.

99) Cookson J, Keck PE Jr, Ketter TA, Macfadden W. Number needed to treat and time to response/remission for quetiapine monotherapy efficacy in acute bipolar depression: evidence from a large, randomized, placebo-controlled study. Int Clin Psychopharmacol 2007;22:93-100.

100) Suppes T, Hirschfeld RM, Vieta E, Raines S, Paulsson B. Quetiapine for the treatment of bipolar II depression: analysis of data from two randomized, double-blind, placebo-controlled studies. World J Biol Psychiatry. 2008;9:198-211.

101) McElroy SL, Weisler RH, Chang W, Olausson B, Paulsson B, Brecher M, et al. A double-blind, placebo-controlled study of quetiapine and paroxetine as monotherapy in adults with bipolar depression (EMBOLDEN II). J Clin Psychiatry. 2010;71:163-174.

102) Jeong JH, Bahk WM, Woo YS, Seo HJ, Hong SC, Jon DI, et al. Efficacy of quetiapine in patients with bipolar I and II depression: a multicenter, prospective, open-label, observational study. Neuropsychiatr Dis Treat. 2013;9:197-204.

103) Vieta E, Goikolea JM, Corbella B, Benabarre A, Reinares M, Martinez G, et al. Risperidone safety and efficacy in the treatment of bipolar and schizoaffective disorders: results from a 6month, multicenter, open study. J Clin Psychiatry 2001;62:818-825.

104) Loebel A, Cucchiaro J, Silva R, Kroger H, Hsu J, Sarma K, et al. Lurasidone monotherapy in the treatment of bipolar I depression: a randomized, double-blind, placebo-controlled study. Am J Psychiatry. 2013 In press.

105) Loebel A, Cucchiaro J, Silva R, Kroger H, Sarma K, Xu J, et al. Lurasidone as adjunctive therapy with lithium or valproate for the treatment of bipolar I depression: a randomized, double-blind, placebo-controlled study. Am J Psychiatry. 2013 In press.

106) Thase ME, Jonas A, Khan A, Bowden CL, Wu X, McQuade RD, et al. Aripiprazole monotherapy in nonpsychotic bipolar I depression: results of 2 randomized, placebo-controlled studies. J Clin Psychopharmacol 2008;28:13-20.

107) Lombardo I, Sachs G, Kolluri S, Kremer C, Yang R. Two 6-week, randomized, double-blind, placebo-controlled studies of ziprasidone in outpatients with bipolar I depression: did baseline characteristics impact trial outcome? J Clin Psychopharmacol. 2012;32:470-478.

108) Sachs GS, Ice KS, Chappell PB, Schwartz JH, Gurtovaya O, Vanderburg DG, et al. Efficacy and safety of adjunctive oral ziprasidone for acute treatment of depression in patients with bipolar I disorder: a randomized, double-blind, placebo-controlled trial. J Clin Psychiatry. 2011;72:1413-1422.

109) Peet M. Induction of mania with selective serotonin reuptake inhibitors and tricyclic antidepressants. Br J Psychiatry 1994;164:549-550.

110) Post RM, Altshuler LL, Leverich GS, Frye MA, Nolen WA, Kupka RW, et al. Mood switch in bipolar depression: comparison of adjunctive venlafaxine, bupropion and sertraline. Br J Psychiatry 2006;189:124-131.

111) Gijsman HJ, Geddes JR, Rendell JM, Nolen WA, Goodwin GM. Antidepressants for bipolar depression: a systemic review of randomized, controlled trials. Am J Psychiatry 2004;161:1537-1547.

112) Tondo L, Va´zquez G, Baldessarini RJ. Mania associated with antidepressant treatment: comprehensive meta-analytic review. Acta Psychiatr Scand 2010;121:404-414.

113) Sidor MM, MacQueen GM. An update on antidepressant use in bipolar depression. Curr Psychiatry Rep 2012;14:696-704.

114) Nemeroff CB, Evans DL, Gyulai L, Sachs GS, Bowden CL, Gergel IP, et al. Double blind, placebo controlled comparison of imipramine and paroxetine in the treatment of bipolar depression. Am J Psychiatry 2001;158:906-912.

115) Sachs GS, Nierenberg AA, Calabrese JR, Marangell LB, Wisniewski SR, Gyulai L, et al. Effectiveness of adjunctive antidepressant treatment for bipolar depression. N Engl J Med 2007;356:1711-1722.

116) Goodwin GM. Evidence-based guidelines for treating bipolar disorder: recommendations from the British Association for Psychopharmacology. J Psychopharmacol 2003;17:149-173.

117) Berman RM, Marcus RN, Swanink R, McQuade RD, Carson WH, Corey-Lisle PK, et al. The efficacy and safety of aripiprazole as adjunctive therapy in major depressive disorder: a multicenter, randomized, double-blind, placebo-controlled study. J Clin Psychiatry 2007;68:843-853.

118) Jon DI, Kim do H, Seo HJ, Kwon YJ, Kim MD, Yang JC, et al. Augmentation of aripiprazole for depressed patients with an inadequate response to antidepressant treatment: a 6-week prospective, open-label, multicenter study. Clin Neuropharmacol. 2013;36:157-161.

119) Kramlinger KG, Post RM. The addition of lithium to carbamazepine. Antidepressant efficacy in treatment resistant depression. Arch Gen Psychiatry 1989;46:794-800.

120) Young LT, Joffe RT, Robb JC, MacQueen GM, Marriott M, Patelis-Siotis I. Double blind comparison of addition of a second mood stabilizer versus an antidepressant to an initial mood stabilizer for treatment of patients with bipolar depression. Am J Psychiatry 2000;157:124-126.

121) Sachs GS, Lafer B, Stoll AL, Banov M, Thibault AB, Tohen M, et al. A double blind trial of bupropion versus desipramine for bipolar depression. J Clin Psychiatry 1994;55:391-393.

122) Fountoulakis KN, Kontis D, Gonda X, Yatham LN. A systematic review of the evidence on the treatment of rapid cycling bipolar disorder. Bipolar Disord. 2013;15:115-137.

123) Suppes T, Brown E, Schuh LM, Baker RW, Tohen M. Rapid versus non-rapid cycling as a predictor of response to olanzapine and divalproex sodium for bipolar mania and maintenance of remission: post hoc analyses of 47-week data. J Affect Disord. 2005;89:69-77.

124) Muzina DJ, Gao K, Kemp DE, Khalife S, Ganocy SJ, Chan PK, et al. Acute efficacy of divalproex sodium versus placebo in mood stabilizer-naive bipolar I or II depression: a double-blind, randomized, placebo-controlled trial. J Clin Psychiatry. 2011;72:813-819.

125) Suppes T, Marangell LB, Bernstein IH, Kelly DI, Fischer EG, Zboyan HA, et al. A single blind comparison of lithium and lamotrigine for the treatment of bipolar II depression. J Affect Disord. 2008;111:334-343.

126) Calabrese JR, Shelton MD, Rapport DJ, Youngstrom EA, Jackson K, Bilali S, et al. A 20-month, double-blind, maintenance trial of lithium versus divalproex in rapid-cycling bipolar disorder. Am J Psychiatry 2005;162:2152-2161.

127) Suppes T, Eudicone J, McQuade R, Pikalov A 3rd, Carlson B. Efficacy and safety of aripiprazole in subpopulations with acute manic or mixed episodes of bipolar I disorder. J Affect Disord. 2008;107:145-154.

128) Sanger TM, Tohen M, Vieta E, Dunner DL, Bowden CL, Calabrese JR, et al. Olanzapine in the acute treatment of bipolar I disorder with a history of rapid cycling. J Affect Disord 2003;73:155-161.

129) Vieta E, Calabrese JR, Hennen J, Colom F, Martínez-Arán A, Sánchez-Moreno J, et al. Comparison of rapid-cycling and non-rapid-cycling bipolar I manic patients during treatment with olanzapine: analysis of pooled data. J Clin Psychiatry. 2004;65:1420-1428.

130) Vieta E, Calabrese JR, Goikolea JM, Raines S, Macfadden W; BOLDER Study Group. Quetiapine monotherapy in the treatment of patients with bipolar I or II depression and a rapid-cycling disease course: a randomized, double-blind, placebo-controlled study. Bipolar Disord 2007;9:413-425.

131) Suppes T, Datto C, Minkwitz M, Nordenhem A, Walker C, Darko D. Effectiveness of the extended release formulation of quetiapine as monotherapy for the treatment of acute bipolar depression. J Affect Disord. 2010;121:106-115.

132) Bowden CL, Calabrese JR, McElroy SL, Gyulai L, Wassef A, Petty F, et al. A randomized, placebo controlled 12-month trial of divalproex and lithium in treatment of outpatients with bipolar I disorder. Divalproex Maintenance Study Group. Arch Gen Psychiatry 2000; 57:481-489.

133) Munk-Olsen T, Liu X, Viktorin A, Brown HK, Di Florio A, D'Onofrio BM, et al. Maternal and infant outcomes associated with lithium use in pregnancy: an international collaborative meta-analysis of six cohort studies. Lancet Psychiatry 2018;5:644-652.

134) Bilo L, Meo R. Polycystic ovary syndrome in women using valproate: a review. Gynecol Endocrinol 2008;24:562-570.

135) Macfarlane A, Greenhalgh T. Sodium valproate in pregnancy: what are the risks and should we use a shared decision-making approach? BMC Pregnancy Childbirth 2018;18:200.

136) Spina E, Pisani F, Perucca E. Clinically significant pharmacokinetic drug interactions with carbamazepine. An update. Clin Pharmacokinet 1996;31:198-214.

137) Woo YS, Bahk WM, Jon DI, Joo YH, Kim W, Seo JS, et al. Rash in adult patients receiving lamotrigine to treat bipolar I disorder in Korea: a multicenter, prospective, naturalistic, open-label trial. Prog Neuropsychopharmacol In press 2009.

138) Cavazzoni PA, Berg PH, Kryzhanovskaya LA, Briggs SD, Roddy TE, Tohen M, et al. Comparison of treatment-emergent extrapyramidal symptoms in patients with bipolar mania or schizophrenia during olanzapine clinical trials. J Clin Psychiatry 2006;67:107-113.

139) Gao K, Kemp DE, Ganocy SJ, Gajwani P, Xia G, Calabrese JR. Antipsychotic-induced extrapyramidal side effects in bipolar disorder and schizophrenia: a systematic review. J Clin Psychopharmacol 2008;28:203-209.

비약물치료
Non-pharmacological treatment

송후림⁺ | 권영준⁺⁺

한양대학교 명지병원 정신건강의학과⁺ | 순천향대학교 의과대학 정신건강의학과⁺⁺

오늘날 양극성장애의 1차 치료는 약물치료이다. 하지만 약물치료에 만족할 만한 효과를 얻지 못하였거나 신체 상태, 부작용, 거부감 등의 이유로 인해 약물을 복용하지 못하는 환자에게는 다른 추가적 혹은 대안적 치료가 요구된다. 여기에 대한 전통 및 최신의 경향은 신경조절(neuromodulation)을 활용한 생물학적 치료가 주를 이루고 있고, 보조적으로 광치료나 수면제한을 활용한 시간요법(choronotherapy)이 활용되고 있는 추세이다.

생물학적 치료의 역사

약물이 개발되기 이전에 시도되었던 초장기의 생물학적 치료로는 발열요법(fever therapy)과 화학적 경련요법(chemical convulsive therapy)이 있었다. 1917년 비엔나 대학의 Wagner-Jauregg는 말라리아에 감염된 선원의 혈액을 9명의 신경매독 환자에게 수혈하여 고열을 유발함으로써 6명의 환자를 호전시켰으며, 이 발견으로 인해 1927년 노벨 의학상을 수상했다.[1]

이후 헝가리 정신의학연구소의 Ladislas Meduna는 조발성 치매 환자의 뇌에는 신경교세포(neuroglia)의 숫자가 정상보다 적은 반면, 간질 환자의 뇌에는 보다 많다는 것을 발견했다. Meduna는 신경교세포의 결핍이 조발성 치매의 징후이며, 간질성 발작이 일어난 조발성 치매 환자에서 증상이 호전되는 것은 신경교세포의 숫자가 증가했기 때문일 것이라는 가설을 세우고, 1934년 경련을 유발하는 것으로 알려진 여러 가지 물질들 가운데 장뇌유(camphor-in-oil)를 조발성 치매 환자에게 근육주사하여 효과를 얻었다. 이후 Meduna는 metrazol을 정맥주사하여 경련을 유도하는 방법으로 110명의 환자를 치료했으며, 이를 통해 이 치료의 본질이 경련 자체에 있는 것이지 경련을 유도하는 방법에 있는 것이 아니라는 것을 제시했다.[2]

비슷한 시기인 1933년 비엔나의 Manfred Sakel에 의해 인슐린 혼수(insulin coma)가 도입되었으며,[3] 1935년 리스본의 Egas Moniz에 의해 전두엽을 절제하는 뇌엽절제술(lobotomy)이 개발되었다.[4] 그리고 1938년 로마 대학의 Ugo Cerletti와 Luigi Bini에 의해 전기를 사용해 경련을 유발하는 전기경련요법(electroconvulsive therapy, ECT)이 시도되었다.[5] 이 가운데 인슐린 혼수와 뇌엽절제술은 효과적이지 않다는 것이 드러나고, 1950년대에 항정신병약물이 개발되면서 점차 사라져갔다. 그러나 약물치료에도 불구하고 환자가 회복되지 못하는 경우가 늘어나자 대안으로서 ECT가 다시 떠오르기 시작했다. 하지만 국가의 권력 남용에 대한 은유로서 정신병원을 차용한 Ken Kesey의 소설 뻐꾸기 둥지 위로 날아간 새(one flew over the cuckoo's nest)에서 주인공이 강제로 ECT를 받다가 종국에는 양측성 전두엽절제술마저 받게 되는 장면으로부터 ECT는 비인간적이고 고통스러운 치료라는 이미지를 갖게 되었다.[6]

사실 ECT가 처음 도입되었을 때는 마취 없이 시행했기 때문에 부담을 가질 수밖에 없었고, 경련후 골절, 기억소실과 같은 원치 않는 부작용이 종종 발생했다. 이는 마취와 근이완제 사용, 지속적 산소주입, 일측성 전극, 단기 펄스 에너지 전류, 경련 기간 중의 모니터링 등과 같은 기술적 측면의 개선을 통해 개선되었으며, 이러한 변화들이 축적되어 오늘날의 '변형 ECT(modified ECT)'를 이루게 되었다.[7]

현재까지 비약물치료 방법들 중에서 약물치료에 반응하지 않는 환자들에게 확실한 근거를 가지고 사용할 수 있는 치료법은 ECT뿐이지만, ECT가 효과가 좋은 데 비해서 절차상의 번거로움이나 낙인 효과 때문에 널리 사용되지 않고 있는 실정을 감안하여 전기 대신 빠른 자기장 펄스를 이용하는 반복적 두개경유자기자극술(repetitive transcranial magnetic stimulation, rTMS), 두피에 붙인 전극으로부터 약한 전기자극을 전달하는 경두개직류전기자극술(transcranial direct current stimulation, tDCS) 등과 같은 새로운 신경조절기법들도 대안으로 사용될 수 있다. 그밖에 수면박탈(sleep deprivation), 광치료(light therapy)와 같은 비약물치료들도 일부 환자들에게 적용되고 있다.

이러한 비약물치료들은 양극성장애에 대해서는 우울증 삽화, 계절형, 혼재성 양상, 급속순환형 등의 경우, 약물을 복용할 수 없는 신체 상태의 환자, 임산부에 대해 주로 고려되는 편이다. [8]

전기경련요법(electroconvulsive therapy, ECT)

ECT는 양극성장애와 우울증을 포함한 기분장애에 대해 빠르고 효과적이면서 안전성이 확립된 치료 방법이다. 특히 심한 우울증이나 혼재성 양상, 급속순환형에 대해서는 가장 효과적일 것으로 생각되며, 조증일 경우에도 사용할 수 있고, 조증 삽화로 인한 자해나 타해 등 공격적 행동의 위험성을 감소시킨다. ECT를 하면서 항정신병약물을 함께 복용할 경우 효과가 더 빨리 나타나기도 한다. 약물을 복용할 수 없는 임산부나 노인에게서 1차적인 치료로 고려할 수 있다. [9]

양측자극법(bilateral electrode placement)이 편측자극법(unilateral electrode placement)보다 더욱 효과적이지만, 편측자극법은 인지기능에 미치는 부작용이 덜하다는 장점이 있다. 1970년대 후반에 ECT가 다시 조명받게 될 무렵, 주된 관심사는 인지기능과 기억력에 미치는 영향에 관한 것이었다. 일측성 ECT가 기억력에 대한 영향을 줄인다는 사실이 증명되자 많은 의사들이 이 방법을 선호했다. 그러나 일측성 ECT를 할 경우 짧고 불충분한 경련이 유발되어 시행횟수를 보다 늘려야 하고 양측성 ECT보다 효과가 덜하다는 사실이 밝혀졌다. [10] 이러한 연구 결과들로 인해 현재는 양측성 ECT가 선호된다.

기억소실은 치료기간 동안에 가장 잘 나타난다. 이는 ECT가 단기기억에서 장기기억 저장으로 이동하는 정보의 전환에 영향을 주기 때문으로 보인다. 하지만 기억소실은 영구적인 것이라기보다는 몇 개월 후에 다시 돌아올 가능성이 있다. [11] ECT를 받은 사람들 중 약 2/3가 기억기능에 문제를 겪는 것으로 나타났으나, 대개 그 문제는 일시적이며 보통 시간이 지나면 사라진다. [12] 최근 0.3m/s의 초단기 펄스폭(ultrabrief pulse width)을 적용한 ECT는 인지기능 저하의 부작용이 매우 감소하는 것으로 보고되었다. [13]

보통 기존에 복용하던 lithium이나 기분안정제를 중단하고 나서 주 3회 간격으로 6~12회가량 치료하는 것이 일반적이나, ECT의 전체 횟수는 미리 정해놓고 시작한다기보다는 환자의 호전도와 부작용을 비교해서 결정한다. [14] 조증의 경우에는 우울증과 달리 ECT에 치료반응을 보이기 위해 치료 횟수나 기간이 더 많이 필요할 것이라 여겨지지만 조증에서 ECT 시행 빈도를 늘인다고 해서 치료 성적이 더 좋다는 증거는 없다. ECT

에 치료반응을 보인 조증 환자들의 경우에는 평균 6회의 치료 후 증상 관해를 보였고, ECT 총시행 횟수는 평균적으로 8.5회였다.[15]

치료종료를 결정하는 방법에 대해서는 일치된 의견이 없으나 초반의 효과로 치료성적을 예측할 수 있는 것으로 보인다. ECT를 2회 시행한 다음의 호전도가 향후 전체적인 호전도를 반영하는 것일 수 있으며, 6회 시행 후에도 변화가 없으면 호전을 기대하기 어렵다고도 한다.[16] 고전적으로는 최대의 치료 효과가 나타났을 때의 횟수의 절반만큼을 추가로 더 시행한 다음 종료를 권한다. 치료 효과가 나타난 후 2회를 추가로 더 시행한 후 큰 변화가 없으면 종료를 권하기도 한다.[17] 통상 병전에 사회적응능력이 떨어진 환자, ECT 효과에 의문을 제기하는 환자, 그리고 심한 불안을 가진 환자, 만성 우울증 환자 등은 ECT에 대한 반응이 좋지 않을 가능성이 있다.[18]

ECT를 통해 증상이 호전된 이후에는 약물치료를 다시 이어나가는 것이 일반적이다. 하지만 재발 삽화를 보이는 환자들 중에서 이전의 ECT의 효과가 좋았던 경우, 약물치료에 반응이 좋지 않거나 부작용으로 인해 내약성이 감소되는 경우, 재발을 자주 하는 경우, 정신병적 양상을 동반한 경우, 환자가 ECT를 선호하는 경우 등에서는 유지치료로 ECT를 지속할 수 있다.[19]

반복적 두개경유자기자극술(repetitive Transcranial Magnetic Stimulation, rTMS)

rTMS는 뇌의 전기적 활성도와 자기적 활성도가 비례한다는 점에 착안하여 두부의 편측에 자기장을 가하는 치료 방법이다. 양방향의 코일을 두부에 접촉하고 전류를 흘리면 2~3T의 진동자기장이 형성되고, 이로 인해 코일 아래에 위치한 뇌 속에 국소전류가 발생하여 뇌세포를 활성화시킨다. 코일과 두부와의 직접적인 전류소통은 없으며, 경련을 유발하지 않고 인지기능에 손상이 없으므로 전처치나 후속 조치 없이 외래에서 비교적 쉽고 편리하게 시행할 수 있는 것이 장점이다.

환자의 상태에 따라 코일의 위치와 자기장의 세기를 조절하여 시행하고 있으며, 파동을 반복해서 주기적으로 주는 것을 rTMS라고 하고, 이 반복 주기가 1Hz 이상일 때 고주파(high frequency) rTMS라고 한다. 일반적으로 고주파 rTMS는 대뇌피질에 대해 흥분성으로, 저주파 rTMS는 억제성으로 작용한다.[20]

정신과적으로 가장 근거가 확립된 적응증은 우울증으로서 보통 주 4~5회 간격으로 총 10~20회가량을 시행한다. 전전두 피질과 우울증 간의 관련성이 알려지면서 전전두

피질을 자극하는데, rTMS를 좌측 전전두엽(left prefrontal cortex)에 시행하면 항우울 효과가, 우측 전전두엽(right prefrontal cortex)에 시행하면 항조증 효과가 있는 것으로 나타났다.[21] 하지만 아직까지 rTMS는 조증에 대해서는 잘 시도되지 않고 있다. 또한 단독치료로서보다는 약물치료에 더한 보조적인 치료로서 주로 시행되고 있으나 우울증에 있어 단독치료로도 효과적일 수 있고, 두 가지 이상의 항우울제에 효과가 없을 경우 적용해볼 만하다.[22] 최근에는 2T와 100Hz의 강력한 자기장으로 rTMS를 시행하여 경련을 유도하는 자기경련치료(magnetic seizure therapy)도 시행되고 있으며, ECT와 효과는 비슷하면서 인지저하와 같은 부작용이 적은 것으로 알려져 추후 활용이 늘어날 수 있을 것으로 보인다.[23]

경두개직류전기자극술(transcranial direct current stimulation, tDCS)

tDCS는 두피에 붙인 전극으로 2~3mA 정도 미량의 직류전기자극을 30분가량 전달하여 신경세포의 안정막 전압을 조절함으로써 대뇌피질의 활성도를 증가시키거나 흥분성을 억제시킬 수 있는 방법이다. 전류를 사용하지만 두피에 약하게 따끔거리는 정도의 감각만 있을 뿐 경련을 유발하거나 의식에 영향을 미치지 않기 때문에 기기를 대여하여 자가로도 손쉽게 시행할 수 있는 것이 장점이다.

주로 뇌졸중 환자의 두뇌재활 및 파킨슨병 환자의 운동기능 향상치료에 적용되고 있으며 주의집중력, 작업기억력, 시각지각력, 언어기능 등의 뇌기능 호전을 기대해볼 수 있다. 다만 약한 자극을 사용하기 때문에 치료 효과가 크지는 않아 단독 치료보다는 보조적인 치료로 사용되고 있는 편이다.

대부분의 임상 연구들은 3~4주에 걸쳐 15~20회 이상을 시행하고 효과를 측정하는 형태로서 소수의 환자들을 대상으로 진행되었지만, 양극성장애 환자에게 tDCS는 적용할 수 있는 치료 방법이며, 특히 우울증 삽화에서 그러함이 시사되었다.[24] 또한 tDCS는 인지기능과 수면의 질을 개선시키는 기전으로써 삽화의 재발을 방지하는 효과가 있을 가능성이 있다.[25]

심부뇌자극술(deep brain stimulation, DBS)

DBS는 전신마취하 배터리를 포함한 자극발생기를 쇄골 피하나 복부에 삽입하고 이어진 전극선을 두개골을 통과시켜 심부의 뇌부위에 닿게 하여 전기자극을 전달하는 방법이다. 파킨슨병, 진전, 근긴장이상증, 뇌전증, 통증질환 등에 주로 적용되고 있으며, 정신질환 중에서는 치료저항성 우울증에 대해 후순위의 치료 전략으로 시도되고 있다. 단극성 우울증에 대한 연구가 대부분으로 양극성 우울증은 실험군에 일부 포함되는 정도이고, 조증에 대한 연구는 거의 없다.[26]

양측성으로 뇌량하대상피질(subcallosal cingulate), 복측선조체(ventral capsule/ventral striatum), 측좌핵(nucleus accumbens), 내측전뇌다발(median forebrain bundle) 등에 전극을 위치하고, 삽입 다음 날부터 약물과 자극을 병용하는 초기 프로그래밍을 시작하여 수 회에 걸쳐 추가적인 프로그래밍을 계속한다. 환자용 프로그래머(access review therapy controller)를 통해 시스템 및 배터리 상태를 확인할 수 있으며, 환자가 직접 자극발생기를 켜고 끌 수 있다. 일반적으로 100Hz 이상의 고주파 자극으로 설정하며, 시간이 지날수록 관해율이 높아져 2년 뒤에는 난치성 우울증 환자의 92%에서 관해에 도달했다는 보고가 있다.[27] 장기적인 안전성이 확보되었으며 배터리 수명은 3~5년 정도로서 수명이 다했을 때는 국소마취하에 배터리만 교환하는 수술을 받게 된다. 양극성 우울증과 단극성 우울증 간에 치료반응의 차이는 없는 것으로 보이며, sham 자극에도 반응이 있는 것(modest effect)으로 나타나 수술적 절차 자체만으로도 우울증에 효과가 있을 가능성이 제기되었다.[28]

미주신경자극(vagus nerve stimulation, VNS)

VNS는 좌측 경부에 위치한 구심성 미주신경에 미세한 전기자극을 줌으로써 뇌파 동기화(EEG synchronization)의 변화를 유발하여 경련을 감소시키는 기전을 통해 1994년부터 난치성 부분발작(partial seizure)의 치료 수단으로 사용되었다. 이 과정에서 기분 증상의 호전이 관찰되고 변연계 대사와 모노아민에 영향을 주는 것이 밝혀지면서 치료저항성 우울증에도 적응증을 획득했다. 양극성장애에 대해서는 치료저항성 우울증 삽화와 급속순환형에 대해 실험적으로 시도된 바 있으며, 확정적인 결과는 없다.[29]

현재 임상적으로 사용되는 VNS는 미국의 Cyberonics라는 회사에서 제작한 Neuro Cybernetic Prosthesis(NCP®) system을 외과적 수술을 통해 체내 삽입하는 것이다. 파동 발생기를 좌측 흉벽에 삽입하고, 전선을 경동맥 근처의 좌측 미주신경에 연결시킨 다음 외부 컴퓨터에 내장된 NCP® programming software로 파동 발생기의 정보를 읽고 자극을 조절할 수 있다. 더 이상 최신의 치료기법은 아니지만, 의료기기 허가 문제와 침습적 술기라는 장벽으로 인해 국내에서는 시술되지 않고 있다. 또한 시술 후 수면 무호흡과 저호흡, 코골이, 목소리 변화, 재채기, 인후염 등의 부작용이 보고되어 치료 만족도에 영향을 줄 수 있으며, 특히 수면장애를 동반한 우울증 환자에게는 적절하지 않을 수 있다.[30]

광치료(light therapy)

광치료는 생체 시계의 활동성을 낮과 밤의 주기에 맞추어 재설정하도록 하는 치료법이다. 빛이 망막에 닿으면 시상하부 경로를 거쳐 인체 생물 시계인 시교차상핵(suprachiasmatic nucleus, SCN)에 도달하여 글루타메이트(glutamate)를 분비시킴으로써 주간 활동성이 증가하고 생체 주기는 24시간에 근접하게 된다.[31] 1984년부터 계절성 정동장애의 치료로 활용되기 시작하여 우울증, 월경전불쾌감장애, 수면장애 등의 치료로 항우울제와 병합 혹은 단독으로 사용되고 있다. 계절성 우울증에 대한 광치료의 효과는 2~3주 이내에 60~90%의 반응률을 보일 정도로 좋은 것으로 보고되고 있으나 계절성이 아닌 우울증에 대한 광치료 효과는 계절성 우울증보다는 적은 것으로 보인다.[32]

계절성 정동장애는 전형적으로 수면위상이 지연되어 있으므로 이른 아침에 30~120분 동안 2,500~10,000lux 정도의 강한 밝기의 광선 박스(light box)에 노출시킨다(10,000lux×30분 혹은 2,500lux×120분). 노인과 같이 전진성 수면위상을 가진 경우 광치료를 오후에 해서 위상을 지연시킨다.[33]

양극성장애에서는 광치료에 대한 반응이 단극성 우울증과는 다를 수 있다. 비계절성 양극성 우울증 환자들이 비계절성 단극성 우울증 환자들에 비해 증상 호전율이 높다는 보고로부터 양극성 우울증 환자들이 광치료에 반응을 잘할 수 있음이 시사되었다.[34] 하지만 광치료는 우울증 환자에게서 경조증이나 조증 삽화를 촉발시킬 수 있으며, 심한 양극성장애 환자들은 광치료로 인해 우울 증상이 악화되고, 기분 변화가 빨라지고, 수면에 지장이 생기고, 혼재성 삽화나 자살행동 등을 경험할 수 있다. 따라서 양극성장애 환자에게 광치료를 시행할 경우 광치료로 인한 부정적 결과가 발생할 가능성에 대해 보다 주의를 기울여야 하며, 광치료 단독보다는 약물치료를 동반하는 것이 안전할 것이다.[35] 그밖에 경미한 부작용으로 안구불편감, 시력저하, 두통 등이 나타날 수도 있으나 노출 시간이나 빛의 세기를 줄임으로써 조절할 수 있다.

수면박탈(sleep deprivation)

수면박탈은 수면을 제한함으로써 일주기 리듬의 위상 변화를 교정시켜주는 치료로서, 1971년에 우울증에 대한 치료적 효과가 있음이 밝혀졌다. 정확한 기전은 불분명하나 rapid eyeball movement(REM) 수면의 억제 효과와 연관이 있을 수 있다. 수면박탈에는 밤새 한숨도 재우지 않는 전체 수면박탈(total sleep deprivation), 수면의 전반기나 후반기 1/2의 수면을 박탈하는 부분 수면박탈(partial sleep deprivation), 그리고 REM 수면기에만 선택적으로 잠을 자지 못하게 하는 선택적 REM 수면박탈(selective REM sleep deprivation) 등이 있다.

전체 수면박탈을 시행하면 24~48시간 이후 우울증 환자의 40~60%에서 우울 증상이 호전되지만, 회복 수면(recovery sleep)을 취할 경우 70%에서 다시 우울 증상이 나타난다.[36] 빠른 치료 효과가 필요할 경우에 사용해볼 수 있겠으며, 수면박탈 상태를 계속 유지하는 것은 현실적으로 어렵기 때문에 수면박탈을 시행하면서 항우울제나 lithium을 같이 복용하거나 광치료를 함께 시행하는 것이 증상 재발을 막는 데 도움이 될 수 있다.[37]

수면박탈은 양극성 우울증에도 효과적이지만, 양극성장애의 경우 수면박탈에 의해 조증이 촉발될 수 있어 주의를 요한다.

요약

의학과 과학이 발달하면서 양극성장애에 대한 치료의 범위는 계속 확장되고 있다. 지난 반세기 동안 정신질환 치료에 있어서 약물치료가 주가 되어 왔으나 약물치료로 호전이 되지 않거나 부작용으로 인해 유지가 어려운 경우에는 신경조절과 같은 생물학적 치료가 분명히 효과적인 선택이 될 수 있다. 이 장에서 소개한 비약물치료 방법들은 수많은 정신과 영역의 치료도구 중 하나로서 과대평가될 필요도, 과소평가될 필요도 없다. 정신과 의사들은 이 방법들에 대해 편견 없이 정확한 사실을 알고 있어야 하며, 필요한 경우라면 적시에 활용할 수 있어야 한다.

특히 양극성장애가 가지는 높은 유전성과 생물학적 고정성을 감안할 때, 생물학적 치료에 대한 이해는 양극성장애의 원인과 기전을 이해할 수 있게 해주는 단서로도 작용할 수 있다. 향후에도 생물학적 치료에 대해 꾸준히 관심을 가지고 적용하는 것이 요구된다.

참고문헌

1) Karamanou M, Liappas I, Antoniou C, Androutsos G, Lykouras E. Julius Wagner-Jauregg (1857-1940): Introducing fever therapy in the treatment of neurosyphilis. Psychiatr Psychiatr 2013;24: 208-212.

2) Meduna L. The Use of Metrazol in the Treatment of Patients with Mental Diseases. Convuls Ther 1990; 6:287-298.

3) Shorter E. Sakel versus Meduna: different strokes, different styles of scientific discovery. J ECT 2009;25:12-14.

4) Egas Moniz. How I came to perform prefrontal leucotomy. J Med (Oporto) 1949;14:513-515.

5) Cerletti U, Bini L. Electroshock. Int Rev Psychiatry Abingdon Engl 2018;30:153-154.

6) Boschini DJ, Keltner NL. Different generations review One Flew Over the Cuckoo's Nest Milos Forman (director). Perspect Psychiatr Care 2009;45: 75-79.

7) Raval NK, Andrade C. Unmodified ECT vs modified ECT. Issues Med Ethics 2003;11:100;author reply 101.

8) Loo C, Greenberg B, Mitchell P. Nonpharmacotherapeutic Somatic Treatments for Bipolar Disorder (ECT, DBS, rTMS). Curr Top Behav Neurosci 2011;5:285-302.

9) Berg JE. Benefits of Returning to Work After ECT. J ECT 2013;29:29-32.

10) Narayanaswamy JC, Viswanath B, Reddy PV, Kumar KR, Thirthalli J, Gangadhar BN. Efficacy of ECT in bipolar and unipolar depression in a real life hospital setting. Asian J Psychiatry 2014;8: 43-46.

11) Mondimore FM, Damlouji N, Folstein MF, Tune L. Post-ECT confusional states associated with elevated serum anticholinergic levels. Am J Psychiatry 1983;140:930-931.

12) Dybedal GS, Tanum L, Sundet K, Gaarden TL, Bjølseth TM. Cognitive side-effects of electroconvulsive therapy in elderly depressed patients. Clin Neuropsychol 2014;28:1071-1090.

13) Galletly C, Clarke P, Paterson T, Rigby A, Gill S. Practical considerations in the use of ultrabrief ECT in clinical practice. J ECT 2014;30:10-14.

14) Kellner CH, Greenberg RM, Murrough JW, Bryson EO, Briggs MC, Pasculli RM. ECT in treatment-resistant depression. Am J Psychiatry 2012;169:1238-1244.

15) Robinson LA, Penzner JB, Arkow S, Kahn DA, Berman JA. Electroconvulsive therapy for the treatment of refractory mania. J Psychiatr Pract 2011;17:61-66.

16) Lin C-H, Chen M-C, Yang W-C, Lane H-Y. Early improvement predicts outcome of major depressive patients treated with electroconvulsive therapy. Eur Neuropsychopharmacol J Eur Coll Neuropsychopharmacol 2016;26:225-233.

17) Weiner RD, Coffey CE. Practical issues in the use of electroconvulsive therapy (ECT). Psychiatr Med 1991;9:133-141.

18) Haq AU, Sitzmann AF, Goldman ML, Maixner DF, Mickey BJ. Response of depression to electroconvulsive therapy: a meta-analysis of clinical predictors. J Clin Psychiatry 2015;76:1374-1384.

19) Rabheru K. Maintenance electroconvulsive therapy (M-ECT) after acute response: examining the evidence for who, what, when, and how? J ECT 2012;28:39-47.

20) Kumar S, Singh S, Parmar A, Verma R, Kumar N. Effect of high-frequency repetitive transcranial magnetic stimulation (rTMS) in patients with comorbid panic disorder and major depression. Australas Psychiatry Bull R Aust N Z Coll Psychiatr 2018::1039856218771517.

21) Johnson KA, Baig M, Ramsey D, Lisanby SH, Avery D, McDonald WM et al. Prefrontal rTMS for treating depression: location and intensity results from the OPT-TMS multi-site clinical trial. Brain Stimulat 2013;6:108–117.

22) Gaynes BN, Lloyd SW, Lux L, Gartlehner G, Hansen RA, Brode S et al. Repetitive transcranial magnetic stimulation for treatment-resistant depression: a systematic review and meta-analysis. J Clin Psychiatry 2014;75:477–489;quiz 489.

23) Cretaz E, Brunoni AR, Lafer B. Magnetic Seizure Therapy for Unipolar and Bipolar Depression: A Systematic Review. Neural Plast 2015;2015:521398.

24) Dondé C, Amad A, Nieto I, Brunoni AR, Neufeld NH, Bellivier F et al. Transcranial direct-current stimulation (tDCS) for bipolar depression: A systematic review and meta-analysis. Prog Neuropsychopharmacol Biol Psychiatry 2017;78:123–131.

25) Martin DM, Chan H-N, Alonzo A, Green MJ, Mitchell PB, Loo CK. Transcranial direct current stimulation to enhance cognition in euthymic bipolar disorder. Bipolar Disord 2015;17:849–858.

26) Oldani L, Altamura AC, Abdelghani M, Young AH. Brain stimulation treatments in bipolar disorder: A review of the current literature. World J Biol Psychiatry Off J World Fed Soc Biol Psychiatry 2016;17:482–494.

27) Holtzheimer PE, Kelley ME, Gross RE, Filkowski MM, Garlow SJ, Barrocas A et al. Subcallosal cingulate deep brain stimulation for treatment-resistant unipolar and bipolar depression. Arch Gen Psychiatry 2012;69:150–158.

28) Gippert SM, Switala C, Bewernick BH, Kayser S, Bräuer A, Coenen VA et al. Deep brain stimulation for bipolar disorder-review and outlook. CNS Spectr 2017;22:254–257.

29) Marangell LB, Suppes T, Zboyan HA, Prashad SJ, Fischer G, Snow D et al. A 1-year pilot study of vagus nerve stimulation in treatment-resistant rapid-cycling bipolar disorder. J Clin Psychiatry 2008;69:183–189.

30) Ben-Menachem E. Vagus nerve stimulation, side effects, and long-term safety. J Clin Neurophysiol Off Publ Am Electroencephalogr Soc 2001;18:415–418.

31) Pail G, Huf W, Pjrek E, Winkler D, Willeit M, Praschak-Rieder N et al. Bright-light therapy in the treatment of mood disorders. Neuropsychobiology 2011;64:152–162.

32) Mårtensson B, Pettersson A, Berglund L, Ekselius L. Bright white light therapy in depression: A critical review of the evidence. J Affect Disord 2015;182:1–7.

33) Privitera MR, Moynihan J, Tang W, Khan A. Light therapy for seasonal affective disorder in a clinical office setting. J Psychiatr Pract 2010;16:387–393.

34) Geoffroy PA, Fovet T, Micoulaud-Franchi J-A, Boudebesse C, Thomas P, Etain B et al. [Bright light therapy in seasonal bipolar depressions]. L'Encephale 2015;41:527–533.

35) Penders TM, Stanciu CN, Schoemann AM, Ninan PT, Bloch R, Saeed SA. Bright Light Therapy as Augmentation of Pharmacotherapy for Treatment of Depression: A Systematic Review and Meta-Analysis. Prim Care Companion CNS Disord 2016;18. doi:10.4088/PCC.15r01906.

36) Dopierała E, Rybakowski J. Sleep deprivation as a method of chronotherapy in the treatment of depression. Psychiatr Pol 2015;49:423–433.

37) Benedetti F, Riccaboni R, Locatelli C, Poletti S, Dallaspezia S, Colombo C. Rapid treatment response of suicidal symptoms to lithium, sleep deprivation, and light therapy (chronotherapeutics) in drug-resistant bipolar depression. J Clin Psychiatry 2014;75:133-140.

심리사회치료
Psychosocial treatment

구본훈[+] | 이광헌[++]
영남대학교병원 정신건강의학과[+] | 동국대학교 경주병원 정신건강의학과[++]

| 사례 |

28세 남자 A는 약 2주 전부터 말수가 많아지고, 잠을 거의 자지 않고, 새로운 사업을 하면 큰 돈을 벌 수 있다고 하면서 여러 군데 대출을 받으려고 하고, 사업을 하려면 좋은 차가 있어야 한다며 비싼 외제차를 계약하는 모습을 보였다. 가족들이 이에 대해 만류를 하면 자신의 앞길을 방해한다면서 화를 내고 쉽게 흥분하였고, 어제는 만류하는 아버지를 때리려고 하고 집을 나가려는 행동을 보여 가족들에 의해 강제로 응급실로 방문하였다. 그는 약 1년 전에 이와 유사한 증상으로 다른 병원에 입원하여 1형 양극성장애 조증 삽화로 입원치료를 한 병력이 있었고, 퇴원 후 자신은 아무런 병이 없다며 외래진료를 2달 정도 다닌 후 중단하였다.

서론

양극성장애의 치료에서 약물치료가 가장 주된 치료라는 점은 여러 연구에서 명백하게 나타난다. 특히 상기 사례와 같이 전형적인 양극성장애 조증 삽화 급성기에는 환자의 행동조절과 급성기 조증 증상의 조절을 위해 입원치료 또는 기분조절제 등의 적극적인 약물치료가 필수이다. 그러나 양극성장애의 발병과 악화, 재발 등에 생물학적 원인 이

외에 여러 가지 요인들이 복잡하게 작용하기 때문에 이에 대한 부가적인 심리사회치료
가 필요하다.

양극성장애의 원인 및 치료 모델로서 여전히 지지받고 있는 것은 생물정신사회적 소
질-스트레스 모델(biopsychosocial diathesis-stress model)이다.[1] 정신사회적 스트레스는
양극성장애의 발병과 경과에 중요한 역할을 하는 것으로 알려져 있다.[2] 소아기에 겪는
어려움(childhood adversity)은 질환의 조기 발병 취약성의 위험인자로 알려져 있고, 개
인의 발달 과정 도중에 연속적으로 발생하는 스트레스들은 질환의 발생과 재발, 그리고
기분 삽화의 진행에도 영향을 미칠 수 있다.[2] 최근의 스트레스 사건들과 사회적 지지 여
부, 그리고 높은 표현감정(high expressed emotion, high EE) 등도 또한 양극성장애의 발
병과 진행에 영향을 주는 위험인자로 알려져 있다. 그리고 양극성장애 환자들의 인지양
상(cognitive style)도 단극성 우울장애와 마찬가지로 부정적인 경향을 보이는 것으로 나
타났다.[3] 따라서 기분 증상의 급성기 삽화에는 표준적인 약물치료가 중요하지만 환자
의 기분 증상 발병과 악화 및 재발을 예방하기 위해, 그리고 좀 더 나은 일상적 사회적
기능 회복을 위해서 심리사회치료는 필수적이다.

| 사례 |

A씨는 첫 발병하고 입원치료 후 건설회사에 취직해서 일을 하던 중 같은 나이의 다른 동료들은 사무
직 근무를 하는데 자신은 현장 업무를 하고 있는 것에 대해 많이 자존심 상했고, 약 한 달 전에는 자
신에게 업무를 지시하는 상사의 태도가 자신을 무시하는 느낌이 들어서 직장을 그만두게 되었다. 이
후 집에서 지내면서 부모님은 그에게 "나이가 서른이 다 되어 가는데 일도 안하고, 결혼도 하지 않고
뭐 하냐" 등의 비난을 들었고, 그는 스스로 무가치하다는 생각이 들어 스트레스를 많이 받았다. 자신
에게 잔소리하는 부모님에게 화가 났지만 그는 자신이 잘못했다는 생각에 별다른 대응을 하지 못했
고, 이러한 스트레스를 풀 방법이 없었다. 단지 성공해서 부모님과 자신을 무시하는 사람들에게 복수
를 해야겠다는 생각을 자주 하였다. 과거력상 그는 어릴 때부터 아버지가 동생과 비교하여 공부와 다
른 모든 것을 잘하지 못한다며 비난과 매를 때린 경우도 많이 있었다고 하였고, 어머니는 그를 지지
해주기보다는 그냥 가만히 내버려두는 경우가 많아 별로 도움이 되지 않았다고 하였다.

심리사회치료의 목표와 주제

일반적인 심리사회적 치료 목표에 더하여, 과거부터 중요하게 생각해왔던 양극성장애의
심리사회적 치료의 목표는 기분장애 증상의 호전과 재발 방지였다. 이후 양극성장애의
치료 목표는 증상의 호전뿐만 아니라 질환의 완전한 관해와 기능회복으로 발전되어 왔
고, 또한 질환의 아주 초기 단계에 개입하여 질환의 발생과 악화를 미리 예방하는 것을

목표로 하는 것으로 점차적으로 변화하였다. 최근에는 1차적 질환의 치료, 재발 방지 및 예방뿐만 아니라 기능적 회복 중심(recovery-oriented)의 치료목표로 나아가고 있다. 즉 개인적인 삶의 의미와 삶의 질(quality of life)을 향상시키는 방향으로 변화하고 있다. 개인적 차원의 회복(personal recovery)이란 정신과적 증상의 감소와 재발 방지, 그리고 기능적 어려움에 중심을 두는 것에 대비해 질환에 대한 환자 개개인의 심리적 적응력을 향상시키는 것으로 삶의 질과 같이 좀 더 환자의 주관적인 경험에 초점을 두고 있다.[4] 즉 어떤 환자에서는 설사 기분 증상은 남아 있더라도 자신의 주관적 경험과 역할 기능은 유지하도록 도와주는 것이다. 양극성장애와 같은 만성질환에서 개인적 회복의 의미는 증상의 호전뿐만 아니라 개인적 웰빙의 향상과 가치 있는 삶의 목표를 향해 발전해나가는 것이 궁극적인 치료의 목표로 볼 수 있다.

| 사례 |

A씨의 1차 치료 목표는 입원치료와 약물치료를 통한 급성기 조증 증상의 조절이다. 급성기 기분 증상의 호전 이후에는 과거 치료병력상 자신의 질환에 대한 인식 부족과 약물 비순응 문제로 인해 재발 가능성이 높으므로 이에 대한 개입이 필요할 것으로 보인다. 그리고 직장 내 대인관계에서 어려움과 부모님과의 관계상의 어려움이 그의 재발에 영향을 준 것으로 보이며, 스트레스 조절과 가족치료 등의 개입 또한 필요할 것으로 생각된다. 장기적인 목표로서 그가 기능을 잘 유지하고, 직장 생활을 할 수 있도록 도와주고, 질환의 만성화 예방과 질환을 가지고 있지만 이를 수용하고 질환과 함께 자신의 삶을 행복하게 영유할 수 있도록 도와주어야 할 것으로 생각된다.

이러한 목표를 이루기 위해 시행하는 부가적인 심리사회치료의 효과는 그 치료의 결과로써 다음과 같은 중요한 매개자들이 있는 것으로 알려져 있다. 즉 심리사회치료는 감정적 자기 조절 기술(emotional self-regulation skills)의 획득, 질환에 대한 자신의 태도를 덜 비관적이고 균형 있게 하는 것, 가족관계 및 의사소통의 향상, 사회기술의 향상, 스스로에게 낙인 찍는 것(self-stigmatization)을 줄이고 질환을 받아들이는 것(acceptance), 외부적인 사회적 및 치료적 지지의 증가, 약물 순응도의 증가, 수면/각성 사이클과 그 외 일상생활의 안정, 재발을 조기에 인식하고 개입하는 능력 향상 등을 통해 양극성장애 환자의 치료에 도움을 주게 된다.[5]

이를 이루기 위해 양극성장애에서 다루어야 하는 중요한 심리사회치료의 주제는 표 1과 같다.[6]

표 1	양극성장애의 심리사회치료 주제

양극성장애에 대한 정보 제공과 지식 향상(increased knowledge about bipolar disorder)

수면과 기분 모니터링과 조절(monitoring sleep and mood)

기분 변화를 인식하고 반응하는 능력의 향상(enhanced ability to recognize and respond to mood changes)

사회적, 가족적, 직업적 역할에 다시 집중하기(re-engaging with social, familial and occupational roles)

스트레스 조절(stress management)

의사소통의 향상(improved communication)

약물 순응도(medication adherence)

수면과 활동 리듬의 향상(enhanced sleep and activity rhythms)

약물 남용의 최소화(minimizing substance use)

심리사회치료의 효과 연구

양극성장애 급성기 증상의 심리사회치료 효과에 대한 연구는 제한적이다. 또한 양극성장애의 심리사회치료 효과 연구는 단독치료보다는 주로 약물치료의 부가적인 치료 효과 연구가 대부분이다.

양극성장애에서 지금까지 무작위 대조군 연구가 시행된 심리사회치료는 정신교육(psychoeducation, PE), 인지행동치료(cognitive behavioral therapy, CBT), 대인관계 및 사회리듬치료(interpersonal and social rhythm therapy, IPSRT), 변증법적 행동치료(dialectical behavior therapy, DBT), 마음챙김 기반 인지치료(mindfulness-based cognitive therapy, MBCT), 그리고 가족중심치료(family focused therapy, FFT) 등이 있다. 대부분의 연구들은 증상의 감소와 재발의 방지와 같은 임상적 변인에 초점을 둔 연구였다. 심리사회치료의 효과는 대상군의 임상적 특성과 질환의 진행 경과에 따라 다양하게 나타났다. 또한 양극성장애의 심리사회치료는 가급적 조기에 시행할수록 더 도움이 되는 것으로 나타났다.[7]

양극성장애의 약물치료에 부가적인 심리사회치료에 대한 여러 가지 메타분석과 체계적 리뷰들은 대체로 기분 삽화의 재발과 입원, 그리고 기능장애를 줄이는 데 도움이 된다고 보고되었다.[5] Systematic Treatment Enhancement Program for Bipolar Disorder(STEP-BD) 연구에서는 1형 및 2형 양극성장애 급성기 우울증 삽화 환자를 대상으로 부가적인 치료로서 서로 다른 약물과 정신치료를 비교하였는데, 가족중심치료와 인지행동치료, 그리고 대인관계 및 사회리듬치료는 모두 유의한 차이 없이 회복기간을 단축시키는 것으로 나타났다. 특히 심층적인 정신치료는 1년 이상 안정적으로 지낼 수 있는 가능성을 높이고, 정신사회적 기능을 좋게 하고, 삶에 대한 만족을 향상시킨다고 보고하였다.[8, 9]

양극성장애에서 효과적인 여러 가지 심리사회치료들에는 공통적인 요소들이 있는데, 질환 특정 정신치료(disorder-specific psychotherapy, DSP)의 공통된 특성으로는 다음과 같다.[5]

1. 각 치료들은 양극성장애를 겪으면서 발생하는 문제들에 대해 특정 개인에 개별화된 공식화나 개념화를 제공한다.
2. 치료 모델을 환자 및 가족과 열린 방식으로 공유한다.
3. 환자에게 논리적으로 타당하고 분명한 근거가 있는 기술들이 있다.
4. 치료 세션 밖으로 학습이 이어질 수 있는 정신교육과 기술 발달을 강조한다.
5. 변화는 단지 치료자의 노력에 의한 것만이 아니고, 환자에 의해서 일어나는 것이다.
6. 환자와 가족은 질환을 다루는 기술을 치료 이후에도 계속 사용할 수 있도록 격려받고 그러한 효과는 지속될 수 있다.

2016년 메타분석에서는 이러한 모든 심리사회치료는 우울 증상을 감소시키는 데 효과가 있는 것으로 보고되었다. 특히 정신교육과 인지행동치료는 기분 삽화의 재발 방지에 효과적인 것으로 나타났고, 마음챙김 기반 인지치료는 우울과 불안 증상을 호전시키는 것으로 보고되었다.[10] 2017년 시행된 메타분석에 의하면 양육자, 즉 가족에 초점을 맞춘 개입(carer-focused intervention)이 우울증 삽화와 조증 삽화의 재발 위험률을 낮춘다고 하였고, 정신교육 단독, 또는 인지행동치료와의 조합은 약물의 비순응을 유의하게 감소시키고, 조증 삽화를 줄이며, 전반적인 기능 수준(global assessment of functioning, GAF)을 증가시킨다고 하였다.[11]

양극성장애 단계(stage)에 따른 치료

조현병, 양극성장애, 주요우울장애와 같은 주요 정신질환에 있어서 질환의 단계적인 치료적 접근법이 최근의 주된 흐름이다. 암, 당뇨, 심근경색과 같은 다른 만성적인 내과 질환에서는 이러한 흐름이 많이 발전되어 있으나 정신건강의학과 영역에서는 아직 제한적이고, 특히 양극성장애의 경우 아직 체계적으로 밝혀지지는 않았다. 이러한 질환의 단계에 따른 치료의 개입은 특히 0에서 2단계에 해당하는 초기 단계의 질환에서 즉각적인

치료 개입이 예후를 호전시키고 질환의 진행을 예방하는 데 도움이 될 것으로 기대한다.[12]
양극성장애의 치료에서 단계별 접근은 2005년부터 연구가 진행되기 시작하였다.[12]
양극성장애에서의 이러한 접근은 환자 개인에게 질환의 특정 단계에서 정신치료적 개입
의 방향을 제시해주는 데 도움이 될 수 있다. 예를 들면, 양극성장애의 초기 단계에서는
정신교육(psychoeducation)과 전통적인 인지행동치료가 도움이 될 수 있고, 수용 기반 개
입(acceptance-based intervention)은 더 후기 단계에 도움이 될 수 있다.[4] 양극성장애의
단계는 여러 의견이 많이 있어 왔으며, 특히 임상적 단계는 질환의 진행 과정에 대해 여
러 가지 다양한 생체표지자(biomarker)와 특정한 인지와 구조적 신경해부학적 연구에 따
라서 삽화 사이의 정상적 기분의 감소, 단계가 진행됨에 따라 치료반응성의 감소, 동반
질환의 증가, 기능적 및 인지적인 장애, 그리고 입원 및 자살률의 증가 등으로 보고되고
있다.[4] 그러나 이러한 연구 결과는 아직 체계적으로 분류되어 있지 않고 있고, 다른 만
성 정신질환과 마찬가지로 양극성장애의 단계를 다섯 단계로 분류하고 있다(표 2).[12, 13]

여러 가지 연구에서 심리사회치료가 양극성장애의 초기 단계 치료에 도움이 된다고
보고하였으나, 특정 나이나 단계에 따른 적절한 치료가 무엇인지, 그리고 구체적인 호
전의 기전은 무엇인지 등은 아직 명확히 밝혀지지는 않았다.[12]

0단계와 초기 1단계에서 가족치료와 정신교육이 소아에서 양극성장애의 발병을 줄이
는 데 도움이 된다는 연구가 있었다.[14] 그리고 진단받은 지 5년 이내의 2단계에 있는 환
자를 대상으로 회복(recovery) 중심의 인지행동치료가 도움이 된다는 보고가 있었다.[15]
0단계와 1단계에 있는 환자들은 가족적인 위험요소와 비특이적인 취약성 또는 비특이
적 증상을 가지고 있기 때문에 양극성장애뿐만 아니라 불안장애, 단극성 우울증, 조현
병으로 발전할 위험요소도 같이 가지고 있는 것으로 보아 이러한 초기 단계에서는 진
단과 관계없는 비특이적인 초진단적 개입(trans-diagnostic intervention)이 도움이 될 수
도 있다.[16] 초기 단계 외에 좀 더 진행된 단계에서의 치료적 개입에 대한 연구는 많지 않
다. 그러나 좀 더 진행된 단계에서의 만성적 경과를 밟는 환자들은 약물 부작용의 부담
을 많이 겪고 있고, 정신과적 낙인(stigma)을 겪고 있는 경우가 많으므로, 증상에 초점을
둔 치료도 중요하지만 질병으로 인한 고통을 줄이고 개인적인 삶의 목표를 다시 찾아가
는 접근법이 도움이 될 수도 있다. 이러한 점에서 마음챙김 기반 치료나 제3동향의 정신
치료적 개입이 최근에 활발하게 연구되고 있다.

| 사례 |

A씨는 첫 번째 조증 삽화 이후 이번이 두 번째 발병으로 잦은 재발로 인한 만성화로 가는 과정의 단
계이므로 3단계에 해당한다. 복수의 기분조절제 등을 이용한 적극적인 약물치료와 함께 치료 순응도
를 높이기 위한 개입, 그리고 향후 재발 방지와 완전한 관해를 위한 심리사회치료가 필요하다.

표 2	양극성장애의 단계와 개입	
단계	정의와 예시	개입
0단계	발병 위험 시기로 증상은 드러나지 않으나 위험인자가 증가하는 시기 (예 : 양극성장애의 가족력)	양극성장애의 발병 예방을 위해 lithium 또는 valproate의 조기 사용, 가족교육과 정신교육
1단계	경증 또는 비특이적 증상(예 : 불안, 수면 증상, 반추, 불안정한 자존감 등)으로 전구단계의 양상을 보이는 것, 역치 이하의 증상들(subthreshold symptoms)이 나타나고 기능이 점차적으로 떨어지는 시기 [예 : 양극성장애의 가족력과 불안과 같은 비특이적 증상, 또는 역치 이하의 조증 증상(subthreshold manic symptom)]	정식 정신치료적 또는 약물치료적 개입을 시작해야 하는 시기
2단계	처음으로 양극성장애 진단기준을 만족하는 단계(즉 경조증 또는 조증 삽화) (예 : 첫 번째 경조증, 조증, 혼재성 삽화)	정식 약물치료와 정신치료뿐만 아니라 사례 관리(case management)와 직업 재활(vocational rehabilitation) 등의 집중적인 치료가 필요한 시기
3단계	좀 더 진행된 단계로서 관해와 재발의 양상과 좀 더 만성적인 증상(chronic subsyndromal symptoms) (예 : 자주 재발하는 또는 만성적인 기분 증상과 기능 저하)	2단계의 치료에 더하여 복수의 기분조절제, 치료 순응도의 강조, 재발 방지와 완전한 관해를 위한 심리사회적 치료가 필요
4단계	관해가 되지 않거나 치료저항성 과정	지금까지의 모든 치료적 개입에 더하여 clozapine과 그 외 3차 치료들, 그리고 장애가 있음에도 불구하고 사회적 참여를 격려하는 것이 필요

개별적 심리사회치료

정신교육

정신교육은 질환에 대한 환자의 지식과 이해를 증가시켜 좀 더 효과적으로 대처할 수 있도록 도와주는 것을 목표로 한다. 이를 위해 정신교육에서는 질환과 치료에 대한 정보를 제공하고, 질환의 사회적인 그리고 가족적인 측면에 대해서도 정보를 제공해준다.[11]

정신교육에서 주로 다루는 주제는 다음과 같다.[7]

1. 질환의 인식

2. 치료 순응도

3. 약물남용 감소

4. 새로운 삽화의 조기 발견

5. 일상적인 습관과 스트레스 조절

정신교육의 내용과 정도는 매우 다양하고, 개인 또는 집단 형식으로 모두 진행된다. 회기의 길이도 3회기부터 20회기까지 다양하다. 상기 주제를 통해서 질환과 순응도의 중요성에 대한 교육을 시행하고, 질환에 대처하는 자기관리 기술을 발달시키고, 조기 경고 징후를 인식할 수 있는 기술을 배우며, 약물남용과 같은 위험한 활동을 줄이도록 도움을 줄 수 있다. 참여자는 자신의 기분차트(mood chart)를 이용하여 자신의 기분을 관리하는 방법을 배우고, 수면감소와 과흥분성과 같은 조기 경고 징후를 빨리 인식해서 조증이나 우울증이 완전히 재발하기 전에 예방을 하는 방법을 배우게 된다.[17]

인지행동치료

인지행동치료는 환자와 같이 사고, 감정, 그리고 행동 사이의 연결된 것을 이해하여 환자의 부적응적 양상에 영향을 주는 사고를 찾아서 수정해나가는 과정이다. 여기에는 환자의 사고에 자신과 타인, 그리고 외부 세상에 대한 부적응적인 결과를 야기하는 스키마(schemata)가 있다는 가정이 있다.

인지행동치료에서 주로 다루는 주제는 아래와 같다.[7]

1. 소질-스트레스(diathesis-stress)로서의 양극성장애에 대한 교육
2. 인지치료 모델과 치료 목표로서의 사회화(socialization)
3. 치료 순응도에 영향을 주는 인지적, 행동적 장벽을 다루고, 부적응적 믿음의 수정
4. 문제에 대처하는 인지행동적 기술
5. 일상과 수면의 중요성
6. 유발요인의 확인과 장기적인 취약성 다루기

치료 회기는 약 20~25회기 정도로 진행되고, 개인치료 또는 집단치료로 진행할 수 있다. 양극성장애의 인지행동치료는 기분과 인지의 자기 관리(self-monitoring), 역기능적 믿음의 탐색, 그리고 좀 더 건강한 사고방식으로 변화를 도모하는 것으로 이러한 점은

단극성 우울장애에서 인지행동치료와 유사하다.

양극성장애의 경조증과 조증의 예방을 하기 위해 충동적 행동을 줄이는 방법을 이용하는데, 예를 들면 환자에게 과도한 목적지향적 사고와 불안정한 행동에 주의를 기울이도록 하는 것을 가르쳐주는 것이다. 치료순응도에 대한 믿음을 주지시키기 위해서는 약물에 대한 환자의 태도와 믿음을 탐색해볼 수 있다. 예를 들면 결정저울(decisional balance)이란 기법을 이용하여 약을 복용할 때와 복용하지 않을 때의 장단점에 대해 기록하고 검토해보는 방법을 이용하기도 한다.[17]

가족중심치료(family-focused therapy, FFT)

가족중심치료는 조현병 환자의 재발에 표현감정(expressed emotion)이 중요한 역할을 한다는 연구에서부터 발전되어 왔다. 조현병 환자 가족의 정신교육 개입으로부터 발달된 가족중심치료는 양극성장애에서도 비슷하게 적용될 수 있다. 즉 양극성장애의 스트레스-취약성 모델에서 스트레스로 인한 대인관계적 갈등과 분노가 질환에 중요하다는 사실에서 양극성장애에도 적용이 되어 왔다.[11]

가족중심치료의 목표는 가족 구성원 간의 의사소통 기술을 증가시키고, 지지적인 행동을 증가시키며, 문제해결능력을 증가시키는 것이다. 세 가지 모듈로는 (1) 정신교육, (2) 7~10회기의 의사소통 훈련, 그리고 (3) 4~5회기의 문제해결 훈련이 있다. 치료 회기에서는 환자와 가족 구성원들이 질환의 경과에 영향을 미치는 가족 역동을 이해해 나가는 것을 포함한다. 환자와 가족 구성원(주로 부모나 배우자)과 함께 21회기의 정신교육 프로그램으로 구성되어 있다.[7]

이러한 접근법은 재발을 예방하는 계획을 발달시키고, 약물복용에 대한 태도를 검토하며, 의사소통을 위한 훈련 등이 포함되어 있다. 의사소통 훈련은 예를 들어, 경청하기(active listening), 건설적인 피드백 주기 등을 통해 가족 간의 정서적 교류에서 높은 표현감정을 줄이기 위함이다. 순응도에 대한 가족중심치료의 영향은 양극성장애를 치료가 능한 생물학적 질환으로 설명하여 기대하는 목적을 같이 공유하고, 가족 구성원의 약물 순응도를 위한 참여를 증가시켜나가는 것이다. 추가적으로 환자를 돌봐주면서 발생하는 양육자의 스트레스를 확인하고 양육자 스스로 자기돌봄을 할 수 있도록 도와주고 지지해주는 것도 포함된다.[17]

대인관계 및 사회리듬치료(interpersonal and social rhythm therapy, IPSRT)

대인관계 및 사회리듬치료는 대인관계치료에 매일의 일상 사건과 활동을 증가시키는 행동적 요소를 통합한 치료이다. 이러한 치료는 양극성장애 환자들이 대인관계적 갈등이 있거나 일상이나 사회리듬이 깨어졌을 때 증상이 불안정해진다는 연구에서 비롯되었다.[11]

대인관계 및 사회리듬치료 모델의 목적은 (1) 환자가 언제 일어나는지, 언제 자러 가는지, 식사를 하는지, 사람을 만나는지 등의 낮과 밤 동안의 일상적인 사회리듬을 안정화시켜나가는 것과, (2) 가장 최근의 삽화와 연관된 대인관계적 문제를 해결해나가는 것에 있다.

사회리듬을 안정화하는 방법으로는 환자의 일상생활을 추적해가면서 수면과 각성 사이클 등의 정기적 일상뿐만 아니라 평소와 다른 사건이 있는 경우(예 : 시험기간, 장기 해외여행 등)에도 규칙적 일상을 유지할 수 있도록 도와주는 것이다. 단극성 우울장애에서의 대인관계 정신치료와 마찬가지로 여기에서도 환자가 겪는 상실이나 애도, 역할 전환, 대인관계적 갈등, 대인관계적 결함 등과 같은 주제를 해결하는 것에 도움을 줄 수 있다.

치료적 접근 방법은 개인별로 이루어지고, 양극성장애에 대한 교육과 매일 일상 사건을 추적하고 안정화시키며, 대인관계 문제에 대해서는 정신역동적 대인관계치료를 이용한다. 사회리듬 요소는 Social Rhythm Metric과 같은 도구를 이용하여 기상시간 등의 일상 생활을 모니터링하고 안정화시켜나간다. 대인관계 및 사회리듬치료에서의 약물순응도는 주로 양극성장애에 대한 교육을 통해 이루어지지만, 일상생활의 안정화 속에 매일 정해진 시간에 약을 복용하도록 하는 방법을 통해 의도하지 않은 비순응을 줄이도록 할 수 있다.[17]

대인관계 및 사회리듬치료의 주제는 아래와 같다.[7]

1. 양극성장애에 대한 교육
2. 사회리듬의 안정화와 약물순응도 개선을 통한 기분 증상의 관리
3. 대인관계적 문제의 해결(해소되지 않은 애도, 사회적 역할의 이행, 대인관계적 역할 논쟁, 대인관계적 결함, 잃어버린 건강한 자기에 대한 애도 등)

마음챙김 기반 개입(mindfulness based interventions, MBIs)

마음챙김 명상에 기반을 둔 정신치료는 우울증의 치료에서부터 여러 가지 다양한 정신 질환의 치료로 확대되고 있다. 이러한 마음챙김 명상을 이용한 개입으로는 마음챙김 명상에 기반을 둔 스트레스 감소(mindfulness-based stress reduction, MBSR), 마음챙김 명상에 기반을 둔 인지치료(mindfulness-based cognitive therapy, MBCT), 변증법적 행동치료(dialectical behavior therapy, DBT), 연민 중심 치료(compassion-focused therapy, CFT) 그리고 수용전념치료(acceptance and commitment therapy, ACT) 등이 있다.

마음챙김 기반 개입과 인지치료는 모두 생각을 사실이 아닌 정신적인 사건으로 바라보고 고통을 유발하고 지속시키는 부정적 사고를 인식하는 데 도움을 주지만, 인지치료는 이러한 부정적 사고를 대처기술을 통해 다른 대안적 사고로 변화시키는 데 초점을 두는 반면에, 마음챙김 기반 개입에서는 이러한 부정적 사고를 알아차림과 수용을 통해 고통스러운 감정과 생각 사이의 연관성을 줄이는 데 초점을 둔다. 즉 마음챙김 기반 개입은 어떤 기술을 통해 변화시키기보다는 즐거운 경험과 불쾌한 경험 모두와 함께 존재(being with)하는 것에 중점을 두고 있다. 마음챙김 명상을 통해 진단과 관계없이(trans-diagnostic) 자각(awareness), 초인지(metacognition), 수용, 주의력 조절, 가치의 명료화(values clarification), 그리고 행동적 자기 조절(behavioral self-regulation) 등을 향상시킨다.[4]

양극성장애에서 마음챙김 기반 정신치료의 중요한 주제는 다음과 같다.

1. 주의력 조절(attention regulation)
2. 신체 자각(body awareness)
3. 감정조절과 재평가, 노출, 소거, 재강화(reconsolidation)
4. 자기에 대한 관점 변화(change in perspective on self)
5. 양극성장애에 대한 교육과 재발 방지
6. 인지치료와 마음챙김 명상의 조합을 이용하여
   (1) 사고와 감정, 그리고 신체감각의 양상을 알아차리기
   (2) 사고와 감정, 신체감각과 연관된 것을 비판단적인 방법으로 다르게 받아들이기
   (3) 사고와 감정, 상황 사이에 가장 효율적인 반응을 선택하는 능력 기르기

| 사례 |

A씨의 심리사회 치료는 다음과 같이 계획해볼 수 있다.

자신의 병에 대한 인식이 부족하고, 이에 따라 약물의 순응도가 떨어져 재발했으므로, 먼저 정신

교육을 통해 질환에 대한 일반적인 지식과 정보를 제공해주고, 생물학적 질환으로서의 치료에 대해 이해를 증진시킬 수 있도록 도와주어야 한다. 또한 약물비순응의 원인을 탐색해서 질환과 치료에 대한 정보와 인식 부족 때문인지, 약물 부작용으로 인한 문제인지, 아니면 질환에 대한 부정과 같은 방어기제인지, 또는 가족과 역동에서 가족에게 분노를 표현하는 수단인지 등을 알아보고 여기에 맞추어 정신교육, 역동적 개인 정신치료, 또는 대인관계치료, 가족중심치료 등을 고려할 수 있다.

그리고 A씨의 발병에 영향을 준 스트레스 인자에 대한 탐색을 통해 직장 내 스트레스가 대인관계적 요소라면 대인관계치료를 적용해볼 수 있고, 또한 인지행동치료적 접근을 통해 스트레스 관리에 도움을 줄 수도 있다. 마찬가지로 A씨의 발병에 영향을 준 것으로 보이는 가족 구성원들의 높은 표현감정에 대해서도 가족중심치료를 적용해볼 수도 있다.

마지막으로 장기적인 관점에서 A씨의 질환이 재발을 반복하고 만성화 경과를 밟는 경우, 만성적 질환으로서의 낙인과 개인적인 삶의 고통에 대해 마음챙김 기반 개입도 향후 생각해볼 수 있다.

상기에 기술한 심리사회치료 이외에도 여러 가지 다양한 심리사회적 접근법이 양극성장애 환자에게 시도되고 있다. 여러 가지 심리사회치료에 대해 그 효과에 대한 연구들이 활발하게 진행되고 있지만, 아직 각각의 심리사회치료가 양극성장애 환자 개인의 특수성에 따라 어떤 심리사회치료를 적용해야 하는지, 질환의 다양한 진행 경과 중 어떤 상태에 적용해야 하는지, 어떤 심리사회치료를 동시에 적용해야 하는지 등 심리사회치료의 구체적인 측면에 대해서는 아직 명확히 밝혀지지 않은 것이 많다. 또한 이를 토대로볼 때 한 환자에게서 모든 심리사회치료를 다 적용해야 하는가라는 문제도 있을 수 있다. 물론 모든 치료를 다 적용할 수 있으면 좋겠지만, 그 환자의 질환의 경과상 당면한 문제에 대해 가장 효율적인 치료를 그 시기나 단계에 따라 적용하는 것이 우선되어야 하며, 각 개인마다 나타나는 문제도 다양하기 때문에 각 개인의 특수한 측면에 맞추어 시행해야 할 것이다. 즉 같은 양극성장애 환자라도 각 개인마다 환자의 기질이나 성격이다르고, 유발하는 스트레스도 다르며, 가족들의 반응도 다를 것이기 때문에 접근하는 심리사회치료는 환자에 따라 개별적으로 접근해야 할 것이다.

결론

양극성장애는 생물정신사회 모델에 따라 생물학적인 측면 외에 스트레스와 같은 정신사회적인 요소도 발병과 질환의 경과에 중요한 영향을 미칠 수 있다. 따라서 약물치료를 포함한 생물학적 치료 외에도 심리사회치료 또한 중요하다.

비록 모든 심리사회치료가 긍정적 결과를 보고하는 것은 아니지만 표준적인 약물치료에 부가적으로 여러 가지 심리사회치료를 시행하는 것은 증상 감소, 재발 방지 및 예방,

치료순응도의 증가, 정신사회적 기능의 증가, 그리고 개인적인 삶의 질 개선을 위해 필요하다.

양극성장애의 심리사회치료로서 무작위 대조군 연구가 시행된 치료는 정신교육, 인지행동치료, 대인관계 및 사회리듬치료, 가족중심치료, 그리고 마음챙김 기반 치료 등이 있다. 이러한 심리사회치료들의 공통된 주제들은 양극성장애에 대한 정보 제공과 지식 향상, 수면과 기분 모니터링과 조절, 기분 변화를 인식하고 반응하는 능력의 향상, 사회적, 가족적, 직업적 역할에 다시 집중하는 것, 스트레스 조절, 의사소통의 향상, 약물순응도, 수면과 활동 리듬의 향상, 약물남용의 최소화 등이 있다.

비록 이러한 공통된 주제가 있더라도 양극성장애는 개인마다 매우 이질적인 상태를 보일 수 있고, 각 개인이 가진 스트레스나 기질 등이 다양하기 때문에 심리사회치료는 각 개인의 특수한 측면에 맞게 특정한 방법으로 적용되어야 할 것이다.

참고문헌

1) Malhi GS, Bassett D, Boyce P, Bryant R, Fitzgerald PB, Fritz K et al. Royal Australian and New Zealand College of Psychiatrists clinical practice guidelines for mood disorders. Aust N Z J Psychiatry 2015;49:1087-1206.

2) Post RM, Leverich GS. The role of psychosocial stress in the onset and progression of bipolar disorder and its comorbidities: the need for earlier and alternative modes of therapeutic intervention. Dev Psychopathol 2006;18:1181-1211.

3) Alloy LB, Abramson LY, Urosevic S, Walshaw PD, Nusslock R, Neeren AM. The psychosocial context of bipolar disorder: environmental, cognitive, and developmental risk factors. Clin Psychol Rev 2005;25:1043-1075.

4) Murray G, Leitan ND, Thomas N, Michalak EE, Johnson SL, Jones S et al. Towards recovery-oriented psychosocial interventions for bipolar disorder: Quality of life outcomes, stage-sensitive treatments, and mindfulness mechanisms. Clin Psychol Rev 2017;52:148-163.

5) Miklowitz DJ, Scott J. Psychosocial treatments for bipolar disorder: cost-effectiveness, mediating mechanisms, and future directions. Bipolar Disord 2009;11:110-122.

6) Beynon S, Soares-Weiser K, Woolacott N, Duffy S, Geddes JR. Psychosocial interventions for the prevention of relapse in bipolar disorder: Systematic review of controlled trials. Br J Psychiatry 2008;192:5-11.

7) Reinares M, Sánchez-Moreno J, Fountoulakis KN. Psychosocial interventions in bipolar disorder: what, for whom, and when. J Affect Disord 2014;156:46-55.

8) Sachs GS, Nierenberg AA, Calabrese JR, Marangell LB, Wisniewski SR, Gyulai L et al. Effectiveness of adjunctive antidepressant treatment for bipolar depression. N Engl J Med 2007;356: 1711-1722.

9) Miklowitz DJ, Otto MW, Frank E, Reilly-Harrington NA, Kogan JN, Sachs GS et al. Intensive

01

개념과 진단

양극성스펙트럼장애의 선별검사 도구
Screening instruments for recognizing bipolarity

박성용[+] | 윤보현[++]

계요의료재단 계요병원 정신건강의학과[+] | 국립나주병원 정신건강의학과[++]

양극성장애는 전 세계적으로 장해를 발생시키는 흔한 원인 중의 하나로서, 다른 질환이 동반이환될 가능성이 높고 자살률, 실업률이 높아 사회적 부담을 증가시킨다.[1,2] 양극성장애를 늦게 발견하게 되면 그만큼 사회적 부담은 더 증가하게 되어서 양극성을 조기에 확인하기 위한 선별검사 도구는 매우 유용할 수 있다. 1형 양극성장애는 정신질환의 진단 및 통계 편람 5판(Diagnostic and Statistical Manual of Mental Disorders 5th edition, DSM-5)에 명시된 조증 삽화 진단기준에 부합하는 뚜렷한 임상양상을 보이므로 그 진단을 하는 데 있어 선별검사 도구는 부수적인 증상을 확인하는 역할을 하게 된다. 1형 양극성장애와 달리 증상이 경한 2형 양극성장애, 달리 분류되지 않는 양극성장애(bipolar disorder NOS), 그리고 역치 이하의 조증(subthreshold mania)의 경우에는 자신의 조증 또는 경조증 증상들을 스스로 자각하는 경우가 드물기 때문에 진단이 쉽지 않다. 또한 병원을 찾게 되더라도 대부분은 우울증 삽화 시기에 방문하게 되어, (경)조증 증상들을 스스로 이야기하지 않기 때문에 숙련된 전문의가 아니라면 인지하지 못하는 경우가 상당히 많다.[3] 따라서 질병의 인지율을 높이는 방법의 하나로 선별검사를 이용하는 것이다. 물론 Structured Clinical Interview for DSM-5(SCID-5)처럼 정확성을 추구하는 구조화된 진단 도구를 사용할 수도 있겠으나 대개는 많은 시간이 소요되기 때문울장애를 구별할 수 있었고, 절단값 12점에서는 2형 양극성장애와 주요우울장애를 민감도 86%, 특이도 69%로 구별할 수 있었지만, 1형 양극성장애와 2형 양극성장애를 구별하지는 못하는 것으로 보고하였으나,[28] Wu 등[26]은 절단값 21점에서 1형 양극성장애와 2형 양극성장애를 민감도 64%, 특이도 73%로 구별할 수 있다고 주장하였다. 하지만 다른 연구에서는 입증되지 않아 향후 이에 대한 논의는 더 필요할 것으로 보인다.

HCL-32-R2는 HCL-32 문항에서 "도박을 더 많이 한다", "더 많이 먹는다" 등의 두 가지 항목이 추가되어 부분적으로 수정된 척도이다. HCL-32-R2의 타당도 조사에서는 민감도 82%, 특이도 57%를 보이고 있어 HCL-32와 큰 차이는 보이지 않았다.[29] 최근 우리나라에서 윤보현 등[23]은 한국인을 대상으로 한국판 HCL-32-R2의 타당도 조사를 하였으며 절단값 16점에서 주요우울장애와 1형 양극성장애를 민감도 73%, 특이도 70%로 구별할 수 있었고, 절단값 15점에서 주요우울장애와 2형 양극성장애를 민감도 67%, 특이도 67%로 구별할 수 있었다. 하지만 앞서 언급한 것과 마찬가지로 1형 양극성장애와 2형 양극성장애를 구별하지는 못하는 것으로 나타났다. 또한 양성예측도가 76%, 음성예측도가 63%로 보고되어 임상 현장에서 양극성을 확인하기 위한 선별도구로서 유용할 것으로 보인다.

Bipolar Spectrum Diagnostic Scale(BSDS)

BSDS는 Pies 등[30]에 의해 개발된 도구로 양극성장애 환자들 중에서 비교적 경한 증상을 가진 집단을 조기발견하기 위해 고안된 선별검사 도구이다. BSDS는 MDQ가 1형 양극성장애에 대한 민감도는 뛰어난 반면, 2형 양극정상애 및 달리 분류되지 않는 양극성장애에서는 상대적으로 그 민감도가 떨어지는 단점을 보안하기 위해 개발되었다.

질문지는 크게 두 부분으로 나눌 수 있는데, 먼저 첫 번째 부분은 19개의 문항으로 피검자가 양극성장애에 대한 다양한 증상들을 읽어내려 가면서 그 내용이 자신과 일치하면 표시하도록 하여 각 1점씩 부과된다(표 3). 이후 두 번째 부분에서는 앞서 표시하였던 증상들이 전체적으로 자신에게 어느 정도 부합되는지를 표시하도록 되어 있으며, 총 4개의 보기 중 선택하도록 되어 있다. "이 이야기는 나와 아주 잘, 또는 거의 완벽히 들어맞는다"의 경우 6점, "이 이야기는 나와 상당 부분 들어맞는다"의 경우 4점, "이 이야기는 나와 어느 정도 들어맞는다. 하지만 대부분은 그렇지 않다"의 경우는 2점, "이 이야기는 나와 전혀 관련이 없다"는 0점으로 점수가 부과된다. 총점은 첫 번째 부분에서 19점, 두 번째 부분에서 6점까지 가능하며 0점부터 25점까지 채점되며 Ghaemi 등[30]은

| 표 3 | 한국판 Bipolar Spectrum Diagnostic Scale(BSDS) |

1. 어떤 사람들은 자신의 기분/에너지 수준이 때에 따라 큰 폭으로 변하는 것을 느낍니다.
2. 이들은 어떤 때는 기분/에너지 수준이 매우 낮아지고, 다른 때에는 매우 높아진다고 느낍니다.
3. 기분/에너지가 '가라앉았다'고 느끼는 기간 동안 에너지가 없다고 느낍니다. 잠자리에 더 오래 누워 있어야 하거나 평소보다 잠을 더 많이 자야 할 필요를 느낍니다. 해야 할 일에 대한 의욕이 거의 없거나 전혀 없습니다.
4. 이 기간 동안 흔히 체중이 증가합니다.
5. 가라앉았다고 느끼는 기간 동안 대개는 '울적'하다고 느끼며 항상 슬프거나 우울합니다.
6. 어떤 때에는 가라앉은 기간 동안 희망이 없다고 느끼거나 또는 자살에 대한 생각을 합니다.
7. 직장이나 사회에서 적절한 역할을 수행하는 데 지장이 생깁니다.
8. 가라앉은 기간은 몇 주일 이상 지속되는 게 보통인데 짧게는 며칠 이내에 좋아지기도 합니다.
9. 이러한 기분 패턴을 가진 사람들은 감정 기복의 사이 사이에 '정상적인' 기분이 지속되는 기간을 경험합니다. 이때에는 기분과 에너지 수준이 '적절하다'고 느끼며 일상생활의 역할 수행에도 아무 지장이 없습니다.
10. 그러다가 그들이 느끼기에 기분/에너지 수준에 현저한 '변화'나 '전환'이 생겼다는 걸 알아차리게 됩니다.
11. 에너지 수준이 평소보다 증가하고, 평소 같으면 하지 않거나 할 수 없었던 많은 일들을 벌이게 됩니다.
12. 이렇게 '들떴다'고 느껴지는 기간 동안, 때때로 과도한 에너지를 갖고 있는 것처럼 느끼거나 매우 '활동적'이라고 느낍니다.
13. 어떤 사람들은 이 기간 동안 짜증이 많아지고, '불안', '초조'하거나 또는 난폭해지기도 합니다.
14. 들뜬 기간 동안 한꺼번에 너무 많은 일을 벌이기도 합니다.
15. 들뜬 기간 동안 문제가 될 정도로 돈을 마구 쓰기도 합니다.
16. 말수가 많아지고 외향적이며 또는 성에 대한 관심과 욕구가 증가하기도 합니다.
17. 때때로 들뜬 기간 동안 보이는 행동이 남들에게 이상하게 보이거나 다른 사람을 성가시게 하기도 합니다.
18. 들뜬 기간 동안 때때로 동료들이나 또는 경찰과 마찰이 있을 수 있습니다.
19. 때때로 술을 평소보다 많이 마시게 되거나, 다른 약물의 사용이 증가되기도 합니다.

① 이 이야기는 나와 아주 잘, 또는 거의 완벽히 들어맞는다.
② 이 이야기는 나와 상당 부분 들어맞는다.
③ 이 이야기는 나와 어느 정도 들어맞는다. 하지만 대부분은 그렇지 않다.
④ 이 이야기는 나와 전혀 관련이 없다.

13점을 최적의 절단값으로 보았으며 이때 민감도는 76%, 특이도는 85%를 보였다.

한국판 BSDS에서는 이보다 낮은 10점을 최적의 절단값으로 제시하여[31] 절단값이 12~14점을 보인 외국 결과들보다는 다소 낮았다.[32-34] 특히 대부분의 결과에서 양극성장애의 아형에 따른 민감도는 거의 차이를 보이지 않았으며, 이는 한국판 BSDS에서도 마찬가지의 결과를 보여주었다. MDQ와 BSDS를 같이 시행한 연구에서는 두 척도의 양극성장애 아형에 따른 민감도를 비교하였는데,[32] MDQ의 경우는 2형 양극성장애 및 달

40) Walsh MA, DeGeorge DP, Barrantes-Vidal N, Kwapil TR. A 3-year longitudinal study of risk for bipolar spectrum psychopathology. J Abnorm Psychol. 2015;124:486-497.

41) Sperry SH, Kwapil TR. What can daily life assessment tell us about the bipolar spectrum?. Psychiatry Res. 2017;252:51-56.

42) Stanton K., Daly E, Stasik-O'Brien SM, Ellickson-Larew S, Clark LA, Watson D. An integrative analysis of the Narcissistic Personality Inventory and the Hypomanic Personality Scale: Implications for construct validity. Assessment. 2017;24:695-711.

43) Oh JK, Park HY, Ebesutani3 C, Choi SW. The Validation Study of the Hypomanic Personality Scale for Use in Korea. Stress. 2018;26:7-17.

44) Depue RA, Krauss S, Spoont MR, Arbisi D. General Behavior Inventory identification of unipolar and bipolar conditions in a non-clinical university population. Journal of Abnormal Psychology. 1989;98:117-126.

45) Dell'Osso L, Armani A, Rucci P, Frank E, Fagiolini A, Corretti G, et al. Measuring mood spectrum: comparison of interview (SCI-MOODS) and self-report (MOODS-SR) instruments. Compr Psychiatry. 2002;43:69-73.

46) Akiskal HS, Akiskal KK, Haykal RF, Manning JS, Connor PD. TEMPS-A: progress towards validation of a self-rated clinical version of the Temperament Evaluation of the Memphis, Pisa, Paris, and San Diego Autoquestionnaire. J Affect Disord. 2005;85:3-16.

47) Zimmerman M, Galione JN, Ruggero CJ, Chelminski I, Young D, Dalrymple K, et al. Screening for bipolar disorder and finding borderline personality disorder. J Clin Psychiatry 2010;71:1212-1217.

48) Serra G, Koukopoulos A, DeChiara L, Napoletano F, Koukopoulos AE, Curto M, et al. Features preceding diagnosis of bipolar versus major depressive disorders. J Affect Disord. 2015;173:134-142.

49) Carta MG, Zairo F, Saphino D, Sevilla-Dedieu C, Moro MF, Massidda D, et al. MDQ positive people's searching for effective and ineffective treatments for Bipolar Disorders: a screening study in France. J Affect Disord. 2013;149:84-92.

50) Kessler RC, Akiskal HS, Angst J, Guyer M, Hirschfeld RM, Merikangas KR, et al. Validity of the assessment of bipolar spectrum disorders in the WHO CIDI 3.0. J Affect Disord. 2006;96:259-269.

51) Carta MG, Angst J. Screening for bipolar disorders: A public health issueJ Affect Disord. 2016;15;205:139-143.

52) Phelps JR, Ghaemi SN. Improving the diagnosis of bipolar disorder: predictive value of screening tests. J Affect Disord. 2006;92:141-148.

53) Angst J, Gamma A, Lewinsohn P, The evolving epidemiology of bipolar disorder. World Psychiatry 2002;1:146-148.

54) Benazzi F, Prevalence of bipolar II disorder in outpatient depression: a 203-case study in private practice. J Affect Disord 1997;43:163-166.

양극성 우울증과 단극성 우울증

Bipolar depression vs. unipolar depression

장세헌[+] | 전덕인[++]

김원묵기념 봉생병원 정신건강의학과[+] | 한림대학교 의과대학 정신건강의학교실[++]

정신질환의 진단 및 통계 편람 5판(Diagnostic and Statistical Manual of Mental Disorders 5th edition, DSM-5)[1)]에서는 주요우울장애와 양극성장애를 독립된 장으로 구분하고 각각에 주요우울 삽화 진단기준을 기술함으로써 양극성 우울증과 단극성 우울증을 별도로 취급할 것을 권장하고 있다. 그러나 두 기분장애는 구분되었지만 모두에 동일한 주요우울 삽화 진단기준을 적용하고 있어서, 양극성과 단극성의 구분은 단지 (경)조증 삽화의 유무에만 의존하고 있다. 또한 양극성장애는 반복적인 우울증 삽화와 (경)조증 삽화를 특징으로 하나, 우울증 삽화가 전체 유병기간의 대부분을 차지한다. 그래서 양극성장애의 우울증 삽화 기간에는 양극성장애를 정확히 진단하기 어렵다.

그 결과 양극성 우울증 환자를 단극성 우울증으로 오진할 가능성이 높고(표 1), 적절한 치료를 받지 못해 조증 또는 혼재성 삽화가 촉발되고, 순환 주기가 빨라지고, 치료 저항성이 발생하는 등 임상경과가 악화될 수 있다. 반대로 단극성 우울증인데 양극성 우울증으로 과잉진단됨으로써 위양성이 크게 증가하고 부적절하게 기분조절제를 처방하여 불필요한 부작용에 노출이 되고, 효과적인 항우울제 사용의 기회를 놓쳐, 치료에 진전이 없는 것으로 잘못 판단될 수도 있다.

표 1	양극성 우울증과 단극성 우울증을 오진하게 되는 원인
구분	내용
환자 측면	• (경)조증에 대한 인식 부족/경조증 시기를 정상 상태로 여김 • 기억오류(우울한 상태에서 과거의 조증 상태를 기억 못함) • (경)조증 상태에 대한 관용적인 사회 분위기
의사 측면	• 진단 평가에 가족 구성원을 참여시키지 않음 • 조증 증상에 대한 지식 부족 • 양극성 우울증보다는 치료가 용이한 단극성 우울증으로 진단하려는 경향 • 양극성장애의 유병률에 대한 인식 부족
질병 측면	• 첫 삽화가 조증이 아닌 우울증으로 시작하는 경향 • 불쾌성 우울증을 혼재성 삽화로 인정하지 않는 현실 • 경조증 시기는 짧고, 우울증 삽화는 긴 특성

출처 : Goodwin 등[2]의 저서에서 수정

이 장에서는 지금까지 이루어진 연구들의 결과와 최근 제시되는 가설들을 검토하여 정확한 진단을 위한 실마리를 제공하고자 한다.

개념의 형성과 변천 및 다양한 견해

1950년 중반까지만 하더라도 Kraepelin이 제시한 조울병(manic depressive illness)의 범주 내에서 모든 기분장애를 정의하였으나, 1957년 Leonhard는 최초로 우울증을 단극성 우울증과 양극성 우울증으로 구분할 것을 제안하였다. 1966년에 이르러 Jules Angst,[3] Carlo Perris,[4] Winokur[5] 등에 의해 양극성장애와 단극성장애가 별개의 질환이라는 개념이 확립되어, 이후 1980년 정신질환의 진단 및 통계 편람 3판(DSM-III)[6]에 반영이 되고 이 개념은 DSM-IV,[7] DSM-5[1]에 까지 이어져 오고 있다.

하지만 여전히 Kraepelin의 조울병 개념을 계승하여 기분장애는 조증과 우울증의 양극단을 가진 하나의 축 사이에 연속되는 기분 상태라는 견해를 가지고, 양극성의 특성은 조증의 유무와 같은 극성이 핵심이 아니고, 재발 성향이 중요한 특성이라는 주장도 있다.[8] 한편 스펙트럼 개념에는 동의하면서도 양극성장애와 단극성 우울증은 별개의 질환이라는 것을 전제로 깔고 있는 견해도 있다.[9] 그리고 고대 4체액설에 바탕을 둔 개념과 유사하게 기분장애는 조증과 우울증으로 이루어진 2개의 별개의 질환으로 양극성 우울증과 단극성 우울증은 우울증이라는 측면에서는 동일한 질환이며, 조증의 공존 여부에 따라서 증상이 달라진다는 견해[10]까지 다양한 주장들이 제시되고 있는 실정이다.

유병률 및 진단의 안정성

미국 Epidemiologic Catchment Area(ECA) 연구에서 1형, 2형 양극성장애 및 주요우울장애의 평생(6개월)유병률은 각각 0.8%(0.6%), 0.5%(0.3%), 4.9%(2.3%)였다.[11] 미국 National Comorbidity Survey Replication(NCSR) 연구에서는 1형, 2형 양극성장애 및 양극성스펙트럼장애의 평생(12개월)유병률이 각각 1.0%(0.6%), 1.1%(0.8%), 2.4%(1.4%)였으며,[12] 주요우울장애는 16.2%(6.6%)로 조사되었다.[13] WHO 주도의 11개국 역학연구에서는 1형, 2형 및 역치하 양극성장애의 평생(12개월)유병률이 각각 0.6%(0.4%), 0.4%(0.3%), 1.4%(0.8%)였다.[14] Canadian Community Health Survey에서 MDD의 평생(12개월)유병률은 12.2%(4.8%)로 조사되었다.[15]

  Benazzi는 주요우울 삽화로 정신과 외래를 방문한 환자에서 경조증 과거력에 대한 구조적이고 체계화된 면담을 시행한다면, 2형 양극성장애의 빈도가 43.4%에 이를 정도로 흔하다고 하였다.[16] Akiskal 등은 양극성장애의 개념을 확장시킨 양극성스펙트럼장애 개념을 적용하여 2000년도 이전 10년간 수행된 연구들의 샘플을 재진단한다면 양극성스펙트럼은 모든 주요우울장애의 30~55%를 차지할 것이라 주장하기도 하였다.[17] 이후 Angst 등은 확장된 양극성스펙트럼장애의 전체 유병률은 전체 우울증스펙트럼(기분변화, 경미한 반복적인 짧은 우울증을 포함)의 유병률과 비교해서 23.6% 대 24.6%로 유사하다고 주장하였다.[18] 이러한 주장의 근거로서 Akiskal 등은 1995년 발표한 논문에서 National Institute of Mental Health(NIMH) Collaborative Depression Study(CDS) 연구에 참여한 환자들을 11년간 추적 조사하여 이 기간 동안 8.6%에서 2형 양극성장애로, 3.9%에서 1형 양극성장애로 전환되었다는 결과를 보고하였다.[19]

  DSM-5 개정 전 DSM-IV 진단기준에 의한 연구에서 Ghaemi 등은 이전에 단극성 주요우울장애으로 진단되었던 환자에서 구조화된 면담을 통해서 40%의 환자가 양극성장애로 재진단되었고, 양극성장애로 재진단되기까지 평균 7.56년이 걸렸다고 한다.[20] 1998년 Hantouche 등의 DSM-IV 진단기준에 의한 French national multi-site study(EPIDEP)에서도 초기 평가에서 22%였던 2형 양극성장애 비율이 구조적인 면담을 통해서 40%로 증가하였다.[21] 김 등의 2년간 추적조사 연구에서 DSM-IV 진단기준으로 주요우울장애로 진단받은 환자는 79%, 1형 양극성장애로 진단된 환자는 89.3%에서 진단을 유지하고 있었다.[22] Sharma 등의 보고에 의하면 치료저항성 우울증 환자 중 연구

선별검사 도구

우울증 삽화 시기에 방문한 환자들은, 경조증 증상들을 스스로 이야기하지 않기 때문에 숙련된 전문의가 아니면 경조증을 인지하지 못하는 경우가 많다.[21] 우울증 환자에서 양극성 우울증을 감별하기 위해서는 병력 청취가 가장 중요하다. 잠재적 양극성장애의 가능성을 파악하기 위해서는 양극성장애 가족력 여부를 확인하고, 환자와 가까운 주변 사람들에게서 과거의 (경)조증 삽화 유무를 알아보아야 하기 때문이다. 또한 민감도와 특이도가 높은 선별검사를 이용하는 것도 방안이 될 수 있다. 현재 국내에서는 조울병 선별검사지(Mood Disorder Questionnaire, MDQ), Bipolar Spectrum Diagnostic Scale(BSDS), 그리고 Hypomania Checklist-32(HCL-32) 등이 표준화가 완료되어 사용되고 있다.

뇌영상 연구

양극성장애와 단극성 우울증을 개별적으로 조사한 뇌영상 연구들을 종합해보면, 두 질환이 뇌영상학적 이상을 공유하는 부분이 많으며, 차이는 비교적 많지 않았다. 따라서 양극성 우울증과 단극성 우울증을 직접적으로 비교하는 것은 두 질환의 뇌영상학적인 차이점을 확인하는 데 유용할 것이다.

양극성 우울증과 단극성 우울증을 직접 비교한 뇌영상 연구들은 크게 기능적 뇌영상(예 : functional magnetic resonance image, fMRI)을 이용한 기능적 뇌영상 연구와 뇌 영역의 부피, 두께 등을 비교한 구조적 뇌영상 연구로 구분할 수 있다.[68] 기능성 뇌영상 연구들은 모든 기분장애에서 이상을 보이는 것으로 알려진 정서조절과 정서 및 보상 정보처리와 관련된 신경회로에 초점을 맞추고 있고, 감정처리 회로의 이상과 관련된 편도핵과 전대상회가 관심 부위이다.

Taylor 등은 급성기 양극성 우울증 환자와 급성기 단극성 우울증 환자 그리고 정상인에서 정서처리 및 조절회로에 대해 연구하였는데, 정상군과 양극성 우울군에서 배내측과 복외측 전전두엽의 혈역동학적 활성도(hemodynamic activity)가 증가되어 있었고, 음성 되먹임에 반응하는 우측 편도핵의 활성이 저하되어 있었다. 이는 단극성 우울증에서 전두엽의 감정조절 기능이 저하되어, 부정적 자극에 의해 활성화된 편도핵을 전전두엽이 하향식 조절로 편도핵을 비활성화시키지 못함을 시사하는 것이다.[69] Almeida 등은 급성기 1형 양극성 우울증, 관해된 1형 양극성 우울증, 급성기 단극성 우울증, 그리고 정상인을 대상으로 부정적 감정(공포, 슬픔), 긍정적 감정(행복)과 중립적인 감정의 얼굴 표정을 보여주고 기능적 뇌자기공명 촬영을 하였을 때 양극성 우울증에서 긍정적 감정에 대한 복내측 전전두엽의 편도핵에 대한 하향식 감정조절의 저하를 보였고, 이는 양극성장애에서 고양된 기분이나 조증에 취약성을 가지고 있음을 시사한다고 보고하였다.[70, 71] Grotegerd 등은 단극성 우울증에서 양극성 우울증과 정상인에 비해 슬픈 표정에 증가된 편도핵 반응성을, 행복한 표정에는 양극성 우울증에서 편도핵의 반응성이 증가됨을 보고하였다. 또한 슬픈 표정에 대한 편도핵의 증가된 활성은 단극성 우울증과 양극성 우울증을 구분하는 데 거의 80%의 정확도를 나타낸다고 하였다.[72] Burger 등은 단극성 우울증과 양극성 우울증, 그리고 정상인을 대상으로 분노, 행복, 두려운 표정에 대해서 감정처리를 담당하는 뇌 부위들의 기능을 비교하였다. 저자들은 상향식 감정처리와 자동적 정서조절의 장애가 단극성 우울증에 특이적인 이상이며, 양극성 우울증과 구분되는 감별점이라고 주장하였다.[73] Wang 등은 약물을 사용하지 않은 단극성 우울증과 2형 양극성 우울증에서 뇌 안정상태 기능적 뇌자기공명영상(brain resting-state functional magnetic resonance imaging, R-fMRI)을 촬영한 후, 그래프 이론(graph theory)을 이용하여 뇌 기능을 전체 뇌(whole brain)와 모듈(modularity) 그리고 교점(node) 등 세 가지 수준으로 나누어 분석하였다. 단극성 우울증과 2형 양극성 우울증의 전체 뇌, default mode network(DMN) 그리고 변연계망에 유사한 기능 결함을 보였는데, 이는 두 군의 중첩된 병태 생리를 반영하는 것이며, 두 군의 국소적 연결성의 차이는 두 군을 감별하는 생물학적 표지자로 이용이 될 수 있을 것이다.[74]

구조적인 뇌영상 연구들을 살펴보면, Versace 등은 확산텐서영상(diffusion tensor image, DTI)을 이용한 연구에서 양극성 우울증 환자에서 단극성 우울증 환자에 비해서 좌측 상세로다발(left superior longitudinal fasciculus, SLF)에 분할 비 등방도(fractional anisotropy, FA)가 감소되어 있고, 정상인에 비해서 우측 구상속(uncinate fasciculus, UF)에 FA가 감소되어 있다고 하였다. 단극성 우울증 환자에서는 정상인에 비해서 좌측 하세로다발(inferior longitudinal fasciculus, ILF)에 FA가 감소되었다고 보고하였다.[75] Silverstone 등은 양극성 우울증 환자에서 단극성 우울증 환자와 정상인에 비해 심부 백질의 과강도(deep white matter hyperintensities)가 증가되어 있다고 하였다.[76] 심부 백질의 과강도는 당뇨나 고혈압을 동반한 경우에 흔히 발생하므로 양극성 우울증 환자에서 신체질환의 병발이 많음을 시사한다고 볼 수 있다.

Savitz 등은 약물을 사용하지 않은 1형 또는 2형 양극성 우울증과 약물을 사용한 1형 또는 2형 양극성 우울증, 급성기의 단극성 우울증과 관해된 단극성 우울증, 그리고 정상인의 고삐 부피(habenular volume)를 비교한 연구를 발표하였다. 저자들은 약물을 사용하지 않는 양극성 우울증에서 급성기 단극성 우울증과 정상인에 비해서 고삐 부피가 감소되어 있음을 확인하였다. 고삐는 선조체와 변연계로부터 오는 신호들이 모이는 곳으로, 중뇌로부터 전뇌로 전달되는 세로토닌성 및 도파민성 신호를 조절하는 부위이다. 기분장애에서 스트레스에 대한 적응과 보상체계의 음성 되먹임 기능에 이상이 흔한데, 이러한 기능을 담당하는 곳이다. 이상의 소견들은 반복된 스트레스로 아드레날린 분비가 증가되어 수상돌기 위축(dendrite atrophy)이 발생한 결과로 볼 수 있다.[77] MacMaster 등은 청소년에서 양극성 우울증과 단극성 우울증 및 정상인을 비교한 결과 뇌하수체의 용적이 두 우울증군 간에 차이는 없었지만 정상인에 비해서 커져 있는 것을 확인하였다. 이는 두 우울증 군에서 신경내분비기능에 이상이 있음을 시사한다고 볼 수 있다.[78]

결론

양극성 우울증과 단극성 우울증의 구분은 잘못된 진단으로 인해 적절한 치료를 받지 못할 경우, 병의 경과를 악화시키고, 불필요한 부작용에 노출될 수 있기 때문에 정신과 의사로서 중요한 과제 중 하나이다. 하지만 환자 측면, 의사 측면, 질병 측면에서 오진을 일으킬 수 있는 여지가 많기 때문에 이러한 원인을 잘 이해하는 것이 실마리를 찾는 데 좋은 출발점이 될 수 있다. 이 장에서는 양극성 우울증과 단극성 우울증의 개념의 변천을 살펴보고, 현재의 진단체계에 이르게 된 배경과 제한점도 살펴보았다. 또한 두 질환의 유병률, 사회인구학적 특성, 경과, 가족력, 임상양상, 치료반응 등의 측면에서 감별점을 살펴보았다. 또한 현재 국내 임상에서 널리 사용되고 선별검사들을 제시하였으며, 기능적, 구조적 뇌영상 연구 결과들을 살펴봄으로써 두 질환을 보다 정확하게 감별할 수 있는 신경해부학적 특성에 대해서도 살펴보았다. (경)조증의 과거력 및 가족력은 두 질환을 구분하는 가장 중요한 진단적 실마리가 되는 것으로 여겨지고 있다. 이와 더불어 두 질환의 임상적 특성, 선별검사 및 뇌영상 검사 등을 조합한다면 진단의 정확성을 보다 더 높일 수 있을 것이다.

참고문헌

1) American Psychiatric Association. Diagnostic and Statistical Manual of Mental Disorders, Fifth Edition. Washington, DC;2013.

2) Goodwin FK, Jamison K. Manic-depressive illness. 2nd ed. London: Oxford University Press;2007.

3) Angst J. [On the etiology and nosology of endogenous depressive psychoses. A genetic, sociologic and clinical study]. Monogr Gesamtgeb Neurol Psychiatr 1966;112:1-118.

4) Perris C. A study of bipolar (manic-depressive) and unipolar recurrent depressive psychoses. Introduction. Acta Psychiatr Scand Suppl 1966;194:9-14.

5) Winokur G, Clayton P. Family history studies. I. Two types of affective disorders separated according to genetic and clinical factors. Recent Adv Biol Psychiatry 1966;9:35-50.

6) American P, Association. Diagnostic and Statistical Manual of mental disorder, Third Edition. Washington, DC;1980.

7) American P, Association. Diagnostic and Statistical Manual of Mental Disorder, Forth Edition. Washington, DC;1994.

8) Goodwin FK, Ghaemi SN. Understanding manic-depressive illness. Arch Gen Psychiatry 1998;55:23-25.

9) Akiskal HS, Walker P, Puzantian VR, King D, Rosenthal TL, Dranon M. Bipolar outcome in the course of depressive illness. Phenomenologic, familial, and pharmacologic predictors. J Affect Disord 1983;5:115-128.

10) Joffe RT, Young LT, MacQueen GM. A two-illness model of bipolar disorder. Bipolar Disord 1999;1:25-30.

11) Regier DA, Farmer ME, Rae DS, Locke BZ, Keith SJ, Judd LL, et al. Comorbidity of mental disorders with alcohol and other drug abuse. Results from the Epidemiologic Catchment Area (ECA) Study. JAMA 1990;264:2511-2518.

12) Merikangas KR, Akiskal HS, Angst J, Greenberg PE, Hirschfeld RM, Petukhova M, et al. Lifetime and 12-month prevalence of bipolar spectrum disorder in the National Comorbidity Survey replication. Arch Gen Psychiatry 2007;64:543-552.

13) Kessler RC, Berglund P, Demler O, Jin R, Koretz D, Merikangas KR, et al. The epidemiology of major depressive disorder: results from the National Comorbidity Survey Replication (NCS-R). JAMA 2003;289:3095-3105.

14) Merikangas KR, Jin R, He JP, Kessler RC, Lee S, Sampson NA, et al. Prevalence and correlates of bipolar spectrum disorder in the world mental health survey initiative. Arch Gen Psychiatry 2011;68:241-251.

15) Patten SB. A major depression prognosis calculator based on episode duration. Clin Pract Epidemiol Ment Health 2006;2:13.

16) Benazzi F. Bipolar II disorder is common among depressed outpatients. Psychiatry Clin Neurosci 1999;53:607-609.

17) Akiskal HS, Bourgeois ML, Angst J, Post R, Moller H, Hirschfeld R. Re-evaluating the prevalence of and diagnostic composition within the broad clinical spectrum of bipolar disorders. J Affect Disord 2000;59 Suppl 1:S5-S30.

18) Angst J, Gamma A, Benazzi F, Ajdacic V, Eich D, Rossler W. Toward a re-definition of subthreshold bipolarity: epidemiology and proposed criteria for bipolar-II, minor bipolar disorders and hypomania. J Affect Disord 2003;73:133-146.

19) Akiskal HS, Maser JD, Zeller PJ, Endicott J, Coryell W, Keller M, et al. Switching from 'unipolar'

to bipolar II. An 11-year prospective study of clinical and temperamental predictors in 559 patients. Arch Gen Psychiatry 1995;52:114-123.

20) Ghaemi SN, Sachs GS, Chiou AM, Pandurangi AK, Goodwin K. Is bipolar disorder still underdiagnosed? Are antidepressants overutilized? J Affect Disord 1999;52:135-144.

21) Hantouche EG, Akiskal HS, Lancrenon S, Allilaire JF, Sechter D, Azorin JM, et al. Systematic clinical methodology for validating bipolar-II disorder: data in mid-stream from a French national multi-site study (EPIDEP). J Affect Disord 1998;50:163-173.

22) Kim W, Woo YS, Chae JH, Bahk WM. The Diagnostic Stability of DSM-IV Diagnoses: An Examination of Major Depressive Disorder, Bipolar I Disorder, and Schizophrenia in Korean Patients. Clin Psychopharmacol Neurosci 2011;9:117-121.

23) Sharma V, Khan M, Smith A. A closer look at treatment resistant depression: is it due to a bipolar diathesis? J Affect Disord 2005;84:251-257.

24) Inoue T, Nakagawa S, Kitaichi Y, Izumi T, Tanaka T, Masui T, et al. Long-term outcome of antidepressant-refractory depression: the relevance of unrecognized bipolarity. J Affect Disord 2006;95:61-67.

25) Weissman MM, Bland RC, Canino GJ, Faravelli C, Greenwald S, Hwu HG, et al. Cross-national epidemiology of major depression and bipolar disorder. JAMA 1996;276:293-299.

26) Benazzi F. Bipolar II versus unipolar chronic depression: a 312-case study. Compr Psychiatry 1999;40:418-421.

27) Perris C. The course of depressive psychoses. Acta Psychiatr Scand 1968;44:238-248.

28) Hirschfeld RM, Lewis L, Vornik LA. Perceptions and impact of bipolar disorder: how far have we really come? Results of the national depressive and manic-depressive association 2000 survey of individuals with bipolar disorder. J Clin Psychiatry 2003;64:161-174.

29) Perlis RH, Brown E, Baker RW, Nierenberg AA. Clinical features of bipolar depression versus major depressive disorder in large multicenter trials. AJ Psychiatry 2006;163:225-231.

30) Moreno C, Hasin DS, Arango C, Oquendo MA, Vieta E, Liu S, et al. Depression in bipolar disorder versus major depressive disorder: results from the National Epidemiologic Survey on Alcohol and Related Conditions. Bipolar Disord 2012;14:271-282.

31) Takeshima M, Oka T. A comprehensive analysis of features that suggest bipolarity in patients with a major depressive episode: which is the best combination to predict soft bipolarity diagnosis? J Affect Disord 2013;147:150-155.

32) Inoue T, Inagaki Y, Kimura T, Shirakawa O. Prevalence and predictors of bipolar disorders in patients with a major depressive episode: The Japanese epidemiological trial with latest measure of bipolar disorder (JET-LMBP). J Affect Disord 2015;174:535-541.

33) Angst J, Preisig M. Course of a clinical cohort of unipolar, bipolar and schizoaffective patients. Results of a prospective study from 1959 to 1985. Schweiz Arch Neurol Psychiatr (1985) 1995;146:5-16.

34) Kendler KS, Thornton LM, Gardner CO. Stressful life events and previous episodes in the etiology of major depression in women: an evaluation of the "kindling" hypothesis. Am J Psychiatry 2000;157:1243-1251.

35) Spijker J, de Graaf R, Bijl RV, Beekman AT, Ormel J, Nolen WA. Duration of major depressive episodes in the general population: results from The Netherlands Mental Health Survey and

Incidence Study (NEMESIS). Br J Psychiatry 2002;181:208-213.

36) Keller MB, Lavori PW, Coryell W, Endicott J, Mueller TI. Bipolar I: a five-year prospective follow-up. J Nerv Ment Dis 1993;181:238-245.

37) Mueller TI, Leon AC, Keller MB, Solomon DA, Endicott J, Coryell W, et al. Recurrence after recovery from major depressive disorder during 15 years of observational follow-up. Am J Psychiatry 1999;156:1000-1006.

38) Kessing LV, Hansen MG, Andersen PK. Course of illness in depressive and bipolar disorders. Naturalistic study, 1994-1999. Br J Psychiatry 2004;185:372-377.

39) Angst J, Gamma A, Sellaro R, Lavori PW, Zhang H. Recurrence of bipolar disorders and major depression. A life-long perspective. Eur Arch Psychiatry Clin Neurosci 2003;253:236-240.

40) Solomon DA, Keller MB, Leon AC, Mueller TI, Lavori PW, Shea MT, et al. Multiple recurrences of major depressive disorder. Am J Psychiatry 2000;157:229-233.

41) Angst J, Sellaro R. Historical perspectives and natural history of bipolar disorder. Biol Psychiatry 2000;48:445-457.

42) McGuffin P, Rijsdijk F, Andrew M, Sham P, Katz R, Cardno A. The heritability of bipolar affective disorder and the genetic relationship to unipolar depression. Arch Gen Psychiatry 2003;60:497-502.

43) Sullivan PF, Neale MC, Kendler KS. Genetic epidemiology of major depression: review and meta-analysis. Am J Psychiatry 2000;157:1552-1562.

44) Smoller JW, Finn CT. Family, Twin, and Adoption Studies of Bipolar Disorder. 2003.

45) Winokur G, Coryell W, Keller M, Endicott J, Leon A. A family study of manic-depressive (bipolar I) disease. Is it a distinct illness separable from primary unipolar depression? Arch Gen Psychiatry 1995;52:367-373.

46) Kendler KS, Pedersen N, Johnson L, Neale MC, Mathe AA. A pilot Swedish twin study of affective illness, including hospital- and population-ascertained subsamples. Arch Gen Psychiatry 1993;50:699-700.

47) Angst J, Azorin JM, Bowden CL, Perugi G, Vieta E, Gamma A, et al. Prevalence and characteristics of undiagnosed bipolar disorders in patients with a major depressive episode: the BRIDGE study. Arch Gen Psychiatry 2011;68:791-798.

48) Brockington IF, Altman E, Hillier V, Meltzer HY, Nand S. The clinical picture of bipolar affective disorder in its depressed phase. A report from London and Chicago. Br J Psychiatry 1982;141:558-562.

49) Hantouche EG, Akiskal HS. Bipolar II vs. unipolar depression: psychopathologic differentiation by dimensional measures. J Affect Disord 2005;84:127-132.

50) Leonhard K. Pathogenesis of manic-depressive disease. Der Nervenarzt 1957;28:271-272.

51) Forty L, Smith D, Jones L, Jones I, Caesar S, Cooper C, et al. Clinical differences between bipolar and unipolar depression. Br J Psychiatry 2008;192:388-389.

52) Beigel A, Murphy DL. Unipolar and bipolar affective illness. Differences in clinical characteristics accompanying depression. Arch Gen Psychiatry 1971;24:215-220.

53) Mitchell PB, Wilhelm K, Parker G, Austin MP, Rutgers P, Malhi GS. The clinical features of bipolar depression: a comparison with matched major depressive disorder patients. J Clin Psychiatry 2001;62:212-216; quiz 217.

54) Dunner DL, Dwyer T, Fieve RR. Depressive symptoms in patients with unipolar and bipolar affective disorder. Compr Psychiatry 1976;17:447-451.

55) Katz MM, Robins E, Croughan J, Secunda S, Swann A. Behavioural measurement and drug response characteristics of unipolar and bipolar depression. Psychol Med 1982;12:25-36.

56) Perugi G, Akiskal H, Lattanzi L, Cecconi D, Mastrocinque C, Patronelli A, et al. The high prevalence of "soft" bipolar (II) features in atypical depression. Compr Psychiatry 1998;39:63-71.

57) Agosti V, Stewart JW. Atypical and non-atypical subtypes of depression: comparison of social functioning, symptoms, course of illness, co-morbidity and demographic features. J Affect Disord 2001;65:75-79.

58) Benazzi F, Akiskal HS. Delineating bipolar II mixed states in the Ravenna-San Diego collaborative study: the relative prevalence and diagnostic significance of hypomanic features during major depressive episodes. J Affect Disord 2001;67:115-122.

59) Angst F, Stassen HH, Clayton PJ, Angst J. Mortality of patients with mood disorders: follow-up over 34-38 years. J Affect Disord 2002;68:167-181.

60) Ghaemi SN, Rosenquist KJ, Ko JY, Baldassano CF, Kontos NJ, Baldessarini RJ. Antidepressant treatment in bipolar versus unipolar depression. Am J Psychiatry 2004;161:163-165.

61) Akiskal HS, Benazzi F. Atypical depression: a variant of bipolar II or a bridge between unipolar and bipolar II? J Affect Disord 2005;84:209-217.

62) Vahip S, Kesebir S, Alkan M, Akiskal KK, Akiskal HS. Affective temperaments in clinically-well subjects in Turkey: initial psychometric data on the TEMPS-A. J Affect Disord 2005;85:113-125.

63) Rastelli CP, Cheng Y, Weingarden J, Frank E, Swartz HA. Differences between unipolar depression and bipolar II depression in women. J Affect Disord 2013;150:1120-1124.

64) Popescu C, Ionescu R, Jipescu I, Popa S. Psychomotor functioning in unipolar and bipolar affective disorders. Rom J Neurol Psychiatry 1991;29:17-33.

65) Mitchell P, Parker G, Jamieson K, Wilhelm K, Hickie I, Brodaty H, et al. Are there any differences between bipolar and unipolar melancholia? J Affect Disord 1992;25:97-105.

66) Horwath E, Johnson J, Weissman MM, Hornig CD. The validity of major depression with atypical features based on a community study. J Affect Disord 1992;26:117-125.

67) Robertson H, Lam RW, Stewart J, Yatham L, Tarn E, Zis A. Atypical depressive symptoms and clusters in unipolar and bipolar depression. Acta Psychiatr Scand 1996;94:421-427.

68) Han K-M, De Berardis D, Fornaro M, Kim Y-K. Differentiating between bipolar and unipolar depression in functional and structural MRI studies. Prog Neuropsychopharmacol Bol Psychiatry 2018.

69) Taylor Tavares JV, Clark L, Furey ML, Williams GB, Sahakian BJ, Drevets WC. Neural basis of abnormal response to negative feedback in unmedicated mood disorders. Neuroimage 2008;42:1118-1126.

70) Almeida JR, Versace A, Mechelli A, Hassel S, Quevedo K, Kupfer DJ, et al. Abnormal amygdala-prefrontal effective connectivity to happy faces differentiates bipolar from major depression. Biol Psychiatry 2009;66:451-459.

71) Almeida JR, Versace A, Hassel S, Kupfer DJ, Phillips ML. Elevated amygdala activity to sad facial expressions: a state marker of bipolar but not unipolar depression. Biol Psychiatry 2010;67:414-421.

72) Grotegerd D, Stuhrmann A, Kugel H, Schmidt S, Redlich R, Zwanzger P, et al. Amygdala excitability to subliminally presented emotional faces distinguishes unipolar and bipolar depression: an fMRI and pattern classification study. Hum Brain Mapp 2014;35:2995-3007.

73) Burger C, Redlich R, Grotegerd D, Meinert S, Dohm K, Schneider I, et al. Differential Abnormal Pattern of Anterior Cingulate Gyrus Activation in Unipolar and Bipolar Depression: an fMRI and Pattern Classification Approach. Neuropsychopharmacology 2017;42:1399-1408.

74) Wang Y, Wang J, Jia Y, Zhong S, Zhong M, Sun Y, et al. Topologically convergent and divergent functional connectivity patterns in unmedicated unipolar depression and bipolar disorder. Translational psychiatry 2017;7:e1165.

75) Versace A, Almeida JR, Quevedo K, Thompson WK, Terwilliger RA, Hassel S, et al. Right orbitofrontal corticolimbic and left corticocortical white matter connectivity differentiate bipolar and unipolar depression. Biol Psychiatry 2010;68:560-567.

76) Silverstone T, McPherson H, Li Q, Doyle T. Deep white matter hyperintensities in patients with bipolar depression, unipolar depression and age-matched control subjects. Bipolar Disord 2003;5:53-57.

77) Savitz JB, Nugent AC, Bogers W, Roiser JP, Bain EE, Neumeister A, et al. Habenula volume in bipolar disorder and major depressive disorder: a high-resolution magnetic resonance imaging study. Biol Psychiatry 2011;69:336-343.

78) MacMaster FP, Leslie R, Rosenberg DR, Kusumakar V. Pituitary gland volume in adolescent and young adult bipolar and unipolar depression. Bipolar Disord 2008;10:101-104.

혼재성 상태 : 낮은 인식과 그 치료
Mixed states : under-recognition and its treatmen

심인희⁺ | 정종현⁺⁺
동남권원자력의학원 정신건강의학과⁺ | 가톨릭대학교 의과대학 정신과학교실⁺⁺

낮은 인식과 그 배경

양극성장애는 분명하게 구별되는 증상인 조증과 우울증으로 나눌 수 있다. 그러나 양극성장애의 증상이 항상 구별되어 나타나는 것은 아니다. 이러한 주장은 오래전부터 있어 왔고, 실제로 일부의 환자들은 조증 혹은 경조증 증상과 함께 우울 증상을 경험하기도 한다. 이렇게 상대적인 극성이 동시에 나타날 때를 흔히 혼재성 상태(mixed state)라고 일컫는다.

Emil Kraepelin(1856~1926)은 임상적 관찰 결과들을 토대로 기분(mood) 및 사고(thoughts), 의욕(volition)의 고저를 조합하여 혼재성 상태를 체계화하였다.[1] 사고비약을 동반한 우울증(depression with flight of ideas), 흥분성 우울증(excited depression), 우울-불안 조증(depressive-anxious mania), 빈곤한 사고를 보이는 비생산적 조증(unproductive mania with poverty of thought), 절제된 조증(inhibited mania), 무감각 조증(manic stupor)이 그것이다. Kraepeilin은 혼재성 상태를 일종의 과다각성(hyperarousal)과 관련된 기전으로 보았고, 양극성장애의 더 심한 형태로 인식하여 그 임상적 중요성을 주장하였다.

Kraepelin의 개념은 유럽의 임상 현장에서는 비교적 잘 받아들여졌지만, 진단기준에는 충분히 반영되지 못했다. 정신질환의 진단 및 통계 편람 3판(Diagnostic and Statistical Manual of Mental Disorders, 3rd edition, DSM-III)[2] 이전에는 우울 증상을 보이는 다양한 정신질환, 즉 멜랑콜리아, 신경성 우울증, manic-depressive illness들을 구분하였다. DSM-III에서부터는 이들을 주요우울장애라는 진단으로 모두 통합하였고, 기분장애를 주요우울장애와 양극성장애로 양분하였다. 하지만 두 가지 극성이 함께 나타나는 혼재성 상태에 대한 설명은 부족했다. 이러한 변화에 따라 DSM-III, DSM-IV-TR[3], 국제 질병분류 10판(International Classification of Disease 10th Revision, ICD-10)[4]에 이르기까지 혼재성 상태에 대한 개념은 뚜렷한 우울 특징을 동반하는 조증 삽화에만 제한되었다. 특히 DSM-IV-TR[3]의 혼재성 삽화 기준에 따르면, 조증과 우울증의 모든 기준들이 충족되는 시기가 1주일 이상 지속되는 완전한 증후군만 포함되었다. 마찬가지로 ICD-10[4]에 따르면, 혼재성 삽화는 증상의 심각도와는 관계없이 조증과 우울증의 증상들이 서로 비슷한 수준으로 적어도 2주 이상 현재 삽화의 많은 부분에서 뚜렷할 때만 진단될 수 있었다. 이러한 기준에 부합하는 혼재성 삽화는 매우 드물기 때문에 좁은 의미의 진단기준만으로는 실제 임상에서 관찰되는 혼재성 상태를 모두 진단하기 어려웠다.[5] 따라서 혼재성 상태는 양극성장애에 나타나는 매우 희귀한 상태 정도로 간주되었고, 이에 대한 진단적 인식은 낮아질 수밖에 없었을 것으로 생각된다.

　하지만 완전한 증후군으로서의 혼재성 삽화보다 주요 삽화에 반대되는 극성 증상의 일부, 즉 아증후군적(subclinical) 증상을 동반한 혼재성 상태가 더 흔하다는 근거들이 꾸준히 발표되었다. DSM에서 다루지 않았던 혼재성 우울증 역시 임상적으로 드물지 않다는 연구들도 있었다. 또한 혼재성 상태의 유무가 기분장애의 치료와 예후에 중요한 영향을 미친다는 근거들이 축적되었다. 최근에는 혼재성 상태가 서로 다른 극단의 기분 증상이 동시에 또는 순차적으로 나타나는 단순한 개념이 아니라 보다 복잡하고 불안정한 임상양상 및 병태생리를 가진다는 점이 강조되고 있다.

개념의 변화

혼재성 상태를 이해하는 방식에는 여러 가지 주장이 있을 수 있다. 이러한 주장에는 심각한 형태의 조증의 일부로 보는 견해, 조증 삽화와 우울증 삽화가 서로 전환되는 시기의 일시적인 현상이라는 주장, 기존의 조증 및 우울증 삽화와는 별개의 독립된 기분 증상이라는 견해, 그리고 조증 혹은 우울 증상 중의 하나가 우세하게 나타나는 상황에서 반대 극성의 증상 일부가 동반되는 각 증상의 아형이라는 주장도 있다.

조증 삽화를 전향적으로 조사한 연구에서는 삽화가 심각해지고, 시간이 경과함에 따라 불쾌 증상이 동반되는 경우가 많다는 것을 보여주었다.[6] 또한 조증 삽화가 심해질수록 이 시기에 우울, 분노, 공격성 등의 증상이 흔하게 동반되는 것이 관찰되어 혼재성 상태를 심한 조증의 한 형태로 보는 견해를 지지하고 있다.[7] 그러나 일부 환자들은 조증 증상이 심하지 않은 상태에서도 우울 증상을 경험하며, 우울 증상의 유무나 우울 증상의 정도가 전체적인 조증 증상의 심각도와 비례하지 않는다는 보고도 있다.[8]

한편 혼재성 상태가 조증 삽화와 우울증 삽화의 전환기에 나타나는 일시적인 현상이라는 주장은 조증과 우울증이 하나의 질병이며 심각도 측면에서 하나의 연속선상에 존재한다는 연속 모형(continuum model)에 부합한다. 이 관점에 의하면 혼재성 상태란 질병의 경한 상태인 우울증에서 보다 심각한 상태인 조증으로 진행되는, 또는 그 반대의 방향으로 진행되는 과정에서 나타나는 일시적인 현상이다. 그러나 환자들은 전환기가 아닌 독립된 혼재성 상태만을 경험하기도 한다. 첫 삽화로 혼재성 상태를 경험하기도 하고 이전 또는 이후에 다른 우울증 삽화나 조증 삽화 없이 혼재성 상태만을 경험하기도 한다. 이런 현상은 적어도 일부 환자들에게 있어서 혼재성 상태가 단지 전환 상태가 아님을 시사한다.[9]

혼재성 상태가 기존의 조증 및 우울증 삽화와는 별개라는 주장으로도 모든 혼재성 상태를 설명할 수는 없다. 조증 삽화에서 동반되는 우울 증상은 주요우울 삽화의 진단기준을 만족하는 정도에서부터 아증후군적 우울 증상만을 동반하는 경우까지 매우 다양하다.[7] 또한 이들 질환은 서로 다른 질병 특성을 가질 가능성이 많다. 이에 DSM-5에서도 주요우울 삽화의 진단기준을 만족하는 우울 증상을 동반하는 조증 삽화와 경한 우울 증상만이 동반되는 조증 삽화는 진단적으로 구분하고 있다.[10]

조증 삽화를 기준으로 볼 때, 조증이 우세한 상황에서 아증후군적 우울 증상을 보이는 혼재성 상태는 조증 및 우울증의 진단기준을 모두 만족하는 혼재성 삽화(DSM-IV-TR 기준)와는 치료반응의 차이가 있다고 보고된다.[11, 12] 이는 DSM-IV-TR 진단기준을 만족하는 좁은 의미의 혼재성 상태와, 조증 삽화 중 아증후군적 우울 증상만을 보이는 넓은 의미의 혼재성 상태가 서로 다른 질환일 가능성을 시사한다고 하겠다.

우울증 삽화를 기준으로 볼 때도 마찬가지이다. 우울증이 우세한 상황에서 아증후군적 조증이나 경조증의 증상을 가지는 경우는 좁은 의미의 혼재성 삽화와는 다른 상태로 여겨진다. 많은 임상 연구들에서 우울증이 우세한 혼재성 상태에서는 조증의 증상 수준이 낮고, 흔히 무시되는 경우가 많다고 지적하기도 하였다.[13] 일부 환자들은 우울증 삽화의 초기에 경조증 혹은 조증 증상만을 경험하기도 한다.[14, 15] 이들 환자들은 조기 발병, 잦은 삽화, 양극성장애의 가족력 등과 관련이 있고, 이는 경조증 삽화의 특성과 유사한 것으로 알려져 있다.[16] 또한 우울증 삽화 기간에 조증 증상을 보이는 환자들은 순수한 우울증 삽화 환자들에 비하여 더 심각한 질병의 경과를 보이는 것으로 나타났다.[13] 또한 주요우울장애에서 아증후군적 조증이 동반된 환자들의 경우는 가족력이나 질병의 경과가 양극성장애의 특징과 유사하며, 시간이 경과할수록 진단은 양극성장애로 변하는 경우가 많다는 보고가 있다.[17, 18]

이러한 혼재성 상태의 개념에 대한 다양한 주장들은 혼재성 상태를 하나의 개념으로 설명할 수 없다는 것을 보여주고 있다. 실제로 임상 현장에서 DSM-IV 진단기준인 조증 삽화와 주요우울 삽화를 동시에 만족하는 상태로서 혼재성 삽화는 진단율이 낮았다. DSM-5[10]에는 이러한 문제점들을 반영하여, 혼재성 삽화의 진단기준을 삭제하였고, 이를 양극성장애의 세분양상(specifier)으로 설명하고 있다. 조증 삽화의 진단기준은 만족하나 주요우울 삽화의 진단기준은 만족하지 못하는 상태는 조증 삽화, 혼재성 양상(manic episode, with mixed features, 혼재성 조증 : 조증이 우세한 상태), 주요우울 삽화의 진단기준은 만족하나 조증/경조증 삽화의 진단기준에는 미치지 못하는 혼재성 상태는 우울증 삽화, 혼재성 양상(depressive episode, with mixed features, 혼재성 우울증 : 우울증이 우세한 상태)이 그것이다(표 1).

임상적 특성

혼재성 조증은 조증 삽화의 진단기준을 만족하나 우울 증상은 주요우울 삽화의 기준을 만족하지 못하는 경우로, 조증 증상이 우세한 혼재성 상태를 의미한다. 혼재성 조증에서 관찰되는 조증 증상의 특징은 전형적인 조증 삽화에 비해 기분변동성 및 자극과민성이 증가되어 있고, 수면욕구는 감소되어 있으며 주로 과대사고 및 다행감, 말의 압박(pressure of speech)을 보일 수 있다.[19] 이때 혼재성 조증에서 보이는 우울 증상은 불쾌한 기분, 불안, 과도한 죄책감, 자살 성향으로 특징된다.[19] 또한 혼재성 조증의 우울 증상은 조증 증상이 없는 초조성 우울증과 우울 및 불안의 측면에서 비슷한 양상을 보이지만 더욱 심각한 초조, 자극과민성, 인지기능의 저하를 보인다.[20]

반대로 혼재성 우울증은 주요우울 삽화의 진단기준을 만족하는 수준의 우울 증상을 보이지만 조증 증상이 조증 삽화의 진단기준을 충분히 만족하지 못하는 경우로 우울 증상이 우세하게 나타나는 혼재성 상태이다. 이들 혼재성 우울증에서는 비혼재성 우울증에 비하여 삽화의 빈도는 적고, 삽화의 기간은 더 길며, 발병 시 혼재성 삽화를 나타내는 경우가 더 많다고 알려져 있다.[21, 22] 또한 삽화와 삽화 사이에 증상의 관해가 덜하고,

표 1	DSM-5 혼재성 양상 진단기준

혼재성 양상 : 1형과 2형 양극성장애의 조증 삽화, 경조증 삽화, 우울증 삽화에 적용 가능

조증/경조증 삽화, 혼재성 양상(혼재성 조증/경조증)

A. 조증/경조증 삽화의 모든 진단기준에 해당되며, 아래 증상들 중 최소 3개 이상의 증상이 현재 혹은 가장 최근의 조증/경조증 삽화가 있는 대부분의 기간에 존재한다.

   1. 주관적 보고(슬프거나 공허한 느낌) 혹은 객관적으로 관찰(눈물을 흘리는 등)로 특징되는 현저한 기분 불쾌감 혹은 우울감

   2. 모든 혹은 거의 모든 활동에서 나타나는 흥미 혹은 재미의 상실(주관적 보고 혹은 객관적 관찰)

   3. 거의 매일 나타나는 정신운동지연(객관적 관찰에 의함. 단순히 느려진 것 같다는 주관적 느낌은 제외)

   4. 피로 혹은 활력 소실

   5. 무가치감 혹은 과도한/부적절한 죄책감(단순한 자책 혹은 병들은 것에 대한 죄책감은 제외)

   6. 죽음에 대한 반복적인 생각(죽는 것에 대한 두려움은 아님), 특정한 자살 계획은 없지만 반복되는 자살 사고 혹은 자살시도 혹은 자살에 대한 구체적인 계획

B. 혼재성 증상은 객관적으로 관찰되어야 하고, 개인의 일상 행동에 변화가 나타나야 한다.

C. 조증 삽화 및 우울증 삽화의 진단기준을 동시에 만족하는 환자의 경우에는 조증으로 인하여 야기되는 심각한 문제 및 심한 임상 증상 때문에 조증 삽화, 혼재성 양상으로 진단한다.

D. 혼재성 증상은 물질(예 : 약물남용, 치료약제, 다른 형태의 치료)의 생리적 반응에 의한 것이 아니어야 한다.

우울증 삽화, 혼재성 양상(혼재성 우울증)

A. 우울증 삽화의 모든 진단기준에 해당되며, 아래의 조증/경조증 증상이 최소 3개 이상의 증상이 현재 혹은 가장 최근의 우울증 삽화가 있는 대부분의 기간에 존재한다.

   1. 고양된 기분

   2. 과장된 자신감 혹은 과대사고

   3. 평소보다 말이 많아지거나 끊임없이 말을 하는 증상

   4. 사고의 비약 혹은 사고가 폭주하는 주관적인 경험

   5. 활력이나 목표지향적 활동의 증가(사회적 활동, 업무 및 학업활동, 성적 활동)

   6. 고통스러운 결과를 초래할 가능성이 높은 활동에 대한 참여 증가 혹은 과도한 참여(무분별한 금전낭비, 무분별한 성행위, 어리석은 사업 투자 등)

   7. 수면욕구의 감소(평소보다 적은 수면시간에도 불구하고 편안한 느낌. 불면증과는 대조적임)

B. 혼재성 증상은 객관적으로 관찰되어야 하고, 개인의 일상행동에 변화가 나타나야 한다.

C. 조증 삽화 및 우울증 삽화의 진단기준을 동시에 만족하는 환자의 경우에는 조증 삽화, 혼재성 양상으로 진단한다.

D. 혼재성 증상은 물질(예 : 약물남용, 치료약제, 다른 형태의 치료)의 생리적 반응에 의한 것이 아니어야 한다.

기분에 부합되지 않는 정신병적 증상들이 더 빈번한 것으로 알려져 있다.[21, 22] 혼재성 우울증에서 조증 증상은 과민한 기분(irritable mood), 주의산만(distractability), 사고의 폭주(thought racing), 언어의 증가(increased speech)로 특징될 수 있다. 1,380명의 양극성장애 환자를 대상으로 한 Systematic Treatment Enhancement Program-Bipolar Disorder study(STEP-BD) 연구에서도 주의산만, 사고의 폭주, 사고비약(flight of idea), 초조가 우

울증 삽화에서 가장 흔히 관찰되는 조증 증상이라고 보고하였다.[23] 혼재성 우울증에서 우울 증상의 특성에 대한 보고는 빈약하나 우울 증상의 정도는 비혼재성 우울증 삽화의 그것과 차이가 없는 것으로 보인다.[13, 18] 이외에도 조증 혹은 우울증의 정도와 관계없이 혼재성 상태는 걱정(worry), 과다행동(hyperactivity), 부정적 자기평가, 활력증가, 사고의 폭주와 관련성을 보인다.[24]

혼재성 상태의 비기분 증상으로서 불안, 초조, 정신 증상 등도 살펴볼 필요가 있다. 조증 삽화에서 불안 증상은 우울증 및 lithium 저항성과 관련되어 있다.[12, 25] 이때 불안 증상의 정도는 우울 증상의 정도와 상관관계를 보이고 있으나,[23] 비혼재성 조증에서는 이러한 관계가 거의 관찰되지 않는다.[12, 20, 24] 일부 연구자는 이러한 불안 증상이 혼재성 상태의 가장 핵심적인 증상이라고 지적하기도 한다.[26] 또한 혼재성 조증에서 불안 증상의 심각도는 초조성 우울증에서의 정도와 비슷하며,[20] 긴장감 및 정동성의 증가와도 연관되어 있다.[27] 정리하자면, 불안 증상은 혼재성 조증에서의 우울 증상 및 혼재성 우울증의 조증 증상과 밀접한 상관관계를 가진다고 할 수 있으며, 이러한 특성은 혼재성 상태가 과다각성으로부터 유래한다는 가설과도 부합한다고 할 수 있겠다.[28]

조증 삽화에서는 정신 증상의 발현이 많고, 정신 증상의 심각도도 혼재성 상태에서 비혼재성 조증 삽화에 비해 높지는 않은 것으로 보고된다.[12, 29] 조증 삽화와 마찬가지로 양극성 우울증 삽화에서도 정신증/망상이 관련요인으로 나타났다.[30] 우울증 삽화에서의 정신 증상 발현은 조증 삽화보다 적지만, 정신 증상이 양극성 우울증 삽화에서 나타나는 조증 증상의 심각도와 관련이 있는 것으로 나타났다.[13] 정신 증상이 혼재성 상태의 조증 혹은 우울 증상의 정도와 밀접하게 연관되어 있다는 보고도 있다.[24] 또한 혼재성 상태에서의 정신병적 양상은 기분과 부합되지 않는 정신 증상이 더 많이 나타나는 것으로 알려져 있다.[31]

혼재성 조증에서는 우울 증상과 함께 조증의 충동성과 행동과다가 동반되고, 자살사고는 우울증 삽화에서의 비율과 비슷하며, 비혼재성 조증 삽화보다는 높다.[19, 32~34] 1형 양극성장애 환자를 대상으로 한 연구를 살펴보면, 3개 이상의 우울 증상을 보이는 혼재성 상태의 환자에서 과거 자살사고가 많았다는 것을 보여주었다.[35] 또한 현재 혼재성 상태에 있는 환자들은 혼재성 삽화의 과거력 유무와 관계없이 현재 비혼재성 상태인 환자에 비해 자살의 위험도가 증가하였다.[36]

한편 혼재성 우울증에서는 우울증의 절망감과 조증의 충동성 및 과다행동이 동반된다. 이들은 조증 증상이 없는 양극성 우울증 삽화에서보다 더 쉽게 자살시도를 하는 것으로 보이며,[23] 혼재성 상태에서의 불안 증상이 자살위험도를 더욱 높이는 것으로 생각된다.[35] 조증 삽화와는 달리 우울증 삽화에서는 혼재성 상태가 아니더라도 자살의 위험성이 이미 증가되어 있다. 여기에 조증 증상의 동반은 이러한 위험도를 더욱 증가시킨다고 볼 수 있다. 결과적으로 조증/우울증의 정도와 관계없이 혼재성 상태는 절망감과 충동성, 행동과다가 동반되어 있으므로, 자살행동의 고위험군으로 보아야 할 것이다. 혼재성 상태의 임상경과는 환자가 얼마나 많은 삽화를 경험하는지, 자살성향의 증가, 동반질환의 유무, 치료반응에 따라 다르게 나타날 수 있다.

약물치료

혼재성 상태는 순수한 조증이나 우울증 삽화와 비교하여 치료가 더 힘들다고 알려져 왔으나 이들의 약물치료에 대한 문헌적 근거는 부족하다. 기존에 알려진 약물치료 근거들은 조증 혹은 혼재성 삽화를 가진 환자들을 포함한 연구들에서 사후검정(post-hoc analysis)을 하거나 소집단 분석(subgroup analysis)을 실시하여 도출된 결과들이 대부분이다. 따라서 아직까지 혼재성 상태에 특이적으로 치료적 권고사항을 제시하기에는 어려움이 있다.

혼재성 조증/경조증

DSM-5에 제시된 혼재성 조증/경조증의 범주는 조증/경조증 증상군이 우세한 혼재성 상태와 DSM-IV-TR 진단기준의 '혼재성 삽화'와 유사한 개념인 조증과 우울증 증상군이 함께 나타나는 혼재성 상태 모두를 포함한다. 이들에 대하여 국내 전문가 의견수렴 방식을 토대로 제시된 한국형 양극성장애 약물치료 지침서에서는 기분조절제와 비정형 항정신병약물의 병합요법이 최우선 초기 치료전략으로 제시되었으며, 비정형 항정신병약물 단독요법도 1차 치료로 고려되었다.[37] DSM-5 진단기준에 준용되는 혼재성 조증/경조증을 대상으로 진행된 무작위 배정 위약대조 연구들은 asenapine, quetiapine, olanzapine 등으로 대부분 비정형 항정신병약물에 집중되어 있고, 기분조절제에 대한 연구는 부족한 편이다.

　DSM-IV-TR 진단기준에 따른 양극성장애 혼재성 삽화(DSM-5 기준상 혼재성 조증에 해당)에 해당하는 환자들에서 asenapine 단독요법의 효과를 확인하기 위하여 3주 무작위 대조 및 9주 연장 연구(asenapine n=46, olanzapine n=56)가 진행되었다.[38] asenapine군은 3주째 위약군에 비하여 Young 조증 평가 척도(Young Mania Rating Scale, YMRS)와 Montgomery-Asberg 우울증 평가 척도(Montgomery-Asberg Depression Rating Scale, MADRS) 총점의 유의한 저하를 보였으나, olanzapine군은 위약군과 유의한 차이를 보이지 않았다. 연장 연구 결과에 따르면 asenapine군에서 YMRS와 MADRS 총점의 추가적인 감소를 보였으나 olanzapine군과 비교하였을 때에는 유의한 차이를 보이지 않았다. 이 연구는 혼재성 조증에서 asenapine 단독요법의 효과를 시사한다고 볼 수 있을 것이다. 이후 1형 양극성장애 혼재성 조증 환자들에서 asenapine 단독요법의 효과를 확인하기 위해 3주 무작위 대조 연구를 사후 분석하였다.[39] 총 960명의 환자들이 asenapine, olanzapine, 위약군에 각각 무작위 배정되었다. asenapine군은 관해율에 있어서 우울 증상의 심각도에 관계없이 유의미한 변화를 보였고, 반면에 olanzapine군과 위약군에서는 우울 증상의 심각도가 증가할수록 관해율이 저하되는 결과를 보였다. YMRS 총점에 있어서 asenapine군에서는 2일째부터 위약군과 유의한 차이를 보였고 3주째까지 이러한 차이가 유지되었으나, olanzapine군과 비교하였을 때는 2일과 4일째에만 유의한 차이를 보였다. 이 연구를 통해 혼재성 조증에서 asenapine 단독요법의 빠른 효과가 확인되었다.

1형 양극성장애 조증 혹은 혼재성 삽화에서 cariprazine의 효과를 확인하기 위한 무작위 위약대조 연구 및 통합 분석이 있지만, 혼재성 상태에 해당하는 환자 수가 적거나 혼재성 상태에 대한 소집단 분석이 따로 이루어지지 않아 이에 대한 효과를 논하기 어렵다.[40~43] 보다 최근에 진행된 소집단 분석에 의하면, 상기 연구의 14% 정도의 환자가 혼재성 삽화로 평가되었다. 그중 83명의 환자가 cariprazine군에, 62명의 환자가 위약군에 배정되었다. 3주 후에 cariprazine군에서 위약군에 비하여 YMRS 총점에서 유의한 감소를 보였다.[44] 이전 연구들과 이후에 이루어진 통합 연구로 미루어보았을 때, caripirazine이 혼재성 조증에서 효과가 있는 것을 확인할 수 있었다.

2형 양극성장애에서 혼재성 상태를 보이는 경조증 환자들을 대상으로 quetiapine 병합요법과 위약 병합요법의 효과를 비교하기 위한 8주 무작위 대조 연구를 시행하였다.[45] 혼재성 상태를 동반한 2형 양극성장애 환자 중에서 기존에 양극성장애에 대한 치료를 2주 이상 안정적으로 받고 있는 총 55명의 환자가 연구에 참여하였다. quetiapine 병합요법군은 위약 병합요법군과 비교하여 Clinical Global Impressions-Severity of Bipolar Disorder scale(CGI-BP) 총점에서 유의한 호전을 보였으며, MADRS 총점에서도 유의한 호전을 보였다. 하지만 YMRS의 총점에서는 quetiapine군과 위약군 간에 유의한 차이가 관찰되지 않았다. 이 연구를 통하여 2형 양극성장애 혼재성 경조증에서 quetiapine 병합요법이 전반적인 증상 및 우울 증상에는 위약보다 효과적이지만, 경조증 증상의 호전에는 위약과 차이가 없다고 확인되었다.

1형 양극성장애 조증 삽화에서 olanzapine의 효과를 확인하기 위하여 3주 동안 시행한 무작위 배정 위약대조 연구 3개를 통합하여 사후 분석하였다.[46] olanzapine군에서 위약군과 비교하여 YMRS 총점의 변화에서 유의한 호전을 보였으며, 이러한 결과는 혼재성 여부에 관계가 없었다. 또한 항우울 효과를 보기 위한 Hamilton 우울증 평가 척도(Hamiton Depression Rating Scale, HDRS) 총점의 변화에서도 olanzapine군에서 위약군과 비교하여 유의한 호전을 보였다. DSM-IV-TR 진단기준에 따른 양극성장애 혼재성 삽화(DSM-5 기준상 혼재성 조증에 해당) 환자들을 대상으로 olanzapine과 divalproex의 병합요법과 divalproex의 단독요법의 효과를 비교하는 6주 무작위 배정 위약대조 연구도 시행되었다.[47] 이 연구는 크게 두 기간으로 나누어졌는데, 4~28일 동안 divalproex 단독으로 치료하는 치료기 I기와 이 시기에 불충분한 치료반응을 보이는 환자들이 참여하여 divalproex에 부가적으로 olanzapine 혹은 위약에 무작위 배정되는 6주간의 치료기 II기로 나누어진다. 총 202명의 환자가 divalproex와 olanzapine 병합요법군과 divalproex와 위약 병합요법군에 무작위 배정되었다. 6주 간의 치료기 II기 동안 olanzapine 병합요법군에서 위약 병합요법군과 비교하여 HDRS 총점의 유의한 감소가 있었다. YMRS 총점에서도 olanapine 병합요법군에서 위약 병합요법군보다 더 큰 감소를 보였다. 뿐만 아니라 HDRS, YMRS의 25% 이상 감소로 정의된 부분적 반응을 보인 시간까지와 각 척도의 50% 이상 감소로 정의된 치료반응까지의 시간에 있어서도 olanzapine 병합요법군에서 더 유의하게 짧은 것으로 나타났다. 이 연구를 통해 혼재성 삽화 환자들에서 divalproex와 olanzapine 병합요법이 divalproex 단독요법에 비하여 조증과 우울 증상 모두에 있어서 더 크고 빠른 호전을 가져온다는 것이 확인되었다.

　　DSM-IV의 기준에 따른 조증 및 혼재성 삽화를 보이는 환자들에서 시행된 2개의 유사한 연구 설계를 가진 무작위 위약대조 연구에서 혼재성 삽화에 있어 carbamazepine 단독요법의 효과를 확인하기 위하여 소집단 분석이 진행되었다.[48, 49] 한 연구에서는 carbamazepine군이 위약군에 비하여 혼재성 삽화에서 우울 증상의 개선에만 효과가 있었던 반면, 다른 연구에서는 조증 증상의 개선에만 효과를 보였다. 이후 두 연구를 통합하여 진행한 연구에서는 혼재성 삽화 환자들에서 carbamazepine이 위약에 비하여 조증과 우울 증상 모두에 효과가 있다는 보고를 하였다.[50] 하지만 carbamazepine 병합요법에 대한 적절한 연구 보고는 부족한 실정이다.

　　또한 양극성장애 혼재성 조증에서 valproate와 lithium의 적용은 여전히 활발하지만, 효과에 대한 근거 자료는 미미하다. 양극성장애 급성 조증 환자들에서 우울 증상의 여부가 치료반응에 어떠한 영향을 주는지에 대하여 확인하기 위하여 lithium, valproate, 그리고 위약에 무작위 배정한 연구가 있다.[51] 총 179명의 환자 중 103명의 환자들이 혼재성 조증으로 진단받았다. 이때 조증 삽화에서 우울 증상을 동반할 때 lithium의 항조증 효과는 감소하고, 오히려 valproate에 효과적이라는 결과를 보고하였다. 하지만 valproate

가 위약과 비교하였을 때 유의한 효과를 증명하지 못하였고, 소규모, 사후 분석 등의 제한점이 있어 추후 후속 연구들이 필요할 것으로 생각된다. 또한 valproate 단독 치료에 대한 8주 무작위 배정 위약대조 연구(n=60)도 있지만, 그 대상이 혼재성 양상 유무와 관계없이 경한 조증/경조증 증상을 가진 환자들을 모두 포함하였기 때문에 본 장에는 적절하지는 않을 수 있다.[52] 단, 이 연구를 통하여 valproate의 항조증 효과와 함께, 초기 우울 증상을 동반하였을 때(혼재성 양상을 동반한 조증/경조증 삽화) 항우울 효과에 대한 통계적인 경향성을 확인할 수 있었다는 점에 의의가 있을 것이다.

혼재성 우울증

한국형 양극성장애 약물치료 지침서에 따르면, 우울증 증상군이 우세한 혼재성 양상의 초기 치료로는 기분조절제와 lamotrigine 병합요법, 기분조절제와 비정형 항정신병약물 병합요법, 그리고 비정형 항정신병약물과 lamotrigine 병합요법이 제시되었다.[37] 혼재성 양상에 있어서 2014년에 발간된 지침서와 2018년에 개정된 지침서의 치료 전략이 전반적으로 유사하지만, 특히 혼재성 우울증에서 lamotrigine과 병합하는 치료가 1차 전략으로 선호된다는 점이 특징적인 변화이다. DSM-5에 준용되는 혼재성 우울증(주요우울 삽화에 아증후군적 조증 증상 포함)을 대상으로 진행된 무작위 대조 연구는 총 5개 (ziprasidone, olanzapine, lurasidone, asenapine)이며, 그중 전향적 무작위 대조 연구는 아직까지 ziprasidone 1개밖에 없다. 또한 혼재성 조증/경조증과 유사하게 비정형 항정신병약물에 집중되어 있다. 따라서 현재로서는 혼재성 우울증의 치료를 논하기에 연구가 부족한 실정이며, 명확한 결론을 내리기는 어렵다.

2형 양극성장애 또는 주요우울장애에서 DSM-IV 진단기준상 주요우울 삽화를 만족하고 2~3개 이하의 조증 증상을 만족하는 경우를 혼재성 우울증으로 정의하였을 때, ziprasidone 단독요법의 효과를 확인하기 위해 6주 무작위 대조 연구가 시행되었다.[53] 총 73명의 피험자가 ziprasidone 단독요법과 위약 단독요법군에 무작위 배정되었다. ziprasidone의 허용용량은 40~160mg/day였고, 평균용량은 129.7 ± 45.3mg/day였다. 3주째 MADRS 총점의 변화는 ziprasidone군에서 위약군보다 유의하게 컸으며, 이러한 결과는 6주까지 지속되었다. 이와 같은 항우울 효과는 주요우울장애보다 2형 양극성장애에서 더욱 뚜렷하게 나타났다. 하지만 조증 평가 척도(Mania Rating Scale, MRS) 총점의 변화는 양군 간에 유의한 차이가 없었다. ziprasidone은 체중증가 및 추체외로 증상 등 내약성에서도 우수한 결과를 보이는 것으로 나타났다.

1형 양극성장애 혼재성 우울증에서 olanzapine과 olanzapine/fluoxetine combination (OFC)의 효과를 확인하기 위하여 시행된 8주 무작위 대조 연구를 사후분석하였다.[54]

총 788명의 환자가 olanzapine(5~20mg/day; n=351), OFC(olanzapine 6 and fluoxetine 25, olanzapine 6 and fluoxetine 50, olanzapine 12 and fluoxetine 50mg/day; n=82), 그리고 위약군(n=355)에 무작위 배정되었다. 8주의 연구기간 동안 olanzapine군과 OFC군은 위약군과 비교하여 유의한 우울 증상의 호전을 보였다. 이 연구를 통해서 olanzapine과 OFC 모두 위약과 비교하여 1형 양극성장애 혼재성 우울증에서 효과적임이 밝혀졌으나, OFC가 olanzapine과 비교하였을 때 더 우수한 효과를 보여주지는 못했다. 또한 항조증 효과를 확인하기 위하여 조증 전환율(manic switch)을 비교하였을 때에는 olanzapine과 OFC 모두 위약과 비교하여 유의미한 차이를 보여주지 못했다.

1형 양극성장애 혼재성 우울증에서 lurasidone 단독요법의 효과를 확인하기 위하여 6주 무작위 배정 위약대조 연구에 대한 사후분석을 시행하였다.[55] 총 272명의 환자들이 lurasidone 치료군(20~120mg, n=182)과 위약 치료군(n=90)에 배정되었다. lurasidone 치료군에서 6주째에 MADRS 총점이 위약군과 비교하여 유의하게 감소하였다. 이를 통해 양극성장애 혼재성 우울증에서 단독요법으로서 lurasidone의 항우울 효과를 확인하였으며, 치료로 인한 조증/경조증으로의 전환율에서도 lurasidone 치료군과 위약치료군 간 유의미한 차이를 보이지 않아 항조증 효과 역시 고려할 수 있을 것이다.

비약물치료

전기경련요법(electroconvulsive therapy, ECT)이 양극성장애의 혼재성 조증 및 혼재성 우울증의 치료에 효과적인 것으로 알려졌다. 이때 혼재성 상태에서 우울 증상 심각도가 ECT의 치료반응을 예측할 수 있다고 하였다.[56] 혼재성 상태는 증상이 복잡하고 자살의 위험도가 높아 치료가 쉽지 않은 경우가 많으므로 약물치료에 대한 반응이 미약하거나 고도의 자살위험이 있는 경우에는 ECT도 좋은 치료 방법이 될 수 있을 것이다.

그 외 비약물치료적 접근으로서 순수한 기분 삽화와 마찬가지로 분석적 정신치료, 인지행동치료 등 다양한 정신치료적인 접근들도 좋은 치료 방법이 될 수 있다.

참고문헌

1) Kraepelin E. Manic-Depressive Illness and Paranoia. Edinburgh, Scotland: E & S Livingstone;1921.

2) American Psychiatric Association. Diagnostic and statistical manual of mental disorders (3rd ed.).

Washington, DC: American Psychiatric Association;1980.

3) American Psychiatric Association. Diagnostic and statistical manual of mental disorders (4th ed., text rev.). Washington, DC: American PsychiatricAssociation;2000.

4) World Health Organization. The ICD-10 classification of mental and behavioural disorders: diagnostic criteria for research World Health Organization;1993.

5) Suppes T, Mintz J, McElroy SL, Altshuler LL, Kupka RW, Frye MA, et al. Mixed hypomania in 908 patients with bipolar disorder evaluated prospectively in the Stanley Foundation Bipolar Treatment Network: a sex-specific phenomenon. Arch Gen Psychiatry 2005;62:1089-1096.

6) Carlson GA, Goodwin FK. The stages of mania: A longitudinal analysis of the manic episode. Arch Gen Psychiatry 1973;28:221-228.

7) Post RM, Rubinow DR, Uhde TW, Roy-Byrne PP, Linnoila M, Rosoff A, et al. Dysphoric mania. Clinical and bioligcal correlates. Arch Gen Psychiatry 1989;46:353-358.

8) Secunda SK, Swann A, Katz MM, Koslow SH, Croughan J, Chang S. Diagnosis and treatment of mixed mania. Am J Psychiatry 1987;144:96-98.

9) McElroy SL, Keck Jr PE, Pope Jr HG, Hudson JI, Faedda GL, Swann AC. Clinical and research implications of the diagnosis of dysphoric or mixed mania or hypomania. Am J Psychiatry 1992;149:1633-1644.

10) American Psychiatric Association. Diagnositic and statistical manual of mental disorders (5th ed.) Washington, DC: American Psychiatric Association;2013.

11) Swann AC, Bowden CL, Morris D, Calabrese JR, Petty F, Small J, et al. Depression during mania: treatment response to lithium or divalproex. Arch Gen Psychiatry 1997;54:37-42.

12) Swann AC, Secunda SK, Katz MM, Koslow SH, Maas JW, Chang S, et al. Lithium treatment of mania: Clinical characteristics, specify of symptom change, and outcome. Psychiatry Res 1986;18:127-141.

13) Swann AC, Gerard Moeller F, Steinberg JL, Schneider L, Barratt ES, Dougherty DM. Manic symptoms and impulsivity during bipolar depressive episodes. Bipolar Disord 2007;9:206-212.

14) Akiskal HS, Benazzi F, Perugi G, Rihmer Z. Agitated "unipolar" depression re-conceptualized as a depressive mixed state: implications for the antidepressant-suicide controversy. J Affect Disord 2005;85:245-258.

15) Benazzi F, Akiskal HS. Delineating bipolar II mixed states in the Ravenna-San Diego collaborative study: the relative prevalence and diagnostic significance of hypomanic features during major depressive episodes. J Affect Disord 2001;67:115-122.

16) Akiskal HS, Benazzi F. Family history validation of the bipolar nature of depressive mixed states. J Affect Disord 2003;73:113-122.

17) Fiedorowicz JG, Endicott J, Leon AC, Solomon DA, Keller MB, Coryell WH. Subthreshold hypomanic symptoms in progression from unipolar major depression to bipolar disorder. Am J Psychiatry 2011;168:40-48.

18) Zimmermann P, Brückl T, Nocon A, Pfister H, Lieb R, Wittchen H-U, et al. Heterogeneity of DSM-IV major depressive disorder as a consequence of subthreshold bipolarity. Arch Gen Psychiatry 2009;66:1341-1352.

19) Cassidy F, Murry E, Forest K, Carroll BJ: Signs and symptoms of mania in pure and mixed episodes. J Affect Disord 1998;50:187-201.

20) Swann AC, Secunda SK, Katz MM, Croughan J, Bowden CL, Koslow SH, et al. Specificity of mixed affective states: clinical comparison of dysphoric mania and agitated depression. J Affect Disord 1993;28:81-89.

21) Perugi G, Akiskal HS, Micheli C, Tony C, Madaro D. Clinical characterization of depressive mixed state in bipolar-I patients: Pisa-San Diego collabortion. J Affect Disord 2001;67:105-114.

22) Chung YI. Emerging concepts of bipolar disorder: focus on mixed states. J Korean Neuropsychiatr Assoc 2008;47:119-125.

23) Goldberg JF, Perlis RH, Bowden CL, Thase ME, Miklowitz DJ, Marangell LB, et al. Manic symptoms during depressive episodes in 1,380 patients with bipolar disorder: findings from the STEP-BD. Am J Psychiatry 2009;166:173-181.

24) Swann AC, Steinberg JL, Lijffijt M, Moeller GF. Continuum of depressive and manic mixed states in patients with bipolar disorder: quantitative measurement and clinical features. World Psychiatry 2009;8:166-172.

25) González-Pinto A, Aldama A, Mosquera F, González Gómez C. Epidemiology, diagnosis and management of mixed mania. CNS Drugs 2007;21:611-626.

26) Cassidy F. Anxiety as a symptom of mixed mania: implications for DSM-5. Bipolar Disord 2010;12:437-439.

27) Henry C, M'Baïlara K, Poinsot R, Casteret AA, Sorbara F, Leboyer M, et al. Evidence for two types of bipolar depression using a dimensional approach. Psychother Psychosom 2007;76:325-331.

28) Bertschy G, Gervasoni N, Favre S, Liberek C, Ragama-Pardos E, Aubry JM, et al. Frequency of dysphoria and mixed states. Psychopathology 2008;41:187-193.

29) González-Pinto A, Aldama A, Pinto AG, Mosquera F, Pérez de Heredia JL, Ballesteros J, et al. Dimensions of mania: differences between mixed and pure episodes. Eur Psychiatry 2004;19:307-310.

30) Sato T, Bottlender R, Kleindienst N, Möller HJ. Irritable psychomotor elation in depressed inpatients: a factor validation of mixed depression. J Affect Disord 2005;84:187-196.

31) Perugi G, Akiskal HS, Micheli C, Toni C, Madaro D. Clinical characterization of depressive mixed state in bipolar I patients: Pisa-San Diego collaboration. J Affect Disord 2001;67:105-114.

32) Hantouche EG, Akiskal HS, Azorin JM, Châtenet-Duchêne L, Lancrenon S. Clinical and psychometric characterization of depression in mixed mania: a report from the French National Cohort of 1090 manic patients. J Affect Disord 2006;96:225-232.

33) Strakowski SM, McElroy SL, Keck PE Jr, West SA. Suicidality among patients with mixed and manic bipolar disorder. Am J Psychiatry 1996;153:674-676.

34) Goldberg JF, Garno JL, Leon AC, Kocsis JH, Portera L. Association of recurrent suicidal ideation with nonremission from acute mixed mania. Am J Psychiatry 1998;155:1753-1755.

35) Diefenbach GJ, Woolley SB, Goethe JW. The association between self-reported anxiety symptoms and suicidality. J Nerv Ment Dis 2009;197:92-97.

36) Pacchiarotti I, Mazzarini L, Kotzalidis GD, Valenta M, Nivoli AM, Sani G, et al. Mania and depression: mixed, not stirred. J Affect Disord 2011;133:10533:1.

37) 대한정신약물학회. 한국형 양극성 장애 약물치료 지침서 2018. 서울: 한국형 양극성장애 약물치료 알고리듬 실무위원회;2018.

38) Azorin J, Sapin C, Weiller E. Effect of asenapine on manic and depressive symptoms in bipolar I patients with mixed episodes: results from post hoc analyses. J Affect Disord 2013;145:62-69.

39) McIntyre RS, Tohen M, Berk M, Zhao J, Weiller E. DSM-5 mixed specifier for manic episodes: evaluating the effect of depressive features on severity and treatment outcome using asenapine clinical trial data. J Affect Disord 2013;150:378-383.

40) Calabrese JR, Keck PE Jr., Starace A, Lu K, Ruth A, Laszlovszky I, et al. Efficacy and safety of low- and high-dose cariprazine in acute and mixed mania associated with bipolar I disorder: a double-blind, placebo-controlled study. J Clin Psychiatry 2015;76:284-292.

41) Durgam S, Starace A, Li D, Migliore R, Ruth A, Nemeth G, et al. The efficacy and tolerability of cariprazine in acute mania associated with bipolar I disorder: a phase II trial. Bipolar Disord 2015;17:63-75.

42) Sachs GS, Greenberg WM, Starace A, Lu K, Ruth A, Laszlovszky I, et al. Cariprazine in the treatment of acute mania in bipolar I disorder: a double-blind, placebo-controlled, phase III trial. J Affect Disord 2015;174:296-302.

43) Vieta E, Durgam S, Lu K, Ruth A, Debelle M, Zukin S. Effect of cariprazine across the symptoms of mania in bipolar I disorder: Analyses of pooled data from phase II/III trials. Eur Neuropsychopharmacol 2015;25:1882-1891.

44) Vieta E, Durgam S, Lu K, Laszlovszky I, Patel M, Saliu I, et al. Efficacy of cariprazine in subgroups of bipolar patients with manic episodes, mixed episodes, and with or without psychotic symptoms. Eur Neuropsychopharmacol 2017;27:S936-S937.

45) Suppes T, Ketter TA, Gwizdowski IS, Dennehy EB, Hill SJ, Fischer EG, et al. First controlled treatment trial of bipolar II hypomania with mixed symptoms: quetiapine versus placebo. J Affect Disord 2013;150:37-43.

46) Tohen M, McIntyre RS, Kanba S, Fujikoshi S, Katagiri H. Efficacy of olanzapine in the treatment of bipolar mania with mixed features defined by DSM-5. J Affect Disord 2014;168:136-141.

47) Houston JP, Tohen M, Degenhardt EK, Jamal HH, Liu LL, Ketter TA. Olanzapine-divalproex combination versus divalproex monotherapy in the treatment of bipolar mixed episodes: a double-blind, placebo-controlled study. J Clin Psychiatry 2009;70:1540-1547.

48) Weisler RH, Kalali AH, Ketter TA. A multicenter, randomized, double-blind, placebo-controlled trial of extended-release carbamazepine capsules as monotherapy for bipolar disorder patients with manic or mixed episodes. J Clin Psychiatry 2004;65:478-484.

49) Weisler RH, Keck PE Jr, Swann AC, Cutler AJ, Ketter TA, Kalali AH. Extended-release carbamazepine capsules as monotherapy for acute mania in bipolar disorder: a multicenter, randomized, double-blind, placebo-controlled trial. J Clin Psychiatry 2005;66:323-330.

50) Weisler RH, Hirschfeld R, Cutler AJ, Gazda T, Ketter TA, Keck PE Jr, et al. Extended-Release Carbamazepine Capsules as Monotherapy in Bipolar Disorder. CNS Drugs 2006;20:219-231.

51) Swann AC, Bowden CL, Morris D, Calabrese JR, Petty F, Small J, et al. Depression during mania. Treatment response to lithium or divalproex. Arch Gen Psychiatry 1997;54:37-42.

52) McElroy SL, Martens BE, Creech RS, Welge JA, Jefferson L, Guerdjikova AI, et al. Randomized, double-blind, placebo-controlled study of divalproex extended release loading monotherapy in ambulatory bipolar spectrum disorder patients with moderate-to-severe hypomania or mild mania. J Clin Psychiatry 2010;71:557-565.

53) Patkar A, Gilmer W, Pae CU, Vohringer PA, Ziffra M, Pirok E, et al. A 6 week randomized double-blind placebo-controlled trial of ziprasidone for the acute depressive mixed state. PLoS One 2012;7:e34757.

54) Benazzi F, Berk M, Frye MA, Wang W, Barraco A, Tohen M. Olanzapine/fluoxetine combination for the treatment of mixed depression in bipolar I disorder: a post hoc analysis. J Clin Psychiatry 2009;70:1424-1431.

55) McIntyre RS, Cucchiaro J, Pikalov A, Kroger H, Loebel A. Lurasidone in the treatment of bipolar depression with mixed (subsyndromal hypomanic) features: post hoc analysis of a randomized placebo-controlled trial. J Clin psychiatry 2015;76:398-405.

56) Small JG, Klapper MH, Kellams JJ, Miller MJ, Milstein V, Sharpley PH, et al. Electroconvulsive treatment compared with lithium in the management of manic states. Arch Gen Psychiatry 1988;45:727-732.

양극성장애에 인지기능의 이상이 있는가?

Are there cognitive dysfunctions in bipolar disorder?

박영민[+] | 제영묘[++]

인제대학교 의과대학 정신건강의학교실[+] | 김원묵기념 봉생병원 정신건강의학과[++]

Krapeline이 조기치매(dementia praecox)와 조울병(manic depressive insanity)으로 두 질환을 구분한 이후 조현병과 양극성장애를 감별하는 임상적 특징 중 하나가 양극성장애는 삽화에서 회복되면 완전한 관해가 이루어진다는 것이었다. 즉 삽화 중에는 기분, 인지기능의 병적 이상이 나타나지만 삽화에서 벗어나 관해가 되면 정상적인 상태로 회복된다는 주장이다. 하지만 최근 연구에 의하면 양극성장애 환자는 관해 상태에서도 어느 정도의 인지기능 저하를 보이며 심지어 발병을 하지 않은 양극성장애 환자의 가족이나 친척에서도 인지기능 저하가 나타나고 있다는 결과들이 있다. 이러한 결과들을 뒷받침하는 증거들도 이미 많이 제시되고 있다. 특히 양극성장애 환자들은 뇌구조의 이상이 비교적 초기부터 나타난다는 결과들이 있었다. 뇌실의 확장, 측두엽이나 전두엽의 위축, 백질 변성 등이 그 예이다. 이번 장에서는 양극성장애의 인지기능에 대한 몇 가지 궁금증을 살펴보기로 하겠다.

양극성장애 환자에서 인지기능검사는 어떻게 이루어지는가?

양극성장애 환자들의 인지기능을 평가하는 몇 가지 도구가 있다. 그중 가장 널리 알려진 것이 MATRICS Consensus Cognitive Battery(MCCB)이다.[1] 이 도구는 원래 조현병 환자의 인지손상을 측정하기 위해 고안된 것이지만 최근에는 양극성장애에서도 많이 쓰이고 있다. MCCB는 일곱 가지의 영역으로 구성되며 (1) 처리속도(processing speed), (2) 주의력/각성(attention/vigilance), (3) 작동기억(working memory), (4) 언어학습(verbal learning), (5) 시각학습(visual learning), (6) 추리와 문제해결능력(reasoning and problem solving), (7) 사회인지(social cognition) 영역으로 구성되어 있다. 각 영역별로 사용하는 검사는 표 1에 제시되어 있다.

표 1　양극성장애의 인지기능 평가를 위한 MCCB의 검사 영역과 검사 방법[1]

Processing speed	Symbol-digit coding test, Trail making test(part A), Category fluency(animal naming)
Attention/vigilance	Continuous performance test(identical pairs)
Working memory	Wechsler memory scale(spatial span letter, number span)
Verbal learning	Hopkins verbal learning test-revised
Visual learning	Brief visuospatial memory test-revised
Reasoning/problem solving	Neuropsychological assessment battery(mazes)
Social cognition	Mayer-Salovey-Caruso emotional intelligence test

MCCB : MATRICS Consensus Cognitive Battery

양극성장애 환자는 발병 전에도 인지기능 저하가 있는가?

많은 아동, 청소년, 성인 양극성장애 환자의 대부분에서 인지기능의 저하를 보인다는 명백한 증거들이 보고되고 있다.[2] 하지만 이러한 양극성장애 환자의 병전 인지기능에 대한 연구는 많지 않다. 여기에 몇 가지 연구를 소개하려고 한다.[3-5] 한 연구에서 74명의 양극성장애, 우울증, 정상인의 자녀를 대상으로 발병 전에 지능검사와 실행기능(executive function)을 평가하였을 때 성인기 양극성장애가 발생한 9명의 피험자들은 평균 정도의 지능지수를 보여주었지만 실행기능에서는 다른 피험자들에 비해 유의하게 낮은 점수가 관찰되었다. 다른 연구에서도 양극성장애 발병 전 아동기에 측정한 trails making A와 trail making B 검사에서 양극성장애가 발병한 피험자가 발병하지 않은 피험자보다 실행기능과 시공간기능(visuospatial ability)의 유의한 감소가 확인되었다.

양극성장애 환자의 가족 및 친척은 인지기능 저하가 있는가?

최근 2개의 메타분석에서 양극성장애 환자의 가족은 정상인에서 비해서 인지기능의 저하가 일관적으로 나타나는 것으로 드러났다.[6,7] 첫 번째 메타분석에서는 양극성장애 환자의 가족들은 반응억제(response inhibition)에서 정상인과 가장 큰 차이를 보였고 그다음으로 실행기능, 그다음으로 언어학습과 기억력에서의 차이를 보였다. 두 번째 메타분석 역시 유사한 결과를 보여주었다. 하지만 일부 항목에서는 유의한 차이에 도달하지 않아 모든 인지기능에서 차이가 나는 것은 아님을 보여주었다. 또한 최근 흥미로운 연구 결과가 발표되었는데 쌍생아 연구에서 양극성장애 환자의 정상 쌍생아는 정상인보다 오히려 높은 언어유창성(verbal fluency)과 언어학습을 보여주었다. 이는 양극성장애를 가진 환자의 가족들이 인지기능의 다양성을 가질 수 있음을 보여주는 예가 될 것 같다.

이러한 인지기능의 손상은 기분 증상과는 달리 상태 의존적이지 않았다. 또한 양극성장애환자의 가족이나 친척에서도 확인이 되며 관해기 상태에서도 관찰되므로 양극성장애의 생물학적 지표로서도 활용이 가능할 것으로 보인다.

양극성장애 환자는 정상인보다 인지기능이 낮은가?

한 연구에서 양극성장애 환자는 모든 항목, 즉 언어기억, 작동기억, 정신운동속도(psychomotor speed), 언어유창성, 주의력, 실행기능 등에서 정상인과 차이를 보였다.[8] 이 연구에 포함된 양극성장애 환자는 조증, 우울증, 혼재성 삽화뿐만 아니라 관해 상태의 양극성장애 환자도 포함되었다. 이러한 결과는 여러 연구를 통해 반복적으로 재현되었다. 일부 연구자들은 정상인과의 차이 중 가장 특징적인 인지기능의 손상은 일관된 주의력의 손상이라고 주장하였다. 일부 연구는 양극성장애의 인지기능 저하가 성별, 나이, 교육 수준에 의하여 영향을 받을 수 있는지를 조사하였다.[9,10] 하지만 정상인과 양극성장애 환자의 인지기능 차이에서 이러한 요소들이 유의한 영향을 미치지 못하였다.

관해 상태의 양극성장애 환자는 정상인보다 인지기능이 낮은가?

2006년 발표된 메타분석에서는 관해 상태의 양극성장애 환자와 정상인 간의 인지기능의 차이를 효과크기(effect size)별로 분류하였다.[8] 가장 큰 효과크기가 나는 인지기능 영역은 범주유창성(category fluency), 정신조작능력(mental manipulation), 언어학습이었다. 중간 효과크기는 정신운동속도, 반응억제, 추상능력(abstraction), 언어기억(verbal memory), 지속주의력(sustained attention)이었다. 작은 효과크기는 언어유창성, 즉각기억(immediate memory)으로 나타났다. 이러한 결과들은 병전 지능지수, 교육 수준과 관련되지 않았다. 또한 문화적 차이나 지역적 차이도 이러한 결과를 바꿀 수 없었다. 하지만 관해 상태이지만 잔여 증상이 미치는 영향을 완전히 배제하기는 어려웠다. 왜냐하면 일부 연구에서 잔여 증상을 포함시켜 분석을 할 경우 통계적 유의성이 사라졌다.[11, 12] 하지만 다른 연구들에서는 잔여 증상을 포함시켜 분석을 하더라도 통계적 차이가 유지되었다.[11-13] 이러한 차이는 연구마다 관해의 정의가 다르기 때문으로 추정하는 관점도 있다.[8] 이러한 인지기능의 차이가 발병 초기에도 나타남을 제시한 연구도 있기에 양극성장애의 인지기능 손상을 형질 특성(trait marker)으로 보는 시각도 존재한다. 또 하나의 문제는 약물 투여의 문제이다. 한 연구에서 기분조절제를 복용하는 관해 상태의 양극성장애 환자와 복용하지 않는 관해 상태의 양극성장애 환자의 인지기능을 비교하였다.[14] 그 결과 두 군 사이의 인지기능 차이가 없었다. 따라서 양극성장애의 인지기능 저하가 약물의 효과라고 단정할 수 없었다. 하지만 현재까지 약물의 영향이 배제된 연구 결과가 적기 때문에 약물의 효과를 완전히 배제하기는 어렵다. 따라서 benzodiazepine이나 항정신병약물의 인지기능에 대한 영향은 향후 다시 규명되어야 할 것으로 보인다.

양극성장애 삽화의 종류에 따른 인지기능 손상의 차이가 있는가?

앞에서도 언급했던 것처럼 양극성장애의 조증, 우울증, 혼재성 삽화 및 관해기에서는 각각 정상인과 인지기능의 유의한 차이가 있었다. 다음에 드는 의문은 양극성장애의 삽화에 따라 인지기능이 차이가 있느냐 혹은 삽화에 따른 특징적인 인지기능 양상이 있느냐는 것이다. 한 연구에서 조증 삽화 환자는 언어기억, 추리와 문제해결능력을 포함한 실행기능 등에서 가장 낮은 점수를 받았다고 하였다.[15] 다른 연구에서는 실행기능, 특히 추리와 문제해결능력에서 두드러진 저하를 보였다고 하였으며, 또 다른 연구에서는 작동기억의 저하가 조증 삽화의 가장 중요한 특성이라 주장하였다.[16, 17] 하지만 주의력의 장애가 핵심인 조증 상태에서는 언어기억의 저하가 2차적으로 작동기억에 영향을 주는 더 핵심적인 손상으로 추정한 연구자도 있었다.[16] 다른 연구자들은 오류나 실수가 많은 조증 환자의 가장 큰 인지기능 저하는 정신운동속도라고 주장하였다.[15] 하지만 이러한 인지기능 저하 양상이 검사 당시 항정신병약물이나 benzodiazepine의 투약에 따른 영향으로 여기는 연구자도 있다.

우울증 삽화에서는 언어유창성와 정신운동속도가 떨어진다는 연구들이 있었다.[18, 19] 한 연구에서는 언어유창성이 또 다른 연구에서는 정신운동속도의 저하가 가장 심하다고 하였다. 또 다른 연구에서는 우울 증상 중 정신운동속도와 주의력 관련 증상을 가진 양극성장애 환자에서 인지기능 저하가 훨씬 더 심하였다.[20]

혼재성 삽화에서는 작동기억, 추리와 문제해결능력을 포함한 실행기능, 주의력, 정보처리속도에서 낮은 기능을 보였다는 연구들이 있었다.[15] 이러한 양상은 조증 삽화에서의 인지기능 저하와 유사하였다. 일부 연구자들은 조증 삽화에서의 재분석을 통해 작동기억의 저하는 혼재성 증상들의 존재로 인해 더욱 악화된다고 주장하였다.[21]

관해 상태의 양극성장애 환자들은 조증, 우울증, 혼재성 삽화의 환자들보다 모두 인지기능 검사에서 유의하게 높은 점수를 받았다. 그러나 정상인과 비교하였을 때는 유의하게 낮은 점수였다.[15, 22]

종합하면 양극성장애 환자는 삽화의 종류 혹은 삽화의 유무와 관련 없이 인지기능의 저하를 보이며 삽화의 종류에 따라 인지기능 저하의 양상이 달라진다. 또한 관해 상태의 양극성장애 환자는 삽화기 환자들에 비해서는 인지기능이 우수하지만 정상인에 비해서는 인지기능이 저하되어 있다는 것이다.

1형 양극성장애 대 2형 양극성장애, 2형 양극성장애 대 단극성 우울증, 정신병적 양상 동반 대 비동반 양극성장애에서 각각 인지기능의 차이가 있을까?

일부 연구들에 의하면 1형 양극성장애와 2형 양극성장애의 인지기능 비교에서 1형 양극성장애 환자들이 2형 환자들에 비해서 인지기능의 저하가 더 심한 것으로 나타난다. 메타분석에서도 같은 연구 결과가 도출되었다.[22] 하지만 일부 연구에 의하면 이러한 차이는 2형 양극성장애 환자보다 1형 양극성장애 환자에서 항정신병약물을 많이 처방받기 때문이라는 주장이 제기되었다.[23] 반면에 1형 양극성장애와 2형 양극성장애의 인지기능에 차이가 없다는 연구도 발표되었다.[24] 공통적으로는 정신운동속도, 작동기억, 실행기능 등에서 정상인과 차이를 보였다. 하지만 2형 양극성장애에서는 1형 양극성장애와는 달리 언어학습과 지연된 기억력(delayed memory)의 문제는 나타나지 않았고 1형과 달리 시공간능력(visual/constructional abilities)의 문제가 나타났다. 따라서 향후 연구에서는 약물 효과를 배제한 1형과 2형 간의 연구가 더 필요할 것으로 보인다.

최근 2형 양극성장애와 단극성 우울증 환자 간의 약물을 투여하지 않은 상태에서의 인지기능 비교가 이루어졌다.[25] 단극성 우울증 환자들은 인지속도와 인지적 유연성에서 낮은 점수를 받았다. 하지만 2형 양극성장애 환자들은 예상과 달리 인지기능 저하를 보이지 않았다. 다만 2형 양극성장애 환자들은 만성화된 기간에 따라 언어기억이 감소하는 양상이 관찰되었다.

한 메타분석에서 정신병적 증상이 있는 양극성장애 환자와 정신병적 증상이 없는 양극성장애 환자 간의 인지기능의 비교가 이루어졌다.[22] 정신병적 증상이 있는 양극성장애 환자에서 정신병적 증상이 없는 환자에서보다 전반적인 인지기능이 떨어져 있었다. 또한 정신병적 증상이 있는 양극성장애 환자는 그렇지 않은 환자보다 입원의 빈도가 높았고 특히 언어기억과 실행기능 속도 저하가 두드러졌다. 그러나 이 연구에서는 항정신병약물의 사용이 인지기능에 영향을 미치는 않았다는 결과가 나왔다. 따라서 향후 아형별 혹은 임상양상별 인지기능을 비교 연구할 때는 약물 등의 영향을 통제하고 좀 더 동질적인 환자군을 대상으로 한 연구 설계로 이루어져야 할 것으로 보인다.

조현병과 양극성장애의 인지기능의 차이가 있는가?

일부 메타분석 연구에서 조현병 환자 가족들의 인지기능을 분석한 결과 정신운동지연(psychomotor slowing)과 언어유창성의 저하가 조현병의 가장 중요한 내재형질(endophenotype)이라고 보고하였다.[26, 27] 또한 조현병 환자들의 가족은 양극성장애 환자의 가족보다 일반적인 인지기능 저하가 더 심하였다. 반면 양극성장애 환자의 가족에서 보이는 반응억제의 저하가 두드러지지 않았다. 또 다른 특징은 조현병 환자의 가족에서는 주의력지속에 대한 전반적인 저하가 관찰되었지만 양극성장애 환자의 가족에서는 주로 목표탐지(target detection) 능력의 저하만 두드러졌다. 하지만 조현병과 양극성장애가 서로 공유하는 유전자가 많다고 알려져 있기 때문에 양극성장애 환자 중에서도 정신증의 병력이 두드러진 환자는 언어기억과 주의력 전환의 저하가 형질 특성(trait marker)이 될 수 있고 모든 양극성장애는 반응억제의 저하가 내재형질이라는 주장도 제기되고 있다. 언어기억과 주의력 전환 능력의 저하는 진단과 관계없이 정신증의 내재형질이라

는 주장도 제기되고 있다.[22]

양극성장애에서 인지기능 저하의 이유는 무엇인가?

아동기 트라우마

몇몇의 연구에서 아동기 학대와 방임과 같은 트라우마가 양극성장애의 인지기능 저하와 관련된다는 결과를 제시하였다.[28~30] 한 연구에서는 정신증을 가진 양극성장애 환자중에서 아동기 트라우마가 있는 환자들이 그렇지 않은 환자들보다 인지기능이 떨어진다는 결과를 보여주었다. 다른 연구에서 정신증의 유무와 관계없이 같은 기준으로 분석하였을 때 동일한 결과를 보여주었다. 하지만 차이가 나는 인지기능 영역이 다른 바 이는 정신증의 존재가 영향을 미쳤을 것으로 추정된다. 가능성 있는 가설로는 인지기능과 관련 있는 brain derived neurotrophic factor(BDNF)의 저하설이다. 아동기 트라우마 경험이 있는 양극성장애에서 BDNF의 수치가 더 감소되어 있다는 연구 결과가 그 근거로 제시되고 있다. 두 번째 가설은 hypothalamic-pituitary-adrenal(HPA) 축 관련 가설이다. 아동기 트라우마로 인하여 HPA 축의 지속적인 자극은 코티졸의 과분비를 야기하고 코티졸의 과분비는 뇌의 염증반응과 글루타메이트 활성화를 촉진하여 결국 뇌손상을 일으킨다는 가설이다. 아동기 트라우마가 뇌구조에 변화를 가져올 수도 있다는 주장도 나오고 있다. 하지만 이러한 아동기 트라우마 연구는 피험자의 기억에 의한 정보에 의지하기 때문에 검사 당시의 기분 상태나 기억의 왜곡 등에 의해 영향을 받을 수도 있다는 주장도 존재한다.

비만

양극성장애는 대사증후군과 관련성이 높다. 또한 흥미롭게도 비만이 있는 양극성장애 환자와 그렇지 않은 양극성장애 환자를 비교하면 비만이 있는 환자가 인지기능의 저하가 더 심하다는 결과가 보고되었다.[31~33] 뇌영상 연구에서도 체질량지수가 증가함에 따라 뇌의 회백질과 백질의 부피가 감소하는 양상이 관찰되었다.[34] 하지만 비만이 없는 양극성장애 환자도 인지기능의 저하가 나타나기 때문에 비만이 원인이라기보다는 악화 인자로 작용할 가능성이 더 높다.

염증

우울증이나 양극성장애의 병인론 중에 하나로 염증 및 신경가소성 가설이 있다.[35~37] 스트레스를 지속적으로 받게 되면 HPA 축이 활성화되면서 코티졸이 분비되고 이러한 코티졸은 염증성 사이토카인을 분비시킨다. 이러한 사이토카인은 다시 뇌로 들어가 식세포를 자극하여 추가적인 사이토카인을 분비시켜 뇌는 염증성 상태로 돌입한다. 이러한 상태에서는 트립토판이 세로토닌으로 합성되지 않고 따라서 글루타메이트와 비슷한 성질을 띠는 퀴놀린산(quinolic acid)이 증가하게 된다. 이로 인해 뇌손상은 더 진행되고 해마 같은 곳의 위축이 발생하여 결과적으로 기분장애가 나타난다. 이렇듯이 염증반응의 진행 과정에서 나타나는 뇌손상은 결국 인지기능의 저하를 일으킨다는 것이다.

뇌구조 및 뇌기능 이상

양극성장애 환자의 뇌영상 연구 결과를 보면 몇몇 일치하는 소견이 있다.[38, 39] 대표적인 양상이 전두엽의 활성 저하와 편도체를 포함한 변연계의 활성 증가를 보인다는 것이다. 이와 더불어 변연계와 전두엽 간의 연결 이상이 있어 전두엽의 감정조절에 어려움이 생긴다는 것이다. 또한 양극성장애 환자에서 백질 변성(white matter change)과 회백질(gray matter) 부피의 감소가 자주 나타난다는 점도 이러한 전두엽과 변연계 간에 연결 이상을 뒷받침하고 있다.[40, 41] 이러한 연결 이상은 감정조절뿐만 아니라 인지손상에도 영향을 끼치므로 양극성장애에서의 인지기능 저하는 감정 문제와 분리할 수 없다는 주장이 나오고 있다. 이 밖에 양극성장애 환자에서 뇌실의 확장, 소뇌와 측두엽의 위축도 보고되고 있어 이러한 전반적인 뇌구조 및 뇌기능 이상이 인지기능 저하에 영향을 줄 수 있다고 생각된다.

양극성장애에서 인지기능 저하는 기능손상의 예측인자가 되는가?

양극성장애를 가지고 있거나 양극성장애를 가진 환자에서 관찰되는 인지기능 저하가 과연 양극성장애 환자의 기능손상을 설명할 수 있는가에 대한 의문이 있어 왔다. 52개의 연구를 분석한 결과 단면 연구와 종단 연구 모두에서 양극성장애는 인지기능 저하와 관련이 있다는 결과가 반복적으로 확인되었다.[42] 메타분석에서 역시 인지기능 저하가 기능의 악화와 밀접한 연관성을 보였다. 인지기능의 저하를 보이는 영역 중에서 작업기억이 가장 심한 인지기능의 저하를 보였다.[43]

또한 첫 조증 삽화 후 측정한 인지기능 저하가 심하면 심할수록 6개월 뒤 측정한 삶의 질은 더 낮은 점수를 보였다. 6년 후 평가했을 때 인지기능의 저하가 진행되는 속도에 비해 삶의 질의 악화가 더 빠른 양상을 보였다.

양극성장애에서 사회인지 기능의 저하가 있는가?

사회인지라는 것은 상대방의 의도와 행동을 지각하고 판단해서 그에 따른 반응을 할 수 있는 능력을 의미한다. 사회인지기능을 다음과 같은 마음이론(theory of mind), 사회지각(social perception), 사회지식(social knowledge), 귀인편견(attributional bias), 감정처리(emotional processiong)의 다섯 가지 영역으로 나누기도 한다. 양극성장애는 자폐증이나 조현병과는 달리 사회인지기능에 대한 연구가 많지 않다. 한 연구에서 양극성장애의 사회인지기능이 고기능 환자와 저기능 환자를 구분하는 중요한 요소라는 주장이 제기되기도 하였다.[44] 또한 양극성장애의 사회인지기능 중에서 마음이론이 전반적인 인지기능 저하를 가장 잘 예측한다는 주장도 있었다. 하지만 신경인지기능보다는 연구 결과가 매우 적고 일관적인 결과도 아직 부족하므로 향후 더 많은 연구가 진행되어야 할 것이다.

결론

양극성장애의 인지기능 저하는 조증, 우울증, 혼재성 삽화의 종류에 상관없이 나타나며 심지어 관해 상태에서도 존재한다. 또한 양극성장애 발병 전에도 이미 인지기능의 저하가 존재하며 양극성장애 환자의 가족에서도 인지기능의 저하가 확인되었다. 따라서 이러한 인지기능 저하는 양극성장애 환자의 내적형질일 가능성이 높다. 조현병과 양극성장애의 인지기능 저하 영역이 차이가 있는 것으로 알려져 있으며 구체적인 차이를 확인하기 위해서는 더 많은 연구가 필요할 것이다. 양극성장애에서 인지기능 저하의 원인은 아동기 트라우마, 비만, 염증, 뇌구조 및 뇌기능 이상 등을 들 수 있다. 종합해보면 양극성장애의 인지기능 저하는 관해 상태에서 호전되지 않고 삽화 관계없이 나타나는 특성형질이므로 임상가는 이에 대한 관심을 가져야 한다. 왜냐하면 이러한 인지기능의 저하는 양극성장애 환자의 삶의 질과 매우 밀접한 연관성을 가지며 향후 전반적인 환자의 직업적, 사회적 기능을 예측하는 데 매우 중요한 예측인자가 되기 때문이다. 향후 양극성장애 환자의 개별화된 인지기능 영역별 저하에 대한 평가와 이에 대한 맞춤치료에 대한 좀 더 구체적인 연구가 진행되어야 할 것으로 생각된다.

참고문헌

1) Burdick KE, Goldberg TE, Cornblatt BA, Keefe RS, Gopin CB, Derosse P, et al. The MATRICS consensus cognitive battery in patients with bipolar I disorder. Neuropsychopharmacology 2011;36:1587-1592.

2) Lima IMM, Peckham AD, Johnson SL. Cognitive deficits in bipolar disorders: Implications for emotion. Clin Psychol Rev 2018;59:126-136.

3) Gale CR, Batty GD, McIntosh AM, Porteous DJ, Deary IJ, Rasmussen F. Is bipolar disorder more common in highly intelligent people? A cohort study of a million men. Mol Psychiatry 2013;18:190-194.

4) Tiihonen J, Haukka J, Henriksson M, Cannon M, Kieseppa T, Laaksonen I, et al. Premorbid intellectual functioning in bipolar disorder and schizophrenia: results from a cohort study of male conscripts. Am J Psychiatry 2005;162:1904-1910.

5) Meyer SE, Carlson GA, Wiggs EA, Martinez PE, Ronsaville DS, Klimes-Dougan B, et al. A prospective study of the association among impaired executive functioning, childhood attentional problems, and the development of bipolar disorder. Dev Psychopathol 2004;16:461-476.

6) Arts B, Jabben N, Krabbendam L, van Os J. Meta-analyses of cognitive functioning in euthymic bipolar patients and their first-degree relatives. Psychol Med 2008;38:771-785.

7) Bora E, Yucel M, Pantelis C. Cognitive endophenotypes of bipolar disorder: a meta-analysis of neuropsychological deficits in euthymic patients and their first-degree relatives. J Affect Disord 2009;113:1-20.

8) Robinson LJ, Thompson JM, Gallagher P, Goswami U, Young AH, Ferrier IN, et al. A meta-analysis of cognitive deficits in euthymic patients with bipolar disorder. J Affect Disord 2006;93:105-115.

9) Kolur US, Reddy YC, John JP, Kandavel T, Jain S. Sustained attention and executive functions in euthymic young people with bipolar disorder. Br J Psychiatry 2006;189:453-458.

10) Ferrier IN, Chowdhury R, Thompson JM, Watson S, Young AH. Neurocognitive function in unaffected first-degree relatives of patients with bipolar disorder: a preliminary report. Bipolar Disord 2004;6:319-322.

11) Ferrier IN, Stanton BR, Kelly TP, Scott J. Neuropsychological function in euthymic patients with bipolar disorder. Br J Psychiatry 1999;175:246-251.

12) Clark L, Iversen SD, Goodwin GM. Sustained attention deficit in bipolar disorder. Br J Psychiatry 2002;180:313-319.

13) Thompson JM, Gallagher P, Hughes JH, Watson S, Gray JM, Ferrier IN, et al. Neurocognitive impairment in euthymic patients with bipolar affective disorder. Br J Psychiatry 2005;186:32-40.

14) Joffe RT, MacDonald C, Kutcher SP. Lack of differential cognitive effects of lithium and carbamazepine in bipolar affective disorder. J Clin Psychopharmacol 1988;8:425-428.

15) Vrabie M, Marinescu V, Talasman A, Tautu O, Drima E, Miclutia I. Cognitive impairment in manic bipolar patients: important, understated, significant aspects. Ann Gen Psychiatry 2015;14:41.

16) Clark L, Iversen SD, Goodwin GM. A neuropsychological investigation of prefrontal cortex involvement in acute mania. Am J Psychiatry 2001;158:1605-1611.

17) McGrath J, Chapple B, Wright M. Working memory in schizophrenia and mania: correlation with symptoms during the acute and subacute phases. Acta Psychiatr Scand 2001;103:181-188.

18) Martinez-Aran A, Vieta E, Reinares M, Colom F, Torrent C, Sanchez-Moreno J, et al. Cognitive function across manic or hypomanic, depressed, and euthymic states in bipolar disorder. Am J Psychiatry 2004;161:262-270.

19) Wolfe J, Granholm E, Butters N, Saunders E, Janowsky D. Verbal memory deficits associated with major affective disorders: a comparison of unipolar and bipolar patients. J Affect Disord 1987;13:83-92.

20) van der Werf-Eldering MJ, Burger H, Holthausen EA, Aleman A, Nolen WA. Cognitive functioning in patients with bipolar disorder: association with depressive symptoms and alcohol use. PLoS One 2010;5.

21) Zubieta JK, Huguelet P, Lajiness-O'Neill R, Giordani BJ. Cognitive function in euthymic bipolar I disorder. Psychiatry Res 2001;102:9-20.

22) Bora E. Neurocognitive features in clinical subgroups of bipolar disorder: A meta-analysis. J Affect Disord 2018;229:125-134.

23) Palsson E, Figueras C, Johansson AG, Ekman CJ, Hultman B, Ostlind J, et al. Neurocognitive function in bipolar disorder: a comparison between bipolar I and II disorder and matched controls. BMC Psychiatry 2013;13:165.

24) Sole B, Martinez-Aran A, Torrent C, Bonnin CM, Reinares M, Popovic D, et al. Are bipolar II patients cognitively impaired? A systematic review. Psychol Med 2011;41:1791-1803.

25) Mak ADP, Lau DTY, Chan AKW, So SHW, Leung O, Wong SLY, et al. Cognitive Impairment In Treatment-Naive Bipolar II and Unipolar Depression. Sci Rep 2018;8:1905.

26) Sitskoorn MM, Aleman A, Ebisch SJ, Appels MC, Kahn RS. Cognitive deficits in relatives of patients with schizophrenia: a meta-analysis. Schizophr Res 2004;71:285-295.

27) Snitz BE, Macdonald AW, 3rd, Carter CS. Cognitive deficits in unaffected first-degree relatives of schizophrenia patients: a meta-analytic review of putative endophenotypes. Schizophr Bull 2006;32:179-194.

28) Bucker J, Muralidharan K, Torres IJ, Su W, Kozicky J, Silveira LE, et al. Childhood maltreatment and corpus callosum volume in recently diagnosed patients with bipolar I disorder: data from the Systematic Treatment Optimization Program for Early Mania (STOP-EM). J Psychiatr Res 2014;48:65-72.

29) Bucker J, Kozicky J, Torres IJ, Kauer-Sant'anna M, Silveira LE, Bond DJ, et al. The impact of childhood trauma on cognitive functioning in patients recently recovered from a first manic episode: data from the Systematic Treatment Optimization Program for Early Mania (STOP-EM). J Affect Disord 2013;148:424-430.

30) Blanco L, Nydegger LA, Camarillo G, Trinidad DR, Schramm E, Ames SL. Neurological changes in brain structure and functions among individuals with a history of childhood sexual abuse: A review. Neurosci Biobehav Rev 2015;57:63-69.

31) Yim CY, Soczynska JK, Kennedy SH, Woldeyohannes HO, Brietzke E, McIntyre RS. The effect of overweight/obesity on cognitive function in euthymic individuals with bipolar disorder. Eur Psychiatry 2012;27:223-228.

32) Mora E, Portella MJ, Martinez-Alonso M, Teres M, Forcada I, Vieta E, et al. The Impact

of Obesity on Cognitive Functioning in Euthymic Bipolar Patients: A Cross-Sectional and Longitudinal Study. J Clin Psychiatry 2017;78:e924-e932.

33) Liu CS, Carvalho AF, Mansur RB, McIntyre RS. Obesity and bipolar disorder: synergistic neurotoxic effects? Adv Ther 2013;30:987-1006.

34) Bond DJ, Ha TH, Lang DJ, Su W, Torres IJ, Honer WG, et al. Body mass index-related regional gray and white matter volume reductions in first-episode mania patients. Biol Psychiatry 2014;76:138-145.

35) Arnone D, Saraykar S, Salem H, Teixeira AL, Dantzer R, Selvaraj S. Role of Kynurenine pathway and its metabolites in mood disorders: A systematic review and meta-analysis of clinical studies. Neurosci Biobehav Rev 2018;92:477-485.

36) Rosenblat JD, McIntyre RS. Bipolar Disorder and Immune Dysfunction: Epidemiological Findings, Proposed Pathophysiology and Clinical Implications. Brain Sci 2017;7.

37) Data-Franco J, Singh A, Popovic D, Ashton M, Berk M, Vieta E, et al. Beyond the therapeutic shackles of the monoamines: New mechanisms in bipolar disorder biology. Prog Neuropsychopharmacol Biol Psychiatry 2017;72:73-86.

38) Phillips ML, Swartz HA. A critical appraisal of neuroimaging studies of bipolar disorder: toward a new conceptualization of underlying neural circuitry and a road map for future research. Am J Psychiatry 2014;171:829-843.

39) Wessa M, Kanske P, Linke J. Bipolar disorder: a neural network perspective on a disorder of emotion and motivation. Restor Neurol Neurosci 2014;32:51-62.

40) Selvaraj S, Arnone D, Job D, Stanfield A, Farrow TF, Nugent AC, et al. Grey matter differences in bipolar disorder: a meta-analysis of voxel-based morphometry studies. Bipolar Disord 2012;14:135-145.

41) Nortje G, Stein DJ, Radua J, Mataix-Cols D, Horn N. Systematic review and voxel-based meta-analysis of diffusion tensor imaging studies in bipolar disorder. J Affect Disord 2013;150:192-200.

42) Baune BT, Li X, Beblo T. Short- and long-term relationships between neurocognitive performance and general function in bipolar disorder. J Clin Exp Neuropsychol 2013;35:759-774.

43) Depp CA, Mausbach BT, Harmell AL, Savla GN, Bowie CR, Harvey PD, et al. Meta-analysis of the association between cognitive abilities and everyday functioning in bipolar disorder. Bipolar Disord 2012;14:217-226.

44) Thaler NS, Sutton GP, Allen DN. Social cognition and functional capacity in bipolar disorder and schizophrenia. Psychiatry Res 2014;220:309-314.

경조증에 대한 새로운 시각

Hypomania : time to shed new light

송후림[+] | 김문두[++]

한양대학교 명지병원 정신건강의학과[+] | 제주대학교 의과대학 정신건강의학교실[++]

경조증(hypomania)이란 평소 상태와는 다르게 기분이 고양되거나 활력이 증가하였으나 통제력이 손상되지는 않은 상태로 통상 정의된다. 경조증 상태의 사람들은 이런 변화에 불편감을 잘 느끼지 않고, 오히려 능력이 증가되는(supernormal) 것을 반기는 경우가 있지만, 정신질환의 진단 및 통계 편람(Diagnostic and Statistical Manual of Mental Disorders, DSM)에서는 경조증을 비정상적(abnormal)인 상태라고 기술하고 있다.

DSM의 진단기준상에서 경조증과 조증의 증상들은 대부분 일치한다. 다만 증상의 정도가 직업적, 사회적 기능의 현저한 손상을 일으키거나 입원이 필요할 정도로 심각하지는 않다는 단서가 달려 있으며, 정신병적 증상이 동반될 경우 경조증이 아닌 조증 삽화로 간주된다.

살아온 생애 동안 조증이 아닌 경조증 삽화만을 경험했을 경우 2형 양극성장애로 분류되지만, 오늘날 2형 양극성장애는 더 이상 1형 양극성장애보다 경도의 상태라고 여겨지지 않으며, 만성적인 우울증과 불안정성으로 인해 시간이 지나면서 결국 직업적, 사회적 기능에 손상이 초래되고 마는 것으로 알려져 있다.

진단적 쟁점

현행의 DSM와 국제질병분류(International Statistical Classification of Diseases and Related Health Problems, ICD)는 증상들의 종류와 개수로서 진단 역치를 설정한 범주적(categorical) 진단기준을 채택하고 있다. 이러한 분류는 질병 구분에는 유효한 장점이 있으나 정신 증상들의 발현은 범주적인 경우보다 차원적(dimensional)인 경우가 많다. 이로 인해 정상-비정상 경계가 모호해지고 진단 역치 아래에 놓인 상태에 대해 다시 진단을 설정하게 되는 일들이 발생했다.

양극성장애에의 진단에 있어서도 경조증을 어떻게 규정하는가가 핵심 사안이었고, 이에 따라 양극성장애를 1형과 2형으로 구분해왔다. 경조증은 독립적인 한 차례의 삽화로도 나타날 수 있고, 정상 기분 상태에서 가장 심한 조증 상태 사이의 연속선상에서 일부로도 나타날 수 있다. 영국에서는 조증으로 입원한 환자가 호전되어 퇴원할 때가 되었을 때 진단을 경조증으로 변경하는 경우가 흔하다고 한다.[1]

많은 임상가들이 2형 양극성장애를 1형 양극성장애의 경한 형태로 여기고 있지만, 고전적인 견해들은 2형 양극성장애의 진단적 안정성을 지지해왔다. 2형 양극성장애의 유병률은 미국에서는 0.5~1%, 유럽에서는 3~6%가량으로 집계되는데 이러한 유병률의 차이는 유럽이 보다 넓은 진단기준을 적용하기 때문으로 보인다.[2] 2형 양극성장애의 경우 주로 평균 18세가량의 청소년기에 발병하고 초기에는 단극성 우울장애(unipolar depression)나 적응장애, 인격장애 등으로 흔히 진단된다. 경도의 감정 기복이 있다가 증상의 심각도나 빈도가 점차 증가하면서 기분 삽화의 역치를 넘어서게 된다.[3] 처음 증상이 나타나기부터 비로소 진단이 되기까지 약 10년 정도가 걸리는 것으로 알려졌다.[4] 2형 양극성장애는 1형 양극성장애에 비해 전체적인 기분 삽화의 빈도가 잦으며, 평균적인 기분 삽화의 평균 기간이 짧고 우울증 삽화가 좀 더 반복되면서 보다 만성적인 경과를 밟는다.[5]

하지만 보다 최근의 시각은 기존에 다양하게 분류해놓았던 양극성장애들을 같은 선상에 놓인 양극성스펙트럼장애(bipolar spectrum disorder)로 포괄하는 경향이 있어 진단적 논의는 계속 진행 중이며, 현재의 진단체계도 잠정적인 것이라고 할 수 있다. 경조증 역시 단계적으로 경조증스펙트럼장애(hypomania spectrum disorder)로 지칭되고 있으며, 정도에 따라 진단기준을 만족하는 완전한 경조증(full-syndromal hypomania), 증상 개수는 충분하나 4일 이내로 지속되는 단기경조증(brief-episode hypomania), 증상 개수는 적고 기간은 불특정한 아증후군적 경조증(subsyndromal hypomania)으로 나누어 구분되기도 한다.[6] 조증과 경조증이 보다 명확하게 규명되고 이 두 상태가 같은 속성을 지니고 있는지, 혹은 서로 구분되는 독립적 속성을 가지고 있는지가 밝혀지게 되면 진단의 재정비가 가능할 것이다.[7]

기능의 손상

DSM과 ICD는 조증의 진단에 대해서는 어느 정도 일치를 보았으나, 경조증에 대해서는 서로 다르게 기술해왔다. ICD-10에서는 경조증을 덜 심한 상태의 조증(lesser degree of mania)이 수 일(several days) 동안 지속되어 직업적 혹은 사회적 기능에 상당한 손상(considerable interference with work or social activity)을 초래하는 상태라고 기술되어 있다.[8] 반면에 DSM-5에서는 경조증에 대해 현저한 사회적 혹은 직업적 기능에 손상을 일으키지 않는다고(without marked social or occupational dysfunction) 기술되어 있다.[9] 그래서 ICD-10 기준으로 경조증에 해당하는 환자가 DSM-5에서는 조증으로 진단되곤 했다.

최근 발표된 ICD-11은 경조증을 기능손상을 유발할 정도로 심한 정도가 아니라고(not severe enough to cause marked impairment in occupational functioning or in usual social activities or relationships with others) DSM-5와 동일하게 기준을 맞추었으나 유럽에서는 아직도 조증과 경조증이 혼용되어 진단되는 경향이 있다.[10] 사실 DSM에서도 경조증의 증상 기준으로서 과소비, 무분별한 성행위, 어리석은 사업 투자 등 고통스러운 결과를 초래할 수 있는 활동들을 그대로 차용하고 있어 기능의 손상 기준이 어느 정도로 설정되어 있는지 불분명한 상태라고 할 수 있다.

기간

경조증 삽화 진단에 필요한 기간에 대한 기준도 계속 바뀌어 왔다. 원래 DSM-III에서는 경조증이 2일 이상 지속될 경우 진단하도록 했으나 DSM-IV부터는 4일 이상으로 변경되었다.[11]

최근에는 다시 경조증 진단 기간이 2일이 타당하다는 의견이 제시되고 있는데, 이는 대부분의 양극성장애 환자들이 4일 이상보다는 1~3일 정도 짧게 경조증을 경험한다는 것과, 2일가량 짧게 경조증을 경험하는 환자와 4일 이상 경조증을 경험하는 환자들 간에 진단이나 질환의 경과에 차이를 보이지 않았다는 연구 결과들로부터 뒷받침되고 있다.[12] 1978년부터 1999년에 걸쳐 4,547명을 조사한 Zurich cohort를 통해 2003년 제안된 Zurich criteria for hypomania에서는 strict criteria일 경우 경조증 삽화의 기간을 최소 1일, broad criteria일 경우 아예 최소 기간에 대한 기준이 없는 것으로 설정해놓은 상태이다.[13]

증상

경조증과 조증은 증상 면에서 거의 동일하게 평가되고 있지만, Zurich criteria for hypomania에서는 경조증에서 가장 중요한 증상들을 고양감(euphoria)과 흥분성 (irritability), 혹은 과활동(overactivity)으로 선정했으며,[13] 그중에서도 경조증에서 가장 흔히 나타나는 증상들은 행동과 활력의 증가로 보인다.[14] 그러므로 만일 기분이 고양되지 않는다 하더라도 목표지향성 활동(goal-directed activity)이 증가한다면, 이를 진단에 우선적으로 고려해야 한다. 기분 증상에 주로 초점을 맞추어 진단을 내리게 되면 진단의 민감도가 저하될 가능성이 있다.

또한 경조증의 기분은 주로 고양된 상태일 것이라는 통념이 있으나 불쾌성(dysphoric) 혹은 혼재성(mixed) 경조증도 상당수를 차지한다는 것을 감안해야 한다. 주요우울장애에서 나타날 수 있는 혼재성 양상 역시 경조증의 증상들을 동반하는데, 주요우울 삽화에 세 가지 이상의 경조증 증상이 동반될 경우를 혼재성 우울증(mixed depression)으로 정의한 연구에서 2형 양극성장애 환자군의 58.4%가, 단극성 우울증 환자군의 23.1%가 이를 만족시켰다.[15] 그중에서도 가장 핵심적인 증상 세 가지는 주의산만(distractibility), 흥분성, 정신활동성 초조(psychomotor agitation)로서 진단을 위해 반드시 점검이 필요하다.[16] 또한 경조증 환자에게서 수면장애가 발생하면 수면 욕구의 감소(decreased need for sleep)로, 수면제나 benzodiazepine을 요구하면 약물 추구 행위(drug-seeking behavior) 로 간주하는 경우가 많은데, 환자가 고통을 겪고 있는지를 우선 살펴야 한다.

양극성장애 삽화의 절반 이상이 혼재성 삽화에 해당한다는 연구 결과를 고려할 때 혼재성 경조증 역시 매우 많을 것으로 추정된다. 실제로 Stanley Bipolar Treatment Network 에서 908명의 양극성장애 환자를 대상으로 관찰한 연구에서 Young 조증 평가 척도 (Young Mania Rating Scale, YMRS) 12점 이상과 Inventory of Depressive Symptomatology (IDS) 15점 이상을 동시에 만족하는 혼재성 경조증 환자는 57%로 집계되었다.[17] 그리고 혼재성 경조증은 남자보다는 여자에서 잘 나타나는 경향을 보였다. 같은 연구에서 양극성 우울증 삽화이면서 YMRS 2~12점 사이와 IDS 15점 이상을 동시에 만족하는 경우를 혼재성 우울증으로 설정하였을 때, 43%가 이에 해당했다.[18]

이처럼 혼재성 시각으로 양극성장애를 평가할 경우 고전적인 양극성장애 구분에 혼동을 줄 수 있다. 양극성장애에 대한 초기의 시각은 정동의 양극단인 조증과 우울증에 가장 초점을 맞춘 것(manic-depressive illness)이었고, 이런 상반된 기분 상태들이 혼재될 수 있다는 견해는 이후의 관찰이 축적되면서 생긴 것이기 때문이다. 실제로 완전히 순수한 조증이나 순수한 우울증은 현실에서 쉽게 찾아보기 힘들다. 이와 같은 혼재성 양상의 개념은 차원적 진단기준에 보다 부합하는 것으로서 주요우울장애와 양극성장애의 삽화

를 혼재성이 전혀 아닌 것으로부터 완전히 혼재성인 것까지 연속체로서 바라보는 시각
은 오늘날의 양극성스펙트럼장애의 개념으로 이어졌다. 하지만 진단적으로 구분하고자
하는 노력은 여전히 중요한데, 혼재성 삽화를 보이는 양극성장애는 우울증으로 진단되
기 쉽고, 환자 자신도 스스로 자신의 상태가 일반적인 우울증이라고 여기게 되기 때문
이다. 결국 혼재성 양상의 경조증을 구별하지 못하면 양극성장애의 치료에도 부정적 영
향을 미칠 수 있다. 예를 들어 양극성장애 환자를 우울증으로 진단하여 항우울제 단독
치료를 하게 되면, 추후 삽화의 재발률이 lithium으로 치료받는 것에 비해 뚜렷하게 높
아진다.[19]

감별진단

아직까지는 증상만으로 2형 양극성장애를 진단해야 하기에 유사한 증상이 나타나는 다
양한 상태와 감별이 어려운 경우가 많다. 이런 유사한 상태들을 주의 깊게 감별하는 것
은 오진을 막고 적절한 치료를 제공할 수 있는 첫 단계가 될 것이다.

임상적으로 흔히 고민되는 경우는 평소 외향적(extroverted) 기질을 가진 사람에게 기
분 상승, 과활동성, 자신감 등이 관찰될 경우 이를 정상범위 내에서의 변화라고 보아야
할지, 경조증이라고 보아야 할지에 대한 것이다.[20] 경계성인격장애와 같은 B군 인격장
애(cluster B personality disorders) 환자들에서 흔히 나타나는 고조된 감정 표현, 그리고
주의력결핍과잉행동장애(attention-deficit/hyperactivity disorder, ADHD)에서 잘 나타나
는 과활동성, 탈억제, 부주의 역시 경조증으로 오인될 수 있다.[21] 이런 경우에는 정동과
수면 상태 등을 종합적으로 고려해서 판단하도록 한다. 정신자극제를 복용하거나 드물
지만 갑상선기능항진증과 같은 내과적 질환에서도 경조증과 유사한 증상이 나타날 수
있다.[22] 물질남용의 경우 양극성장애에 흔히 동반되는데, 양극성장애의 진단을 가리고
단독으로 진단될 수 있어 주의를 요한다.[23]

감별진단에 있어 가장 중요한 사항은 현재 상태뿐 아니라 가족력을 포함한 과거력을
함께 조사해서 반복되는 양상이나 패턴이 있는지를 알아보는 것이다. 특히 주요우울장
애로 진단된 환자에게 경조증의 과거력을 주의 깊게 조사할 경우 45%에서 양극성장애
진단이 가능한 것으로 나타나 과거력 평가의 중요성이 강조되었다.[24] 양극성장애의 원
래 개념은 정상과 구분되는 뚜렷한 기분 삽화가 있고 삽화 간 시기에는 정상적으로 돌
아온다는 것이었으나 많은 경우 삽화 간 시기에도 증상은 여전히 존재하여 정신사회적
기능에 영향을 주고 있다. 특히 2형 양극성장애 환자를 13.4년간 전향적으로 관찰한 연
구에 따르면, 이 기간 동안 50.3%에서 우울 증상들이 나타났고, 경조증 증상이 나타난
시기는 3.6%에 불과했다.[25] 게다가 환자들은 우울 증상을 주소로 병원을 찾는 경우가

더 많고, 경조증 병력에 대해 흔히 간과하여 이야기하지 않기도 한다. 이러한 이유들로 인해 환자뿐 아니라 복수의 보호자들로부터 과거력을 정확하게 수집하지 못하면 단극성 우울증으로 진단하기 쉽다.

항우울제와 연관된 경조증

경조증이나 조증의 과거력이 없는 환자가 항우울제를 복용하다가 경조증이 발생하는 경우(antidepressant-associated hypomania), 이를 어떻게 해석해야 하는가는 많은 임상가들의 관심이 되어 왔다. DSM-III-R에서는 이런 경우를 양극성스펙트럼의 일부로 간주했으나, DSM-IV에서는 물질로 인해 유발된 기분장애로 진단하게 했다. 하지만 이후의 많은 연구들로부터 우울증 환자가 항우울제를 복용하다가 경조증이 발생하는 경우, 양극성장애에 해당한다는 것이 밝혀졌다.

98건의 항우울제 임상시험을 분석한 결과에 따르면, 89%의 임상시험에서 경조증이나 조증은 발생하지 않았고, 우울증 환자에서 약물로 인한 경조증 발생은 흔한 일이 아니다. 또한 항우울제를 복용하다가 조증이나 경조증이 발생한 환자의 가족력은 양극성장애 환자의 가족력과 유사했다.[26] 따라서 우울증 환자가 항우울제를 복용하다가 경조증이나 조증이 발생하게 되면 양극성장애로 진단이 수정되어야 한다는 것이 현재까지의 결론이다. 다만 항우울제를 복용 중 예민해지거나, 긴장되거나, 초조 증상과 같은 증상들이 나타났지만 조증이나 경조증의 기준을 충분히 만족시키지 않는다고 판단하면, 비특이적인 부작용으로 간주하고 양극성장애 진단을 내리지 않는다.

경조성 성격

양극성장애는 높은 유전성과 만성적 경과의 특징으로 인해 기질(temperament) 및 성격(character)과의 연관성이 강력하게 시사된다.

Temperament Evaluation of Memphis, Pisa, Paris and San Diego(TEMPS)는 기분장애 환자의 기질을 우울성(depressive), 순환성(cyclothymic), 자극과민성(irritable), 기분고양성(hyperthymic), 초조성(anxious)의 다섯 가지 기질로 구분하고 있다.[27] 이 척도를 만든 Akiskal은 양극성장애에 특이적인 기질 유형을 발견하여 양극성장애의 경한 상태(soft bipolar disorders)로 간주하고자 했는데, TEMPS를 통해 조사된 양극성장애 환자와 그 친족에서 높게 나온 기질 성향은 순환성 기질과 기분고양성 기질이었다. 이 가운데 순환성 기질이 향후 2형 양극성장애 발병과 관련이 있었고, 양극성스펙트럼장애의 내적표현형(endophenotype)으로 추정되었다.[28]

경조증적인 성향이 있으나 진단역치를 넘지 않은 채 비삽화적으로 지속되는 경우를 경조성 성격(hypomanic personality)이라고 규정하기도 한다. 경조성 성격을 가진 사람은 정상군으로부터 환자군까지의 스펙트럼상에 존재하며, 양극성장애의 고위험군이다.[29]

측정 도구

2형 양극성장애 환자의 경우 대개 우울한 상태에서 정신과에 의뢰되고, 혼재성 경조증과 경조증의 과거력이 간과될 수 있으므로 양극성장애를 선별하는 평가 도구를 활용하는 것이 좋다.

가장 널리 사용되는 도구는 자가보고 형식의 조울병 선별검사지(mood disorder questionnaire, MDQ)로서 2005년 한국어판(K-MDQ)으로도 번안되었다. K-MDQ는 제시된 열세 가지 조증 증상에 대해 과거 일곱 가지 이상이 해당했고, 이 증상들이 동일한 시기에 나타났으며, 중등도 이상의 문제를 초래했다고 답할 경우 조증의 과거력이 있다고 선별할 수 있는데, 경조증의 과거력을 선별하기에는 민감도가 덜하다.[30]

2형 양극성장애를 선별하기 어려운 MDQ의 단점을 보완하기 위해 개발된 양극성스펙트럼진단척도(Bipolar Spectrum Diagnostic Scale, BSDS)는 2008년 한국어판으로 번안되었다. 19개의 기분 증상에 대해 해당하는 항목당 1점을 주고, 이 증상들이 본인에게 얼마나 해당하는지에 대해 0~6점을 부여하는데, 한국어판의 경우 절단점을 10점으로 하였을 경우 민감도 0.73, 특이도 0.85였다.[31]

경조증에 보다 특화된 선별검사는 경조증 증상 체크리스트-32(Hypomania Symptom Checklist-32, HCL-32)로서 그 2판이 2017년 한국어판(KHCL-32-R2)으로 번안되었다. 32문항으로 구성된 자가보고 설문지로 과거의 우울 삽화 가운데 경조증 증상을 확인하여 양극성스펙트럼장애를 감별할 수 있도록 하는 도구이다. KHCL-32-R2의 문항은 활동적(active)/고조된(elated), 흥분성(irritable)/산만한(distractible), 위험추구(risk-taking)/탐닉(indulging)의 세 가지 요인으로 구분되며, 16문항 이상에 해당할 경우 민감도 0.70, 특이도 0.70로 우울증에서 양극성장애를 가려낼 수 있었다.[32]

진단역치를 넘지 않는 경조증적 성향을 측정하는 도구로서 경조성 성격척도(Hypomanic Personality Scale)가 있으며, 이는 2018년 한국어판으로 번안되었다. 병리적 증상 자체를 강조하기보다는 일상생활에서 보일 수 있는 성격적 요소들에 대한 48개의 문항으로 구성된 자가척도로서 '사회적 적극성/자기 확신(social vitality and self-confidence)'과 '경조증적 증상(hypomanic-like symptoms)'의 2요인 구조를 가지고 있다. 총점이 높을수록 사회관계에 적극적이고 새로운 경험에 개방적이었다. 또한 경계성 성격특성, 충동성, 자극추구 성향, 과대감과 기분 증상을 더 많이 보고했다.[33]

그밖에 평가자 기반 척도로서 YMRS를 쓸 수도 있다. 경조증에 민감하지는 않으나 현재의 조증이나 경조증의 증상 심각도를 평가하는 데 사용할 수 있다. 임상가용 구조화 임상면담(The Structured Clinical Interview for DSM-5-Clinician Version, SCID-5-CV) 의 기분장애(depressive and bipolar disorders) 부분을 진행하여 경조증 삽화를 발굴할 수도 있다.

치료

경조증에 대한 치료는 임상 연구는 부족하지만, 대부분의 진료지침에서 조증에 대한 치료와 동일하게 규정해놓고 있다. 기존에 복용하는 항우울제가 있으면 중단하고, 기분조절제나 항정신병약물을 복용하는 것이다. 급성기에는 aripiprazole, asenapine, carbamazepine, olanzapine, quetiapine, ziprasidone, valproate(divalproex)가 선호되며, 심한 경우에는 병합요법을 할 수 있다.[34]

2형 양극성장애의 유지치료에 대한 정보들 역시 많지 않다. 유지치료로 주로 선택되는 약물은 우울 증상에 보다 유효하다고 알려진 lithium과 lamotrigine이다. lithium 유지치료가 1형 및 2형 양극성장애에서 모두 우울증 삽화를 감소시켜주었는데, 2형 양극성장애에서 보다 효과적이었다. 완전 관해를 얻은 경우는 약 25% 정도였고, lithium을 조기에 복용했을수록 장기적인 치료반응이 좋았다.[35] 급속순환형 환자에게 lamotrigine은 단독 유지치료로 예방적인 효과를 보였는데, 이러한 효과는 1형보다 2형 양극성장애에서 두드러졌다.[36] 우울증 삽화의 2형 양극성장애 환자를 대상으로 lithium과 lamotrigine을 비교한 연구에서는 모두 동등한 효과를 보였다.[37] 항정신병약물의 경우 olanzapine과 quetiapine이 단독요법 혹은 lithium/divalproex와의 병합요법으로 유지치료에 효과적이었다.[34]

양극성장애 환자에게 항우울제를 처방하는 것에 대해 확정적인 결론은 없다. 조증이나 경조증으로의 전환을 야기하거나 삽화 주기를 가속할 수 있는 가능성으로 인해 양극성장애 환자에서 항우울제 사용에는 주의가 필요하다. 하지만 우울증 삽화를 치료하고 예방하는 목적으로 기분조절제와 함께 단기적 항우울제의 사용은 시도되는 경우가 많다.[38] 1형에 비해 2형 양극성장애에서 항우울제에 의한 기분 변화의 위험도가 낮았고, 경조증 발현도 적었다.[17] 비정형 항정신병약물의 경우 quetiapine의 단독요법이 2형 양극성장애의 우울증 삽화와 급속순환형에 효과적이었다.[39] olanzapine-fluoxetine combination의 경우 1형 양극성장애의 우울증 삽화에서 효과를 보였으나 2형 양극성장애에서는 명확하지 않았다.[40]

요약

현재의 진단체계에서 경조증의 진단은 매우 중요한 위치를 차지하고 있다. 하지만 아직 명확하지 않은 진단기준과 증상 수집만으로 판단할 수밖에 없는 한계로 인해 흔히 간과되거나 잘못 평가되어 오진으로 이어지기도 한다. 2형 양극성장애는 양극성장애의 가장 흔한 표현형일 수 있으며, 혼재성, 항우울제 유발성 등 다양한 양상으로 나타나는 경조증에 대한 연구를 통해 양극성장애의 유형과 양극성장애에 취약한 사람들의 특성, 그리고 양극성장애가 발병하게 되는 경로를 이해할 수 있게 될 가능성이 높다. 여러 가지 현실적 한계가 있지만, 향후에는 현재의 척도 위주 연구에 더하여 보다 생물학적이고 객관적 지표를 가진 연구가 추가되어야 할 것이다.

참고문헌

1) Goodwin G. Hypomania: What's in a name? Br J Psychiatry 2002;181:94–95.

2) Merikangas KR, Lamers F. The 'true' prevalence of bipolar II disorder. Curr Opin Psychiatry 2012;25:19–23.

3) Shain BN. Pediatric Bipolar Disorder and Mood Dysregulation: Diagnostic Controversies. Adolesc Med State Art Rev 2014;25:398–408.

4) Hirschfeld RMA, Lewis L, Vornik LA. Perceptions and impact of bipolar disorder: how far have we really come? Results of the national depressive and manic-depressive association 2000 survey of individuals with bipolar disorder. J Clin Psychiatry 2003;64:161–174.

5) Angst J. Epidemiology of the bipolar spectrum. L'Encephale 1995; 21 Spec No 6: 37–42.

6) Päären A, Bohman H, von Knorring A-L, von Knorring L, Olsson G, Jonsson U. Hypomania spectrum disorder in adolescence: a 15-year follow-up of non-mood morbidity in adulthood. BMC Psychiatry 2014;14:9.

7) Leibenluft E. Categories and dimensions, brain and behavior: the yins and yangs of psychopathology. JAMA Psychiatry 2014;71:15–17.

8) ICD-10 Version:2010. http://apps.who.int/classifications/icd10/browse/2010/en (accessed 10 Aug2018).

9) DSM-5. https://www.psychiatry.org/psychiatrists/practice/dsm (accessed 10 Aug2018).

10) ICD-11. https://icd.who.int/ (accessed 10 Aug2018).

11) Parker G, Graham R, Synnott H, Anderson J. Is the DSM-5 duration criterion valid for the definition of hypomania? J Affect Disord 2014;156:87–91.

12) Angst J. The emerging epidemiology of hypomania and bipolar II disorder. J Affect Disord 1998;50:143–151.

13) Angst J1, Gamma A, Benazzi F, Ajdacic V, Eich D, Rossler W. Toward a re-definition of

subthreshold bipolarity: epidemiology and proposed criteria for bipolar-II, minor bipolar disorders and hypomania. J Affect Disord. 2003;73(1-2):133-46.

14) Angst J, Gamma A, Lewinsohn P. The evolving epidemiology of bipolar disorder. World Psychiatry Off J World Psychiatr Assoc WPA 2002;1:146-148.

15) Vázquez GH, Lolich M, Cabrera C, Jokic R, Kolar D, Tondo L et al. Mixed symptoms in major depressive and bipolar disorders: A systematic review. J Affect Disord 2018;225:756-760.

16) Malhi GS, Fritz K, Allwang C, Burston N, Cocks C, Devlin J et al. Are manic symptoms that 'dip' into depression the essence of mixed features? J Affect Disord 2016;192:104-108.

17) Suppes T, Mintz J, McElroy SL, Altshuler LL, Kupka RW, Frye MA et al. Mixed hypomania in 908 patients with bipolar disorder evaluated prospectively in the Stanley Foundation Bipolar Treatment Network: a sex-specific phenomenon. Arch Gen Psychiatry 2005;62:1089-1096.

18) Post RM, Leverich GS, Altshuler LL, Frye MA, Suppes TM, Keck PE et al. An overview of recent findings of the Stanley Foundation Bipolar Network (Part I). Bipolar Disord 2003;5:310-319.

19) Ghaemi SN, Boiman EE, Goodwin FK. Diagnosing bipolar disorder and the effect of antidepressants: a naturalistic study. J Clin Psychiatry 2000;61:804-808;quiz 809.

20) Zeschel E, Bingmann T, Bechdolf A, Krüger-Oezguerdal S, Correll CU, Leopold K et al. Temperament and prodromal symptoms prior to first manic/hypomanic episodes: results from a pilot study. J Affect Disord 2015;173:39-44.

21) Mistry S, Zammit S, Price V-E, Jones HJ, Smith DJ. Borderline personality and attention-deficit hyperactivity traits in childhood are associated with hypomanic features in early adulthood. J Affect Disord 2017;221:246-253.

22) Goldstein BI, Levitt AJ. Thyroxine-associated hypomania. J Am Acad Child Adolesc Psychiatry 2005;44:211.

23) Tolliver BK, Anton RF. Assessment and treatment of mood disorders in the context of substance abuse. Dialogues Clin Neurosci 2015;17:181-190.

24) Allilaire JF, Hantouche EG, Sechter D, Bourgeois ML, Azorin JM, Lancrenon S et al. [Frequency and clinical aspects of bipolar II disorder in a French multicenter study: EPIDEP]. L'Encephale 2001;27:149-158.

25) Judd LL, Akiskal HS. Depressive episodes and symptoms dominate the longitudinal course of bipolar disorder. Curr Psychiatry Rep 2003;5:417-418.

26) Baldessarini RJ, Faedda GL, Offidani E, Vázquez GH, Marangoni C, Serra G et al. Antidepressant-associated mood-switching and transition from unipolar major depression to bipolar disorder: a review. J Affect Disord 2013;148:129-135.

27) Akiskal HS, Akiskal KK. TEMPS: Temperament Evaluation of Memphis, Pisa, Paris and San Diego. J Affect Disord 2005;85:1-2.

28) Vázquez GH, Kahn C, Schiavo CE, Goldchluk A, Herbst L, Piccione M et al. Bipolar disorders and affective temperaments: a national family study testing the 'endophenotype' and 'subaffective' theses using the TEMPS-A Buenos Aires. J Affect Disord 2008;108:25-32.

29) Parker G, Fletcher K, McCraw S, Hong M. The hypomanic personality scale: a measure of personality and/or bipolar symptoms? Psychiatry Res 2014;220:654-658.

30) Jon D-I, Hong N, Yoon B-H, Jung HY, Ha K, Shin YC et al. Validity and reliability of the Korean version of the Mood Disorder Questionnaire. Compr Psychiatry 2009;50:286-291.

31) Lee D, Cha B, Park C-S, Kim B-J, Lee C-S, Lee S. Usefulness of the combined application of the Mood Disorder Questionnaire and Bipolar Spectrum Diagnostic Scale in screening for bipolar disorder. Compr Psychiatry 2013;54:334-340.

32) Yoon B-H, Angst J, Bahk W-M, Wang HR, Bae S-O, Kim M-D et al. Psychometric Properties of the Hypomania Checklist-32 in Korean Patients with Mood Disorders. Clin Psychopharmacol Neurosci Off Sci J Korean Coll Neuropsychopharmacol 2017;15:352-360.

33) Terrien S, Stefaniak N, Morvan Y, Besche-Richard C. Factor structure of the French version of the Hypomanic Personality Scale (HPS) in non-clinical young adults. Compr Psychiatry 2015;62:105-113.

34) Takeshima M. Treating mixed mania/hypomania: a review and synthesis of the evidence. CNS Spectr 2017;22:177-185.

35) Tondo L, Baldessarini RJ, Hennen J, Floris G. Lithium maintenance treatment of depression and mania in bipolar I and bipolar II disorders. Am J Psychiatry 1998;155:638-645.

36) Bowden CL, Calabrese JR, McElroy SL, Rhodes LJ, Keck PE, Cookson J et al. The efficacy of lamotrigine in rapid cycling and non-rapid cycling patients with bipolar disorder. Biol Psychiatry 1999;45:953-958.

37) Suppes T, Marangell LB, Bernstein IH, Kelly DI, Fischer EG, Zboyan HA et al. A single blind comparison of lithium and lamotrigine for the treatment of bipolar II depression. J Affect Disord 2008;111:334-343.

38) Pacchiarotti I, Bond DJ, Baldessarini RJ, Nolen WA, Grunze H, Licht RW et al. The International Society for Bipolar Disorders (ISBD) task force report on antidepressant use in bipolar disorders. Am J Psychiatry 2013;170:1249-1262.

39) Suppes T, Hirschfeld RM, Vieta E, Raines S, Paulsson B. Quetiapine for the treatment of bipolar II depression: analysis of data from two randomized, double-blind, placebo-controlled studies. World J Biol Psychiatry Off J World Fed Soc Biol Psychiatry 2008;9:198-211.

40) Tohen M, Vieta E, Calabrese J, Ketter TA, Sachs G, Bowden C et al. Efficacy of olanzapine and olanzapine-fluoxetine combination in the treatment of bipolar I depression. Arch Gen Psychiatry 2003;60:1079-1088.

02

특정 집단

여성과 양극성장애

Women with bipolar disorder

이황빈[+] | 남범우[++]

Michigan Psychoanalytic Institute[+] | 건국대학교 충주병원 정신건강의학과[++]

성별에 따라 정신질환의 임상적 양상이 다르고 치료에서도 다른 접근이 필요하다는 인식은 오래전부터 있어 왔지만 실제 임상 현장에서 그 중요성에 비해 소홀히 다루어지고 있다. 정신질환의 성별 특성은 정신사회적 요인뿐만 아니라 생물학적인 차이, 즉 뇌의 해부학적 구조와 기능 그리고 생식 기능의 차이가 다른 정신활성 효과를 일으키는 것에 기인하는 것으로 보인다. 성별 차이는 여성 양극성장애의 특성을 이해하고 질환의 위험도를 유추하고 적절한 치료적 계획을 세우는 데 유용한 정보가 된다는 측면에서 중요하게 인식되어야 한다. 이번 장에서는 여성 양극성장애의 임상특성과 치료적으로 고려할 점에 대해 다루고자 한다.

여성 양극성장애의 임상특성

유병률, 임상양상, 장기적인 경과와 공존질환 및 빈도는 성별에 따라 차이가 있으며, 호르몬, 월경, 폐경, 임신 및 출산 등 생물학적 차이와 심리사회적 스트레스의 차이가 양극성장애의 특성에 영향을 미친다.

유병률은 대체로 성별에 따른 차이가 없이 비슷한 것으로 보고된다.[1,2] 그러나 1형 양극성장애와 달리 2형 양극성장애는 성별에 따라 유병률의 차이가 있는 것으로 보고된다. 대체로 2형 양극성장애는 여성에서 유병률이 높다.[3]

양극성장애의 발병나이는 성별에 따른 차이가 없다고 알려져 왔다.[4] 그러나 1형 양극성장애의 남성에서 조증 삽화로 첫 발병하는 경우, 여성에 비해 발병나이가 빠른 것으로 보고된다.[2,5,6]

발병 삽화와 우세 삽화는 성별 차이가 있는 것으로 보고된다. 전체 삽화 수는 성별에 따른 큰 차이가 없다. 장기적인 경과에서 우세 삽화를 살펴보면 남성에서는 조증 삽화가 우세 삽화인 경우가 더 흔하고, 여성에서는 우울증 삽화가 우세 삽화인 경우가 더 흔하다. 남녀 모두 우울 증상이 차지하는 전체 기간이 (경)조증 삽화에 비해 길고, 우울 증상의 치료가 예후에 미치는 영향이 강조되고 있으나, 특히 여성에서 우울증 삽화의 횟수가 더 빈번하고 유병기간 동안 우울 증상을 경험하는 기간이 더 긴 것으로 보고된다.[7-9]

여성 양극성장애 환자들은 첫 진단을 단극성 우울증으로 진단받는 경우가 더 빈번하다. 첫 삽화가 우울증 삽화인 경우는 (경)조증 삽화를 경험하기 전까지 단극성 우울증으로 진단받고 항우울제 위주의 치료를 받게 되는데, 이런 경우는 특히 여성에서 자주 발생한다. 남성에 비해 여성의 경우는 첫 삽화가 우울증 삽화인 경우가 더 빈번하기 때문이다. 이러한 측면에서 여성 양극성장애 환자는 뒤늦은 진단과 항우울제 노출로 인해 장기적인 경과에 영향을 받는다. 여성에서 항우울제로 인한 (경)조증의 비율 또한 높은 것으로 보고된다.[7]

삽화의 세부적 특성은 성별에 따라 차이가 있다. 여성의 우울증 삽화는 남성에 비해 비전형적인 양상을 나타내는 경우가 흔하며, 혼재성 삽화의 비율도 높다. 혼재성 양상을 동반한 (경)조증 삽화 비율 역시 여성에서 더 높다고 보고된다.[10,11] 양극성장애 경과에서 급속순환형을 경험하는 비율도 여성에서 더 높다. 양극성장애 환자 2,057명을 대상으로 메타분석한 결과에 따르면, 급속순환형의 비율이 여성에서 남성에 비해 약 2배 정도 높은 것으로 나타났다(여성 30% 대비 남성 17%).[12] 급속순환형이 여성에서 더 빈번히 나타난다는 것에 대해서 논란이 없지 않다. 급속순환형은 2형 양극성장애, 혼재성 양상, 조기 발병, 항우울제 사용, 동반된 알코올남용, 갑상선기능저하증, 성호르몬 등과 연관이 있다고 보고되고 있어 여성에서 급속순환형의 비율이 높은 이유와 관련이 있을 것으로 추측된다.

여성 양극성장애 환자에서 다른 정신질환과의 공존율이 남성에 비해 높다. 남성에서는 물질사용장애, 품행장애, 주의력결핍과잉행동장애가 흔한 반면 여성에서는 외상후

스트레스장애를 포함한 불안장애, 공포증, 섭식장애의 공존이 흔하다. 갑상선질환과 편두통 같은 신체질환의 공존율 또한 남성에 비해 높다.[3, 4, 13, 14] 여성 양극성장애 환자는 알코올남용의 위험성이 매우 높다. 일반적으로 알코올사용장애의 평생 유병률은 남성이 여성보다 높다(남성 49% 대비 여성 29%). 그러나 양극성장애에서 알코올사용장애 비율의 성별 특성은 좀 다르다. 양극성장애와 공존하는 알코올사용장애 비율을 살펴보면 그렇지 않은 경우와 비교하였을 때 남성은 2.77배 높은 반면, 여성에서는 7.35배 높다고 보고된다.[15]

양극성장애는 자살의 위험성이 높은 질환이다. 일반인에 비해 자살의 위험도가 약 15배에 달한다. 일반인에서는 여성에서 자살 시도율이 높고, 남성에서 자살 성공률이 더 높은 것으로 보고되는데, 이러한 성별 특성이 양극성장애에서는 다르게 나타난다. 양극성장애에서도 여성의 자살시도가 남성에서보다 흔하다. 그러나 일반인과 달리 여성 양극성장애 환자의 자살 성공률은 남성과 비슷하거나 오히려 높은 것으로 보고된다.[16, 17]

여성 양극성장애 환자는 소아·청소년기의 물리적, 성적 학대에 노출된 경우가 남성에 비해 흔하다고 보고된다. 소아기 학대 경험이 있는 환자들의 경우 여러 가지 이유로 상대적으로 긴 유병기간과 불량한 치료반응을 보인다.[18]

월경주기가 양극성장애에 미치는 영향

주요 여성호르몬인 에스트로겐은 생리주기를 조절하고 임신을 준비하며, 더불어 중추신경계에서의 역할이 있다. 에스트로겐은 세로토닌과 도파민을 분해하는 모노아민 산화효소의 활동을 감소시킴으로써 세로토닌계에 작용제 역할을 하고, 세포 간 세로토닌 수송에 영향을 미치어 시냅스 내 세로토닌을 증가시킴으로써 세로토닌 시스템에 촉진제 역할을 하여 기분의 호전을 가능하게 한다.[19] 에스트로겐은 또한 노르아드레날린의 활동을 증가시키고, 콜린성 작용제 역할과, 도파민 D2 수용체의 민감도를 줄이는 역할을 한다. 산후 정신병은 시상하부의 도파민 수용체의 민감도가 증가된 것과 연관이 있다는 연구 보고가 있는데, 이는 출산 후 에스트로겐 농도의 급격한 하락에 의해 촉발될 수 있다.[20] 선택적 에스트로겐 수용체 조절제인 tamoxifen의 항조증 효과에는 Protein Kinase C 억제제 역할 및 에스트로겐에 대한 작용제/길항제 역할도 관여할 것으로 생각한다.[21] 산후 정신병을 가진 여성에서 에스트로겐 치료 후 증상의 상당한 개선을 보였다고 하며, tamoxifen으로 치료받은 여성 양극성장애 환자에서 혈청 estradiol 수치의 유의한 증가를 보였다고 한다. 이러한 연구 결과는 여성 양극성장애 병리 기전에서 에스트로겐의 중요한 역할을 시사한다.[22]

많은 여성들이 월경주기와 관련하여 기분 변화를 보고하고 있으며, 양극성장애 여성에서도 월경주기에 따른 기분의 변동은 흔히 관찰된다. 1형 양극성장애 여성의 66%에서 월경 전후기에 기분 증상의 악화를 경험했다는 후향적 연구 보고가 있으며, 경구 피임약이 월경주기와 관련된 기분 증상을 경험하는 양극성장애 여성의 50%에서 기분 변동을 완화시킨다는 보고가 있다.[1, 23] 이러한 연구 결과들은 월경주기에 따른 여성호르몬의 변화가 기분에 미치는 영향을 시사한다. 그러나 후향적 관찰 연구 방법, 실험군의 이질성, 배란을 확인하는 객관적인 측정 및 불분명한 방법 등의 한계로 이들 연구 결과에 대한 해석은 분분하며, 양극성장애 여성에서 월경주기와 기분변동의 연관성에 대한 일관된 결론은 없다.[24]

폐경기, 폐경 과도기는 양극성장애 여성에게 취약한 시기이다. Systematic Treatment Enhancement Program for Bipolar Disorder(STEP-BD) 연구 결과는 폐경 과도기 시기에 우울 증상 악화의 위험성이 증가한다고 보고하고 있다. 또 다른 연구는 폐경 과도기 양극성장애 여성에서 우울증 삽화와 총기분 삽화의 빈도가 증가한다고 보고하였다. 이는 호르몬 변화, 수면의 변화, 중년 역할의 변화, 이 시기에 겪게 되는 상실의 경험으로 인해 발생할 수 있다.[23, 25]

여성 양극성장애의 치료약물 선택 시 고려사항

여성 양극성장애의 치료 시 남성에 비해 저조한 간 대사율과, 월경주기의 영향 등 남성과 다른 생물학적 차이로 인한 약역학 및 약동학의 특성을 고려하는 것이 필요하다.

valproate를 처방받은 여성에서 다낭성난소증후군의 높은 유병률과 빈번한 월경불순이 보고된다. valproate 치료와 관련된 체중증가로 인해 고인슐린혈증, 안드로겐과다증 및 다낭성난소증후군이 유발 가능하다.[26] valproate 사용 시 체중증가, 탈모 등의 부작용은 특히 여성에게 문제가 될 수 있어 선택 시 고려해야 한다.

lithium 사용으로 인한 갑상기능저하증은 여성에서 더 많이 보고되며, 중년 이상의 여성에서 갑상선기능저하증의 위험성이 높다고 한다.[27]

여성 양극성장애 환자에서 항정신병약물 사용 시 risperidone 같은 고프로락틴혈증을 야기할 수 있는 약물은 무배란과 월경주기 변동 및 골다공증을 일으킬 수 있다는 점을 고려해야 한다. olanzapine, clozapine 등 체중증가 위험이 큰 항정신병약물은 특히 여성에게는 신중하게 고려해야 한다.

임신이 양극성장애의 경과에 미치는 영향

여성에서 임신과 출산이 양극성장애의 경과에 미치는 영향에 대한 연구 보고에 의하면, 출산 후 시기가 기분 삽화의 발병 및 악화와 특별히 밀접한 관련이 있다. 출산 후 시기에 기분 삽화 재발의 위험성이 높은 이유는 여성 호르몬의 급격한 변화와 그 외에 육아와 수유로 인한 수면 불량 등이다. 부모가 되는 것과 재발위험성과의 연관성이 남성에게는 나타나지 않는다.[23, 28, 29] 임신 중 그리고 임신 전후 9개월을 비교한 연구 결과, 임신 전 시기와 출산 후 시기가 임신 동안에 비해 재발 위험이 현저히 높았다.[30] 덴마크와 영국의 대규모 레지스터 기반 연구에 의하면 출산 후 초기 3개월이 정신질환의 재발과 입원의 위험이 높고, 특히 출산 후 첫 주, 첫 한 달의 위험도가 가장 높다고 한다.[31]

최근 37개의 연구, 4,023환자를 포함한 대규모 데이터를 메타분석한 결과, 양극성장애가 있는 여성에서 약물치료를 받은 사람들보다 임신 중 약물치료를 받지 않은 사람들에서 재발률이 높았다(23% 대비 66%). 출산 후 재발을 막는 데 임신 중 약물 유지치료가 중요한 역할을 하며, lithium이 예방 효과가 있는 것으로 보고하였다. 기존 임신 중 재발 과거력, 정신과 병력, 가족력, 산과적 합병증이 재발을 예측하는 위험요인이 된다고 보고하였다.[32]

양극성장애 여성(1,212명)과 재발성 우울증 여성(573명)을 포함한 연구에서, 주산기 기분 삽화 및 발병 시기를 조사한 결과 모든 진단군의 2/3 이상이 임신 중 혹은 산후 기간 중 기분 삽화를 보고했다. 임신 중 기분 삽화 위험성은 1형 양극성장애 4.3%(60/1404), 2형 양극성장애 7.8%(33/424), 재발성 우울증에서 4.7%(56/1189)였으며, 산후 기간 위험성은 1형 양극성장애 45.7%(640/1404), 2형 양극성장애 34.4%(46/424), 재발성 우울증 38%(452/1189)였다고 한다. 대부분의 주산기 삽화는 산후 첫 달에 발생했으며, 조증 또는 정신병 삽화가 우울증 삽화보다 일찍 재발하였다.[33]

총 101명의 여성 환자를 대상으로 임신 동안 lithium 유지치료를 중단했을 경우 재발률을 후향적으로 비교한 결과, lithium 중단 후 40주 동안 임신군과 비임신군 간의 재발률은 차이를 보이지 않았다. 그러나 두 군 모두에서 lithium 중단 이전에 비해 높은 재발률을 보여, lithium을 중단하였을 때 기분 삽화 재발의 위험성을 강조하였다. 이때 lithium을 급격히 중단한 경우(2주 이내) 그리고 과거 재발이 빈번했던 경우에 특히 재발률이 높았다. 그러나 출산 후 시기에는 임신군이 비임신군에 비해 재발률이 2.9배(70% 대비 24%) 높게 나타났다.[28]

관해 상태의 임신한 양극성장애 여성 89명을 대상으로 한 전향적 관찰 연구에서, 기분조절제를 중단한 군과 유지한 군의 임신 중 재발률을 비교한 결과, 약물을 중단한 군에서 재발률이 약 2배 정도 높았다(86% 대비 37%). 약물을 중단한 군은 약 9주 만에 재발하여, 약물을 유지한 군(41주 이상)에 비해 재발하기까지의 시간이 4배 이상 짧았다. 급격한 약물의 중단이 특히 재발률을 높이는 것으로 나타났다. 그 외 2형 양극성장애, 조기발병, 잦은 재발, 최근 삽화 경험, 항우울제 사용이 재발과 관련이 있었으며, 항경련제 사용군에서 lithium 사용군에 비해 재발률이 높았다.[34]

1,162명의 여성 기분장애 환자를 대상으로 2,252회의 출산을 후향적으로 관찰한 연구에서, 임신 동안과 출산 후 시기의 기분 삽화의 발생위험과 삽화의 종류를 비교하였더니, 재발성 우울증에 비해 양극성장애 환자에서 임신과 관련된 재발률이 훨씬 높게 나타났다. 양극성장애 여성에서 기분 삽화를 경험하는 비율은 임신 동안에 비해 출산 후 시기가 훨씬 높게 보고되었다(23% 대비 52%). 매 출산을 비교한 결과에서도 출산 후 시기의 재발률이 임신 동안에 비해 약 3.5배 높았다.[35]

임신 관련 재발의 예측인자로서 환자의 출산 경력이 보고되기도 했다. 1형 양극성장애 여성에서의 산후 정신병이 첫 번째 임신과 관련이 있음을 보고하고, 첫 번째 임신은 심리사회적 스트레스 요인과 함께, 첫 임신의 생물학적인 변화가 가지는 중요한 역할이 있음을 제안하였다.[36] 이러한 소견은 초산 후 산후 발병의 과거력이 있는 여성에서 추가적인 출산을 제한했을 가능성과, 다산부에서 약물치료를 유지한 비율이 높았을 가능성이 있다. 양극성장애 위험이 두 번째 출산 후 더 적었고 세 번째 출산 후부터는 위험이 증가하지 않는다는 연구 결과가 있었다. 이때 첫 번째와 두 번째 출산 기간이 길수록 두 번째 출산 후 첫 삽화 재발 위험이 높았다고 한다.[37] 그러나 아직 출산 경력이 산후 재발에 미치는 영향을 정의하기는 어렵다.[32]

임신과 양극성장애의 치료

임신 시 양극성장애 치료의 목표는 태아에 대한 가장 안전한 치료 방법을 선택하는 동시에 임신한 환자의 재발을 막고 안정을 잘 유지하는 것이다. 재발 예방에 필요한 계획에는 계획 임신, 임신 중 및 출산 후 약물치료, 추적 관찰을 통한 재발 초기 개입, 임신 시 또는 수유 시 태아의 약물노출에 따른 위험성 관리, 신생아 양육 시 재발 위험요소 관리(적절한 수면, 안정된 일주기 리듬, 스트레스 관리, 모자간 결속 등)가 포함되어야 한다.

임신 중 약물치료 중단은 양극성장애 재발의 위험성을 높인다. 임신 중 약물치료를 받지 않은 양극성장애 산모의 재발이 태아에 미치는 위험성과 약물사용이 태아에 미치는

표 1 임신 중 양극성장애의 재발 및 위험 요소에 관한 연구 결과

저자 (연도)	연구목적	연구 방법	환자 (명수 및 진단)	재발률 실험군	재발률 대조군	기타	재발의 위험요소
Rosso 등 (2016)[38]	고위험군 임신 중 lithium의 재발 방지 효과 평가	전향적 관찰	총 17명 (17 lithium 반응성 BD I)	임신 중 재발 11%(2명) 산후 재발 27.8%(5명)			• 출산 직후 • 약물 유지치료 중단 • 급격한 약물 중단
Di Florio 등 (2013)[33]	임신 중 양극성장애 여성에서 주산기 기분 삽화의 발생 정도 및 발생 시기 조사	후향적 관찰	총 1,212명 (980 BD I, 232 BD II, 573 RMD)	임신 중 재발 BD I : 7.8%, BD II : 45.7%, 산후 재발 BD I : 34.4%, BD II : 38%	BD I : 4.3%, RDM : 4.7%, RDM : 38%		• 2형 양극성장애 • 조기 양극성장애 • 재발이 빈번했던 과거력
Viguera 등 (2011)[35]	임신 동안과 출산 후 시기의 기분 삽화 발생 위험 비교	후향적 관찰	총 1,162명 (283 BD I, 338 BD II, 541 MDD)	출산 후 시기 : 51.5%(BD)	임신 동안 : 21.7%(BD)	출산 후 시기 29.8% 임신 동안 4.6%(MDD)	• 최근 삽화 경험 • 향우울제 사용력 • 항경련제 사용군 (≫ lithium 사용군) • 첫 임신 시 기분 삽화력
Viguera 등 (2007)[34]	임신 중 기분조절제 유지군과 중단군의 재발률 비교	전향적 관찰	총 89명 (61 BD I, 28 BD II)	중단군 : 85.5%	유지군 : 37.0%	전체 환자 임신 중 재발률 71%	• 임신 중 우울 증상
Akdeniz 등 (2003)[39]	임신과 출산이 양극성장애 경과에 미치는 영향	후향적 관찰	총 72명 BD (252회 임신 관찰)	32% : 임신 중 또는 출산 후 1달 안에 기분 삽화 경험			
Freeman 등 (2002)[23]	월경, 임신, 출산이 양극성장애 경과에 미치는 영향	후향적 관찰	총 50명 (36 BD I, 13 BD II, 1 BD NOS)	출산한 여성 67%에서 출산 후 기분 삽화 경험			
Viguera 등 (2000)[28]	임신군과 대조군에서 lithium 중단 시 재발률 비교	후향적 관찰	총 101명 (68 BD I, 33 BD II)	임신군 : 52%	비임신군 : 58%	lithium 중단 전 재발률 : 21%	

BD : 양극성장애, BD I : 1형 양극성장애, BD II : 2형 양극성장애, BD NOS : 달리 분류되지 않는 양극성장애, MDD : 주요우울장애, RMD : 재발성 우울증

위험성을 비교하였을 때, 약물사용이 상대적으로 더 안전한 것으로 보고된다. 약물사용이 태아에 미치는 위험을 결정짓는 변수를 고려하여 임신 전 치료 계획을 세우고, 임신이 진행됨에 따라 복용량을 조절한다면 임신 중 양극성장애 약물치료를 꼭 겁낼 필요는 없다. 약물사용이 미치는 위험성은 항상 약물중단이 야기할 수 있는 위험성과 같이 고려되어야 한다.[34]

임신 중 약물치료 중단을 고려 중이라면, 환자 개인의 질병 특성 및 치료반응 특성에 기초한 개별화된 위험성 대비 효용성을 분석한 후 신중히 결정해야 한다. 약물 중단 후 재발 위험을 예견하는 다음의 특성을 고려하여 결정한다. 병합요법을 해오던 산모의 경우는 단독요법의 경우에 비해 치료중단 후 재발의 위험이 2.3배 높다. 조기발병, 2형 양극성장애, 급속순환형, 최근에 기분 삽화 경험, 잦은 삽화 경험, 자살시도 과거력, 공존질환, 항우울제 사용, 유지치료 약물의 갑작스러운 중단은 향후 높은 재발 위험성을 예견한다.[34] 위와 같은 특성이 두드러진다면 약물중단을 재고할 필요가 있다.

임신 중 약물치료를 갑자기 중단한 경우, 재발의 위험을 증가시키므로 임신 전부터 계획하여 천천히 중단하고, 계획되지 않은 임신의 경우일지라도 천천히 중단하는 것을 고려한다. 비계획 임신의 경우, 약물노출에 의한 태아기형의 위험성이 높은 기간이 이미 지난 뒤 임신을 발견하게 되는 경우가 흔하다. 이런 경우 갑작스러운 약물치료 중단은 오히려 산모에서 재발 위험성만 증가시키고, 약물노출에 의한 태아기형 위험성 감소에는 별다른 효과를 못 본다. 약물사용의 태아에 미치는 위험은 복용량, 기간 및 노출 시기에 따라 크게 좌우되므로, 양극성장애 산모의 향후 치료 계획은 산모의 상태, 임신 주수, 사용 중인 약물, 환자의 선택 등을 고려해서 결정한다. 약물 중단 후에도 정기적인 추적을 통해 재발 증후를 면밀히 관찰한다. 산후 재발의 위험이 가장 높기 때문에, 출산 직후 약물 재투여를 시작한다.[40]

임신 시 약물이 태아에 미치는 영향

미국의 식품의약품안전처(Food and Drug Administration, FDA)에서는 임신 시 약물 복용에 의한 태아 기형 유발 가능성에 따라 5단계로 나누어 구분했었다. 그러나 FDA는 1979년부터 사용해온 A, B, C, D 및 X 위험 범주를 점진적으로 폐기하고, 향후 임신과 수유 중 약물사용 시 가능한 위험 데이터를 명확히 제공하는 새로운 라벨링 시스템(Pregnancy and Lactation Labeling Final Rule, PLLR)을 도입 중이다. 새로운 라벨링은 위험성 여부에 대해 '예' 또는 '아니요'의 답이 아닌, 데이터를 근거로 한 개인별 임상적 해석을 필요로 한다. 이는 약물치료가 필요한 임산부가 데이터를 근거로 의사와 상담을 통해 최종 결정을 내릴 수 있도록 돕자는 취지이다.

항우울제 노출은 유산 및 태아 성장 감소와 관련된다는 보고가 있다. 자궁 내 항우울제에 노출된 후 일부 신생아에서는 일시적인 신생아 징후가 나타날 수 있다. bupropion은 B등급, paroxetine을 제외한 SSRI 항우울제는 C등급으로 분류된다. paroxetine의 경우 임신 첫 3개월에 노출 시 태아에서 심방중격결손이나 심실중격결손과 같은 심장 기형의 위험이 높아지는 것으로 보고되어 2005년 FDA 등급이 C에서 D로 분류가 바뀌었다. paroxetine은 임신 첫 3개월에는 사용에 주의가 필요하다.[41, 42]

lamotrigine은 구순열, 구개열의 위험을 증가시킨다는 보고와 그렇지 않다는 보고가 혼재한다. lamotrigine은 C등급에 속하며, 주요 기형의 위험성은 높지 않아 임신 시 사용을 고려할 수 있다. 신생아에서 간독성과 피부 발진의 가능성이 있다. 임신 중 약물의 배출이 증가하므로 임신이 진행됨에 따라 혈청농도가 낮아지는 경향이 있다. lamotrigine은 약물 농도 모니터링이 권장되며, 임신 전 lamotrigine 혈청농도를 얻어 기준선을 정한 다음 임신이 진행됨에 따라 lamotrigine 용량을 조절한다.[43~45]

lithium은 D등급으로, 임신 중 사용 시 임신 주수에 따른 주의가 필요하다. lithium은 Ebstein 기형의 위험성을 증가시키는 것으로 알려져 왔다.[46] 이러한 우려로 임신 중 양극성장애 치료에서 lithium의 사용을 제한해왔다. 그러나 그 위험성이 과장되었다는 연구 보고와 함께 근래 들어 lithium이 심혈관 기형의 위험 증가와 관련이 있으나, 절대적인 위험성은 과거 편견과 달리 높지 않다는 연구 결과들이 보고되고 있다.[47] 최근 유럽과 미국, 캐나다 등 6개국의 코호트 데이터를 분석하여, 자궁 내 lithium 노출과 관련된 임신 합병증, 출산 및 태아의 질병률 및 선천성 기형의 위험성 사이의 관련성을 조사한 연구에 따르면, 자궁 내 lithium 노출은 임신 합병증, 출산 및 태아의 질병률과 관련이 없었다. 임신 첫 3개월 동안 자궁 내 lithium 노출은 대조군 4.3% 대비 7.4%로 주요 기형의 위험성 증가와 관련이 있었고, 반면 심근 기형에 대해서는 대조군과 유의한 차이가 없는 것으로 보고되었다.[48] 최근 과거의 연구 결과와 다른 연구 결과들이 보고되는데, 임신 중 약물치료를 결정하는 데 있어서 연구 결과를 참고할 때는 각 연구의 효과크기와 추정치의 정확도를 고려하는 것이 필요하다.

carbamazepine은 D등급으로, 임신 첫 3개월에 사용하는 경우, 안면두개결함이 11%, 척추갈림증이 약 1% 정도 보고된다. 임신 중 다른 약물선택의 여지가 없을 때 사용할 수 있고, carbamazepine은 신생아에게 비타민 K 결핍을 일으킬 수 있으므로 임신 말과 출생 후 비타민 K의 보충이 필요하다.

valproate는 D등급에 속하지만, 가능한 피해야 할 약물이다. 나라별 레지스트리 연구 결과에 의하면, 하루 300mg 이하의 lamotrigine 복용 또는 하루 400mg 이하의 carbamazepine 복용 시 태아의 주요 기형의 위험성은 일반 인구에 비해 높아지지 않은 반면, valproate 노출에 의한 태아기형의 위험성은 다른 항경련제에 비해 매우 높아 임신 시 valproate의 사용에 주의를 권고하였다. 주요 선천성 기형의 위험은 항경련제의 종류뿐만 아니라 복용량에 따라 영향을 받는다.[49] valproate를 사용한 단일요법 또는 병합요법을 비교하여 주요 선천성 기형의 위험을 평가한 연구 결과, 출생 1년 후의 주요 선천성 기형의 빈도는 valproate 단독요법의 경우 10.0%, valproate와 lamotrigine 병합요법의 경우 11.3%, valproate와 기타 항경련제 복합요법의 경우 11.7%였다. 세 군 모두 주요 선천성 기형의 빈도는 병합한 항경련제와는 무관하게 모두 valproate의 복용량과 관련이 있었다.[50] 또 임신 중 항경련제 노출에 따른 태아의 신경발달결함 추적 연구의 중요한 소견 중 하나가, 임신 중 valproate에 노출된 태아군의 IQ 감소이다. 이는 비가역적 영향으로 태아의 성장 후 교육 및 직업 결과에 영향을 미친다. 이런 이유로 valproate는 1차 선택 약제로 고려되어서는 안 된다.[51, 52]

항정신병약물은 임신 시 기분조절제에 비해 안전하다고 여겨지는 약물로, 임신 중 약물을 유지해야 하는 경우나 재발한 경우 유용하다. chlorpromazine 같은 정형 항정신병약물은 오랜 기간 연구 결과를 통해 안전성을 인정받았다. clozapine은 B등급에, aripiprazole, olanzapine, quetiapine, risperidone, ziprasidone 등은 C등급에 속한다. 최근에는 항콜린성 부작용과 추체외로증후군 등의 부작용이 적은 비정형 항정신병약물이 보다 선호된다.[53] 비정형 항정신병약물 사용 시 체중증가, 대사증후군을 유발하는 경우 이론적으로는 인슐린 저항성, 임신성 당뇨병, 임신중독증의 가능성이 있으나 정보는 제한적이다. 매사추세츠 종합병원의 임신 레지스트리 데이터 분석 결과, 임신 전 비정형 항정신병약물 사용으로 당뇨병을 야기하지 않은 여성에서, 임신 중 비정형 항정신병약물 노출로 인한 당뇨 위험 증가는 발견되지 않았다고 한다.[54]

임신 시 benzodiazepine 계열의 태아 노출은 구순개열의 선천 기형의 위험성을 증가시킨다는 보고가 있어 D등급으로 분류되었다. 급성 증상 조절에 유용한 약물이나 위험성을 고려해야 한다. 최근의 문헌은 임신 첫 3개월 동안 benzodiazepine 노출에 의한 기형의 위험이 증가하지 않음을 보고하였다.[55] benzodiazepines에 노출군과 대조군에서 체중, 호흡곤란, 수유곤란, 머리둘레, Apgar 점수, 중환자실 입원, 미숙아 출산 등을 비교한 연구 결과, 자궁 내 benzodiazepines에 노출된 신생아에서 중환자실 입원과 소두의 위험이 증가하였고 그 외 기형의 위험은 발견되지 않았다.[56]

임신 전 관리

계획된 임신을 통해 치료약물에 의한 태아의 기형 발생의 위험과 산모의 재발 위험을 낮출 수 있다. 임신 전에 임신과 출산에 대한 계획을 세우는 것이 매우 중요하다. 이때 환자는 관해된 상태여야 치료자와 합리적인 계획을 의논할 수 있다. 산전 계획 시 배우자를 포함시키는 것도 도움이 된다. 계획된 임신의 이점을 교육하고, 피임상담 및 치료약물과 경구피임 약물 간 상호작용에 관한 정보를 제공한다. 그러나 의도하지 않은 임신이 양극성장애 여성에서 40~50% 더 높은 비율로 나타난다.[47] 계획하지 않은 임신이라 할지라도 치료약물에 의한 태아의 기형 발생률은 크지 않다는 것을 인식시켜줄 필요가 있다.

피임 중인 가임기 여성에서 carbamazepine 또는 topiramate를 사용하는 경우는 cytochrome P450 효소 유도로 경구피임제의 대사를 증가시켜 혈중농도를 낮출 수 있으므로 피임제의 용량을 높이거나 다른 피임법 등을 고려해야 한다. 경구피임약 복용은 lamotrigine의 혈중농도를 감소시켜 치료 효과를 떨어뜨릴 수 있어 증량해서 사용한다. lamotrigine의 혈중농도는 경구피임제를 복용하지 않은 군에 비해 복용하는 여성에서 약 50%로 상당히 낮아졌다고 한다.[57] lamotrigine 대사의 주요 경로에서 피임제 성분 중 ethinyl estradiol이 효소유도제로 작용하여 lamotrigine의 대사를 증가시킨다. ethinyl estradiol과는 달리 progestogen은 lamotrigine 혈중농도를 감소시키지 않아서 progestogen 단일 피임제 사용은 이러한 약물상호작용을 피할 수 있을 것 같다. 약물 간 상호작용을 고려하면 피임장치 사용이 원치 않는 임신을 예방하는 데 유용하다.[58]

양극성장애를 가진 여성은 자신의 재발보다 치료약물이 태아에 미치는 영향을 더 심각하게 고려하여, 임신 전후로 약물치료를 중단하는 경우가 흔하다. 약물치료 중단 후 재발하는 경우, 산모가 경험하는 불안과 스트레스가 고스란히 태아에 영향을 미친다. 기분 삽화의 재발로 산모에서 영양분 섭취 불량, 신체적 건강관리 소홀, 흡연, 알코올남용, 폭력 및 자살의 위험성이 증가하고, 결국 태아의 건강에 위해를 줄 수 있다. 산모의 재발이 태아의 건강에 미치는 영향이 약물의 영향보다 심각할 수 있음을 교육시킬 필요가 있다.

재발이 빈번하지 않고 삽화 간 완전 관해된 경우는, 유지치료 중인 약물을 서서히 줄여가면서 약물중단 후 임신을 계획해볼 수 있다. 그러나 삽화의 재발이 잦고 과거력상 약물을 중단하면 바로 재발하는 경향이 있는 환자는 태아에 미치는 위험성이 낮은 약물로 유지치료를 지속하는 방법을 먼저 고려한다. 과거력상 재발해도 증상이 심하지 않았던 경우나 투약을 다시 시작하면 빨리 증상이 완화되는 경우는, 유지치료를 중단하고 관찰하는 쪽으로 결정하기가 더 용이하다. 약물 유지치료를 중단했을 경우 태아와 산모에게 미치는 이로운 점과 해로운 점을 알리고, 유지치료 여부를 결정할 때 환자와 보호자를 적극 참여시키는 것이 필요하다.[47, 59]

임신 중 관리

임신 첫 3개월은 태아의 기관 발생 기간으로 약물 노출에 의한 태아기형의 위험성이 가장 높은 시기이다. 이 시기에는 가능한 약물을 중단하는 것을 고려한다. 꼭 유지치료를 해야 하는 경우나 임신 중 재발한 경우는, 가능한 태아기형의 최대 위험 시기를 피하도록 하고, 최소한의 유효 복용량과 단독요법을 고려한다. 약물에 따른 최대 위험 시기는 다음과 같다. 수정 후 17~30일은 항경련제 사용과 관련된 신경관 결함의 위험성이 높은 시기이다. 수정 23일 이후는 척추갈림증, 다운증후군의 위험성이 높다. lithium 노출에 의한 Ebstein 기형은 수정 후 21~56일이 위험한 시기이다.

임신 첫째 3개월 치료약물로 valproate보다는 lithium, lamotrigine, 항정신병약물을 선택하는 것을 권장한다. valproate를 복용한 모든 임산부에게 알파태아단백질 검사 및 초음파 같은 산전 진단을 제공하고, 예방적으로 고용량의 엽산(4mg/day)을 처방하고, 태아기형 상담을 제공한다.[60] 고용량 엽산을 처방해도 valproate 노출에 의한 척추갈림증 기형의 예방 효과는 충분하지 않다.[61] lithium을 복용하는 경우 태아 초음파 검사를 실시한다. lithium은 임신 중 가능한 분복하면 일정한 혈중농도 유지에 도움이 된다. 임신 중에는 lithium 배출이 증가되어 혈중농도가 낮아지므로 임신 중 혈중농도 측정은 필수적이다.

임신 둘째 3개월과, 셋째 3개월은 첫째 3개월에 비해 심각한 태아 기형의 위험이 비교적 낮은 시기이다. 이때 가능한 약물의 태아에 미치는 영향은 심각하지 않은 기형, 행동에 미치는 효과, 저조한 출생 체중, 조산 등이다.[47]

임신 둘째 3개월 동안 태아는 골격과 폐를 발달시킨다. valproate 사용은 임신 초기 노출로 인한 기형뿐만 아니라, 발육 중인 태아의 중추신경계에 대한 독성과도 관련이 있다. 임신기간 동안 고용량 valproate 사용(1,000mg/day 이상)은 태아의 인지발달에 영향을 끼쳐 IQ 점수가 7~10점 정도 낮아지므로 사용을 자제해야 한다.[51]

이 시기에 산모가 비정형 항정신병약물을 복용 중이라면, 대사증후군을 모니터링해야 하고, 임신성 당뇨병을 평가하기 위한 검사를 실시한다. 복부둘레 증가와 혈중 지질 상승은 임신 중 정상적이므로 대사증후군으로 판단하지 않아야 한다.

임신 셋째 3개월은 주로 발달보다는 성장 및 성숙 단계로 기형발생이 큰 문제가 되지 않지만, 이 시기의 약물노출은 출산 직후 유아의 금단증후군과 관련이 있다. 항정신병약물사용 시 신생아의 비정상적인 근육 운동 및 금단 증상의 가능성을 경고하고 있다. 셋째 임신 3개월 동안 benzodiazepine 사용 또한 신생아의 금단증후군과 관련이 있다.[56]

이 시기는 사구체 여과율 증가로 lithium 제거율이 2배 정도 증가되므로 1~2주마다

lithium 혈청농도를 모니터링하고 lithium 용량을 혈청농도에 따라 증량할 필요가 있다. 반대로 출산 직후에는 체액감소 등의 이유로 혈중농도가 높아지므로 lithium 독성을 피하기 위해 용량 조절이 필요하다. 제왕절개분만이나 자연분만 시작 24~48시간 전에 lithium을 중단하고 분만 직후 lithium 섭취를 재개함으로써 출생 시 신생아의 혈청 lithium 농도를 최소화할 수 있다.[62]

출산 후 관리

출산 후 3개월은 재발의 위험이 높은 시기이므로 출산 직후 유지치료를 시작함으로써 재발의 위험성을 낮출 수 있다. 이때 유지치료는 이전에 효과가 있었던 약물을 선택하는 것이 권장된다. 산후 재발을 한 경우는 재발한 기분 삽화를 기준으로 유효한 치료약제를 선택한다. 더불어 대부분의 약제는 모유를 통해 배출되므로 모유수유 시 태아에

표 2   양극성장애 치료약물과 모유 내 농도 및 안정성

치료약물		relative infant dose(%)[63]	참고사항[64,65]
mood stabilizers	carbamazepine	5.9	비교적 안전함
	lamotrigine	9.2~18.3	최저 복용량으로 사용할 수 있지만 개별적인 경우에 고려
	lithium	12~30.1	면밀한 관찰하에 사용/ 모유수유 시 권장 약물
	valproate	1.4~1.7	비교적 안전함
selective serotonin reuptake inhibitors	citalopram	3.6	안전함
	escitalopram	5.3	
	fluvoxamine	1.6	
	fluoxetine	5~9	
	paroxetine	1.4	
	sertraline	0.54	
serotonin and norepinephrine reuptake inhibitors	venlafaxine	8.1	개별적인 경우에 고려
	desvenlafaxine	6.8	
	duloxetine	0.1	
antipsychotics	olanzapine	1.6	안전함, 1차 치료제로 고려
	risperidone	4.3	비교적 안전함, 면밀한 관찰하에 사용
	quetiapine	0.09	안전함, 1차 치료제로 고려

미치는 영향을 고려하여 선택한다.

출산 후 산모는 신생아를 돌보는 동안 수면부족과 정서적 증상을 경험할 가능성이 매우 높아, 양극성장애 병력이 없이도 산후정신증으로 첫 발병하는 경우가 흔하며, 일반적으로 출산 2~3주 내에 증상을 나타낸다. 산후정신증은 응급 상황으로 다루어야 하며 항정신병약물, benzodiazepine, lithium 약물치료가 효능이 있다.[40]

모유수유 시 치료약물이 태아에 미치는 영향을 고려하여, 환자와 같이 약물을 선택한다. 모유수유 중 약물의 농도 및 안정성에 대한 최근 연구 결과는 다음과 같다(표 2). selective serotonin reuptake inhibitor(SSRI)는 relative infant dose(RID)가 낮고 심각한 위험이 없는 편이라 수유기 우울, 불안 증상에 1차로 권장되는 약제이다. 그중 sertraline 은 관련 연구가 가장 많으며 모유나 신생아에서 약물의 농도가 낮아 가장 선호되는 SSRI이다. fluoxetine은 높은 RID로 덜 선호되는 SSRI이다. 항정신병약물의 경우 비정형 항정신병약물이 선호된다. quetiapine과 olanzapine이 수유기 사용에 가장 적합하며, risperidone은 면밀한 관찰하에 사용할 수 있다. clozapine은 모유 내 높은 농도로 유출되며, 태아의 무과립혈구증 유발 가능성이 있어 금기이다. amisulpride는 모유 내 높은 농도로 유출되어 금기이다. 기분조절제의 경우 valproate와 carbamazepine은 RID가 낮아 사용 가능하며, lamotrigine은 영아의 혈중농도를 면밀히 관찰하면서 사용할 수 있다. lithium은 RID가 매우 높아 L4로 분류되었으나, 기존의 보고와 달리 최근의 연구 결과들은 영아의 혈중농도 측정 등 면밀히 관찰한다면 굳이 수유 중 금기할 필요가 없는 약물로 보고하거나 오히려 1차 선택제로 보고되고 있다.[63~66]

요약

양극성장애의 성별에 따른 차이에 대한 이해는 여성 양극성장애의 특성을 이해하고, 질병이환의 위험도를 유추하고, 적절한 치료적 계획을 세우는 데 중요한 정보가 된다. 1형 양극성장애는 유병률의 차이가 없으나, 2형 양극성장애는 여성에서 유병률이 높다. 여성 양극성장애는 남성에 비해 우울증 삽화의 빈도가 빈번하고, 유병기간 동안 우울 증상을 경험하는 기간이 더 길다. 여성은 첫 삽화가 우울증 삽화인 경우가 빈번하여, 양극성장애 진단이 늦어지고 항우울제에 노출될 위험이 높아 장기적인 경과에 영향을 받는다. 여성에서 혼재성 삽화, 급속순환형의 빈도가 높고, 알코올남용을 비롯한 불안장애, 섭식장애의 공존율과 갑상선질환, 편두통 같은 신체질환의 공존율이 남성에 비해 높다. 여성 양극성장애의 치료 시 남성에 비해 저조한 간대사율과, 월경주기 및 임신 등의 영향으로 인한 생물학적 차이 등을 고려하는 것이 필요하다.

임신 중에는 태아에 대한 가장 안전한 치료를 선택하는 동시에 임신한 환자의 재발을 막고 안정을 잘 유지하는 것이 중요하다. 임신 중 약물 유지치료를 중단한 경우 재발의 빈도가 높다. 재발이 태아에 미치는 위험성을 약물사용이 태아에 미치는 위험성과 비교하면, 약물 유지치료가 상대적으로 더 안전할 수 있다. 약물사용이 미치는 위험성은 항상 약물 중단이 야기할 수 있는 위험성과 같이 고려되어야 한다. 임신 중 약물치료 중단은, 환자 개인의 질병 특성 및 치료반응 특성에 기초한 개별화된 위험성 대비 효용성을 분석한 후 환자와 같이 상의하여 결정한다. 조기 발병한 경우, 재발이 잦았던 경우, 갑작스러운 약물 중단은 재발의 위험이 높으니 신중해야 한다. 임신 중 첫 임신 3개월은 태아 기형의 위험성이 높은 시기로 약물 중단을 고려할 수 있다. 약물을 중단할 경우에는 임신 전부터 계획하여 천천히 중단하고, 재발을 추적 관찰한다. 출산 후 3개월은 재발의 위험이 높은 시기이므로 출산 직후 유지치료를 시작해야 재발을 줄일 수 있다. 각각의 약물 연구 결과, 임신 중 가급적 valproate 사용을 제한하며, 임신 중에는 항정신병약물, lithium, lamotrigine을, 수유 시에는 quetiapine, olanzapine을 상대적으로 안전한 약물로 평가한다.

참고문헌

1) Blehar MC, DePaulo JR, Jr., Gershon ES, Reich T, Simpson SG, Nurnberger JI, Jr. Women with bipolar disorder: findings from the NIMH Genetics Initiative sample. Psychopharmacol Bull 1998;34:239-243.

2) Kennedy N, Boydell J, Kalidindi S, Fearon P, Jones PB, van Os J, et al. Gender differences in incidence and age at onset of mania and bipolar disorder over a 35-year period in Camberwell, England. Am J Psychiatry 2005;162:257-262.

3) Baldassano CF, Marangell LB, Gyulai L, Ghaemi SN, Joffe H, Kim DR, et al. Gender differences in bipolar disorder: retrospective data from the first 500 STEP-BD participants. Bipolar Disord 2005;7:465-470.

4) Suppes T, Leverich GS, Keck PE, Nolen WA, Denicoff KD, Altshuler LL, et al. The Stanley Foundation Bipolar Treatment Outcome Network. II. Demographics and illness characteristics of the first 261 patients. J Affect Disord 2001;67:45-59.

5) Grant BF, Stinson FS, Hasin DS, Dawson DA, Chou SP, Ruan WJ, et al. Prevalence, correlates, and comorbidity of bipolar I disorder and axis I and II disorders: results from the National Epidemiologic Survey on Alcohol and Related Conditions. J Clin Psychiatry 2005;66:1205-1215.

6) Azorin JM, Belzeaux R, Kaladjian A, Adida M, Hantouche E, Lancrenon S, et al. Risks associated with gender differences in bipolar I disorder. J Affect Disord 2013.

7) Leibenluft E. Women with bipolar illness: clinical and research issues. Am J Psychiatry

1996;153:163-173.

8)   Judd LL, Akiskal HS, Schettler PJ, Endicott J, Maser J, Solomon DA, et al. The long-term natural history of the weekly symptomatic status of bipolar I disorder. Arch Gen Psychiatry 2002;59:530-537.

9)   Altshuler LL, Kupka RW, Hellemann G, Frye MA, Sugar CA, McElroy SL, et al. Gender and depressive symptoms in 711 patients with bipolar disorder evaluated prospectively in the Stanley Foundation bipolar treatment outcome network. Am J Psychiatry 2010;167:708-715.

10) Benazzi F. Gender differences in bipolar-II disorder. Eur Arch Psychiatry Clin Neurosci 2006;256:67-71.

11) Suppes T, Mintz J, McElroy SL, Altshuler LL, Kupka RW, Frye MA, et al. Mixed hypomania in 908 patients with bipolar disorder evaluated prospectively in the Stanley Foundation Bipolar Treatment Network: a sex-specific phenomenon. Arch Gen Psychiatry 2005;62:1089-1096.

12) Kupka RW, Luckenbaugh DA, Post RM, Leverich GS, Nolen WA. Rapid and non-rapid cycling bipolar disorder: a meta-analysis of clinical studies. J Clin Psychiatry 2003;64:1483-1494.

13) Arnold LM. Gender differences in bipolar disorder. Psychiatr Clin North Am 2003;26:595-620.

14) Kawa I, Carter JD, Joyce PR, Doughty CJ, Frampton CM, Wells JE, et al. Gender differences in bipolar disorder: age of onset, course, comorbidity, and symptom presentation. Bipolar Disord 2005;7:119-125.

15) Frye MA, Altshuler LL, McElroy SL, Suppes T, Keck PE, Denicoff K, et al. Gender differences in prevalence, risk, and clinical correlates of alcoholism comorbidity in bipolar disorder. Am J Psychiatry 2003;160:883-889.

16) Osby U, Brandt L, Correia N, Ekbom A, Sparen P. Excess mortality in bipolar and unipolar disorder in Sweden. Arch Gen Psychiatry 2001;58:844-850.

17) Baldessarini RJ, Tondo L. Suicide risk and treatments for patients with bipolar disorder. JAMA 2003;290:1517-1519.

18) Leverich GS, McElroy SL, Suppes T, Keck PE, Jr., Denicoff KD, Nolen WA, et al. Early physical and sexual abuse associated with an adverse course of bipolar illness. Biol Psychiatry 2002;51:288-297.

19) Payne JL. The role of estrogen in mood disorders in women. Int Rev Psychiatry 2003;15:280-290.

20) Wieck A, Davies RA, Hirst AD, Brown N, Papadopoulos A, Marks MN, et al. Menstrual cycle effects on hypothalamic dopamine receptor function in women with a history of puerperal bipolar disorder. J Psychopharmacol 2003;17:204-209.

21) Yildiz A, Guleryuz S, Ankerst DP, Ongur D, Renshaw PF. Protein kinase C inhibition in the treatment of mania: a double-blind, placebo-controlled trial of tamoxifen. Arch Gen Psychiatry 2008;65:255-263.

22) Ahokas A, Aito M, Rimon R. Positive treatment effect of estradiol in postpartum psychosis: a pilot study. J Clin Psychiatry 2000;61:166-169.

23) Freeman MP, Smith KW, Freeman SA, McElroy SL, Kmetz GE, Wright R, et al. The impact of reproductive events on the course of bipolar disorder in women. J Clin Psychiatry 2002;63:284-287.

24) Sit D, Seltman H, Wisner KL. Menstrual effects on mood symptoms in treated women with

bipolar disorder. Bipolar Disord 2011;13:310-317.

25) Marsh WK, Ketter TA, Rasgon NL. Increased depressive symptoms in menopausal age women with bipolar disorder: age and gender comparison. J Psychiatr Res 2009;43:798-802.

26) Isojarvi JI, Laatikainen TJ, Pakarinen AJ, Juntunen KT, Myllyla VV. Polycystic ovaries and hyperandrogenism in women taking valproate for epilepsy. N Engl J Med 1993;329:1383-1388.

27) Kirov G, Tredget J, John R, Owen MJ, Lazarus JH. A cross-sectional and a prospective study of thyroid disorders in lithium-treated patients. J Affect Disord 2005;87:313-317.

28) Viguera AC, Nonacs R, Cohen LS, Tondo L, Murray A, Baldessarini RJ. Risk of recurrence of bipolar disorder in pregnant and nonpregnant women after discontinuing lithium maintenance. Am J Psychiatry 2000;157:179-184.

29) Lewis KJS, Di Florio A, Forty L, Gordon-Smith K, Perry A, Craddock N, et al. Mania triggered by sleep loss and risk of postpartum psychosis in women with bipolar disorder. J Affect Disord 2018;225:624-629.

30) Grof P, Robbins W, Alda M, Berghoefer A, Vojtechovsky M, Nilsson A, et al. Protective effect of pregnancy in women with lithium-responsive bipolar disorder. J Affect Disord 2000;61:31-39.

31) Munk-Olsen T, Laursen TM, Pedersen CB, Mors O, Mortensen PB. New parents and mental disorders: a population-based register study. JAMA 2006;296:2582-2589.

32) Wesseloo R, Kamperman AM, Munk-Olsen T, Pop VJ, Kushner SA, Bergink V. Risk of Postpartum Relapse in Bipolar Disorder and Postpartum Psychosis: A Systematic Review and Meta-Analysis. Am J Psychiatry 2016;173:117-127.

33) Di Florio A, Forty L, Gordon-Smith K, Heron J, Jones L, Craddock N, et al. Perinatal episodes across the mood disorder spectrum. JAMA Psychiatry 2013;70:168-175.

34) Viguera AC, Whitfield T, Baldessarini RJ, Newport DJ, Stowe Z, Reminick A, et al. Risk of recurrence in women with bipolar disorder during pregnancy: prospective study of mood stabilizer discontinuation. Am J Psychiatry 2007;164:1817-1824; quiz 1923.

35) Viguera AC, Tondo L, Koukopoulos AE, Reginaldi D, Lepri B, Baldessarini RJ. Episodes of mood disorders in 2,252 pregnancies and postpartum periods. Am J Psychiatry 2011;168:1179-1185.

36) Di Florio A, Jones L, Forty L, Gordon-Smith K, Blackmore ER, Heron J, et al. Mood disorders and parity - a clue to the aetiology of the postpartum trigger. J Affect Disord 2014;152-154:334-339.

37) Munk-Olsen T, Jones I, Laursen TM. Birth order and postpartum psychiatric disorders. Bipolar Disord 2014;16:300-307.

38) Rosso G, Albert U, Di Salvo G, Scata M, Todros T, Maina G. Lithium prophylaxis during pregnancy and the postpartum period in women with lithium-responsive bipolar I disorder. Arch Womens Ment Health 2016;19:429-432.

39) Akdeniz F, Vahip S, Pirildar S, Vahip I, Doganer I, Bulut I. Risk factors associated with childbearing-related episodes in women with bipolar disorder. Psychopathology 2003;36:234-238.

40) Yatham LN, Kennedy SH, Parikh SV, Schaffer A, Bond DJ, Frey BN, et al. Canadian Network for Mood and Anxiety Treatments (CANMAT) and International Society for Bipolar Disorders (ISBD) 2018 guidelines for the management of patients with bipolar disorder. Bipolar Disord

2018;20:97-170.

41) Kallen BA, Otterblad Olausson P. Maternal use of selective serotonin re-uptake inhibitors in early pregnancy and infant congenital malformations. Birth Defects Res A Clin Mol Teratol 2007;79:301-308.

42) Yonkers KA, Blackwell KA, Glover J, Forray A. Antidepressant use in pregnant and postpartum women. Annu Rev Clin Psychol 2014;10:369-392.

43) Paulzen M, Lammertz SE, Veselinovic T, Goecke TW, Hiemke C, Grunder G. Lamotrigine in pregnancy - therapeutic drug monitoring in maternal blood, amniotic fluid, and cord blood. Int Clin Psychopharmacol 2015;30:249-254.

44) Wesseloo R, Liu X, Clark CT, Kushner SA, Munk-Olsen T, Bergink V. Risk of postpartum episodes in women with bipolar disorder after lamotrigine or lithium use during pregnancy: A population-based cohort study. J Affect Disord 2017;218:394-397.

45) Clark CT, Wisner KL. Treatment of Peripartum Bipolar Disorder. Obstet Gynecol Clin North Am 2018;45:403-417.

46) Nora JJ, Nora AH. Editorial: Can the pill cause birth defects? N Engl J Med 1974;291:731-732.

47) Yonkers KA, Wisner KL, Stowe Z, Leibenluft E, Cohen L, Miller L, et al. Management of bipolar disorder during pregnancy and the postpartum period. Am J Psychiatry 2004;161:608-620.

48) Munk-Olsen T, Liu X, Viktorin A, Brown HK, Di Florio A, D'Onofrio BM, et al. Maternal and infant outcomes associated with lithium use in pregnancy: an international collaborative meta-analysis of six cohort studies. Lancet Psychiatry 2018;5:644-652.

49) Tomson T, Battino D, Bonizzoni E, Craig J, Lindhout D, Sabers A, et al. Dose-dependent risk of malformations with antiepileptic drugs: an analysis of data from the EURAP epilepsy and pregnancy registry. Lancet Neurol 2011;10:609-617.

50) Tomson T, Battino D, Bonizzoni E, Craig J, Lindhout D, Perucca E, et al. Dose-dependent teratogenicity of valproate in mono- and polytherapy: an observational study. Neurology 2015;85:866-872.

51) Adab N, Kini U, Vinten J, Ayres J, Baker G, Clayton-Smith J, et al. The longer term outcome of children born to mothers with epilepsy. J Neurol Neurosurg Psychiatry 2004;75:1575-1583.

52) Bromley R, Weston J, Adab N, Greenhalgh J, Sanniti A, McKay AJ, et al. Treatment for epilepsy in pregnancy: neurodevelopmental outcomes in the child. Cochrane Database Syst Rev 2014:CD010236.

53) Huybrechts KF, Hernandez-Diaz S, Patorno E, Desai RJ, Mogun H, Dejene SZ, et al. Antipsychotic Use in Pregnancy and the Risk for Congenital Malformations. JAMA Psychiatry 2016;73:938-946.

54) Panchaud A, Hernandez-Diaz S, Freeman MP, Viguera AC, MacDonald SC, Sosinsky AZ, et al. Use of atypical antipsychotics in pregnancy and maternal gestational diabetes. J Psychiatr Res 2017;95:84-90.

55) Ban L, West J, Gibson JE, Fiaschi L, Sokal R, Doyle P, et al. First trimester exposure to anxiolytic and hypnotic drugs and the risks of major congenital anomalies: a United Kingdom population-based cohort study. PLoS One 2014;9:e100996.

56) Freeman MP, Goez-Mogollon L, McInerney KA, Davies AC, Church TR, Sosinsky AZ, et al.

Obstetrical and neonatal outcomes after benzodiazepine exposure during pregnancy: Results from a prospective registry of women with psychiatric disorders. Gen Hosp Psychiatry 2018;53:73-79.

57) Sidhu J, Job S, Singh S, Philipson R. The pharmacokinetic and pharmacodynamic consequences of the co-administration of lamotrigine and a combined oral contraceptive in healthy female subjects. Br J Clin Pharmacol 2006;61:191-199.

58) Winner B, Peipert JF, Zhao Q, Buckel C, Madden T, Allsworth JE, et al. Effectiveness of long-acting reversible contraception. N Engl J Med 2012;366:1998-2007.

59) Sharma V. Management of bipolar II disorder during pregnancy and the postpartum period--Motherisk Update 2008. Can J Clin Pharmacol 2009;16:e33-41.

60) Kennedy D, Koren G. Valproic acid use in psychiatry: issues in treating women of reproductive age. J Psychiatry Neurosci 1998;23:223-228.

61) Patel N, Viguera AC, Baldessarini RJ. Mood-Stabilizing Anticonvulsants, Spina Bifida, and Folate Supplementation: Commentary. J Clin Psychopharmacol 2018;38:7-10.

62) Newport DJ, Viguera AC, Beach AJ, Ritchie JC, Cohen LS, Stowe ZN. Lithium placental passage and obstetrical outcome: implications for clinical management during late pregnancy. Am J Psychiatry 2005;162:2162-2170.

63) Rowe H, Baker T, Hale TW. Maternal medication, drug use, and breastfeeding. Child Adolesc Psychiatr Clin N Am 2015;24:1-20.

64) Pacchiarotti I, Leon-Caballero J, Murru A, Verdolini N, Furio MA, Pancheri C, et al. Mood stabilizers and antipsychotics during breastfeeding: Focus on bipolar disorder. Eur Neuropsychopharmacol 2016;26:1562-1578.

65) Uguz F, Sharma V. Mood stabilizers during breastfeeding: a systematic review of the recent literature. Bipolar Disord 2016;18:325-333.

66) Galbally M, Bergink V, Vigod SN, Buist A, Boyce P, Chandra P, et al. Breastfeeding and lithium: is breast always best? Lancet Psychiatry 2018;5:534-536.

노인 양극성장애

Elderly people with bipolar disorder

문은수[+] | 김희철[++]

부산대학교 의과대학 정신건강의학교실[+] | 계명대학교 의과대학 정신건강의학교실[++]

노인 양극성장애는 얼마나 흔한가?

노인 양극성장애가 얼마나 흔한지를 살펴보기 위해서는 노인 양극성장애의 유병률과 발생률을 알아볼 필요가 있다. 일반인들을 대상으로 한 역학 연구들을 종합해보면, 노인 양극성장애의 시점유병률은 0.1~0.5%이고, 평생유병률은 0.5~1%이다.[1] 미국 국립정신건강연구소 역학조사(National Institute Mental Health Epidemiologic Catchment Area)에서 시행한 연구 결과에 의하면, 18~44세에서는 양극성장애의 12개월 시점유병률이 1.4%였으나 65세 이상에서는 0.1%로 조사되었다.[2] 양극성장애를 선별하기 위한 조울병 선별검사지(Mood Disorder Questionnaire, MDQ)를 사용한 연구에서는 18~24세에서는 시점유병률이 9.3%였으나 65세 이상에서는 0.5%였다.[3] 전반적으로 나이가 증가함에 따라 시점유병률이 감소하는 경향을 보였고, 평생유병률도 나이가 증가함에 따라 감소하는 경향을 보였다. 미국 국립이환율역학조사(United States National Comorbidity Survey) 연구 결과에 의하면, 18~29세의 1형 양극성장애와 2형 양극성장애를 포함한 양극성장애 평생유병률은 5.9%였으나 60세 이상에서는 1%였다.[4] 전반적인 결과들을 종합해보면, 양극성장애는 젊은 환자들보다 노인들에서 빈도가 낮다고 볼 수 있다. 나이가 증가함에 따라 양극성장애의 유병률이 감소하는 이유에 대해서는 여러 가지 해석이 있다.[1, 4-5] 첫째, 양극성장애의 발병이 노년기보다는 주로 젊은 나이에 일어나기 때문이다. 둘째, 양극성장애 환자가 젊은 시절에 자살로 사망한 것이 노인 양극성장애의 유병률을 낮추었을 가능성이 있다. 셋째, 노년기에 발병한 양극성장애는 일반의학적 질환에 의한 기분장애나 물질에 의한 기분장애로 분류되어 양극성장애 유병률 조사에서 배제되었을 수 있다.

한편 정신과 치료를 받고 있는 노인 환자들 중에서는 양극성장애의 비율이 적지 않다. 정신과 입원환자의 4~8%가 양극성장애이며,[6] 응급실에 내원한 정신과 환자의 17%가 양극성장애로 알려져 있다.[7] 또한 양극성장애로 치료하는 환자의 20~25%가 60세 이상이라고 한다.[8] 이러한 비율은 최근 들어 점차로 증가하는 추세를 보이고 있다.[9] 노인 양극성장애 환자의 치료율이 증가하는 것에 대해서는 몇 가지 주장들이 있다.[6-9] 첫째, 노인 인구가 전체 인구에서 차지하는 비율이 증가하기 때문이라는 주장이다. 노인 인구의 증가가 노인 양극성장애의 치료율을 증가시켰을 가능성이 높다. 둘째, 평균수명의 증가로 인한 영향도 있다. 수명이 증가하면서 치료를 받을 가능성이 높아졌다고 볼 수 있다. 셋째, 노인 양극성장애 환자들에서 치료를 받으려는 경향이 이전에 비해서 높아졌기 때문이라는 해석도 있다. 정신건강의학과의 치료 장벽이 많이 낮아졌고, 정신의학적 치료에 대한 인식이 개선되었기 때문일 수 있다. 넷째, 노인 양극성장애가 다른 노인 정신질환에 비해 정신과 치료를 반드시 필요로 하는 경우가 많기 때문이다. 노인에서 발생하는 조증은 정신과 전문 의료기관 외에서는 치료가 어려우나 그 외 다른 질환들은 정신과 치료 외에 다른 치료를 받고 있을 가능성이 있다.

노인 양극성장애는 어떻게 진단하는가?

노인 양극성장애의 진단은 성인 환자들에서의 기준과 동일하다. 정신질환의 진단 및 통계 편람 5판(Diagnostic and Statistical Manual of Mental Disorders 5th edition, DSM-5) 진단기준에 의하여 진단할 수 있다. 노인 환자들은 신체적 질환이나 신경학적 질환이 많고, 그 질환을 치료하기 위해 약물을 복용하는 경우가 많다. 따라서 젊은 환자들에 비해 '물질/약물 유발형 양극성관련장애'나 '일반의학적 상태에 의한 양극성관련장애'의 비율이 높다. 또한 1차성인지 2차성인지 구분이 어려워 '불특정형 양극성관련장애'로 진단될 가능성도 있다

한편 양극성스펙트럼장애의 관점에서 양극성장애 진단의 범위를 넓힐 수 있다. Klerman[10]은 양극성장애를 넓은 의미에서 진단할 수 있도록 여섯 가지의 진단아형을 제시한 바 있다(표 1). 그는 항우울제로 인해 유발된 경조증/조증을 4형 양극성장

애(bipolar IV)로 진단하고, 양극성장애의 가족력이 있는 우울장애를 5형 양극성장애 (bipolar V)로 진단할 것을 제안하였다. Akiskal과 Pinto[11]는 양극성장애를 아홉 가지 유형으로 진단할 것을 제안하였다(표 1). 그중에서 우울장애로 진단받고 항우울제를 복용하던 중 경조증/조증으로 전환되는 경우나 전기경련요법(electroconvulsive therapy, ECT) 등이나 신체질환을 치료하는 약물로 인해 경조증/조증이 발생하는 경우를 3형 양극성장애(bipolar III)로 진단하였다.[11] 그리고 물질사용이나 알코올사용으로 인한 기분변화가 발생하는 경우에는 3½형 양극성장애(bipolar III 1/2)로 진단할 수 있다.[11] 또한 양극성장애와 치매를 연속적인 스펙트럼상에 놓인 것으로 보고 노년기에 발병한 양극성장애를 6형 양극성장애(bipolar VI)로 구분하기도 한다.[12]

노인 양극성장애는 임상적인 특성에 따라 구분할 수도 있다.[12-13] 첫 번째는 발병나이

표 1   **노인 양극성장애의 진단**

DSM-5 진단기준에 의한 진단적 구분

1형 양극성장애(bipolar I disorder)
2형 양극성장애(bipolar II disorder)
순환기분장애(cyclothymic disorder)
물질/약물 유발형 양극성관련장애(substance/medication-induced bipolar and related disorder)
일반의학적 상태에 의한 양극성관련장애(bipolar and related disorder due to another medical condition)
달리 분류되는 양극성관련장애(other specified bipolar and related disorder)
불특정형 양극성관련장애(unspecified bipolar and related disorder)

Klerman에 의한 양극성장애 진단적 구분

1형 양극성장애 (bipolar I) : 조증 삽화와 주요우울 삽화가 있는 경우
2형 양극성장애(bipolar II) : 경조증 삽화와 주요우울 삽화가 있는 경우
3형 양극성장애(bipolar III) : 순환기분장애
4형 양극성장애(bipolar IV) : 항우울제에 의해 유발된 경조증/조증 삽화가 있는 경우
5형 양극성장애(bipolar V) : 양극성장애 가족력이 있는 우울장애
6형 양극성장애(bipolar VI) : 조증 삽화만 존재하는 경우

Akiskal에 의한 양극성장애 진단적 구분

1형 양극성장애(bipolar I) : 조증 삽화가 있는 경우
1½형 양극성장애(bipolar I½) : 기간이 긴 경조증을 가진 주요우울 삽화가 있는 경우
2형 양극성장애(bipolar II) : 경조증 삽화와 주요우울 삽화가 있는 경우
2½형 양극성장애(bipolar II½) : 순환기분장애
3형 양극성장애(bipolar III) : 항우울제에 의해 유발된 경조증 삽화가 있는 경우
3½형 양극성장애(bipolar III½) : 물질사용과 관련된 경조증 삽화와(또는) 주요우울 삽화가 있는 경우
4형 양극성장애(bipolar IV) : 과활동성 기질을 동반한 주요우울 삽화
5형 양극성장애(bipolar V) : 반복적인 혼재성 우울장애
6형 양극성장애 (bipolar VI) : 치매 환자에서 보이는 혼재성-기분불안정성-초조성 삽화

에 따른 구분이다. 즉 젊은 시절에 발병한 양극성장애가 노년기에 이른 경우와 노년기에 발병한 양극성장애로 구분한다. 이러한 구분은 발병나이에 따라 조발성(early onset)과 만발성(late onset)을 구분하려는 움직임과 어느 정도 일치한다. 발병나이에 따라 구분하려는 이유는 이 두 가지 군이 서로 다른 특성을 가질 것이라고 생각하기 때문이다. 대체로 50세 전후가 조발성과 만발성의, 그리고 60세 전후가 노년기 발병의 기준이 될 것으로 생각되고 있다. 하지만 조발성과 만발성을 구분하기 위한 나이기준에 대해서는 아직 논란이 있다. 그렇기에 만발성이 노년기 발병과 정확하게 동일하게 사용되는 것은 아니다. 노년기 발병 양극성장애는 만발성 환자군에 당연히 속하겠지만, 50대 이후부터 노년기 이전에 발병한 환자군들은 엄밀하게는 노년기 발병 양극성장애가 아니다. 하지만 만발성 환자군은 노년기 발생 환자군과 거의 유사한 특성을 가질 것으로 보고 있다. 두 번째는 첫 삽화 또는 주요 삽화가 우울증 삽화인지 조증 삽화인지에 의한 구분이다. 이러한 구분은 질병의 경과 측면에서 우울이 주된 양극성장애와 조증이 주된 양극성장애로 나누어진다. 그리고 우울이 주된 양극성장애일 경우에는 초기에는 우울증으로 진단되고 항우울제를 복용하게 될 가능성이 크다. 이 환자군의 경우 양극성장애의 자연경과 때문이거나 항우울제에 의한 영향으로 경조증/조증이 발생하게 되면 최종적으로 양극성장애로 진단된다. 세 번째는 1차성 양극성장애와 2차성 양극성장애의 구분이다. 신체질환이나 약물치료와 물질사용 및 뇌의 기질적 손상 등에 의하여 2차성 양극성장애가 발병한 경우는 1차성 노인 양극성장애와 임상적인 특성들이 서로 다를 수 있다.

노년기 발병 조증이 지니는 임상적인 의미는 무엇인가?

노년기에 조증이 발병하였다는 것은 임상적으로 다양한 의미를 지닌다. 첫째, 노년기 조증 발병은 젊은 시절 발병한 조증에 비해 유전적인 원인에 의한 영향이 상대적으로 낮을 것이다.[14] 일반적으로 발병나이가 빠를수록 유전적인 원인에 의해 발생하였을 가능성이 상대적으로 높고, 발병나이가 늦어질수록 유전적인 원인에 의한 가능성보다도 신체적, 외부적, 환경적 요인에 의해 발생하였을 가능성이 점차 높아진다.[6, 15] 둘째, 노년기에 조증이 발병한 환자는 양극성장애의 유전적인 소인을 가지고 있을 가능성이 높다는 점이다.[14] 노년기 발병 조증이 조발성 조증에 비해서는 유전적인 원인으로 발병할 가능성이 상대적으로 낮다고 하더라도 같은 나이를 가진 일반인에 비해서는 양극성장애의 유전적인 소인을 가지고 있을 가능성이 높다. 셋째, 노년기 발병 조증 환자들은 뇌의 기질적인 변화가 있을 가능성이 높다는 것이다. 노년기에 조증이 발생한 환자들과 같은 나이 때의 건강한 노인들의 뇌영상을 비교하였을 때, 노년기 조증이 발생한 환자들에서 피질과 피질하 뇌용적이 유의하게 작았다.[16-18] 또한 노년기에 조증이 발병한 경우 뇌혈관질환이나 뇌의 국소적 이상들이 더 많이 발견되었다.[14] 넷째, 노년기 발병 조증 환자들에서 일반 의학적 질환들이 있거나 조증 유발 약물을 복용하고 있을 가능성이 높다.[14]

노인 양극성장애를 유발하는 2차적인 원인에는 어떤 것들이 있는가?

노년기 이전에 양극성장애를 유발할 수 있는 것으로 알려진 원인들이 노년기에도 양극성장애를 유발하는 원인이 될 수 있다.[13-14, 16-19] 일반적으로 2차성 양극성장애를 유발하는 주요 신체질환과 뇌질환, 그리고 물질 및 약물들은 표 2에 정리하였다. 노년기에

표 2   2차성 조증을 유발할 수 있는 원인

신체적 질환	뇌질환	물질사용	약물
갑상선기능항진증	간질	alcohol	anticholilnergics
고칼슘혈증	뇌경색	amphetamine	antidepressants
비타민 B12 결핍	뇌손상	cocaine	baclofen
수술 후 상태	뇌종양	hallucinogens	benzodiazepines
요독증	뇌출혈	opiate	bromocriptine
인플루엔자	다발성 경화증	phencyclidine(PCP)	captopril
자가면역성 갑상선기능저하증	바이러스성 뇌염		carbotaxel
자가면역성 혈소판감소증	빈스방거병		cimetidine
저나트륨혈증	신경매독		cisplatin
전신감염 후 상태	치매		corticosteroids
췌장암	알츠하이머 치매		cyclosporin
쿠싱증후군	전두측두엽 치매		docetaxel
투석	혈관성 치매		fentanyl
	크로이펠츠-야곱병		hydralazine
	크립토콕쿠스 수막염		isoniazid
	헌팅턴병		levodopa
			methylphenidate
			metrizamide
			procarbazine
			procyclidine
			rivastigmine
			yohimbine

는 신체질환이 발생할 가능성이 많고, 복용하는 약물들이 많으므로, 2차성 양극성장애가 발생할 가능성이 높아진다. 또한 노년기에는 뇌출혈이나 뇌혈관질환이 있을 위험성이 높고, 이러한 질병으로 인해 뇌손상이 초래되는 경우에는 양극성장애의 유전적인 취약성이 낮다고 하더라도 뇌손상의 부위가 기분조절과 관련된 뇌 영역일 경우에는 양극성장애로 발병할 수 있다.

젊은 시절에 발병한 양극성장애가 노년기가 되면 증상의 변화가 있는가?

양극성장애 환자들이 나이가 들어 노년기에 이르면 젊은 시절과 달리 증상의 차이를 보인다.[14, 20-22] 노년기의 양극성장애 환자들은 젊은 양극성장애 환자들에 비해 전반적으로 조증 증상들이 경한 경우가 많다. 하지만 조증 증상의 기간은 다소 길어지는 측면이 있다. 또한 기분이 유쾌한 경우보다는 들뜨는 경우나 혼재형 상태가 많으며, 분노나 적개심이 많고, 기분전염성이 낮다. 언어나 사고의 측면에서도 차이를 보인다. 노인 조증 환자들은 젊은 환자들처럼 언어나 사고가 생기발랄하거나 재치 있는 면이 없는 편이다. 과대망상도 적은 경향이 있으며, 기분과 일치하지 않는 피해망상이 많은 편이다. 또한 사고의 내용에서 종교적인 측면이 적으며, 사고의 비약이 더 많다. 활동량과 에너지 및 성에 대한 관심도 젊은 환자들에 비해 적은 것으로 알려져 있고, 정신운동지연이 동반되는 경우가 많다. 즉 젊은 환자들에서 볼 수 있는 유쾌하고, 에너지가 충만하고, 언어나 사고가 빠른 전형적인 조증 증상들이 노인 환자들에서는 전반적으로 적게 나타난다고 볼 수 있다. 또한 인지기능 저하나 섬망 및 지남력의 장애가 많으며, 병식이 부족한 경우가 많다. 이러한 노인 조증 환자들의 특징들은 나이에 의한 뇌기능의 저하를 고려할 때 어느 정도 이해할 수 있다.

노인 양극성장애 환자에서 인지기능이 떨어지는 이유는 무엇인가?

노인 양극성장애 환자에서 인지기능이 떨어지는 이유는 몇 가지를 생각해볼 수 있다. 첫째, 노인에서 양극성장애가 발병하기 전에 인지기능이 떨어져 있었을 가능성이 있다.[12] 나이가 들수록 알츠하이머 치매가 발생할 가능성이 높아진다. 따라서 알츠하이머 치매가 서서히 진행하고 있는 상황에서 조증이 발생한다면, 그 환자는 같은 나이의 일반인에 비해 인지기능이 떨어질 가능성이 높을 것이다. 또한 뇌혈관의 손상이나 뇌의 기질적인 변화들이 노년기에 조증을 유발한 경우에는 조증이 발병하기 전에 뇌혈관 손상이나 뇌의 기질적인 변화로 인해 인지기능이 이미 저하되어 있었을 가능성이 있다. 둘째, 조증 상태가 인지기능 저하를 일으킬 수 있다. 조증 상태에서는 도파민과 글루타메이트가 과도하게 증가하여 세포사멸(apoptosis)이 일어날 수 있으며, 이로 인해 인지기능이 떨어질 수 있다. 조증으로 인한 인지기능의 저하는 젊은 환자들에 비해 노인 환자에서 더 문제가 될 수 있다. 젊은이들에 비해서 노인들은 뇌세포의 파괴를 감당하고 보상할 수 있는 예비력(brain reservoir)이 감소되어 있기 때문이다. 따라서 치매가 없었던 노인이라고 하더라도 조증으로 인한 뇌세포의 파괴가 인지기능 저하를 일으킬 가능성이 있다. 뿐만 아니라 양극성장애는 미토콘드리아와 소포체 기능저하와 세포사멸 억제기능 저하로 인해 뇌세포의 파괴가 쉽게 일어날 가능성이 있다는 점을 고려할 때 더욱 그러하다.[23~24] 셋째, 우울증 상태가 인지기능 저하를 일으킬 수 있다. 노인 양극성장애 환자가 반복되는 우울을 경험하고 있을 때에는 우울증의 영향으로 인지기능이 떨어질 수 있다. 우울 삽화 시기에 우울 증상으로 인지기능이 저하되는 것은 물론이며, 우울 증상이 호전되더라도 잔존 우울 증상이나 수면이상 또는 뇌염증성 변화로 인지기능이 저하될 수 있는 것으로 알려져 있다.[25~26] 또한 반복적인 기분 삽화로 인한 스트레스 호르몬의 증가가 기억을 담당하는 해마를 손상시킴으로써 인지기능이 저하될 수 있다.[27]

노인 양극성장애는 과연 치매로 이어지는가?

노인 양극성장애가 치매로 이어지는가에 대해서는 세 가지 측면에서 임상적으로 관심을 받고 있다. 첫째는 조증이나 우울증의 재발로 인하여 뇌기능의 저하가 치매로 이어질 수 있는가 하는 점이다. 노인 양극성장애 환자에서 조증이나 우울증을 겪은 이후에 치매로 진행할 가능성이 제기되어 왔다.[28~29] 5~7년간 관찰한 연구에서 조증을 겪은 이후 32%의 환자들이 간편정신상태검사(mini mental state examination, MMSE) 24점 이하로 진행하였다.[29] 또한 양극성장애 환자에서 치매 유병률은 19%로 같은 나이의 일반 인구집단에서 6%인 것에 비해 높았다.[30] 그러나 노인 양극성장애에서 치매로 진행할 위험성은 노인 우울장애에 비해서는 낮은 것으로 알려져 있다.[31] 둘째는 양극성장애의 치료제가 치매를 유발할 수 있는가 하는 점이다. 덴마크의 한 연구에서는 진단과 상관없이 lithium을 한 번이라도 사용한 경우가 lithium에 노출된 적이 없는 경우에 비해 치매 유병률이 높았다. 그러나 지속적인 lithium 치료를 받은 환자에서는 오히려 치매 유병률이 낮았다.[32] 이후 연구들에서는 혼재된 결과들을 보였다.[30,33] 그러나 후속 연구에서는 양극성장애 환자에서 lithium 장기 투여는 치매의 위험성을 낮추는 것이 입증되었다. 또한 같은 연구에서 lithium 외에 항경련제와 항우울제, 항정신병약물은 치매 유병률 저하와 연관성이 없다는 결과를 보였다.[34] 이러한 결과들을 종합해보면, 치료를 받고 있는 양극성장애 환자에서 치매가 유발되는 것은 치료제에 의한 영향이라기보다 질병에 의한 영향으로 보아야 하며, 양극성장애의 치료제가 치매의 발생 가능성을 줄일 수 있는가에 대해서는 치료제에 따라 그 효과가 다를 수 있고, 치매 발생 억제력에 대해 lithium이 제일 효과적이라고 볼 수 있겠다. 셋째는 만발성 양극성장애가 치매의 초기 증상일 수 있는가 하는 점이다. 치매가 진행되면서 뇌기능이 저하될 수 있고, 그로 인해 양극성장애와 유사한 증상들을 보일 수 있다는 것이다.

노인 양극성장애 치료는 젊은 환자의 치료와 다른 점이 있는가?

노인 양극성장애 환자를 치료하는 방법은 젊은 환자들과 비교했을 때 크게 다르지 않다.[35-37] 노인 양극성장애 환자에서의 처방약물의 평균 개수는 2.06개로 젊은 환자에서 2.05개와 차이가 없었다. 다만, lithium이나 valproate, risperidone과 같은 약의 평균용량은 젊은 환자에 비해 노인 양극성장애 환자에서 유의하게 낮았다. 노인 양극성장애 환자에서 valproate가 가장 흔히 처방이 되었으며, lithium의 처방빈도는 유의하게 낮았다. 그러나 lithium 단독치료로 회복에 도달한 비율이 젊은 환자에서는 21.3%인 것에 비해, 노인 양극성장애 환자에서는 42.1%로 높았다.

노인 양극성장애 환자들을 치료할 때에는 젊은 환자들을 치료할 때보다 다음의 특성들을 더욱 중요하게 고려해야 한다. 첫째, 노인 양극성장애 환자들은 일반 의학적 질환들을 가지고 있는 경우가 많고, 다양한 약들을 복용하고 있을 가능성이 높다. 따라서 환자가 앓고 있는 질환들과 복용약물을 자세히 조사하여 그 질환들을 악화시키지 않고, 약물상호작용으로 인한 문제가 최소화되는 방향으로 약물을 선택할 필요가 있다. lithium의 경우에는 ACE 억제제(angiotensin-converting enzyme inhibitors), 칼슘길항제 (calcium antagonists), thiazide 계열 이뇨제, loop 계열 이뇨제, 비스테로이드성 소염제 (nonsteroidal antiinflammatory drugs) 등과 같은 약물들과 약물상호작용이 있으므로 사용에 주의를 요한다.[35] valproate의 경우에는 aspirin, warfarin, digoxin, phenytoin과 같이 사용할 경우에는 유리형(free form) valproate가 증가할 수 있으므로, 용량을 줄일 필요가 있다.[36]

둘째, 노인 환자들의 약력학적 특성(pharmacokinetics)을 잘 고려해야 한다. 노인에서

35) Eastham JH, Jeste DV, Young RC. Assessment and treatment of bipolar disorder in the elderly. Drugs Aging 1998;12:205-224.

36) Sajatovic M. Treatment of bipolar disorder in older adults. Int J Geriatr Psychiatry 2002;17:865-873.

37) Shulman KI, Mackenzie S, Hardy B. The clinical use of lithium carbonate in old age: a review. Prog Neuropsychopharmacol Biol Psychiatry 1987;11:159-164.

38) Schaffer CB, Batra K, Garvey MJ, Mungas DM, Schaffer LC. The effect of haloperidol on serum levels of lithium in adult manic patients. Biol Psychiatry 1984;19:1495-1499.

39) Hardy BG, Shulman KI, Mackenzie SE, Kutcher SP, Silverberg JD. Pharmacokinetics of lithium in the elderly. J Clin Psychopharmacol 1987;7:153-158.

40) Sproule BA, Hardy BG, Shulman KI. Differential pharmacokinetics of lithium in elderly patients. Drugs Aging 2000;16:165-177.

41) Mazure CM, Druss BG, Cellar JS. Valproate treatment of older psychotic patients with organic mental syndromes and behavioral dyscontrol. J Am Geriatr Soc 1992;40:914-916.

42) Lott AD, McElroy SL, Keys MA. Valproate in the treatment of behavioral agitation in elderly patients with dementia. J Neuropsychiatry Clin Neurosci 1995;7:314-319.

43) Crystal S, Olfson M, Huang C, Pincus H, Gerhard T. Broadened use of atypical antipsychotics: safety, effectiveness, and policy challenges. Health Aff (Millwood) 2009;28:770-781.

44) Schneider LS, Dagerman K, Insel PS. Efficacy and adverse effects of atypical antipsychotics for dementia: meta-analysis of randomized, placebo-controlled trials. Am J Geriatr Psychiatry 2006;14:191-210.

45) Al Jurdi RK, Marangell LB, Petersen NJ, Martinez M, Gyulai L, Sajatovic M. Prescription patterns of psychotropic medications in elderly compared with younger participants who achieved a "recovered" status in the systematic treatment enhancement program for bipolar disorder. Am J Geriatr Psychiatry 2008;16:922-933.

46) Angst J, Preisig M. Outcome of a clinical cohort of unipolar, bipolar and schizoaffective patients. Results of a prospective study from 1959 to 1985. Schweiz Arch Neurol Psychiatr 1995;146:17-23.

47) Gildengers AG, Mulsant BH, Begley AE, McShea M, Stack JA, Miller MD, et al. A pilot study of standardized treatment in geriatric bipolar disorder. Am J Geriatr Psychiatry 2005;13:319-323.

48) Berrios GE, Bakshi N. Manic and depressive symptoms in the elderly: their relationships to treatment outcome, cognition and motor symptoms. Psychopathology 1991;24:31-38.

49) Shulman KI, Tohen M, Satlin A, Mallya G, Kalunian D. Mania compared with unipolar depression in old age. Am J Psychiatry 1992;149:341-345.

소아청소년 양극성장애
Child and adolescent bipolar disorder

심세훈[+] | 반건호[++]

순천향대학교 의과대학 정신건강의학과[+] | 경희대학교 의과대학 정신건강의학과[++]

"… in those periods of life with which much heat and blood are associated, persons are most given to mania, namely, those about puberty, young men, and such as possess general vigour."

혈기 왕성한 삶의 시기에 있는, 즉 사춘기, 젊은이, 이런 활력을 가진 사람들이 가장 조증(mania)에 취약하다.

– 아레테우스(Aretaeus of Cappadocia), 150 A.D.

서론

1838년에 Esquirol은 사춘기 이전에 발생한 조증과 멜랑콜리아 3례를 기술하는 등 19세기 중반부터 20세기 초반까지는 소아청소년기 조증과 우울증의 공존을 인정하는 분위기였다. 그러나 1930년대부터 1960년대 사이에 정신의학계에서는 소아에서 멜랑콜리아와 조증은 흔하지 않고, 사춘기 이후 또는 청소년 후기의 초자아 기능 이상이 나타나는 주요기분장애라 하여 조현병과 혼용하는 경향이 있었다. 소아와 성인의 임상 특징은 유사하지만, 소아의 경우 성인 진단기준만으로 판정하기가 어렵기 때문에 성인 진단기준에 기반을 둔 소아 양극성장애의 진단기준을 제안하였으나 반대에 부딪혔다. 하지만 양극성장애가 청소년기에 빈번히 발생하고 아동기에도 드물지 않다는 여러 증거들이 속속 보고되고 있다.[1]

한 예로 1,000여 명을 대상으로 한 대규모 연구[2]에서 272/983(27.7%)명은 13세 이전, 370/983(37.6%)명은 13~18세에 발병하였으며, 소아청소년기에 발병한 경우 불안장애와 물질남용의 공존율, 높은 재발률, 짧은 기분 안정기간, 자살시도와 폭력 가능성을 보였다. 이와 같이 양극성장애는 소아청소년기에 발생하여 만성적 경과를 나타내고 공존질환을 자주 보이기 때문에 소아청소년 양극성장애에 대한 진단과 치료에 더 많은 관심과 연구가 필요하다.

역학

소아청소년을 대상으로 한 양극성장애 유병률 및 발생률은 평가에 영향을 주는 다른 요인이 있는지에 따라 연구마다 달라서 0.6~34%까지 다르게 나타난다.[3] 7~21세 소아청소년 31,443명을 등록한 17개의 메타분석 연구(미국, 네덜란드, 영국, 스페인, 멕시코, 아일랜드, 뉴질랜드 등)에서 576명이 양극성스펙트럼장애의 진단기준을 충족하여 최신 유병률은 2.06%였다. 소아청소년에서 양극성장애 유병률은 자폐증이나 조현병보다 더 높고 우울증이나 주의력결핍과잉행동장애(attention-deficit/hyperacivity disorder, ADHD)보다는 낮다. 사춘기 전보다 사춘기 이후 유병률이 더 높은 것으로 알려져 있다.[4]

국내 청소년을 대상으로 한국형 조울병 선별검사지(Korean version of Mood Disorder Questionnaire, K-MDQ)를 이용한 양극성장애 선별검사에서 2,000명의 대상자 중 104명(5.2%)이 양극성범주장애로 선별되었다.[5] 이는 국내 성인 대상 평생유병률 연구[6]의 기분장애 4.81%, 양극성장애 0.16%에 비하면 높은 빈도이나, 이는 삽화 기준과 장애 진단기준의 차이 등을 감안해야 할 것이다. 2011년 건강보험심사평가원 표본자료 분석에서는 18세 이하 집단의 양극성장애 진단유병률은 0.086%였다.[7] 일반적으로 성인의 경우에는 양극성장애의 남녀 비율은 동일하다고 추정되지만, 조기 발병 양극성장애, 특히 13세 이전의 경우 남자가 더 높다.

원인

소아청소년 양극성장애의 원인에 대해서 아직 많이 알려지지는 않았지만 유전 및 뇌영상 연구과 같은 생물학적 연구들이 활발하게 이루어지고 있으며, 심리 및 환경 요인도 복합적으로 작용한다.

유전적 원인

양극성장애는 유전요인이 많은 정신질환 중 하나이고, 조기 발병의 경우 더욱 그렇다.[8] 부모가 양극성장애인 경우 자녀들은 건강 대조군 자녀에 비해 감정기복, 불안, 주의력 결핍, 과각성, 우울, 신체 증상, 학교 문제가 많았으며 이는 삽화적 양상으로 나타났다.[9, 10] 쌍생아 및 가족 연구에서 유전율이 40~70%인 것처럼 1차 친족의 1형 양극성장애 병력이 강력한 위험요인이다. 주요우울장애 소아청소년이 1형 양극성장애의 가족력이 있으면(50%) 없는 경우보다(10%) 양극성장애 발생 가능성이 높다.[9] 최근 반론[11]도 있지만 우울증 소아청소년이 급성 발생, 활동저하, 정신병적 증상, 정동장애, 특히 양극성장애의 가족력, 항우울제 유발 (경)조증 경력이 있는 경우 나중에 조증이 발생할 위험성이 크다.[12] 단, 1형 양극성장애 성인의 자녀는 건강한 성인의 자녀보다 정신질환 발생 가능성이 높고 기분장애 발생 가능성은 더욱 높은 반면, 1형 양극성장애 발생은 비교적 적었다.[13] 이처럼 1형 양극성장애의 유전적 소인이 있는 소아청소년은 위험요인이 더 큰 것으로 볼 수 있다.

심리 및 환경 요인

정신분석 이론에서는 조증을 우울증에 대한 방어작용으로 설명하기도 한다. 학파에 따라 조증의 다행감을 우울 증상의 보상작용이거나 무의식적으로 자기적 열망을 충족시키는 과정으로 설명하기도 한다.[14] 과대하거나 팽창되어 있는 양상은 실제로는 매우 낮은 자존감에 대한 보상작용으로 이해되기도 한다.

임상양상

소아청소년 양극성장애의 특성

소아청소년 양극성장애는 성인과는 달리 정신병적 증상과 조울의 혼재성을 흔히 보이고 기분, 에너지 수준, 행동에 있어서 유동성이 심해 지속적이지 못하고 변덕스럽다.[15-19] 소아청소년 양극성장애는 자극과민성(irritability), 호전성(belligerence), 폭발성 및 혼재성 기분이 유쾌성 기분(euphoria)보다 더욱 흔하고[20-23] 하루에 3회 정도의 순환을 보이는 급속순환형이 많아 대부분 24시간 이내의 주기를 보이거나 일부는 초급속순환을 보이기도 하며 삽화 간 회복도 적다.[24-26] 양극성장애 소아청소년은 정신질환의 진단 및 통계 편람 4판(Diagnostic and Statistical Manual of Mental Disorders 4th edition, DSM-IV) 진단기준에서 요구하는 것보다 삽화 기간이나 증상의 수가 부족하기 때문에 1형 양극성장애 대신에 달리 분류되지 않는 양극성장애로 진단되는 경우가 많다.[27]

신경인지 양상은 성인과 유사하여 다양한 부문의 인지기능에서 결손을 보인다. 언어성 기억과 작업기억(working memory)의 장애는 상당수 연구에서 일관되게 나타난다.[28] 그러므로 소아청소년 양극성장애를 치료할 때는 신경인지 기능의 결손에 대한 고려도 필요하다.

공존 질환

소아청소년 양극성장애는 ADHD, 적대적반항장애(opposional defiant disorder, ODD), 품행장애, 불안장애, 물질사용장애 공존율이 높고[29] 양극성장애 우울증 삽화를 보이는 소아청소년은 분노와 불쾌감(dysphoria)이 모두 나타나면서 우울장애 소아청소년보다 품행장애, 불안, 물질남용 문제를 더 동반하기도 한다.[30] ADHD를 동반한 소아청소년 양극성장애는 더 조기에 발병했고, 삽화의 빈도와 자살시도가 더 많으며 만성 경과를 보였다.[31] 품행장애를 동반한 소아청소년 양극성장애는 입원이 잦고 기능저하가 더 심하며, 불안장애를 동반한 소아청소년 양극성장애는 발병이 더 빠르고 성인이 되면 삽화기간이 더 길고, 자살시도가 더 많다.[32, 33] 이와 같이 동반질환이 있는 경우 예후가 더 나쁘고 기능장애를 초래할 가능성이 높다.[34]

진단 및 평가

소아청소년 양극성장애 진단기준

양극성장애가 의심되는 소아청소년을 평가할 때, 성인에 대한 진단기준(제1부의 '진단' 참조)과 권장사항을 준수하되, 정기적으로 부모나 보호자를 참여시키고 소아청소년의 교육적 및 사회적 기능을 고려한다.[35] DSM-5[36]는 소아청소년에서 양극성장애의 과잉진단과 치료의 방지를 위해 파괴적 기분조절이상장애(disruptive mood dysregulation disorder, DMDD)와 같은 새로운 우울장애 진단기준을 제정했다. DMDD는 지속적 자극과민성과 빈번한 극도의 행동조절이상 삽화를 보이는 18세 이하 소아청소년에게 진단된다. DMDD 진단기준 중 배제 목록에 양극성장애가 있지만 DMDD 현상은 양극성장애 삽화를 나타내는 청소년의 25% 정도에서 확연히 나타난다.[37]

소아청소년에서 양극성장애의 진단 과정

소아 양극성장애의 과잉진단과 과잉치료를 우려하는 학자도 많지만 아직도 청소년기의 양극성장애는 치료율이 낮고, 이에 따라 자살률과 공존장애 동반 가능성이 높아진다. 치료가 지연되면 성인기에 나쁜 예후를 초래하기 때문에 소아청소년 양극성장애에서 과잉진료만큼 과소평가의 위험성도 유의해야 한다.[37]

ADHD, ODD, DMDD, 물질남용, 인격장애 및 범불안장애 등은 증상이 중첩될 수도 있으므로 조기 발병 조증과 경조증을 감별하는 것이 중요하다. 소아청소년 양극성장애의 임상양상은 다른 질환과 감별이 어렵고 경과에 따라 달라지기 때문에 종적인 관점에서 진단해야 한다. 특히 가족력은 추가 평가 실시의 근거가 되고 진단에 도움이 된다.[3]

ADHD가 공존할 때 산만함, 과잉행동 등과 같은 중첩 증상이 고양되거나 혹은 과민해질 때만 심화되면 조증 또는 경조증의 진단을 고려한다. ADHD는 지속 상태인 반면, 양극성장애는 삽화적이다. 수면감소, 성적 활동 증가, 환각 또는 망상, 그리고 살인 또는 자살생각과 행동 등은 소아 양극성장애에서는 나타나지만, ADHD에서는 드물다.

주요우울장애를 진단받은 소아청소년 중 28% 정도가 결국 양극성장애로 발병하기에 이에 대한 감별이 중요하다. 양극성 우울증의 특징은 중증 우울증이거나 우울증으로 인한 기능손상이 더 심해 친구 및 가족 관계가 더 좋지 않고, 학교에서의 문제 발생률이 높거나 기능손상의 일수가 더 많다. 소아청소년에서 주요우울장애는 ODD, 행동장애, 불안장애 공존 또는 그들의 1차 친족에 기분장애와 파괴적 행동장애 등이 있을 경우 차후 양극성장애로 진단될 가능성이 높다.[38]

조증과 관련된 측정도구가 다수 개발되면서 이용되어 가족력과 평가도구를 이용한 2단계 진단 과정이 제안되었다.[39] 첫 번째 단계에서는 소아청소년 양극성장애의 위험요인 등을 포함하여 발달력과 가족력에 대해 조사한다. 두 번째 단계는 가족력과 함께 아동기 행동 평정척도(Child Behavior Checklist, CBCL)와 같은 전반적 측정도구로 신속 검진을 실시하여 외현화 점수에서 모두 위험도가 낮으면 양극성장애를 배제한다(그림 1). 양극성장애에 대한 가족력이 있거나 외현화 점수가 높으면 한국형 조울병 선별검사지 청소년용(Korean version of Mood Disorder Questionnaire-adolescent, K-MDQ-A)[40]과 같은 조증 관련 측정도구로 추가 평가한다. 이런 과정을 통해 그림 1과 같이 진단배

그림 1 소아청소년 양극성장애 평가 및 치료 흐름도

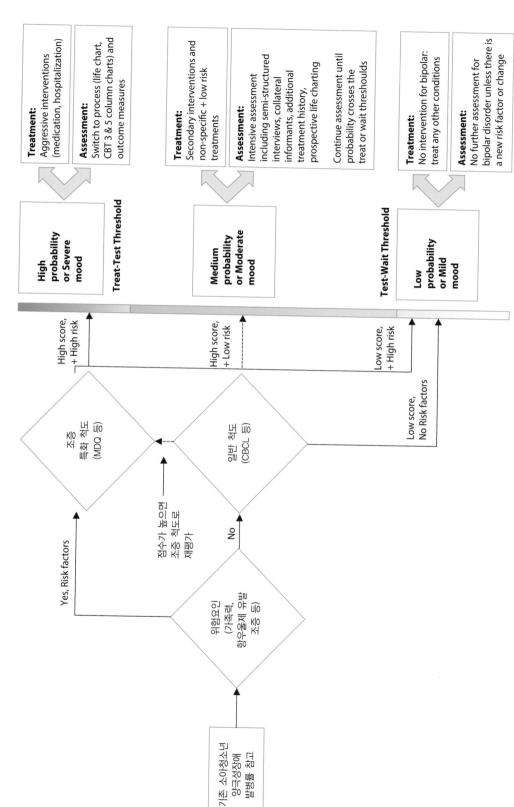

출처 : Youngstrom[3]의 논문에서 인용함

제 영역, 중간(진단 가능성) 영역, 치료 영역 등으로 구분되어[41] 평가-대기 역치는 위험도가 낮은 영역을 중간 영역과 감별하여 진단을 배제할 수 있다. 치료-평가 역치는 치료를 시작해야 하는 위험성이 높은 영역을 나타낸다. 임상에서 이런 역치는 환아 및 가족의 동의뿐만 아니라 질환에 의한 위험성과 치료로 얻는 이득을 고려하여 신중히 결정해야 한다.[42] 질환 위험성이 높고 가족력이 있을지라도 낙인, 치료로 인한 부담 및 부작용을 고려하면 치료-평가 역치 아래인 중간 영역인 경우도 있다.[43] 즉 중간 영역에서 지속적인 평가가 필요하다.

한글판 표준화 도구는 K-MDQ-A[40], Young 조증 평가 척도[44], 소아 양극성장애 설문지 2.0[45] 등이 있으며, 전반적인 기분 증상 및 행동 증상을 평가하기 위한 척도로 CBCL도 사용할 수 있다.

진단적 면담

진단적 면담이 임상진단을 결정하는 데 가장 중요하다. 비구조화된 면접도구는 소아청소년 양극성장애 진단에 대한 훈련 부족, 다양한 기준적용, 진단 자체에 대한 논란 등으로 평가자 간 차이가 나타나 신뢰도가 떨어질 수 있다.[46] 구조화된 면접도구는 해당 증상을 체계적으로 평가하는 장점이 있으나 양극성장애가 소아청소년에서 의미 있게 인식되기 전에 만들어졌기 때문에 Kiddie Schedule for Affective Disorders and Schizophrenia(KSADS)와 같은 반구조화된 면접도구가 진단 신뢰도 및 타당도가 높다.[47] 즉 평가척도와 가족력으로 시작하여 KSADS 등으로 진단적 면담을 진행하면서 조증과 우울증을 포함한 발달학적 표준을 고려하여 1형 양극성장애보다 흔할 수 있는 2형 양극성장애, 순환기분장애(cyclothymic disorder), 그리고 '달리 분류되지 않는 양극성장애'와 같은 양극성스펙트럼장애에 대한 진단까지 고려해야 한다.

치료

소아청소년 양극성장애를 치료하기 전에 나이에 맞는 인지능력, 정서적 성숙도, 발달수준, 치료에 대한 동의 능력을 확인하고 양극성장애의 심각성, 자살 또는 자해의 위험 등을 고려한다.

약물치료

성인 양극성장애 치료의 일반 원칙을 소아청소년에게도 적용한다. 소아의 경우에는 동반질환과 내약성을 더 주의해야 한다. 성인에 비해 ADHD 공존이 더 빈번하고, ADHD 증상은 기분 안정 후에도 호전되지 않기 때문에 ADHD 치료를 함께 진행한다. ADHD 를 동반한 양극성장애 소아청소년의 경우 동맥경화와 초기 심혈관질환의 위험성이 높기 때문에 심혈관 위험요인을 규칙적으로 평가하고 관리한다. 식이요법, 물질남용, 흡연, 신체활동 등의 생활스타일 관리를 심리치료나 약물치료와 함께 시행한다. 소아청소년은 성인에 비해 향정신성 약물, 특히 1차 치료로 고려되는 비정형 항정신병약물의 대사 부작용에 더욱 민감하다. 이와 같은 소아청소년 양극성장애의 임상특징에 따라 약물치료는 공존질환과 부작용 등을 고려하고 기분 증상, 전반적 기능, 그리고 신체건강 등을 참고하여 다중약물요법(polypharmacy)이 종종 필요하다.[37] 항정신병약물을 일상적으로 12주 이상 사용하는 것은 신중하게 결정해야 한다.[35]

소아청소년 양극성장애 조증에서 초기 치료

미국 식품의약품안전처(Food and Drug Administration, FDA)는 lithium을 처음으로 12세 이상 소아청소년 양극성장애 치료제로 승인하였고, 이후 riperidone과 aripirazole은 10세 이상 양극성장애 1형 조증 삽화와 혼재성 삽화, quetiapine은 10세 이상 양극성장애 1형 조증 삽화, olanzapine은 13세 이상 양극성장애 1형 조증 삽화와 혼재성 삽화 치료제로 승인하였다.[17] 즉 lithium, risperidone, aripirazole, quetiapine 등이 1차 약제로 추천된다. risperidone은 비만이 아닌 청소년, ADHD를 동반한 청소년에게 lithium보다 선호된다. 근거는 확실하지만 안전성과 내약성에 대한 우려로 olanzapine과 ziprasidone은 2차 치료제로 추천된다. quetiapine 병합요법이 근거는 적은 편이지만 역시 2차 치료제로 추천된다. valproate(divalproex)는 1차나 2차 치료제에 반응하지 않는 소아청소년에서 3차 치료제로 고려된다.[37] 소아 양극성장애 조증 치료에 대한 메타분석에 따르면 비정형 항정신병약물은 lithium, divalproex, carbamazepine 같은 전통적 기분조절제에 비해 항조증 효과가 우수했지만 성인에 비해 대사질환 위험성이 더 높다.[4]

소아청소년 양극성장애 이중맹검 연구에서 10~17세 소아청소년 조증 또는 혼재성 삽화의 급성치료는 risperidone 0.5~2.5mg/d 투여로 효과가 있었으며,[48] 급성 조증 또는 혼재성 삽화를 보이는 청소년에게 olanzapine 2.5~20mg/d 투여 시 3주 후 유의한 효과가 있었으나 유의한 체중증가도 있었다. 프로락틴, 공복 혈당, 공복 총콜레스테롤, 요산, 간 효소 등도 증가하였다.[49] 10~17세 소아청소년의 이중맹검 연구에서 quetiapine 400~600mg/d로 소아청소년 양극성장애의 급성 조증 치료에 효과가 있었다.[50] 10~17세 소아청소년 1형 양극성장애에 대한 이중맹검 연구에서 aripiprazole 10~30mg/d로 조증과 혼재성 삽화의 급성기 치료에 유의한 효과가 있었다.[51] ziprasidone은 성인 조증치료에 효과가 있고 체중증가가 적다는 장점이 있다. 10~17세 소아청소년 양극성장애의 이중맹검 연구에서 80~160mg/d의 ziprasidone으로 효과적이고 부작용이 적었다.[52] 다른 약물에 적절한 반응을 보이지 않았다면 clozapine을 고려해볼 수 있다.[53] 그러나 진정작용, 체중증가, 타액분비, 경련, 심근염, 무과립구증과 같은 부작용을 감안할 때 심한 치료저항 사례에서만 사용하기를 권장한다.

최근 National Institute for Health and Care Excellence(NICE)[35] 지침에서는 임신 가능성이 있는 여성 소아청소년에게 valproate 투약을 금하였다. 한국형 양극성장애 약물치료 알고리듬 2018 : 소아/청소년 부문[54]에서는 조증 치료 시 기분조절제와 비정형 항정신병약물의 병합치료 및 비정형 항정신병약물 단독요법을 1차 전략, 기분조절제 단독요법을 상위 2차 전략으로 권장한다. 소아에서는 valproate를 상위 2차 약물, risperidone과 aripiprazole은 1차 약물, quetiapine은 상위 2차 약물로 채택한 반면, 청소년에서는 risperidone을 가장 우선적으로, 그리고 aripiprazole, quetiapine, valproate, lithium도 1차 약물로 권장하였고 olanzapine은 상위 2차 약물로 권장하였다.

소아청소년 양극성장애 우울증에서 초기 치료

소아청소년 양극성장애 우울증의 초기 치료에 대한 무작위 임상 연구(randomized clinical trial, RCT)에서는 위약반응률이 매우 높아서 논란이 되고 있으므로, 성인의 임상 실제와 연구 결과를 고려해 치료제를 결정한다. lurasidone이 1차 약제로 추천되고 lithium과 lamotrigine은 2차 약제로 추천된다. olanzapine-fluoxetine 병합요법이 효과가 있다는 RCT가 있지만 olanzapine의 대사 부작용 문제와 병합요법의 임상적 제한 때문에 3차 치료제로 추천된다. quetiapine은 성인에서 효과가 입증되었고, 3차 치료제로 추천된다. 양극성장애에서 항우울제 사용 시 주의를 기울여야 하며, 기분조절제와 병합하여 사용한다.[37] 한국형 양극성장애 약물치료 알고리듬 2018 : 소아/청소년 부문[54]에서는 기분조절제와 비정형 항정신병약물 병합요법 및 비정형 항정신병약물 단독요법만을 상위 2차 전략으로 결정하였다. aripiprazole은 1차 약물로 선택되었고, valproate, risperidone, quetiapine, escitalopram과 fluoxetine은 상위 2차 약물로 선택되었다.

소아청소년 양극성장애에서 유지치료

1차 치료로 aripiprazole과 lithium, 그리고 divalproex 등을 선택한다. risperidone과 lithum/divalprex 병합요법 혹은 lithium과 divalproex/carbamazepine 병합요법도 관해 유지에 유효하다. lamotrigine 병합요법 또한 13세 이상의 청소년의 경우 고려될 수 있다. asenapine, quetiapine, risperidone 혹은 ziprasidone 등이 임상적 경험과 개방 연구를 토대

로 3차 치료제로 시도될 수 있다. 또한 risperidone 제제의 장기작용 주사제가 양극성장애 성인의 기분 삽화를 예방하는 데 효과가 있다는 연구에 근거하여 3차 치료제로 고려할 만하다.[37]

10~17세 소아청소년에서 aripiprazole 10mg, 30mg 또는 위약을 4주간 이중맹검으로 투여하고 이후 26주간 지속했을 때 4주째와 30주째 모두 약물 투여군이 위약군보다 효과가 있었고, 혈청 지질과 혈당 상승 없이 소아청소년 조증 치료에 대한 안정성과 장기적 효과를 입증하였다.[55]

공존질환의 치료

소아청소년 양극성장애가 공존질환 없이 나타나는 경우는 거의 없다. 공존질환이 있으면 소아청소년 양극성장애 치료가 복잡해지고 예후가 나쁠 수 있다. 공존질환 중 ADHD가 가장 많고, 소아에서 90%, 청소년에서 30~50% ADHD를 동반한다.[56] 소아청소년 양극성장애의 공존질환의 치료에 대한 대조군 연구는 없고, ADHD 또는 물질남용이 공존한 환자에 대한 임상 연구가 있다.

ADHD

ADHD 동반 6~17세 소아청소년 양극성장애 개방 연구[57]에서 divalproex와 amphetamine 또는 위약을 무작위 복용한 경우, amphetamine이 ADHD 치료에 효과적이었고 조증 증상은 악화되지 않았다. 1개 이상의 기분조절제로 소아청소년 양극성장애가 호전된 후 지속되는 ADHD 증상에 대한 methylphenidate(MPH)의 단기 효과 연구에서 유지치료와 함께 1주간 위약, 1일 2회 5mg, 10mg, 그리고 15mg MPH 교차투여 시 MPH가 위약보다 ADHD 치료에 효과적이었고 기분 안정과는 무관하였다.[58] amphetamine과 MPH의 병합요법은 기분 고양의 가능성에 대한 이론적, 역학적 자료에도 불구하고, 동반된 ADHD 증상에 효과적이었고 RCT에서 특별한 부작용 없이 완료되었으므로, 항조증 약물로 안정적 기분을 보이는 소아청소년에게 동반된 ADHD에 각성제가 도움이 될 수 있다.[37]

물질남용

양극성장애가 청소년기에 발생하면 특히 물질사용장애가 흔히 동반된다.[59] 물질남용 동반 양극성장애 10대 청소년을 lithium 또는 위약군에 무작위 배정하여 6주간 투여 시 lithium이 위약에 비해 물질남용과 전반적 호전에 효과가 있었다.[60]

비약물치료

미국 소아청소년 정신의학회(American Academy of Child and Adolescent Psychiatry)[61]에

서 제시한 비약물치료는 다음과 같다.

1. 정신교육(psychoeducation) : 질병의 증상, 원인, 경과, 치료, 사회 또는 가족기능에 미치는 영향에 대한 정보 제공
2. 재발 방지 : 병에 대한 교육은 약물순응도를 높이며 재발 증상을 조기에 발견할 수 있게 하여 재발 방지, 스트레스 감소와 건강한 수면습관 및 사회적 적응능력의 개선
3. 개인 정신치료 : 인지행동치료 및 대인관계치료와 아울러 개인 정신치료는 심리발달, 기술습득, 증상관찰에 도움
4. 사회 및 가족 기능 강화 : 양극성장애는 가정, 사회, 학습 기능과 발달에 영향을 미칠 수 있으므로, 가족 및 사회 관계 개선을 위한 문제해결 기술 훈련이 도움이 되고, 정신치료 전략은 문화 요소를 고려함
5. 학습 및 직업 기능훈련 : 학교 자문, 개별화된 학습프로그램
6. 지역사회 자문 : 양극성장애 소아청소년은 공공기관 프로그램과 가족을 연계하여 질환과 환경적 스트레스 치유 필요, 경우에 따라 주거 치료 프로그램 참여

다양한 심리학적 개입 모델 중 소아청소년 대상의 RCT로 근거가 밝혀진 것은 가족 정신교육을 이용한 다중가족 정신교육 정신치료(multifamily psychoeducational psychotherapy)와 가족중심치료(family-focused therapy) 등이다. 양극성 우울증 소아청소년에게는 최소 3개월간 인지행동치료 또는 대인관계치료를 먼저 시행한다.[35]

소아청소년 양극성장애의 경과 및 예후

소아청소년 양극성장애는 대부분 혼재성 삽화를 보이면서 만성 경과를 보인다.[19-21]

소아청소년 조증 환자의 96%가 초기 삽화에서는 회복하지만, 기분조절제 치료에도 불구하고 64%는 평균 18개월 이후 재발한다.[34] 소아청소년 양극성장애는 성인과 유사한 주기를 보이는 경향이 있고[62] 성인기 발병 사례보다 더욱 만성적이고 치료저항성이 있다.[63]

결론

양극성장애가 성인에서 주목받아왔으나, 소아청소년에서도 흔히 발생하고 소아청소년

기 발병 시 심각하게 쇠약해지는 경과를 밟고 사망률도 높다. 소아청소년 양극성장애 진단에 대해서는 과잉진단, 혹은 반대로 과소평가 등 여전히 논란이 되고 있다. 그럼에도 불구하고 소아청소년 양극성장애의 인식 증가와 선별 및 진단 도구의 발전으로 소아청소년에서 조증/경조증 삽화가 아닌 만성 과민함을 양극성장애와 감별할 수 있게 되었다. 소아청소년 양극성장애와 관련된 현상학부터 새로운 치료법에 이르기까지 다양한 학문에 대한 지속적인 노력은 궁극적으로 이 질병에 대한 예후를 개선시키게 될 것이다.

치료 관점에서 볼 때, 증상 감소보다는 기능 회복에 초점을 맞추는 것이 중요하다. 이러한 장애의 원인 요인에 대한 이해가 향상되면 목표로 삼은 예방 및 치료가 가능해질 것이다. 향후 급성치료 및 유지관리에 대한 연구를 통해 안정화 및 재발 방지를 명확히 하는 데 도움이 될 것이다. 이에 대한 적절한 치료는 장기간의 병적 경과를 예방하는 데 있어 중요하다. 성인기의 효과적 치료전략을 소아청소년 양극성장애 치료에 준용하고 있으나, 소아와 성인은 치료반응의 발달학적 차이가 있다. 최근 비정형 항정신병약물과 같은 소아청소년 양극성장애의 조증 및 혼재성 삽화에 대한 약물치료 효과가 입증되고 있으나, 장기 사용에 대한 안정성 및 효과 연구가 필요하다. 소아청소년 양극성 우울증, 소아청소년 양극성장애의 공존질환, 양극성장애의 유전적 위험요인이 있는 소아청소년에 대한 치료적 근거는 아직 부족하다. 향후 소아청소년 양극성장애의 임상적 차이와 불확실성을 해결하고, 진단, 치료선택, 장단기 경과평가, 재발예방에 기여할 평가 체계에 대한 연구가 계속되어야 할 것이다.

참고문헌

1) Faedda G, Baldessarini R, Suppes T, Tondo L, Becker I, Lipschitz D. Pediatric-onset bipolar disorder: A neglected clinical and public health problem gianni. Harv Rev Psychiatry 1995;3:171-195.

2) Perlis RH, Miyahara S, Marangell LB, Wisniewski SR, Ostacher M, DelBello MP, et al. Long-term implications of early onset in bipolar disorder: data from the first 1000 participants in the systematic treatment enhancement program for bipolar disorder (STEP-BD). Biol Psychiatry 2004;55:875-881.

3) Youngstrom EA, Freeman AJ, Jenkins MM. The assessment of children and adolescents with bipolar disorder. Child Adolesc Psychiatr Clin N Am 2009;18:353-390.

4) Goldstein BI, Birmaher B, Carlson GA, DelBello MP, Findling RL, Fristad M, et al. The International Society for Bipolar Disorders Task Force report on pediatric bipolar disorder: Knowledge to date and directions for future research. Bipolar Disord 2017;19:524-543.

5) Bae SO, Yoon BH, Bahk WM, Kim MD, Kim HC, Seo JS, et al. Screening of bipolar disorders in high school students. J Korean Neuropsychiatr Assoc 2009;48:502-509.

6) Cho MJ, Hahm BJ, Kim JK, Park KK, Chung EK, Suh TW, et al. Korean epidemiologic catchment area (KECA) study for psychiatric disorders: prevalence of specific psychiatric disorders. J Korean Neuropsychiatr Assoc 2004;43:470-480.

7) Hwangbo R, Chang H, Hong M, Cho S, Bahn GH. The diagnostic distribution of psychiatric disorders among the population under 19 years old: based on the national insurance data. J Korean Acad Child Adolesc Psychiatry 2016;27(2):139-145.

8) Rice J, Reich T, Andreasen NC, Endicott J, Van Eerdewegh M, Fishman R, et al. The familial transmission of bipolar illness. Arch Gen Psychiatry 1987;44:441-447.

9) Chang K, Steiner H, Ketter T. Studies of offspring of parents with bipolar disorder. Am J Med Genet C Semin Med Genet. 2003;123C:26-35.

10) Egeland JA, Shaw JA, Endicott J, Pauls DL, Allen CR, Hostetter AM, et al. Prospective study of prodromal features for bipolarity in well Amish children. J Am Acad Child Adolesc Psychiatry 2003;42:786-796.

11) DelBello MP, Carlson GA, Tohen M, Bromet EJ, Schwiers M, Strakowski SM. Rates and predictors of developing a manic or hypomanic episode 1 to 2 years following a first hospitalization for major depression with psychotic features. J Child Adolesc Psychopharmacol 2003;13:173-185.

12) Strober M, Carlson G. Bipolar illness in adolescents with major depression: clinical, genetic, and psychopharmacologic predictors in a three-to four-year prospective follow-up investigation. Arch Gen Psychiatry 1982;39:549-555.

13) DelBello MP, Geller B. Review of studies of child and adolescent offspring of bipolar parents. Bipolar Disord 2001;3:325-334.

14) Barrett TF. Manic defenses against loneliness in adolescence. Psychoanal St Child 2008;63:111-136.

15) Pavuluri MN, Graczyk PA, Henry DB, Carbray JA, Heidenreich J, Miklowitz DJ. Child-and family-focused cognitive-behavioral therapy for pediatric bipolar disorder: development and preliminary results. J Am Acad Child Adolesc Psychiatry 2004;43:528-537.

16) Pavuluri MN, Henry DB, Carbray JA, Sampson G, Naylor MW, Janicak PG. Open-label prospective trial of risperidone in combination with lithium or divalproex sodium in pediatric mania. J Affect Disord 2004;82:S103-S111.

17) Pavuluri MN, Henry DB, Devineni B, Carbray JA, Naylor MW, Janicak PG. A pharmacotherapy algorithm for stabilization and maintenance of pediatric bipolar disorder. J Am Acad Child Adolesc Psychiatry 2004;43:859-867.

18) Pavuluri MN, Herbener ES, Sweeney JA. Psychotic symptoms in pediatric bipolar disorder. J Affect Disord 2004;80:19-28.

19) Pavuluri MN, Birmaher B, Naylor MW. Pediatric bipolar disorder: a review of the past 10 years. J Am Acad Child Adolesc Psychiatry 2005;44:846-871.

20) Bowring MA, Kovacs M. Difficulties in diagnosing manic disorders among children and adolescents. J Am Acad Child Adolesc Psychiatry 1992;31:611-614.

21) Biederman J, Faraone S, Wozniak J, Mick E, Kwon A, Aleardi M. Further evidence of unique developmental phenotypic correlates of pediatric bipolar disorder: findings from a large sample of clinically referred preadolescent children assessed over the last 7 years. J Affect Disord 2004;82:S45-S58.

22) Biederman J, Mick E, Faraone SV, Van Patten S, Burback M, Wozniak J. A prospective follow-up study of pediatric bipolar disorder in boys with attention-deficit/hyperactivity disorder. J Affect Disord 2004;82:S17-S23.

23) Wozniak J, Biederman J, Kiely K, Ablon JS, Faraone SV, Mundy E, et al. Mania-like symptoms suggestive of childhood-onset bipolar disorder in clinically referred children. J Am Acad Child Adolesc Psychiatry 1995;34:867-876.

24) Geller B, Zimerman B, Williams M, Bolhofner K, Craney JL, DelBello MP, et al. Diagnostic characteristics of 93 cases of a prepubertal and early adolescent bipolar disorder phenotype by gender, puberty and comorbid attention deficit hyperactivity disorder. J Child Adolesc Psychopharmacol 2000;10:157-164.

25) Geller B, Zimerman B, Williams M, DelBello MP, Frazier J, Beringer L. Phenomenology of prepubertal and early adolescent bipolar disorder: examples of elated mood, grandiose behaviors, decreased need for sleep, racing thoughts and hypersexuality. J Child Adolesc Psychopharmacol 2002;12:3-9.

26) Geller B, Tillman R, Craney JL, Bolhofner K. Four-Year Prospective Outcome and Natural History of Mania in ChildrenWith a Prepubertal and Early Adolescent Bipolar Disorder Phenotype. Arch Gen Psychiatry 2004;61:459-467.

27) Axelson D, Birmaher B, Strober M, Gill MK, Valeri S, Chiappetta L, et al. Phenomenology of children and adolescents with bipolar spectrum disorders. Arch Gen Psychiatry 2006;63:1139-1148.

28) Horn K, Roessner V, Holtmann M. Neurocognitive performance in children and adolescents with bipolar disorder: a review. Eur Child Adolesc Psychiatry 2011;20:433.

29) Tillman R, Geller B, Bolhofner K, Craney JL, Williams M, Zimerman B. Ages of onset and rates of syndromal and subsyndromal comorbid DSM-IV diagnoses in a prepubertal and early adolescent bipolar disorder phenotype. J Am Acad Child Adolesc Psychiatry 2003;42:1486-1493.

30) Wozniak J, Spencer T, Biederman J, Kwon A, Monuteaux M, Rettew J, et al. The clinical characteristics of unipolar vs. bipolar major depression in ADHD youth. J Affect Disord 2004;82:S59-S69.

31) Nierenberg AA, Miyahara S, Spencer T, Wisniewski SR, Otto MW, Simon N, et al. Clinical and diagnostic implications of lifetime attention-deficit/hyperactivity disorder comorbidity in adults with bipolar disorder: data from the first 1000 STEP-BD participants. Biol Psychiatry 2005;57:1467-1473.

32) Simon NM, Otto MW, Wisniewski SR, Fossey M, Sagduyu K, Frank E, et al. Anxiety disorder comorbidity in bipolar disorder patients: data from the first 500 participants in the Systematic Treatment Enhancement Program for Bipolar Disorder (STEP-BD). Am J Psychiatry 2004;161:2222-2229.

33) Young LT, Cooke RG, Robb JC, Levitt AJ, Joffe RT. Anxious and non-anxious bipolar disorder. J Affect Disord 1993;29:49-52.

34) Jairam R, Srinath S, Girimaji SC, Seshadri SP. A prospective 4-5 year follow up of juvenile onset bipolar disorder. Bipolar Disord 2004;6:386-394.

35) National Collaborating Centre for Mental Health(UK). Bipolar disorder. The NICE guideline on the assessment and management of bipolar disorder in adults, children and young people in primary and secondary care. Leicester(UK): British Psychological Society: 2018 Apr.

36) American Psychiatric Association. Diagnostic and statistical manual of mental disorders. ed 5th. Washington DC: American Psychiatric Publishing; 2013.

37) Yatham LN, Kennedy SH, Parikh SV, Schaffer A, Bond DJ, Frey BN, et al. Canadian Network for Mood and Anxiety Treatments (CANMAT) and International Society for Bipolar Disorders (ISBD) 2018 guidelines for the management of patients with bipolar disorder. Bipolar Disord 2018;20:97-170.

38) Uchida M, Serra G, Zayas L, Kenworthy T, Faraone SV, Biederman J. Can unipolar and bipolar pediatric major depression be differentiated from each other? A systematic review of cross-sectional studies examining differences in unipolar and bipolar depression. J Affect Disord 2015;176:1-7.

39) Youngstrom EA, Findling RL, Kogos Youngstrom J, Calabrese JR. Toward an evidence-based assessment of pediatric bipolar disorder. Journal of Clinical Child and Adolescent Psychology 2005;34:433-448.

40) Shim SH, Lee JH, Song JH, Nam BW, Yoon BH, Jin HY, et al. Screening with the Korean Version of the Mood Disorder Questionnaire for Bipolar Disorders in Adolescents: Korean Validity and Reliability Study. Clinical Psychopharmacology Neuroscience 2018;16:316-323.

41) Straus SE, Richardson WS, Paul G, Haynes RB, Strauss SE. Evidence-based medicine: how to practice and teach EBM. ed 3rd. Churchill Livingstone; New York: 2005.

42) Kraemer HC, Lowe KK, Kupfer DJ. To your health: How to understand what research tells us about risk. Oxford University Press; New York: 2005.

43) Kowatch RA, Fristad M, Birmaher B, Wagner KD, Findling RL, Hellander M. Treatment guidelines for children and adolescents with bipolar disorder. Journal of the American Academy of Child Adolescent Psychiatry 2005;44:213-235.

44) Jung HY, Cho HS, Joo YH, Shin HK, Yi JS, Kim YS, et al. A validation study of the korean-version of the young mania rating scale. J Korean Neuropsychiatr Assoc 2003;42:263-269.

45) Cheon KA, Shin DW, Kim BR, So YS, Jun JY, Song DH. The reliability and validity of the Child Bipolar Questionnaire 2.0 (CBQ 2.0) - Korean version. J Korean Neuropsychiatr Assoc 2008;47:269-278.

46) Garb HN. Studying the clinician: Judgment research and psychological assessment. American Psychological Association; Washington DC: 1998.

47) Nottelmann E. National Institute of Mental Health research roundtable on prepubertal bipolar disorder. Journal of the American Academy of Child Adolescent Psychiatry 2001;40:871-878.

48) Haas M, DelBello MP, Pandina G, Kushner S, Van Hove I, Augustyns I, et al. Risperidone for the treatment of acute mania in children and adolescents with bipolar disorder: a randomized, double blind, placebo controlled study. Bipolar Disord 2009;11:687-700.

49) Tohen M, Kryzhanovskaya L, Carlson G, DelBello M, Wozniak J, Kowatch R, et al. Olanzapine versus placebo in the treatment of adolescents with bipolar mania. Am J Psychiatry 2007;164:1547-1556.

50) DelBello MP, Findling RL, Earley WR, Pathak S, Acevedo LD, Stankowski J. Efficacy of quetiapine in children and adolescents with bipolar mania: a 3-week, doubleblind, randomized, placebo-controlled trial. Poster presentation at the 54th annual meeting of the American Academy of Child and Adolescent Psychiatry; Boston: October 23-28, 2007.

51) Findling RL, Nyilas M, Forbes RA, McQuade RD, Jin N, Iwamoto T, et al. Acute treatment of

pediatric bipolar I disorder, manic or mixed episode, with aripiprazole: a randomized, double-blind, placebo-controlled study. J Clin Psychiatry 2009;70:1441-1451.

52) DelBello MP, Findling RL, Wang PP, Gundapaneni B, Versavel M. Safety and efficacy of ziprasidone in pediatric bipolar disorder. Poster presentation at the American Psychiatric Association 161st Annual Meeting; Washington, DC: May 3-8, 2008.

53) Masi G, Mucci M, Millepiedi S. Clozapine in adolescent inpatients with acute mania. J Child Adolesc Psychopharmacol 2002;12:93-99.

54) Shim SH, Bahk WM, Yoon BH. Korean Medication Algorithm for Bipolar Disorder 2018: Children & adolescents. Mood Emot, in press.

55) Correll C, Nyilas M, Aurang C, Johnson B, Jin N, Marcus R, et al., editors. Safety and tolerability of aripiprazole in children (10–17) with mania. Poster presentation at the 54th Annual National Meeting of the American Academy of Child and Adolescent Psychiatry; Boston: October 23-28, 2007.

56) Biederman J, Faraone S, Mick E, Wozniak J, Chen L, Ouellette C, et al. Attention-deficit hyperactivity disorder and juvenile mania: an overlooked comorbidity? J Am Acad Child Adolesc Psychiatry 1996;35:997-1008.

57) Scheffer RE, Kowatch RA, Carmody T, Rush AJ. Randomized, placebo-controlled trial of mixed amphetamine salts for symptoms of comorbid ADHD in pediatric bipolar disorder after mood stabilization with divalproex sodium. Am J Psychiatry 2005;162:58-64.

58) Findling RL, Short EJ, McNamara NK, Demeter CA, Stansbrey RJ, Gracious BL, et al. Methylphenidate in the treatment of children and adolescents with bipolar disorder and attention-deficit/hyperactivity disorder. J Am Acad Child Adolesc Psychiatry 2007;46:1445-1453.

59) Joshi G, Wilens T. Comorbidity in pediatric bipolar disorder. Child Adolesc Psychiatr Clin N Am 2009;18:291-319.

60) Geller B, Cooper TB, Sun K, Zimerman B, Frazier J, Williams M, et al. Double-blind and placebo-controlled study of lithium for adolescent bipolar disorders with secondary substance dependency. J Am Acad Child Adolesc Psychiatry 1998;37:171-178.

61) McClellan J, Kowatch R, Findling RL. Practice parameter for the assessment and treatment of children and adolescents with bipolar disorder. J Am Acad Child Adolesc Psychiatry 2007;46:107-125.

62) McClellan J, McCurry C, Snell J, DuBose A. Early-onset psychotic disorders: course and outcome over a 2-year period. J Am Acad Child Adolesc Psychiatry 1999;38:1380-1388.

63) Perlis RH, Miyahara S, Marangell LB, Wisniewski SR, Ostacher M, DelBello MP, et al. Long-term implications of early onset in bipolar disorder: data from the first 1000 participants in the systematic treatment enhancement program for bipolar disorder (STEP-BD). Biol Psychiatry 2004;55:875-881.

양극성장애와 주의력결핍과잉행동장애 :
어떻게 구별할 수 있나?

How can we tell the difference between bipolar disorder
and attention-deficit/hyperactivity disorder?

정영은[+] | 전덕인[++]

제주대학교 의과대학 정신건강의학교실[+] | 한림대학교 의과대학 정신건강의학교실[++]

양극성장애와 주의력결핍과잉행동장애(attention-deficit/hyperactivity disorder, ADHD)의 임상양상은 많은 부분에서 유사하게 나타나고, 두 질환은 동반이환율 또한 높아서 정확한 진단과 감별이 어렵다.[1] 소아기 양극성장애의 50~90%에서 ADHD 가 같이 진단되고, ADHD 환아의 10~25%에서 양극성장애가 발견된다.[2] 성인의 경우에도 양극성장애 환자의 30~37.8%가 현재 ADHD로 진단되거나 또는 과거 ADHD 병력이 있는 것으로 보고된다.[3, 4] ADHD가 동반된 양극성장애의 경우 기분 증상의 발병 나이가 더 빠르고 만성적 경과를 보이며, 잦은 기분 삽화, 특히 우울증 삽화가 많고 자살위험성도 높다. 기분 증상이 호전된 이후에도 ADHD 증상의 영향으로 사회적, 직업적 기능저하가 지속된다.[4~6]

이러한 중요성에도 불구하고 실제 상당수의 환자들이 적절한 진단과 치료를 받지 못한다. 만약 증가된 에너지, 주의산만, 자극과민(irritability), 계속 말을 함, 충동성, 과잉행동을 보이는 환자를 만났다고 가정하자. 만약 소아 환자라면 ADHD만을 고려하기 쉽고, 성인 환자일 경우 ADHD가 소아기 진단이라는 인식 때문에 기분 증상으로 비중을 높여 평가하기가 쉽다. 설사 임상가가 양극성장애와 ADHD를 모두 고려하고 두 질환을 감별하기 위한 평가를 진행한다 하더라도 어느 한쪽, 또는 둘의 공존을 결정하는 것이 쉽지만은 않을 것이다. 특히 환자가 소아라면 더더욱 그렇다. 성인과 달리 소아기 양극성장애의 경우 가장 흔한 기분 증상이 불안정한 정동을 동반한 자극과민 또는 지속적이며 공격적인 분노폭발이다. 또한 비특이적인 혼재성 아형이 많아 삽화 간의 차이를 구별하기 어려우며, 나이가 어릴수록 임상양상이 더욱 비전형적인 양상을 보여 양극성장애 진단을 보다 어렵게 한다.[7] 성인에서 ADHD 진단 또한 쉽지 않다. 성인기까지 지속되는 경우 ADHD 핵심 증상 중 주로 주의력결핍 증상만 남고 과잉행동, 충동성 등은 다소 완화되는 경향이 있다. 그러면서 짜증이 늘고 감정기복이 심하고 정서 상태가 쉽게 돌변하는 특징을 보이는데 이때 경조증, 혼재형 조증(mixed mania), 초조성 우울(agitated depression), 비전형 우울(atypical depression) 등과 같은 양극성장애 범주와의 감별이 쉽지 않다.[1]

따라서 임상가는 양극성장애와 ADHD와의 감별을 위한 특징을 알고, 두 질환의 공존 시 나타날 수 있는 임상경과와 예후 등에 대해 정확히 이해하고 파악해야 한다. 이를 통해 정확한 진단을 내릴 수 있고, 적절한 치료전략을 수립할 수 있을 것이다.

양극성장애와 ADHD를 구별할 수 있게 도와주는 증상

일반적으로 양극성장애와 ADHD에서 공통적으로 보이는 증상과 각각의 질환에서 더욱 특징적으로 보이는 증상을 정리해보면 그림 1과 같다.[1] 양극성장애와 ADHD의 가장

그림 1   양극성장애와 ADHD 간의 임상양상의 비교

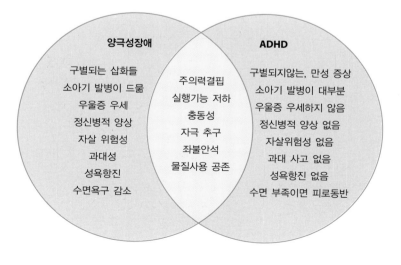

큰 감별점은 양극성장애가 삽화적인 특징을 가지고 있다는 점이며, 증상들이 삽화적으로 나타나는지 여부를 구분하여 각 진단기준에 적용하는 노력이 중요하다. 그와 달리, ADHD는 12세 이전 소아기에 발병하는 질환이며 삽화 간의 증상 및 기능 회복이 없는 만성적 경과를 보인다는 점에서 양극성장애와 구분할 수 있다.

양극성 조증의 임상양상은 특히 ADHD 증상(주의력결핍, 과잉행동, 충동성)과 많은 부분에서 유사하게 나타나고, 이에 감별진단이 더욱 어렵다. Geller 등은 7~16세의 소아청소년을 대상으로 양극성 조증과 ADHD 간의 증상을 비교한 연구에서, 에너지의 증가, 주의력결핍 등은 양극성장애와 ADHD에서 공통적으로 보이는 증상이지만, 고양된 기분, 과대성, 빠른 사고, 수면욕구의 감소 등은 양극성장애를 가진 환아들에게서 더욱 특징적으로 보이는 증상들이라고 주장하였다.[8] 그러나 한편으로는 소아기 양극성장애에서 과대성, 고양된 기분은 상대적으로 흔히 나타나는 증상이 아니기 때문에 여전히 감별진단이 어렵다는 주장도 있다. 소아기 발병 조증의 증상을 분석한 메타분석 연구에 따르면, 가장 높은 빈도로 보고되는 증상이 에너지의 증가(89%), 주의력결핍(84%), 압출언어(82%), 자극과민(81%), 과대성(78%), 고양된 기분(70%) 순으로 나타났다.[9] 표 1에서 두 질환에서 겹치는 증상을 비교하여 제시하였는데, 조증의 핵심 증상(고양된 기분, 과대성, 빠른 사고, 수면욕구의 감소, 성욕항진)이 순수한 ADHD에서는 흔히 관찰되는 증상이 아님을 알 수 있다. 특히 성학대 과거력 없이 나타나는 성욕항진은 양극성

표 1   양극성 조증과 ADHD 증상

양극성 조증	ADHD	증상이 겹치는 부분
정신운동성 초조	과잉행동	많음
충동성	충동성	많음
주의산만(주의력결핍)	부주의(주의력결핍)	많음
자극과민	자극과민성	많음
압출언어	빠른 말투	중간
고양된 기분		적음
과대성		적음
빠른 사고		적음
수면욕구 감소	수면장애	적음
목표지향적 활동 증가		적음
지나친 즐거움 추구		적음
성욕항진		적음

장애의 유용한 징후가 될 수 있고, ADHD와 구별하는 데 도움을 주기도 한다.

　양극성 우울증의 증상과 ADHD 증상 간에도 역시 겹치는 부분이 많이 있다. 치료받지 않은 ADHD 증상으로 어려움을 겪는 경우, 학교, 가정, 직장 내에서 잦은 좌절의 경험, 낮은 성취, 낮은 자긍심 등과 관련하여 자주 불쾌한 감정을 느낀다. 치료받지 않은 ADHD 환자에서 집중 및 기타 정서 문제와 관련된 불쾌감이 관찰될 때에는 반드시 ADHD와 우울증의 감별 또는 공존 여부에 대한 평가가 이루어져야 한다. 정신운동지연, 피로 혹은 에너지 상실, 과다수면, 흥미 혹은 즐거움의 상실, 죽음에 대한 관념, 자살 등은 우울증 삽화의 진단기준에 부합되는 증상들로서 양극성 우울증에서 흔히 나타나고, 반면에 ADHD에서는 그렇지 않다.[10] 또 소아기 양극성장애의 경우, ADHD 환아보다 사소한 갈등 및 어려움에 따른 분노, 좌절 등의 부정적 정서반응, 특히 언어적 공격행동이 더 심하게 나타나는 것으로 보고되었다.[11] 표 2에서 양극성 우울증과 ADHD의 증상을 비교하고 두 질환에서 증상이 겹치는 부분을 제시하였다. 실제 치료받지 않은 ADHD의 경우 자주 불쾌감, 우울한 기분 등 일부 우울 증상이 존재할 수 있지만, 대개 주요우울장애의 진단기준을 만족시킬 정도는 아니다.[12]

　그 외에도 양극성장애에는 정동과 일치하지 않는 환각이나 편집 망상 등의 정신병적 증상이 높은 빈도에서 동반하고,[9] 기분 삽화가 반복되면서 자살시도 또한 많다.[2] 사춘기 이전 소아기 양극성장애의 25%에서 심각한 자살위험성을 갖는다고 보고되는데, 자

표 2　소아기 발병 양극성 우울증과 ADHD 증상

양극성 우울증	ADHD	증상이 겹치는 부분
우울한 기분	불쾌감	많음
불면	수면장애	많음
자극과민	자극과민	많음
집중의 어려움(주의력결핍)	부주의(주의력결핍)	많음
정신운동초조	과잉행동	중간
행동반응의 탈억제	충동성	중간
체중변화	정신자극제 투여에 따른 체중 감소	중간
정신운동지연		적음
피로 혹은 에너지 상실		적음
과다수면		적음
흥미나 즐거움의 상실		적음
죽음에 대한 관념/자살사고		적음

살행동은 정동장애를 동반하지 않은 ADHD, 품행장애, 불안장애와 구별하게 해주는 중요한 증상이 될 수 있다.[12] 또 양극성장애의 경우 ADHD 환자군에 비해 성인 친척에서 양극성장애가 더 많고, 일찍 발병할수록 친척 중에 이 질환의 유병률이 2~4배 더 높다.[13] 그러므로 부모의 한쪽 또는 더 강력하게 부모 둘 다 양극성장애의 가족력을 가지는 경우 양극성장애의 진단에 도움을 준다.

　기분 증상과 ADHD 증상의 감별진단에 있어 주의가 필요한 또 하나의 증상으로는 자극과민과 공격적인 분노폭발(temper outbursts)이 있다. 자극과민은 특히 소아 환자에서 비교적 흔히 관찰되며, 양극성 조증 혹은 양극성 우울증 모두에서 ADHD와 공통되는 대표적인 증상이다. 소아기 양극성장애에 있어 자극과민이 있으면서 DSM-5 진단기준에 부합되면, 고양된 기분이나 과대성이 없이 과민한 기분(irritable mood)만으로도 진단이 가능하다. 자극과민은 쉽게 심한 분노발작으로 이어지고, 이것은 때로 1시간 이상 지속되며, 사소한 스트레스 요인에 의해서 촉발될 수 있다. 자극과민과 관련하여 진단 상에 또 한 가지 고려할 점은 DSM-5에서 우울장애의 진단체계에 새로이 추가된 파괴적 기분조절이상장애(disruptive mood dysregulation disorder, DMDD)와의 감별이다. 처음에는 소아기 양극성장애처럼 개념화되었으나, 우울장애 진단범주로 분류된 것은 지역사회 및 임상종단 연구들에서는 이러한 표현형이 양극성장애가 아닌 단극성 정동장애로 이어진다고 제시함에 따른 결과이다.[14,15] DMDD 진단을 위한 핵심 양상은 일상적인 사소한 스트레스에 심한 분노폭발이 자주(주 3회 이상), 반복적으로 나타나고, 그 사이 부정적인(슬픈, 화가 난, 또는 과민한) 기분 상태가 지속되는 것이다. 이러한 증상들은 적어도 12개월 동안 다수의 상황에서 나타나야 하고, 6세 이상에서 진단 가능하며, 발병나이는 10세 이전이어야 한다. 소아청소년에서 DMDD와 양극성장애를 구분하는 것은 쉽지 않으며 청소년기 양극성장애 환자의 25%에서 DMDD 양상을 보일 수 있다. DMDD와 달리 소아청소년기 양극성장애의 경우 평소 모습과 뚜렷한 차이를 보이는 기분 변화의 삽화 기간이 나타난다. 즉 DMDD의 경우 극도의 자극과민이 지속적으로 나타나는 반면 양극성장애에서는 과민한 기분이 삽화적으로 나타나고 과대성, 목표지향적 행동 증가 등이 나타난다. 만일 경조증 또는 조증 삽화 기준을 충족하는 기간이 1일을 넘으면 DMDD로 진단할 수 없다. DMDD는 ADHD와 동반이환율이 매우 높아서 임상군을 대상으로 할 때 DMDD 환아 중 65%에서 ADHD 증상을 가지는 것으로 보고된다.[16] 이렇듯 양극성장애, DMDD, ADHD는 유사한 임상양상을 공유하고 실제 서로 간의 동반이환율도 높아 정확한 진단이 어려울 수 있으므로, 임상가는 이들 질환의 특징 및 임상경과 등을 이해하고 감별을 위해 많은 노력과 주의를 기울여야 한다.

양극성장애와 ADHD의 공존

앞서 계속 언급한 것과 같이, 양극성장애와 ADHD는 높은 동반이환율을 보인다. 양극성장애와 ADHD를 모두 갖고 있는 환아의 경우 그렇지 않은 환아에 비해 전반적인 적응력이 낮고 학업실패의 경향이 높으며, 다른 정신과적인 문제 및 인지장애를 동반하는 등 보다 심각한 장해를 갖는 것으로 알려져 있다. 장기적인 경과와 예후 측면에서 양극성장애와 ADHD의 공존은 다수의 기분 삽화, 심한 기분 증상, 혼재성 양상, 대인관계 내 공격성, 충동성, 법적 문제, 자살시도 등과 상관성을 보인다. 또한 물질사용장애, 공황장애, 인격장애 등 다른 동반이환이 잦고, 삶의 질 저하와 사회 적응상의 어려움이 심하다.[4-6]

　양극성장애와 ADHD 동반이환율은 소아의 경우 대략 50~90% 정도로 연구마다 다소 차이를 보이는데, 연구 대상의 나이 분포, 조증의 발병나이, 양극성장애의 아형에 따라 결과가 차이가 있는 것으로 추측된다. Wozniak 등은 12세 미만의 양극성장애 환아 중 98%에서 ADHD가 동반이환된다고 보고하였고,[17] Soutullo 등은 양극성장애 청소년을 대상으로 한 연구에서는 그보다 낮은 49%에서 ADHD가 동반이환된다고 보고한 바 있다.[18] 또 7~17세에 해당하는 소아기 양극성장애 환아를 대상으로 한 대규모 연구(The Course and Outcome of Bipolar Youth, COBY)에서는 전체 대상군 중 58.6%에서 ADHD가 공존하였고, 2형 양극성장애(43.3%)의 경우 1형 양극성장애(62.1%), 달리 분류되지 않는 양극성장애(59.8%)에 비해 현저히 낮은 동반이환율을 보였다.[7, 13] 반면 ADHD 환아에서는 양극성장애 동반이환율이 그보다 훨씬 낮은, 약 20% 정도로 보고되고 있다. 미국의 대규모 양극성장애 연구인 Systematic Treatment Enhancement Program for Bipolar Disorder(STEP-BD) 연구 결과에 따르면, 성인 양극성장애 환자에서 성인 ADHD의 평생유병률은 9.5%(남성 14.7%, 여성 5.8%)이고,[19] National Comorbidity Survey Replication(NCS-R) 연구에서는 그보다 높은 21%로 조사되었다.[20] 가족 연구 결과에서는 양극성장애 환자의 친척에서는 ADHD와 양극성장애의 유병률이 둘 다 높았다. 순수한 ADHD 환자의 친척에서는 ADHD 유병률만 높았던 것과 달리 양극성장애와 ADHD가 공존하는 환자의 친척에서는 ADHD는 물론, 양극성장애의 유병률이 5배나 높고, 심한 기능저하를 보이는 주요우울장애의 위험도 높았다.[21]

　아직까지 ADHD와 양극성장애를 구분 짓고 두 질환의 동반이환에 관한 임상적, 발달학적, 생물학적 관련성을 밝히는 연구는 부족한 실정이다. 두 질환이 자주 동반이환되는 현상이 진단기준에 따른 증상들의 단순한 중첩에 의한 것인지, 또는 발달학적 차이를 반영하는 소아기 양극성장애의 특징적인 임상양상인지, 아니면 이중의 유전적 소인에 따른 두 질환의 독립적인 공존인지에 대해서는 명확히 결론 내리기 어렵다. 두 질환에서 공통적으로 관찰되는 유전 및 신경생물학적 위험요인이 있을 것이라는 가설이 제기되나 현재까지 그에 대한 근거는 부족하다.[22] ADHD와 양극성장애의 동반이환 및 소아기 양극성장애의 특성이 규명되기 위해서는 향후 더 많은 종적 연구와 신경생물학적 연구가 이루어져야 할 것이다.

지금까지 ADHD가 양극성장애 발병의 조기 경고신호 또는 발달학적 지표일 수 있음을 주장하는 여러 연구 결과들이 제시된 바 있다. 대표적으로 ADHD 동반이환하는 경우에는 ADHD 없이 양극성장애만 있는 경우보다 사춘기 이전 발병의 빈도가 훨씬 많고, 평균 발병나이가 더 어리다는 보고들이 그것이다.[9, 23] STEP-BD 연구 결과에 따르면, 사춘기 이전 발병한 양극성장애 환자의 경우(20.4%)에는 청소년기 이후(7.6%) 또는 성인기(5.7%)에 발병한 경우에 비해 ADHD와의 동반이환율이 유의하게 높았으며,[19] 양극성장애와 ADHD가 동반이환된 경우는 그렇지 않은 경우보다 양극성장애 발병나이가 약 5년 정도 어린 것으로 보고되었다(13.9세 대 18세).[19] 한편 ADHD와 양극성장애 동반이환율이 연구마다 일관적이지 않고, ADHD 증상이 치료를 통해 호전된 이후에도 양극성장애에 부합하는 증상들이 지속되거나, ADHD와 연관된 주의력과 행동조절의 문제들이 양극성장애의 경과와 무관하게 나타난다. 이러한 연구 결과들을 통해 서로 독립적인 두 질환이 공존하는 것이라는 의견이 동시에 제기된다. 양극성장애 고위험군(양극성장애 환자와 그 후손)을 대상으로 현재까지 시행된 전향적 코호트 연구들을 분석한 최근 연구에서도 소아기 때 ADHD의 진단이 향후 양극성장애 발병의 예측인자가 아니라는 결과를 보였다. 다만 양극성장애 고위험군의 경우에는 ADHD 증상이 양극성장애로 분류되는 특정 아형의 신경발달학적 표현형의 일부일 수 있음을 예비결과로 제시하였다.[24]

양극성장애와 ADHD의 치료전략 및 주의사항

앞서 설명한 것과 같이 양극성장애와 ADHD에 대해 진단을 정확히 내리는 것이 여러 측면에서 어렵다는 것은 많이 알려져 있다. 이러한 주장에 따라 자칫 적절한 진단에 이르기까지 너무 긴 시간적 지연이 일어난다면 환자들은 부적절한 치료와 그에 따른 불필요한 부작용이 생기거나 학업중단, 실직 또는 이혼과 같은 심각한 기능저하를 경험할 가능성이 있다. 특히 소아의 경우에는 아이의 정상적 발달이나 가족 기능에 매우 해로운 영향을 미칠 수도 있다. 합리적인 진단의 확신이 없다면 어떤 임상가도 소아에게 항정신병약물이나 기분조절제로 평생을 치료받게 될 진단을 내리길 원하지 않을 것이다. 그러나 중요한 것은 ADHD 증상, 자극과민, 혹은 공격성 등의 복잡한 증상을 가진 아이들에서 양극성장애에 대한 고려와 평가를 통해 적절한 치료시기를 놓치는 일이 없어야 한다는 점이다. 실제 순수한 ADHD를 양극성장애라고 잘못 진단하는 경우는 적으나, 양극성장애를 ADHD와 품행장애, ADHD와 DMDD로 잘못 진단 내릴 위험성은 높은 편이다. 이 경우 자칫 정신자극제(psychostimulants) 또는 항우울제가 잘못 처방되어 그로 인해 양극성장애의 증상 및 경과 악화를 불러올 수 있다.[18, 25] 결론적으로 소아기 양극성장애에 대한 과다진단이나 과소진단을 피하기 위해서는 ADHD, DMDD, 적대적 반항장애, 품행장애 등 관련 질환과의 감별진단에 있어 균형을 잡는 일이 중요하고, 그에 따라 적절한 치료적 개입을 할 수 있도록 주의를 기울여야 한다.

　양극성장애와 ADHD 치료를 위해 다양한 약물들이 사용될 수 있다(표 3). 일반적으로 기분조절제(lithium, valproate/divalproex, carbamazepine) 단독요법 또는 비정형 항정신병약물(예 : aripiprazole)의 병합요법은 조증 삽화에는 효과적이지만 ADHD 증상에는 효과적이지 않았다. 양극성장애에 있어 정신자극제 사용은 그 효과와 위험성이 아직 명확하지 않고, 실제로 정신자극제 또는 기타 ADHD 치료제들은 조증 증상을 악화시킬 수도 있다. 일부 연구들은 이전에 정신자극제를 복약한 경우 조증 증상이 더욱 심하고 치료에 불량한 경과를 보였다고 보고한 바 있다.[26] 이러한 근거들은 대부분이 소아청소년을 대상으로 한 임상 연구 결과로서 성인 ADHD에 대한 약물치료 효과의 근거는 매우 부족하다. 성인 ADHD 치료에 대해 methylphenidate와 atomoxetine의 효과가 입증된 바 있고, 그 외 대표적인 항조증 약물로 알려진 lithium의 경우 성인에서 ADHD 증상과 관련된 공격성과 자극과민에 대한 치료 효과가 methylphenidate와 동등한 수준으로 나타났다.[37] 중요하게는, 투여 효과 발생까지 걸리는 시간(예 : ADHD 치료를 위한 정신자극제의 경우 수시간 또는 수일 이내 빠른 효과가 나타남), ADHD 핵심 증상 영역(주의력결핍 대 충동성-과잉행동) 중에서 각 영역에 대한 치료 효과의 차이, 기분조절제와 항정신병약물의 사용이 인지기능에 미치는 부정적 영향 등 이들 약물들의 치료 효과 및 부작용에 대한 충분한 고려가 이루어져야 하겠다.

　양극성장애와 ADHD가 실제로 공존하는 경우라면, 치료전략을 세움에 있어 임상가의 보다 많은 주의가 필요하다. 표 3에서와 같이 두 질환은 전혀 다른 종류의 약물에 치료반응을 보이고, 그러한 점에서 임상가는 약물에 개별적으로 반응하는 증상들의 집합체를 보다 잘 이해하는 것이 필요하다. 우선은 양극성장애를 가지고 있거나 가지고 있는 것으로 의심되는 환자에서, 특히 양극성장애 가족력이 있을 경우, 항우울제나 정신

표 3   양극성장애와 ADHD에서 약물치료의 기대 효과

약물	치료 효과	
	양극성장애	ADHD
정신자극제 (psychostimulants)	• 조증 또는 정신병적 증상의 악화를 초래할 수 있음[26] • 양극성 우울증에 도움이 될 수 있으나 충분한 모니터링이 필요함[27] • 소아에서 양극성장애와 ADHD가 공존 시 valproate에 대한 mixed amphetamine salts의 부가요법은 ADHD 증상 개선에 효과적일 수 있음[28] • aripiprazole 투여 중 methylphenidate의 부가요법은 ADHD 증상에 효과 없음[29]	• 핵심 증상인 주의력결핍, 과잉행동, 충동성 모두에 효과가 있다고 알려져 있음 • 상대적으로 효과가 빠름
Alpha2 agonists (예 : guanfacine, clonidine)	• ADHD 치료에 따른 2차성 조증에 대한 치료 효과를 보고한 증례 보고가 있음. 기존의 양극성장애 환자에 대한 치료 효과는 보고된 바 없음	• 충동성, 과잉행동에 효과적일 수 있음[30]
Noradrenergic agents (예 : atomoxetine, nortriptyline, desipramine)	• 이론적으로는 조증 유발의 위험을 가짐 • 항조증약물과 atomoxetine 병합에 대한 개방 연구 결과 조증 증상의 악화 없이 ADHD 증상의 유의한 개선이 보고됨[31]	• 주의력결핍, 과잉행동에 효과적일 수 있음 • 특히 틱장애, 불안장애가 동반된 경우 효과적임[32]
기타 항우울제	• 효능 및 위험성에 대해 명확히 결론짓기 어려움	• 성인 환자에서 bupropion은 위약에 비해 2.5배 이상의 효능을 보임[33]
Dopamine agonists (예 : bromocriptine, pramipexole, ropinirole)	• 치료저항성 양극성 우울증에 강화요법으로 도움될 수 있음[34] • pramipexole은 양극성장애 환자의 인지기능 개선에 도움될 수 있음[35]	• 이론적으로 주의력 과정의 향상을 기대할 수 있을 것이나, 그에 대한 연구 결과가 보고된 바 없음
Lithium	• 항조증 효능이 입증됨 • 자살을 막는 효과가 보고됨 • 언어성 기억, 장단기 기억력, 운동속도 등 인지기능 저하에 영향을 미칠 수 있음[36]	• 성인 환자에서 자극과민, 공격성 등을 개선시킨다는 보고가 있음[37]
Valproate/Divalproex	• 항조증 효능이 입증됨 • 주의력 및 언어성 기억력 저하에 영향을 미칠 수 있음[36]	• 정신자극제와 divalproex의 병합은 위약과 정신자극제의 병합에 비해 ADHD 관련 공격성에 보다 효과적임[38]

표 3　양극성장애와 ADHD에서 약물치료의 기대 효과(계속)

약물	치료 효과	
	양극성장애	ADHD
Carbamazepine	• 항조증 효능이 입증됨 • 학습 저하 및 시지각 운동지연에 영향을 미칠 수 있음[36]	• clonidine과 비교 시 충동성 및 과잉행동에 대한 개선 효과가 부족함[39]
Lamotrigine	• 양극성 우울증에 대한 효과가 보고됨 • 급성 우울증에 대한 효과보다 우울 삽화를 예방하는 효과가 있음 • 인지저하 부작용에 대해서는 보고된 바가 없음	• ADHD에 대한 연구 결과가 보고된 바 없음
Atypical antipsychotics	• 소아에서 양극성장애와 ADHD가 공존 시 aripiprazole은 조증에 효과적이나 ADHD 증상의 개선은 없음[40]	• 일부 충동성 및 공격성에 대한 개선 효과가 있을 수 있음. 주의력결핍에 대한 효능은 보고된 바 없음

자극제의 1차적인 사용은 피하는 것이 좋다. 그러나 여전히 남아 있는 ADHD 증상으로 인해 환자의 기능장해가 지속될 가능성이 높다면, 기왕의 양극성장애 치료약물(기분조절제 단독, 또는 두 가지 이상의 기분조절제 병합, 또는 비정형 항정신병약물 치료 등)로 충분히 기분조절이 되었다고 판단된 후에 정신자극제의 강화요법(augmentation treatment)을 낮은 용량부터 시도해볼 수 있겠다. 일부 연구자들은 일단 하나 이상의 항조증 약물들로 기분안정화가 되고, 남은 ADHD 증상이 지속된다면 소량의 정신자극제가 1차적 기분안정화 요법에 보조치료제로서 사용될 수 있다고 제안한 바 있다.[27, 28] 그 외 양극성장애 우울증 삽화가 동반된 ADHD에서는 bupropion을 시도해볼 수 있다.[33]

결론

본 장에서는 ADHD와 양극성장애 간의 감별진단의 핵심내용을 정리하였다. 양극성장애와 ADHD에 대해 진단을 정확히 내리는 것은 여러 측면에서 어렵다. 임상가는 양극성장애와 ADHD와의 감별을 위한 특징을 알고, 두 질환의 치료와 경과 등을 정확히 이해하고 파악해야 한다. 이를 통해 정확한 진단을 내릴 수 있고, 적절한 치료전략을 수립할 수 있을 것이다. 또 실제 임상에서 ADHD와 양극성장애가 공존하고 있는 경우가 상당히 많다. 이 경우 먼저 양극성장애에 대한 치료를 충분히 하는 것이 우선되며, 충분히 기분안정화가 되었다고 판단된 후에 ADHD에 대한 치료(낮은 용량의 정신자극제 사용)를 조심스럽게 해야만 한다.

참고문헌

1) Brus MJ, Solanto MV, Goldberg JF. Adult ADHD vs. bipolar disorder in the DSM-5 era: a challenging differentiation for clinicians. J Psychiatr Pract 2014;20:428-437.

2) Pavuluri MN, Birmaher B, Naylor M. Pediatric bipolar disorder: a review of the past 10 years. J Am Acad Child Adolesc Psychiatry 2005;44:846-871.

3) Bernardi S, Cortese S, Solanto M, Hollander E, Pallanti S. Bipolar disorder and comorbid attention deficit hyperactivity disorder. A distinct clinical phenotype? Clinical characteristics and temperamental traits. World J Biol Psychiatry 2010;11:656-666.

4) Karaahmet E, Konuk N, Dalkilic A, Saracli O, Atasoy N, Kurçer MA, et al. The comorbidity of adult attention-deficit/hyperactivity disorder in bipolar disorder patients. Compr Psychiatry 2013;54:549-555.

5) McIntyre RS, Kennedy SH, Soczynska JK, Nguyen HT, Bilkey TS, Woldeyohannes HO, et al. Attention-deficit/hyperactivity disorder in adults with bipolar disorder or major depressive disorder: Results from the international mood disorders collaborative project. Prim Care Companion J Clin Psychiatry 2010;12.

6) Perugi G, Ceraudo G, Vannucchi G, Rizzato S, Toni C, Dell'Osso L. Attention deficit/hyperactivity disorder symptoms in Italian bipolar adult patients: A preliminary report. J Affect Disord 2013;149:430-434.

7) Axelson D, Birmaher B, Strober M, Gill MK, Valeri S, Chiappetta L, et al. Phenomenology of children and adolescents with bipolar spectrum disorders. Arch Gen Psychiatry 2006;63:1139-1148.

8) Geller B, Zimerman B, Williams M, Delbello MP, Bolhofner K, Craney JL, et al. DSM-IV mania symptoms in a prepubertal and early adolescent bipolar disorder phenotype compared to attention-deficit hyperactive and normal controls. J Child Adolesc Psychopharmacol 2002;12:11-25.

9) Kowatch RA, Youngstrom EA, Danielyan A, Findling RL. Review and meta-analysis of the phenomenology and clinical characteristics of mania in children and adolescents. Bipolar Disord 2005;7:483-496.

10) Torrente F, López P, Lischinsky A, Cetkovich-Bakmas M, Manes F. Depressive symptoms and the role of affective temperament in adults with attention-deficit/hyperactivity disorder (ADHD): A comparison with bipolar disorder. J Affect Disord 2017;221:304-311.

11) Doerfler LA, Connor DF, Toscano PF Jr. Aggression, ADHD symptoms, and dysphoria in children and adolescents diagnosed with bipolar disorder and ADHD. J Affect Disord 2011;131:312-319.

12) Geller B, Warner K, Williams M, Zimerman B. Prepubertal and young adolescent bipolarity versus ADHD: assessment and validity using the WASH-U-KSADS, CBCL and TRF. J Affect Disord 1998;51:93-100.

13) Birmaher B, Axelson D, Strober M, Gill MK, Valeri S, Chiappetta L, et al. Clinical course of children and adolescents with bipolar spectrum disorders. Arch Gen Psychiatry 2006;63:175–183.

14) Axelson DA, Birmaher B, Findling RL, Fristad MA, Kowatch RA, Youngstrom EA, et al. Concerns regarding the inclusion of temper dysregulation disorder with dysphoria in the Diagnostic and Statistical Manual of Mental Disorders, Fifth Edition. J Clin Psychiatry 2011;72:1257–1262.

15) Leibenluft E, Charney DS, Towbin KE, Bhangoo RK, Pine DS. Defining clinical phenotypes of juvenile mania. Am J Psychiatry 2003;160:430–437.

16) Axelson D, Findling RL, Fristad MA, Kowatch RA, Youngstrom EA, Horwitz SM, et al. Examining the proposed disruptive mood dysregulation disorder diagnosis in children in the Longitudinal Assessment of Manic Symptoms study. J Clin Psychiatry 2012; 73:1342–1350.

17) Wozniak J, Biederman J, Kiely K, Ablon JS, Faraone SV, Mundy E, et al. Mania-like symptoms suggestive of childhood-onset bipolar disorder in clinically referred children. J Am Acad Child Adolesc Psychiatry 1995;34:867–876.

18) Soutullo CA, DelBello MP, Ochsner JE, McElroy SL, Taylor SA, Strakowski SM, et al. Severity of bipolarity in hospitalized manic adolescents with a history of stimulant or antidepressant treatment. J Affect Disord 2002;70:323–327.

19) Nierenberg AA, Miyahara S, Spencer T, Wisniewski SR, Otto MW, Simon N, et al. Clinical and diagnostic implications of lifetime attention-deficit/hyperactivity disorder comorbidity in adults with bipolar disorder: Data from the first 1000 STEP-BD participants. Biol Psychiatry 2005;57:1467–1473.

20) Kessler RC, Adler L, Barkley R, Biederman J, Conners CK, Demler O, et al. The prevalence and correlates of adult ADHD in the United States: Results from the National Comorbidity Survey Replication. Am J Psychiatry 2006;163:716–723.

21) Faraone SV, Biederman J, Mennin D, Wozniak J, Spencer T. Attention-deficit hyperactivity disorder with bipolar disorder: a familial subtype? J Am Acad Child Adolesc Psychiatry 1997;36:1378-1387.

22) Singh MK, DelBello MP, Kowatch RA, Strakowski SM. Co-occurrence of bipolar and attention-deficit hyperactivity disorders in children. Bipolar Disord 2006;8:710-720.

23) Faraone SV, Biederman J, Wozniak J, Mundy E, Mennin D, O'Donnell D. Is comorbidity with ADHD a marker for juvenile-onset mania? J Am Acad Child Adolesc Psychiatry 1997;36:1046–1055.

24) Duffy A. The nature of the association between childhood ADHD and the development of bipolar disorder: a review of prospective high-risk studies. Am J Psychiatry 2012;169:1247-1255.

25) Biederman J, Mick E, Bostic JQ. The naturalistic course of pharmacologic treatment of children with manic-like symptoms: a systematic chart review. J Clin Psychiatry 1998;59:628–637.

26) DelBello MP, Soutullo CA, Hendricks W, Niemeier RT, McElroy SL, Strakowski SM. Prior stimulant treatment in adolescents with bipolar disorder: association with age at onset. Bipolar Disord 2001;3:53–57.

27) Dell'Osso B, Ketter TA. Use of adjunctive stimulants in adult bipolar depression. Int J Neuropsychopharmacol 2013;16:55–68.

28) Scheffer RE, Kowatch RA, Carmody T, Rush AJ. Randomized, placebo-controlled trial of mixed amphetamine salts for symptoms of comorbid ADHD in pediatric bipolar disorder after mood

stabilization with divalproex sodium. Am J Psychiatry 2005;162:58–64.

29) Zeni CP, Tramontina S, Ketzer CR, Pheula GF, Rohde LA. Methylphenidate combined with aripiprazole in children and adolescents with bipolar disorder and attention-deficit/hyperactivity disorder: A randomized crossover trial. J Child Adolesc Psychopharmacol 2009;19:553–561.

30) Sallee F, Connor DF, Newcorn JH. A review of the rationale and clinical utilization of alpha2-adrenoceptor agonists for the treatment of attention-deficit/hyperactivity and related disorders. J Child Adolesc Psychopharmacol 2013;23:308–319.

31) Chang K, Nayar D, Howe M, Rana M. Atomoxetine as an adjunct therapy in the treatment of co-morbid attentiondeficit/ hyperactivity disorder in children and adolescents with bipolar I or II disorder. J Child Adolesc Psychopharmacol 2009;19:547–551.

32) Kratochvil CJ, Milton DR, Vaughan BS, Greenhill LL. Acute atomoxetine treatment of younger and older children with ADHD: a meta-analysis of tolerability and efficacy. Child Adolesc Psychiatry Ment Health 2008;2:25.

33) Verbeeck W, Tuinier S, Bekkering GE. Antidepressants in the treatment of adult attention-deficit hyperactivity disorder: A systematic review. Adv Ther 2009;26:170–184.

34) Perugi G, Toni C, Ruffolo G, Frare F, Akiskal H. Adjunctive dopamine agonists in treatment-resistant bipolar II depression: An open case series. Pharmacopsychiatry 2001;34:137–141.

35) Burdick KE, Braga RJ, Nnadi CU, Shaya Y, Stearns WH, Malhotra AK. Placebo-controlled adjunctive trial of pramipexole in patients with bipolar disorder: Targeting cognitive dysfunction. J Clin Psychiatry 2012;73:103–112.

36) Goldberg JF. Adverse cognitive effects of psychotropic medications. In: Burdick KE, Goldberg JF. Cognitive dysfunction in bipolar disorder: A guide for clinicians. Arlington, VA: American Psychiatric Publishing;2008;137–158.

37) Dorrego MF, Canevaro L, Kuzis G, Sabe L, Starkstein SE. A randomized, double-blind, crossover study of methylphenidate and lithium in adults with attention-deficit/hyperactivity disorder: Preliminary findings. J Neuropsychiatry Clin Neurosci 2002;14:289–295.

38) Blader JC, Schooler NR, Jensen PS, Pliszka SR, Kafantaris V. Adjunctive divalproex versus placebo for children with ADHD and aggression refractory to stimulant monotherapy. Am J Psychiatry 2009;166:1392–1401.

39) Nair V, Mahadevan S. Randomised controlled study: Efficacy of clonidine versus carbamazepine in children with ADHD. J Trop Pediatr 2009;55:116–121.

40) Tramontina S, Zeni CP, Ketzer CR, Pheula GF, Narvaez J, Rohde LA. Aripiprazole in children and adolescents with bipolar disorder comorbid with attention-deficit/hyperactivity disorder: A pilot randomized clinical trial. J Clin Psychiatry 2009;70:756–764.

양극성장애 부모의 자녀

The offspring of parents with bipolar disorder

성형모⁺ | 이종훈⁺⁺
차의과학대학교 의학전문대학원 정신건강의학교실⁺ | 대구가톨릭대학병원 정신건강의학과⁺⁺

전경향이 강한 양극성장애의 특성으로 인해 양극성장애의 발생에 있어 가장 중요한 위험요인(risk factor)은 가족력이며, 양극성장애를 가진 부모의 자녀들은 통상적으로 양극성장애 고위험군으로 분류된다. 실제로 우울장애를 가진 부모의 자녀들은 성인기에 약 40% 정도가 우울장애를 가질 위험성을 가지는 것으로 되어 있고, 양극성장애를 가진 부모의 자녀 중 약 10%가 성인기에 양극성장애를 가질 위험성이 있다고 한다.[1] 양극성장애 부모의 자녀들을 대상으로 20여 년 이상 진행된 대규모 코호트 연구 등을 통해 양극성장애의 가족력과 강한 유전경향으로 인해 가족 내 양극성장애 발병률이 높고, 가족 내에서 양극성장애가 집단화되는 경향이 강하게 나타나는 것으로 밝혀졌다.[2] 이런 특성들은 소아청소년 양극성장애에 대한 다양한 역학 연구를 통해서도 확인된다. 역학조사들을 메타분석한 결과를 통해 확인된 소아기 양극성장애의 유병률이 약 1.8% 정도인 데 비해, 양극성장애 부모의 소아 및 청소년 자녀들에서의 양극성장애 유병률은 8.5~16%에 이르는 것으로 보고되고 있고, 승산비(odds ratio)가 16에 달한다.[3,4]

양극성장애 부모의 자녀들은 양극성장애 이외의 다른 정신질환의 발병률도 일반 인구에 비해 높은 것으로 나타난다. 고위험군 자녀들의 정신병리에 대한 최근의 메타분석 결과 정상군에 비해 양극성스펙트럼장애의 발생은 9배, 양극성장애 이외의 기분장애는

2.5배, 불안장애는 2배 이상 발병하는 것으로 나타났다.[5] 또한 양극성장애 부모를 가진 자녀들에서 양극성장애의 발생위험성뿐만이 아니라 주요우울장애, 수면장애, 불안장애 및 물질사용장애 등의 발병률도 높게 나타난다.[6] 비록 특정 정신질환의 발병이 없는 경우라고 하더라도 양극성장애 부모의 자녀들은 일반 부모의 자녀들보다 더 많은 정신병리와 물질사용문제, 신경인지기능의 저하, 대뇌 피질-피질하 연결에 있어서의 구조적 이상, 신경내분비 이상 등을 보이는 것으로 알려져 있다.[4, 7]

정신건강의학에서 양극성장애 부모의 자녀들을 대상으로 한 연구는 양극성장애의 유전학적 특성을 이해하는 데 있어 아주 중요한 것이기도 하지만 보다 최근에는 고위험군의 특성을 파악하고 이들 고위험군에 대한 전구증상기(prodromal state) 동안의 조기개입 등을 통해 질환의 발생을 예방하거나 조기에 치료함으로써 예후를 개선시키고자 하는 시도들로 이어지고 있다. 유전학적 기초가 비교적 잘 연구되어 있는 양극성장애의 경우 자녀들을 대상으로 하는 이런 연구들은 질환의 발생과 관련된 유전자-환경 상호작용(gene-environment interaction)을 이해하는 데 도움을 주고, 질환의 발생을 예방하고 치료하는 데 도움이 되는 조기개입의 방법을 개발하는 것에 도움이 될 것이다. 나아가 사회경제적으로도 예방적 개입을 통한 사회적 비용의 감소라는 측면에서 큰 의미를 가질 수 있을 것이다.[8]

양극성장애 부모의 자녀들은 왜 양극성장애의 고위험군인가?

양극성장애가 높은 유전경향성을 가진다는 것은 과학적으로 인정받고 있다. 쌍생아 연구의 결과를 보면 이란성 쌍생아에 비해 일란성 쌍생아 사이의 양극성장애 일치율이 약 7배가량 높았다.[9] 많은 가계도조사, 쌍생아 및 입양아동을 통한 유전 연구 등을 통해 확인된 양극성장애의 유전경향성은 약 85%까지 되는 것으로 알려져 있으며, 양쪽 부모가 모두 양극성장애면 자녀의 양극성장애 발병은 한쪽 부모가 양극성장애인 경우보다 5.7배, 정상 부모를 둔 자녀에 비해 51.9배 높게 나타난다.[10, 11] 대규모의 가족 연구들을 통합분석(pooled analysis)한 결과에서도 형제자매 간의 승산비가 6.96으로 높게 나타났으며, 주의력결핍과잉행동장애(attention-deficit/hyperactivity disorder, ADHD)보다 형제자매 간 위험도는 더 높은 것으로 나타났다.[12] 이런 높은 유전경향성은 양극성장애의 가장 큰 위험요인이 가족력이라는 것을 보여주고 있으며, 양극성장애 부모의 자녀들을 양극성장애의 고위험군으로 분류하는 것이 타당하다는 근거가 되었다.

양극성장애가 자녀에게 유전될 가능성이 다른 정신질환보다 큰 것이 사실이지만, 그 과정이나 기전에 대해서는 아직 명확하게 밝혀진 것이 없다. 많은 유전체 연구 등을 통해 양극성장애의 유전과 관련된 유전자를 찾아내고자 하는 노력이 계속되고 있지만, 아직 특정 유전체나 기본적인 유전 모델을 규명하지 못하고 있다. 단일 유전자에 의한 유전과 common variant hypothesis, multivariate threshold models and oligogenic quasi-Mendelian modes 등이 제시되어 논의되고 있지만 아직 더 많은 연구가 필요한 실정이며, 양극성장애 고위험군인 자녀들에 대해 예방과 조기치료를 위한 임상적 개입에 활용하기는 요원한 상태인 것 같다.[13] 양극성장애 환자들을 대상으로 한 임상 연구들도 비슷한 결과들을 보여주고 있다. 최근 발표된 양극성장애 부모의 자녀들에 대한 다세대 간 이환 경향을 분석한 연구 결과를 보면, 정신질환의 발병에 있어서 부모와 자녀 간의 일치도가 높았지만, 여러 세대를 거치면서 위험성 등이 변화하는 양상을 확인할 수 있었다.[14] 이는 여러 세대에 걸쳐 양극성장애가 유전되는 데 있어, 유전학적 기전 이외에도 후성학적(epigenetic) 기전 등이 다양하게 작용할 수 있다는 점을 시사하며, 양극성장애의 유전경향과 관련하여 예방이나 지연시키려는 임상적 혹은 공공의료적 측면에서 충분히 고려되어야 할 것이다.

가족 환경 내 위험요인(risk factors in family environment)

양극성장애 부모의 자녀들에게서 정신병리나 정신질환이 발병하는 것에는 분명히 유전적 요인이 크게 작용하는 것이 사실이다. 하지만 유전적 요인 이외에도 다양한 환경적 요인이 발병에 영향을 주는 것으로 알려져 있고, 이런 환경적 요인에서 가장 중요한 것은 양극성장애 부모의 양육과 관련된 요인들이 중요하게 작용하는 것 같다. 실제로 양극성장애 부모의 자녀들을 대상으로 진행된 종단적 연구에서도 양극성장애를 가진 부모의 양육과 관련된 요인들이 자녀의 정신병리에 큰 영향을 준다는 것이 확인되었다.[15] 이런 환경적 요인과 관련해서는 특히 양극성장애를 가진 어머니의 정신병리나 양육의 질이 중요하게 간주되고 있는데, 어머니에 의한 방임(neglect)은 양극성장애의 가족력이 있는 자녀들에게서 기분장애가 발생하는 것을 예측할 수 있는 인자로 제시되기도 하였고, 양극성장애를 가진 어머니의 정신병리는 자녀를 충분히 돌볼 수 없게 만듦으로써 자녀의 양극성장애 발병에 있어 중요한 위험요인으로 작용하게 된다.[16, 17] 이런 연구들의 결과를 보면 양극성장애를 가진 부모들에게 적절한 양육에 관한 교육과 정보를 제공하고, 부모 및 가족에 대한 조기개입을 통해 자녀들의 정신병리를 예방하거나 효과적으로 치료하는 데 큰 도움을 받을 수 있을 것으로 기대된다.

이외에도 가족 환경 내에서 있을 수 있는 위험요인을 찾고자 하는 연구들이 최근까지 다양하게 발표되었다. 가족 간의 역기능적인 상호작용이 정상군에 비해 양극성장애를 가진 부모가 있는 가족에서 더 흔히 나타나며, 양극성장애 부모의 자녀들에게서 양극성장애를 포함한 정신질환의 유병률이 더 높게 나타나는 것을 보면 부모의 성격, 양육방식, 부모-아이 관계 등을 포함한 가족환경이 자녀의 정신병리 발생에 중요한 요인이 될 수 있음을 알 수 있다.[18~20] 높은 가족 내 갈등과 낮은 결속력(cohesion)은 자녀의 높은 내현화(internalizing) 및 외현화(externalizing) 증상과 관련이 있으며, 낮은 가족결속력은 자녀의 기분장애와 관련이 많은 것으로 보고되기도 하였다. 이런 환경적 요인들과 자녀의 정신병리와의 관계는 자녀의 나이가 어릴수록 더 강하게 나타나는 것으로 확인되었다.[21]

기타 비유전적 위험요인(other non-genetic risk factors)

강한 유전성으로 인해 양극성장애 부모의 자녀들이 양극성장애의 고위험군으로 분류되기는 하지만, 이들 자녀들에게서 실제로 양극성장애나 다른 정신질환이 발생하게 되는 위험요인과 매개요인들을 찾고자 하는 다양한 연구들이 있었다. 자녀가 출생할 당시 부모의 나이가 중요한 위험요인으로 작용하는 조현병과는 달리 양극성장애에서 부모의 나이는 관련성이 적은 것으로 보이며,[22] 오히려 자녀를 양육하는 동안 부모의 양극성장애 이환기간이 중요하게 작용하는 것 같다. 자녀의 소아 성장기 동안 부모의 양극성장애 이환기간이 길수록, 자녀가 부모의 양극성장애에 노출된 기간이 길수록 자녀의 정신병리 발생 위험도가 높아지게 되며, 이 연구 결과는 부모의 양극성장애를 적극적으로 치료하는 것이 중요하다는 점을 시사하기도 한다.[23]

특정 지역이나 집단을 대상으로 한 장기 추적 관찰 연구를 통해 불안장애, 우울장애, ADHD와 같은 행동장애 등이 잠재적인 전구 증상 혹은 위험요인으로 보고되기도 하였고,[24] 캐나다에서 진행된 종단적 연구에서는 소아기 불안장애(범불안장애, 사회불안장애)가 고위험 자녀에서 기분장애 발생을 예측할 수 있는 위험인자가 되며, 고위험군에 속한 소아들에서 불안장애가 조기개입의 중요한 대상이 된다는 점을 강조하기도 하였다.[25] 최근까지 보고된 21개의 개별 코호트 연구들에 대한 체계적 고찰을 통해 이들 고위험군에서의 소아기 불안장애가 이후의 양극성장애의 발병과 관련성이 있으며, 반복되는 물질사용장애는 후기 청소년기와 초기 성인기의 양극성장애 발생의 위험요인으로 제시되기도 하였다.[26] 2001년부터 시작하여 10년 이상 장기적으로 진행된 Pittsburgh

Bipolar Offspring Study(BIOS)에서는 자녀의 양극성스펙트럼장애의 발생을 예측할 수 있는 주요 요인들로 조증, 우울증, 불안, 기분 변화(mood lability), 정신사회적 기능, 부모의 나이를 제시하면서, 이들을 이용하여 가족력의 위험이 있는 자녀가 5년 내 양극성스펙트럼장애가 발생할 위험도를 예측하는 방법을 제시하기도 하였다.[27]

마지막으로 스트레스성 생활사(life events)가 특히 양극성장애 부모의 자녀들에서 기분장애 발병의 위험요인으로 작용하며, 소극적 대처방식(passive coping)과 위험-회피성 기질(harm-avoidant temperament)은 기분장애 삽화의 재발에 영향을 준다는 결과가 있다.[2] 또한 소아기 외상(trauma)의 경험은 그 자체만으로도 양극성장애의 발병 위험성을 높이는 것으로 잘 알려져 있지만, 양극성장애 부모의 자녀 혹은 양극성장애 가족력이 있는 소아 양극성장애 환자에게도 중요한 위험요인으로 작용한다. 즉 소아기 외상과 유전요인 간의 상호작용이 고위험군 자녀의 양극성장애 발병 위험을 더욱 높일 것으로 추정되며,[28] 자녀의 낮은 자존감과 스트레스에 대한 회피성 대처방식(avoidant coping)이 고위험군 자녀에서의 기분 삽화 발병과 재발에 관련이 있는 것으로 보고되기도 하였다.[29]

이상을 정리해보면, 양극성장애 부모의 자녀는 여러 위험요인들로 인해 양극성장애의 고위험군으로 분류되는데, 여기에는 가족력 및 유전적 요인이 가장 강하게 작용한다는 것을 알 수 있다. 하지만 이런 유전적 요인 이외에도 다양한 환경적 요인이 있는데, 가족 환경과 관련된 요인으로는 양극성장애를 가진 부모의 양육에서의 문제와 가족 내 역기능적 상호작용, 가족 내 갈등, 자녀가 부모의 양극성장애에 노출된 기간 등이 중요한 요인이 된다. 자녀의 양극성장애나 정신병리의 발병을 예측할 수 있는 위험인자로는 소아기 불안장애가 가장 대표적이며, 고위험군에 대한 조기개입의 대상이 될 수 있을 것이다.

정신병리(categorical and dimensional psychopathology)

양극성장애를 제외하고 'categorical psychopathology'의 측면에서 고위험군인 자녀들에게서 유의하게 높게 나타나는 정신병리에는 주요우울장애, 불안장애, ADHD와 행동장애가 대표적이다. 주요우울장애는 정상 부모의 자녀들에 비해 양극성장애 부모의 자녀들에서 4배 이상 높게 나타나고, 주요우울장애를 가진 고위험군 자녀들은 약물사용장애의 발병률이 2배 이상 높아지는 것으로 알려져 있다. 고위험군 자녀에서 양극성장애로 진단되는 경우에도 많은 경우에서 이전에 주요우울장애로 진단된다는 것이 여러 전향적 연구를 통해 확인되었고, 양극성장애 부모의 자녀들 중 우울 증상을 가진 경우에는 우울장애 부모의 자녀들보다 비정형 우울 증상을 포함하여 더 심한 우울 증상과 혼재성 조증 증상을 가지게 되고, 주요우울장애의 발병 연령이 더 낮아지고 재발을 많이 하는 경향이 있다고 한다.[4,30,31] 이는 양극성장애 부모의 자녀에서 나타나는 우울 증상의 중요성을 시사하고 있으며, 임상적으로도 이런 우울 증상이 적극적인 치료의 대상이 되어야 한다는 점을 보여준다.

불안장애 역시 양극성장애 부모의 자녀들에서 높은 유병률을 보이는데, 횡단적 연구에서는 정상군에 비해 승산비가 2 이상으로 나타나며, 고위험군 자녀들이 불안장애를 가지는 경우 이후의 양극성장애 발병의 위험인자로 작용하게 된다.[4,25] ADHD와 파괴적행동장애(disruptive behavior disorder)도 양극성장애 부모의 자녀들에서 높게 나타나고, ADHD의 경우 주요우울장애 부모의 자녀들에 비해서도 유병률이 높은 것으로 나타난다. 하지만 ADHD가 이후의 양극성장애 발병의 위험인자인가에 대해서는 연구마다 다른 결과를 보고하고 있다.[4] 정신질환의 진단 및 통계 편람 5판(Diagnostic and Statistical Manual of Mental Disorders 5th edition, DSM-5)에서 처음으로 인정된 파괴적 기분조절이상장애(disruptive mood dysregulation disorder, DMDD)의 경우 Pittsburgh Bipolar Offspring Study에서는 양극성장애의 가족력이 DMDD의 위험성을 증가시키는 것으로 나타났지만, 다른 대규모 연구에서는 DMDD가 양극성장애의 가족력과는 무관한 것으로 나타났다.[32,33]

정신질환의 유무와 상관없이 양극성장애 부모의 자녀들은 소아청소년기에 다양한 정신병리를 가진다는 것이 많은 연구들을 통해 확인되었다. Pittsburgh Bipolar Offspring Study(BIOS)의 결과를 보면 학령기 이전의 고위험군 자녀들에서 ADHD와 진단은 되지 않는 단계(subsyndromal)의 우울 증상 및 조증 증상의 위험이 증가하며, 정신질환의 유무와는 무관하게 공격성, 기분조절이상(mood dysregulation), 수면문제, 신체 증상이 유의하게 많은 것으로 나타났다.[34,35] 발달 시기별로 나누어 연구한 결과를 보면 외현화(externalizing psychopathology)는 사춘기 이전에 더 흔히 나타나고, 우울 증상과 전구 증상은 사춘기 이후에 더 흔히 관찰된다고 한다.[36] 이상의 정신병리의 문제들을 'dimensional psychopathology'의 측면에서 종합해보면, 부모의 자녀들에서 흔히 나타나는 정신병리로는 기분 불안정성, 높은 수준의 불안 및 우울감, 공격성을 포함한 과도한 흥분성 등이 대표적이다. 이와 같은 정신병리는 양극성장애의 전구기에 나타나는 표현형(prodromal phenotype)일 수 있어 추후 양극성장애와 다른 정신병리의 발병을 예측하는 강력한 예측인자가 될 수 있을 것으로 기대되고, 예방과 조기치료의 대상이 될 수 있다는 점에서 임상적으로도 아주 중요하다.[4,37]

양극성장애 부모의 자녀들에서 나타날 수 있는 정신병리의 문제들 중 마지막으로 자살위험성을 살펴보면, Pittsburgh Bipolar Offspring Study를 통해서도 확인된 바와 같이 일반 인구집단에 비해 양극성장애 부모의 자녀들에서 자살위험성이 높게 나타나고, 이런 자살의 위험성은 양극성장애의 유전적 요인과 소아기 외상의 상호작용에 의해 더욱 높아지는 것으로 나타나 고위험군 자녀에 있어서 정신적 외상의 중요성은 더욱 강조되어야 할 것이다.[38, 39]

신경인지기능의 이상(abnormalities in neurocognitive function)

정상 부모의 자녀들과 양극성장애 부모의 자녀들 간 신경인지기능의 차이를 연구한 결과들을 보면 양극성장애 부모의 자녀들에서 다양한 영역의 신경인지기능 저하를 보이는 것을 확인할 수 있다. 이런 신경인지기능의 이상은 자녀의 정신병리 존재 유무와는 상관없이 정상군과 차이를 보이고 있으며, 더 나아가 이런 인지기능의 저하는 양극성장애나 정신질환의 발병 이전에 이미 나타나는 것으로 확인되었다. 연구자들은 이런 차이를 근거로 양극성장애 부모의 자녀들 중 양극성장애가 발병한 자녀들과 발병하지 않은 자녀들을 비교함으로써 보다 객관적으로 측정이 가능한 발병의 예측인자나 취약성 표지자(vulnerability marker)를 찾으려고 하고 있다. 이는 임상적으로도 아주 중요한 의미를 가지는데, 고위험군에서 실제로 양극성장애나 다른 정신질환의 발생이 예상되는 초고위험군을 찾아내어 예방적 목적의 조기개입이나 질병의 초기 단계에 치료를 시작하는 것을 가능하게 할 수 있기 때문이다.

신경인지기능을 조사한 연구들을 살펴보면, 지능의 차이를 확인하고자 하는 연구들이 가장 초기부터 있어 왔으며, 대부분의 신경인지기능에 관한 연구에 지능이 포함된 경우가 많이 있었지만 일관된 결과를 보여주지는 못했다. 일부 연구에서 양극성장애 부모의 자녀들이 정상 부모의 자녀들에 비해 지능이 낮은 것으로 보고되기도 하였지만, 전체 연구들을 종합하면 두 집단 사이에 전체지능의 차이는 없는 것으로 나타났다.[40] 연속수행검사, 위스콘신카드분류검사 등의 신경인지기능 검사를 이용하여 두 집단을 비교한 연구들을 보면 일부 구체적인 영역에서 차이가 나타나는데, 정상 부모의 자녀들에 비해 양극성장애 부모의 자녀들에서 지속적 주의(sustained attention), 반응억제(response inhibition), 언어 및 시각-공간 기억(verbal/visual-spatial memory), 작업기억(working memory), 인지적 유연성(cognitive flexibility), social cognition 등에서 낮은 수행을 보이는 것으로 나타났다.[41] 이는 양극성장애 부모의 자녀들은 정신병리의 유무와 상관없이 실행기능(executive function)을 포함한 고차원적인 인지기능의 저하가 존재한다는 것을 의미하지만, 이들 중 일부 신경인지기능의 이상은 조현병 부모의 자녀들에서도 나타나는 것으로 양극성장애에서만 특징적으로 보이는 이상소견은 아니다.

보다 최근에 발표된 흥미로운 연구 결과들을 보면, 양극성장애 부모의 자녀들에서 정신병리의 유무와는 상관없이 인지처리 속도와 시각적 기억의 즉각적 회상과 관련된 신경인지기능의 손상이 발견되는데, 특히 나중에 양극성장애가 발병한 자녀들에게서 저조한 결과를 보임으로써 양극성장애 발병의 취약성을 알려주는 표지자로서의 가능성이 제시되고 있으며,[41] 소아 양극성장애 환자와 양극성장애 부모의 자녀에서 공통적으로 관찰되는 인기기능의 손상인 정서적인 정보(affective information)를 처리하는 과정에서의 이상 역시 취약성 표지자 연구의 대상이 되고 있다.[42]

신경해부학적 이상(abnormalities in neuroanatomy)

양극성장애 부모의 자녀들이 가지는 신경해부학적 이상을 확인하고자 하는 연구들이 다수 있다. 하지만 이들 뇌영상 연구의 경우 아직은 그 수가 상대적으로 적고, 연구의 대다수가 횡단적 연구들이어서 집단 간의 차이를 확인하는 수준에 그치고 있다. 따라서 향후 종단적 연구를 통해 집단 간에 나타난 차이들이 실제로 자녀들의 정신병리나 정신질환의 발병과 관련이 있는지 확인해나가는 과정이 필요할 것이다.

대뇌 각 영역의 구조적 이상을 조사한 연구들에서는 눈에 띄는 결과들이 아직 없는 것 같다. 양극성장애 부모의 자녀들에서 피질 두께의 감소와 편도체 크기의 감소를 보고한 일부 연구가 있지만 일관된 결과를 보이지는 않았고, 해마, 시상, 기저핵, 전전두엽 피질, 뇌하수체 등을 조사한 연구에서는 차이가 없는 것으로 나타났다.[4, 43, 44] 이런 뇌의 구조적 이상과는 달리 대뇌 각 부위의 연결성과 기능적 회로에는 다양한 이상소견이 보고되고 있다. fMRI를 이용한 연구들을 보면, 수의적인 감정조절을 담당하는 전두-변연계 회로의 기능 변화, 전전두엽-피질하 연결성의 감소, 얼굴 표정에서 감정을 인식하여 처리하는 편도체-전전두엽 회로의 이상, 보상회로(reward circuitary)의 이상, 보상처리(reward processing) 동안 전전두엽의 비정상적인 활성화와 연결성의 이상, 정서와 인지를 담당하는 주요 영역의 신경망 이상 등이 양극성장애 부모의 건강한 자녀들에게서 확인되었다.[45-50] 뇌영상 연구를 통해 확인된 다양한 이상 소견이 고위험군에서의 양극성장애 발병과 관련된 신경발달학적 혹은 예측 가능한 표지자가 될 수 있는지에 대해서는 향후 추가적인 종단적 연구가 필요할 것으로 보인다.

치료적 개입

양극성장애 부모의 자녀들 중에서 기분장애 증상을 보이거나 발병의 위험이 높은 고위험군을 찾아내는 연구는 일부 발전된 결과를 보여주고 있지만, 이들 고위험군에 대한 예방적 차원의 치료와 조기개입에 대한 연구들에서는 아직 만족할 만한 결과를 보여주고 있지 못하고 있다. 이와 관련된 초기 연구들은 정신치료를 비롯하여, 수면과 식이 등을 통한 개입, 오메가-3 지방산과 같은 비약물적 치료들이 주로 시도되었지만, 대부분 연구대상의 수가 적은 개방적 연구가 대부분이고, 아직은 이에 대한 충분한 근거를 제공할 만한 결과를 보여주고 있지는 않다.[51]

최근에는 보다 적극적인 개입을 통해 고위험군에 속한 자녀들의 정신병리의 감소, 혹은 정신질환의 발병을 예방하고자 하는 시도가 많은 관심을 모으고 있고, 단편적이기는 하지만 주목할 만한 다양한 연구 결과들이 보고되고 있다.[52] 정신사회적 치료를 이용한 개입에서는 가족중심의 치료가 자녀의 우울 증상 감소에 효과가 있다는 연구도 있었고,[53] 인터넷을 이용하여 양극성장애를 가진 부모의 양육을 도와주는 개입이 시도되고 있다.[54] 양극성장애 부모를 둔 자녀들에 대해 보다 특성화된 개입도 최근 시도되고 있는데, 인지행동치료의 한 형태인 Interpersonal and Social Rhythm Therapy(IPSRT)를 적용하고 수면의 질을 개선하는 것이 조증이나 경조증의 발현을 지연시키거나 예방할 수 있을 것이라는 가능성을 보여주는 연구 결과도 최근에 발표되었다.[55] 소아청소년 양극성장애의 치료에 많이 사용되는 있는 비정형 항정신병약물인 aripiprazole을 이용한 연구에서는 고위험군으로 분류된 소아청소년 자녀(5~17세)에서 aripiprazole이 조증 증상의 감소 등에 유의한 효과가 있는 것으로 보고되기도 하는 등 고위험군에 대한 보다 적극적인 치료적 개입이 시도되고 있기도 하다.[56]

양극성장애, 특히 조증 삽화의 발생 이전에 고위험군에 속하는 많은 수의 아이들이 다양한 약물치료를 받게 된다. 조증 삽화 이전에 나타나는 불안 증상이나 우울 증상, ADHD 등과 관련하여 약물을 처방받기도 하고, 기분조절제를 처방받기도 하는 것으로 알려져 있다. 이런 약물들의 사용이 양극성장애의 발병에 어떤 영향을 미치는지에 대한 일관된 연구 결과는 없다. 기분조절제의 사용이 조증 발병의 지연과 관련이 있다는 일부 횡단적인 연구가 있지만, 이것과 관련해서는 향후 더 많은 종단적 연구가 필요할 것이다.[57] 더욱이 위험요인으로 추정이 되고 있는 정신병리나 내적표현형과 같은 아직 명확하지 않은 요인들을 확인하는 것과 이를 가지고 있다는 이유로 정신신경용제(psychotropic agents)를 조기에 사용하는 것이 충분한 이점이 있는 것인가 등의 윤리적

이슈들이 전문가들 사이에서도 아직 논란이 많은 것이 현실이다. 따라서 발병에 결정적인 영향을 주거나 예측할 수 있는 위험인자를 찾아내는 것 외에도 양극성장애의 발달학적 궤적(developmental trajectory)을 규명하고, 각 질병의 단계별로 적절한 개입 방법을 찾아서 적용하기 위한 시도와 연구들이 필요해 보인다.

요약 및 결론

양극성장애 부모의 자녀들을 대상으로 진행된 많은 연구 결과들을 종합해보면 양극성장애 부모를 둔 자녀들은 양극성장애의 발병위험이 높은 고위험군에 속하기도 하지만, 양극성장애 이외에도 다양한 정신병리가 나타나고, 대인관계에서의 기능, 성격적인 특성, 신경인지 및 신경생물학적 측면에서도 다양한 이상소견이 발견된다. 정신병리의 측면에서는 소아청소년기 동안 다양한 신체 증상이나 수면문제, 불안 및 우울 증상, 집중력저하, 충동성 등의 정신병리가 정상군에 비해 흔히 나타나고, 정신질환의 측면에서는 주요기분장애, 불안장애, ADHD 및 행동장애 등이 보다 빈번하게 나타난다. 특히 소아기 동안 주요우울 삽화를 가지는 경우 청소년기 이후에 양극성장애로 발전하게 되는 경우가 더 흔하다고 한다. 역기능적인 가족 환경, 정서성(emotionality), 행동의 탈억제와 같은 환경적 요인들의 영향으로 주요기분장애의 발병 가능성은 더욱 커지게 된다. 신경인지적 결함도 양극성장애 부모의 자녀들에게서 흔히 나타나는데, 다양한 인지기능검사에서 시청각적 기억이나 인지적 유연성(cognitive flexibility), 집중력 등에서 이상을 보인다. 또한 다양한 뇌영상 연구를 통해 실제로 대뇌의 피질-피질하 연결의 이상, 백질의 이상이 확인되었고, 이런 피질하 영역에서의 이상은 실제 소아기 양극성장애 환자에서 보이는 소견과 유사하다.

이런 이전의 연구 결과들을 바탕으로 향후에는 어떤 기전에 의해 양극성장애가 세대 간 전파가 되는지를 밝히는 연구도 중요하지만, 임상적으로는 고위험군에 속해 있는 이들 자녀들을 대상으로 양극성장애와 기타 정신병리의 발병 위험성이 큰 초고위험군을 찾아내고, 정신병리의 예방을 위한 적절한 조치들을 확립해나가는 연구들이 앞으로 필요할 것이라 사료된다. 이런 연구들을 통해 고위험군이 가진 증상이나 정신병리적 특성, 신경생물학적 특성 등을 이용한 선별검사의 방법과 선별시기 등을 최적화하고, 개별화된 개입전략의 수립 등을 통해 양극성장애의 발생을 예방하고 조기치료를 통해 치료율을 높일 수 있기를 기대해본다.

참고문헌

1) Maciejewski D, Hillegers M, Penninx B. Offspring of parents with mood disorders: time for more transgenerational research, screening and preventive intervention for this high-risk population. Curr Opin Psychiatry 2018;31:349-357.

2) Kemner SM, Mesman E, Nolen WA, Eijckemans MJ, Hillegers MH. The role of life events and psychological factors in the onset of first and recurrent mood episodes in bipolar offspring: results from the Dutch Bipolar Offspring Study. Psychol Med 2015;45:2571-2581.

3) Van Meter AR, Moreira AL, Youngstrom EA. Meta-analysis of epidemiologic studies of pediatric bipolar disorder. J Clin Psychiatry 2011;72:1250-1256.

4) Frías A, Palma C, Farriols N, Salvador A. Characterizing offspring of bipolar parents: a review of the literature. Actas Esp Psiquiatr 2015;44:221-234.

5) Lau P, Hawes DJ, Hunt C, Frankland A, Roberts G, Mitchell PB. Prevalence of psychopathology in bipolar high-risk offspring and siblings: a meta-analysis. Eur Child Adolesc Psychiatry 2018;27:823-837.

6) Duffy A, Horrocks J, Doucette S, Keown-Stoneman C, McCloskey S, Grof P. The developmental trajectory of bipolar disorder. Br J Psychiatry 2014;204:122-128.

7) DelBello MP, Geller B. Review of studies of child and adolescent offspring of bipolar parents. Bipolar Disord 2001;3:325-334.

8) Chang K, Steiner H, Dienes K, Adleman N, Ketter T. Bipolar offspring: a window into bipolar disorder evolution. Biol Psychiatry 2003;53:945-951.

9) Kieseppä T, Partonen T, Haukka J, Kaprio J, Lönnqvist J. High concordance of bipolar I disorder in a nationwide sample of twins. Am J Psychiatry 2004;161:1814-1821.

10) McGuffin P, Rijsdijk F, Andrew M, Sham P, Katz R, Cardno A. The heritability of bipolar affective disorder and the genetic relationship to unipolar depression. Arch Gen Psychiatry 2003;60:497-502.

11) Gottesman II, Laursen TM, Bertelsen A, Mortensen PB. Severe mental disorders in offspring with 2 psychiatrically ill parents. Arch Gen Psychiatry 2010;67:252-257.

12) Wozniak J, Faraone SV, Martelon M, McKillop HN, Biederman J. Further evidence for robust familiality of pediatric bipolar I disorder: results from a very large controlled family study of pediatric bipolar I disorder and a meta-analysis. J Clin Psychiatry 2012;73:1328-1334.

13) Kerner B. Genetics of bipolar disorder. Appl Clin Genet 2014;7:33-42.

14) Post RM, Altshuler LL, Kupka R, McElroy SL, Frye MA, Rowe M, Grunze H, Suppes T, Keck PE Jr, Leverich GS, Nolen WA. Multigenerational transmission of liability to psychiatric illness in offspring of parents with bipolar disorder. Bipolar Disord. 2018 Jun 21 [Epub ahead of print].

15) Iacono V, Beaulieu L, Hodgins S, Ellenbogen MA. Parenting practices in middle childhood mediate the relation between growing up with a parent having bipolar disorder and offspring psychopathology from childhood into early adulthood. Dev Psychopathol 2018;30:635-649.

16) Doucette S, Levy A, Flowerdew G, Horrocks J, Grof P, Ellenbogen M, Duffy A. Early parent-child relationships and risk of mood disorder in a Canadian sample of offspring of a parent with bipolar disorder: findings from a 16-year prospective cohort study. Early Interv Psychiatry. 2016;10:381-389.

17) Moreno DH, Bio DS, Petresco S, Petresco D, Gutt EK, Soeiro-de-Souza MG, Moreno RA. Burden of maternal bipolar disorder on at-risk offspring: a controlled study on family planning and maternal care. J Affect Disord 2012;143:172-178.

18) Ferreira GS, Moreira CR, Kleinman A, Nader EC, Gomes BC, Teixeira AM, Rocca CC et al. Dysfunctional family environment in affected versus unaffected offspring of parents with bipolar disorder. Aust N Z J Psychiatry 2013;47:1051-1057.

19) Nijjar R, Ellenbogen MA, Hodgins S. Sexual Risk Behaviors in the Adolescent Offspring of Parents with Bipolar Disorder: Prospective Associations with Parents' Personality and Externalizing Behavior in Childhood. J Abnorm Child Psychol 2016;44:1347-1359.

20) Lau P, Hawes DJ, Hunt C, Frankland A, Roberts 3, Wright A, Costa DSJ, Mitchell P. Family environment and psychopathology in offspring of parents with bipolar disorder. J Affect Disord 2018;226:12-20.

21) Freed RD, Tompson MC, Wang CH, Otto MW, Hirshfeld-Becker DR, Nierenberg AA, Henin A. Family functioning in the context of parental bipolar disorder: associations with offspring age, sex, and psychopathology. J Fam Psychol 2015;29:108-118.

22) Brown A, Bao Y, McKeague I, Shen L, Schaefer C. Parental age and risk of bipolar disorder in offspring. Psychiatry Res 2013;208:225-231.

23) Goodday SM, Levy A, Flowerdew G, Horrocks J, Grof P, Ellenbogen M, Duffy A. Early exposure to parental bipolar disorder and risk of mood disorder: the Flourish Canadian prospective offspring cohort study. Early Interv Psychiatry 2018;12:160-168.

24) Egeland JA, Endicott J, Hostetter AM, Allen CR, Pauls DL, Shaw JA. A 16-year prospective study of prodromal features prior to BPI onset in well Amish children. J Affect Disord 2012;142:186-192.

25) Duffy A, Horrocks J, Doucette S, Keown-Stoneman C, McCloskey S, Grof P. Childhood anxiety: an early predictor of mood disorders in offspring of bipolar parents. J Affect Disord 2013;150:363-369.

26) Raouna A, Osam CS, MacBeth A. Clinical staging model in offspring of parents with bipolar disorder: a systematic review. Bipolar Disord 2018;20:313-333.

27) Hafeman DM, Merranko J, Goldstein TR, Axelson D, Goldstein BI, Monk K, Hickey MB et al. Assessment of a Person-Level Risk Calculator to Predict New-Onset Bipolar Spectrum Disorder in Youth at Familial Risk. JAMA Psychiatry 2017;74:841-847.

28) Etain B, Henry C, Bellivier F, Mathieu F, Leboyer M. Beyond genetics: childhood affective trauma in bipolar disorder. Bipolar Disord 2008;10:867-876.

29) Goodday SM, Bentall R, Jones S, Weir A, Duffy A. Coping strategies and self-esteem in the high-risk offspring of bipolar parents. Aust N Z J Psychiatry 2018 [Epub ahead of print].

30) Vandeleur C, Rothen S, Gholam-Rezaee M, Castelao E, Vidal S, Favre S et al. Mental disorders in offspring of parents with bipolar and major depressive disorders. Bipolar Disord 2012;14:641-53.

31) Diler RS, Goldstein TR, Hafeman D, Rooks BT, Sakolsky D, Goldstein BI. Characteristics of depression among offspring at high and low familial risk of bipolar disorder. Bipolar Disord 2017;19:344-352.

32) Perich T, Frankland A, Roberts G, Levy F, Lenroot R, Mitchell PB. Disruptive mood dysregulation disorder, severe mood dysregulation and chronic irritability in youth at high familial

risk of bipolar disorder. Aust N Z J Psychiatry 2017;51:1220-1226.

33) Propper L, Cumby J, Patterson VC, Drobinin V, Glover JM, MacKenzie LE et al. Disruptive mood dysregulation disorder in offspring of parents with depression and bipolar disorder. Br J Psychiatry 2017;210:408-412.

34) Birmaher B, Axelson D, Goldstein B, Monk K, Kalas C, Obreja M et al. Psychiatric disorders in preschool offspring of parents with bipolar disorder: the Pittsburgh Bipolar Offspring Study (BIOS). Am J Psychiatry 2010;167:321-330.

35) Maoz H, Goldstein T, Axelson DA, Goldstein BI, Fan J, Hickey MB et al. Dimensional psychopathology in preschool offspring of parents with bipolar disorder. J Child Psychol Psychiatry 2014;55:144-153.

36) Morón-Nozaleda MG, Díaz-Caneja CM, Rodríguez-Toscano E, Arango C, Castro-Fornieles J, de la Serna E et al. A developmental approach to dimensional expression of psychopathology in child and adolescent offspring of parents with bipolar disorder. Eur Child Adolesc Psychiatry 2017;26:1165-1175.

37) Birmaher B, Goldstein BI, Axelson DA, Monk K, Hickey MB, Fan J et al. Mood lability among offspring of parents with bipolar disorder and community controls. Bipolar Disord 2013;15:253-263.

38) Goldstein TR, Obreja M, Shamseddeen W, et al. Risk for suicidal ideation among the offspring of bipolar parents: results from the Bipolar Offspring Study (BIOS). Arch Suicide Res 2011;15:207-222.

39) Wilcox HC, Fullerton JM, Glowinski AL, Benke K, Kamali M, Hulvershorn LA, Stapp EK et al. Traumatic Stress Interacts With Bipolar Disorder Genetic Risk to Increase Risk for Suicide Attempts. J Am Acad Child Adolesc Psychiatry 2017;56:1073-1080.

40) Klimes-Dougan B, Jeong J, Kennedy KP, Allen TA. Intellectual Functioning in Offspring of Parents with Bipolar Disorder: A Review of the Literature. Brain Sci 2017;7: E143.

41) de la Serna E, Vila M, Sanchez-Gistau V, Moreno D, Romero S, Sugranyes G, Baeza I et al. J. Neuropsychological characteristics of child and adolescent offspring of patients with bipolar disorder. Prog Neuropsychopharmacol Biol Psychiatry 2016;65:54-59.

42) Bauer IE, Frazier TW, Meyer TD, Youngstrom E, Zunta-Soares GB, Soares JC. Affective Processing in Pediatric Bipolar Disorder and Offspring of Bipolar Parents. J Child Adolesc Psychopharmacol 2015;25:684-690.

43) Hanford LC, Sassi RB, Minuzzi L, Hall GB. Cortical thickness in symptomatic and asymptomatic bipolar offspring. Psychiatry Res Neuroimaging 2016;251:26-33.

44) Akbas S, Nahir M, Pirzirenli ME, Dündar C, Ceyhan M, Sarısoy G, Şahin B. Quantitative analysis of the amygdala, thalamus and hippocampus on magnetic resonance images in paediatric bipolar disorders and compared with the children of bipolar parents and healthy control. Psychiatry Res Neuroimaging 2017;270:61-67.

45) Ladouceur CD, Diwadkar VA, White R, Bass J, Birmaher B, Axelson DA, Phillips ML. Fronto-limbic function in unaffected offspring at familial risk for bipolar disorder during an emotional working memory paradigm. Dev Cogn Neurosci 2013;5:185-196.

46) Singh MK, Chang KD, Kelley RG, Saggar M, Reiss AL, Gotlib IH. Early signs of anomalous neural functional connectivity in healthy offspring of parents with bipolar disorder. Bipolar Disord 2014;16:678-689.

47) Singh MK, Kelley RG, Howe ME, Reiss AL, Gotlib IH, Chang KD. Reward processing in healthy offspring of parents with bipolar disorder. JAMA Psychiatry 2014;71:1148-1156.

48) Manelis A, Ladouceur CD, Graur S, Monk K, Bonar LK, Hickey MB et al. Altered amygdala-prefrontal response to facial emotion in offspring of parents with bipolar disorder. Brain 2015;138:2777-2790.

49) Manelis A, Ladouceur CD, Graur S, Monk K, Bonar LK, Hickey MB, Dwojak AC et al. Altered functioning of reward circuitry in youth offspring of parents with bipolar disorder. Psychol Med 2016;46:197-208.

50) Roberts G, Perry A, Lord A, Frankland A, Leung V, Holmes-Preston E, Levy F, Lenroot RK, Mitchell PB, Breakspear M. Structural dysconnectivity of key cognitive and emotional hubs in young people at high genetic risk for bipolar disorder. Mol Psychiatry. 2018;23:413-421.

51) Zalpuri I, Singh MK. Treatment of Psychiatric Symptoms Among Offspring of Parents With Bipolar Disorder. Curr Treat Options Psychiatry 2017;4:341-356.

52) Peay HL, Rosenstein DL, Biesecker BB. Parenting with bipolar disorder: coping with risk of mood disorders to children. Soc Sci Med 2014;104:194-200.

53) Hooley JM, Miklowitz DJ. Perceived Criticism in the Treatment of a High-Risk Adolescent. J Clin Psychol 2017;73:570-578.

54) Jones SH, Jovanoska J, Calam R, Wainwright LD, Vincent H, Asar O, Diggle PJ et al. Web-based integrated bipolar parenting intervention for parents with bipolar disorder: a randomised controlled pilot trial. J Child Psychol Psychiatr 2017; 58:1033-41.

55) Goldstein TR, Merranko J, Krantz M, Garcia M, Franzen P, Levenson J, Axelson D et al. Early intervention for adolescents at-risk for bipolar disorder: A pilot randomized trial of Interpersonal and Social Rhythm Therapy (IPSRT). J Affect Disord 2018;235:348-356.

56) Findling RL, Youngstrom EA, Rowles BM, Deyling E, Lingler J, Stansbrey RJ, McVoy M et al. A Double-Blind and Placebo-Controlled Trial of Aripiprazole in Symptomatic Youths at Genetic High Risk for Bipolar Disorder. J Child Adolesc Psychopharmacol 2017;27:864-874.

57) Chang KD, Saxena K, Howe M, Simeonova D. Psychotropic medication exposure and age at onset of bipolar disorder in offspring of parents with bipolar disorder. J Child Adolesc Psychopharmacol 2010;20:25-32.

양극성장애 환자의 공존 신체질환 :

대사증후군을 중심으로

Physical illness in patients with bipolar disorder : Focus on metabolic syndrome

우영섭[+] | 김찬형[++]

가톨릭대학교 의과대학 정신과학교실[+] | 연세대학교 의과대학 정신과학교실[++]

대사증후군을 비롯한 신체질환은 양극성장애 환자에서 흔히 동반이환되나 간과되기 쉽다. 영국의 한 횡단 연구에 의하면 일반 인구에 비하여 양극성장애 환자에서 신체질환이 더 흔하였으나, 적절히 진단 또는 치료되는 비율이 유의하게 낮았다. 양극성장애 환자에서 한 가지 신체질환을 동반할 위험성은 일반 인구에 비하여 1.2배였으며 여러 신체질환을 동반할 위험성은 1.4배였지만, 적절한 진단을 받을 확률은 0.6배였다.[1] 특히 (복부)비만, 인슐린 저항성/당 불내성, 고혈압, 이상지질혈증 등을 포함하는 대사증후군과 대사성 질환이 흔한데, 양극성장애 환자에서 대사증후군의 동반이환율은 20~65% 정도로, 한 메타분석에서는 37%로 보고되어 일반 인구에 비하여 2배가량 높았다.[2] 대사증후군 및 대사성 질환의 경우, 심혈관질환과 2형 당뇨병의 위험성을 높일 뿐만 아니라 조기 사망 및 양극성장애의 좋지 못한 경과 또한 유발할 수 있다.[3,4] 또한 특히 대사증후군 및 대사성 질환이 양극성장애에서 중요한 이유는 양극성장애와 대사성 질환 사이에 원인적 병태생리에 공통점이 있으며, 양극성장애 치료에 사용되는 약물들이 대사성 질환을 유발할 위험성이 있기 때문이다.[5,6]

이에 본 장에서는 양극성장애 환자에서의 비만과 대사성 질환, 그리고 대사증후군의 동반이환에 대한 연구 결과들을 고찰하고, 그 사이에 작용하는 기전에 대하여 정리하고자 한다.

비만

비만은 정신질환 환자에서 흔하며, 양극성장애 환자에서도 마찬가지이다. 비만이 일반인에 비하여 정신질환 혹은 양극성장애 환자에서 더욱 문제가 되는지 여부는 확실하지 않지만, 수술적 치료를 필요로 할 정도의 고도 비만의 경우 90%가량이 양극성스펙트럼에 해당하며 그중 2형 양극성장애가 가장 흔하다는 보고 등으로 볼 때 양극성장애에서 중요한 문제로 간주되어야 할 것이다.[7] 양극성장애 환자에서 비만의 유병률은 인구집단의 특성이나 진단기준에 따라 다양하게 나타나지만 최대 55.4%까지 보고되고, 여러 연구들을 종합할 때 약 15%로 일반 인구의 4% 정도에 비하여 4~5배 빈번하고 주요우울장애 환자에서의 10% 정도에 비해서도 높다.[8] 반대로 비만 환자에서 양극성장애의 유병률 또한 3~11%로, 이 역시 일반 인구에 비하여 크게 높은 수준이다.

양극성장애 환자의 비만에 대해서 첫 번째로 고려해야 할 원인은 약물의 영향일 것이다. 양극성장애의 치료를 위하여 흔히 사용하는 lithium, valproate, 항정신병약물 등이 체중증가를 유발할 수 있다는 점은 잘 알려져 있다. 이외에도 양극성장애 환자는 흔히 건강하지 못한 생활습관, 예를 들면 불규칙하거나 건강에 좋지 못한 식사, 운동부족 등을 보이는 경우가 흔하다. 양극성장애 환자 중 만성적인 경과를 보이고 유병기간이 길수록 과체중이나 비만의 위험성이 증가하는데,[9] 특히 우울증 삽화가 이러한 위험성을 더욱 높인다.[10] 성별은 큰 관련성이 없지만, 비만 여성에서는 비정형 주요우울 삽화의 위험성이 더욱 높게 나타난다.[11] 양극성장애에서 빈번하게 동반이환되는 섭식장애는 탄수화물 섭취 증가와 운동 혹은 신체적 활동의 감소를 흔히 나타내어 부분적으로는 과체중이나 비만과 관련되어 있으나, 섭식장애만으로 체중의 증가를 설명하기는 어렵다.[10] 양극성장애에 비만이 동반되는 경우, 더욱 증상이 심하고 만성적 경과를 보이며, 기능손상이 심하고, 자살위험성이 높으며, 불안장애가 비만이 아닌 경우에 비하여 자주 동반이환된다.[5] 이외에도 과체중 혹은 비만인 양극성장애 환자는 정상체중 양극성장애 환자에 비하여 인지기능 손상 또한 심하다.[12]

이상지질혈증

이상지질혈증은 고중성지질혈증(150mg/dL 이상) 혹은 낮은 고밀도지질단백질 콜레스테롤(high-density lipoprotein-cholesterol, HDL-C), 즉 남성에서 40mg/dL 미만, 여성에서는 50mg/dL 미만을 나타내는 경우를 의미한다. 양극성장애 환자에서 혈중 지질의 증가는 1960년대부터 보고되었는데,[13] 이후 여러 연구에서 보고되는 이상지질혈증의 유병률은 적용하는 정의에 따라 1~57%로 큰 편차를 보인다. 국내 연구에서는 1형 양극성장애 입원환자 중 21%에서 나타난다는 보고가 있었으며[14] 외국 연구들을 종합하면 약 17% 정도로, 이는 조현병 환자에서의 동반이환율과 유사하며 일반 인구에 비하여 10배가량 높은 수치이다.[8] 실제로 한 연구에 의하면 양극성장애 혹은 조현병 환자 중 16%가 항지질약물을 복용하였는데, 이는 일반인에서의 10%에 비해 높은 수준이었다.[15] 양극성장애 환자에서의 높은 이상지질혈증 동반이환율에도 역시 비정형 항정신병약물치료가 영향을 줄 가능성이 높다.[16]

당뇨병

당뇨병은 공복 혈당이 100mg/dL 이상인 경우를 의미한다. 양극성장애 환자에서 당뇨병 동반이환율이 높다는 사실은 20세기 초반부터 보고된 바 있다.[17] 외국 연구들에 의하면 양극성장애 환자 중 최대 44%에서 당뇨병이 동반되며, 국내 연구에서는 43.5%로 보고되었다.[14] 일부 연구에서는 양극성장애 환자에서 당뇨병의 유병률이 일반 인구에 비해 높지 않다는 보고도 있지만, 양극성장애 혹은 조현병 환자 중 10%가 항당뇨약물을 복용하고 있었는데 이는 일반 인구의 6%에 비하여 높은 수준이었다는 결과 또한 양극성장애 환자에서 당뇨병의 동반이환이 빈번함을 의미한다.[15]

양극성장애로 인한 첫 입원 당시의 나이나 유병기간은 당뇨병의 발병과 관련이 없는 것으로 보인다.[18] 당 불내성, 인슐린 저항성, 그리고 당뇨병은 모두 lithium, valproate, 비정형 항정신병약물 치료와 관련되어 있을 수 있다.

고혈압

고혈압은 일반적으로 수축기 혈압이 130mmHg 이상이거나 이완기 혈압이 85mmHg 이상인 경우를 의미한다. 양극성장애 환자에서 고혈압의 유병률은 2.5~67.5%로 보고된다. 여러 연구에서 양극성장애 환자에서 일반 인구에 비하여 고혈압의 유병률이 높다는 보고가 있으나, 그렇지 않다는 보고들도 있다. 여러 연구를 종합해보면 약 15% 정도로 나타나, 이는 주요우울장애 환자나 일반 인구와 유사한 수준이다.[8]

대사증후군

대사증후군은 복부비만, 당 불내성, 고혈압과 이상지질혈증 등의 대사성 이상의 복합 증상군을 지칭하는 것으로, 심혈관질환의 위험성의 증가와 관련이 깊다. World Health Organization(WHO)에서 처음 대사증후군의 진단기준을 제시하였으며, 이후 그 적용을 쉽게 하고 심혈관 질환의 위험성에 대한 예측 능력을 높이기 위해 European Group for the Study of Insulin Resistance(EGIR), National Cholesterol Education Program-Third Adult Treatment Panel(NCEP ATP III), American College of Endocrinology(ACE)/American Association of Clinical Endocrinologists(AACE) 등에서 각각 일부 변형된 진단기준을 제시하였다. 이외에도 International Diabetes Federation(IDF)에서 제시하였고, American Heart Association/National Heart Lung and Blood Institute(AHA/NHLBI)에서도 NCEP ATP III 정의를 일부 수정한 개정안을 제시한 바 있으며, 가장 최근에는 2009년 ATP III와 IDF가 공동으로 기존 진단기준을 조율하여 발표하였다.[19] 주요 대사증후군의 진단기준은 표 1에 제시하였다.[20] 이렇게 대사증후군의 개념과 정의가 다양한 이유는 심혈관계 질환과 당뇨병을 잘 예측할 수 있는 기준을 제시하기 위한 것인데, 사실 비만 자체보다는 체내지방의 분포가 더 중요해서 체질량 지수(Body Mass Index, BMI)보다는 허리-엉덩이 둘레 비율(waist-to-hip ratio, WHR)과 허리둘레 같은 측정치들이 고혈압, 관상동맥질환과 당뇨병의 위험을 더 잘 예측할 수도 있다. 양극성장애의 경우 초과 지방이 중심성 지방으로 분포하는 경향이 있으므로 BMI와 함께 허리둘레를 측정하는 것도 유용하다. 한국인의 경우, 허리둘레 90cm 이상(남성) 혹은 85cm 이상(여성)의 복부비만, 수축기 130mmHg 이상 그리고/또는 이완기 85mmHg 이상 혹은 고혈압 치료 중인 혈압상승, 100mg/dL 혹은 치료 중인 혈당상승, HDL-C가 40mg/dL(남성) 혹은 50mg/dL(여성) 혹은 치료 중인 경우, 그리고 150mg/dL 이상의 중성지방(triglyceride, TG) 혹은 치료 중인 고중성지질혈증이 기준으로 제시되고 있다.[21]

대사증후군의 유병률은 서구권의 경우 약 15~25%로 나타나며, 국내의 경우 30% 정도로 보고되는데,[21] 나이가 증가함에 따라 유병률이 증가하고, 여성에서 더 흔하다. 양극성장애 환자에서 대사증후군의 동반이환율은 위에서 언급한 대로 외국 연구에서는 20~65%, 메타분석에서는 37%로 일반 인구에 비하여 더욱 흔하며,[2] 일반 인구에 비하여 양극성장애 환자에서 대사증후군이 2~3배가량 빈번한 것은 전 세계적으로 유사한 것으로 보인다.[22] 특히 양극성장애의 유병기간이 길수록 대사증후군의 유병률이 증가하는데, 이는 질환 자체의 영향일수도 있지만 단순이 나이가 증가하기 때문일 가능성이

표 1　　대사증후군의 진단기준

	WHO (1998)	NCEP ATP III (2001)	IDF (2005)	AHA/NHLBI (2005)	ATP III/IDF Harmonized (2009)
대사 증후군	인슐린 저항성 +2개 항목 이상	5개 항목 중 3개 이상	체중＋2개 항목 이상	5개 항목 중 3개 이상	5개 항목 중 3개 이상
인슐린 저항성 혹은 고혈당	당 불내성, 공복 혈당 이상, 혹은 낮아진 인슐린 감수성	＞110mg/dL (2004년＞ 100mg/dL로 수정), 당뇨병	≥100mg/dL, 당뇨병	≥100mg/dL 혹은 치료 중	≥100mg/dL 혹은 치료 중
체중	WHR＞0.90(M), ＞0.85(F), 그리고/혹은 BMI＞30kg/m²	WC ≥102cm(M), ≥88cm(F)	WC 인구집단별 기준 이상	WC ≥102cm(M), ≥88cm(F)	WC 인구집단별 기준 이상
이상 지질 혈증	TG≥150mg/ dL 그리고/혹은 HDL-C ＜35mg/dL(M), ＜39mg/dL(F)	TG≥150mg/dL HDL-C ＜40mg/dL(M), ＜50mg/dL(F)	TG≥150mg/dL 혹은 치료 중, HDL-C ＜40mg/dL(M), ＜50mg/dL(F), 혹은 치료 중	TG≥150mg/dL 혹은 치료 중, HDL-C ＜40mg/dL(M), ＜50mg/dL(F), 혹은 치료 중	TG≥150mg/dL 혹은 치료 중, HDL-C ＜40mg/dL(M), ＜50mg/dL(F), 혹은 치료 중
혈압	≥140 /90mmHg	≥130 /85mmHg	≥130mmHg (수축기) 혹은 ≥ 85mmHg (이완기) 혹은 치료 중	≥130mmHg (수축기) 혹은 ≥85mmHg (이완기) 혹은 치료 중	≥130mmHg (수축기) 혹은 ≥85mmHg (이완기) 혹은 치료 중
기타	미세알부민뇨				

WHO : World Health Organization, NCEP ATP III : National Cholesterol Education Program-Third Adult Treatment Panel, IDF : International Diabetes Federation, AHA : American Heart Association, NHLBI : National Heart Lung and Blood Institute

BMI : body mass index, TG : triglyceride, HDL-C : high-density lipoprotein-cholesterol, WC : waist circumference, WHR : waist-hip ratio, M : male, F : female

높다.[23] 앞서 살펴본 바와 같이, 대사증후군뿐만 아니라 대사증후군을 구성하는 대사성 이상 또한 양극성장애 환자에서 빈번한데, 가장 흔하게 나타나는 요인은 고중성지질혈증과 고혈압이며, 대사증후군을 가장 강력하게 예측하는 인자는 고중성지질혈증과 복부비만이다.[24]

　대사증후군의 동반이환은 양극성장애의 전반적 경과에 부정적 영향을 준다. 한 연구에서는 비만을 비롯한 대사성 이상이 동반된 급속순환형 양극성장애 환자에서는 우울 증상이 더욱 심하고 치료에 대한 반응이 좋지 못하다고 하였다.[25] 다른 연구에서는 복부비만이 양극성장애 증상의 심각도와 전반적 기능 수준에 부정적 영향을 준다고 하였으며,[26] 대사증후군이 동반된 양극성장애 환자에서는 회복 가능성이 감소하고, 삽화 빈도가 증가하며, 자살시도가 빈번하였다.[27] 이외에도 대사증후군의 동반은 양극성장애 환자에서 인지기능을 더욱 저하시키고, 이는 치료반응 및 경과를 악화시킨다.[28] 정상기분(euthymic) 양극성장애 환자에서도 BMI는 집중력, 정신운동 처리속도와 부정적 상관관계를 보였고, 과체중 혹은 비만 환자는 정상 체중 환자에 비하여 언어유창성이 저하되어 있었다.[12]

대사증후군과 양극성장애의 연관성

양극성장애와 대사증후군 혹은 비만을 포함한 대사성 이상 사이의 연관성은 분명하고, 이에 대하여 의료 접근성, 행동적 특성, 공통적인 신경생물학적 이상 및 유전적 취약성 등이 이 두 질환 사이의 연관성을 매개할 것으로 생각되지만, 아직 그 병태생리적 기전은 확실하지 않다.

양극성장애의 치료에 사용되는 약물과 관련된 요인은 양극성장애 환자에서 높은 대사증후군 및 대사성 질환의 유병률을 설명할 때 가장 먼저 고려되는 요인이다. 실제로 한

그림 1   양극성장애와 대사증후군의 병태생리적 연관성

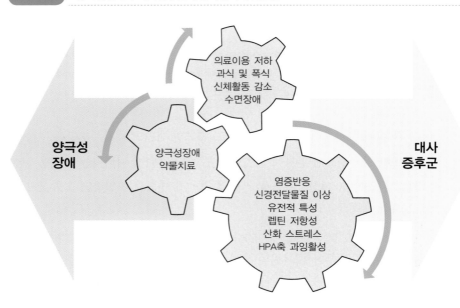

연구에 의하면 항정신병약물을 사용하는 대상자를 포함한 연구에서는 대사증후군의 유병률이 일반 인구에 비하여 2.3배 높게 나타나, 양극성장애 치료에 사용하는 비정형 항정신병약물 등이 대사증후군의 위험성을 증가시킬 위험성을 보여주었다.[29] 메타분석 연구에 의하면 항정신병약물을 복용하는 환자에서 대사증후군의 유병률은 45.3%로 항정신병약물을 복용하지 않는 환자에서의 32.4%에 비하여 유의하게 높았다.[2] 그러나 비만과 양극성 우울증의 관련성이 양극성장애 치료약물이 도입되기 전인 Kraepelin 시기에도 보고되었다는 점과, 약물치료를 시작하기 전인 양극성장애 환자에서도 대사증후군 및 이상지질혈증과 인슐린 저항성 같은 대사성 이상의 유병률이 증가되어 있다는 일부 연구를 감안하면,[10, 30] 양극성장애 환자에서 대사증후군의 발병에는 약물치료 자체뿐만 아니라, 약물치료와 양극성장애 환자에서 내재해 있는 대사성 취약성이 중첩되어 작용하고 있는 것으로 볼 수 있다.

행동적 측면에서 양극성장애 환자들은 직업을 갖지 못하거나 경제적으로 어렵고 일상생활 기능이 저하되어 있을 가능성이 높다. 이러한 특성들은 좋지 못한 생활 습관과 체중 조절의 어려움과 연관되어 있으며, 이에 따라 양극성장애 환자들은 대사성 이상의 위험성에 노출됨과 동시에 의료기관 이용에 어려움을 겪어 예방적, 혹은 초기 시점부터 적절한 의료적 개입을 받지 못하게 된다.[31] 또한 과식, 피로, 기면(lethargy) 등 양극성 우울증의 증상 또한 신체적 활동을 감소시키고, 수면장애는 신체적 활동 감소뿐만 아니라 과식 및 비만 또한 유발한다.[32] 폭식은 양극성장애 환자에서 흔히 동반되는 문제인데, 우울 증상과 비만과 관련되어 있다. 폭식장애 환자에서는 대사증후군이 빈번한데, 이는 단지 비만 때문에 유발되는 문제만은 아닌 것으로 보인다.[33, 34]

최근 연구들에 의하면 기분장애에는 인슐린-당 항상성, 염증성 반응, 아디포카인(adipokine) 합성 등의 대사성 네트워크의 이상이 중요한 역할을 한다.[35] 염증성 반응이 대사성 이상과 우울증 혹은 양극성장애와 같은 기분장애의 연관성을 매개한다는 많은 연구 결과가 제시된 바 있는데,[36, 37] 만성적, 아임상적 염증은 대사증후군과 인슐린 감수성에 영향을 준다. 동물 연구에 의하면 염증성 사이토카인은 인슐린 저항성을 유발하고, 양극성장애 급성기에는 C-reactive protein(CRP)과 기타 염증성 사이토카인이 증가하였다가, 관해기에는 낮아지나 완전히 정상화되지는 않는다.[38, 39] 또한 CRP 증가는 양극성장애 환자에서 대사증후군이 동반이환되는 것과 관련되어 있다.[40] 또한 양극성장애 환자에서는 염증과 관련된 유전적 특성이 나타나기도 하는데, 일반 인구에 비하여 양극성장애 환자에서는 CASP1이나 STAT와 같은 유전자 변이가 흔히 발견된다. CASP1은 인터루킨(interleukin)-1-beta의 생산에 관여하고, STAT는 염증 반응을 조절하는 전사인자(transcriptional factor)를 부호화(encode)한다.[41, 42] 양극성장애에서는 선천 면역(innate immunity)과 관련된 수용체에서의 유전자 변이도 관찰되는데, TLR-4 rs1927914 A, 그리고 TLR-4 rs11536891 T 대립유전자(allele) 동형접합성(homozygosity) 은 양극성장애 환자에서, 특히 조기 발병 양극성장애에서 더욱 빈번하게 발견된다.[43] 또한 NOC2 rs2066482 유전자 다형성은 양극성장애에서 드물게 나타나는데, 이는 양극성장애 환자에서 염증성 장 질환(inflammatory bowel disease)이 자주 나타나며, 양극성장애가 없는 경우에 비하여 더욱 조기에 발병하는 것과 관련되어 있을 것으로 생각된다.[44,45]

이외에도 지방세포에서 분비되는 호르몬인 렙틴(leptin) 또한 비만과 우울증 사이의 관련성을 연계할 수 있다.[46] 렙틴은 섭식, 에너지 소비 등을 조절하며 동물 연구에서는 항우울 효과 또한 관찰되었지만, 비만 환자에서는 렙틴 저항성이 발생하여 이러한 긍정적 효과가 저하될 수 있다.[46] 또 다른 기전으로는 산화 스트레스, 교감신경계 활성, 혈소판 활성, 혈관내피 기능 이상, 그리고 시상하부-뇌하수체-부신(hypothalamic-pituitary-adrenal, HPA) 축 조절 이상과 같은 요인들도 제시된다.[47] 양극성장애를 포함한 기분장애 환자에서는 소아기 부정적 사건과 같은 환경적 스트레스 요인, 질환과 관련된 지속적 스트레스 요인 등이 흔한데, 이는 기분 증상과 대사성 위험요인들에 공통적으로 지속적 영향을 줄 수 있는 생물학적 변화를 유발할 수 있다. 양극성장애 환자에서는 정상 기분, 우울 시기, 조증 시기 모두에 걸쳐 코티졸 농도가 증가되어 있으며,[48] 특히 급속순환형, 자살행동이 있는 경우, 그리고 재발이 잦았던 경우 더욱 증가되어 있다.[49,50] 양극성장애에서 만성적인 HPA 축 활성화는 글루코코티코이드 신호전달에 이상을 유발하고 코티졸에 대한 반응을 저하시킨다.[51,52] 일반적으로 글루코코티코이드 수용체의 활성화는 항염증 반응을 나타내는데, 만성적 스트레스에 의한 글루코코티코이드 수용체 저항성은 면역반응에 의한 부정적 되먹임 고리의 기능을 막는다.[53] 만성적인 코티졸의 증가는 체중증가, 인슐린 저항성, 그리고 양극성장애와 밀접하게 관련되어 있다.[54-56] 소아기 학대나 부정적 사건 역시 양극성장애 및 염증성 사이토카인 증가를 유발한다. 성인 양극성장애 환자 중 절반 이상이 소아기에 학대를 받은 경험이 있는데, 이런 경우 더욱 쉽게 조기 발병하고, 자살위험성이 높으며, 급속순환이나 정신병적 증상 발생의 위험성이 증가한다.[57,58] 미처 뇌와 면역계가 충분히 발달하지 못한 소아기에는 스트레스에 심대한 영향을 받을 수 있어서, 후성적 조절(epigenetic modification)에 의한 신경가소성의 이상이 발생하고 이는 만성적 염증성 변화와 글루코코티코이드 수용체 신호전달의 이상, HPA 축의 과활성 등을 유발할 수 있다.[59]

또한 도파민의 역할 역시 고려해야 할 요인이다. 양극성장애 환자에서는 선조체의 도파민 전달체 기능이 감소되어 있고,[60] 도파민계 약물이 양극성 우울증에서 치료 효과를 보인다. 동시에 도파민계 기능 이상은 비만과 폭식증에서도 관찰되고, D2 수용체 작용제는 비만과 당뇨병 환자에서 혈당 농도, 휴식기 에너지 소모, 수축기 혈압, 지질 농도, 혈당 조절과 같은 대사성 지표를 개선시킨다.[61] 이와 같은 결과들을 종합하면, 양극성장애와 대사증후군 사이의 연관성은 매우 복잡하며, 여러 기전적 경로가 복합적으로 작용하는 결과로 볼 수 있다.

양극성장애 환자에서 대사증후군 및 대사성 질환의 관리

외국의 연구에 의하면 양극성장애와 대사증후군 및 대사성질환이 동반된 환자 중 60% 이상이 동반된 대사증후군 혹은 대사성 질환에 대한 치료를 받지 않고 있었다.[24] 치료를 받고 있는 군에서도 적절한 수준으로 증상이 조절되는 비율은 높지 않았다. 대사증후군 환자에서 혈압과 지질 지표를 적절히 조절하면 심혈관계 질환의 발생을 50% 가까이 감소시킬 수 있기 때문에, 양극성장애 환자에서 대사증후군 및 대사성 질환의 적절한 치료에 대한 더욱 많은 관심이 필요하다. 하지만 아직 양극성장애 환자의 대사성 질환 치료에 대한 연구는 충분하지 않으므로, 일반 인구에 대한 치료지침을 참고하여 적용해야 하는 경우가 많다. 대사성 질환의 위험성이 있는 양극성장애 환자에서는 BMI, 허리둘레, 혈중 지질 농도, 공복 혈당을 관심 있게 관찰해야 하고, 특히 항정신병약물을 복용 중인 경우라면 더욱 주의가 필요하다. 이상지질혈증은 BMI와 관계없이 발생할 수 있으므로, 정상체중이거나 체중증가와 관련된 약물을 복용하지 않더라도 정기적으로 점검해야 한다.

양극성장애 환자를 치료할 때는 가능하면 양극성장애에 효과적이며 동시에 체중증가나 대사성 이상을 유발할 가능성이 낮은 약물을 선택해야 한다. 임상의사는 양극성장애 증상의 심각성, 대사성 질환을 포함한 신체적 건강에 대한 과거력 및 평가, 과거 약물 복용력, 그리고 발생 가능한 부작용을 모두 고려한 위험-이익 분석을 통하여 치료약물을 선택해야 할 것이다. 이와 동시에 생활습관 개선에 관심을 기울여야 하는데, 생활습관 개선과 지중해식 식사는 심혈관계 질환의 발생 위험성을 감소시키고, 우울 증상 역시 호전시킨다.[62, 63] 흡연이 심혈관 질환의 위험성을 증가시키는 것은 잘 알려져 있지만, 금연은 체중증가를 유발할 수 있다.[64] 그러나 이후 연구에 의하면 금연은 일부 체중증가에도 불구하고 심혈관 질환의 위험성을 감소시키는 것으로 나타났다.[65]

양극성장애 환자의 체중 조절을 위해서는 생활습관 개선이 가장 중요하며, 수면위생 또한 관리되어야 한다. 실제로 국내에서 최근 발간된 한국형 양극성장애 약물치료지침서 2018(Korean Medication Algorithm Project for Bipolar Disorder, KMAP-BP 2018)

에서도 체중과 관련된 문제가 있는 경우 운동과 식이조절과 같은 생활습관 개선이 1차적으로 권고되었다.[66] 체중 및 복부 비만의 감소는 대사증후군의 다른 요인에도 긍정적 효과를 준다. 만약 양극성장애가 안정된 상태라면, 재발의 위험성을 충분히 고려한 후 체중증가 위험성이 낮은 다른 약물로 교체를 고려할 수 있다. 만약 약물 교체가 어려운 경우라면 체중을 감소시킬 수 있는 약물을 추가적으로 투여할 수 있다. 예를 들면 bupropion과 같은 이러한 약물이 양극성 우울증에 의한 수면 및 식욕 증상(neurovegetative symptom)을 개선시키는지는 분명하지 않지만, 피로와 과식과 같은 증상들을 호전시켜 신체활동을 증가시키고 체중감소를 유발할 수 있다. 이때 사용할 수 있는 약물로는 metformin, orlistat, topiramate와 zonisamide와 같은 항경련제, bupropion과 modafinil 등의 도파민계 약물이 있다.[66] 베리아트릭 수술(Bariatric surgery)은 고도 비만에서 매우 효과적인데, 양극성장애 환자에서도 주의 깊은 평가 후 시행을 고려할 수 있다.

이상지질혈증, 고혈압, 고혈당이 동반된 경우에도 생활습관 개선이 최우선적으로 시도되어야 한다. 건강한 식습관, 적절한 운동과 수면의 중요성은 아무리 강조해도 지나치지 않다. 필요한 경우, 지질 조절제(lipid lowering agents), 항고혈압 혹은 항당뇨 약물들 또한 사용을 고려할 수 있다. 이상지질혈증이 동반된 경우, 흔히 beta-hydroxy-methylglutaryl-coenzyme A(HMG-CoA) 환원효소 억제제인 statin 제제, 피브린산 유도체(fibric acid derivatives), 니코틴산(nicotinic acid), 담즙산 제거제(bile acid sequestrants) 등이 사용된다. statin 제제 사용 시 우울증과 자살의 위험성이 증가할 수 있다는 우려가 제기되기도 하지만, 2만 명 이상의 환자를 대상으로 한 대규모 연구에서 위약과 비교하여 자살위험성에 차이가 없었다는 보고가 있었다.[67] 한 연구에서는 statin 치료가 오히려 우울증의 위험성을 감소시킨다는 결과를 보고하기도 하였다.[68] 오메가-3 지방산과 같은 영양 보충제는 TG를 감소시키고 HDL-C를 증가시키며, 우울 증상을 개선시킬 수 있다. 메타분석에 의하면, 기분조절제에 오메가-3 지방산을 부가적으로 투여한 결과 양극성 우울증의 증상이 개선되었다.[69] 따라서 항정신병약물을 투여 중인 환자에서는 대사성 이상의 위험성이 낮은 약물로 교체하여 TG, HDL-C 등을 개선하고 체중과 BMI를 감소시키며, 이와 동시에 혈중 지질 농도를 낮추는 약물 혹은 오메가-3 지방산 등을 병합투여하는 것이 도움이 될 것이다. 고혈압에 대해서는 과일, 채소 섭취량을 늘리고 저지방 유제품을 섭취하며 소금과 포화지방의 섭취를 줄이는 식단 조절이 필요하다. 이외에 다양한 항고혈압 약물의 사용을 고려할 수 있는데, 주의해야 할 점은 lithium 사용 시 thiazide나 고리 이뇨제(loop diuretics), angiotensin-converting enzyme(ACE) 억제제, angiotensin 수용체 차단제(angiotensin receptor blocker, ABR)는 lithium 독성의 위험성이 있다는 것이다. 초기의 일부 우려에도 불구하고, 이후의 연구에서는 베타차단제가 우울 증상을 악화시킬 가능성은 없는 것으로 나타난다.[70] 고혈당이 동반된 경우, metformin이 비정형 항정신병약물 치료를 받고 있는 환자에서 체중, 허리둘레, 인슐린 저항성 등의 대사성 위험요인들을 개선시킬 수 있기 때문에 우선적으로 권고되며, thiazolidinedione 또한 인슐린 저항성이 있는 환자에서 당뇨병으로의 진행을 억제한다.[47] 이외에도 다양한 항당뇨 약물들 또한 고려할 수 있다. 한 가지 특기할 만한 점은, 항당뇨 약물인 glucagon-like peptide-1(GLP-1) 작용제는 체중감소 효과 또한 입증되었고, 추가적으로 기분장애 환자에서 인지기능 개선 효과를 보인다는 것이다.[71] 이는 인슐린 신호체계-비만-인지기능 사이의 연관성을 시사하는 것으로, 향후 양극성장애를 비롯한 기분장애와 대사성 질환이 빈번히 동반이환되는 병태생리를 이해하는 데 도움이 될 수 있는 결과이다.

결론

대사증후군 및 대사성 질환은 양극성장애 환자에서 매우 빈번하지만 흔히 간과되기 쉽다. 특히 우울 증상이 조증이나 경조증 증상에 비하여 더욱 장기간 지속되는 양극성장애의 특성상 대사증후군이나 대사성 질환은 우울 증상과 연관되어 더욱 중대한 영향을 미칠 수 있다. 최근 KMAP-BP 2018을 비롯한 여러 치료지침에서 양극성장애 환자의 대사증후군 및 대사성 질환의 치료에 대하여 다루고 있지만, 아직까지 양극성장애 환자를 대상으로 대사성 질환 치료에 대하여 시행된 연구는 부족하여 일반 인구 대상 연구를 바탕으로 한 대사증후군 치료지침을 적용하고 있는 실정이다. 정신건강의학과 의사는 양극성장애 환자를 진료할 때 대사증후군 및 대사성 질환을 반드시 염두에 두고 이에 대한 위험성을 평가하고 필요한 경우 정기적인 검사를 시행해야 할 것이다. 또한 양극성장애 치료를 위한 약물을 선택할 때에도, 대사증후군 및 대사성 질환의 위험성을 감안하여 결정해야 할 것이다. 만약 대사성 질환의 위험성이 있는 환자라면 생활습관 개선과 같은 행동적 개입이 필수적이며, 이외에 대사성 위험요인을 감소시킬 수 있는 추가적 약물치료도 고려해야 한다. 대사증후군 및 대사성 질환에 대한 적절한 개입을 통하여 심혈관 질환 및 당뇨병과 같은 질환의 추가적 이환을 방지할 수 있을 뿐만 아니라 양극성장애의 경과를 개선할 수 있을 것이다.

참고문헌

1) Smith DJ, Martin D, McLean G, Langan J, Guthrie B, Mercer SW. Multimorbidity in bipolar disorder and undertreatment of cardiovascular disease: a cross sectional study. BMC Med 2013;11:263.

2) Vancampfort D, Vansteelandt K, Correll CU, Mitchell AJ, De Herdt A, Sienaert P, et al. Metabolic syndrome and metabolic abnormalities in bipolar disorder: a meta-analysis of prevalence rates and moderators. Am J Psychiatry 2013;170:265-274.

3) Gans RO. The metabolic syndrome, depression, and cardiovascular disease: interrelated conditions that share pathophysiologic mechanisms. Med Clin North Am 2006;90:573-591.

4) Taylor V, MacQueen G. Associations between bipolar disorder and metabolic syndrome: A review. J Clin Psychiatry 2006;67:1034-1041.

5) Mansur RB, Brietzke E, McIntyre RS. Is there a "metabolic-mood syndrome"? A review of the relationship between obesity and mood disorders. Neurosci Biobehav Rev 2015;52:89-104.

6) Kapczinski F, Vieta E, Andreazza AC, Frey BN, Gomes FA, Tramontina J, et al. Allostatic load in bipolar disorder: implications for pathophysiology and treatment. Neurosci Biobehav Rev 2008;32:675-692.

7) Alciati A, D'Ambrosio A, Foschi D, Corsi F, Mellado C, Angst J. Bipolar spectrum disorders in severely obese patients seeking surgical treatment. J Affect Disord 2007;101:131-138.

8) Fountoulakis KN. Bipolar Disorder: An Evidence-Based Guide to Manic Depression. Heidelberg, Germany: Springer-Verlag;2015.

9) Calkin C, van de Velde C, Ruzickova M, Slaney C, Garnham J, Hajek T, et al. Can body mass index help predict outcome in patients with bipolar disorder? Bipolar Disord 2009;11:650-656.

10) Maina G, Salvi V, Vitalucci A, D'Ambrosio V, Bogetto F. Prevalence and correlates of overweight in drug-naive patients with bipolar disorder. J Affect Disord 2008;110:149-155.

11) Pickering RP, Grant BF, Chou SP, Compton WM. Are overweight, obesity, and extreme obesity associated with psychopathology? Results from the national epidemiologic survey on alcohol and related conditions. J Clin Psychiatry 2007;68:998-1009.

12) Yim CY, Soczynska JK, Kennedy SH, Woldeyohannes HO, Brietzke E, McIntyre RS. The effect of overweight/obesity on cognitive function in euthymic individuals with bipolar disorder. Eur Psychiatry 2012;27:223-228.

13) Brandrup E, Randrup A. A controlled investigation of plasma lipids in manic-depressives. Br J Psychiatry 1967;113:987-992.

14) Kim B, Kim S, McIntyre RS, Park HJ, Kim SY, Joo YH. Correlates of metabolic abnormalities in bipolar I disorder at initiation of acute phase treatment. Psychiatry Investig 2009;6:78-84.

15) Bai YM, Su TP, Chen MH, Chen TJ, Chang WH. Risk of developing diabetes mellitus and hyperlipidemia among patients with bipolar disorder, major depressive disorder, and schizophrenia: a 10-year nationwide population-based prospective cohort study. J Affect Disord 2013;150:57-62.

16) Huang TL, Chen JF. Serum lipid profiles and schizophrenia: effects of conventional or atypical antipsychotic drugs in Taiwan. Schizophr Res 2005;80:55-59.

17) Raphael T, Parsons J. Blood sugar studies in dementia praecox and manic-depressive insanity.

Arch Neurol Psychiatry 1921;5:687-709.

18) Cassidy F, Ahearn E, Carroll BJ. Elevated frequency of diabetes mellitus in hospitalized manic-depressive patients. Am J Psychiatry 1999;156:1417-1420.

19) Alberti KG, Eckel RH, Grundy SM, Zimmet PZ, Cleeman JI, Donato KA, et al. Harmonizing the metabolic syndrome: a joint interim statement of the International Diabetes Federation Task Force on Epidemiology and Prevention; National Heart, Lung, and Blood Institute; American Heart Association; World Heart Federation; International Atherosclerosis Society; and International Association for the Study of Obesity. Circulation 2009;120:1640-1645.

20) Dommermuth R, Ewing K. Metabolic Syndrome: Systems Thinking in Heart Disease. Prim Care 2018;45:109-129.

21) Kang H, Kim S, Kim J, Kim J, Kim J, Park H. Clinical practice guideline of prevention and treatment for metabolic syndrome. Korean J Fam Pract 2015;5:375-420.

22) McIntyre RS, Danilewitz M, Liauw SS, Kemp DE, Nguyen HT, Kahn LS, et al. Bipolar disorder and metabolic syndrome: an international perspective. J Affect Disord 2010;126:366-387.

23) Salvi V, D'Ambrosio V, Rosso G, Bogetto F, Maina G. Age-specific prevalence of metabolic syndrome in Italian patients with bipolar disorder. Psychiatry Clin Neurosci 2011;65:47-54.

24) Correll CU, Druss BG, Lombardo I, O'Gorman C, Harnett JP, Sanders KN, et al. Findings of a U.S. national cardiometabolic screening program among 10,084 psychiatric outpatients. Psychiatr Serv 2010;61:892-898.

25) Kemp DE, Gao K, Chan PK, Ganocy SJ, Findling RL, Calabrese JR. Medical comorbidity in bipolar disorder: relationship between illnesses of the endocrine/metabolic system and treatment outcome. Bipolar Disord 2010;12:404-413.

26) Fagiolini A, Frank E, Turkin S, Houck PR, Soreca I, Kupfer DJ. Metabolic syndrome in patients with bipolar disorder. J Clin Psychiatry 2008;69:678-679.

27) de Almeida KM, Moreira CL, Lafer B. Metabolic syndrome and bipolar disorder: what should psychiatrists know? CNS Neurosci Ther 2012;18:160-166.

28) Leboyer M, Kupfer DJ. Bipolar disorder: new perspectives in health care and prevention. J Clin Psychiatry 2010;71:1689-1695.

29) Godin O, Etain B, Henry C, Bougerol T, Courtet P, Mayliss L, et al. Metabolic syndrome in a French cohort of patients with bipolar disorder: results from the FACE-BD cohort. J Clin Psychiatry 2014;75:1078-1085; quiz 1085.

30) Stemmle PG, Kenna HA, Wang PW, Hill SJ, Ketter TA, Rasgon NL. Insulin resistance and hyperlipidemia in women with bipolar disorder. J Psychiatr Res 2009;43:341-343.

31) Keck PE, McElroy SL. Bipolar disorder, obesity, and pharmacotherapy-associated weight gain. J Clin Psychiatry 2003;64:1426-1435.

32) Markwald RR, Melanson EL, Smith MR, Higgins J, Perreault L, Eckel RH, et al. Impact of insufficient sleep on total daily energy expenditure, food intake, and weight gain. Proc Natl Acad Sci U S A 2013;110:5695-5700.

33) Hudson JI, Lalonde JK, Coit CE, Tsuang MT, McElroy SL, Crow SJ, et al. Longitudinal study of the diagnosis of components of the metabolic syndrome in individuals with binge-eating disorder. Am J Clin Nutr 2010;91:1568-1573.

34) Tanofsky-Kraff M, Shomaker LB, Stern EA, Miller R, Sebring N, Dellavalle D, et al. Children's

binge eating and development of metabolic syndrome. Int J Obes (Lond) 2012;36:956-962.

35) McIntyre RS, Soczynska JK, Konarski JZ, Woldeyohannes HO, Law CW, Miranda A, et al. Should Depressive Syndromes Be Reclassified as "Metabolic Syndrome Type II"? Ann Clin Psychiatry 2007;19:257-264.

36) Leboyer M, Soreca I, Scott J, Frye M, Henry C, Tamouza R, et al. Can bipolar disorder be viewed as a multi-system inflammatory disease? J Affect Disord 2012;141:1-10.

37) Soczynska JK, Kennedy SH, Woldeyohannes HO, Liauw SS, Alsuwaidan M, Yim CY, et al. Mood disorders and obesity: understanding inflammation as a pathophysiological nexus. Neuromolecular Med 2011;13:93-116.

38) Goldstein BI, Kemp DE, Soczynska JK, McIntyre RS. Inflammation and the phenomenology, pathophysiology, comorbidity, and treatment of bipolar disorder: a systematic review of the literature. J Clin Psychiatry 2009;70:1078-1090.

39) Tsai SY, Chung KH, Wu JY, Kuo CJ, Lee HC, Huang SH. Inflammatory markers and their relationships with leptin and insulin from acute mania to full remission in bipolar disorder. J Affect Disord 2012;136:110-116.

40) Vuksan-Cusa B, Sagud M, Jakovljevic M. C-reactive protein and metabolic syndrome in patients with bipolar disorder compared to patients with schizophrenia. Psychiatr Danub 2010;22:275-277.

41) Vasilakos J, Shivers B. Watch for ICE in neurodegeneration. Mol Psychiatry 1996;1:72-76.

42) Brierley MM, Fish EN. Stats: multifaceted regulators of transcription. J Interferon Cytokine Res 2005;25:733-744.

43) Oliveira J, Busson M, Etain B, Jamain S, Hamdani N, Boukouaci W, et al. Polymorphism of Toll-like receptor 4 gene in bipolar disorder. J Affect Disord 2014;152-154:395-402.

44) Oliveira J, Hamdani N, Etain B, Bennabi M, Boukouaci W, Amokrane K, et al. Genetic association between a 'standing' variant of NOD2 and bipolar disorder. Immunobiology 2014;219:766-771.

45) Walker JR, Ediger JP, Graff LA, Greenfeld JM, Clara I, Lix L, et al. The Manitoba IBD cohort study: a population-based study of the prevalence of lifetime and 12-month anxiety and mood disorders. Am J Gastroenterol 2008;103:1989-1997.

46) Lu XY. The leptin hypothesis of depression: a potential link between mood disorders and obesity? Curr Opin Pharmacol 2007;7:648-652.

47) McElroy SL, Keck PE, Jr. Metabolic syndrome in bipolar disorder: a review with a focus on bipolar depression. J Clin Psychiatry 2014;75:46-61.

48) Cervantes P, Gelber S, Kin FN, Nair VN, Schwartz G. Circadian secretion of cortisol in bipolar disorder. J Psychiatry Neurosci 2001;26:411-416.

49) Havermans R, Nicolson NA, Berkhof J, deVries MW. Patterns of salivary cortisol secretion and responses to daily events in patients with remitted bipolar disorder. Psychoneuroendocrinology 2011;36:258-265.

50) Kamali M, Saunders EF, Prossin AR, Brucksch CB, Harrington GJ, Langenecker SA, et al. Associations between suicide attempts and elevated bedtime salivary cortisol levels in bipolar disorder. J Affect Disord 2012;136:350-358.

51) Spiliotaki M, Salpeas V, Malitas P, Alevizos V, Moutsatsou P. Altered glucocorticoid receptor

signaling cascade in lymphocytes of bipolar disorder patients. Psychoneuroendocrinology 2006;31:748-760.

52) Daban C, Vieta E, Mackin P, Young AH. Hypothalamic-pituitary-adrenal axis and bipolar disorder. Psychiatr Clin North Am 2005;28:469-480.

53) Cohen S, Janicki-Deverts D, Doyle WJ, Miller GE, Frank E, Rabin BS, et al. Chronic stress, glucocorticoid receptor resistance, inflammation, and disease risk. Proc Natl Acad Sci U S A 2012;109:5995-5999.

54) Cole DP, Thase ME, Mallinger AG, Soares JC, Luther JF, Kupfer DJ, et al. Slower treatment response in bipolar depression predicted by lower pretreatment thyroid function. Am J Psychiatry 2002;159:116-121.

55) Berrettini WH, Nurnberger JI, Jr., Scheinin M, Seppala T, Linnoila M, Narrow W, et al. Cerebrospinal fluid and plasma monoamines and their metabolites in euthymic bipolar patients. Biol Psychiatry 1985;20:257-269.

56) Gregoire F, Genart C, Hauser N, Remacle C. Glucocorticoids induce a drastic inhibition of proliferation and stimulate differentiation of adult rat fat cell precursors. Exp Cell Res 1991;196:270-278.

57) Garno JL, Goldberg JF, Ramirez PM, Ritzler BA. Impact of childhood abuse on the clinical course of bipolar disorder. Br J Psychiatry 2005;186:121-125.

58) Hammersley P, Dias A, Todd G, Bowen-Jones K, Reilly B, Bentall RP. Childhood trauma and hallucinations in bipolar affective disorder: preliminary investigation. Br J Psychiatry 2003;182:543-547.

59) SayuriYamagata A, Brietzke E, Rosenblat JD, Kakar R, McIntyre RS. Medical comorbidity in bipolar disorder: The link with metabolic-inflammatory systems. J Affect Disord 2017;211:99-106.

60) Anand A, Barkay G, Dzemidzic M, Albrecht D, Karne H, Zheng QH, et al. Striatal dopamine transporter availability in unmedicated bipolar disorder. Bipolar Disord 2011;13:406-413.

61) Kok P, Roelfsema F, Frolich M, van Pelt J, Stokkel MP, Meinders AE, et al. Activation of dopamine D2 receptors simultaneously ameliorates various metabolic features of obese women. Am J Physiol Endocrinol Metab 2006;291:E1038-1043.

62) Thompson PD, Buchner D, Pina IL, Balady GJ, Williams MA, Marcus BH, et al. Exercise and physical activity in the prevention and treatment of atherosclerotic cardiovascular disease: a statement from the Council on Clinical Cardiology (Subcommittee on Exercise, Rehabilitation, and Prevention) and the Council on Nutrition, Physical Activity, and Metabolism (Subcommittee on Physical Activity). Circulation 2003;107:3109-3116.

63) Sanchez-Villegas A, Delgado-Rodriguez M, Alonso A, Schlatter J, Lahortiga F, Serra Majem L, et al. Association of the Mediterranean dietary pattern with the incidence of depression: the Seguimiento Universidad de Navarra/University of Navarra follow-up (SUN) cohort. Arch Gen Psychiatry 2009;66:1090-1098.

64) Berlin I. Smoking-induced metabolic disorders: a review. Diabetes Metab 2008;34:307-314.

65) Clair C, Rigotti NA, Porneala B, Fox CS, D'Agostino RB, Pencina MJ, et al. Association of smoking cessation and weight change with cardiovascular disease among adults with and without diabetes. JAMA 2013;309:1014-1021.

66) Kim W, Bahk WM, Yoon BH, Jon DI, Seo JS, Lee JG, et al. Korean Medication Algorithm for Bipolar Disorder 2018: Overview. Mood Emot 2018;16:1-12.

67) Heart Protection Study Collaborative G. MRC/BHF Heart Protection Study of cholesterol lowering with simvastatin in 20,536 high-risk individuals: a randomised placebo-controlled trial. Lancet 2002;360:7-22.

68) Yang CC, Jick SS, Jick H. Lipid-lowering drugs and the risk of depression and suicidal behavior. Arch Intern Med 2003;163:1926-1932.

69) Sarris J, Mischoulon D, Schweitzer I. Omega-3 for bipolar disorder: meta-analyses of use in mania and bipolar depression. J Clin Psychiatry 2012;73:81-86.

70) van Melle JP, Verbeek DE, van den Berg MP, Ormel J, van der Linde MR, de Jonge P. Beta-blockers and depression after myocardial infarction: a multicenter prospective study. J Am Coll Cardiol 2006;48:2209-2214.

71) Mansur RB, Ahmed J, Cha DS, Woldeyohannes HO, Subramaniapillai M, Lovshin J, et al. Liraglutide promotes improvements in objective measures of cognitive dysfunction in individuals with mood disorders: A pilot, open-label study. J Affect Disord 2017;207:114-120.

양극성장애와 중독
Bipolar disorder and addiction

임은성[+] | 김성곤[++]

신세계효병원 정신건강의학과[+] | 부산대학교 의과대학 정신건강의학교실[++]

서론

양극성장애에서 가장 많이 동반되는 정신질환은 행위중독을 포함한 약물사용장애이다.[1] 양극성장애와 중독질환은 상호 간에 직접적인 악영향을 주는 관계이므로, 어느 한쪽만을 치료할 수는 없다. 이 장에서는 양극성장애에 동반된 중독질환 중에서 특히 알코올사용장애와의 관계에 대해 조명해보고자 한다.

알코올사용장애 공존 시의 이슈

Alcoholism occurs among male patients in about a quarter of the cases, but it is to be regarded as the consequence of debaucheries committed in excitement, not as a cause.

– Kraepelin[2]

알코올사용장애는 50% 이상 다른 정신질환을 동반하는데,[3] Kraepelin의 언급[2]처럼 특히 양극성장애와 흔하게 동반되며, 심각한 사회적, 법적 문제를 야기하는 경우가 많다.

표 1	알코올사용장애에 동반된 정신질환 공존율[2]		
질병명	12개월 유병률	12개월간의 알코올사용장애와의 공존율	알코올사용장애 승산비 (Odds ratio)
양극성장애	2.8%	31.0~43.6%	3.5
주요우울장애	7.1%	13.7%	1.8
불안장애	11.1%	17.1%	1.7
인격장애	14.8%	28.6%	2.6

국내 알코올사용장애(alcohol use disorder, AUD)의 평생유병률은 12.2%(남성 18.1%, 여성 6.4%)로 점차 감소추세에 있으나, 아직까지는 임상적 치료를 요하는 정신질환 중 가장 많다.[4] 양극성장애 환자에서 알코올남용(alcohol abuse)의 동반비율은 6~69%(평균 48.5%)로 보고되고 있으며,[5] 특히 Grant 등은 정신과 질환 중에서 양극성장애가 가장 높은 알코올사용장애와의 공존율을 보이는 것으로 보고하였다(표 1).[3]

이렇게 높은 비율로 공존하는 원인에 대해서는 몇 가지 유전적인 연관성이 제시되고 있으나,[6-8] 아직 명확하지는 않다. 최근에 두 질환 모두 자살과 상당한 연관이 있으며, 두 질환이 공존하는 경우 자살의 위험은 급격하게 높아진다는 보고가 있다.[9, 10] 또한 양극성장애 환자에게 알코올은 임상경과를 악화시키고, 치료를 더욱 어렵게 만드는 요소로 작용한다.[11] 이러한 공존 시의 이슈들이 제기되고 있지만, 두 질환의 공존에 대한 연구가 그리 많지 않은 것이 현실이다.

공존율 및 공존 원인

알코올사용장애와 기분장애와의 연관성에 대한 몇 개의 연구 결과를 보면, 알코올사용장애와 동반된 양극성장애는 알코올사용장애와 주요우울장애가 공존하는 경우보다 비율이 높은 것으로 알려져 있다(표 2).[6] 특히 1형 양극성장애는 일생 동안 절반 가까이 알코올중독이 동반되며, 이는 주요우울장애보다 2배 이상 높은 수치이다. 또한 양극성장애 환자는 알코올남용보다는 알코올의존과 공존할 확률이 더 높은 것으로 나타났다.

Cassidy 등은 392명의 알코올사용장애를 포함한 물질남용과 양극성장애의 공존율 코호트 연구에서 남성이 여성보다 높은 공존율을 보이고, 알코올사용장애와 양극성장애가 공존하는 경우 정신병원에 입원하는 빈도가 높았으나, 나이가 들어감에 따라 알코올사용장애의 빈도는 줄어들었다고 보고하였다.[4]

표 2	기분장애에서의 약물남용의 공존율[6]		
	물질남용 또는 의존(%)	알코올의존(%)	알코올남용(%)
기분장애	32.0	4.9	6.9
양극성장애	56.1	27.6	16.1
1형 양극성장애	60.7	31.5	14.7
2형 양극성장애	48.1	20.8	18.4
단극성 우울증	27.2	11.6	5.0

이처럼 양극성장애와 알코올사용장애는 강한 연관성을 가지고 있으나, 그 기전에 대해서는 명확하지는 않다. 그러나 Strakowski 등이 알코올사용장애를 포함한 물질사용장애와 양극성장애의 동반이환을 설명할 수 있는 몇 가지 가설을 발표하였는데,[11] 첫째는 약물남용이 특정한 정신질환의 위험인자로서 작용할 것으로 추측하고 있다. 예를 들어 알코올 금단 증상이 원인이 되어 양극성장애가 발병 또는 재발할 수 있다. 두 번째 가설은 조증 환자가 쾌락 상태의 유지를 위해 알코올을 자주 섭취하거나 우울증 상태의 초조함(agitation)의 감소를 위해 자가치료의 목적으로 알코올을 자주 섭취한다는 보고도 있다. 세 번째 가설로 알코올을 섭취할 때나 금단 증상 발생에 작용하는 화학물질(신경전달물질)이 양극성장애에서 작용하는 화학물질과 동일하여 한 가지 질병의 발병 또는 변화는 다른 질병의 임상경과에 영향을 미친다는 보고도 있다. 즉 알코올사용장애의 보상기전에 작용하는 신경전달물질인 도파민이 조증 상태의 도파민 과다와 연관이 있고, 알코올 금단 증상 시의 세로토닌이나 노르에피네프린의 감소가 우울 증상 때의 세로토닌, 노르에피네프린의 감소와 연관이 있을 수 있다.[12] 이처럼 알코올사용장애와 양극성장애는 원인이 결과를 야기하기도 하지만, 결과가 다시 원인이 되기도 하는 양방향의 요소를 가지고 있어서 공존원인 규명이 더욱 복잡하다고 말할 수 있겠다.

또 다른 원인으로 최근에 주목받는 기전인 유전적 요소를 들 수 있다. 양극성장애와 알코올사용장애에 대한 가계도 조사를 통해 동일한 유전적 요소가 중요한 작용을 한다는 보고도 있으며,[6, 7] 다른 가계도 연구에서는 양극성장애와 알코올사용장애의 연관성(odd ratio 14.5)이 단극성 우울증과 알코올사용장애의 연관성(odd ratio 1.7)보다 월등하게 높다는 보고도 있다.[8] Neves 등[13]은 두 가지의 일배체형(haplotype) BDNF 유전자가 양극성장애와 알코올사용장애를 같이 가지고 있는 환자에게서 자주 관찰된다는 보고를 하였으며, Lydall 등은 CDH11, COL11A2, NMUR2, XP07, SEMA5A 등의 유전자가 두 질환과 연관이 있다고 하였고,[14] Le-Niculescu 등은 clock gene D-box binding protein(Dbp)이 두 질환의 발병에 연관이 있음을 발표하였다.[15] 하지만 이러한 연구 결과들이 두 질환의 공존에 직접적인 원인이라고 할 수는 없어, 지속적인 연구가 필요하다.

한편 1980년부터 1997년까지의 발표된 논문을 종합하여 Tohen 등이 발표한 리뷰논문[16]에 따르면, 알코올사용장애를 포함한 물질사용장애와 양극성장애의 공존 위험성은 (1) 양극성장애의 조기 발병, (2) 남성, (3) 양극성장애의 혼재성 양상일 경우, (4) 물질사용장애의 가족력이 있는 경우를 언급하였다.

이와 같이 두 질환은 밀접한 연관이 있는 것으로 생각되며, 따라서 두 질환의 높은 공존율은 다른 질환을 예방하거나 조기치료를 시행할 때 고려해야 할 사항일 것이다.

감별진단

알코올사용장애와 조증은 서로 공존하는 경우도 있지만, 충동성이나 심한 감정의 변화를 보이는 등 각각의 증상이 서로 비슷하여 정확한 진단을 내리기 어려운 경우도 많다. 또한 알코올 금단 증상은 의욕의 저하, 우울, 불안, 초조, 불면 등의 증상이 동반되는 경우가 잦아 우울증과 구분하기 힘들다. 따라서 정확한 진단을 위해서는 한 시점에서의 진단보다는 시간 경과에 따른 증상의 변화양상을 관찰하는 것이 무엇보다 중요하다. 즉, 술에 취한 상태에서의 기분변화는 술이 깬 후 재평가를 하는 것이 바람직하며, 알코올 금단 증상 또한 2~4주가량의 금주 과정을 통해 금단시기를 벗어난 후 정확한 진단을 내리는 것이 좋다.[18]

2형 양극성장애나 순환성장애는 1형 양극성장애보다는 증상의 정도가 심하지 않아 간과되는 경우가 잦다. 알코올사용장애로만 진단이 내려지는 경우 환자의 치료시기가 늦춰지고, 임상경과가 악화되며, 좋지 않은 예후를 보일 수 있으므로 진단에 주의를 기울여야 한다.

임상양상

Deykin 등,[19] Tohen 등,[17] 및 Strakowski 등[20]의 세 연구를 종합해보면, 알코올사용장애와 양극성장애가 공존하는 환자는 공존하지 않는 양극성장애 환자에 비해 이른 나이에 양극성장애가 발병하고, 재발이 잦으며, 특히 치료에 어려움이 많은 급속순환형이나 혼재성 삽화를 보이는 경우가 많다. 또한 정신병적 증상으로 인한 입원치료가 2배 이상 많으며, 다른 정신질환을 공존하는 경우도 4배가량 많다고 한다. 알코올사용장애가 동반된 양극성장애 환자는 꾸준한 약물치료를 받지 않는 경우가 많고, 치료 후에도 잔존증상이 남을 가능성이 높고, 약물 부작용이 많이 발생한다.[21] 이를 치료하지 않을 경우 알코올중독이 더욱 심화되고, 따라서 두 질환 사이의 악순환에 빠지는 결과를 초래하게 되며, 이로 인하여 낮은 사회경제적 위치에서 기능 수준의 저하를 더욱 심하게 보이고 결국 예후가 좋지 않은 상태로 진행된다. 한편 Fabiano 등에 의하면, 알코올사용장애와 양극성장애는 충동성이 핵심증상(core symptom)으로 평생 동안의 자살시도가 양극성장애 단독으로 있을 때보다 1.8배 많이 발생한다고 하였다.[22]

치료

두 질환의 높은 공존율에도 불구하고 치료적 개념의 확립은 아직 이뤄지지 않았다. 가장 많이 사용되는 약물은 lithium과 valproate, carbamazepine, lamotrigine과 같은 기분조절제이며,[23, 24] 약물의 효과보다는 부작용과 내약성(tolerability)에 따른 선택이 필요하다.[24] 최근 들어 quetiapine, aripiprazole 등의 항정신병약물이 효과가 있다는 보고도 있으나,[25, 26] 효과가 없다는 연구 결과도 있어,[27] 치료 효과에 대한 많은 연구가 필요한 상태이다.

lithium은 젊은 환자에서 양극성장애의 조증 호전 및 알코올 의존을 감소시켰다는 연구 결과[23]도 있으나, 알코올사용장애가 동반되는 경우 양극성장애는 혼재성이나 급속순환형이 자주 발생하여 valproate보다는 추천되지 않는다.[28] 더구나 valproate가 양극성장애와 알코올사용장애가 동반되는 경우 효과가 좋다는 연구 결과가 다수 존재하며,[29, 30] American Psychiatric Association guideline에서도 valproate를 알코올사용장애와 양극성장애가 동반된 상황에서의 1차 치료제로 언급하고 있다.[31] 그리고 valproate와 알코올 모두 간독성이 있어 치료에 주의를 요하지만, 최근의 연구에 따르면 알코올사용장애 환자에서 valproate가 간수치를 심각한 수준으로 올리지는 않는다는 보고도 있다.[32] Spijker 등은 최근 연구에서 lithium과 valproate를 같이 사용할 때 가장 효과가 좋았다고 보고하였다.[33]

음주가 양극성장애를 악화시키는 중요한 요인이기 때문에 알코올 의존의 치료를 위한 naltrexone의 사용 시 양극성장애 환자의 음주가 줄어든다는 보고가 있으나,[34] 양극성장애의 급성기 치료에는 효과가 완전히 입증되지 않은 상태이므로 주의 깊은 사용이 요구된다.[27]

정신치료 중 인지치료(cognitive behavioral therapy)는 알코올사용장애의 중요한 치료법이며, 우울증과 같은 기분장애에서도 효과적인 치료 방법으로 사용되고 있다. Weiss 등에 의하면 양극성장애와 동반된 알코올 중독의 정신치료는 질병의 호전보다는 재발 방지를 목적으로 가족, 학교, 직업과 같은 일상생활과 관련된 문제를 직접 다루는 접근 방법이 효과적이라고 한다.[35]

Azolin 등은 양극성장애에 동반된 알코올사용장애 환자에서의 치료방향에 대하여 다음과 같이 정리하였다.[36]

- 알코올남용 환자에서는 가능한 한 알코올 사용을 정상 수준으로 감소시킬 것. 이것이 어렵거나, 알코올의존 환자인 경우는 금주시킬 것
- 금주가 이뤄진 이후 양극성장애와 알코올의존에 대한 치료를 동시에 시작할 것. valproate의 사용을 추천함
- 알코올사용장애와 양극성장애의 상호작용에 대해 환자에게 정보를 제공할 것. 특히 우울증의 위험성에 대해 언급할 것
- 알코올이 자가치료제가 될 수 없음을 환자에게 납득시킬 것
- psychoeducation을 통해 알코올사용장애나 양극성장애에 악영향을 주는 환경에 대해 교육할 것
- 치료를 중단했는지, 잘못된 치료를 하고 있는지 평가할 것

양극성장애와 도박중독

양극성장애와 행위중독, 특히 도박중독은 서로 임상적 연관성이 있을 것으로 추정되나 아직까지 거의 연구되지 않고 있다.[1] 양극성장애가 도박중독과 공존하는 경우 사회적 문제가 같이 동반되는 경우가 많아 예후가 좋지 못하다.[37, 38] McIintyre 등[39]은 양극성장애에서 도박중독 공존비율이 6.3%로 일반인의 도박중독 비율(2%), 주요우울장애에서의 도박중독 공존비율(2.5%)보다 의미 있게 높다고 보고하였다. 도박중독과 공존하는 양극성장애는 여성보다 남성이 많으며, 불안감과 우울감을 많이 호소한다.[38] 양극성장애와 도박중독의 뇌영상 연구에서는 두 질환이 공히 행동반응에 영향을 주는 전전두엽 부위의 부피감소를 보였다는 연구가 있으나,[40] 유전적 연구를 포함한 생물학적 연구는 현재까지 미비한 상태이다. 임상양상에서는 두 질환이 충동성, 불안감, 정서적 불안정성, 쾌락추구, 현실적인 판단력의 저하 등 핵심증상을 공유하고 있어 높은 공존율을 보이는 것으로 생각된다.[41, 42] 두 질환이 공존하였을 경우 1차적인 치료의 목표는 정서적 불안

정성의 호전을 통한 감정조절이 우선시되어야 하며, lithium이 가장 효과적이라는 보고
가 있다.[43] 추후 공존에 영향을 주는 유전적, 생물학적, 정신사회적 요소들에 대한 연구
및 효과적인 치료 방법에 대한 연구가 필요할 것이다.[44]

참고문헌

1) Di Nicola M, Tedeschi D, Mazza M, Martinotti G, Harnic D, Catalano V, et al. Behavioural addictions in bipolar disorder patients : role of impulsivity and personality dimensions. J Affect Disord 2010a;125:82-88.

2) Kraepelin E: Manic-Depressive Insanity and Paranoia (1921). Translated by Barclay RM. Salem, NH, Ayer, 1976.

3) Grant, B, Dawson DA, Stinson FS, Chou SP, Dufour MC, Pickering RP. The 12-month prevalence and trends in DSM-IV alcohol abuse and dependence: United States, 1991-1992 and 2001-2002. Drug and Alcohol Depend 2004a;74:223-234.

4) 보건복지부 정신질환 실태조사, 2016.

5) Cassidy F, Ahearn EP, Carroll BJ. Substance abuse in bipolar disorder. Bipolar Disord 2001;3: 181-188.

6) Regier DA, Farmer ME, Rae DS, Locke BZ, Keith SJ, Judd LL, et al. Comorbidity of mental disorders with alcohol and other drug abuse: Results from the Epidemiologic Catchment Area(ECA) study. JAMA 1990;264:2511-2518.

7) Berrettini WH, Ferraro TN, Goldin LR, Detera-Wadleigh SD, Choi H, et al. A linkage study of bipolar illness. Arch Gen Psychiatry 1997;54:27-35.

8) Preisig M, Fenton BT, Stevens DS, and Merikangas KR. Familial relationship between mood disorders and alcoholism. Compr Psychiatry 2001;42:87-95.

9) Feinman JA, Dunner DL. The effect of alcohol and substance abuse on the course of bipolar affective disorder. J Affect Disord 1996;37:43-49.

10) Tondo L, Baldessarini RJ, Hennen J, Minnai GP, Salis P, Scamonatti L, et al. Suicide attempts in major affective disorder patients with comorbid substance use disorders. J Clin Psychiatry 1999;60:63-69.

11) Strakowski SM, DelBello MP. The co-occurrence of bipolar and substance use disorders. Clin Psychol Rev 2000;20:191-206.

12) Markou A, Kosten TR, Koob GF. Neurobiological similarities in depression and drug dependence: a self-medication hypothesis. Neuropsychopharmacology 1998;18: 135-174.

13) Neves FS, Malloy-Diniz L, Romano-Silva MA, Campos SB, Miranda DM, De Marco L, et al. The role of BDNF genetic polymorphisms in bipolar disorder with psychiatric comorbidities. J Affect Disord 2011;131:307-311.

14) Lydall GJ, Bass NJ, McQuillin A, Lawrence J, Anjorin A, Kandaswamy R, et al. Confirmation of prior evidence of genetic susceptibility to alcoholism in a genome-wide association study of comorbid alcoholism and bipolar disorder. Psychiatr Genet 2011;21:294-306.

15) Le-Niculescu H, McFarland MJ, Ogden CA, Balaraman Y, Patel S, Tan J, et al. Phenomic, convergent functional genomic, and biomarker studies in a stress-reactive genetic animal model of bipolar disorder and co-morbid alcoholism. Am J Med Genet B Neuropsychiatr Genet 2008;147B:134-166.

16) Tohen M, Freenfield SF, Weiss RD, Zarate CA Jr, Vagge LM. The effect of comorbid substance use disorders on the course of bipolar disorder. A review. Harv Rev Psychiatry 1998;6:133-141.

17) Tohen M, Waternaux CM, Tsuang MT. Outcome in mania: a 4-year prospective follow-up of 75 patients utilizing survival analysis. Arch Gen Psychiatry 1990;47:1106-1111.

18) Brown SE, and Schuckit M. Changes in depression among abstinent alcoholics. J Stud Alcohol 1988;49:412-417.

19) Deykin EY, Levy JC, Wells V. Adolescent depression, alcohol and drug abuse. Am J Public Health 1987;77:178-182.

20) Strakowski SM, Keck PE Jr, McElroy SL, West SA, Sax KW, Hawkins JM, et al. Twelve-month outcome after a first hospitalization for affective psychosis. Arch Gen Psychiatry 1998;55:49-55.

21) Baldessarini RJ, Perry R, Pike J. Factors associated with treatment nonadherence among US bipolar disorder patients. Hum Psychopharmacol 2008;23:95-105.

22) Fabiano GN, Angela MS, Fabiana NF, Fkavio F, Beny L. Prevalence and clinical correlates of alcohol use disorders among bipolar disorder patients: Results from the Brazilian Bipolar Research Network. Compr Psychiatry 2014;55:1116-1121.

23) Geller B, Cooper TB, Sun K, Zimerman B, Frazier J, Williams M, et al. Double-blind and placebo-controlled study of lithium for adolescent bipolar disorders with secondary substance dependency. J Am Acad Child Adolesc Psychiatry 1998;37:171-178.

24) Hirschfeld RM, Calabrese JR, Weissman MM, Reed M, Davies MA, Frye MA, et al. Screening for bipolar disorder in the community. J Clin Psychiatry 2003;64:53-59.

25) Brown ES, Garza M, Carmody TJ. A randomized, double-blind, placebo-controlled add-on trial of quetiapine in outpatients with bipolar disorder and alcohol use disorders. J Clin Psychiatry 2008;69:701-705.

26) Moallem N, Ray LA. Quetiapine improves response inhibition in alcohol dependent patients: a placebo-controlled pilot study. Pharmacol Biochem Behav 2012;100:490-493.

27) Naqlich A, Adinoff B, Brown ES Pharmacological Treatment of Bipolar Disorder with Comorbid Alcohol Use Disorder. CNS Drugs 2017;31:665-674.

28) Bowden CL. Predictors of response to divalproex and lithium. J Clin Psychiatry 1995;56:25-30.

29) Brady KT, Sonne SC, Anton R, Ballenger JC. Valporate in the treatment of acute bipolar affective episodes complicated by substance abuse: A pilot study. J Clin Psychiatry 1995;56:118-121.

30) Albanese MJ, Clodfelter RC, and Khantzian EJ. Divalproex sodium in substance abusers with mood disorder. J Clin Psychiatry 2000;61:916-921.

31) American Psychiatric Association. Practice guideline for the treatment of patients with substance use disorders, 2nd edition. 2006. Accessed on August 10, 2009.

32) Sonne SC, Brady KT. Safety of depakote in bipolar patients with comorbid alcohol abuse/dependence. Am J Psychiatry 1999a;156:1122.

33) Spijker AT, van Zaane J, Koenders MA, Hoekstra R, Kupka RW. Bipolar disorder and alcohol use disorder: practical recommendations for treatment, based on a literature review. Tijdschr Psychiatr

2018;60:87-95.

34) Brown ES, Beard L, Dobbs L, Rush AJ. Naltrexone in patients with bipolar disorder and alcohol dependence. Depress Anxiety 2006;23:492-495.

35) Weiss RD, Kolodziej ME, Najavits LM, Greenfield SF, Fucito LM. Utilization of psychosocial treatments by patients diagnosed with bipolar disorder and substance abuse. Am J Addict 2000;9:314-320.

36) Azorin JM, Bowden CL, Garay RP, Perugi G, Vieta E, Young AH. Possible new ways in the pharmacological treatment of bipolar disorder and comorbid alcoholism. Neuropsychiatr Dis Treat 2010;6:37-46.

37) Mazza M, Mandelli L, Di Nicola M, Harnic D, Catalano V, Tedeschi D, et al. Clinical features, response to treatment and functional outcome of bipolar disorder patients with and without co-occurring substance use disorder : 1-yearfollow-up. J Affect Disord 2009;115:27-35.

38) Kennedy SH, Welsh BR, Fulton K, Soczynska JK, McIntyre RS, O'Donovan C, et al. Frequency and correlates of gambling problems in outpatients with major depressive disorder and bipolar disorder. Can J Psychiatry 2010;55:568-576.

39) McIntyre RS, McElroy SL, Konarski JZ, Soczynska JK, Wilkins K, Kennedy SH. Problem gambling in bipolar disorder : results from the Canadian Community Health Survey. J Affect Disord 2007;102:27-34.

40) Wallis JD, Miller EK. Neuronal activity in primate dorsolateral and orbital prefrontal cortex during performance of a reward preference task. Eur J Neurosci 2003;18:2069-2081.

41) Olsen CM. Natural rewards, neuroplasticity, and non-drug addictions. Neuropharmacology 2011;61:1109-1122.

42) George O, Le Moal M, Koob GF. Allostasis and addiction : role of the dopamine and corticotropin-releasing factor systems. Physiol Behav 2012;106:58-64.

43) Hollander E, Pallanti S, Allen A, Sood E, Baldini Rossi N. Does sustained-release lithium reduce impulsive gambling and affective instability versus placebo in pathological gamblers with bipolar spectrum disorders?. Am J Psychiatry 2005;162:137-145.

44) Di Nicola M, De Risio L, Pettorruso M, Caselli G, De Crescenzo F, Swierkosz-Lenart K, et al. Bipolar disorder and gambling disorder comorbidity : current evidence and implications for pharmacological treatment. J Affect Disord 2014;167:285-298.

TEXTBOOK OF BIPOLAR DISORDER

03

치료

전통적 기분조절제의 시대는 갔는가?

Traditional mood stabilizers : are they gone away?

홍정완[+] | 윤보현[++]

익산병원 정신건강의학과[+] | 국립나주병원 정신건강의학과[++]

서론

1949년 Cade에 의해 lithium이 급성 조증의 치료에 효과가 있다는 사실[1]이 발견된 이후, 1966년 valproate[2], 1969년 carbamazepine[3]이 양극성장애의 치료에 사용되기 시작하였다. 최근까지도 양극성장애의 약물치료에 lithium, valproate, carbamazepine 등의 전통적 기분조절제가 지속적으로 사용되고 있으나 항정신병약물 특히 비정형 항정신병약물의 사용이 비약적으로 증가하는 추세이다. 양극성장애의 치료에 항정신병약물의 사용이 급격히 증가한 것은 기존의 전통적 기분조절제들이 효과와 부작용 측면에서 만족할 만한 효과를 보이지 못하기 때문에 이를 보완하려는 시도로 볼 수 있으며, 2000년 이후에는 olanzapine, risperidone, quetiapine, aripiprazole, ziprasidone 등의 비정형 항정신병약물이 급성 조증의 단독요법으로 미국 식품의약품안전처(Food and Drug Administration, FDA)의 공인을 받으면서, 전통적 기분조절제를 대체하는 새로운 기분조절제(novel mood stabilizer)로서의 역할을 하고 있다.

그러나 아직까지도 대부분의 양극성장애 약물치료지침들에서 급성 조증의 1차 치료전략 중의 하나로 기분조절제 단독요법을 권고하고[4-6] 있으며, 실제 임상 현장에서도 전통적 기분조절제는 양극성장애의 약물치료에서 널리 사용되고 있다. 이에 lithium, valproate, carbamazepine 등의 전통적 기분조절제 각각의 특성에 대해 알아보고자 한다.

Lithium

약리학적 기전

양극성장애의 치료에 lithium이 효과가 있다는 것은 사실이나 어떠한 작용기전을 통해 이러한 치료적 효과를 내는지에 대해서는 명확히 밝혀져 있지 않았다. lithium의 작용기전에 대해서는 lithium ion이 흥분성 신경전달물질로 알려진 글루타메이트의 영향을 제거하여 신경세포의 흥분성을 조절한다는 가설, 신경전달물질 및 수용체의 biosynthesis를 조절하는 gene regulatory function이 있다는 가설, 도파민, 노르에피네프린, 세로토닌 등의 신경전달물질의 균형을 조절한다는 가설 및 adenylyl cyclase(AC) system, inositol phosphate(IP)와 protein kinase C(PKC) 등의 신호전달체계, arachidonic acid의 대사 등에 영향을 미친다는 가설 등이 제기되고 있다.[7, 8] 최근에는 lithium이 GSK-3β를 억제하고 brain-derived neurotrophic factor(BDNF)와 Bcl-2의 발현을 증가시켜 신경세포 보호작용을 나타낸다[9]고도 알려져 있다.

치료용량 및 혈중농도

lithium의 1일 사용량은 400~2,000mg이며, 혈중농도는 환자의 신장기능 및 수분 섭취량과 밀접한 상관이 있다. 따라서 신장기능 장애가 있거나 고령의 환자일 경우 용량조절

그림 1   lithium의 혈중농도별 효능

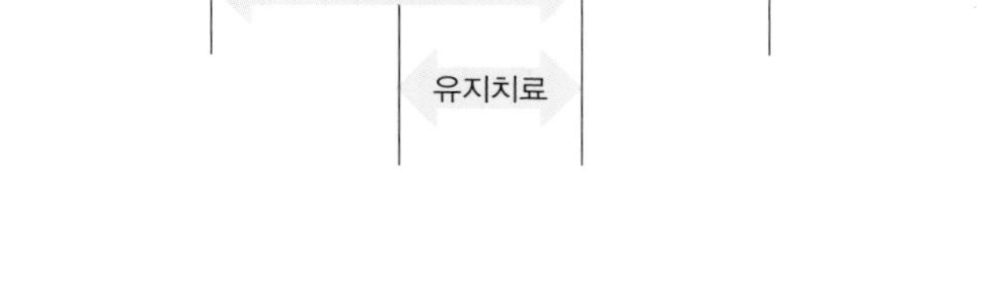

이 필요하다. 급성 조증의 경우 0.6~1.0mmol/L, 양극성 우울증의 경우 0.4~0.8mmol/L 의 혈중농도를 유지해야 하며 1.0mmol/L 이상의 혈중농도에서는 급성 독성을 나타낼 수 있으며 0.4mmol/L 이하의 혈중농도에서는 재발의 가능성이 높다(그림 1).[10]

급성 조증

급성 조증 치료에서 lithium의 효과에 대한 최초의 위약대조군 연구는 Bowden 등이 1994년 실시하였다. 이 연구에 의하면 급성 조증에서 lithium 치료군은 49%, valproate 군은 48%, 위약대조군은 25%의 반응률을 보였으며, lithium의 Number Needed to Treat(NNT)는 5였다.[11] 이후의 위약대비 lithium의 치료 효과에 대한 메타분석에서도 새로운 기분장애 삽화의 예방에서의 NNT는 5, 조증 삽화 예방의 경우 NNT 10, 우울증 삽화 예방의 경우 NNT 14이었다.[12] 이러한 연구 결과들은 최근의 양극성장애 진료지침들에도 반영되어 한국형 양극성장애 약물치료 알고리듬 2018[13]에서는 유쾌성 조증 삽화의 경우 lithium 단독치료가 1차 전략으로 선택되었고, Canadian network for mood and anxiety treatments(CANMAT) and International society for bipolar disorders(ISBD) 2018 guideline(CANMAT guideline 2018)[5]에서는 level 1 evidence를 가진 1차 치료전략으로 추천되었다.

불안증 및 혼재성 양상 동반

심한 불안이 동반되었거나 혼재성 양상을 보이는 급성 조증은 lithium 치료에 잘 반응하지 않으나, 정신병적 증상이 동반된 경우에는 valproate 또는 항정신병약물과 비슷한 정도의 치료반응을 보인다는 보고도 있다.[14]

양극성 우울증

양극성 우울증에서 lithium 단독요법의 효과에 대해서는 이견이 많다. The World Federation of Societies of Biological Psychiatry(WFSBP) guideline 2010에서는 lithium 단독요법이 치료적인 효과에 대한 일관성 있는 결과를 보이지 못한다 하여 최하위의 권고등급(recommendation grade)을 부여하였으나,[15] CANMAT guideline 2018[5]과 한국형 양극성장애 약물치료 알고리듬 2018[16]에서는 lithium 단독요법을 양극성 우울증의 1차 치료전략으로 권고하고 있다. 특히 CANMAT guideline 2018에서는 Systematic treatment enhancement program for bipolar disorder(STEP-BD) 연구를 포함한 몇몇의 연구 결과를 바탕으로 level 2 정도의 근거 수준을 만족하는 1차 치료전략으로 권고하고 있으며, 양극성 우울증에서 충분한 임상적 효과를 얻기 위해서는 0.8~1.2 mmol/L 정도의 혈중농도를 권하고 있다.

유지치료

lithium이 양극성장애 환자의 조증 삽화와 우울증 삽화의 재발을 방지한다고 알려져 있다. Goodwin과 Jamison의 연구[17]에서는 lithium 사용군의 재발률이 34%로 위약대조군의 81%에 비해 낮은 것으로 나타났고, 이후의 연구[14]에서도 위약대조군(60%)에 비해 lithium 사용군은 낮은 재발률(40%)을 보였다. 최근의 체계적 리뷰에서도 양극성장애 환자의 장기 유지치료에서 lithium 단독요법은 다른 기분조절제를 사용한 유지치료에 비하여 우월한 효과를 보였다.[18]

자살예방

lithium이 양극성장애 환자의 자살률을 낮춘다는 여러 연구가 있다. Nilsson[19]은 lithium 처방을 유지한 양극성장애 환자에 비하여 lithium 처방을 중단한 환자에서 자살할 위험성이 4.8배나 높다고 보고하였으며, 미국에서 실시한 대규모 후향적 코호트 연구[20]에서는 valproate 사용군이 lithium 사용군보다 2.7배 정도의 자살위험성을 보였다. 이러한 lithium의 자살예방 효과는 이후의 메타분석에서도 일관되게 나타나고 있다.[21, 22] 아직까지는 lithium 이외 다른 약물의 자살예방 효과는 증명되지 않은 상태이다.

Valproate

급성 조증 및 혼재성 양상

valproate는 1995년 조증 치료약물로 FDA 승인을 받았으며, lithium에 비하여 치료 효과가 빨리 나타난다고 알려져 있다. valproate는 이전에 lithium에 반응이 없었던 환자들에게도 효과가 있었으며,[11] 이전에 여덟 번 이상의 기분 삽화가 있었던 경우,[23] 두 번 이상의 우울증 삽화가 있었던 경우[24]에도 lithium보다 효과가 좋았다. 조증 증상 중에서 과행동성(hyperactivity)과 에너지 과다에는 lithium과 valproate가 비슷한 효과를 보였으나 과대한 기분과 수면욕구의 감소에는 valproate가 더욱 효과적이라는 연구 결과도 있다.[25]

양극성 우울증

양극성 우울증에서 valproate가 위약에 비하여 효과적이라는 4개의 무작위-비교 연구가 있으나 표본 수가 작아 증거의 수준이 낮은 것으로 평가되고 있다.[26] 한국형 양극성장애 약물치료 알고리듬 2018[16]에서는 경도 또는 중등도의 양극성 우울증에 한하여 valproate 단독요법을 권하고 있으며, CANMAT guideline 2018[5]에서는 valproate 단독요법은 2차 전략으로 소개하고 있다.

유지치료

valproate는 lithium과 더불어 양극성장애의 유지치료에 가장 흔히 쓰이는 약물로 여러 양극성장애 약물치료지침에서 유지치료의 1차 약물로 권고되고 있다.[5, 27] Bowden의 RCT 연구[28]에서 기분 삽화의 발현으로 약물을 중단하게 된 경우는 valproate군은 24%로 위약대조군의 38%에 비해 낮았으며 lithium군(31%)에 비해서도 낮았다. 또한 50%의 환자가 기분 삽화를 보이기까지의 시간(median time to survival)도 valproate가 40주로 가장 길었다(lithium군 24주, 위약대조군 28주). 그러나 lithium plus valproate combination therapy versus monotherapy for relapse prevention in bipolar I disorder(BALANCE) 연구[29]에서는 lithium 단독요법 또는 lithium+valproate 병합요법에 비하여 재발 방지 효과가 떨어지는 것으로 나타났다.

가임기 여성에서의 사용

임신한 양극성장애 환자에게 valproate의 사용은 태아의 기형유발 가능성 때문에 주의해야 한다. 2018년에 개정된 영국의 National institute for health and care excellence(NICE) guideline에 의하면 임신한 여성에게는 사용하지 말 것이며, 가임기 여성에게 사용할 때는 반드시 피임하기를 권하고 있다.[4] 임신 시 valproate 사용에 의해 태아에게 발생할 수 있는 흔한 기형으로는 척추이분증(odd ratio 12.7), 심실중격결손(odd ratio 2.5), 구순열(odd ratio 5.2) 등이 있다.[30] valproate의 기형유발 가능성은 용량의존적으로 알려져 있다.[31]

반응성 예측인자

valproate의 반응성을 예측할 수 있는 절대적인 인자들은 없다. 여러 연구들을 종합해보면 혼재성 양상의 경우, 이전 lithium 치료에 반응이 없었던 경우, 기분 삽화의 횟수가 많은 경우, 신경계의 결함이 있는 경우 등에서 lithium에 비해 valproate의 치료에 잘 반응할 것으로 예측할 수 있다.[32]

혈중농도

조증 치료에 필요한 valproate의 최소 혈중농도는 45~50μg/mL이며 125μg/mL 이상의 용량에서는 부작용이 발생하기 쉽다.[32] valproate의 90% 이상이 혈중 단백질과 결합한다. 노인과 여성의 경우 혈중 단백질이 성인 남성에 비해 적기 때문에 같은 용량의 valproate를 사용하더라도 혈중농도가 더 높을 가능성이 있어[32] 주의를 요한다.

Carbamazepine

양극성장애의 치료에 carbamazepine이 오랜 기간 사용되었으나 이를 뒷받침할 만한 연구 결과는 상대적으로 부족하다. 대규모의 위약대조군 연구로는 서방정 형태의 carbamazepine을 FDA의 승인을 받기 위해 실시한, 2004년[33]과 2005년[34]에 시행한 두 연구이다. 이 연구들에서도 carbamazepine은 급성 조증에는 효과적이었으나 혼재성 양상의 경우 만족스러운 결과를 보이지 않았다. 대부분의 양극성장애 약물치료지침에서 carbamazepine은 1차 치료전략에서 제외되고 있다.[4-6] lithium이나 valproate 등의 다른 기분조절제로 인한 부작용이 심하거나, 반응이 부족한 경우 이외에는 carbamazepine을 사용하지 말기를 권하기도 한다.[35] 그러나 여성에 비해 남성이 carbamazepine에 반응이 좋았고,[36] 기분 부적합 망상(mood-incongruent delusion)이나 혼재성 양상의 경우에도 비교적 좋은 반응을 보인다[37]는 연구 결과들도 있다.

결론

지난 수십 년간 lithium, valproate, carbamazepine 등의 전통적 기분조절제들은 양극성장애의 표준 치료약물로 여겨져 왔으나 비정형 항정신병약물들의 비약적인 발전에 밀려 기분조절제의 사용은 감소하는 추세이다. 그러나 대부분의 양극성장애 약물치료지침에서 아직까지도 전통적 기분조절제의 단독요법 또는 병합요법은 1차 치료전략으로 추천되고 있다.

실제 임상 현장에서도 전통적 기분조절제는 양극성장애 치료의 중요한 도구이다. 수십 년간 전통적 기분조절제를 사용하면서 쌓인 경험적 지식을 바탕으로 양극성장애의 치료에 기분조절제 단독 또는 항정신병약물과의 병합요법이 사용되고 있다. 전통적 기

표 1　전통적 기분조절제의 약물반응 예측인자

	lithium	valproate	carbamazepine
양극성장애 가족력	+		
이전의 lithium 반응성	+		
불안장애 동반		+	+
물질남용 동반		+	+
혼재성 양상		+	+
조현정동장애	±	+	+
불면		+	+
기형유발 가능성	+	+	+
자살예방	+		

분조절제 중에서도 valproate가 lithium에 보다 널리 사용되었으나 최근 발표된 여러 약물치료지침에서는 vlaproate의 여러 부작용들 때문에 lithium에 대한 관심이 다시 늘고 있다.

또한 양극성장애는 장기간의 유지치료가 필수적이어서 약물 투여기간이 길어질 수밖에 없는데 비정형 항정신병약물의 장기간 사용은 대사증후군 등의 부작용을 일으키기도 하여 환자들의 삶에 질에 부정적 영향을 미치기도 한다.

앞서 살펴본 바와 같이 전통적 기분조절제 각각은 서로 다른 약리학적 특성을 지니고, 효과적인 임상군이 다르다. 이러한 차이점들과 장단점을 충분히 파악하여 임상에 활용한다면 비정형 항정신병약물과의 병용요법 또는 기분조절제 단독으로도 양극성장애의 치료에 훌륭한 역할을 할 것이다.

참고문헌

1) Cade JF. Lithium salts in the treatment of psychotic excitement. Med J Aust 1949.

2) Lambert PA, Carraz G, Borselli S, Carbel S. [Neuropsychotropic action of a new anti-epileptic agent: depamide]. Ann Med Psychol(Paris) 1966;124:707-710.

3) Okuma T. Effects of carbamazepine and lithium on affective disorders. Neuropsychobiology 1993;27:138-145.

4) National Collaborating Centre for Mental H. National Institute for Health and Care Excellence: Clinical Guidelines. Bipolar Disorder: The NICE Guideline on the Assessment and Management of Bipolar Disorder in Adults, Children and Young People in Primary and Secondary Care. Leicester (UK): British Psychological Society c) The British Psychological Society & The Royal College of Psychiatrists, 2014;2018.

5) Strakowski SM. CANMAT and ISBD 2018 guidelines for the management of patients with bipolar disorder. Bipolar Disord 2018;20:393-394.

6) Kim W, Bahk WM, Yoon BH, Jon DI, Seo JS, Lee JG, et al. Korean Medication Algorithm for Bipolar Disorder 2018 : Overview. Mood Emot 2018;16:1-12.

7) Marmol F. Lithium: bipolar disorder and neurodegenerative diseases Possible cellular mechanisms of the therapeutic effects of lithium. Prog Neuropsychopharmacol Biol Psychiatry 2008;32:1761-1771.

8) Oruch R, Elderbi MA, Khattab HA, Pryme IF, Lund A. Lithium: a review of pharmacology, clinical uses, and toxicity. Eur J Pharmacol 2014;740:464-473.

9) Chung Y. Neuroprotective effects of lithium relevant to its therapeutic actions. Clin Psychopharmacol Neurosci 2008;6:11.

10) Malhi GS, Gershon S, Outhred T. Lithiumeter: Version 2.0. Bipolar Disord 2016;18:631-641.

11) Bowden CL, Brugger AM, Swann AC, Calabrese JR, Janicak PG, Petty F, et al. Efficacy of divalproex vs lithium and placebo in the treatment of mania. JAMA 1994;271:918-924.

12) Geddes JR, Burgess S, Hawton K, Jamison K, Goodwin GM. Long-term lithium therapy for bipolar disorder: systematic review and meta-analysis of randomized controlled trials. Am J Psychiatry 2004;161:217-222.

13) Woo YS, Bahk WM, Yoon BH, Jon DI, Seo JS, Kim W, et al. Korean Medication Algorithm for Bipolar Disorder 2018 : Manic Episode. Mood Emot 2018;16:13-24.

14) Licht RW. Lithium: still a major option in the management of bipolar disorder. CNS Neurosci Ther 2012;18:219-226.

15) Grunze H, Vieta E, Goodwin GM, Bowden C, Licht RW, Möller H-J, et al. The World Federation of Societies of Biological Psychiatry (WFSBP) guidelines for the biological treatment of bipolar disorders: update 2010 on the treatment of acute bipolar depression. World J Biol Psychiatry 2010;11:81-109.

16) Seo JS, Bahk WM, Yoon BH, Jon DI, Kim W, Lee JG, et al. Korean Medication Algorithm for Bipolar Disorder 2018 : Depressive Episode. Mood Emot 2018;16:57-68.

17) McIntyre RS, Mancini DA, Parikh S, Kennedy SH. Lithium revisited. Can J Psychiatry 2001;46:322-327.

18) Kessing LV, Bauer M, Nolen WA, Severus E, Goodwin GM, Geddes J. Effectiveness of maintenance therapy of lithium vs other mood stabilizers in monotherapy and in combinations: a systematic review of evidence from observational studies. Bipolar Disord 2018.

19) Nilsson A. Lithium therapy and suicide risk. J Clin Psychiatry 1999;60:85-88; discussion 111-116.

20) Goodwin FK, Fireman B, Simon GE, Hunkeler EM, Lee J, Revicki D. Suicide risk in bipolar disorder during treatment with lithium and divalproex. JAMA 2003;290:1467-1473.

21) Grandjean EM, Aubry J-M. Lithium: updated human knowledge using an evidence-based approach. CNS Drugs 2009;23:397-418.

22) Smith KA, Cipriani A. Lithium and suicide in mood disorders: Updated meta-review of the scientific literature. Bipolar Disord 2017;19:575-586.

23) Swann AC, Bowden CL, Calabrese JR, Dilsaver SC, Morris DD. Differential effect of number of previous episodes of affective disorder on response to lithium or divalproex in acute mania. Am J

Psychiatry 1999;156:1264-1266.

24) Swann AC, Bowden C, Calabrese J, Dilsaver S, Morris D. Mania: differential effects of previous depressive and manic episodes onresponse to treatment. Acta Psychiatr Scand 2000;101:444-451.

25) Bowden CL, Davis J, Morris D, Swann A, Calabrese J, Lambert M, et al. Effect size of efficacy measures comparing divalproex, lithium and placebo in acute mania. Depress Anxiety 1997;6:26-30.

26) Yatham LN, Kennedy SH, Parikh SV, Schaffer A, Beaulieu S, Alda M, et al. Canadian Network for Mood and Anxiety Treatments (CANMAT) and International Society for Bipolar Disorders (ISBD) collaborative update of CANMAT guidelines for the management of patients with bipolar disorder: update 2013. Bipolar Disord 2013;15:1-44.

27) Lee JG, Bahk WM, Yoon BH, Jon DI, Seo JS, Kim W, et al. Korean Medication Algorithm for Bipolar Disorder 2018 : Maintenance Therapy. Mood Emot 2018;16:86-95.

28) Bowden CL, Calabrese JR, McElroy SL, Gyulai L, Wassef A, Petty F, et al. A randomized, placebo-controlled 12-month trial of divalproex and lithium in treatment of outpatients with bipolar I disorder. Arch Gen Psychiatry 2000;57:481-489.

29) Investigators B. Lithium plus valproate combination therapy versus monotherapy for relapse prevention in bipolar I disorder (BALANCE): a randomised open-label trial. Lancet 2010;375:385-395.

30) Macfarlane A, Greenhalgh T. Sodium valproate in pregnancy: what are the risks and should we use a shared decision-making approach? BMC Pregnancy Childbirth 2018;18:200.

31) Tomson T, Battino D, Bonizzoni E, Craig J, Lindhout D, Perucca E, et al. Dose-dependent teratogenicity of valproate in mono-and polytherapy An observational study. Neurology 2015;85:866-872.

32) Bowden CL. Valproate. Bipolar Disord 2003;5:189-202.

33) Weisler RH, Kalali AH, Ketter TA. A multicenter, randomized, double-blind, placebo-controlled trial of extended-release carbamazepine capsules as monotherapy for bipolar disorder patients with manic or mixed episodes. J Clin Psychiatry 2004;65:478-484.

34) Weisler RH, Keck JP, Swann AC, Cutler AJ, Ketter TA, Kalali AH. Extended-release carbamazepine capsules as monotherapy for acute mania in bipolar disorder: a multicenter, randomized, double-blind, placebo-controlled trial. J Clin Psychiatry 2005;66:323-330.

35) Bowden CL. Anticonvulsants in bipolar disorders: current research and practice and future directions. Bipolar Disord 2009;11:20-33.

36) Chen C-H, Lin S-K. Carbamazepine treatment of bipolar disorder: a retrospective evaluation of naturalistic long-term outcomes. BMC Psychiatry 2012;12:47.

37) Gitlin M, Frye MA. Maintenance therapies in bipolar disorders. Bipolar Disord 2012;14:51-65.

양극성장애에서 비정형 항정신병약물의 역할

The role of atypical antipsychotics in bipolar disorder

심인희[+] | 왕희령[++] | 박원명[+++]

동남권원자력의학원 정신건강의학과[+] | 서울시 영등포구 정신건강복지센터[++]
| 가톨릭대학교 의과대학 정신과학교실[+++]

서론

비정형 항정신병약물이 임상에 도입되면서 양극성장애에도 효과가 입증되기 시작하였다. 이는 정형 항정신병약물에 비하여 우수한 내약성 및 항우울 효과 등의 장점이 있다. 또한 기분조절제와 비교하여 상대적으로 안전하고, 빠른 증상의 호전을 보이는 것으로 확인되었다. 따라서 최근 들어 양극성장애 치료 시 비정형 항정신병약물의 사용이 광범위하게 늘어나고 있는 추세이다(표 1).[1] 특히 급성기 조증 삽화에서는 대부분의 비정형 항정신병약물이 단독 혹은 병합 요법으로서 우수한 항조증 효과를 보이는 것으로 나타났다. 그러나 우울증 삽화에 있어서는 일부 비정형 항정신병약물에서만 효과가 입증되었기 때문에, 논란의 여지가 있다. 유지치료에 있어서도 대부분의 비정형 항정신병약물에서 단독 혹은 병합 요법이 재발예방에 도움이 되는 것으로 알려졌다. 하지만 우울증 삽화의 재발에 대한 효과는 서로 상충되는 결과들이 보고되어 추가적인 연구가 필요할 것으로 보인다. 또한 내약성 측면에서 대사 관련 부작용을 비롯한 잠재적 위험성에 대하여 세심한 주의가 요구된다.

표 1	양극성장애의 각 삽화에 따른 국내 식품의약품안전처 및 미국 FDA 승인 약제		
급성 조증	급성 혼재성	급성 우울증	유지기
aripiprazole	aripiprazole	lurasidone[†]	aripiprazole
asenapine[†]	asenapine[†]	olanzapine/fluoxetine combination[†]	aripiprazole LAI[*]
cariprazine[†]	cariprazine[†]	olanzapine[†]	olanzapine
olanzapine	olanzapine	quetiapine	quetiapine
quetiapine	quetiapine XR	quetiapine XR	quetiapine XR
quetiapine XR	risperidone		risperidone LAI[*]
risperidone	ziprasidone		ziprasidone
ziprasidone			

FDA : U.S. Food & Drug Administration
[*]LAI : Long-Acting Injectable, [†] 국내 미승인, [†] 미국 미승인

본 장에서는 양극성장애 급성기 및 유지기 치료에서 비정형 항정신병약물의 효과 및 내약성을 살펴본 연구들을 고찰함으로써 양극성장애에서 이들 약물의 주요한 역할을 검토해보고자 한다.

효능

조증 삽화

aripiprazole

단독요법

첫째, 1형 양극성장애 급성기 조증 또는 혼재성 삽화 환자들을 대상으로 aripiprazole 단독요법의 효과를 알아보기 위한 무작위 배정 위약대조 연구들부터 살펴보고자 한다. Keck 등[2]과 Sachs 등[3]은 유사한 연구 방법으로 각각 262명과 272명의 환자들을 대상으로 3주간 연구를 진행하였다. 두 연구 모두에서 aripiprazole 투여 4일째부터 위약과 유의한 차이를 보이며 빠른 항조증 효과를 나타냈다. 이러한 치료 효과는 3주까지 지속되는 것이 확인되었다. 또한 Kanba 등[4]은 아시아인 환자들을 대상으로 3주 동안 연구를 시행하였다. 총 258명을 대상으로 하였으며, 3주 후 aripiprazole군에서 위약군과 비교하여 Young 조증 평가 척도(Young Mania Rating Scale, YMRS) 총점이 유의하게 감소하였고,

내약성도 우수한 것으로 나타났다.

둘째, 1형 양극성장애 급성기 조증 또는 혼재성 삽화에서 aripiprazole 단독요법의 효과를 haloperidol군과 비교한 무작위 대조 연구들도 있다. Vieta 등[5]은 347명의 환자들을 대상으로 12주 동안 연구를 진행하였다. 3주째 aripiprazole의 평균용량은 22.6mg, haloperidol은 11.6mg이었고, 12주째 aripiprazole의 평균용량은 21.6mg, haloperidol은 11.1mg이었다. 3주째 YMRS 총점의 감소는 양군 간에 유의한 차이가 없었지만, 12주째 비교에서 치료반응률(YMRS 총점 50% 이상 감소) 및 관해율(YMRS 총점 ≤12) 모두 aripiprazole군이 haloperidol군보다 유의하게 더 높은 것으로 나타났다. 따라서 급성 조증 또는 혼재성 삽화에서 aripiprazole이 haloperidol보다 효과 면에서 우수한 것으로 평가되었다. 하지만 Young 등[6]의 연구에서는 3주째 YMRS 총점이 aripiprazole과 haloperidol군에서 위약군보다 유의하게 감소하였으며, 이러한 차이는 12주까지 지속되었으나 aripiprazole과 haloperidol군 간의 차이는 보이지 않았다.

셋째, 1형 양극성장애 조증에서 aripiprazole 단독요법의 효과를 lithium과 비교하기 위한 무작위 대조 연구가 있다. Keck 등[7]은 12주간 총 480명의 환자에서 aripiprazole, lithium 단독요법에 대하여 무작위 배정 위약대조 연구를 진행하였다. 3주째 aripiprazole의 평균용량은 23.2mg, 12주째 평균용량은 23.6mg이었다. lithium의 3주째 평균용량은 1146.9mg이었고, 12주째 평균용량은 1210.6mg이었다. 3주째 aripiprazole군은 위약군과 비교하여 YMRS 총점에서 유의한 감소를 보였다. aripiprazole과 위약 간에 치료 효과의 차이는 연구 2일째부터 나타났다. 3주째 치료반응률은 aripiprazole군에서 46.8%, lithium군에서 45.8%로, 위약군 34.4%보다 유의하게 높았다. 또한 12주째까지 치료반응률은 더 증가하여 aripiprazole군 56.5%, lithium군은 49.0%로 나타났다. 치료반응률 비교에서는 aripiprazole과 위약군 간에는 2일째부터 유의한 차이를 보인 반면, lithium과 위약군 간에는 10일 이후에 유의한 차이가 관찰되었다. 3주째 치료관해율은 aripiprazole군 40.3%, lithium군 40%로 위약군 28.2%보다 유의하게 높았으며 aripiprazole군에서는 12주째 관해율이 더 증가하여 49.4%였고, lithium군에서는 39.4%로 3주째와 비슷하게 유지되었다. 이를 통하여 aripiprazole과 같은 비정형 항정신병약물이 기분조절제와 비교하여 상대적으로 빠른 호전을 보이는 것이 확인되었다.

병합요법

Vieta 등[8]은 기분조절제(valproate나 lithium) 단독요법에 불충분한 치료반응을 보이는 1형 양극성장애 조증 또는 혼재성 삽화 환자들을 대상으로 valproate 혹은 lithium과 aripiprazole 병합요법의 효과를 확인하기 위한 6주 무작위 배정 위약대조 연구를 시행하였다. 위약군(valproate 혹은 lithium 단독요법군)과 비교하여 aripiprazole군(valproate 혹은 lithium+aripiprazole 병합요법군)에서 6주째 YMRS 총점의 감소가 유의하게 더 컸다. 또한 1주째부터 양군 간의 유의한 치료 효과의 차이가 관찰되어 기분조절제와 aripiprazole 병합요법의 빠른 항조증 효과를 확인시켜주었다.

olanzapine

단독요법

첫째, 양극성장애 조증 또는 혼재성 삽화 환자들을 대상으로 olanzapine의 효과를 확인하기 위하여 무작위 배정 위약대조 연구들이 시행되었다. Tohen 등[9]은 3주간 총 139명의 환자에서 연구를 진행하였는데 3주째 olanzapine군에서 위약군과 비교하여 YMRS 총점의 유의한 호전을 보였으며, 치료반응률에서도 olanzapine군이 위약군보다 우수하였다. 또한 115명의 환자에서 4주 동안 연구를 진행하였을 때에도 치료반응률과 치료관해율 모두 olanzapine군이 위약군보다 유의하게 높았다. [10]

  둘째, 양극성장애 급성 조증 삽화에서 기분조절제와 olanzapine의 효과를 비교한 연구들이 있다. Tohen 등[11]은 총 251명의 환자들을 3주간 olanzapine 혹은 divalproex 단독요법군에 무작위 배정하여 연구를 진행하였다. olanzapine의 평균용량은 17.4mg이었고, divalproex는 1401.2mg이었다. YMRS 총점의 변화에서 olanzapine군이 divalproex군보다 유의한 호전을 보였다. 또한 치료반응률에서는 양군 간에 유의한 차이가 없었지만, 치료관해율에서는 olanzapine군이 유의하게 더 높았다. [11] 하지만 Zajecka 등[12]의 12주 연구에서는 첫 3주간 조증 평가 척도(Mania Rating Scale, MRS) 총점의 변화에서 양군 간에 유의한 차이가 없었으며 12주째 MRS 총점의 변화 역시 양군 간의 유의한 차이가 관찰되지 않았다. 이러한 결과는 divalproex와 비교하여 olanzapine의 우수한 치료 효과를 확인한 Tohen의 결과와 차이가 있다. 이는 Zajecka 연구에서 사용된 divalproex 용량이 2115mg으로 이전 Tohen 연구에서보다 높았기 때문으로 생각되고 있다. [11, 12] Tohen 등[13]은 정신병적 증상이 없는 경도 및 중등도의 조증 또는 혼재성 삽화 환자들을 대상으로 olanzapine과 divalproex, 위약 단독요법의 효과를 12주 무작위 대조 연구를 통해 비교하였다. 총 521명의 환자에서 사용된 olanzapine의 평균용량은 12.5mg이었고, divalproex는 986.4mg이었다. 첫 3주간 olanzapine군과 divalproex군 간에 YMRS 총점 감소의 유의한 차이는 없었으나, 12주째 olanzapine군은 divalproex군보다 YMRS의 유의한 감소를 보여줌으로써, 비교적 질병의 심각도가 낮은 환자들에서 divalproex와 olanzapine의 치료 효과를 비교하였다는 데 의미가 있다. Niufan 등[14]은 4주간의 무작위 대조 연구를 통해 olanzapine 단독요법과 lithium 단독요법의 효과를 비교하였다. 총 140명의 환자에서 평균 olanzapine 용량은 17.8mg, lithium은 1,110mg이 적용되었다. olanzapine군은 Clinical Global Impressions-Severity of Bipolar Disorder scale(CGI-BP) 총점과 YMRS 총점에서 lithium군보다 유의한 호전을 보였다. 그러나 Montgomery-Asberg 우울증 평가 척도(Montgomery-Asberg Depression Rating Scale, MADRS)와 CGI-BP 우울 증상 점수는 양 군 간에 유의한 차이가 없었다.[14]

셋째, 양극성장애 급성 조증 삽화에서 olanzapine과 haloperidol의 효과를 비교하기 위한 무작위 대조 연구가 있다. Tohen 등[15]은 총 453명의 피험자들을 6주간 두 군으로 무작위 배정하여 olanzapine 5~20mg, haloperidol 3~15mg을 적용하였고, CGI-BP 총점이 적어도 1점 이상 호전을 보인 환자들을 대상으로 추가적으로 6주 연장 연구를 진행하였다. 첫 6주째 치료관해율[YMRS 총점≤12, Hamilton 우울증 평가 척도(Hamilton Depression Rating Scale, HDRS)≤8]과 관해에 도달한 시간을 비교하였을 때 양군 간에 유의한 차이가 없었다. 그러나 6주째 관해에 도달하지 못한 환자들 중에서 12주째 관해된 환자들의 비율이 olanzapine군에서 haloperidol군보다 유의하게 높았다.[15]

병합요법

Tohen 등[16]은 기분조절제(valproate나 lithium)에 불충분한 치료반응을 보인 조증 및 혼재성 삽화에서 olanzapine 병합요법의 효과를 확인하기 위하여 6주간, 총 344명을 대상으로 무작위 대조 연구를 시행하였다. olanzapine 병합요법군에서 기분조절제 단독요법군에 비하여 YMRS 총점의 저하, 치료반응률과 치료관해율에 있어 유의한 호전을 보였다.[16]

또한 급성기 조증 또는 혼재성 삽화에서 olanzapine과 carbamazepine의 병합요법과 carbamazepine 단독요법의 효과를 비교하기 위하여 118명의 환자에서 6주 무작위 대조 연구도 시행되었다.[17] olanzapine은 10~30mg, carbamazepine은 400~1200mg 범위 내에서 조정되었다. 하지만 6주째 YMRS, MADRS 등을 포함한 모든 유효성 평가 지표에서 양군 간에 유의한 차이가 관찰되지 않았다.[17]

paliperidone

지금까지 보고된 양극성장애 급성 조증 및 혼재성 삽화에서 paliperidone의 효과를 살펴본 2개의 무작위 대조 연구들은 서로 상충된 결과를 보이고 있다.

단독요법

Vieta 등[18]은 1형 양극성장애 조증 및 혼재성 삽화의 치료에 있어서 paliperidone 단독요법의 효과를 위약 및 quetiapine과 비교하였다. 3주의 급성기 치료에 이어 9주의 연장 연구로 진행된 이 연구에서, 3주째 YMRS 총점에서 paliperidone이 위약과 비교하여 유의한 호전을 보였고, 12주째 quetiapine과 비교하여 효과 면에서 열등하지 않은 것으로 확인되었다.[18]

병합요법

반면에 Berwaerts 등[19]은 1형 양극성장애 조증 및 혼재성 삽화 환자에서 6주간의 기분조절제 단독요법과 기분조절제 및 paliperidone(3~12mg)의 병합요법의 효과를 비교한 무작위 대조 연구에서 paliperidone 병합요법과 기분조절제 단독요법 간에 유의한 치료 효과의 차이를 확인하지 못하였다.[19]

quetiapine

단독요법

Bowden 등[20]은 1형 양극성장애 조증 삽화에서 quetiapine 단독요법의 효과를 확인하기 위한 12주 무작위 배정 위약대조 연구를 시행하였다. 총 302명의 피험자들이 quetiapine과 lithium, 위약 단독요법군에 무작위 배정되었다. quetiapine의 용량은 첫날 100mg으로 시작하여 6일 후 800mg까지 용량을 조정하도록 하였다. lithium의 경우 초회량 900mg으로 시작하여 연구 5일 이후에는 연구자 판단하에 내약성과 효능을 고려하여 조정할 수 있게 하였다. 위약군과 비교하여 quetiapine군과 lithium군 모두에서 YMRS의 총점 및 치료반응률의 유의한 호전을 보였다.[20]

McIntyre 등[21]은 1형 양극성장애 조증 삽화에서 quetiapine 단독요법과 haloperidol 단독요법의 효과를 비교하고자 12주 동안 302명의 피험자를 대상으로 quetiapine, haloperidol, 위약 단독요법에 무작위 배정하여 연구를 진행하였다. quetiapine의 용량은 첫날 100mg으로 시작하여 6일 후 800mg까지 증량하고 이후에는 용량을 조절할 수 있게 하였고, haloperidol은 2mg으로 시작하여 2~8mg 사이에서 조절할 수 있었다. quetiapine군과 haloperidol군 모두에서 위약군에 비해 3주째 YMRS 총점의 유의한 감소를 보였고, 이 같은 차이는 연구 종료시점까지 유지되었다. 하지만 3주째 quetiapine군과 haloperidol군 간의 효과는 유의한 차이가 없었다.[21]

Cutler 등[22]은 급성기 조증 환자에서 quetiapine extended-release(XR) 단독요법 (400~800mg/day)의 효과를 확인하기 위해 피험자 208명을 대상으로 3주 무작위 배정 위약대조 연구를 시행하였다. 위약군과 비교하여 quetiapine XR군에서 4일째부터 유의한 조증 증상의 호전을 보였고, 3주까지 이 같은 효과가 지속되었다.[22]

병합요법

급성기 조증 삽화의 치료에 있어서 quetiapine 병합요법에 대한 무작위 대조 연구들은 기분조절제와 quetiapine 병합요법과 기분조절제 단독요법의 효과를 비교하는 방법이 주로 사용되었다.

Sachs 등[23]은 조증 삽화에서 기분조절제(lithium 또는 divalproex)와 quetiapine 병합요법군과 기분조절제와 위약 병합요법군 간의 효과를 비교하기 위해 총 191명의 환자를 대상으로 3주 무작위 배정 위약대조 연구를 시행하였다. quetiapine의 평균용량은 504mg이었다. quetiapine 병합요법군이 위약 병합요법군에 비해 3주째 YMRS 총점 감소, 치료반응률, 치료관해율의 비교에서 유의하게 높았다. 이 연구를 통해서 기분조절제와 quetiapine의 병합요법이 기분조절제 단독요법과 비교하여 더 나은 항조증 효과를 보이는 것을 알 수 있었다.[23] Yatham 등[24]은 총 211명의 환자에서 기분조절제(lithium 또는 divalproex)와 quetiapine의 병합요법과 기분조절제 단독요법의 효과를 비교하기 위해 6주 무작위 대조 연구를 시행하였다. 6주째 quetiapine의 평균용량은 455mg이었다. 3주째와 6주째 YMRS 총점의 감소는 quetiapine 병합요법군에서 위약 병합요법군보다 더 컸지만 통계적으로 유의하지 않았다.[24] 비록 1차 유효성 평가지표에서는 양군 간의 유의한 차이가 없었지만, 그 외 유효성 평가지표들에서는 quetiapine 병합치료군에서 좀 더 나은 효과를 보여주었다.

risperidone

단독요법

급성기 조증 삽화에서 risperidone의 치료 효과를 확인하기 위한 무작위 대조 연구들은 크게 위약대조 연구와 lithium 또는 haloperidol 대조 연구로 나눠볼 수 있다.

Hirschfeld 등[25]과 Kanna 등[26]은 3주 동안 무작위 배정 위약대조 연구를 시행하였다. 두 연구 모두 3주째 risperidone군에서 위약군에 비하여 YMRS 총점의 유의한 감소를 보였다. 특히 전자의 연구에서 양군 간의 유의한 차이는 치료 3일째부터 나타났고, 이를 통하여 risperidone의 빠른 항조증 효과를 증명하였다.[25]

Segal 등[27]은 4주 무작위 대조 연구를 통해 조증 환자에서 risperidone과 lithium, haloperidol의 효과를 비교하였다. 용량은 각각 risperidone 6mg, haloperidol 10mg, lithium 800~1200mg이었으며, 총 45명의 환자가 무작위 배정되었다. 세 군 모두 Brief Psychiatric Rating Scale(BPRS), MRS 등에서 비슷한 호전을 보였다.[27] Smulevich 등[28]의 연구에서도 3주째 risperidone군이 위약군에 비교하여 YMRS의 유의한 호전을 보였고, risperidone군과 haloperidol군 사이에 유의한 차이는 관찰되지 않았다. 이후 9주간의 연

장 연구기간 동안에도 haloperidol군과 risperidone군 모두에서 추가적인 YMRS 총점의 감소가 관찰되어 risperidone 단독요법이 단기 및 장기적으로 항조증 효과가 있음을 확인시켜주었다.

병합요법

Sachs 등[1]은 급성기 조증에서 기분조절제와 risperidone 병합요법의 효과를 확인하기 위하여 3주 무작위 배정 위약대조 연구를 시행하였다. 환자들은 lithium 혹은 divalproex에 더하여 위약, risperidone, haloperidol 병합요법군에 각각 무작위 배정되었다. 총 158명의 피험자가 세 군에 무작위 배정되었고, 이때 risperidone의 평균용량은 3.8mg, haloperidol은 6.2mg이었다. 기분조절제와 위약 병합요법군에 비해 기분조절제와 risperidone 병합요법군과 기분조절제와 haloperidol 병합요법군에서 YMRS 총점이 유의하게 감소하였다.[1] Yatham 등[29]도 급성기 조증에서 기분조절제와 risperidone 병합요법의 효과를 확인하기 위해 3주간의 무작위 배정 위약대조 연구를 시행하였는데, 1주 및 3주째 YMRS 총점 감소, 치료반응률에서 risperidone군에서 위약군보다 유의하게 호전되었다. 이러한 연구들을 통하여 급성기 조증 삽화에서 기분조절제와 risperidone 병합요법이 기분조절제 단독요법에 비해 더 효과적임이 확인되었다.

ziprasidone

단독요법

Keck 등[30]과 Potkin 등[31]은 1형 양극성장애 조증 삽화에서 ziprasidone 단독요법의 효과를 확인하기 위해 3주 무작위 배정 위약대조 연구를 시행하였다. 각각 210명과 206명의 피험자가 ziprasidone 단독요법과 위약 단독요법군에 무작위 배정되었다. ziprasidone의 평균용량은 1일째 81.3mg, 2일째 147.1mg, 이후로는 8~14일 사이에 139.1mg, 15~21일 사이에 130.1mg이었다. 두 연구 모두에서 치료 2일째부터 MRS 총점이 유의하게 차이가 났으며, 이러한 차이는 3주까지 지속되었다. 이러한 연구들은 ziprasidone의 빠른 항조증 효과를 확인시켜주었다.

　Vieta 등[32]은 총 438명의 1형 양극성장애 급성기 조증 환자들에서 ziprasidone 단독요법의 효과를 haloperidol, 위약과 비교한 12주 무작위 대조 연구를 시행하였다.[41] 이 연구는 크게 첫 3주 치료기와 나머지 9주 치료기로 나누어졌으며, 첫 3주간은 ziprasidone 80~160mg 용량 범위에서 치료하고, haloperidol군은 8~30mg 용량 범위 내에서 치료를 하였다. 나머지 9주 치료기 동안 ziprasidone은 40mg, haloperidol은 4mg까지 감량이 가능하도록 하였다. ziprasidone 단독요법군과 haloperidol 단독요법군은 첫 2일째부터 3

주째까지 위약군과 비교하여 MRS 총점의 유의한 호전을 보여주었다. 3주째 MRS 총점 50% 이상 감소로 정의한 치료반응률은 ziprasidone군 36.9%, haloperidol군 54.7%, 위약군 20.5%로서, ziprasidone은 위약군보다 유의하게 높은 반응률을 보였고, haloperidol은 위약과 ziprasidone보다 유의하게 높은 반응률을 보였다. 12주째 ziprasidone군의 반응률은 88.1%, haloperidol군의 반응률은 96.3%로 치료반응이 유지됨을 확인할 수 있었다. 내약성 면에서는 haloperidol군에서 더 많은 치료중단을 보였고, 운동장애 등의 부작용 빈도가 높았다. 이 연구를 통하여 ziprasidone은 양극성장애 급성기 조증 치료에 단독요법으로서 효과가 확인되었으며, haloperidol보다 효과 면에서는 다소 떨어지나 내약성 측면에서는 더 나은 것으로 확인되었다.

병합요법

Sachs 등[33]은 1형 양극성장애 조증 또는 혼재성 삽화 환자들을 대상으로 기분조절제와 ziprasidone의 병합요법과 기분조절제 단독요법의 효과를 비교하기 위한 3주 무작위 배정 위약대조 연구를 시행하였다. 연구에 참여한 총 680명의 환자들은 기존에 사용하던 기분조절제에 부가적으로 ziprasidone 저용량(20~40mg bid), ziprasidone 고용량(60~80mg bid), 위약 병합요법군에 무작위 배정되었다. YMRS 총점의 변화 및 다른 유효성 평가 지표에서 세 군 간에 유의한 차이가 관찰되지 않아, ziprasidone과 기분조절제 병합요법과 기분조절제 단독요법 간에 효과의 차이를 확인하지 못하였다.

우울증 삽화

aripiprazole

단독요법

Thase 등[34]은 1형 양극성장애 우울증 삽화에서 aripiprazole 단독요법의 효과와 안전성을 살펴본, 동일한 설계의 8주 무작위 대조 연구 2개의 결과를 발표하였다. 2개의 연구 모두 정신병적 증상이 없는 1형 양극성장애 우울증 삽화를 경험하는 환자들을 대상으로 하였다. 한 연구(study 1)에는 총 374명의 환자가, 다른 연구(study 2)에서는 총 375명의 환자가 aripiprazole과 위약군에 무작위 배정되었다. 종료시점에서 aripiprazole의 평균용량은 study 1에서 17.6±8.3mg, study 2에서 15.5±7.5mg이었다. study 1에서는 1주부터 6주째까지 aripiprazole군이 위약군과 비교하여 우울 증상의 유의한 호전을 보였고, study 2에서도 1주부터 5주까지 양군 간에 치료 효과에 있어서 차이가 있었다. 하지만 두 연구 모두에서 8주째 양군 간에 MADRS 총점의 유의한 차이가 없었다. MADRS 총점 50% 이상 감소로 정의된 치료반응률에서도 두 연구 모두에서 양군 간에 유의한 차이가 없었고, MADRS 총점≤8로 정의된 치료관해율에서도 두 연구 모두에서 양 군 간에 유의한 차이가 없었다. 이 두 연구를 통해서 1형 양극성장애 우울증 삽화에서 aripiprazole 단독요법이 위약과 비교하여 효과 면에서 유의한 차이가 없는 것으로 나타 났다. 두 연구 모두에서 조기 중단율이 이례적으로 높았는데, 그 원인으로서 aripiprazole 의 용량이 지나치게 높고, 용량 조정이 급격하게 이루어졌을 가능성이 제기되면서, 용량 을 재조정한 후속 연구가 필요할 것이라는 의견이 있었다.[34]

병합요법

Quante 등[35]은 기분조절제 및 citalopram에 더하여, 병합요법제로서 aripiprazole의 효 과를 위약과 비교하였다. HDRS-21 20점 이상인 1형 또는 2형 양극성장애 우울증 삽 화 환자 총 23명이 연구에 참여하였다. 무작위 배정 전에 모든 환자들은 lithium 혹은 valproate로 최소 1주 이상 치료를 받았고, 이때 반응이 없었던 환자들이 aripiprazole 병 합치료군과 위약 병합치료군에 각각 무작위 배정되었다. 연구 참여 이후 모든 환자는 citalopram 20mg을 투여받았으며, 연구 3일째 40mg까지 증량되었다. 6주의 치료기 동 안 양군 모두 HDRS 총점이 감소하였으나 양군 간의 유의한 차이는 관찰되지 않았다. 소수의 환자를 대상으로 한 이 연구에서 aripiprazole 병합요법은 급성기 양극성 우울증 에서 위약과 차이가 없는 것으로 확인되었다. 하지만 이러한 임상적 이득의 부재가 대조 군에서 사용된 citalopram의 우수한 항우울 효과 때문일 가능성도 있을 것이다.

이상에서 살펴본 것처럼 aripiprazole은 무작위 대조 연구에서 단독요법 및 병합요법 모 두 위약과의 차이를 보이는 데 실패하였다.

olanzapine

단독요법

Tohen 등[36]은 1형 양극성장애 우울증 삽화에서 olanzapine과 olanzapine/fluoxetine combination(OFC)의 효과를 확인하기 위하여 8주 무작위 대조 연구를 시행하였다. 총 833명의 환자가 olanzapine(5~20mg/day), OFC(olanzapine 6/fluoxetine 25, olanzapine 6/fluoxetine 50, olanzapine 12/fluoxetine 50 mg/day), 그리고 위약군에 무작위 배정되었 다. 8주의 연구기간 동안 olanzapine군과 OFC군은 위약군과 비교하여 유의한 우울 증상 의 호전을 보였다. 또한 4~8주 사이에 OFC군은 olanzapine군과 비교하여 유의한 우울 증상의 호전을 보였다. MADRS 12점 이하로 정의된 치료관해율을 비교하였을 때, 위약 군은 24.5%, olanzapine군은 32.8%, OFC군은 48.8%에서 관해율을 보였다. 이 연구를 통해서 olanzapine과 OFC 모두 위약과 비교하여 1형 양극성장애 우울증 삽화에서 효과

적임이 밝혀졌고, 특히 OFC는 olanzapine과 비교하였을 때 더 우수한 효과를 보여주었다. [36]

Brown 등[37]은 1형 양극성장애 우울증 삽화에서 lamotrigine과 OFC의 효과와 내약성을 비교하기 위하여 7주 무작위 대조 연구를 시행하였다. 총 410명의 환자가 OFC군과 lamotrigine군에 각각 무작위 배정되었다. OFC의 평균용량은 olanzapine 10.7mg, fluoxetine 38.3mg, lamotrigine은 106.4mg이었다. OFC군에서 MADRS, YMRS 총점, Clinical Global Impressions-Severity of Illness scale(CGI-S)에서 lamotrigine군과 비교하여 유의한 임상적 호전을 보였다. 또한 치료반응률(MADRS 50% 이상 감소)은 양군 간에 유의한 차이가 없었으나 치료반응까지의 시간은 OFC군에서 lamotrigine군보다 유의하게 짧았다. 이 연구에서 양극성 우울증 환자에서 OFC가 lamotrigine과 비교하여 더 나은 항우울 효과를 가져오는 것으로 나타났다. [37]

Tohen 등[38]은 1형 양극성장애 우울증 삽화 환자들에서 olanzapine 단독요법의 효과를 확인하기 위한 6주 무작위 대조 연구를 시행하였다. 총 514명의 환자가 6주간의 olanzapine군과 위약군에 무작위 배정되었다. MADRS의 총점 감소 및 치료반응까지의 시간으로 평가하였을 때 olanzapine군이 위약군보다 유의하게 호전을 보였다.

quetiapine

단독요법

Calabrese 등[39]과 Thase 등[40]은 1형 또는 2형 양극성장애 우울증 삽화 환자들에서 quetiapine 단독요법의 효과를 확인하기 위해 유사한 연구설계의 8주 무작위 배정 위약 대조 연구를 시행하였다. 각각 542명과 509명의 환자가 quetiapine 300mg, 600mg, 위약군에 무작위 배정되었다. 두 연구 모두에서 1주째부터 quetiapine 300mg, 600mg군에서 위약군과 비교하여 유의하게 MADRS 총점의 호전을 보였으며, 이 같은 차이는 8주까지 지속되었다. McElory 등[41]은 quetiapine 단독요법과 paroxetine 단독요법의 효과를 8주 동안 비교하였다. 이 연구 역시 quetiapine 300mg군, quetiapine 600mg군, 위약군을 포함하였으며, 여기에 paroxetine군을 추가하여 총 740명의 환자를 무작위 배정하였다. 그 결과 quetiapine 300mg군과 quetiapine 600mg군은 위약군과 비교하여 유의한 차이가 나타났으나, paroxetine군은 위약군과 비교하여 유의한 차이가 없었다. 또한 quetiapine 300mg, 600mg 두 군 모두 paroxetine군과 비교하여 8주째 MADRS 총점의 감소가 유의하게 더 큰 것으로 나타났다.

Young 등[42]은 양극성 우울증에서 quetiapine과 lithium의 단독요법의 효과를 비교하기 위하여 8주 무작위 대조 연구를 시행하였다. 총 802명의 환자들이 quetiapine 300mg, quetiapine 600mg, lithium 600~1800mg, 위약군에 무작위 배정되었다. quetiapine 300mg, 600mg군 모두에서 첫 1주째부터 시작하여 8주째까지 위약과 비교하여 유의한 MADRS 총점의 감소, 치료반응률, 치료관해율(MADRS 총점≤12)의 호전을 보였다. 하지만 lithium군은 위약과 비교하여 MADRS 총점의 변화, 치료반응률, 치료관해율에 유의한 차이가 없었다. 또한 quetiapine 600mg군은 lithium군과의 비교에서 8일째부터 8주째까지 MADRS 총점의 감소가 유의하게 큰 것으로 나타났다. 본 연구를 통해 quetiapine 300mg, 600mg 모두 급성기 우울증 삽화에서 효과적임을 확인할 수 있었다.[42]

Suppes 등[43]은 1형과 2형 양극성 우울증에서 quetiapine XR 단독요법의 효과를 알아보기 위해 8주 무작위 배정 위약대조 연구를 시행하였다. quetiapine XR은 첫날 50mg부터 시작하여 4일째 300mg까지 증량하였고, 이후 8주까지 300mg 고정용량으로 치료하였다. 270명의 환자가 quetiapine XR 300mg군과 위약군에 무작위 배정되었다. 결과적으로 8주째 MADRS 총점은 quetiapine XR군에서 위약군보다 유의하게 감소하였다.[43]

risperidone

병합요법

Shelton 등[44]은 양극성 우울증에서 기존에 기분조절제를 안정적으로 투여받고 있던 환자들을 대상으로 risperidone 병합요법과 paroxetine 병합요법, risperidone과 paroxetine 병합요법의 효과를 비교하는 12주 무작위 대조 연구를 시행하였다. 총 30명의 환자들이 기존에 사용하던 기분조절제를 그대로 유지하면서, 부가적으로 risperidone, paroxetine, risperidone+paroxetine 병합요법군에 각각 무작위 배정되었다. risperidone+paroxetine군에서 평균 risperidone 용량은 1.16mg이었고, risperidone군의 평균용량은 2.15mg이었다. risperidone+paroxetine군에서 평균 paroxetine 용량은 22.0mg이었으며, paroxetine군의 평균용량은 35.0mg이었다. MADRS의 총점 감소는 세 군 간에 유의한 차이가 없었다.[44]

ziprasidone

단독요법

Lombardo 등[45]은 1형 양극성장애 우울증 삽화에서 ziprasidone 단독요법의 효과를 살펴본 2개의 무작위 배정 위약대조 연구의 결과를 발표한 바 있다. 두 연구 모두 1형 양극성장애, 정신병적 증상이 없는 우울증 삽화를 경험하는 HDRS-17≥20인 환자들을 대상으로 하였다. 첫 번째 연구는 ziprasidone 40~80mg, 120~160mg, 위약군 등 세 군으로 구성되었고, 두 번째 연구는 ziprasidone 40~160mg, 위약군 두 군으로 구성되었다. 결과적으로 두 연구 모두에서 ziprasidone군과 위약군 간에 MADRS 총점 변화에 있어서 유의한 차이를 보여주지 못하였다.[45]

병합요법

Sachs 등[46]은 기분조절제(lithium, valproate) 및 lamotrigine 등에 부가적으로 ziprasidone 병합요법의 효과를 살펴보기 위하여 6주 무작위 배정 위약대조 연구를 시행하였다. 총 298명의 환자들이 기존의 기분조절제 및 lamotrigine 치료에 부가적으로 ziprasidone과 위약군에 무작위 배정되었다. ziprasidone 용량은 내약성과 증상을 고려하여 40~160mg 에서 조정이 가능하였고, 평균 ziprasidone 용량은 89.8mg이었다. 6주째 MADRS 총점 의 변화는 zipraisdone 병합요법군과 위약 병합요법군 간에 유의한 차이가 관찰되지 않 았다.[46]

이상에서 살펴본 바와 같이, 양극성 우울증을 대상으로 진행된 ziprasidone의 무작위 대조 연구들에서 병합요법 및 단독요법 모두 위약과 비교하여 더 우수한 치료 효과를 보여주지 못하였다.

혼재성 삽화

양극성장애 혼재성 삽화의 치료는 제2부의 '혼재성 상태 : 낮은 인식과 그 치료' 편에서 자세히 다루기 때문에 이 장에서는 생략하고자 한다.

급속순환형

양극성장애에서 급속순환형은 그 빈도가 대략 10~20%에 달하며 긴 유병기간과 중증 의 심각도와 관련이 있는 것으로 알려져 있다.[47] 급속순환형의 환자들이 조증이나 우울 증 등 다른 삽화의 환자들과 비교하여 사회적 기능이 더 떨어지고, 자살의 위험도 크다 고 알려져 있는 등 임상적으로 많은 문제를 안고 있음에도 불구하고, 아직 급속순환형 의 치료에 대해서는 근거가 부족하다.[47]

대부분의 급속순환형에서 비정형 항정신병약물의 효과를 살펴본 연구들은 조증이나 우울증같이 양극성장애의 다른 삽화에 대한 연구들에서 사후검정을 실시하거나 2차분 석을 통해 도출된 결과들이 대부분이다.[43, 48-51] 전반적으로 급속순환형에 관한 자료들 이 작은 표본크기와 2차분석 및 사후분석의 결과라는 점들을 고려할 때 제한점이 있는 것은 사실이지만, 기존의 근거를 종합해보면 aripiprazole, olanzapine, quetiapine이 효과 적인 것으로 생각되고 있다.

유지기

aripiprazole

단독요법

Keck 등[52]은 aripiprazole 치료로 안정기에 접어든 조증 또는 혼재성 삽화 환자들에서 aripiprazole이 이후의 기분 삽화의 재발을 예방하는 데 효과가 있는지 확인하고자 26주 무작위 대조 연구를 시행하였다. 기분 삽화 재발까지의 시간을 aripiprazole군(n=78)과 위약군(n=83) 간에 비교한 결과, aripiprazole군이 기분 삽화의 재발을 유의하게 늦추는 것으로 나타났다. 또한 aripiprazole군은 위약군과 비교하여 기분 삽화의 재발률도 유의하게 낮았다.[52]

또한 Keck 등[53]은 위의 26주 연구에 74주를 연장하여 총 100주간 aripiprazole 유지요법의 효과를 확인하였다. 100주 동안 기분 삽화 재발까지의 시간에 있어서도 aripiprazole군이 위약군에 비해 유의하게 길었다. 기분 삽화별로 살펴보면, 조증 삽화의 재발까지의 시간은 aripiprazole군이 위약군보다 더 길었으나, 우울증 삽화까지의 시간은 양군 간의 유의한 차이가 없었다.[53]

Calabrese 등[54, 55]은 급성 조증 삽화에서 aripiprazole 경구요법으로 안정기에 접어든 환자들을 대상으로 aripiprazole long-acting injectable(LAI) 400mg으로 전환하여 52주 무작위 대조 연구를 시행하였다. aripiprazole군에서 위약군에 비하여 기분 삽화 재발까지의 시간이 유의하게 길었다. 또한 체중증가, 정좌불능증, 불면 등 부작용에 대한 보고는 더 많았지만 전반적으로 안전한 것으로 평가되었다. 이 연구에서 1형 양극성장애 조증 삽화의 유지기 치료로서 aripiprazole LAI 제재의 효과 및 우수한 내약성을 확인되었다.

병합요법

Marcus 등[56]은 lithium 혹은 valproate와 aripiprazole 병합요법으로 관해를 경험한 환자들을 대상으로 52주간 기분조절제 단독요법과 기분조절제와 aripiprazole 병합요법의 유지기 치료 효과를 비교하는 무작위 대조 연구를 시행하였다. 52주째까지 기분 삽화의 재발은 aripiprazole 병합요법군(n=168) 17%, 기분조절제 단독요법군(n=169) 29%였다. 또한 aripiprazole 병합요법군이 기분조절제 단독요법군과 비교하여 기분 삽화 재발까지의 시간이 유의하게 길었다. 이에 aripiprazole의 장기적인 적용이 기분 삽화의 재발 방지에 효과적인 것을 확인할 수 있었다.[56]

Carlson 등[57]은 lamotrigine과 aripiprazole 치료로 관해에 도달한 환자들을 대상으로 lamotrigine 단독요법과 lamotrigine과 aripiprazole 병합요법의 유지기 치료 효과를 비교하는 52주 무작위 대조 연구를 시행하였다. 총 351명이 aripiprazole과 lamotrigine의 병합요법, 위약과 lamotrigine의 병합요법(즉, lamotrigine 단독요법)에 무작위 배정되었다. aripiprazole 병합요법군에서 조증 및 혼재성 삽화의 재발까지의 시간과 기분 삽화의 재발까지의 시간 모두 lamotrigine 단독요법군보다 길었으나, 통계적으로 유의하지는 않았다. 52주째 기분 삽화의 재발률은 aripiprazole 병합요법군 27.0%, lamotrigine 단독요법군 42.0%로 양군 간에 유의한 차이는 없었다. 하지만 사후분석에서 연구 참여 당시 혼재성 삽화를 경험했던 집단에서 aripiprazole 병합요법이 lamotrigine 단독요법과 비교하여 다음 우울증 삽화까지의 시간을 연장시키는 것으로 나타나 혼재성 삽화에서 aripiprazole 병합요법의 잠재적 효과의 가능성을 제시하였다.[57]

　국내에서 시행된 연구로는, Woo 등[58]이 최근 조증 또는 혼재성 삽화에서 안정기에 도달한 환자들을 대상으로 aripiprazole과 divalproex 병합요법의 효과를 확인하기 위해 시행한 6개월 무작위 배정 위약대조 연구가 있다. 조증 또는 혼재성 삽화의 환자들 중에서 6주간의 aripiprazole과 divalproex 병합요법 개방 치료기(open-label phase) 동안 안정기 (YMRS≤12, MADRS≤13)에 도달한 환자들이 6개월 무작위 배정 치료기에 들어갈 수 있었다. 총 175명의 환자가 개방 치료기에 참여하였고, 이들 중 83명이 무작위 배정 치료기에 들어와 기분조절제와 aripiprazole 병합요법 및 기분조절제와 위약 병합요법에 배정되었다. 6개월 무작위 배정 치료기 동안 aripiprazole 병합요법군이 위약 병합요법군보다 더 적은 기분 삽화의 재발을 경험하였으나, 양군 간에 통계적으로 유의한 차이는 관찰되지 않았다. 또한 기분 삽화 재발까지의 시간에 있어서도 양군 간에 유의한 차이가 관찰되지 않아, 재발 예방에 있어서 기분조절제와 aripiprazole 병합요법군과 기분조절제와 위약 병합요법군 간에 유의한 효과의 차이를 발견하지 못한 연구였다. 저자들은 이런 결과를 적은 표본 크기 등에서 기인하는 것으로 해석하고 있다.[58]

olanzapine

단독요법

Tohen 등[59]은 조증 삽화에서 olanzapine의 단기 및 장기 효과와 안전성을 divalproex 와 비교하기 위해 47주 무작위 대조 연구(n=251)를 시행하였다. olanzapine의 평균 용량은 16.2mg, divalproex의 평균용량은 1584.7mg이었다. 47주째 YMRS 총점의 변화는 olanzapine군에서 유의하게 컸다. 하지만 조증의 관해율에서는 olanzapine군 56.8%, divalproex군 45.5%로 양군 간에 유의한 차이가 없었고, 관해에 도달한 다음 다시 조증이나 우울증 삽화가 재발된 재발률에 있어서도 양군 간에 유의한 차이는 관찰되지 않았다. 이 연구에서 olanzapine이 divalproex와 비교하여 전반적인 조증 증상의 호전에 우수함을 보여주었고, 장기간 재발예방에 있어서도 divalproex에 상응하는 효과를 가지고 있

음을 보여주었다. [59]

Tohen 등[60]은 olanzapine과 lithium의 치료로 관해에 도달한 환자들에서 기분 삽화의 재발에 대한 olanzapine과 lithium의 효과를 비교하기 위한 12개월 무작위 대조 연구를 시행하였다. 총 441명이 12개월 이중맹검 치료에 참여하였다. 이중맹검 치료기 동안 olanzapine 평균용량은 11.9mg, lithium은 1102.7mg이었다. YMRS 및 HRDS 15점 이상으로 정의된 재발률을 비교하였을 때, olanzapine군은 30.0%, lithium군은 38.8%로 olanzapine이 비열등성(non-inferiority)의 기준을 만족하였다. 또한 2차분석에서 lithium과 비교하였을 때, olanzapine은 조증 및 혼재성 삽화의 재발위험을 유의하게 낮추는 것으로 나타났다. 이 연구에서 olanzapine은 향후 조증 및 혼재성 삽화의 예방에는 lithium보다 더 효과적인 것으로 나타났으나, 우울증 삽화의 재발에는 두 약물의 효과가 비슷한 것으로 나타났다. [60]

Tohen 등[61]은 1형 양극성장애 환자의 재발예방에 대한 olanzapine 단독요법의 효과를 확인하기 위하여 무작위 배정 위약대조 연구를 시행하였다. 이 연구는 6~12주간의 개방 표지 치료기에 이어 48주간의 이중맹검 치료기로 구성되었다. 6~12주 동안의 개방 표지 치료기 동안 olanzapine 치료를 통해 관해에 도달한 환자들이 이후 48주간의 이중맹검 치료기로 들어갈 수 있었다. 기분 삽화 재발까지의 시간을 비교한 결과, olanzapine군(n=225)에서 위약군(n=136)보다 유의하게 길었고, 재발률도 유의하게 낮아서 유지치료에 있어서 olanzapine 단독요법의 효과를 확인시켜주었다. [61]

Brown 등[62]은 1형 양극성장애 우울증 삽화의 유지치료에 있어서 OFC와 lamotrigine의 효과를 비교하는 25주 무작위 대조 연구를 시행하였다. 1형 양극성장애 우울증 삽화 환자 총 410명이 OFC 혹은 lamotrigine군에 무작위 배정되었다. 치료 평균용량은 OFC군에서 olanzapine 10.7mg, fluoxetine 40.8mg이었고, lamotrigine군에서 149.7mg이었다. OFC군은 25주 동안 lamotrigine군보다 CGI-S 평가상 유의하게 호전되었다. MADRS 총점의 비교에서도 OFC군에서 lamotrigine군보다 유의한 호전이 있었다. 치료반응률은 양군 간에 유의한 차이가 없었지만, 치료반응까지의 시간은 OFC군에서 유의하게 짧았다. 초기 7주째 관해에 도달한 환자 중에서 25주째까지의 재발률(MADRS 총점>15)을 비교한 결과에서는 양군 간에 차이가 없었다. 이 연구를 통하여 1형 양극성 우울증 환자에서 기분 삽화의 재발률에 있어서는 lamotrigine군과 OFC군 간에 차이가 없었지만, 우울 증상의 호전에 있어서는 OFC가 lamotrigine보다 더 효과적인 것으로 나타났다. [62]

병합요법

Tohen 등[63]은 1형 양극성장애 환자의 재발예방에 대한 olanzapine과 기분조절제, 즉

lithium 또는 valproate와 병합요법의 효과를 확인하기 위하여 무작위 배정 위약대조 연구를 시행하였다. 6주 동안 olanzapine과 기분조절제 병합요법을 통하여 관해에 도달한 환자들을 대상으로 18개월 동안 기분조절제에 olanzapine 또는 위약을 배정하여 기분 삽화 재발(syndromic relapse)까지의 시간을 비교하였다. 이때 기분 삽화 재발까지의 시간에 있어서는 olanzapine군에서 위약군과 유의한 차이를 보이지 않았으나, 증상 재발(symptomatic relapse)까지의 시간에 있어서는 olanzapine군에서 위약군보다 유의하게 길었다. 따라서 유지치료에 있어서 olanzapine과 기분조절제 병합요법이 기분조절제 단독요법에 비하여 재발예방에 도움이 될 수 있을 것이다.

paliperidone

단독요법

지금까지 양극성장애 환자의 재발예방에 대한 paliperidone의 효과를 살펴본 연구는 매우 적어 아직까지 적응증을 받지는 못한 상태이다.

Berwaerts 등[64]은 총 766명의 급성 조증 삽화 환자를 무작위로 paliperidone군과 olanzapine군에 배정하여 3주간 치료하였을 때, 관해에 이른 환자들 중 paliperidone 치료를 받았던 300명의 환자들을 대상으로 무작위 배정 위약대조 연구를 시행하고, olanzapine군은 고정된 용량을 유지하여 관찰하였다. 기분 삽화 재발까지 걸린 시간을 비교하였을 때 paliperidone군이 위약군보다 유의하게 길었으나, olanzapine군보다는 재발예방 효과가 뛰어나지 않은 것으로 나타났다.

quetiapine

단독요법

Weisler 등[65]은 1형 양극성장애 조증, 우울증, 혼재성 삽화 환자들 중 quetiapine의 치료로 관해에 도달한 환자들을 대상으로 유지치료에 있어서 quetiapine 단독요법의 효과를 lithium과 비교하는 무작위 대조 연구를 시행하였다. 이중맹검 치료기는 최대 104주까지 계획되었고, 이 시기 동안 총 1,225명의 환자들이 quetiapine, 위약, lithium 단독요법에 무작위 배정되었다. 유지기 동안 quetiapine 평균용량은 546mg이었다. lithium은 평균 혈중농도가 0.63mEq/L였다. 기분 삽화 재발까지의 시간은 위약군과 비교하여 quetiapine군에서 유의하게 길었으며, lithium군도 위약군보다 유의하게 길었다. quetiapine과 lithium군 모두 위약군과 비교하여 조증 삽화와 우울증 삽화의 재발까지 걸린 시간을 유의하게 지연시키는 것으로 확인되었다.[65]

또한 Berk 등[66]은 급성 조증 삽화 시 quetiapine과 lithium 병합요법으로 관해에 이른 환자들을 대상으로 quetiapine군과 lithium군으로 무작위 배정하여 1년 동안 조증, 우울증, 정신병리 및 정신병적 증상, 그리고 전반적인 기능 등을 조사하였다. 이 연구에서는 유지치료 효과 면에서 lithium이 quetiapine보다 우수한 것으로 보고하였다.

Young 등[67]은 1형과 2형 양극성장애 우울증 삽화 환자 중 8주간 quetiapine(300 또는 600mg) 단독치료로서 관해에 도달한 환자 584명을 대상으로 quetiapine 단독요법의 유지치료에 대한 효과를 확인하기 위하여 26~52주에 걸쳐 무작위 배정 위약대조 연구를 시행하였다. 그 결과, quetiapine 치료군에서 위약군에 비하여 기분 삽화의 재발, 특히 우울증 삽화의 재발에 유의한 효과를 보였으며 이는 1형 및 2형 양극성장애 모두에서 효과적이었다. 하지만 두 군 간 조증/경조증 삽화의 재발에는 유의한 영향이 없었다. 이 연구를 통하여 quetiapine 단독요법이 양극성장애 우울증 삽화의 재발 방지에 유의한 효과가 있음을 확인하였다.

병합요법

Vieta 등[68]은 최근 조증, 혼재성, 우울증 삽화를 경험한 1형 양극성장애 환자들 중 quetiapine과 기분조절제 치료로 관해에 도달한 환자를 대상으로 기분조절제 단독요법과 기분조절제와 quetiapine 병합요법의 유지치료 효과를 비교하기 위해 무작위 대조 연구를 시행하였다. 무작위 배정 이중맹검 시기 동안 quetiapine의 평균용량은 497mg이었다. 각 기분 삽화로의 재발까지의 시간을 비교한 결과, quetiapine 병합요법군(n=336)에서 기분조절제 단독요법군(n=367)보다 더 길게 나타나 quetiapine 병합요법이 재발까지의 시간을 지연시키는 데 효과적인 것으로 확인되었다. quetiapine 병합요법은 조증과 우울증 삽화 모두에서 재발까지의 시간을 지연시키는 데 더 효과적인 것으로 나타났다.[68]

Suppes 등[69]은 1형 양극성장애 환자 중 관해에 도달한 환자들을 대상으로 새로운 기분 삽화의 재발을 예방하는 데 있어서 quetiapine과 lithium 혹은 divalproex의 병합요법의 효과와 안전성을 확인하였다. 총 628명의 환자가 최대 104주까지의 유지기 치료에서 기분조절제 단독요법 및 기분조절제와 quetiapine의 병합요법에 무작위 배정되었다. 무작위 배정 기간 동안 quetiapine의 평균용량은 519mg이었다. 기분조절제 단독요법군과 비교하여 quetiapine 병합요법군에서 더 적은 수의 환자들이 기분 삽화의 재발을 경험하였다. 또한 quetiapine 병합요법군은 기분조절제 단독요법군과 비교하여 기분 삽화 재발까지의 시간에 대한 위험 비율(hazard ratio)이 0.32, 조증 삽화의 경우 0.30, 우울증 삽화의 경우 0.33으로 나타났다. 이상에서 기분조절제 단독요법보다 quetiapine 병합요법이 기분 삽화 재발까지의 시간에 대한 위험 비율을 줄이는 데 더 효과적인 것으로 나타났다.[69]

risperidone

risperidone의 유지치료 효과를 살펴본 무작위 대조 연구는 모두 risperidone LAI에 관한 연구였다.

단독요법

Quiroz 등[70]은 급성 조증 및 혼재성 삽화 환자들에서 risperidone 경구복용 및 risperidone LAI 치료로 관해에 도달한 환자들에서 최대 24개월까지 risperidone LAI 혹은 위약에 무작위 배정하여 유지치료를 시행하면서 재발예방에 대한 효과를 서로 비교하였다. 기분 삽화 재발까지의 시간은 risperidone LAI군에서 위약군보다 유의하게 긴 것으로 나타났다. 특이할 만한 점은, 경조증/조증/혼재성 삽화 등 상승된 기분과 관련된 기분 삽화의 재발까지 걸린 시간은 risperidone LAI군에서 위약군보다 유의하게 긴 것으로 나타났지만, 우울증 삽화 재발까지의 시간은 risperidone LAI군과 위약군 간에 유의한 차이가 관찰되지 않았다.[70]

Vieta 등[8]은 급성 조증 및 혼재성 삽화 환자들에서 risperidone LAI의 재발예방에 대한 효과를 확인하기 위하여 무작위 대조 연구를 시행하였다. 12주 동안 risperidone LAI 치료를 받고 재발을 하지 않은 환자들을 대상으로 risperidone LAI + 경구 위약군과 경구 및 주사 위약군, 그리고 경구 olanzapine + 주사 위약군으로 무작위 배정하여 18개월 동안 연구가 진행되었다. 환자 유형 및 지역별로 계층화하여 기분 삽화 재발까지의 기간을 비교하였을 때 risperidone LAI군에서 위약군과 유의한 차이를 보이지 않았으나 지역 별로만 계층화하였을 때는 risperidone LAI군에서 위약군보다 유의하게 긴 것으로 나타났다. 또한 이러한 효과는 조증과 혼재성 삽화에는 유의하였지만 우울증 삽화 예방에는 근거가 없는 것으로 드러났다. 하지만 경구 olanzapine군과 비교하였을 때에는 risperidone LAI군에서 재발까지의 기간이 유의하게 짧았기 때문에 risperidone LAI의 유지치료에 대한 적용은 임상적인 고려가 필요할 것이다.

병합요법

Macfadden 등[71]은 기존의 양극성장애 치료로 관해에 도달한 환자들에서 기존의 치료와 risperidone LAI의 병합요법이 양극성장애 유지치료에 있어서 효과적인지 확인하기 위해 52주 무작위 대조 연구를 시행하였다. 이중맹검 치료기 동안 총 124명의 환자가 기존의 치료를 지속하면서 부가적으로 risperidone LAI나 위약 병합요법군에 각각 무작위 배정되었다. risperidone LAI 병합요법군에서 위약 병합요법군보다 재발까지의 시간이 유의하게 더 길었다. 또한 재발률에 있어서도 LAI 병합요법군이 위약 병합요법군보다 유의하게 낮아 유지치료에 있어서 riseprdal LAI의 우수한 효과를 확인시켜주었다.[71]

ziprasidone

병합요법

Bowden 등[72]은 양극성 조증 삽화의 유지치료에 있어서 ziprasidone과 기분조절제 병합요법의 효과와 안전성을 평가하고자 6개월 무작위 배정 위약대조 연구를 시행하였다. 현재 조증 삽화를 경험하는 환자들 중에서 ziprasidone과 기분조절제의 병합요법으로 안정기에 접어든 환자들이 최대 6개월까지 지속되는 이중맹검 치료기에 들어갈 수 있었다. 총 240명의 피험자가 기분조절제와 ziprasidone 병합요법군과 기분조절제와 위약 병합요법군에 무작위 배정되었다. 기분 삽화의 재발로 인해 치료적 개입이 필요한 경우는 ziprasidone 병합요법군 중 19.7%, 위약 병합요법군 중에서 32.4%였다. 기분 삽화 재발로 인하여 개입이 들어간 시점까지의 시간은 ziprasidone 병합요법군에서 위약 병합요법군보다 유의하게 길었다. 이를 통해 zipraisdone이 기분조절제의 병합요법 치료제로서, 위약보다 재발까지의 시간을 지연시키는 데 효과적임이 확인되었다.[72]

국내에서 허가받지 않은 새로운 비정형 항정신병약물

asenapine

McIntyre 등[73]은 1형 양극성장애 급성기 조증 또는 혼재성 삽화에서 asenapine 단독요법의 효과를 확인하기 위한 3주 무작위 대조 연구를 시행하였다. 총 488명의 환자들이 asenapine, olanzapine, 위약군에 각각 무작위 배정되었다. asenapine의 평균용량은 18.2mg, olanzapine은 15.8mg이었다. YMRS 총점에 있어서, asenapine 및 olanzapine 치료군 모두 2일째부터 위약과 유의한 차이를 보였고, 3주째에도 이러한 차이가 유지되었다. 이 연구를 통해 조증 또는 혼재성 삽화에서 asenapine 단독요법의 빠른 효과가 확인되었다.[73]

Szegedi 등[74]은 1형 양극성장애 급성기 조증 또는 혼재성 삽화에서 asenapine 병합요법의 효과를 확인하기 위하여 12주 무작위 배정 위약대조 연구를 시행하였다. 총 326명의 환자가 기분조절제와 asenapine 병합요법군과 기분조절제와 위약 병합요법군에 무작위 배정되었다. asenapine의 평균용량은 11.8mg이었다. asenapine 병합요법군은 위약 병합요법군과 비교하여 2주, 3주, 9주, 12주째 YMRS 총점이 모두 유의하게 감소하였다. 이를 통해 asenapine 병합요법의 효과가 확인되었다.[74] 특히 조증 또는 혼재성 삽화에서 흔하게 나타나는 공격성과 초조 증상의 감소에 효과가 있었다.[75]

이와 같이 급성기 조증 및 혼재성 삽화에서 asenapine 단독요법 및 병합요법의 효과가 무작위 대조 연구에서 확인되면서 현재 asenapine은 양극성장애 급성기 조증 및 혼재성 삽화의 치료에 미국 FDA의 허가를 획득하였다. 하지만 급성기 우울증 삽화에 대해서는 근거는 부족한 실정으로, 혼재성 삽화 중 중등도 이상 우울 증상을 보였던 환자들만을 대상으로 시행된 사후검정만 있어, 비혼재성 우울 증상에 대한 설명은 불가하다.[76~78]

lurasidone

Loebel 등[79]은 1형 양극성장애 우울증 삽화에서 lurasidone 단독요법의 효과를 확인하기 위하여 6주 무작위 배정 위약대조 연구를 시행하였다. 총 505명의 환자들이 lurasidone 저용량 치료군(20~60mg, n=166), lurasidone 고용량 치료군(80~120mg, n=169), 위약 치료군(n=170)에 배정되었다. lurasidone의 두 치료군(저용량 및 고용량 치료군) 모두에서 MADRS 총점이 위약군과 비교하여 2주부터 유의하게 감소하였으며, 이러한 차이는 6주까지 지속되었다. 이를 통해 양극성 우울증에서 단독요법으로서 lurasidone의 효과가 입증되었다.[79]

위에서 살펴본 바와 같이, 양극성장애 우울증 삽화에서 lurasidone의 단독요법 및 병합요법의 효과가 확인되면서 lurasidone은 현재 양극성장애 우울증 삽화의 치료에서 미국 FDA의 허가를 획득한 상태이다.

cariprazine

Sachs 등[80]은 급성 조증 및 혼재성 삽화에서 cariprazine 단독요법의 효과를 확인하기 위하여 3주 무작위 배정 위약대조 연구를 시행하였다. 총 312명의 환자들이 cariprazine군(n=158)과 위약군(n=154)에 배정되었다. cariprazine군에서 위약군에 비하여 YMRS 총점의 유의한 저하가 4일째부터 나타났으며, 이는 3주까지 지속되었다. 또한 cariprazine군에서 위약군에 비하여 치료 반응 및 관해, CGI-S 변화 및 Positive and Negative Syndrome Scale(PANSS) 변화 등 모든 변수에서 유의한 효과를 보였다.[80] Calabrese 등[81]은 cariprazine의 용량에 따른 효과 및 안전성을 확인하기 위하여 3주 무작위 배정 위약대조 연구를 시행하였다. 총 497명의 환자들이 cariprazine 저용량 치료군(3~6mg, n=167), cariprazine 고용량 치료군(6~12mg, n=169), 위약 치료군(n=161)에 배정되었다. cariprazine 두 치료군(저용량 치료군 및 고용량 치료군) 모두에서 3주째에 YMRS 총점이 위약군과 비교하여 유의하게 감소하였으며, 두 군간 정좌불능증을 제외한 다른 부작용 발생률은 유의한 차이가 없었다.[81]

이후 Vieta 등[82]은 급성기 조증의 치료에 있어 cariprazine의 효과를 확인하기 위하여 II상과 III상 임상시험을 통합하여 사후검정하였다. 최종적으로 cariprazine군에는 608명, 그리고 위약군에는 429명이 배정되었다. 연구종결 시점에서 caripirazine군에서 YMRS 총점이 위약군과 비교하여 유의하게 감소하였다. 이를 통해 양극성 조증에서 단독요법으로서 caripirazine의 효과가 입증되었다. Earley 등[83]이 급성 조증 및 혼재성 삽화에서 cariprazine 내약성에 대한 사후검정을 시행하였다. 이 연구에서 cariprazine군과 위약군 사이에 추체외로 증상, 정좌불능증을 제외한 심각한 부작용 및 대사관련 부작용 면에서 유의한 차이를 보이지 않아 전반적으로 내약성이 우수한 것으로 평가되었다.

이와 같이 양극성장애 조증 및 혼재성 삽화에서 cariprazine 단독요법의 효과가 확인되면서 cariprazine은 현재 양극성장애 조증 및 혼재성 삽화의 치료에서 미국 FDA의 허가를 획득하게 되었다.

안전성

지금까지 연구들에서 보고된 비정형 항정신병약물과 관련된 부작용으로는 추체외로 증상, 정좌불능증, 체중증가, 혈당증가, 지질대사의 이상과 같은 대사관련 부작용, 고프로락틴혈증, 진정, 심장순환계 관련 부작용 등이 있다.

파킨슨증, 정좌불능증, 급성 근긴장이상(acute dystonia), 지연성 이상운동증(tardive dyskinesia) 등의 추체외로 증상은 항정신병약물의 대표적인 부작용이다. 특히 정형 항정신병약물을 사용하는 환자들의 약 75%에서 추체외로 증상이 발생한다고 보고되며 이로 인한 주관적인 불편감이 치료순응도에도 영향을 미친다고 알려져 있다. 하지만 정형 항정신병약물과 비교하여 비정형 항정신병약물들은 여러 무작위 대조 연구를 통해 추체외로 증상의 빈도가 적은 것으로 보고되고 있다. 이러한 연구 결과는 양극성장애를 비롯한 정신질환에서 비정형 항정신병약물 사용이 늘어나는 중요한 원인 중에 하나이다. 하지만 비정형 항정신병약물 사이에서도 추체외로 증상의 상대적 위험도는 각기 다르다고 알려져 있다. risperidone의 경우 치료 범위 내에서는 haloperidol 등의 정형 항정신병약물과 비교하였을 때 추체외로 증상의 빈도가 낮다고 알려져 있으나, 6mg 이상의 고용량에서는 비슷한 빈도의 추체외로 증상이 보고되고 있다. clozapine과 quetiapine은 추체외로 증상의 발생 빈도가 위약 수준인 것으로 알려져 있으며 aripiprazole은 정좌불능증의 발생 빈도가 위약보다 높은 것으로 알려져 있다.[84]

항정신병약물들은 뇌하수체 lactotroph 세포의 D2 수용체를 차단함으로써 고프로락틴혈증을 유발한다. 대부분의 정형 항정신병약물은 고프로락틴혈증을 잘 야기하는 것으로 알려져 있는 데 반해, 비정형 항정신병약물은 각 약물의 기전에 따라 차이가 있다. aripiprazole은 D2 부분효현제로 작용함으로써 프로락틴 수치의 감소를 야기하는 것으로 알려져 있고, clozapine과 quetiapine은 치료용량 내에서 프로락틴 수치를 증가시키지 않는 것으로 알려져 있다. olanzapine과 ziprasidone은 고용량에서는 고프로락틴혈증이 일어날 수 있는 것으로 알려져 있다. 특히 risperidone은 비정형 항정신병약물 가운데 프로락틴 수치를 두드러지게 증가시키는 것으로 알려진 대표적인 약물이다.[84]

　체중증가, 지질대사의 이상, 혈당증가 등 대사 관련 부작용은 비정형 항정신병약물에서 흔히 발생하는 부작용이다.[85] 특히 clozapine과 olanzapine은 체중증가의 위험이 가장 높은 것으로 알려져 있고, risperidone과 quetiapine은 그다음이며, ziprasidone과 aripiprazole은 상대적으로 체중증가의 위험이 낮은 것으로 보고되고 있다. 또한 여러 연구들에서 비정형 항정신병약물이 기존에 당뇨가 있던 환자들에서 당뇨를 악화시키거나, 기존에 당뇨가 없던 환자에서 혈당의 증가를 일으킨다는 보고들이 있어 왔다. 비정형 항정신병약물 중에서도 clozapine과 olanzapine은 혈당증가에 가장 큰 영향을 미치는 것으로 되어 있고, risperidone과 quetiapine은 중간 정도의 영향을, 그리고 aripiprazole과 ziprasidone은 상대적으로 영향이 낮은 것으로 알려져 있다. 지질대사에 관해서는 고지혈증과 관련하여 clozapine과 olanzapine이 가장 상대적 위험이 높으며, quetiapine은 중간 정도, risperidone과 ziprasidone, aripiprazole은 상대적으로 위험도가 낮다고 알려져 있다.[84, 86]

　비정형 항정신병약물이 기립성 저혈압을 일으키는 기전은 alpha1-adrenoceptor의 차단 정도와 관련이 있다. clozapine이 기립성 저혈압과 가장 연관이 큰 비정형 항정신병약물로 알려져 있고, risperidone과 quetiapine은 몇몇 환자들에서 빨리 용량을 증량할 때 발생할 수 있는 것으로 알려져 있다.[84] 일반적으로 QTc 연장은 모든 비정형 항정신병약물에서 있을 수 있으나, ziprasidone을 제외하고는 대부분 그 효과가 미미하다.[84]

요약

최근까지 발표된 여러 문헌들을 고찰한 결과, 대부분의 비정형 항정신병약물이 단독 혹은 병합요법으로서 급성기 조증 삽화에서 효과를 인정받았다. 반면에 우울증 삽화에 있어서는 quetiapine과 olanzapine, OFC, lurasidone 등 일부 비정형 항정신병약물만이 효과를 인정받았다. 유지치료에 있어서도 대부분의 비정형 항정신병약물에서 단독 혹은 병합요법으로서 재발예방에 효과를 인정받았으나 우울증 삽화의 재발에 대한 효과는 아직까지 더 많은 연구가 필요할 것으로 보인다. 부작용 및 안전성 측면에서 비정형 항정신병약물이 기존의 정형 항정신병약물에 비해 추체외로 증상의 발생은 적은 것으로 알려져 있으나, 일부 약물들은 대사 관련 부작용을 비롯한 잠재적 위험성을 고려해야 한다. 끝으로, 현재까지 조증 삽화 및 유지치료에서 비정형 항정신병약물에 대한 연구는 상대적으로 활발히 이루어져 왔으나, 우울증 삽화, 혼재성 삽화, 그리고 급속순환형의 치료에 대한 연구는 부족한 실정이다. 따라서 이들에 대한 보다 많은 후속 연구들이 보강되어야 할 것으로 생각된다.

참고문헌

1) Sachs GS, Grossman F, Ghaemi SN, Okamoto A, Bowden CL. Combination of a mood stabilizer with risperidone or haloperidol for treatment of acute mania: a double-blind, placebo-controlled comparison of efficacy and safety. Am J Psychiatry 2002;159:1146-1154.

2) Keck PE Jr, Marcus R, Tourkodimitris S, Ali M, Liebeskind A, Saha A, et al. A placebo-controlled, double-blind study of the efficacy and safety of aripiprazole in patients with acute bipolar mania. Am J Psychiatry 2003;160:1651-1658.

3) Sachs G, Sanchez R, Marcus R, Stock E, Mcquade R, Carson W, et al. Aripiprazole in the treatment of acute manic or mixed episodes in patients with bipolar I disorder: a 3-week placebo-controlled study. J Psychopharmacol 2006;20:536-546.

4) Kanba S, Kawasaki H, Ishigooka J, Sakamoto K, Kinoshita T, Kuroki T. A placebo-controlled, double-blind study of the efficacy and safety of aripiprazole for the treatment of acute manic or mixed episodes in Asian patients with bipolar I disorder (the AMAZE study). World J Biol Psychiatry 2014;15:113-121.

5) Vieta E, Bourin M, Sanchez R, Marcus R, Stock E, McQuade R, et al. Effectiveness of aripiprazole v. haloperidol in acute bipolar mania: double-blind, randomised, comparative 12-week trial. Br J Psychiatry 2005;187:235-242.

6) Young AH, Oren DA, Lowy A, McQuade RD, Marcus RN, Carson WH, et al. Aripiprazole monotherapy in acute mania: 12-week randomised placebo-and haloperidol-controlled study. Br J Psychiatry 2009;194:40-48.

7) Keck PE Jr, Orsulak P, Cutler A, Sanchez R, Torbeyns A, Marcus R, et al. Aripiprazole monotherapy in the treatment of acute bipolar I mania: a randomized, double-blind, placebo-and lithium-controlled study. J Affect Disord 2009;112:36-49.

8) Vieta E, Montgomery S, Sulaiman AH, Cordoba R, Huberlant B, Martinez L, et al. A randomized, double-blind, placebo-controlled trial to assess prevention of mood episodes with risperidone long-acting injectable in patients with bipolar I disorder. Eur Neuropsychopharmacol 2012;22:825-835.

9) Tohen M, Sanger TM, McElroy SL, Tollefson GD, Chengappa KR, Daniel DG, et al. Olanzapine versus placebo in the treatment of acute mania. Am J Psychiatry 1999;156:702-709.

10) Tohen M, Jacobs TG, Grundy SL, McElroy SL, Banov MC, Janicak PG, et al. Efficacy of olanzapine in acute bipolar mania: a double-blind, placebo-controlled study. Arch Gen Psychiatry 2000;57:841-849.

11) Tohen M, Baker RW, Altshuler LL, Zarate CA, Suppes T, Ketter TA, et al. Olanzapine versus divalproex in the treatment of acute mania. Am J Psychiatry 2002;159:1011-1017.

12) Zajecka JM, Weisler R, Sachs G, Swann AC, Wozniak P, Sommerville KW. A comparison of the efficacy, safety, and tolerability of divalproex sodium and olanzapine in the treatment of bipolar disorder. J Clin Psychiatry 2002;63:1148-1155.

13) Tohen M, Vieta E, Goodwin GM, Sun B, Amsterdam JD, Banov M, et al. Olanzapine versus divalproex versus placebo in the treatment of mild to moderate mania: a randomized, 12-week, double-blind study. J Clin Psychiatry 2008;69:1776-1789.

14) Niufan G, Tohen M, Qiuqing A, Fude Y, Pope E, McElroy H, et al. Olanzapine versus lithium in the acute treatment of bipolar mania: a double-blind, randomized, controlled trial. J Affect Disord 2008;105:101-108.

15) Tohen M, Goldberg JF, Gonzalez-Pinto Arrillaga AM, Azorin JM, Vieta E, Hardy-Bayle MC, et al. A 12-week, double-blind comparison of olanzapine vs haloperidol in the treatment of acute mania. Arch Gen Psychiatry 2003;60:1218-1226.

16) Tohen M, Chengappa KR, Suppes T, Zarate CA, Calabrese JR, Bowden CL, et al. Efficacy of olanzapine in combination with valproate or lithium in the treatment of mania in patients partially nonresponsive to valproate or lithium monotherapy. Arch Gen Psychiatry 2002;59:62-69.

17) Tohen M, Bowden CL, Smulevich AB, Bergstrom R, Quinlan T, Osuntokun O, et al. Olanzapine plus carbamazepine v. carbamazepine alone in treating manic episodes. Br J Psychiatry 2008;192:135-143.

18) Vieta E, Nuamah IF, Lim P, Yuen EC, Palumbo JM, Hough DW, et al. A randomized, placebo- and active-controlled study of paliperidone extended release for the treatment of acute manic and mixed episodes of bipolar I disorder. Bipolar Disord 2010;12:230-243.

19) Berwaerts J, Lane R, Nuamah IF, Lim P, Remmerie B, Hough DW. Paliperidone extended-release as adjunctive therapy to lithium or valproate in the treatment of acute mania: a randomized, placebo-controlled study. J Affect Disord 2011;129:252-260.

20) Bowden CL, Grunze H, Mullen J, Brecher M, Paulsson B, Jones M, et al. A randomized, double-blind, placebo-controlled efficacy and safety study of quetiapine or lithium as monotherapy for mania in bipolar disorder. J Clin Psychiatry 2005;66:111-121.

21) McIntyre RS, Brecher M, Paulsson B, Huizar K, Mullen J. Quetiapine or haloperidol as monotherapy for bipolar mania—a 12-week, double-blind, randomised, parallel-group, placebo-controlled trial. Eur Neuropsychopharmaco 2005;15:573-585.

22) Cutler AJ, Datto C, Nordenhem A, Minkwitz M, Acevedo L, Darko D. Extended-release quetiapine as monotherapy for the treatment of adults with acute mania: a randomized, double-blind, 3-week trial. Clin Ther 2011;33:1643-1658.

23) Sachs G, Chengappa K, Suppes T, Mullen J, Brecher M, Devine N, et al. Quetiapine with lithium or divalproex for the treatment of bipolar mania: a randomized, double-blind, placebo-controlled study. Bipolar Disord 2004;6:213-223.

24) Yatham LN, Vieta E, Young AH, Möller H-J, Paulsson B, Vågerö M. A double blind, randomized, placebo-controlled trial of quetiapine as an add-on therapy to lithium or divalproex for the treatment of bipolar mania. Int Clin Psychopharmacol 2007;22:212-220.

25) Hirschfeld RM, Keck Jr PE, Kramer M, Karcher K, Canuso C, Eerdekens M, et al. Rapid antimanic effect of risperidone monotherapy: a 3-week multicenter, double-blind, placebo-controlled trial. Am J Psychiatry 2004;161:1057-1065.

26) Khanna S, Vieta E, Lyons B, Grossman F, Eerdekens M, Kramer M. Risperidone in the treatment

of acute mania: double-blind, placebo-controlled study. Br J Psychiatry 2005;187:229-234.

27) Segal J, Berk M, Brook S. Risperidone compared with both lithium and haloperidol in mania: a double-blind randomized controlled trial. Clin Neuropharmacol 1998;21:176-180.

28) Smulevich AB, Khanna S, Eerdekens M, Karcher K, Kramer M, Grossman F. Acute and continuation risperidone monotherapy in bipolar mania: a 3-week placebo-controlled trial followed by a 9-week double-blind trial of risperidone and haloperidol. Eur Neuropsychopharmacol 2005;15:75-84.

29) Yatham LN, Grossman F, Augustyns I, Vieta E, Ravindran A. Mood stabilisers plus risperidone or placebo in the treatment of acute mania. International, double-blind, randomised controlled trial. Br J Psychiatry 2003;182:141-147.

30) Keck PE Jr, Versiani M, Potkin S, West SA, Giller E, Ice K, et al. Ziprasidone in the treatment of acute bipolar mania: a three-week, placebo-controlled, double-blind, randomized trial. Am J Psychiatry 2003;160:741-748.

31) Potkin SG, Keck PE, Jr., Segal S, Ice K, English P. Ziprasidone in acute bipolar mania: a 21-day randomized, double-blind, placebo-controlled replication trial. J Clin Psychopharmacol 2005;25:301-310.

32) Vieta E, Ramey T, Keller D, English P, Loebel A, Miceli J. Ziprasidone in the treatment of acute mania: a 12-week, placebo-controlled, haloperidol-referenced study. J Psychopharmacol 2010;24:547-558.

33) Sachs GS, Vanderburg DG, Karayal ON, Kolluri S, Bachinsky M, Cavus I. Adjunctive oral ziprasidone in patients with acute mania treated with lithium or divalproex, part 1: results of a randomized, double-blind, placebo-controlled trial. J Clin Psychiatry 2012;73:1412-1419.

34) Thase ME, Jonas A, Khan A, Bowden CL, Wu X, McQuade RD, et al. Aripiprazole monotherapy in nonpsychotic bipolar I depression: results of 2 randomized, placebo-controlled studies. J Clin Psychopharmacol 2008;28:13-20.

35) Quante A, Zeugmann S, Luborzewski A, Schommer N, Langosch J, Born C, et al. Aripiprazole as adjunct to a mood stabilizer and citalopram in bipolar depression: a randomized placebo-controlled pilot study. Hum Psychopharmacol 2010;25:126-132.

36) Tohen M, Vieta E, Calabrese J, Ketter TA, Sachs G, Bowden C, et al. Efficacy of olanzapine and olanzapine-fluoxetine combination in the treatment of bipolar I depression. Arch Gen Psychiatry 2003;60:1079-1088.

37) Brown EB, McElroy SL, Keck JP, Deldar A, Adams DH, Tohen M, et al. A 7-week, randomized, double-blind trial of olanzapine/fluoxetine combination versus lamotrigine in the treatment of bipolar I depression. J Clin Psychiatry 2006;67:1025-1033.

38) Tohen M, McDonnell DP, Case M, Kanba S, Ha K, Fang YR, et al. Randomised, double-blind, placebo-controlled study of olanzapine in patients with bipolar I depression. Br J Psychiatry 2012;201:376-382.

39) Calabrese JR, Keck Jr PE, Macfadden W, Minkwitz M, Ketter TA, Weisler RH, et al. A randomized, double-blind, placebo-controlled trial of quetiapine in the treatment of bipolar I or II depression. Am J Psychiatry 2005;162:1351-1360.

40) Thase ME, Macfadden W, Weisler RH, Chang W, Paulsson B, Khan A, et al. Efficacy of quetiapine monotherapy in bipolar I and II depression: a double-blind, placebo-controlled study (the BOLDER II study). J Clin Psychopharmacol 2006;26:600-609.

41) McElroy SL, Weisler RH, Chang W, Olausson B, Paulsson B, Brecher M, et al. A double-blind, placebo-controlled study of quetiapine and paroxetine as monotherapy in adults with bipolar depression (EMBOLDEN II). J Clin Psychiatry 2010;71:163.

42) Young AH, McElroy SL, Bauer M, Philips N, Chang W, Olausson B, et al. A double-blind, placebo-controlled study of quetiapine and lithium monotherapy in adults in the acute phase of bipolar depression (EMBOLDEN I). J Clin Psychiatry 2010;71:150-162.

43) Suppes T, Datto C, Minkwitz M, Nordenhem A, Walker C, Darko D. Effectiveness of the extended release formulation of quetiapine as monotherapy for the treatment of acute bipolar depression. J Affect Disord 2010;121:106-115.

44) Shelton RC, Stahl SM. Risperidone and paroxetine given singly and in combination for bipolar depression. J Clin Psychiatry 2004;65:1715-1719.

45) Lombardo I, Sachs G, Kolluri S, Kremer C, Yang R. Two 6-week, randomized, double-blind, placebo-controlled studies of ziprasidone in outpatients with bipolar I depression: did baseline characteristics impact trial outcome? J Clin Psychopharmacol 2012;32:470-478.

46) Sachs GS, Ice KS, Chappell PB, Schwartz JH, Gurtovaya O, Vanderburg DG, et al. Efficacy and safety of adjunctive oral ziprasidone for acute treatment of depression in patients with bipolar I disorder: a randomized, double-blind, placebo-controlled trial. J Clin Psychiatry 2011;72:1413-1422.

47) Fountoulakis KN, Kontis D, Gonda X, Yatham LN. A systematic review of the evidence on the treatment of rapid cycling bipolar disorder. Bipolar Disord 2013;15:115-137.

48) Baldessarini RJ, Hennen J, Wilson M, Calabrese J, Chengappa R, Keck Jr PE, et al. Olanzapine versus placebo in acute mania: treatment responses in subgroups. J Clin Psychopharmacol 2003;23:370-376.

49) Sanger TM, Tohen M, Vieta E, Dunner DL, Bowden CL, Calabrese JR, et al. Olanzapine in the acute treatment of bipolar I disorder with a history of rapid cycling. J Affect Disord 2003;73:155-161.

50) Suppes T, Eudicone J, McQuade R, Pikalov A, Carlson B. Efficacy and safety of aripiprazole in subpopulations with acute manic or mixed episodes of bipolar I disorder. J Affect Disord 2008;107:145-154.

51) Vieta E, Calabrese J, Goikolea J, Raines S, Macfadden W, Group BS. Quetiapine monotherapy in the treatment of patients with bipolar I or II depression and a rapid-cycling disease course: a randomized, double-blind, placebo-controlled study. Bipolar Disord 2007;9:413-425.

52) Keck PE Jr, Calabrese JR, McQuade RD, Carson WH, Carlson BX, Rollin LM, et al. A randomized, double-blind, placebo-controlled 26-week trial of aripiprazole in recently manic patients with bipolar I disorder. J Clin Psychiatry 2006;67:626-637.

53) Keck PE Jr, Calabrese JR, McIntyre RS, McQuade RD, Carson WH, Eudicone JM, et al. Aripiprazole monotherapy for maintenance therapy in bipolar I disorder: a 100-week, double-blind study versus placebo. J Clin Psychiatry 2007;68:1480-1491.

54) Calabrese JR, Sanchez R, Jin N, Amatniek J, Cox K, Johnson B, et al. Symptoms and functioning with aripiprazole once-monthly injection as maintenance treatment for bipolar I disorder. J Affect Disord 2018;227:649-656.

55) Calabrese JR, Sanchez R, Jin N, Amatniek J, Cox K, Johnson B, et al. Efficacy and Safety of Aripiprazole Once-Monthly in the Maintenance Treatment of Bipolar I Disorder: A Double-

Blind, Placebo-Controlled, 52-Week Randomized Withdrawal Study. J Clin Psychiatry 2017;78:324-331.

56) Marcus R, Khan A, Rollin L, Morris B, Timko K, Carson W, et al. Efficacy of aripiprazole adjunctive to lithium or valproate in the long-term treatment of patients with bipolar I disorder with an inadequate response to lithium or valproate monotherapy: a multicenter, double-blind, randomized study. Bipolar Disord 2011;13:133-144.

57) Carlson BX, Ketter TA, Sun W, Timko K, McQuade RD, Sanchez R, et al. Aripiprazole in combination with lamotrigine for the long-term treatment of patients with bipolar I disorder (manic or mixed): a randomized, multicenter, double-blind study (CN138-392). Bipolar Disord 2012;14:41-53.

58) Woo YS, Bahk WM, Chung MY, Kim DH, Yoon BH, Lee JH, et al. Aripiprazole plus divalproex for recently manic or mixed patients with bipolar I disorder: a 6-month, randomized, placebo-controlled, double-blind maintenance trial. Hum Psychopharmacol 2011;26:543-553.

59) Tohen M, Ketter TA, Zarate CA, Suppes T, Frye M, Altshuler L, et al. Olanzapine versus divalproex sodium for the treatment of acute mania and maintenance of remission: a 47-week study. Am J Psychiatry 2003;160:1263-1271.

60) Tohen M, Greil W, Calabrese JR, Sachs GS, Yatham LN, Oerlinghausen BM, et al. Olanzapine versus lithium in the maintenance treatment of bipolar disorder: a 12-month, randomized, double-blind, controlled clinical trial. Am J Psychiatry 2005;162:1281-1290.

61) Tohen M, Calabrese JR, Sachs GS, Banov MD, Detke HC, Risser R, et al. Randomized, placebo-controlled trial of olanzapine as maintenance therapy in patients with bipolar I disorder responding to acute treatment with olanzapine. Am J Psychiatry 2006;163:247-256.

62) Brown E, Dunner DL, McElroy SL, Keck Jr PE, Adams DH, Degenhardt E, et al. Olanzapine/fluoxetine combination vs. lamotrigine in the 6-month treatment of bipolar I depression. Int J Neuropsychopharmacol 2009;12:773-782.

63) Tohen M, Chengappa KR, Suppes T, Baker RW, Zarate CA, Bowden CL, et al. Relapse prevention in bipolar I disorder: 18-month comparison of olanzapine plus mood stabiliser v. mood stabiliser alone. Br J Psychiatry 2004;184:337-345.

64) Berwaerts J, Melkote R, Nuamah I, Lim P. A randomized, placebo- and active-controlled study of paliperidone extended-release as maintenance treatment in patients with bipolar I disorder after an acute manic or mixed episode. J Affect Disord 2012;138:247-258.

65) Weisler RH, Nolen WA, Neijber A, Hellqvist A, Paulsson B. Continuation of quetiapine versus switching to placebo or lithium for maintenance treatment of bipolar I disorder (Trial 144: a randomized controlled study). J Clin Psychiatry 2011;72:1452-1464.

66) Berk M, Daglas R, Dandash O, Yücel M, Henry L, Hallam K, et al. Quetiapine v. lithium in the maintenance phase following a first episode of mania: randomised controlled trial. Br J Psychiatry 2017;210:413-421.

67) Young AH, McElroy SL, Olausson B, Paulsson B, I E, Investigators EI. A randomised, placebo-controlled 52-week trial of continued quetiapine treatment in recently depressed patients with bipolar I and bipolar II disorder. World J Biol Psychiatry 2014;15:96-112.

68) Vieta E, Suppes T, Eggens I, Persson I, Paulsson B, Brecher M, et al. Efficacy and safety of quetiapine in combination with lithium or divalproex for maintenance of patients with bipolar I disorder (international trial 126). J Affect Disord 2008;109:251-263.

69) Suppes T, Vieta E, Liu S, Brecher M, Paulsson B, Investigators T. Maintenance treatment for patients with bipolar I disorder: results from a north american study of quetiapine in combination with lithium or divalproex (trial 127). Am J Psychiatry 2009;166:476-488.

70) Quiroz JA, Yatham LN, Palumbo JM, Karcher K, Kushner S, Kusumakar V. Risperidone long-acting injectable monotherapy in the maintenance treatment of bipolar I disorder. Biol Psychiatry 2010;68:156-162.

71) Macfadden W, Alphs L, Haskins JT, Turner N, Turkoz I, Bossie C, et al. A randomized, double-blind, placebo-controlled study of maintenance treatment with adjunctive risperidone long-acting therapy in patients with bipolar I disorder who relapse frequently. Bipolar Disord 2009;11:827-839.

72) Bowden CL, Vieta E, Ice KS, Schwartz JH, Wang PP, Versavel M. Ziprasidone plus a mood stabilizer in subjects with bipolar I disorder: a 6-month, randomized, placebo-controlled, double-blind trial. J Clin Psychiatry 2010;71:130-137.

73) McIntyre RS, Cohen M, Zhao J, Alphs L, Macek TA, Panagides J. A 3-week, randomized, placebo-controlled trial of asenapine in the treatment of acute mania in bipolar mania and mixed states. Bipolar Disord 2009;11:673-686.

74) Szegedi A, Calabrese JR, Stet L, Mackle M, Zhao J, Panagides J, et al. Asenapine as adjunctive treatment for acute mania associated with bipolar disorder: results of a 12-week core study and 40-week extension. J Clin Psychopharmacol 2012;32:46-55.

75) Citrome L, Landbloom R, Chang C-T, Earley W. Effects of asenapine on agitation and hostility in adults with acute manic or mixed episodes associated with bipolar I disorder. Neuropsychiatr Dis Treatment 2017;13:2955.

76) Berk M, Tiller JW, Zhao J, Yatham LN, Malhi GS, Weiller E. Effects of asenapine in bipolar I patients meeting proxy criteria for moderate-to-severe mixed major depressive episodes: a post hoc analysis. J Clin Psychiatry 2015;76:728-734.

77) Azorin JM, Sapin C, Weiller E. Effect of asenapine on manic and depressive symptoms in bipolar I patients with mixed episodes: results from post hoc analyses. J Affect Disord 2013;145:62-69.

78) Szegedi A, Zhao J, van Willigenburg A, Nations KR, Mackle M, Panagides J. Effects of asenapine on depressive symptoms in patients with bipolar I disorder experiencing acute manic or mixed episodes: a post hoc analysis of two 3-week clinical trials. BMC Psychiatry 2011;11:101.

79) Loebel A, Cucchiaro J, Silva R, Kroger H, Sarma K, Xu J, et al. Lurasidone as adjunctive therapy with lithium or valproate for the treatment of bipolar I depression: a randomized, double-blind, placebo-controlled study. Am J Psychiatry 2014;171:169-177.

80) Sachs GS, Greenberg WM, Starace A, Lu K, Ruth A, Laszlovszky I, et al. Cariprazine in the treatment of acute mania in bipolar I disorder: a double-blind, placebo-controlled, phase III trial. J Affect Disord 2015;174:296-302.

81) Calabrese JR, Keck PE, Starace A, Lu K, Ruth A, Laszlovszky I, et al. Efficacy and safety of low- and high-dose cariprazine in acute and mixed mania associated with bipolar I disorder: a double-blind, placebo-controlled study. J ClinPsychiatry 2014;76:284-292.

82) Vieta E, Durgam S, Lu K, Ruth A, Debelle M, Zukin S. Effect of cariprazine across the symptoms of mania in bipolar I disorder: Analyses of pooled data from phase II/III trials. Eur Neuropsychopharmacol 2015;25:1882-1891.

83) Earley W, Durgam S, Lu K, Debelle M, Laszlovszky I, Vieta E, et al. Tolerability of cariprazine

in the treatment of acute bipolar I mania: A pooled post hoc analysis of 3 phase II/III studies. J Affect Disord 2017;215:205-212.

84) Haddad PM, Sharma SG. Adverse effects of atypical antipsychotics. CNS drugs 2007;21:911-936.

85) Haddad P. Weight change with atypical antipsychotics in the treatment of schizophrenia. J Psychopharmacol 2005;19:16-27.

86) Melkersson K, Dahl M-L. Adverse metabolic effects associated with atypical antipsychotics. Drugs 2004;64:701-723.

양극성장애에서 항우울제의 유용성 :

회의적 입장과 지지적 입장
Antidepressants in bipolar disorder : pros and cons

서정석[+] | 정상근[++]
건국대학교 충주병원 정신건강의학과[+] | 전북대학교 의과대학 정신건강의학교실[++]

양극성 우울증의 개관

환자가 조증으로 처음 정신과에 방문했다면 진단은 그리 어렵지 않다. 치료하지 않더라도 3~4개월 이상 지속되는 조증으로 고생하는 경우도 매우 드물다. 그러나 양극성 우울증은 다르다. 꽤 오랜 기간 동안 적극적인 약물치료에도 불구하고 호전이 없거나 자살과 같은 극단적인 행동을 선택하는 등 임상가로 하여금 꽤 어려운 상대임에 틀림 없다. 그래서 1형 양극성장애로 진단을 받은 환자들이 갑자기 우울감과 함께 "아무것도 할 수 없고 살기가 너무 힘들다"고 호소하면 의사는 '이제 어떻게 치료해야 하나?' 하는 걱정을 하게 된다. 왜냐하면 양극성 우울증은 주요우울장애로 진단받은 단극성 우울증 환자와는 다르기 때문이다.

그렇다면 과연 어떻게 해야 할 것인가? 경험적인 항우울제를 단독투여할 것인가? 아니면 사용하던 기분조절제의 용량을 조절할 것인가? 또는 비정형 항정신병약물이나 항우울제 아니면 또 다른 기분조절제를 추가할 것인가?

임상에서 가장 많이 사용되는 치료 전략 중에 한 가지는 사용하던 기존 약물에 항우울제를 추가하는 전략이지만[1, 2] 이에 대한 과학적 근거가 부족하기 때문에 오랫동안 논란 중인 주제이다.

장기간의 항우울제 단독 유지치료가 단극성 우울증에서는 재발을 예방한다는 강력한 증거가 있지만,[3] 과연 양극성 우울증에서도 항우울제의 효과가 동일할까? 현재의 진단 기준으로는 양극성 우울증은 단극성 우울증과 동일한 진단기준을 적용하고 있다. 그렇다면 단극성 우울증과 양극성 우울증은 동일한 삽화인가, 아니면 서로 다른 삽화인가? (이에 대해서는 본 교과서의 제2부에서 다루기 때문에 그 부분을 참고하기 바란다.)

양극성장애는 이환기간 중의 약 절반 동안 증상을 보이며 그중에서 2/3 정도의 기간을 우울증으로 괴로워한다.[4] 이는 가령 환자가 1년 중에 약 6개월은 증상 없이 지내지만 나머지 6개월 동안 기분 증상으로 괴로움을 겪으며, 그 6개월 중에 약 4개월간은 우울 증상으로 괴로워한다는 의미이다. 양극성장애로 괴로워하는 환자의 주 증상이 우울 증상이기 때문에 이를 적극적이고 적절하게 치료해야 한다.

양극성장애 자체의 임상적 다양성과 다양한 치료법 때문에 2000년대 초반부터 각국에서 진료지침서 개발과 그 이후의 개정작업이 이루어지면서 근거를 중심으로 하거나 전문가의 경험과 의견을 수렴하는 형태의 지침서가 다양하게 개발되었다. 각 지침서와 최근의 연구 결과에 의하여 양극성 우울증에서의 항우울제 사용에 대한 논란이 이어지고 있다.

임상 연구 결과나 지침서 권고사항과 실제 임상 상황과는 엄연한 차이가 존재한다. 실제로 양극성장애에서 얼마나 항우울제가 처방되는가에 대한 미국의 한 조사결과가 그 차이를 보여준다. 2000~2004년도 미국 의료보험 분석자료[5]에 의하면 양극성장애로 진단받았지만 조사 당시 적어도 6개월 이내에 약물복용 경험이 없는 초발 환자 7,406명의 처방을 분석한 결과 79%의 환자가 항우울제를 단독 또는 다른 약물과의 병합요법으로 사용하고 있었다. 2000~2011년 동안 미국 스탠퍼드 대학병원에서 Systematic Treatment Enhancement Program for Bipolar Disorder(STEP-BD)로 평가한 1형 및 2형 양극성장애 503명을 조사한 결과, 전체적으로 39.0%의 환자(2형 환자가 46.9%, 1형 환자가 30.8%)가 항우울제를 사용하고 있었으며, 과학적 근거가 부족함에도 실제 진료 현장에서 경험적으로 사용하고 있다고 보고하였다.[6] 국내도 이와 유사하리라고 생각한다. 바로 양극성 우울증에서의 항우울제 사용에 관한 주제가 논란이 되는 이유도 그 근거와 임상 실제가 차이 나기 때문이다.

그래서 치료가 까다로운 양극성 우울증에 대한 항우울제 사용을 회의적으로 생각하는 입장과 지지하는 입장으로 나누어 각각에 대한 연구 결과 및 최근의 메타분석 결과와 체계적 검토를 포함하여 살펴보고 마지막 부분에 각 지침서의 권장사항을 기술하였다.

양극성 우울증 치료 : 항우울제 사용의 회의적 입장

양극성장애에서 항우울제 사용에 관한 논란은 삼환계 항우울제(tricyclic antidepressant, TCA) 이후에 개발되어 효과와 안정성 면에서 유용한 새로운 항우울제의 사용이 폭발적으로 늘어나면서 시작되었다고 해도 과언이 아니다. 항우울제의 영향에 대한 축적된 증거들에 의한 회의적 입장을 (1) 항우울제 사용으로 얻는 이점의 부재, (2) 조증 전환율 증가 및 순환성 가속화와 같은 치료에 대한 부정적 영향과 자살행동 증가 등으로 나누어 생각해볼 수 있다.

항우울제의 효과 부족

양극성 우울증에서 항우울제 사용으로 인한 이점이 없기 때문에 굳이 사용할 근거가 부족하다는 주장들이다.

2008년 양극성 우울증 환자를 대상으로 26주간의 무작위 대조군 이중맹검 연구에서 기분조절제에 항우울제를 추가한 군(24/179)과 기분조절제와 위약 병합군(51/187)에서의 회복률(recovery rate)이 각각 23.5%와 27.3%였다. 그리고 조증 전환율에서도 양군 간의 유의한 차이를 보이지 않았으며 따라서 장기간의 향후 연구가 필요하겠지만 항우울제 병합으로 인한 이득이 없는 것으로 결론지었다.[7]

미국 National Institute of Mental Health(NIMH)의 Systematic Treatment Enhancement Program for Bipolar Disorder(STEP-BD) 자료를 이용한 연구[8] 결과에 의하면 양극성장애에 항우울제가 갖는 이점이 없다는 유사한 결론을 내렸다. 즉 우울증 삽화를 보이면서 2개 이상의 조증 증상을 동반한 환자를 대상으로 하여 기분조절제 또는 비정형 항정신병약물을 복용 중인 환자를 항우울제 처방군(n=136)과 처방받지 않은 군(n=152)으로 나누었다. 항우울제군이 회복에 이르는 시간이 더 빠를 것으로 예상했으나 양군 간의 회복에 이르는 시간의 차이를 보이지 않았다. 이후 3개월의 단기추적 결과 항우울제 투여군에서 이후의 조증 삽화에서 더 많은 조증 증상 개수를 보이는 것으로 나타났다. 요약하면 양극성장애에서 항우울제의 사용 여부가 회복에 추가적 이득이 없으며 오히려 이후에 발생하는 조증에 악영향을 미칠 수 있다는 것이다.

그러나 이들 연구디자인 모두는 기존에 사용하던 약물에 항우울제를 추가한 후에 효과를 비교한 형태이다. 즉 항우울제의 이점 여부를 판단하려면 항우울제 단독요법의 무작위 대조 연구가 필요하다. 양극성 우울증에 대한 단독요법으로 McElroy 등(2010)[9]의 연구가 있다. 주된 연구목적은 quetiapine의 항우울 효과를 평가하기 위하여 비교 약물로서 paroxetine 단독요법을 시행한 연구로서 진행되었다. 현재 우울증 삽화를 보이는 740명의 1형 또는 2형 양극성 환자를 대상으로 8주간의 paroxetine 단독투여한 결과 MADRS 점수를 기준으로 하였을 때 paroxetine군에서 위약군과 비교하여 유의한 호전을 보이지 않았다.

메타분석 결과에 의하면 항우울제 병합치료가 우울증 재발을 막아주는 보호 효과는 27%지만 조증 전환 위험성이 72%가 증가하여 득보다 실이 많았으며(NNH=7.18, NNT=11.2), 항우울제 병합요법을 기분조절제 단독요법과 비교할 때 우울증 재발의 보호 효과도 없고(RR=0.84; 95% CI 0.56~1.27; NNT=16), 조증 전환 위험성의 증가도 없으므로(RR=1.37; 95% CI 0.81~2.33; NNH=16) 항우울제가 갖는 이점이 없다고 하였다.[10] 그러나 이 연구에서는 동일한 자료를 반복 사용한 오류가 있으며 또한 항우울제와 위약비교 연구를 항우울제와 기분조절제 비교 연구와 구별하지 않았기에 결과 해석에 주의를 요해야 한다.[11] 다른 메타분석 결과가 최근에 발표되었다.[12] 2003년부터 2009년까지 급성 양극성 우울증 환자를 대상으로 16주 이내의 급성기 치료 연구 5개(n=3,407)를 분석한 결과는 위약에 비하여 항우울제가 우월성을 보이지 않았으며 조증 전환 위험성의 증가와도 관련이 없었다. 그러나 이 결과는 duloxetine 등 최근의 항우울제 연구가 포함되지 않는 결과이며 또한 항우울 효과의 통계적 유의성이 p=0.06으로 유의하지 않았지만 강한 경향성을 보였음을 고려해야 한다.

항우울제의 부정적 영향

첫 번째로 조증 유발 위험성이 증가한다는 주장이다. 1970년대부터 여러 연구[13~20]에서 항우울제가 (경)조증의 유발 위험성을 증가시킨다고 보고하고 있다.

먼저 항우울제에 의한 조증 전환율을 평가하기 위해서는 자연적인 경과에서의 삽화 전환율과 항우울제에 의한 전환율을 살펴볼 필요가 있다. Tondo 등[21]은 항우울제 사용 경험이 없는 양극성장애 환자에서의 자연적인 (경)조증 전환율은 13.8%, 항우울제에 의해 유발된 전환율은 15.3%로 보고하였다.

항우울제를 사용한 임상 연구에서 조증 전환율을 살펴보면 다음과 같다. 2000년 초반에 급성 양극성 우울증 환자에게 10주 이내의 단기간 동안 lamotrigine,[22] imipramine,[23] moclobemide[24]를 투여한 연구들에서 각 약물에 대한 조증 전환 위험률이 각각 3~8%, 6~11%, 4% 정도였으며 2007년 STEP-BD 자료에 의하면 44%[25] 정도였다. Post 등[26]은 급성 우울기에 10주간 항우울제 사용 시 전환율이 14%였으며, 급성기 치료에 효과를 보인 환자를 1년간 유지했을 때 조증 전환율을 33%로 보고하였다. 그리고 앞서 살펴본 연구에서도[12] 항우울제군과 위약군 모두 조증 전환율 8% 정도로 양군 간에 차이가 나지 않는다고 하였다. 이렇듯 연구마다 '조증 전환'의 정의나 사용약물과 연구 방법에 따라 차이가 있지만 대략 8~44% 정도의 조증 전환율을 보고하고 있다.

Rouillon 등[27]은 imipramine 단독, lithium과 imipiramine 병합, lithium과 위약 병합군에서 항우울제에 의한 조증 전환율이 각각 51%, 28%, 23%임을 보고하면서 위약군과 병합군에 비한 imipramine 단독군의 높은 전환율을 고려할 때 TCA가 조증 전환의 위험성을 증가시킨다고 결론지었다.

위에서 설명한 연구 중에서 STEP-BD 연구[25]는 항우울제의 조증 유발 여부에 관한 환자의 자기보고식 연구 결과이기 때문에 이전에 항우울제를 복용했던 338명 중 44%가 적어도 한 번 이상의 조증 전환을 경험했다는 결과 해석에 주의해야 한다. 그러나 TCA, selective serotonin reuptake inhibitor(SSRI), bupropion의 비차비를 각각 7.80, 3.73, 4.28로 보고하면서 항우울제가 조증 전환의 잠재적 위험성이 있는 것으로 결론지었다.

그러나 메타분석이나 대단위 연구 결과를 토대로 항우울제 전체가 문제가 있는 것으로 판단하는 것은 무리가 있다. 최근에 개발된 항우울제에 비하여 TCA는 조증 유발 가능성이 높은 것으로 여겨지지만 bupropion[28] 같은 경우에는 비교적 안정성을 보이고 있으며 2010년 국내 조사[29]에서도 양극성 우울증에서 높은 선호도를 보였기 때문에 각 약물 별로 판단할 필요가 있다.

2011년에 항우울제 단독요법과 항우울제와 기분조절제를 병합한 군을 직접 비교한 연구 결과[30]가 흥미롭다. 138명의 양극성 우울증 환자를 항우울제 단독군과 기분조절제와의 병합군으로 나누어 비교하였다. 단독군에서 조증 전환율(p=0.005)과 자살시도(p=0.0041)가 유의하게 높았음을 보고하면서 항우울제 사용에 주의할 것을 주장하였다.

다른 주장으로 조증 전환에 영향을 주는 요인으로 특히 발병이 빠를수록[31] 또는 이전 우울증 삽화의 수가 많을수록[32] 위험성이 높다는 주장과 함께 항우울제에 의해 전환되는 환자군이 독립적으로 존재할 가능성에 대한 가설이 제기되기도 하였다.[33]

둘째로 Wehr와 Goodwin[34]이 주장한 항우울제가 순환성을 가속화(cycling acceleration)시켜 치료경과와 예후에 부정적인 영향을 미친다는 가설이다. 순환가속성의 위험성은 연구마다 차이는 있지만 장기간의 항우울제 치료 시 26~51%의 위험성을 보고하고 있다.[16, 35, 36]

셋째는 항우울제가 자살위험성을 증가시킨다는 주장이다. 우울장애 환자를 대상으로 한 단기 연구들의 메타분석에서도 항우울제가 자살사고[36]와 자살시도[37]를 증가시켰고, 혼재성 삽화를 보이는 양극성장애 환자에게 항우울제를 사용했을 때 자살사고가 4배 더 많았으며[38] 2005년 STEP-BD자료에 의한 연구 결과에 의하면 항우울제를 복용하는 군(25%)이 복용하지 않는 군(14%)에 비하여 자살사고가 더 많았다고 하였다.[39]

405명의 환자를 대상으로 시행한 후향적 연구에서 연간 100명의 환자에서 발생한 자살행동(자살사고, 자살시도, 자살성공 모두 포함)을 비교하였을 때 항우울제 단독군(25.92건)이 기분조절제 단독군(3.48건)보다 약 7~8배의 높은 자살행동을 보임으로써 치료경과 중에 항우울제가 자살행동의 가능성을 증가시킬 수 있다고 하였다.[40]

이상을 요약해보면 양극성장애에서 항우울제 사용의 득실을 비교했을 때 효과 측면에서 뚜렷한 이점이 없거나 안정성이나 부작용 면에서 오히려 치료경과와 예후에 부정적인 문제가 발생할 수 있기 때문에 항우울제 사용을 반대하는 입장들의 연구 결과들이다.

양극성 우울증 치료 : 항우울제 사용을 지지하는 입장

지금부터는 양극성장애에서 항우울제가 갖는 부정적 영향이 기존 주장만큼 심각하기 않거나 오히려 항우울제로 인한 치료적 이점이 있다는 주장들이다.

양극성 우울증에 대한 항우울제의 긍정적 효과

Tondo 등[41]은 1형과 2형 양극성장애와 주요우울장애 환자 중에서 주요우울 삽화를 보이는 환자 1,036명을 대상으로 항우울제에 대한 반응을 비교 분석하였다. 연구자들은 단극성 우울증보다 양극성 우울증(1형 및 2형)에서 항우울제 반응이 더 좋을 것이라는 가설을 세우고 이를 검증하였다. 결과로 전체 환자 중에서 84.8%(878/1,036)가 항우울제를 처방받았으며 진단별로 보면 1형 양극성장애 환자의 58.9%(93명), 2형 양극성장애 환자 중 80.1%(117명), 단극성 우울증 환자 중 91.4%(668명)가 항우울제를 처방을 받은 반면에 15.2%(158명)는 항우울제를 처방받지 않았다. 항우울제를 처방받지 않은 군이 처방받은 군에 비하여 병력상 3.1배 조증 재발을 더 보였으며, (경)조증으로 고생하는 시간도 2.7배 길었고 우울증으로 고생하는 시간도 1.9배 많았다. 즉 항우울제를 사용한 군이 임상적으로 도움이 되는 결과를 보였다.

그 외의 몇 가지 주목할 결과는 다음과 같다. 878명 중에서 1형 및 2형 양극성 우울증 환자에서는 TCA보다는 최근의 항우울제[bupropion, mirtazapine, SSRI, serotonin-norepinephrine reuptake inhibitor(SNRI)]를 복용했으며 단극성 우울증에서는 TCA를 더 많이 사용했다(p=0.002). 반응률은 2형, 1형, 단극성 우울증 각각 77.0%, 71.6%, 61.7%로 2형 양극성장애가 가장 높았다. 관해율도 2형 54.0%, 1형 50.6%, 단극성 우울증 40.8%로 마찬가지였다. 3개월 동안 (경)조증 전환율은 2형 15.8%, 1형 8.60%, 단극성 0.56%였다. 결과를 요약하면 양극성 우울증에서 단극성 우울증보다 반응률이나 관해율이 높았지만 조증 전환율도 높게 나타난 결과를 해석하면서 저자들은 항우울제 단독 또는 병합 요법을 단기간 선택적으로 사용하는 것이 효과적이라고 주장하고 있다.

양극성 우울증을 대상으로 한 12개의 항우울제 단기치료 연구를 체계적 검토하고 메타분석한 결과(n=1,088)는 다음과 같다.[42] 항우울제군이 위약 또는 대조군에 비하여 유의하게 높은 반응률(평균 86%)과 관해율(평균 41%)을 보였다. 또한 항우울제군에서 조증 전환율이 3.8%, 위약군 4.7%로 유의한 차이가 나지 않았다. 그러나 이 연구에는 olanzapine 단독투여 연구가 포함되어 있어서 대상 선정의 균등성 문제를 지적받고 있다.

양극성 우울증에 대한 임상 연구 1,250개 중에서 (1) 1형 또는 2형 양극성장애의 급성 주요우울 삽화 환자 최소 10명 이상, (2) 무작위 치료, (3) 항우울제 단독 또는 기존의 약물에 추가 요법, (4) 위약대조군, (5) 이중맹검, (6) 청소년이나 노인과 같은 특이 대상군이 아닌 연구를 선정하여 최종 10개의 연구(n=571)를 메타분석하였다. 그 결과 항우울제 사용군의 반응률이 44.8%(256/571), 위약군에서 33.4%(288/861)였으며 response rate ratio(RR)=1.43(95% CI=1.11−1.84)으로 항우울제가 위약보다 유의한 효과를 보였다.[43]

이들을 요약하면 항우울제는 양극성 우울증에 항우울 효과가 있지만 안정성 면에서 TCA보다는 그 이후에 개발된 새로운 항우울제는 양극성 우울증에서 더 양호한 것으로 여겨진다.

항우울제와 조증 전환

항우울제의 사용을 지지하는 입장에서는 제기하는 의문은 어떻게 항우울제와 조증 전환과의 인과관계를 확신할 수 있는가? 즉 양극성장애의 자연경과에 의한 조증 발생을 명확하게 구별해낼 것인가 하는 문제이다. 그리고 자연경과 관찰 연구, 후향적 내지 자기보고식과 같은 연구 방법으로 얻은 자료부터 항우울제의 위험성을 정확하게 정량화할 수 있는지에 대한 의문을 제기한다.

Winokur와 Lewis[19]는 양극성장애의 자연경과 관찰 연구에서 약을 복용하지 않고 있는 양극성장애 환자에서 41%의 조증 발생률을 보고하였다. 앞서 언급했듯이 연구마다 다소 차이는 있지만 항우울제에 의한 조증 전환율을 8~40% 정도로 본다면 자연경과에서 보이는 조증 전환율 간에 큰 차이를 보이지 않으므로 항우울제가 조증을 유발한다고 보기 어려운 근거가 될 수 있다.

조증 전환에 관한 체계적 고찰을 하여 총 51개의 연구, 95,786명을 대상으로 단극성 우울증 환자의 조증 전환율을 조사한 결과, 항우울제 단독요법을 받은 지 평균 2.3년 이내에 8.18%였으며, 10개의 연구 메타분석 결과 항우울제를 복용하지 않는 환자에 비하여 복용하는 환자의 조증 전환 위험률이 2.6배였으나 단극성 우울증에서 양극성 우울증으로의 진단의 변화율은 3.29%로 보고하면서 조증의 전환과 진단의 변화 간에 인과관계가 불명확하다고 하였다.[44]

또한 182명의 양극성 외래환자에게 자기보고식 컴퓨터 프로그램을 이용하여 4개월간 매일 기분의 변동을 100점 만점으로 기록한 연구[45]와 6주간 2개의 기분조절제를 사용한 군과 기분조절제와 항우울제를 병합한 군 간에 조증 전환율을 비교한 결과에서도 양군 간에 조증 전환율의 차이가 없었다.[46] 이 연구들은 항우울제의 복용 여부가 조증 전환의 가능성에 큰 영향을 주지 않았다는 결과들이다.

6개월 이상 항우울제를 사용하여 새로운 우울증 삽화 발생을 주로 조사한 11개의 연구(692명)를 최근에 메타분석한 결과를 보면 항우울제(단독 또는 기분조절제와 병합)와 위약 비교, 그리고 항우울제 단독과 기분조절제 단독을 비교한 연구로 나누어 메타분석을 실시하였다. 위약에 비하여 항울제 단독 또는 병합요법이 새로운 우울증 삽화의 재발 위험성이 유의하게 낮았다. 항우울제와 기분조절제 병합의 NNT=12.5였으나 항우울제 단독치료의 NNT=3.3이었다. 조증 전환의 위험성을 평가한 결과 조증 전환 RR=1.21(항우울제와 기분조절제 병합 RR=1.26, 항우울제 단독 RR=1.11)이었다. 연구자들은 기분조절제 단독요법에 비하여 항우울제 단독요법에 의한 조증 전환이 유의하게 많았지만 위약에 비하여 항우울제가 우울증 삽화 재발에 효과적이며 조증 전환을 유의하게 낮았다고 결론지었다.[11]

항우울제의 이점

오히려 항우울제의 조기 중단이 우울증 삽화를 재발시키기 때문에 항우울제의 사용이 치료에 도움이 된다는 주장들이다.

Altshuler 등[47]은 양극성 우울증 삽화의 관해 후에 기분조절제와 항우울제를 계속 사용하는 것에 비하여 항우울제의 조기 중단이 우울증 삽화 재발률을 증가시키며(비차비=3.13, p=0.007), Stanley Foundation Bipolar Network를 이용한 1년간의 전향적 추적 연구[48]에서도 기분조절제와 병합하던 항우울제를 첫 6개월 이내 중단한 군(71%)이 유지군(36%)보다 높은 우울증 재발률을 보여 항우울제의 조기중단이 재발 위험성이 많다고 하였다.

그 외에도 18개 연구를 검토한 결과 항우울제가 양극성장애에서 치료적 이점을 가지며,[49] 2형 양극성장애의 우울증 삽화 환자를 대상으로 venlafaxine과 lithium의 치료 효과를 비교했을 때 venlafaxine이 우월한 항우울 효과를 보였으며 조증 전환율에서는 차이를 보이지 않아[50] 2형 양극성장애에서도 항우울제 단독요법이 상대적 위험성 없이 효과적이라 보고하였다.

그렇다면 항우울제를 얼마나 사용할 것인가에 대한 근거는 희박하다. 우울증 삽화 관해 후 6개월 이상 동안 SSRI, SNRI, trazodone, bupropion, mirtazapine 등의 비교적 최근의 항우울제를 지속적으로 복용한 군이 6개월 이내 항우울제 투여를 중단한 군에 비해 약 2년 동안 우울증 재발 위험률이 낮았음(HR of 0.61, p<0.01)을 보고하면서 우울증 재발에 대한 항우울제의 보호 효과가 있기 때문에 9~12개월간 사용할 것을 주장하였다.[51]

이상을 요약하면 양극성 우울증 환자에서 과거에 우려하던 것만큼 항우울제의 위험성이 높지 않으며 치료 탈락률을 낮추거나 우울증 예방 효과가 있는 등의 긍정적인 영향을 줄 수 있고, 오히려 소극적인 항우울제 사용으로 인하여 우울증 삽화의 재발 증가로 치료경과에 부정적인 영향을 줄 수 있기 때문에 항우울제가 갖는 이점을 과소평가하지 않는 것이 좋겠다는 주장이다.

양극성 우울증에서의 항우울제에 대한 각 지침서의 견해

2013년과 2018년 캐나다 지침서(Canadian Network for Mood and Anxiety Treatments, CANMAT 2013[52], 2018[53])

항우울제 단독요법은 권장하지 않으며 1차 전략에서 항우울제와 기분조절제와의 병합 또는 초기에 기분조절제 단독 후 반응이 부족할 때 2차로 항우울제를 추가하도록 권장하였다. 이때 사용할 수 있는 항우울제는 paroxetine을 제외한 SSRI와 bupropion을 권장하였다. 또한 항우울제를 사용할 때 원하는 효과와 원치 않는 부작용을 잘 판단하도록 권장하고 있다.

지침서 전반에 나타난 양극성 우울증에 대한 항우울제 사용 권장사항은 다음과 같다.

1. paroxetine을 제외한 SSRI 또는 bupropion과 기분조절제와의 병합을 하여 관해 후에 6~8주 후에 항우울제를 중단하는 치료를 1차 치료로 권장한다.
2. TCA는 조증 전환과 관련성이 있으므로 사용을 피해야 한다.
3. 현재 혼재성 삽화 또는 급속순환형의 과거력이 있는 경우에는 사용해서는 안 된다.
4. 양극성 우울증에서 항우울제 단독요법은 권장하지 않는다.

CANMAT 2018에서는 양극성 우울증에 대하여 항우울제 단독요법을 level II의 수준(넓은 신뢰구간을 갖는 메타분석이나 위약대조군 이중맹검 연구를 근거로 한 권고 강도)으로 사용하지 말 것을 권고하였다.

요약하면 양극성 우울증에 대하여 부가적인 항우울제를 일정 기간 사용한 후에 중단할 것을 지침으로 하였으며 항우울제 단독요법은 사용하지 말 것을 권장하였다.

Guideline for treating bipolar disorder, British Association for Psychopharmacology 2016(BAP 2016)[54]

급성 양극성 우울증 삽화의 치료에 OFC가 유일하게 허가받은 항우울제이지만, 단극성 우울증에서의 치료 효과를 추정하여 양극성 우울증에 항우울제를 사용하고 있는 것이 현실이라면서, 만약 항우울제를 사용할 때에는 항조증 약물과 병합할 것을 권장하고 있다. 장기간 항우울제 사용 시 효능에 대한 근거 부족으로 우울증 삽화가 관해가 된 후 12주 이내에 항우울제 사용을 중단할 것을 권장하였다.

World Federation of Societies of Biological Psychiatry guideline 2010(WFSBP 2010)[55]

단독투여 약물로는 quetiapine을 권장 강도가 가장 높은 1로, fluoxetine, lamotrigine, olanzapine, 또는 valproate 단독투여를 권장강도 3으로 하였으며 paroxetine은 권장강도를 받지 못했다.

병합요법으로는 OFC를 권장강도 3 그리고 sertraline+(lithium or valproate), 또는 venlafaxine+(lithium or valproate)를 권장강도 4로 정하였다.

이때 권장강도 1은 최소한 2개 이상의 RCT에서 위약에 비하여 우월성을 보이면서 1개의 RCT에서 비교 약물에 대한 우월성 또는 동등성을 확보한 경우를 말하며, 3은 제한된 근거지만 긍정적인 대조군 연구 결과를 갖고 있는 약물들이다. 권장강도 4는 대조군이 없는 연구 또는 증례 보고서 또는 전문가 의견 수렴으로부터 얻은 근거 수준을 의미한다.

지침서에는 양극성 우울증의 치료의 한 부분으로서 항우울제를 기분조절제와 병합하여 사용할 것을 권장하며 항우울제에 의한 조증 전환 위험성을 증가시키지 않는 것으로 보인다고 지침서를 요약하고 있다.

National Institute for Health and Clinical Excellence(NICE) guideline 2006[56]

지침서에서는 기본적으로 항우울제 사용을 인정하면서 다음과 같이 기술하였다.

1. 기분조절제를 복용하지 않고 있는 환자에게 우울증 삽화가 발생하면 기분조절제와 항우울제를 병합처방해야 한다.

2. 만약 기분조절제를 사용하지 않고 항우울제 단독요법을 먼저 시작할 때 환자에게 항우울제로 인한 조증 전환 위험성과 기분조절제와 함께 복용할 때의 장점에 대해서 설명해야 한다. 기분조절제 복용을 거절한다면 환자의 임상 상황을 주의 깊게 관찰을 해야 한다.

3. 항우울제 복용 중에 조증 삽화가 발생하면 즉각 항우울제를 중단한다.

4. 성공적인 급성 우울증 삽화의 관해 후에 항우울제의 장기간 사용을 통상적인 치료로 여겨서는 안 된다. 재발을 줄인다는 증거도 없으며 조증 전환의 위험성이 있기 때문이다.

한국형 양극성장애 약물치료 지침서

2002년부터 대한우울조울병학회와 대한정신약물학회가 공동으로 매 4년마다 국내 전문가의 의견을 바탕으로 한국형 양극성장애 약물치료 알고리듬을 제작해오고 있다. 2010년 우울증 삽화의 심각도를 경도와 중등도, 심한 정도로 나누어 국내 전문가에게 양극성 우울증에서의 항우울제 사용에 대한 의견을 조사하였을 때 항우울제 단독요법을 1차로 권장하지 않았다. 우울증 삽화가 관해된 후에 사용하던 항우울제를 어떻게 하겠냐는 의견으로는 경도 및 중등도 삽화에 대해서는 89.2%가 일정 기간(4.5~11.0주)을 사용하다가 중단하겠다고 했으며 심한 우울증인 경우에도 69~75%가 약 6주에서 16주 정도 유지 후 중단하겠다는 의견을 모았다.[29]

2014년 조사 결과도 2010년 조사와 마찬가지로 항우울제는 다른 약물과의 병합을 권장하였다. 또한 항우울제 사용을 경도-중등도 삽화에서는 92.9%, 심한 삽화에서는 79.7%(정신병적 양상이 없는 우울증 삽화), 68.8%(정신병적 양상을 동반한 우울증 삽화)가 일정 기간을 사용하다가 중단할 것을 권장하였으며 그 기간은 경도 및 중등도 우울증 삽화에서는 8~19주, 정신병적 증상의 유무에 관계없이 심한 우울증 삽화에는 11~27주 동안 항우울제를 유지하는 것으로 조사되었다. 항우울 효과와 조증 전환 위험성을 동시에 고려할 때 전문가들은 (es)citalopram(25.3%), bupropion(24.7%), sertraline(13.4%)을 권장하였다.[57]

2018년 조사에서도 경도-중등도 우울증 삽화에서는 7.0주(응답자 4.9%는 계속 사용), 정신병적 증상이 없는 심한 우울증 삽화에서는 9.2주(응답자 14.8%는 계속 사용), 정신병적 증상이 있는 심한 우울증 삽화에서는 8.4주(응답자 23%는 계속 사용)를 사용하다가 끊는다고 답하였다. 2018년 조사에서는 항우울제와 비정형 항정신병약물의 병합을 정신병적 양상을 동반한 심한 우울증에만 1차 전략으로 권장하였다. 또한 국내에서 사용 가능한 열네 가지 항우울제 중에서 TCA를 제외한 나머지 escitalopram, fluoxetine, paroxetine, sertraline, duloxetine, milnacipran, venlafaxine, desvenlafaxine, bupropion, mirtazapine, moclobemide, tianeptine, vortioxetine은 모두 2차 약물로 선택하여 이전에 반하여 항우울제 사용에 대한 조심스러운 경향을 보였다.[58]

International Society for Bipolar Disorder(ISBD)의 항우울제 사용 12개 권장사항

ISBD는 위원회를 구성하여 양극성 우울증에 대한 항우울제의 근거가 부족하므로 문헌 고찰과 전문가 합의를 통하여 12개 항목을 권장하였다.[59]

1. 이전 항우울제에 좋은 반응을 보인 1형 또는 2형 양극성 환자에게 부가적 항우울제(adjunctive antidepressant)를 사용할 수 있다.
2. 핵심 조증 증상을 2개 이상 갖는 양극성 우울증 환자에게 항우울제 부가요법은 피해야 한다.
3. 항우울제를 중단한 후에 우울증 삽화가 재발한다면 부가된 항우울제 유지요법을 고려할 수 있다.
4. 1형 양극성장애 환자에서 항우울제 단독요법은 피해야 한다.
5. 핵심 조증 증상을 2개 이상 갖는 1형 또는 2형 양극성장애 환자에서 항우울제 단독요법은 피해야 한다.
6. 항우울제를 사용하는 양극성 환자에게 (경)조증 전환이나 정신운동초조 증상이 나타나면 바로 항우울제를 중단해야 한다.
7. (경)조증 또는 항우울제 사용 중에 혼재성 양상을 보인 과거력이 있는 경우에는 항우울제를 사용하지 말아야 한다.
8. 기분이 불안정한 환자(예 : 기분 삽화 수가 많은 환자)에서 항우울제는 사용하지 말아야 한다.
9. 혼재성 조증 또는 우울증 삽화의 양상의 양극성 환자에서 항우울제 사용은 피해야 한다.
10. 주로 혼재성 상태를 보이는 환자에서도 항우울제 사용을 피해야 한다.
11. 항우울제로 현재 혼재성 상태를 보이는 환자에서는 사용하던 항우울제를 중단해야 한다.
12. SNRI, TCA는 다른 항우울제를 사용한 후에 고려한다.

맺음말

이번 개정판을 준비하면서 자료를 모으고 정리하면서 이전에 비하여 몇 가지 눈에 띄는 점들이 있다.

첫 번째로 항우울제의 사용 자체의 반대 의견보다는 병합요법으로서 항우울제의 유용성에 어느 정도 의견이 모아진 양상이다. 즉 단독요법 대신 과거력이나 현 병력을 고려하여 항우울제 부가요법을 시행하면서 임상양상을 주의 깊게 관찰한다. 두 번째, 양극성 우울증에 대한 항우울제 영향이 단극성 우울증에서 갖는 위험성과 부작용 면에서 다른 양상을 보인다는 것에 대체적인 합의를 이루었다. 세 번째, 항우울제를 하나의 약물로 보기보다는 계열별, 그리고 각각의 약물별로 나누어 그 효과가 효용성을 고려하려는 움직임을 느꼈다. 예를 들면 양극성 우울증에서 조증 전환의 위험성을 TCA와 분리하여 그 이후에 개발된 SSRI, SNRI, mirtazapine 등 각각의 항우울제의 개별적 특성을 이해하려는 모습이 그러하다. 끝으로 비정형 항정신병약물에 대한 다양한 임상경험과 근거가 축적되면서 양극성 우울증에서의 그 선호도가 매우 증가했다는 점이다.

그러나 여전히 의문점은 남는다. 급성기 항우울 효과를 인정한다면 장기 유지치료의 유용성이나 얼마나 유지해야 하는지, 조증 전환의 정확한 정의는 무엇인지, 조증 전환을 정확하게 평가하기 위해서 얼마나 긴 기간을 연구기간으로 해야 하는지, 그리고 항우울제가 위험성은 적고 항우울 효과가 유용하다고 하는 연구자들은 왜 대규모의 항우울제 단독투여 무작위 대조군 연구를 시행하지 않는 것인지를 생각해보면 향후 해야 할 연구가 많고 또 쉽지 않다는 것을 알 수 있다.

끝으로 여기서는 기술하지 않았지만 현재 양극성 우울증에 효과를 기대하고 있는 약물들—pramipexole, agomelatine, esketamine, riluzole, N-acetylcysteine 등—과 양극성 우울증에 특이적인 새로운 약물들이 개발되어 양극성 우울증으로 고통받고 있는 환자와 그 가족들의 삶의 질이 한층 향상되기를 기대해본다.

참고문헌

1) Simon NM, Otto MW, Weiss RD, Bauer MS, Miyahara S, Wisniewski SR, et al. Pharmacotherapy for bipolar disorder and comorbid conditions: baseline data from STEP-BD. J Clin Psychopharmacol 2004;24:512-520.

2) Goldberg JF, Brooks JO III, Kurita K, Hoblyn JC, Ghaemi SN, Perlis RH, et al. Depressive illness burden associated with complex polypharmacy in patients with bipolar disorder: fi ndings

from the STEP-BD. J Clin Psychiatry 2009;70:155-162.

3) Geddes J, Carney SM, Davies C, Furukawa TA, Kupfer DJ, Frank E, et al. Relapse prevention with antidepressant drug treatment in depressive disorders: a systematic review. Lancet 2003;361:653-661.

4) Judd LL, Akiskal HS, Schettler PJ, Endicott J, Maser J, Solomon DA, et al . The long-term natural history of the weekly symptomatic status of bipolar I disorder. Arch Gen Psychiatry 2002;59:530-537.

5) Baldessarini R, Henk H, Sklar A, Chang J, Leahy L. Psychotropic medications for patients with bipolar disorder in the United States: polytherapy and adherence. Psychiatr Serv. 2008;59:1175-1183.

6) Hooshmand F, Do D, Shah S, Gershon A, Park DY, Kim H, et al. Differential prevalence and demographic and clinical correlates of antidepressant use in American bipolar I versus bipolar II disorder patients. J Affect Disord. 2018;234:74-79.

7) Sachs GS, Nierenberg AA, Calabrese JR, Marangell LB, Wisniewski SR, Gyulai L, et al. Effectiveness of adjunctive antidepressant treatment for bipolar depression. N Engl J Med 2007;356:1711-1722.

8) Goldberg JF, Perlis RH, Ghaemi SN, Calabrese JR, Bowden CL, Wisniewski S, et al. Adjunctive antidepressant use and symptomatic recovery among bipolar depressed patients with concomitant manic symptoms: Findings from the STEP-BD. Am J Psychiatry 2007;164:1348-1355.

9) McElroy SL, Weisler RH, Chang W, Olausson B, Paulsson B, Brecher M, Agambaram V, Merideth C, Nordenhem A, Young AH; EMBOLDEN II (Trial D1447C00134) Investigators. A double-blind, placebo-controlled study of quetiapine and paroxetine as monotherapy in adults with bipolar depression (EMBOLDEN II). J Clin Psychiatry. 2010;71:163-174.

10) Ghaemi SN, Wingo AP, Filkowski MA, Baldessarini RJ. Long-term antidepressant treatment in bipolar disorder: meta-analyses of benefits and risks. Acta Psychiatr Scand. 2008;118:347-356.

11) Liu B, Zhang Y, Fang H, Liu J, Liu T, Li L. Efficacy and safety of long-term antidepressant treatment for bipolar disorders - A meta-analysis of randomized controlled trials. J Affect Disord. 2017;223:41-48.

12) Sidor MM, Macqueen GM. Antidepressants for the acute treatment of bipolar depression: a systematic review and meta-analysis. J Clin Psychiatry 2011; 72: 156-167.

13) Bunney WE, Murphy DL, Goodwin FK, Borge GF. The switch process from depression to mania: relationship to the ten- drugs which alter brain amines. Lancet 1970;1:1022-1027.

14) Akiskal HS, Khani MK, Scott-Strauss A. Cyclothymic temperament disorders. Psychiatr Clin 1979;2:527-554.

15) Strober M, Carlson G. Bipolar illness in adolescents with major depression: Clinical, genetic, and psychopharmacologic predictors in a three-to-four year prospective follow-up investigation. Arch Gen Psychiatry 1982;39:549-555.

16) Altshuler LL, Post RM, Leverich GS, Mikalauskas K, Rosoff A, Ackerman L. Antidepressant-induced mania and cycle acceleration: a controversy revisited. Am J Psychiatry 1995;152:1130-1138.

17) Benazzi F. Antidepressant-associated hypomania in out-patient depression: a 203-case study in private practice. J Affect Disord 1997;46:73-77.

18) Prien RF, Klett CJ, Caffey EM. Lithium carbonate and imipramine in prevention of affective episodes. Arch Gen Psychiatry 1973;29:420-425.

19) Lewis J, Winokur G. The induction of mania: a natural history study with controls. Arch Gen Psychiatry 1982;39:303-306.

20) Maj M, Pirozzi R, Magliano L, Bartoli L. The prognostic significance of "switching" in patients with bipolar disorder: a 10-year prospective follow-up study. Am J Psychiatry 2002;159:1711-1717.

21) Tondo L, Vàzquez G, Baldessarini RJ (2010) Mania associated with antidepressant treatment: comprehensive meta-analytic review. Acta Psychiatr Scand 121:404-414.

22) Calabrese JR, Bowden CL, Sachs GS, Ascher JA, Monaghan E, Rudd GD. A double-blind placebo-controlled study of lamotrigine monotherapy in outpatients with bipolar I depression. J Clin Psychiatry 1999;60:79-88.

23) Nemeroff CB, Evans DL, Gyulai L, Sachs GS, Bowden CL, Gergel IP, et al. Double-blind, placebo-controlled comparison of imipramine and paroxetine in the treatment of bipolar depression. Am J Psychiatry 2001;158:906-912.

24) Silverstone T. Moclobemide vs imipramine in bipolar depression: A multicentre double-blind clinical trial. Acta Psychiatr Scand 2001;104:104-109.

25) Truman CJ, Goldberg JF, Ghaemi SN, Baldassano CF, Wisniewski SR, Dennehy EB, et al. Self-reported history of manic/hypomanic switch associated with antidepressant use: data from the Systematic Treatment Enhancement Program for Bipolar Disorder (STEP-BD). J Clin Psychiatry 2007;68:1472-1479.

26) Post RM, Altshuler LL, Frye MA, Suppes T, Rush AJ, Keck PE Jr, et al. Rate of switch in bipolar patients prospectively treated with second-generation antidepressants as augmentation to mood stabilizers. Bipolar Disord 2001;3:259-265.

27) Rouillon F, Lejoyeux M, Filteau MJ. Unwanted effects of long term treatment, in long term treatment of depression. edited by Montomery SA, Rouillon FA, New York, John Wiley & Sons, 1992.

28) Baldessarini RJ. Chemotherapy in psychiatry, 3rd edn. 2013. New York: Springer Press.

29) Seo JS, Joo YH, MD2, Bahk WM, Yoon BH, Kim W, Min KJ, Lee E, Jon DI, Ahn YM, Lee JG, Kim BS, Shin YC. Korean Medication Algorithm for Bipolar Disorder 2010 : Depressive Episode. J Kor Soc for Dep and Bipol Disord 2011;9:96-102.

30) Pacchiarotti I, Valentí M, Colom F, Rosa AR, Nivoli AM, Murru A, et al. Differential outcome of bipolar patients receiving antidepressant monotherapy versus combination with an antimanic drug. J Affect Disord. 2011;129:321-326.

31) Akiskal HS, Hantouche EG, Allilaire JF, Sechter D, Bourgeois ML, Azorin JM, et al. Validating antidepressant-associated hypomania (bipolar III): a systematic comparison with spontaneous hypomania (bipolar II). J Affect Disord 2003;73:65-74.

32) Serretti A, Artioli P, Zanardi R, Rossini D. Clinical features of antidepressant associated manic and hypomanic switches in bipolar disorder. Prog Neuropsychopharmacol Biol Psychiatry 2003;27:751-757.

33) Cassidy F, Ahearn EP, Carroll BJ. Symptom profile consistency in recurrent manic episodes. Compr. Psychiatry 2002;43:179-181.

34) Wehr TA, Goodwin FK. Can antidepressants cause mania and worsen the course of affective illness? Am J Psychiatry 1987;144:1403-1411.

35) Quitkin FM, Kane J, Rifkin A, Ramos-Lorenzi JR, Nayak DV. Prophylactic lithium carbonate with and without imipramine for bipolar I patients. Arch Gen Psychiatry 1981;38:902-907.

36) Khan A, Khan S, Kolts R, Brown WA. Suicide rates in clinical trials of SSRIs, other antidepressants, and placebo: analysis of FDA reports. Am. J. Psychiatry 2003;160:790-792.

37) Fergusson D, Doucette S, Glass KC, Shapiro S, Healy D, Hebert P, et al. Association between suicide attempts and selective serotonin reuptake inhibitors: systematic review of randomized controlled trials. BMJ 2005;330:396.

38) Goldberg JF, Garno JL, Kocsis JH, Leon AC, Portera L, Whiteside JE. Correlates of suicidal ideation in dysphoric mania. J Affect Disord 1999;56:75-81.

39) Goldberg JF, Allen MH, Miklowitz DA, Bowden CL, Endick CJ, Chessick CA, et al. Suicidal ideation and pharmacotherapy among STEP-BD patients. Psychiatr Serv 2005;56:1534-1540.

40) Yerevanian BI, Koek RJ, Mintz J, Akiskal HS. Bipolar pharmacotherapy and suicidal behavior Part 2. The impact of antidepressants. J Affect Disord 2007;103:13-21.

41) Tondo L, Baldessarini RJ, Vázquez G, Lepri B, Visioli C. Clinical responses to antidepressants among 1036 acutely depressed patients with bipolar or unipolar major affective disorders. Acta Psychiatr Scand. 2013;127:355-364.

42) Gijsman HJ, Geddes JR, Rendell JM, Nolen WA, Goodwin GM. Antidepressants for bipolar depression: A systematic review of randomized, controlled trials. Am J Psychiatry 2004;161:1537-1547.

43) Vázquez GH, Tondo L, Undurraga J, Baldessarini RJ. Overview of antidepressant treatment of bipolar depression. Int J Neuropsychopharmacol. 2013;16:1673-1685.

44) Baldessarini RJ, Faedda GL, Offidani E, Vázquez GH, Marangoni C, Serra G, et al. Antidepressant-associated mood-switching and transition from unipolar major depression to bipolar disorder: a review. J Affect Disord 2013;148:129-35.

45) Bauer M, Rasgon N, Grof P, Glenn T, Lapp M, Marsh W, et al. Do antidepressants influence mood patterns? A naturalistic study in bipolar disorder. Eur Psychiatry 2006;21:262-269.

46) Young LT, Joffe RT, Robb JC, MacQueen GM, Marriott M, Patelis-Siotis I. Double-blind comparison of addition of a second mood stabilizer vs. an antidepressant to an initial mood stabilizer for treatment of patients with bipolar depression. Am J Psychiatry 2000;157:124-126.

47) Altshuler L, Kiriakos L, Calcagno J, Goodman R, Gitlin M, Frye M, et al. The impact of antidepressant discontinuation versus antidepressant continuation on 1-year risk for relapse of bipolar depression: A retrospective chart review. J Clin Psychiatry 2001;62:612-616.

48) Altshuler L, Suppes T, Black D, Nolen W, Keck PE, Frye M, et al. Impact of antidepressant discontinuation after acute remission from bipolar depression on rates of depressive relapse on 1-year follow-up. Am J Psychiatry 2003;160:1252-1262.

49) Salvi V, Fagiolini A, Swartz HA, Maina G, Frank E. The use of antidepressants in bipolar disorder. J Clin Psychiatry 2008;69:1307-1318.

50) Amsterdam JD, Wang C, Shwarz M, Shults J. Venlafaxine versus lithium monotherapy of rapid and non-rapid cycling patients with bipolar II major depressive episode: A randomized, parallel group, open-label trial. J Affective Disord 2009;112:219-230.

51) Fu AZ, Christensen DB, Hansen RA, Liu GG. Second-generation antidepressant discontinuation and depressive relapse in adult patients with bipolar depression: Results of a retrospective database analysis. Clin Ther 2006;28:979-989.

52) Yatham LN, Kennedy SH, Parikh SV, Schaffer A, Beaulieu S, Alda M, O'Donovan C, Macqueen G, McIntyre RS, Sharma V, Ravindran A, Young LT, Milev R, Bond DJ, Frey BN, Goldstein BI, Lafer B, Birmaher B, Ha K, Nolen WA, Berk M. Canadian Network for Mood and Anxiety Treatments (CANMAT) and International Society for Bipolar Disorders (ISBD) collaborative update of CANMAT guidelines for the management of patients with bipolar disorder: update 2013. Bipolar Disord 2013;15:1-44.

53) Yatham LN, Kennedy SH, Parikh SV, Schaffer A, Bond DJ, Frey BN, et al. Canadian Network for Mood and Anxiety Treatments (CANMAT) and International Society for Bipolar Disorders (ISBD) 2018 guidelines for the management of patients with bipolar disorder. Bipolar Disord 2018;20:97-170.

54) Goodwin GM, Haddad PM, Ferrier IN, Aronson JK, Barnes T, Cipriani A, et al. Evidence-based guidelines for treating bipolar disorder: Revised third edition recommendations from the British Association for Psychopharmacology. J Psychopharmacol 2016;30:495-553.

55) Grunze H, Vieta E, Goodwin GM, Bowden C, Licht RW, Möller HJ, Kasper S; WFSBP Task Force On Treatment Guidelines For Bipolar Disorders. The World Federation of Societies of Biological Psychiatry (WFSBP) Guidelines for the Biological Treatment of Bipolar Disorders: Update 2010 on the treatment of acute bipolar depression. World J Biol Psychiatry. 2010;11:81-109.

56) National Institute for Health and Clinical Excellence (NICE). Bipolar disorder. The management of bipolar disorder in adults, children and adolescents, in primary and secondary care 2006. www.nice.org.uk/CG038.

57) Seo JS, Bahk WM, Lee JG, Woo YS, Jeong JH, Kim MD et al. Korean medication algorithm for bipolar disorder 2014(III): Depressive episode. Korean J Psychopharmacol 2014;25:68-78.

58) Seo JS, Bahk WM, Yoon BH, Jon DI, Kim W, Lee JG et al. Korean Medication Algorithm for Bipolar Disorder 2018: Depressive Episode. Mood Emot 2018;16:1-12.

59) Pacchiarotti I, Bond DJ, Baldessarini RJ, Nolen WA, Grunze H, Licht RW, et al. The International Society for Bipolar Disorders (ISBD) task force report on antidepressant use in bipolar disorders. Am J Psychiatry. 2013;170:1249-62.

양극성장애 치료지침의 비교

Comparisons of international guidelines for treatment of bipolar disorders

우영섭 | 박원명
가톨릭대학교 의과대학 정신과학교실

전통적으로 정신질환의 치료에서는 임상의사가 각자의 임상경험과 지식을 토대로 약물을 비롯한 다양한 치료적인 기술을 사용해왔다. 그러나 지난 40여 년 동안 정신질환에 대한 원인론이 일부 수정되고 다양한 기전의 새로운 약물들이 임상에 도입이 되면서 주관적인 임상경험과 지식만으로는 적절한 약물을 선택하여 효과적으로 사용하기에는 어려움이 많았다.[1] 정신질환 중 양극성장애는 조증 삽화, 우울증 삽화 및 혼재성 양상 등 삽화의 종류와 세부 진단 및 아형 등에 따라 그 임상양상과 치료반응이 다르기 때문에 임상의사가 적절한 치료약물을 선택하기에는 더더욱 어려움이 많을 수밖에 없었다. 정신의학 분야에서는 이러한 어려움을 극복하기 위하여 1990년대 이후 급속히 발전하기 시작한 근거중심의학(evidence-based medicine)을 바탕으로 치료지침이나 알고리듬을 개발하여 이를 활용하고 있다. 특히 양극성장애는 다른 정신질환보다 먼저 1990년대부터 약물치료에 대한 치료지침 및 알고리듬이 미국 등에서 개발되기 시작했으며, 국내에서도 2002년 한국형 양극성장애 약물치료 알고리듬과 지침서(Korean Medication Algorithm Project for Bipolar Disorder 2002, KMAP-BP 2002)가 최초로 개발이 되었고, 그 유용성도 임상 연구를 통하여 확인되었다.[2-5]

양극성장애의 치료에 대한 외국의 치료지침 혹은 알고리듬으로는 American Psychiatric

Association Practice Guideline for Bipolar Disorder(APA-BP),[6, 7] Expert Consensus Guideline for Bipolar Disorder(ECG-BP),[8] Texas Implementation of Medication Algorithm(TIMA),[9, 10] Royal Australian and New Zealand College of Psychiatrists Clinical Practice Guidelines for Mood Disorders(RANZCP),[11, 12] Evidence-Based Guidelines for Treating Bipolar disorder: Recommendations from the British Association for Psychopharmacology(BAP),[13-15] Canadian Network for Mood and Anxiety Treatments Guidelines for the Management of Patients with Bipolar Disorder(CANMAT),[16-21] The International College of Neuro-Psychopharmacology Treatment Guidelines for Bipolar Disorder in Adults(CINP-BD),[22] The World Federation Society of Biological Psychiatry Guideline for Biological Treatment of Bipolar Disorder(WFSBP)[23-28] 및 National Institute for Health and Clinical Experience Clinical Guideline(NICE)[29, 30] 등이 있다. 이러한 치료 지침들은 양극성장애 진단의 변화와 새로운 치료약물의 개발에 맞추어 각 약물의 효능 및 안전성에 대한 새로운 근거들을 반영한 개정 작업이 지속적으로 이루어져야만 한다. 그러나 이들 중 ECG-BP는 2000년 이후,[8] APA-BP는 2002년 이후,[7] TIMA는 2005년 이후 개정되지 않고 있으며,[10] WFSBP 역시 조증에 대하여 2009년,[25] 우울증에 대하여 2010년,[24] 유지치료에 대해서는 2013년[23]에 치료지침이 발표된 이후 더 이상의 개정이 없었다. 반면 국내에서 발간된 KMAP-BP의 경우, 2002년 최초 발간 이후 4년 주기로 개정을 거듭하여 KMAP-BP 2006,[31] KMAP-BP 2010,[32] KMAP-BP 2014[33]가 발간된 바 있으며, KMAP-BP 2018이 2018년 상반기에 발표되었다.[34] 이에 본 장에서는 양극 성장애의 약물 치료지침 중 비교적 최근에 개정된 외국의 치료지침들인 BAP(2016년),[15] CINP(2017년),[22] CANMAT(2018년)[21]과 국내의 치료지침인 KMAP-BP 2018을 비교 하고자 한다.

국내외 주요 치료지침의 특성

Evidence-Based Guidelines for Treating Bipolar Disorder: Revised Third Edition Recommendations from the British Association for Psychopharmacology(BAP 2016)

BAP는 원래 2002년에 재개정된 APA-BP[7]를 참고로 하여 만들어졌으며, BAP 2016[15] 은 2009년에 발표한 개정판을 새롭게 개정한 것이다. BAP 2016(표 1)에서는 수집한 자 료의 질적인 특징에 따라 자료의 범주(evidence category)로 명명하였는데, 이는 가장 강

표 1 Evidence-Based Guidelines for Treating Bipolar Disorder: Revised Third Edition Recommendations from the British Association for Psychopharmacology(BAP 2016)에 의한 근거 수준 및 권고 수준

	근거 수준	
	치료 연구	관찰 연구
I	RCT에 대한 메타분석, 최소 1개 이상의 대규모, 양질의 RCT, 혹은 재현되는 소규모 RCT들	대규모의 대표성 있는 집단에 대한 연구
II	소규모, 재현되지 않는 RCT, 최소 1개 이상의 비무작위 배정 대조 연구, 최소 1개 이상의 유사-실험적 연구 기반 근거	소규모, 잘 디자인되었으나 대표성이 확보되지 않은 집단에 대한 연구
III	비실험적, 기술적 연구, 예를 들면 비대조, 상관관계 혹은 사례-대조군 연구	대표성이 없는 집단에 대한 조사, 증례 보고
IV	전문가 집단 보고 혹은 의견, 혹은 BAP 전문가 집단의 임상적 경험	

	권고 수준	
	방법론	표시
높음(high)	RCT, 혹은 두 번 격상된 관찰 연구	****
중간정도(moderate)	격하된 RCT, 혹은 격상된 관찰 연구	***
낮음(low)	두 번 격하된 RCT, 혹은 관찰 연구	**
매우 낮음(very low)	세 번 격하된 RCT, 혹은 격하된 관찰 연구나 증례 보고	*

RCT : Randomized Controlled Trial

력한 증거의 범주인 'I'에서 증거가 가장 미약한 'IV'까지 4단계(I~IV)로 분류하여 치료 지침에 반영하였다. 이를 위하여 코크란 공동 연구(Cochrane Collaborations)에 의한 체계적 고찰의 기준인 GRADE system을 참고하였는데, 여기에서는 각 근거에 대하여 여러 상황에서, 예를 들면 연구디자인의 문제, 제시된 결과의 형태와 일관성, 효과 크기 등에 따라 그 근거 수준의 질을 격상시키거나(upgrade), 격하시킬(downgrade) 수 있다. 이에 따라 권고 수준 높음은 RCT나 두 번 격상된(double upgraded) 관찰 연구에 바탕을 둔 경우, 중간 정도는 격하된 RCT 혹은 격상된 관찰 연구를 바탕으로 한 경우, 낮음은 두 번 격하된 RCT 혹은 관찰 연구에 근거한 경우, 매우 낮음은 세 번 격하된(triple downgraded) RCT 혹은 격하된 관찰 연구나 증례 보고를 바탕으로 한 경우를 의미한다. 권고수준은 '*' 표시의 개수로 구분하여 표기하였는데, 높은 수준은 ****, 중간 정도는 ***, 낮은 수준은 **, 매우 낮음은 *로 표기하였다. BAP는 또한 권고안을 도출함에 있어 표준 치료(standards of care)를 반영하였는데, 표준 치료는 근거에 기반을 두기보다는 윤리적, 임상적 합의에 의한 것이다.

The International College of Neuro-Psychopharmacology Treatment Guidelines for Bipolar Disorder in Adults(CINP-BD 2017)

International College of Neuro-Psychopharmacology(CINP)에서 주관하여 만든 지침[22]으로, 1차 및 2차 의료에서 성인 양극성장애 치료에 대한 지침과 알고리듬을 제시하기 위하여 개발되었다. 이를 위하여 RCT, RCT에 대한 사후분석(post-hoc analysis), 메타분석 및 고찰논문, 그리고 치료지침 문헌들에 대한 검색을 시행하여 근거 자료를 확보하였고, 그 결과들을 효능 부분과 안전성 및 내약성으로 구분하여 근거 수준을 제시하며, 이

표 2 The International College of Neuro-Psychopharmacology Treatment Guidelines for Bipolar Disorder in Adults(CINP-BD 2017)의 효능과 내약성에 근거한 근거 및 권고 수준

	효능에 근거한 근거 수준
Level 1	2개 이상의 충분한 규모와 양질의 위약대조 연구 결과가 있는 양호한(good) 수준의 연구 기반 근거가 있는 경우. 만약 음성(negative) RCT가 있다면, 양성 연구의 수가 음성 연구에 비하여 많아야 한다.
Level 2	1개의 무작위 배정, 이중맹검, 위약대조 연구에 의한 적절한(fair) 수준의 연구 기반 근거가 있는 경우. 또한 1개 이상의 연구가 있지만, 상기의 수준에 미치지 못하거나(작은 규모, 위약대조군 없음), 양성 결과를 보고한 메타분석만이 있는 경우
Level 3	위약대조군이 없는 대조 연구에 의한 근거가 있거나 사후 연구 결과가 있는 경우
Level 4	불확실한 근거만이 있거나 질적으로 충분하지 못한 RCT가 있는 경우
Level 5	음성 연구 결과

	안전성과 내약성에 근거한 근거 수준
Level 1	매우 좋은 수준의 내약성, 부작용이 거의 없으며, 지속되지 않고, 심각한 수준의 디스트레스(distress)를 유발하지 않으며, 환자의 신체적 건강에 영향을 미치거나 생명에 위해를 주지 않음
Level 2	중간 정도의 내약성, 지속될 수 있고 심각한 디스트레스를 유발하며 신체적 건강에 영향을 미칠 수 있는 다양한 부작용이 있으나 생명에 위해를 주지는 않음
Level 3	부족한 내약성, 지속될 수 있고 심각한 디스트레스를 유발하며 신체적 건강에 영향을 미칠 수 있는 다양한 부작용이 있으며 생명에 위해를 줄 수 있음. 중간 정도의 내약성을 보이며 드물지만 생명에 위해를 줄 수 있는 부작용을 나타내는 약물들은, 비록 적절한 조치를 통해 그 위험성이 매우 적어 무시할 수 있는 수준이더라도 여기에 분류된다.

	치료에 대한 권고 수준(효능과 안전성/내약성을 종합한 결과)
Level 1	효능 측면에서 level 1 혹은 2이면서 내약성/안전성 측면에서 level 1인 경우
Level 2	효능 측면에서 level 1 혹은 2이면서 내약성/안전성 측면에서 level 2인 경우
Level 3	효능 측면에서 level 3이면서 내약성/안전성 측면에서 level 1 혹은 2인 경우
Level 4	효능 측면에서 level 4이면서 내약성/안전성 측면에서 level 3인 경우
Level 5	효능 측면에서 level 5(권고되지 않음)

러한 근거와 임상적 측면을 종합한 각 약물치료에 대한 권고 수준 또한 제시하고 있다. 또한 저자들은 CINP-BD에서는 각 치료의 경제성 측면과 사용 가능 여부는 반영하지 않고 있기 때문에 각 국가에 따라 적용에 고려가 필요한 점을 언급하고 있다. CINP-BD 에서 적용한 근거와 권고의 수준은 표 2와 같다.

Canadian Network for Mood and Anxiety Treatments Guidelines for the Management of Patients with Bipolar Disorder(CANMAT 2018)

CANMAT는 캐나다에서 광범위한 문헌 고찰과 연구 결과를 바탕으로 한 치료지침으로, 1997년도에 최초로 개발되었다.[19] 2005년도에도 동일한 방법으로 개정되었으며,[18] 이후 새로운 근거를 반영하여 2007년,[20] 2009년,[17] 2013년[16] 개정판이 발간되었고, 2018년에도 최신 개정판이 발표되었다.[21] 2013년부터 International Society for Bipolar Disorders와 공동으로 연구, 개발되고 있는 CANMAT는 국외의 치료지침 가운데 개정이 가장 신속하게 진행되는 치료지침 중 하나라고 할 수 있다. CANMAT는 증거의 수준에 따라 level 1~4로 구분하였는데, level 1은 가장 강력한 증거를 제시하는 수준으로, 좁은 신뢰구간을 보여주는 메타분석 혹은 재현된 이중맹검 연구, 그리고 30명 이상의 위약군 혹은 활성 대조군을 포함하는 RCT가 있는 경우이다. Level 2는 넓은 신뢰구간을 보여주는 메타분석 혹은 30명 이상의 위약군 또는 활성 대조군이 포함된 이중맹검 RCT가 1개 이상인 경우, level 3은 10명 이상 29명 이하의 위약군 혹은 활성 대조군을 포함한 1개 이상의 이중맹검 RCT가 있는 경우나 혹은 건강보험자료 등의 의료 행정 자료를 이용한 결과가 있는 경우, level 4는 비대조 연구, 전문가의 견해 혹은 일화적인 보고들에 의한 것을 의미한다. 한편 치료적인 권고의 수준을 1차부터 3차(1st line~3rd line), 그리고 권고하지 않는(not recommended) 수준으로 구분하여 각 임상 상황에 따라 제시하고 있다. 1차 권고는 효능에 대하여 근거 수준 level 1 혹은 2이며 여기에 안전성/내약성 측면에서 임상적 지지가 있고 약물유발 극성 전환의 위험성이 없는 경우이며, 2차는 level 3 이상의 효능에 대한 근거와 안전성/내약성 측면에서 임상적 지지가 있고 약물 유발 극성 전환의 위험성이 낮은 경우, 3차는 level 4 이상의 효능에 대한 근거와 안전성/내약성에 대한 임상적 지지가 있는 경우이고, 권고하지 않음은 level 1 수준의 효능이 없음에 대한 근거가 있거나, 효능이 없음에 대한 level 2 수준의 근거와 전문가들의 합의가 있는 경우이다. CANMAT은 각 임상 상황에 따라 알고리듬과 함께 첫 번째 치료적 선택, 두 번째 치료적 선택, 세 번째 치료적 선택 그리고 권고되지 않은 약물들을 표로 쉽게 설명하여 제시하고 있다.

한국형 양극성장애 약물치료 알고리듬 및 지침서(KMAP-BP 2018)

KMAP-BP는 2002년 처음으로 개발되었고,[35] 이후 4년 주기로 개정 작업을 시행하여 2006년,[31] 2010년[32] 및 2014년[33]에 개정판이 발표되었으며 2018년 개정판이 2018년 초에 발간되었다. KMAP-BP는 근거 자료가 충분하지 못한 국내 실정을 반영하기 위하여 전문가 설문에 의하여 개발되었다. 각 문항에서 치료전략 또는 약물선택의 적합성을 평가하도록 하였으며, 이를 위해서 9점 척도 수정판을 사용하였다. 각 선택항목에 대하여 χ^2-검증을 시행하여 점수가 무작위 분포를 하지 않는 경우(non-random distribution)에 합의가 있는 것으로 하였다. 또한 선택항목의 95% 신뢰도 구간에 근거하여 각 선택 항목을 1차/선호하는 선택(first-line/preferred choice), 2차/대체 선택(second-line/alternate choice), 3차/일반적으로 부적절하다고 간주되는 선택(third-line/usually inappropriate)의 세 가지 범주로 구분하였다. 2차 선택 항목 중에서 신뢰도 구간이 1차 선택과의 경계선(6.5점)에 걸치는 경우는 상위 2차 선택(high second-line)으로 구분하였다. 이에 따라 주요 임상 상황에서 선호하는 치료전략을 보여주는 지침표(guideline table)를 만들었다. 이것을 토대로 하여 논란의 여지가 있는 부분에 대해 검토위원회에서 토의를 하였으며, 최종 결정은 양극성장애 약물치료 알고리듬 실무위원회에서 하였다. KMAP-BP는 국내의 진료 상황에서 양극성장애 환자의 약물치료에 있어 임상 현장에서 부딪히게 되는 다양한 임상 상황을 다루고 있고 그에 대하여 전문가가 추천하는 치료를 담고 있다. 따라서 KMAP-BP는 환자를 치료할 때 선택할 수 있는 여러 가지 치료전략들의 적절성에 대한 정보를 임상의사들에게 제공하는 역할을 한다는 특징이 있다.

임상 상황에서 국내외 주요 치료지침의 비교(표 3)

조증 삽화

초기 치료전략

BAP 2016에서는 조증 삽화의 초기 치료에 항정신병약물이나 lithium(LIT), valproate(VAL)를 권고하였다. 항정신병약물 중에는 특히 haloperidol(HAL), olanzapine(OLZ), quetiapine(QUE), risperidone(RIS)을 권고하였다. CINP-BD 2017에서는 aripiprazole(ARI), paliperidone(PAL), QUE, RIS, 혹은 VAL을 이용한 단독요법을 권고하였고, 동시에 아직 국내에는 도입되지 않은 asenapine(ASN), cariprazine(CAR)의 단독요법 역시 권고하였다. CANMAT 2018에서는 단독요법을 1차적으로 권고한 BAP 2016 및 CINP-

BD 2017과는 달리, 단독요법과 병합요법 모두를 1차적으로 권고하고 있다. 이때 단독 요법으로는 LIT, QUE, VAL, ASN, ARI, PAL, RIS, CAR이 권고되었고, 병합요법으로 는 VAL 혹은 LIT에 QUE, ARI, RIS, 혹은 ASN을 병합하여 투여할 것이 권고되었다. KMAP-BP 2018에서는 CANMAT 2018과 유사하게 기분조절제(mood stabilizer, MS) 혹은 비정형 항정신병약물(atypical antipsychotics, AAP) 단독요법과 이 두 가지의 병합 요법이 모두 초기 치료전략으로 권고되었다. KMAP-BP 2018에서는 정신병적 양상이 동반되지 않은 조증과 정신병적 조증을 구분하였는데, 이 두 가지 모두에 대하여 MS와 AAP의 병합요법이 최우선 치료로, AAP 단독요법은 1차 전략으로 권고되었다. MS 단 독요법은 정신병적 양상이 동반되지 않은 경우에 대해서만 1차 전략이었다. KMAP-BP 2018에서 단독요법 시 사용하도록 권고된 약물은, 정신병적 양상이 동반되지 않는 경 우에는 VAL, LIT, OLZ, 그리고 QUE였으며, 정신병적 양상이 동반된 경우에는 OLZ, QUE, RIS, ARI가 권고되었다. 병합요법 시에는 LIT 혹은 VAL과 OLZ, QUE, ARI, RIS의 병합이 권고되었다.

조증 삽화의 초기 치료의 치료지침에서 중요한 차이점 중 한 가지는 초기 치료 시 BAP 2016이나 CINP-BD 2017과 같이 단독요법을 우선시하는가 아니면 CANMAT 2018이나 KMAP-BP 2018과 같이 병합요법 또한 초기 치료에 권고하는가의 차이이다. 병합요법을 권고하는 측에서는 단독요법과 병합요법의 선택은 환자의 특성에 따라, 예 를 들면 증상의 심각도, 과거 치료반응, 과거 병합요법에 대한 내약성, 치료의 순응도 등, 판단해야 할 것으로 주장한다.[21] 또한 OLZ에 대한 권고 수준에도 치료지침에 따라 차이가 있는데, OLZ은 BAP 2016과 KMAP-BP 2018에서는 초기 치료에 권고되었으나 CINP-BD 2017과 CANMAT 2018에서는 2단계 치료에서 권고하고 있다. OLZ의 경우 그 효능 측면에서의 확고한 근거에 비하여 안전성과 내약성 측면에서 제한점이 있기 때 문에,[21] 치료지침에 따라 효능과 안전성/내약성 사이에 어느 쪽에 중점을 두는가에 따 라 의견이 다르게 제시되고 있는 것으로 보인다.

초기 치료에 불충분한 반응을 보이는 경우

BAP 2016에서는 초기 단독요법에 불충분한 반응을 보이는 경우에 LIT 혹은 VAL에 항 정신병약물을 병합하여 사용할 것을 권고하였으며, 치료저항성인 경우 clozapine(CLZ) 의 사용을 권고하였다. CINP-2017에서는 초기 치료에 불충분한 반응을 보인 경우 한 차례 더 초기 치료에서 권고하였던 약물들 중 다른 약물로 단독요법을 시도해볼 것 을 권고하였고, 이후에도 반응이 충분하지 못하다면 OLZ, LIT, carbamazepine(CBZ), HAL, 혹은 ziprasidone(ZIP) 단독요법이나 LIT 혹은 VAL에 ASN, ARI, HAL, OLZ

을 병합할 것을 권고하였다. 이외에도 VAL에 정형 항정신병약물, allopurinol 혹은 celecoxib을 병합하는 것 또한 고려해볼 수 있을 것이라고 하였고, 여기에도 반응이 충분하지 못하다면 LIT 혹은 VAL에 QUE 혹은 RIS를 병합하여 사용할 것을 권고하였다. CANMAT 2018에서는 초기 치료에서 권고되었으나 적용하지 않았던 LIT, VAL이나 AAP를 이용한 단독요법 혹은 병합요법을 권고하였는데, 단 AAP 중 ZIP이나 PAL은 병합요법에 대한 근거가 부족하여 권고하지 않았다. 여기에도 불충분한 반응을 보이는 경우, 2단계 약물인 OLZ, CBZ, ZIP, HAL이나 OLZ과 LIT 혹은 VAL의 병합, 그리고 LIT과 VAL의 병합을 권고하였다. 이후에도 반응이 불충분하다면, CANMAT 2018에서는 chlorpromazine, clonazepam, tamoxifen 단독요법이나 CLZ의 사용을 권고하였으며, 이외에도 CBZ 혹은 oxcarbazepine을 이용한 병합요법, HAL 혹은 tamoxifen과 LIT 혹은 VAL의 병합 또한 고려해볼 수 있도록 권고하였다. KMAP-BP 2018에서는 이전 단계의 치료에 따라 치료전략을 구분하여 제시하였는데, 초기 치료로 MS 혹은 AAP 단독요법을 시행하였으나 불충분한 반응을 보인 경우 MS+AAP 병합요법이 권고되었고, 만약 정신병적 양상이 동반된 경우에 AAP 단독요법이 불충분하였다면 AAP를 한 가지 더 추가하는 것 또한 권고되었다. 초기 치료에서 MS와 AAP의 병합요법을 사용하였음에도 불충분한 반응을 보인 정신병적 양상이 동반되지 않은 조증에서는 기존 AAP나 MS를 교체하거나 다른 MS 혹은 AAP를 추가하는 것이 권고되었고, 정신병적 양상이 동반된 조증에서는 다른 AAP를 추가하거나 기존 AAP를 다른 AAP로 교체하는 것이 권고되었는데, 만약 기존의 병합요법에 부분적 반응을 보였다면 다른 MS를 추가하는 것 또한 고려하도록 하였다. 또한 KMAP-BP 2018에서는 이후 단계에서 LIT 혹은 VAL과 두 가지 AAP의 병합, 그리고 LIT, VAL과 두 가지 AAP의 병합을 고려하도록 권고하였다.

KMAP-BP 2018에서는 외국의 치료지침에 비하여 세 가지 이상의 약물을 병합하여 사용하는 것을 빈번하게 권고하고 있다. 이는 국내의 경우 ASN과 CAR과 같은 새로운 약물들이 도입되지 않아 선택할 수 있는 약물이 제한적이기 때문에 기존 약물들을 다양하게 조합하여 사용하기 때문일 수 있을 것이며, 또한 안전성과 내약성 측면에서의 제약에도 불구하고 병합요법에서 기대할 수 있는 치료 효과[36]를 국내의 임상가들이 선호하는 것을 반영한 결과일 수 있다. 또한 CANMAT 2018과 CINP-BD 2017의 경우 allopurinol,[37] celecoxib,[38] tamoxifen[39] 등 기존 정신건강의학과 영역에서 빈번하게 사용하지 않았으나 최근 항조증 효과에 대한 근거가 제시되고 있는 약물의 사용을 조금 더 이른 시점에 권고하고 있다는 점이 특징적이다.

우울증 삽화

초기 치료전략

BAP 2016에서는 양극성장애에 대한 유지치료를 받지 않고 있는 상태에서 발생한 우울증 삽화에 대해서는 QUE, lurasidone(LUR), 혹은 OLZ이 권고되었다. 항우울제 (antidepressant, AD) 사용에 대해서는 fluoxetine과 OLZ의 병합만이 근거가 있었고, 다른 AD의 효과는 단극성 우울증에 대한 효과에서 추론되었을 뿐이라고 하여 부정적이었다. 만약 AD를 사용해야 한다면, 항조증 약물과 병합하여 투여할 것을 권고하였다. lamotrigine(LMT) 또한 권고되었는데, 이때에는 조증 삽화의 재발을 예방할 수 있는 약물과 병합하여 투여하도록 하였다. 또한 우울증 삽화의 정도가 심각하지 않다면, LIT 사용을 권고하였다. 만약 유지치료를 받던 중 우울증 삽화가 발생한 경우라면 우선 약물의 용량이 적절한지 확인할 것을 권고하였으며, 만약 유지치료 약물을 적절히 조절하였음에도 반응이 없다면 유지치료를 받지 않던 경우와 동일한 부가요법 및 약물 교체를 시행할 것을 권고하였다. 반면 CINP-BD 2017에서는 LUR 혹은 QUE 단독요법만을 1차적으로 권고하였다.

CANMAT 2018에서는 QUE, LIT, LMT, LUR 단독요법, 그리고 LUR과 LMT를 이용한 병합요법을 권고하였다. QUE와 LIT의 병합요법은 아직 근거가 불충분하지만, 임상가의 판단에 따라 사용이 가능할 것으로 권고하였다.

KMAP-BP 2018에서는 임상적 상황을 세분화하여, 각 상황에 따른 치료전략을 제시하였다. 중등도 이하의 우울증 삽화에는 MS(LIT 혹은 VAL), LMT 혹은 AAP를 이용한 단독요법, 혹은 이 세 종류 중 두 종류를 병합하도록 권고하였고, 정신병적 양상이 없는 고도 우울증 삽화에서는 상기 세 종류 중 두 종류를 병합하는 병합요법을 권고하였다. 정신병적 양상이 동반된 경우에는 MS/AAP+LMT, AAP+AD가 권고되었고, 이 중 MS+AAP가 최우선 치료로 제시되었다. 양극성 우울증에 적용할 AAP로는 정신병적 양상이 없는 경우에 대한 단독요법에는 ARI와 QUE, MS와 병합요법에는 ARI, OLZ, QUE가 권고되었다. 정신병적 양상이 동반된 경우라면, 단독요법과 병합요법 모두에 대해 QUE, OLZ, ARI가 권고되었는데, 특히 QUE는 정신병적 양상이 동반된 중증 우울증 삽화에 대한 병합요법 시 최우선 치료로 제시되었다.

여러 치료지침에서 QUE가 가장 선호되는 것은 공통적이었고, 외국의 지침에서는 LUR 또한 높은 수준으로 권고되고 있었다. 이외에 LMT를 단독 혹은 병합요법으로 권고하는 지침들이 많았는데, KMAP-BP 2018, CANMAT 2018에서는 단독과 병합요법 모두에 권고되었고, BAP 2016에서는 병합요법으로만 권고되었다. 특히 LMT 단독요법의 양극성 우울증에 대한 효과에 대해서는 논란이 될 수 있는데, 4개의 이중맹검 RCT에서 LMT는 위약에 비하여 1차 효과 변수에서 차이를 보이지 못했다.[40] 그러나 이후 연구에서는 투여용량과 같은 이전 연구의 방법론적 문제들을 지적하였는데, 특히 짧은 연구기간 때문에 유효용량까지 증량하는 데 상당한 시간이 소요되는 LMT의 특성을 반영하지 못하여 위약과 차이를 보이지 못했을 가능성을 지적하여 LMT가 효과적일 가능성을 배제할 수 없다고 하였다.[41] 이외에도 LMT가 양극성 우울증에 권고되는 것은 일부 단독요법 연구 및 병합요법 연구에서 위약에 비하여 우월한 효과가 보고되었고,[42~44] 안전성과 내약성이 우월하다는 측면을 종합적으로 고려한 결과로 해석할 수 있다.

　이외에 MS 중 VAL와 AAP 중 ARI가 KMAP-BP 2018에서는 상대적으로 높은 수준으로 권고되고 있으나 외국의 치료지침에서는 선호되지 않았다는 것 또한 차이점이다. CANMAT 2018과 CINP-BD 2017에서는 ARI 단독요법이 위약에 비해 우월하지 못한 결과를 보고한 연구에 근거하여 ARI를 병합요법 시 3차 약물, 단독요법 시 권고하지 않는 약물로 제시하고 있다.[45, 46] 그러나 연구들을 종합하여 분석한 메타분석에서는 양극성 우울증에 효과적일 가능성을 보여주었다.[47, 48] 또한 국내의 경우, 양극성 우울증에 대하여 저용량의 ARI가 점점 더 빈번하게 사용되고 있다는 점 또한 ARI가 효과적일 가능성을 시사한다고 할 수 있다. VAL의 경우, KMAP-BP 2018에서는 1차 선택, CANMAT 2018에서는 2차 선택, CINP-BD 2017에서는 3차 선택으로 제시되었다. 외국의 치료지침에서는 1차 선택 약물에 비록 소규모의 RCT들이 있고 메타분석 연구에서도 위약에 비해 효과적이라고 보고된 바 있으나 그 대상자의 수가 적어 근거의 강도가 약하다는 점을 지적하고 있다.

초기 치료에 불충분한 반응을 보이는 경우

BAP 2016에서는 QUE, OLZ, LUR, 그리고 AD를 이용한 단독 혹은 병합요법에도 불충분한 반응이 보이는 치료저항성의 경우 단극성 우울증에서 적용되는 부가요법들을 고려할 수 있을 것이라고 하였다. CINP-BD 2017에서는 OLZ 단독요법 혹은 OLZ＋fluoxetine 병합요법, MS와 LUR, modafinil, 혹은 pramipexole의 병합요법, LIT과 LMT 혹은 pioglitazone 병합요법, escitalopram 혹은 fluoxetine을 이용한 병합요법 등이 우선적으로 권고되었고, 여기에도 불충분한 반응을 보이는 경우에는 VAL, LIT, ARI, LMT, imipramine, phenelzine 단독요법, LIT과 L-sulpiride 병합요법이 권고되었다. 이후에는 tranylcypromine 혹은 LIT 단독요법, venlafaxine 병합요법, MS와 armodafinil 혹은 ketamine 병합요법, LIT＋fluoxetine/LMT 등을 고려해볼 수 있었다. CANMAT-2018에서는 VAL 단독요법, selective serotonin reuptake inhibitor(SSRI)나 bupropion과 LIT,

VAL 혹은 AAP 병합요법을 권고하였고, 이후에도 충분한 반응이 없는 경우라면 OLZ 혹은 CBZ 단독요법, 혹은 ARI, armodafinil, ASN, eicosapentaenoic acid(EPA), ketamine, levothyroxine, modafinil, N-acetylcysteine, pramipexole, serotonin norepinephrine reuptake inhibitor(SNRI), monoamine oxidase inhibitor(MAOI) 병합요법 등을 제시하였다.

KMAP-BP 2018에서는 초기 치료로 MS 단독요법을 시행하였음에도 치료반응이 없을 때는 LMT 또는 AAP를 추가하도록, 부분 반응을 보일 때에는 AAP나 LMT 추가가 권고되었으며, MS+AAP 초기 치료에 치료반응이 없을 때는 LMT 혹은 AAP 추가, 다른 AAP 혹은 MS로의 교체, MS를 LMT로 교체할 것을 추천하였다. 초기 치료에 부분 반응을 보일 때는 LMT 혹은 AAP 추가나 다른 AAP로의 교체를 권고하였다. 정신병적 양상이 없는 고도 양극성 우울증 삽화의 초기 치료에 반응이 불충분할 경우, MS+AAP 치료에 반응이 없을 때는 LMT, AAP, 혹은 AD 추가나, 다른 AAP 혹은 MS로의 교체, MS를 LMT로 교체하도록 하였으며, 부분 반응을 보일 때는 LMT 또는 AAP를 추가하거나, 다른 AAP로 교체를 권고하였다. 초기 치료가 AAP+LMT였다면, 치료반응이 없는 경우 MS 추가 혹은 AAP 교체, 부분 반응을 보일 때는 MS 또는 AAP 추가가 추천되었다. 초기 치료가 AAP+AD였던 경우에는 치료반응이 없었으면 AAP 혹은 LMT 추가, MS를 다른 MS나 LMT로 교체, 부분 반응을 보일 때는 LMT 또는 AAP 추가가 권고되었다. 정신병적 양상이 동반된 환자에서 AAP+AD에 반응이 없거나 또는 부분 반응을 보인 경우는 MS, LMT 혹은 AAP 추가 및 AAP를 다른 AAP로 교체하는 것이 권고되었다. 이러한 치료에도 불충분한 반응을 보이는 경우라면 CLZ를 사용하거나 buspirone, 갑상선 호르몬, 정신자극제 등을 추가할 것을 고려하도록 제시하였다.

정리하면, 치료에 반응하지 않는 양극성 우울증에 대한 근거는 아직 충분하지 않기 때문에 여러 치료지침 사이에 다소 차이가 나타난다. BAP 2016에서는 분명한 치료전략을 제시하지 않고 있으며, 다른 지침에서는 AD를 비롯하여 MS, AAP 등을 조합한 여러 병합요법들과 armodafinil, modafinil, 정신자극제, pramipexole 등 도파민계에 작용하는 약물들을 제시하고 있다. 이외에도 CINP-BD 2017과 CANMAT 2018에서는 pioglitazone, L-sulpiride, eicosapentaenoic acid(EPA), N-acetylcysteine(NAC) 등 일반적으로 양극성장애 치료에 적용되지 않으나 최근 근거가 제시되고 있는 약물을 고려하도록 제시하고 있다. pioglitazone은 peroxisome proliferator-activated nuclear receptor gamma(PPARγ)에 작용하는 인슐린 민감제로, 2형 당뇨병 치료에 이용되는 약물이다. 인슐린 저항성 및 이와 관련된 염증반응은 기분과 관련성이 있는 것으로 알려져 있으며,[49] 한 이중맹검 연구에서 양극성 우울증에 효과적임이 보고된 바 있다.[50] L-sulpiride는 D2 수용체 길항제로, 이 역시 1개의 이중맹검 연구가 있었으며,[51] EPA의 항우울 효과는 메타분석에서도 보고되고 있다.[52, 53] NAC는 항산화 기능이 있는 건강보조식품으로 사용되고 있으며, 산화 스트레스, 신경발생, 세포자멸사(apoptosis), 미토콘드리아의 기능이상, 신경염증 및 글루타메이트와 도파민계 기능 조절 등의 기전을 통하여 다양한 정신질환의 치료에 대한 연구들이 시행되고 있으며, 1개의 이중맹검 연구에서 양극성 우울증에 대한 효과를 보고하였다.[54] ketamine의 양극성 우울증을 포함한 우울증에서 항우울 효과 역시 최근 여러 연구에서 제시되고 있다.[55] 그러나 항우울 효과의 시간이 짧고, 장기간 사용 시 안전성에 대한 자료가 불충분하기 때문에 증상이 심하거나 자살위험성이 높으며 다른 치료에 반응하지 않는 경우에 적용을 고려할 수 있을 것이다.

혼재성 양상

BAP 2016에서는 정신질환의 진단 및 통계 편람 IV-TR(Diagnostic and Statistical Manual of Mental Disorders, Fourth edition, Text Revision, DSM-IV-TR)에 의한 혼재성 양상이 있는 경우에는 ASN, OLZ, PAL-ER, RIS, ZIP, ARI 등의 AAP가 단독요법 및 병합요법으로 효과적이라고 하였다. 단, 조증 증상이 우세한 경우에 대해서는 메타분석에서 효과가 입증되어 있으나, 혼재성 양상이 동반된 우울증 삽화에 대한 치료 효과는 아직 불확실하다고 하였다. CINP-BD 2017에서는 조증 삽화에 대한 치료와 동일한 권고를 하고 있는데, 만약 DSM-IV 진단기준에 의한 혼재성 삽화를 만족한다면 OLZ+fluoxetine 병합요법 혹은 ZIP 단독요법을 권고하였다. CANMAT-2017에서는 혼재성 양상이 동반된 조증 삽화에서는 ASN, ARI, OLZ, ZIP과 같은 AAP 혹은 VAL을 권고하였고 병합요법이 흔히 사용된다고 하였으며, 혼재성 양상이 동반된 우울증 삽화에서는 OLZ-fluoxetine 병합요법, ASN, LUR을 권고하였다. KMAP-BP 2018에서는 혼재성 조증에서는 MS+AAP와 AAP 단독요법이 권고되었고, 혼재성 우울증에서는 MS, AAP, LMT 중 두 가지 약물을 조합하는 것을 권고하였다. 만약 조증과 우울증 증상이 비슷한 심각도라면 MS+AAP 혹은 AAP 단독요법을 우선적으로 권고하였다. 만약 이러한 치료에도 충분한 반응을 보이지 않는 경우에는 혼재성 조증의 경우, 이전 단계에서 단독요법을 하였을 경우에는 MS+AAP 병합요법을 하는 것이 최우선 치료였고, 이외에 MS에 다른 MS를 추가하는 것, AAP에 다른 AAP를 추가하는 것, 혹은 AAP를 다른 AAP로 교체하는 것도 1차 전략으로 권고하였다. 만약 초기 치료로 MS+AAP를 사용하였음에도 효과가 부족하다면 MS 혹은 AAP를 다른 MS나 AAP로 교체하거나 기존 약물에 AAP나 MS를 추가하는 것을 권고하였다. 혼재성 우울증에서는 초기 치료로 MS, AAP, 혹은 LMT를 이용한 단독요법을 하였을 경우, 이 세 가지 중 사용하지 않았던 계열의 약물을 추가하는 것, 그리고 만약 AAP 단독요법을 했다면 한 가지 AAP를 더 추가할 것을 권고하였다. 만약 MS+AAP를 사용하였던 경우라면 AAP를 교체하거나 MS, AAP, LMT 중 한 가지를 추가하고, MS+LMT에 반응이 없으면 MS를 AAP로 교체하거나 AAP를 추가하도록 하였으며, AAP+LMT의 경우 다음 단계로 MS 혹은 AAP를 추가하거나 AAP를 교체할 것을 권고하였다. 초기 치료로 AD를 MS 혹은 AAP와 병합하여 사용하였던 경우에는, LMT를 추가하거나 MS+AAP+AD의 병합요법을 하는 것이 권고되었고, MS+AD를 사용한 경우에 대해서는 AD를 AAP로 교체할 것을 제시하였다.

혼재성 양상에 대해 외국의 진료지침에서는 제한적인 권고만을 제시하고 있는데, 이는 대부분의 근거들이 조증 환자군을 대상으로 한 연구에 포함된 일부 대상자의 자료를 분석한 결과이거나 2차 분석의 결과로, 아직 충분한 근거가 축적되지 않았기 때문이다.

급속순환형

BAP 2016에서는 AD를 중단할 것을 권고하였으며, BAP 2016과 CINP-BD-2017 모두 특별한 치료약물을 권고하지는 않고 있다. CANMAT-2018에서는 급속순환형의 조증 증상에 대해서 1차 치료로 권고한 약물들 사이에 급속순환형에 특정 약물이 더욱 효과적이라는 근거는 없다고 하면서, 단독요법보다는 병합요법이 더욱 적절할 것으로 보이나 한 이중맹검 연구에 의하면 세 가지 약물의 병합요법이 두 가지 약물 병합요법에 비하여 우월하지는 않았다는 점을 언급하고 있다. 또한 급속순환형의 우울 증상에 대해서 역시 분명한 근거는 아직 없으며, 우울 증상에 대한 급성기 및 유지기 치료에서의 효과를 바탕으로 약물을 선택해야 할 것이라고 하였다. 단, LIT, VAL, OLZ, QUE는 모두 유사한 정도의 유지기 효능을 보이나, LMT는 급속순환형을 보이는 양극성장애의 유지치료 시 위약과 차이를 보이지 않은 결과가 보고된 바 있다고 하였다. KMAP-BP 2018에서는 현재 조증 상태인 급속순환형의 경우 MS+AAP가 최우선 치료로 권고되었고, MS 단독요법 중 발생한 급속순환형의 조증 상태에는 MS를 추가하거나 교체하는 것을 권고하였다. 우울증 상태인 급속순환형에서는 MS, AAP, LMT 중 두 가지 계열의 약물을 조합하는 병합요법을 권고하였다.

유지치료 및 장기 예방치료

BAP 2016에서는 LIT, OLZ, QUE, RIS 장기지속형 주사제(long anting injection, LAI), VAL이 조증 삽화의 재발 방지 효과가 있다고 하였고, LMT, LIT, QUE, LUR은 우울증 삽화 재발 방지에 효과적이라고 하였다. 특히 RCT들 이외의 자연적 연구 등의 결과를 고려하면 LIT, VAL, OLZ, LMT, QUE, CBZ 순으로 효능이 있는 것으로 보인다고 하였다. 따라서 유지치료 시에는 첫 번째로 LIT 단독요법을 권유하였으며, 이는 조증,

우울증, 그리고 혼재성 양상의 재발을 모두 방지할 수 있다고 하였다. 만약 LIT이 효과적이지 못하거나 내약성에서 문제가 있다면 VAL이나 항정신병약물을 고려하도록 권고하였으며, 동시에 만약 급성기 치료에 효과적인 약물이라면 그 약물 단독투여를 유지하는 것도 가능할 것이라고 하였다. 만약 유지치료 중 스트레스 유발요인이 작용하거나, 불면이나 불안과 같은 재발의 초기 증상이 발생하였을 경우에는 항정신병약물이나 benzodiazepine계 약물을 추가하는 것을 고려해야 할 것이라고 하였다. 또한 BAP 2016에서는 만약 조증 증상이 재발하는 경우, LIT, VAL, 혹은 항정신병약물 중 두 가지를 병합하는 것을 권고하였고, 치료저항성인 경우라면 CLZ을 사용하도록 권고하였다. 우울 증상이 재발하는 경우에는 LIT, LMT, QUE, LUR, OLZ 중에서 선택하여 병합할 것을 권고하였다.

CINP-BD-2017에서는 우세 삽화를 고려하여 LIT, ARI, OLZ, PAL, QUE, RIS 혹은 RIS-LAI 중 선택하여 단독요법을 시행할 것을 권고하였다. 여기에 불충분한 반응을 보이는 경우, 다음 단계로 우세 삽화를 고려하여 fluoxetine, LMT, LIT을 이전 약물에 추가할 것을 권고하였고, 또한 LIT+CBZ, QUE+LIT 혹은 VAL, OLZ 혹은 ARI와 MS의 병합요법을 권고하였다. 만약 여기에도 효과가 충분하지 못하다면 RIS-LAI, VAL, CBZ 혹은 NAC 중 사용하지 않았던 약물을 적용할 것을 권고하였고, 이후 단계에서는 이전에 사용하지 않았던 약물들, 유지치료에 대한 근거가 불충분하더라도 급성기 삽화에 효과적인 약물들을 추가하거나 LIT+LMT, 혹은 venlafaxine이나 HAL의 사용을 고려하도록 하였다.

CANMAT 2018은 LIT, QUE, VAL, LMT 단독요법이 가장 분명한 근거를 갖고 있다고 하면서, ASN 또한 조증 및 우울증 삽화의 예방 효과가 보고되었다고 하였다. ARI 혹은 ARI-LAI 또한 기분 삽화 그리고 조증 삽화 예방 효과를 보여 1차적으로 고려할 수 있다고 하였다. 이외에 QUE+LIT/VAL, ARI+LIT/VAL 역시 1차 선택으로 제시하였다. 이후 단계에서는 초기 치료에서 권고되었으나 사용하지 않았던 약물들로 교체하거나 이러한 약물들을 병합할 것을 권고하였으며, 이후 단계의 약물들은 초기 치료에서 권고한 약물들을 수차례 시도한 이후에도 효과가 불충분한 경우에 고려할 것을 권고하였다. 이때 사용할 수 있는 약물들로는 OLZ, RIS-LAI, CBZ, PAL, ZIP, LUR 등이 있었고, 여기에도 반응이 충분하지 않다면 ARI+LMT, OLZ+fluoxetine, CLZ, gabapentin 등 또한 사용할 수 있을 것이라고 하였다.

KMAP-BP 2018에서는 이전 삽화의 극성에 따라 권고안을 구분하여 제시하고 있다. 조증 삽화 후 유지치료 시에는 MS 혹은 AAP 단독요법, 그리고 MS+AAP를 모두 1차 전략으로 제시하였고, AAP 중에는 ARI, QUE, OLZ을 권고하였다. 우울증 삽화 후 유

| 표 3 | 양극성 조증 및 우울증 삽화, 그리고 유지치료에 대한 국내외 주요 치료지침의 비교 |

치료지침	조증 삽화	우울증 삽화	유지치료
BAP 2016	HAL, OLZ, QUE, RIS, VAL, LIT	QUE, LUR, OLZ, LMT(adj), OLZ+FLX	**Mania** LIT, OLZ, QUE, RIS-LAI, VAL **Depression** LMT, LIT, QUE, LUR
CINP-BD 2017	ARI, PAL, QUE, RIS, VAL, ASN, CAR	LUR, QUE	LIT, ARI, OLZ, PAL, QUE, RIS-LAI
CANMAT 2018	Monotherapy: LIT, QUE, VAL, ASN, ARI, PAL, RIS, CAR Combination therapy: VAL/LIT+QUE/ARI/RIS/ASN	QUE, LIT, LMT(mono or adj), LUR(mono or adj)	Monotherapy: LIT, QUE, VAL, LMT, ASN, ARI, ARI-LAI Combination therapy: QUE/ARI+LIT/VAL
KMAP-BP 2018	**Nonpsychotic** Combination therapy: VAL/LIT+OLZ/QUE/RIS/ARI Monotherapy: VAL/LIT/OLZ/QUE **Psychotic** Combination therapy: VAL/LIT+OLZ/QUE/RIS/ARI Monotherapy: OLZ/QUE/RIS/ARI	**Mild to moderate** Monotherapy: LIT/VAL/ARI/QUE/LMT Combination therapy: VAL/LIT+LMT/ARI/OLZ/QUE, LMT+ARI/OLZ/QUE **Nonpsychotic severe** Combination therapy: VAL/LIT+LMT/ARI/OLZ/QUE LMT+ARI/OLZ/QUE **Psychotic severe** Combination therapy: VAL/LIT/AD/LMT+QUE/OLZ/ARI	**Mania** Monotherapy: MS/ARI/QUE/OLZ Combination therapy: MS+ARI/QUE/OLZ **Depression** Monotherapy: MS/LMT/AAP Combination therapy: MS+AAP/LMT AAP+LMT, MS+AAP+LMT

BAP 2016 : Evidence-Based Guidelines for Treating Bipolar Disorder : Revised third Edition Recommendations from the British Association for Psychopharmacology, CANMAT 2018: Canadian Network for Mood and Anxiety Treatments Guidelines for the Management of Patients with Bipolar Disorder, CINP-BD 2017 : The International College of Neuro-Psychopharmacology Treatment Guidelines for Bipolar Disorder in Adults, KMAP-BP 2018: Korean Medication Algorithms for Bipolar Disorder 2018

ARI : aripiprazole, ASN : asenapine, CAR : cariprazine, FLX : fluoxetine, HAL : haloperidol, LAI : long-acting injection, LIT : lithium, LMT : lamotrigine, LUR : lurasidone, OLZ : olanzapine, PAL : paliperidone, QUE : quetiapine, RIS : risperidone, VAL : valproate

adj : adjunctive treatment, mono : monotherapy

3) Shin YC, Bahk WM, Kim CH, Min KJ, Yoon BH, Cho HS, et al. Feasibility of Korean Medication Algorithm for Bipolar Disorder (II): Choice of medications. Korean J Psychopharmacol 2005;16:285-291.

4) Jon DI, Bahk WM, Shin YC, Kim CH, Min KJ, Yoon BH, et al. Feasibility of Korean Medication Algorithm for Bipolar Disorder (III): Treatment response and tolerability. Korean J Psychopharmacol 2005;16:292-300.

5) Bahk WM, Shin YC, Jon DI, Yoon BH, Kim DJ, Ahn YM, et al. Korean medication algorithm for bipolar disorder (I). Korean J Psychopharmacol 2002;13:205-221.

6) Practice guideline for the treatment of patients with bipolar disorder. American Psychiatric Association. Am J psychiatry 1994;151:1-36.

7) American Psychiatric Association Practice guideline for the treatment of patients with bipolar disorder (revision). Am J Psychiatry 2002;159:1-50.

8) Sachs GS, Printz DJ, Kahn DA, Carpenter D, Docherty JP. The Expert Consensus Guideline Series: Medication Treatment of Bipolar Disorder 2000. Postgrad Med 2000;Spec No:1-104.

9) Suppes T, Swann AC, Dennehy EB, Habermacher ED, Mason M, Crismon ML, et al. Texas Medication Algorithm Project: development and feasibility testing of a treatment algorithm for patients with bipolar disorder. J Clin Psychiatry 2001;62:439-447.

10) Suppes T, Dennehy EB, Hirschfeld RM, Altshuler LL, Bowden CL, Calabrese JR, et al. The Texas implementation of medication algorithms: update to the algorithms for treatment of bipolar I disorder. J Clin Psychiatry 2005;66:870-886.

11) Malhi GS, Bassett D, Boyce P, Bryant R, Fitzgerald PB, Fritz K, et al. Royal Australian and New Zealand College of Psychiatrists clinical practice guidelines for mood disorders. Aust N Z J Psychiatry 2015;49:1087-1206.

12) Malhi GS, Outhred T, Morris G, Boyce PM, Bryant R, Fitzgerald PB, et al. Royal Australian and New Zealand College of Psychiatrists clinical practice guidelines for mood disorders: bipolar disorder summary. Med J Aust 2018;208:219-225.

13) Goodwin GM, Consensus Group of the British Association for P. Evidence-based guidelines for treating bipolar disorder: revised second edition--recommendations from the British Association for Psychopharmacology. J Psychopharmacol 2009;23:346-388.

14) Goodwin GM, Consensus Group of the British Association for P. Evidence-based guidelines for treating bipolar disorder: recommendations from the British Association for Psychopharmacology. J Psychopharmacol 2003;17:149-173; discussion 147.

15) Goodwin GM, Haddad PM, Ferrier IN, Aronson JK, Barnes T, Cipriani A, et al. Evidence-based guidelines for treating bipolar disorder: Revised third edition recommendations from the British Association for Psychopharmacology. J Psychopharmacol 2016;30:495-553.

16) Yatham LN, Kennedy SH, Parikh SV, Schaffer A, Beaulieu S, Alda M, et al. Canadian Network for Mood and Anxiety Treatments (CANMAT) and International Society for Bipolar Disorders (ISBD) collaborative update of CANMAT guidelines for the management of patients with bipolar disorder: update 2013. Bipolar Disord 2013;15:1-44.

17) Yatham LN, Kennedy SH, Schaffer A, Parikh SV, Beaulieu S, O'Donovan C, et al. Canadian Network for Mood and Anxiety Treatments (CANMAT) and International Society for Bipolar Disorders (ISBD) collaborative update of CANMAT guidelines for the management of patients with bipolar disorder: update 2009. Bipolar Disord 2009;11:225-255.

18) Yatham LN, Kennedy SH, O'Donovan C, Parikh S, MacQueen G, McIntyre R, et al. Canadian Network for Mood and Anxiety Treatments (CANMAT) guidelines for the management of patients with bipolar disorder: consensus and controversies. Bipolar Disord 2005;7 Suppl 3:5-69.

19) Sharma V, Yatham LN, Haslam DR, Silverstone PH, Parikh SV, Matte R, et al. Continuation and prophylactic treatment of bipolar disorder. Can J Psychiatry 1997;42 Suppl 2:92S-100S.

20) Yatham LN, Kennedy SH, O'Donovan C, Parikh SV, MacQueen G, McIntyre RS, et al. Canadian Network for Mood and Anxiety Treatments (CANMAT) guidelines for the management of patients with bipolar disorder: update 2007. Bipolar Disord 2006;8:721-739.

21) Yatham LN, Kennedy SH, Parikh SV, Schaffer A, Bond DJ, Frey BN, et al. Canadian Network for Mood and Anxiety Treatments (CANMAT) and International Society for Bipolar Disorders (ISBD) 2018 guidelines for the management of patients with bipolar disorder. Bipolar Disord 2018;20:97-170.

22) Fountoulakis KN, Grunze H, Vieta E, Young A, Yatham L, Blier P, et al. The International College of Neuro-Psychopharmacology (CINP) Treatment Guidelines for Bipolar Disorder in Adults (CINP-BD-2017), Part 3: The Clinical Guidelines. Int J Neuropsychopharmacol 2017;20:180-195.

23) Grunze H, Vieta E, Goodwin GM, Bowden C, Licht RW, Moller HJ, et al. The World Federation of Societies of Biological Psychiatry (WFSBP) guidelines for the biological treatment of bipolar disorders: update 2012 on the long-term treatment of bipolar disorder. World J Biol Psychiatr 2013;14:154-219.

24) Grunze H, Vieta E, Goodwin GM, Bowden C, Licht RW, Moller HJ, et al. The World Federation of Societies of Biological Psychiatry (WFSBP) Guidelines for the Biological Treatment of Bipolar Disorders: Update 2010 on the treatment of acute bipolar depression. World J Biol Psychiatr 2010;11:81-109.

25) Grunze H, Vieta E, Goodwin GM, Bowden C, Licht RW, Moller HJ, et al. The World Federation of Societies of Biological Psychiatry (WFSBP) guidelines for the biological treatment of bipolar disorders: update 2009 on the treatment of acute mania. World J Biol Psychiatry 2009;10:85-116.

26) Grunze H, Kasper S, Goodwin G, Bowden C, Moller HJ, Disorders WTFoTGfB. The World Federation of Societies of Biological Psychiatry (WFSBP) guidelines for the biological treatment of bipolar disorders, part III: maintenance treatment. World J Biol Psychiatr 2004;5:120-135.

27) Grunze H, Kasper S, Goodwin G, Bowden C, Baldwin D, Licht RW, et al. The World Federation of Societies of Biological Psychiatry (WFSBP) Guidelines for the Biological Treatment of Bipolar Disorders, Part II: Treatment of Mania. World J Biol Psychiatr 2003;4:5-13.

28) Grunze H, Kasper S, Goodwin G, Bowden C, Baldwin D, Licht R, et al. World Federation of Societies of Biological Psychiatry (WFSBP) guidelines for biological treatment of bipolar disorders. Part I: Treatment of bipolar depression. World J Biol Psychiatr 2002;3:115-124.

29) National Collaborating Centre for Mental Health (UK). Bipolar Disorder: The Management of Bipolar Disorder in Adults, Children and Adolescents, in Primary and Secondary Care. Leicester UK: The British Psychological Society & The Royal College of Psychiatrists.; 2006.

30) National Collaborating Centre for Mental Health. Bipolar Disorder: The assessment and management of bipolar disorder in adults, children and young people in primary and secondary cwere. Leicester UK: The British Psychological Society & The Royal College of Psychiatrists.; 2014.

31) Jon DI, Bahk WM, Yoon BH, Shin YC, Cho HS, Lee E, et al. Revised Korean medication algorithm for bipolar disorder. World J Biol Psychiatr 2009;10:846-855.

32) Shin YC, Min KJ, Yoon BH, Kim W, Jon DI, Seo JS, et al. Korean medication algorithm for bipolar disorder: Second revision. Asia Pac Psychiatr 2013;5:301-308.

33) Woo YS, Lee JG, Jeong JH, Kim MD, Sohn I, Shim SH, et al. Korean Medication Algorithm Project for Bipolar Disorder: third revision. Neuropsychiatr Dis Treat 2015;11:493-506.

34) Kim W, Bahk WM, Yoon BH, Jon DI, Seo JS, Lee JG, et al. Korean Medication Algorithm for Bipolar Disorder 2018: Overview. Mood Emot 2018;16:1-12.

35) Bahk WM, Shin YC, Jon DI, Yoon BH, Kim DJ, Ahn YM, et al. Korean Medication Algorithm for Bipolar Disorder (I). Korean J Psychopharmacol 2002;13:205-221.

36) Glue P, Herbison P. Comparative efficacy and acceptability of combined antipsychotics and mood stabilizers versus individual drug classes for acute mania: Network meta-analysis. Aust N Z J Psychiatry 2015;49:1215-1220.

37) Chen AT, Malmstrom T, Nasrallah HA. Allopurinol augmentation in acute mania: A meta-analysis of placebo-controlled trials. J Affect Disord 2018;226:245-250.

38) Arabzadeh S, Ameli N, Zeinoddini A, Rezaei F, Farokhnia M, Mohammadinejad P, et al. Celecoxib adjunctive therapy for acute bipolar mania: a randomized, double-blind, placebo-controlled trial. Bipolar Disord 2015;17:606-614.

39) Talaei A, Pourgholami M, Khatibi-Moghadam H, Faridhosseini F, Farhoudi F, Askari-Noghani A, et al. Tamoxifen: A Protein Kinase C Inhibitor to Treat Mania: A Systematic Review and Meta-Analysis of Randomized, Placebo-Controlled Trials. J Clin Psychopharmacol 2016;36:272-275.

40) Calabrese JR, Huffman RF, White RL, Edwards S, Thompson TR, Ascher JA, et al. Lamotrigine in the acute treatment of bipolar depression: results of five double-blind, placebo-controlled clinical trials. Bipolar Disord 2008;10:323-333.

41) Unholzer S, Haen E. Retrospective Analysis of Therapeutic Drug Monitoring Data for Treatment of Bipolar Disorder with Lamotrigine. Pharmacopsychiatry 2015;48:296.

42) Calabrese JR, Bowden CL, Sachs GS, Ascher JA, Monaghan E, Rudd GD. A double-blind placebo-controlled study of lamotrigine monotherapy in outpatients with bipolar I depression. Lamictal 602 Study Group. J Clin Psychiatry 1999;60:79-88.

43) van der Loos ML, Mulder PG, Hartong EG, Blom MB, Vergouwen AC, de Keyzer HJ, et al. Efficacy and safety of lamotrigine as add-on treatment to lithium in bipolar depression: a multicenter, double-blind, placebo-controlled trial. J Clin Psychiatry 2009;70:223-231.

44) Young AH, McElroy SL, Bauer M, Philips N, Chang W, Olausson B, et al. A double-blind, placebo-controlled study of quetiapine and lithium monotherapy in adults in the acute phase of bipolar depression (EMBOLDEN I). J Clin Psychiatry 2010;71:150-162.

45) Cruz N, Sanchez-Moreno J, Torres F, Goikolea JM, Valenti M, Vieta E. Efficacy of modern antipsychotics in placebo-controlled trials in bipolar depression: a meta-analysis. Int J Neuropsychopharmacol 2010;13:5-14.

46) Selle V, Schalkwijk S, Vazquez GH, Baldessarini RJ. Treatments for acute bipolar depression: meta-analyses of placebo-controlled, monotherapy trials of anticonvulsants, lithium and antipsychotics. Pharmacopsychiatry 2014;47:43-52.

47) Fountoulakis KN, Kontis D, Gonda X, Yatham LN. A systematic review of the evidence on the

treatment of rapid cycling bipolar disorder. Bipolar disorders 2013;15:115-137.

48) Vieta E, Valenti M. Pharmacological management of bipolar depression: acute treatment, maintenance, and prophylaxis. CNS drugs 2013;27:515-529.

49) Kemp DE, Schinagle M, Gao K, Conroy C, Ganocy SJ, Ismail-Beigi F, et al. PPAR-gamma agonism as a modulator of mood: proof-of-concept for pioglitazone in bipolar depression. CNS Drugs 2014;28:571-581.

50) Zeinoddini A, Sorayani M, Hassanzadeh E, Arbabi M, Farokhnia M, Salimi S, et al. Pioglitazone adjunctive therapy for depressive episode of bipolar disorder: a randomized, double-blind, placebo-controlled trial. Depress Anxiety 2015;32:167-173.

51) Bocchetta A, Bernardi F, Burrai C, Pedditzi M, Del Zompo M. A double-blind study of L-sulpiride versus amitriptyline in lithium-maintained bipolar depressives. Acta Psychiatr Scand 1993;88:434-439.

52) Sarris J, Mischoulon D, Schweitzer I. Omega-3 for bipolar disorder: meta-analyses of use in mania and bipolar depression. J Clin Psychiatry 2012;73:81-86.

53) Grosso G, Pajak A, Marventano S, Castellano S, Galvano F, Bucolo C, et al. Role of omega-3 fatty acids in the treatment of depressive disorders: a comprehensive meta-analysis of randomized clinical trials. PLoS One 2014;9:e96905.

54) Berk M, Copolov DL, Dean O, Lu K, Jeavons S, Schapkaitz I, et al. N-acetyl cysteine for depressive symptoms in bipolar disorder--a double-blind randomized placebo-controlled trial. Biol Psychiatry 2008;64:468-475.

55) Romeo B, Choucha W, Fossati P, Rotge JY. Meta-analysis of short- and mid-term efficacy of ketamine in unipolar and bipolar depression. Psychiatry Res 2015;230:682-688.

56) Tohen M, Calabrese JR, Sachs GS, Banov MD, Detke HC, Risser R, et al. Randomized, placebo-controlled trial of olanzapine as maintenance therapy in patients with bipolar I disorder responding to acute treatment with olanzapine. Am J Psychiatry 2006;163:247-256.

57) Calabrese JR, Sanchez R, Jin N, Amatniek J, Cox K, Johnson B, et al. Efficacy and Safety of Aripiprazole Once-Monthly in the Maintenance Treatment of Bipolar I Disorder: A Double-Blind, Placebo-Controlled, 52-Week Randomized Withdrawal Study. J Clin Psychiatry 2017;78:324-331.

58) Yacobi S, Ornoy A. Is lithium a real teratogen? What can we conclude from the prospective versus retrospective studies? A review. Isr J Psychiatry Relat Sci 2008;45:95-106.

한국형 양극성장애 약물치료 알고리듬과 지침의 변화

Overview of Korean Medication Algorithm Project for Bipolar Disorder

전덕인[+] | 박원명[++]

한림대학교 의과대학 정신건강의학교실[+] | 가톨릭대학교 의과대학 정신과학교실[++]

실제 임상 현장에서 양극성장애 환자 치료에 있어 임상의가 어떠한 약물을 어느 시기에 적절히 사용할지에 대한 판단과 결정에 도움을 주기 위하여 국내외에서 다양한 치료 알고리듬(algorithm) 또는 지침(guideline)들이 개발되었다.[1-14] 이들 지침의 대부분은 통제된 임상 시험에서 나온 근거들에 기초하고 있다. 이러한 근거기반(evidence-based)의 지침들은 분명한 이점도 있지만, 대부분 통제된 연구를 기반으로 했기 때문에 실제 임상 상황에서는 일부 적합하지 않을 수 있다. 따라서 양극성장애 치료에서 근거기반의 치료지침들이 현실에서는 잘 지켜지지 않는 실정이다. 이러한 근거기반 지침과는 다르게 국내에서 2002년에 최초로 개발된 한국형 양극성장애 약물치료 알고리듬과 지침(Korea Medication Algorithm Project for Bipolar Disorder, KMAP-BP)은 양극성장애 전문가들의 컨센서스에 근거하여 만들어졌으며, 이후에도 4년 주기로 2006년도에 1차, 2010년도에 2차, 2014년도에 3차 개정작업을 진행하여, 2018년도에는 4차 개정판이 발표되었다.[15-19] 16년이라는 기간 동안 양극성장애 진단의 변화와 새로운 치료약물의 개발 등으로 KMAP-BP의 치료전략과 선호약물 등에 있어서 다양한 변화가 있었다. 여기에서는 4차례의 개정을 통하여 변화된 KMAP-BP의 과거와 현재의 치료전략 및 선호약물을 정리하고자 한다. 이러한 변화된 치료전략의 올바른 이해는 임상의사들에게 귀중하고 유용한 정보를 제공할 것이다.

급성 조증

초기 치료

KMAP-BP는 조증 삽화를 대개 세 가지 아형으로 분류하였다(유쾌성 조증, 혼재성 조증, 정신병적 조증). 조증의 모든 아형에서 가장 선호되는 초기 치료전략은 기분조절제(mood stabilizer, MS: lithium과 valproate)와 비정형 항정신병약물(atypical antipsychotic, AAP)의 병합요법(이후 병합은 +로 표시함)이었고 2002년 초판을 비롯한 모든 개정판에서 동일하였다(표 1). 특히 MS+AAP 병합요법은 2010년 개정판 이후 세 가지 모든 아형에서 최우선치료(treatment of choice, TOC: 과반수가 최고점인 9점으로 응답한 경우)였다. 이와 달리, MS 단독요법은 2002년, 2014년, 2018년에 1차 치료전략이었고 2006년, 2010년에는 1차 선택이 아니었다. 이는 MS 단독요법을 선호하는 외국의 지침들과는 다른 점이다. 더욱이 MS+AAP의 선호도는 개정을 거듭하면서 더욱 증가했다. 예를 들어, 유쾌성 조증을 위한 MS 단독요법의 선호도(9점 만점)는 2002년 7.1, 2006년 6.4, 2010년 6.0, 2014년 7.2, 2018년 7.7이었다. MS 단독요법은 KMAP-BP 2002, 2014, 2018에서 다른 아형은 아니고 유쾌성 조증에 대해서만 1차 치료로 평가되었다. 초기의 지침에서 정신병적 조증에 2차 전략이었던 AAP 단독요법은 KMAP-BP 2014와 2018에서는 1차 전략으로 추천되었다.

MS의 경우, 유쾌성 조증과 정신병적 조증에서 lithium과 valproate의 선호도는 거의 동

표 1 급성 조증 및 경조증 삽화에 대한 1차 치료전략

	2002	2006	2010	2014	2018
조증	MS+AAP MS	MS+AAP	MS+AAP*	MS+AAP* MS	MS+AAP* MS AAP
정신병적 조증	MS+AAP MS+AAP+ BDZ	MS+AAP*	MS+AAP*	MS+AAP* AAP	MS+AAP* AAP
혼재성 양상	MS+AAP	MS+AAP	MS+AAP*	MS+AAP*	MS+AAP* AAP
경조증	MS	MS	MS	MS AAP	MS* AAP

*최우선치료(treatment of choice). 2018년 혼재성 양상은 조증이 우세한 혼재성 양상에 국한됨
AAP : atypical antipsychotics, BDZ : benzodiazepine, MS : mood stabilizer

등했으나, 혼재성 삽화에서는 valproate가 더욱 선호되었다. carbamazepine은 선호도의 저하로 KMAP-BP 2002에서만 1차 약물이었다. 2002년 당시 급성 조증 삽화에서 선호하는 1차 AAP는 risperidone과 olanzapine뿐이었지만, 이후 개정이 계속되면서 1차 AAP는 다양해졌고 olanzapine과 quetiapine이 대부분의 조증 아형에서 가장 추천되는 AAP였다. quetiapine은 KMAP-BP 2006년부터 꾸준히 1차 약물로 선호되었고, aripiprazole은 2010년부터 1차 AAP에 포함되었다.

경조증에 대한 약물 선호도는 KMAP-BP 2002에서는 조증에 포함하여, 2006년부터는 따로 조사되었다. 2002년, 2006년, 2010년에는 MS 단독요법만이 1차 전략이었으나, 2014년부터는 AAP 단독요법도 1차 전략으로 추천되었다. 2006년에 1차 치료전략으로 선호된 AAP는 olanzapine과 quetiapine이었으며, 2010년부터는 aripiprazole이 추가되었다.

다음 단계 전략

1차 약물에 대한 반응이 만족스럽지 못하면, 다른 1차 약물로 교체하거나 추가할 것을 추천했다. 개정이 되면서 같은 계열 약물로 교체하기보다는 MS+AAP 병합요법에 대한 선호가 확실해졌다. 2018년도에는 정신병적 조증의 경우, MS+AAP 외에 AAP+AAP도 1차 전략으로 평가되었다. 3단계에서는 세 가지 약물의 병합 등 다양한 치료선택이 제안되었다.

혼재성 삽화

KMAP-BP 2002~2010에서는 혼재성 삽화가 따로 제시되지는 않았고 dysphoric mania로 조사했지만, KMAP-BP 2014부터는 정신질환의 진단 및 통계 편람(Diagnostic and Statistical Manual of Mental Disorders, DSM) 5판의 분류에 따른 혼재성 양상에 대한 새로운 설문을 적용했다.[20] 2014년에는 DSM-5에 의한 혼재성 양상에 대한 초기 치료전략을 질문하고 이후에 혼재성 양상의 조증 삽화, 혼재성 양상의 우울증 삽화, DSM-IV[21]에 의한 혼재성 삽화의 세 가지 경우에 대한 약물의 선호도를 조사했다. 혼재성 양상에 대한 치료전략으로는 MS+AAP 병합요법이 2002년도부터 1차 전략이었고 2010년부터는 TOC로 선호도가 증가하여 보다 확실하게 추천되었다(표 1). KMAP-BP 2014에서 혼재성 조증에는 valproate, olanzapine, quetiapine, lithium, aripiprazole, risperidone이 추천되었고, 혼재성 우울증에 대한 선호약물은 quetiapine, valproate, aripiprazole, olanzapine, lithium, lamotrigine이었다. DSM-IV 진단기준의 혼재성 삽화를 위한 1차 약물은 혼재성 조증과 거의 동일했다. 2018년에는 조증 증상이 우세한 혼재성 양상, 우울증 증상이 우세한 혼재성 양상, 조증과 우울증이 비슷한 혼재성 양상(DSM-IV 혼재성 삽화)으로 전과 크게 다르지 않게 구분하였고 각각 아형에서 1차 전략을 추가로 조사했다. 조증 우세 및 조증과 우울증이 비슷한 혼재성 양상에서는 MS+AAP가 TOC였고 AAP 단독요법도 1차 치료전략으로 포함되었으나, 우울증 증상이 우세한 경우에는 MS+lamotrigine, MS+AAP, AAP+lamotrigine이 1차 전략이었으며 TOC는 없었다. 조증 우세의 경우는 valproate, lithium, aripiprazole, olanzapine, quetiapine 등이, 우울증 우세의 경우에는 lithium, valproate, lamotrigine, aripiprazole, olanzapine, quetiapine 등이, 비슷한 경우에는 lithium, valproate, aripiprazole, olanzapine, quetiapine 등이 1차 약물이었다. 특히 조증 우세 혼재성 양상에서는 valproate가 TOC로 평가되었다.

우울증 삽화

초기 치료

KMAP-BP는 양극성 우울증을 경도~중등도, 정신병적 양상이 없는 심한 우울증, 정신병적 양상의 심한 우울증의 세 가지 아형으로 구분하였다. 조증 삽화와는 달리 급성 우울증에서는 모든 아형에서 초기 치료를 위한 TOC는 거의 없었고, 다만 KMAP-BP 2018의 정신병적 우울증에서 MS+AAP가 유일하게 TOC로 평가되었다(표 2). 그만큼 양극성 우울증에서는 컨센서스가 다른 삽화에 비해 적은 편이었다.

경도~중등도 우울증 삽화에서는 초기에 합의가 뚜렷하게 이루어지지 않다가, 2010년에는 MS 또는 lamotrigine 단독요법이, 2014년에는 MS 단독요법 또는 AAP의 병합요법(MS+AAP 또는 AAP+lamotrigine)이, 2018년에는 더욱 다양한 단독 또는 병합요법이 1차 전략으로 추천되었다. 비정신병적 심한 우울증에서도 선호전략은 개정이 되면서 점점 변경되었는데, 항우울제(antidepressant, AD)의 선호도는 줄어들었다. 2002년과 2006년에는 MS+AD가 유일한 1차 전략이었지만, 2010년에는 MS+AAP+AD, MS+AP, MS+AD 등 세 가지 병합요법으로 늘어났다. 2014년에는 lamotrigine의 선호도가 높아지면서 1차 전략이 이전과 달라졌고(MS+AAP, AAP+lamotrigine, MS+AD) 2018년에는 AD의 병합요법은 1차로 평가되지 않고 lamotrigine의 역할이 높아졌다. 정신병적 심한 우울증의 경우, 2002년에는 삼중 병합(AD+MS+AAP)만을 1차로 평가했다. 2006년에는 이 삼중병합에 덧붙여 MS+AAP도 1차 치료였고, 2010년에는 AAP+AD도 1

표 2 급성 우울증 삽화에 대한 1차 치료전략

	2002	2006	2010	2014	2018
경도~중등도 우울증	MS+AD	No consensus	MS LTG	MS MS+AAP AAP+LTG	MS LTG AAP MS+AAP AAP+LTG MS+LTG
정신병 양상이 없는 심한 우울증	MS+AD	MS+AD	MS+AAP+AD MS+AAP MS+AD	MS+AAP AAP+LTG MS+AD	MS+AAP AAP+LTG MS+LTG
정신병 양상이 있는 심한 우울증	MS+AD+AAP	MS+AAP MS+AAP+AD	MS+AAP+AD MS+AAP AAP+AD	AAP+MS/AD/LTG MS+AAP+AD/LTG AAP+AD+LTG	MS+AAP* AAP+AD AAP+LTG

*최우선치료(treatment of choice)
AAP : atypical antipsychotics, AD : antidepressant, LTG : lamotrigine, MS : mood stabilizer

차로 추가되었다. 2014년에서는 MS+AAP, AAP+lamotrigine, MS+AAP+AD, MS+AAP+lamotrigine 등 더욱 다양한 병합이 1차 전략이었으나 2018년에는 오히려 MS+AAP(TOC), AAP+AD, AAP+lamotrigine으로 압축되었다.

valproate와 lithium은 모든 시기에서 1차 MS였고, lamotrigine의 선호도는 모든 아형에서 개정될수록 점점 증가하였다. 양극성 우울증에 권장되는 AAP는 그동안 바뀌어 왔다. 2001년에는 olanzapine과 risperidone, 2014년과 2018년에는 quetiapine, aripiprazole, olanzapine이 1차 AAP였다.

AD는 2002년에 다른 약물과 병합으로서 1차 약물이었다(표 2). 경도~중등도에서 이러한 AD의 1차 전략으로의 선호도는 2002년 이후에서는 사라졌다. 심한 우울증의 경우에 AD 병합요법은 2018년 비정신병적 심한 우울증 삽화를 제외한 모든 시기에서 1차 전략으로 받아들여졌다. 각 AD의 선호도는 개정되면서 점차 바뀌었다. KMAP-BP 2002년에는 거의 모든 selective serotonin reuptake inhibitors(SSRIs), venlafaxine, mirtazapine이 1차 약물이었다. 이후에는 bupropion, (es)citalopram, sertraline이 대체로 모든 경우에 1차 약물이었고, mirtazapine과 venlafaxine은 심한 우울증 삽화에 선택할 수 있는 약물이었다.

양극성 우울증에서 AAP 선호도는 개정되면서 현저하게 증가하였다(표 2). AAP 병합요법은 경도~중등도의 경우에 2014년부터, 비정신병적 심한 우울증에서는 2010년부터 그리고 정신병적 심한 우울증에서는 모든 시기에서 1차 약물이었다. 특히 AAP 단독요법은 KMAP-BP 2018에서는 경도~중등도 우울증의 1차 전략으로 포함되었다. 선호되는 AAP로는 2002년에는 risperidone과 olanzapine이었으나 시간이 지나면서 근래에는 quetiapine, olanzapine, aripiprazole로 바뀌었다.

다음 단계 전략

초기 치료에 대해 충분한 반응을 보이지 못한 경우에 대한 치료전략도 개정되면서 바뀌었다. 2002년에는 모든 경우에 AD의 변경 또는 추가가 가장 선호되었다. 이와는 달리 2006년에는 다른 MS의 추가가 모든 경우에 대한 1차 전략이었다. 2010년 이후에는 임상 상황과 상관없이 MS, AAP, 또는 lamotrigine을 추가하는 것이 다음 전략이었다. 예를 들어, lamotrigine이나 AAP 추가는 MS 단독요법 또는 MS+AAP에 대해 미흡한 반응이 있을 때 선호되는 치료전략이었다. 최근의 지침일수록 AAP 또는 lamotrigine을 추가하는 선택이 선호되었다.

급속순환형(rapid cycling)

급속순환형의 치료에 대한 연구는 다른 유형에 비해 많지 않다. 대부분의 근거중심 지침에서도 비중 있게 다루지는 않고 있지만 KMAP-BP에서는 지속적으로 조사하였다. 현재 조증 상태인 급속순환형의 경우, 2002년에는 MS 단독요법과 MS+AAP 병합요법 모두 1차 선택이었다. 그러나 MS 단독요법의 선호도는 점차 줄어들었으며, 2006년과 2010년에서는 MS+AAP만이 1차 전략이었다. MS+AAP 병합요법에 더불어 2014년에는 AAP 단독투여도 1차 선택으로 평가되었으나 2018년에는 다시 MS+AAP만이 1차 전략이면서 TOC였다. 현재 우울증인 경우, 2002년에는 컨센서스가 도출되지 않았다. MS+AAP는 2002년 이후에 1차 전략으로 추천되었다. MS 또는 AAP에 병합하는 lamotrigine과 AAP 단독투여는 2014년에 또 다른 1차 선택으로 추가되었으나, 2018년에는 이 중에서 AAP 단독요법이 2차로 바뀌었다. 급속순환형에서 병합요법에 대한 선호도는 조증이나 우울증에서 점차 증가하여 확립되는 경향인데, 치료가 어려운 유형으로 인식하는 것이 그 이유로 추정된다.

치료반응이 불충분하다면, MS, lamotrigine, AAP를 추가하는 것이 다음 전략이었는데, 개정될수록 병합약물로서 AAP와 lamotrigine은 MS보다 더 선호되었다. MS 중에서 valproate는 현재 삽화와 상관없이 가장 추천되었다. 일반적으로 quetiapine과 olanzapine 은 급속순환형에서 높은 평가를 받았다. 급성 우울증 삽화와는 달리 급속순환형에서 AD는 단독이든 병합이든 추천되지 않았다.

유지치료

유지치료의 구분은 개정되면서 바뀌었기 때문에, 여기서는 크게 네 가지 경우로 구분하여 설명한다. (1) 1형 양극성장애에서 최근 조증 삽화, (2) 1형 양극성장애에서 최근 우울증 삽화, (3) 2형 양극성장애서 최근 경조증 삽화, (4) 2형 양극성장애에서 최근 우울증 삽화가 그것이다.

KMAP-BP 2002에서는 1형 양극성장애 최근 조증에 대한 전략이 조사되었다. 급성 단계에서 투여한 약물(단독 또는 병합요법)을 유지하는 것이 선호되었다. 선호하는 AAP 는 risperidone과 olanzapine이었다.

2006년에는 우울증이 없었던 조증 환자에게 MS(lithium 또는 valproate) 단독요법이 추천되었다. AAP로는 quetiapine, olanzapine, risperidone이 선호약물이었다. 이때 1형 양극성 우울증의 유지치료에 대한 자료는 조사하지 않았다. 2형의 경우, 최근 경조증 삽화에는 MS 단독투여가 1차 전략이었으나 최근 우울증 삽화에서는 컨센서스가 없었다. 추천되는 약물은 1형과 크게 다르지 않았다.

KMAP-BP 2010에서는 최근의 조증 삽화 이후에 MS+AAP 또는 MS 단독요법이 선호하는 전략이었다. 1형 양극성 우울증은 2006에서와 같이 조사되지 않았다. 2형의 경우, 최근의 경조증 삽화에는 MS 또는 MS+AAP가 1차 전략으로 평가되었고 최근 우울증 삽화 후의 치료전략으로는 MS+lamotrigine, AAP+lamotrigine, MS+AAP, lamotrigine 단독 등의 여러 전략들이 선호되었다. 추천약물은 2006년과 비슷하였고 aripiprazole이 2 형의 유지치료에 새로 등장하였다.

2014년도에서는 최근 조증 이후에 선호되는 유지전략이 MS+AAP, MS, AAP 등이었다. 1형 양극성장애의 유지에 선호되는 AAP는 quetiapine, olanzapine, aripiprazole이었다. 1형 양극성 우울증 이후의 유지치료 전략은 2014년도에 처음으로 보고되었는데, MS+AAP, lamotrigine+(MS 또는 AAP), MS, AAP, lamotrigine 등이었다. AD 병합요법은 2차 전략으로 평가되었다. 그럼에도 만약 AD가 우울증 삽화에 성공적으로 사용되었다면, 6개월 이내에 중단하길 선호했다. 1차 AD는 bupropion과 escitalopram이었다. 2형의 경우, 최근 경조증 삽화에서는 MS, AAP, MS+AAP가 선호되었고, 최근 우울증의 전략은 1형에서와 거의 동일했다. 선호되는 AAP는 1형과 2형 사이에 거의 차이가 없었다. lamotrigine은 1형보다 2형 우울증에서 더 선호되었다. 유지치료에서 주목할 만한 점은 개정이 되면서 aripiprazole과 lamotrigine의 선호도가 점차 증가한 것이었다.

KMAP-BP 2018의 조사 내용과 그 결과는 2014년과 크게 다르지 않았다. 다만 AAP 중에서 aripiprazole의 선호도가 가장 높다는 변화가 있었다. 아마도 장기적인 안전성이 고려된 평가로 판단된다.

양극성 우울증의 성공적인 치료 후 AD의 유지기간이 조사되었는데, 뚜렷하지는 않았지만 크게 보아 짧아지는 경향이었다. 예를 들어, 정신병적 심한 우울증에서 AD 투여기간은 2002년 11.0~19.4주(유형별로 조사되지 않음), 2006년 4.6~11.2주, 2010년 5.5~15.0주, 2014년 2.7~5.2주였고, 2018년에는 평균 8.4주였다.

안전성 및 내약성

KMAP-BP 2010부터는 약물의 안전성 문제와 그 대책이 보고되었다. 체중증가에 대한 전략으로는 운동, 식이요법, 위험성이 낮은 약물로의 변경 등이었다. lamotrigine, aripiprazole, ziprasidone 등은 이 경우에 추천되는 약물이었다. 과프롤락틴혈증(hyperprolactinemia)의 경우, 위험이 적은 다른 AAP로 변경하는 것이 1차 전략이었으며 감량도 고려할 만한 선택이었다. 2014년부터는 lamotrigine과 연관된 피부발진에 대한 대책도 조사되었다. 이 경우 우선 용량을 줄여보고 관찰한 다음에 중단하도록 권장하였다.

여러 이슈들

환자의 임상 특징

KMAP-BP 2010년과 2014년에서 aripiprazole은 정신운동성 지연이 심하거나 인지장애가 있는 환자에게 선호되는 약물이었다. 초조한(agitated) 환자에게는 quetiapine, olanzapine, valproate가 1차 약물이었고, 불면증에는 이 세 가지 약물과 risperidone이 선호되었다. 공격적이거나 폭력적인 경우에는 olanzapine, valproate, quetiapine, risperidone, lithium, clozapine 등이 추천되었다.

공존질환

KMAP-BP 2010에서는 알코올 문제가 있는 양극성장애 환자에게는 valproate가 추천되었다. 당뇨병이 있는 환자에는 aripiprazole과 ziprasidone이, 간질환의 경우에는 lithium이 선호되었다. 공황장애, 강박장애, 섭식장애, 심혈관질환, 신장질환에 대한 1차 약물은 없었다. KMAP-BP 2014에서는 심혈관질환, 당뇨병, 간질환, 섭식장애가 공존된 경우에 aripiprazole이 선호되었고 간질환에서는 lithium도 권유되는 약물이었다. 신장질환이 있다면 aripiprazole, valproate, quetiapine이 선호되는 약물이었다. valproate는 공황장애, 알코올의존, 뇌혈관질환을 가진 환자에게 추천되었다. KMAP-BP 2018의 결과는 2014와 크게 다르지 않았다.

특정 연령대 : 노인, 소아, 청소년

KAMP-BP 2014부터 특정 연령층의 치료 선호도를 조사했다. 노인에서 급성 조증에는 AAP, MS, MS+AAP 등이 선호되었다. 급성 우울증 삽화의 경우 2014년에 AAP+MS, AAP 등이 1차 치료전략으로 평가되었고, 2018년에서는 MS 단독요법과 lamotrigine 병합요법이 1차 전략으로 추가되었다. 급성 조증에 선호되는 1차 약물로 MS는 valproate, lithium이었고, AAP는 aripiprazole, quetiapine, olanzapine이었다. 급성 우울증을 위한 1차 MS는 lamotrigine과 valproate였고, 1차 AAP는 급성 조증과 같았다. 선호되는 AD는 escitalopram, bupropion, sertraline이었다. 노인에서 치매가 공존된 경우는 aripiprazole이 1차 약물이었고 quetiapine과 valproate가 시기에 따라 변했다. 전반적으로 2014년과 2018년 사이에 큰 변화는 없었다.

어린이와 청소년의 조증 삽화에 대한 1차 전략은 MS+AAP 병합요법과 AAP 단독요법이었다. 어린이 조증의 경우, KMAP-BP 2014년에서 valproate는 1차 MS였지만 2018년에서는 1차 MS가 없었다. 반면에 청소년에서는 2018년에 valproate와 lithium 모두 1차 MS였다. 어린이와 청소년 모두에게 aripiprazole, risperidone, quetiapine 등이 1차 AAP였는데, 성인과 다른 점은 risperidone의 선호도가 높았을 뿐 아니라 심지어 2018년에는 청소년 조증의 TOC였다. 2014년에 소아 및 청소년의 양극성 우울증 치료에 대해서는 컨센서스가 도출되지는 않았으나, 약물치료가 필요하다면 어린이에게는 aripiprazole 또는 quetiapine이, 청소년에게는 lamotrigine, valproate, aripiprazole, quetiapine이 선호되었다. 이와 달리 2018년에는 어린이에서 여전히 컨센서스가 없었으나 청소년에서는 AAP+lamotrigine이 1차 전략이었다.

제한점 및 장점

KMAP-BP은 세계 여러 나라에서 발표되는 지침처럼 근거를 기반으로 하기보다는 기분장애에 전문적 지식과 경험이 있는 정신건강의학과 전문의들의 컨센서스에 우선적으로 기초하여 개발된 것이다. 따라서 1차 선택으로 평가된 일부 치료전략들은 다른 근거 기반 지침서들과 일치하지 않기도 한다. 그러나 KMAP-BP는 위원회의 검토, 공청회 및 패널 토론 등을 통해 이러한 점을 보완하기 위해 노력했고, 실제적으로 KMAP-BP와 다른 지침들 사이에 두드러진 차이는 없는 편이다. 한편 무작위로 통제된 연구에서 얻은 결과들은 그 특성상(연구디자인, 연구대상자 제한 등) 실제로 벌어지는 다양한 임상 상황을 제대로 반영할 수 없으며, 이는 치료지침과 실제 임상적용 사이에 괴리를 초래할 수 있다는 점도 알아야 한다. 따라서 KMAP-BP가 실제 처방경향을 더욱 반영하고 있을 것이다. 다른 치료지침과의 상세한 비교는 이 책의 제2부에서 따로 다루고 있으니 참조하기 바란다.

결론

급성 조증의 치료에서 꾸준하게 가장 선호하는 전략은 MS + AAP 병합요법이었다. MS나 AAP의 단독요법도 대개 1차 전략이었지만, 정신병적 조증 또는 혼재성 삽화 같은 일부 상태에서는 1차 전략이 아니었다. MS로는 lithium과 valproate가 일반적으로 추천되었지만, 아형과 개정시기에 따라 valproate의 선호도가 점점 높아진 경향이었다. 가장 주목할 변화는 AAP와 lamotrigine의 꾸준한 선호도 증가였다. AAP는 단독으로도 병합으로도 대부분의 경우에서 우선 고려되는 약물이었으며, 특히 quetiapine과 aripiprazole이 주목받고 있었다. lamotrigine은 우려되는 부작용에도 불구하고 급성 우울증 및 유지기의 치료에서 높게 평가받고 있었다. AD의 사용은 조증전환 같은 부작용이 우려되기 때문에 1차 약물로서 선호도가 점차 떨어졌지만, 중증 또는 치료저항성 우울증에서는 여전히 선택할 수 있는 약물이다. 일반적으로 KMAP-BP는 시대에 맞게 계속 개정되었으며 권장되는 치료전략은 다른 치료지침과 유사했고, 일부 임상 상황에서는 근거중심 지침들보다 좀 더 실용적이라고 판단된다.

참고문헌

1) Practice guideline for the treatment of patients with bipolar disorder. American Psychiatric Association. Am J psychiatry 1994;151:1-36.

2) American Psychiatric A. Practice guideline for the treatment of patients with bipolar disorder (revision). Am J Psychiatry 2002;159:1-50.

3) Sachs GS, Printz DJ, Kahn DA, Carpenter D, Docherty JP. The Expert Consensus Guideline Series: Medication Treatment of Bipolar Disorder 2000. Postgrad Med 2000;Spec No:1-104.

4) Suppes T, Swann AC, Dennehy EB, Habermacher ED, Mason M, Crismon ML, et al. Texas Medication Algorithm Project: development and feasibility testing of a treatment algorithm for patients with bipolar disorder. J Clin Psychiatry 2001;62:439-447.

5) Suppes T, Dennehy EB, Hirschfeld RM, Altshuler LL, Bowden CL, Calabrese JR, et al. The Texas implementation of medication algorithms: update to the algorithms for treatment of bipolar I disorder. J Clin Psychiatry 2005;66:870-886.

6) Malhi GS, Bassett D, Boyce P, Bryant R, Fitzgerald PB, Fritz K, et al. Royal Australian and New Zealand College of Psychiatrists clinical practice guidelines for mood disorders. Aust N Z J Psychiatry 2015;49:1087-1206.

7) Malhi GS, Outhred T, Morris G, Boyce PM, Bryant R, Fitzgerald PB, et al. Royal Australian and New Zealand College of Psychiatrists clinical practice guidelines for mood disorders: bipolar disorder summary. Med J Aust 2018;208:219-225.

8) Goodwin GM, Consensus Group of the British Association for P. Evidence-based guidelines for treating bipolar disorder: revised second edition--recommendations from the British Association for Psychopharmacology. J Psychopharmacol 2009;23:346-388.

9) Goodwin GM, Haddad PM, Ferrier IN, Aronson JK, Barnes T, Cipriani A, et al. Evidence-based guidelines for treating bipolar disorder: Revised third edition recommendations from the British Association for Psychopharmacology. J Psychopharmacol 2016;30:495-553.

10) Yatham LN, Kennedy SH, Parikh SV, Schaffer A, Bond DJ, Frey BN, et al. Canadian Network for Mood and Anxiety Treatments (CANMAT) and International Society for Bipolar Disorders (ISBD) 2018 guidelines for the management of patients with bipolar disorder. Bipolar Disord 2018;20:97-170.

11) Fountoulakis KN, Grunze H, Vieta E, Young A, Yatham L, Blier P, et al. The International College of Neuro-Psychopharmacology (CINP) Treatment Guidelines for Bipolar Disorder in Adults (CINP-BD-2017), Part 3: The Clinical Guidelines. Int J Neuropsychopharmacol 2017;20:180-195.

12) Grunze H, Vieta E, Goodwin GM, Bowden C, Licht RW, Moller HJ, et al. The World Federation of Societies of Biological Psychiatry (WFSBP) guidelines for the biological treatment of bipolar disorders: update 2009 on the treatment of acute mania. World J Biol Psychiatry 2009;10:85-116.

13) Grunze H, Vieta E, Goodwin GM, Bowden C, Licht RW, Moller HJ, et al. The World Federation of Societies of Biological Psychiatry (WFSBP) Guidelines for the Biological Treatment of Bipolar Disorders: Update 2010 on the treatment of acute bipolar depression. World J Biol Psychiatr 2010;11:81-109.

14) Grunze H, Vieta E, Goodwin GM, Bowden C, Licht RW, Moller HJ, et al. The World Federation of Societies of Biological Psychiatry (WFSBP) guidelines for the biological treatment of bipolar disorders: update 2012 on the long-term treatment of bipolar disorder. World J Biol Psychiatr 2013;14:154-219.

15) The Executive Committee of the Korean Medication Algorithm Project for Bipolar Disorder. 2002. Korean medication algorithm for bipolar disorder. Seoul: Jungang Moonhwa 2002.

16) Jon DI, Bahk WM, Yoon BH, Shin YC, Cho HS, Lee E, et al. Revised Korean medication algorithm for bipolar disorder. World J Biol Psychiatr 2009;10:846-855.

17) Shin YC, Min KJ, Yoon BH, Kim W, Jon DI, Seo JS, et al. Korean medication algorithm for bipolar disorder: Second revision. Asia Pac Psychiatr 2013;5:301-308.

18) Woo YS, Lee JG, Jeong JH, Kim MD, Sohn I, Shim SH, et al. Korean Medication Algorithm Project for Bipolar Disorder: third revision. Neuropsychiatr Dis Treat 2015;11:493-506.

19) The Executive Committee of the Korean Medication Algorithm Project for Bipolar Disorder. 2018. Korean medication algorithm for bipolar disorder. Seoul: Iamiscompany 2018.

20) American Psychiatric Association. Diagnostic and Statistical Manual of Mental Disorders 5th ed. Washington, DC: American Psychiatric Association; 2013.

21) American Psychiatric Association. Diagnostic and Statistical Manual of Mental Disorders 4th ed. Washington, DC: American Psychiatric Association; 1994.

04

기타

양극성장애와 자살

Suicidality in bipolar disorder

고영훈[+] | 민경준[++]

고려대학교 의과대학 정신건강의학교실[+] | 중앙대학교 의과대학 정신건강의학교실[++]

양극성장애는 질병 관련 사회경제적 부담이 크고 다양한 공중보건학적 문제와 관련되어 있다. 1형 양극성장애와 2형 양극성장애의 평생유병률은 1.3~5.0%로 흔한 정신질환 중 하나이다. 양극성장애 환자의 평균 수명은 일반인보다 약 10년 정도 짧고, 양극성장애에서 모든 원인으로 인한 표준화사망비(standardized mortality ratio, SMR)는 약 2이므로, 양극성장애는 그 자체가 잠재적으로 생명을 위협하는 질환이다. 높은 사망률의 원인은 심혈관질환, 당뇨병, 만성폐쇄성폐질환, 인플루엔자 또는 폐렴과 같은 자연적인 원인과 자살이나 상해와 같은 비자연적인 원인으로 크게 구분할 수 있다.[1-4] 흥미롭게도 양극성장애 환자들은 주로 자연적인 원인에 의해 수명이 단축된다.[4]

양극성장애는 임상 및 공중보건에서의 중요성에도 불구하고 치료환경으로 유입되는 경우가 적고, 진단이나 치료가 흔히 간과된다. 약물치료를 통해 양극성장애의 자살의 위험을 감소시킬 수 있으므로,[5,6] 양극성장애 환자의 조기 발견과 적절한 약물치료는 이들의 자살 예방에 있어 핵심적이다. 주요 정신질환이 동반된 경우 자살행동이 흔하지만, 자살행동은 다양한 사회심리학적, 인구학적, 문화적 요인이 포함되는 복잡하고 다원적인 인간 행동이므로, 단지 정신질환의 결과로만 이해되어서는 안 된다. 따라서 이 장에서는 양극성장애에서의 자살 위험요인과 보호요인을 살펴보고 약물치료를 비롯하여 효과적인 예방전략을 제안하고자 한다.

기분장애에서의 자살행동

모든 정신질환에서의 자살위험을 메타분석한 연구에서 주요우울장애와 양극성장애의 자살위험을 개별적으로 분석한 결과, 주요우울장애의 경우 자살성공의 위험성이 약 20배, 양극성장애의 경우는 15배였다.[7] 다른 연구에서도 자살에 대한 SMR은 주요우울장애와 양극성장애 각각 19.7과 17.1로 유사한 결과를 보였다.[8] 그러나 이런 유형의 분석에서는 주요우울장애와 양극성장애에서의 자살위험을 정확하게 추정할 수 없다. 왜냐하면 질환의 장기적인 경과 동안 주요우울장애에서 양극성장애로 종종 진단이 변경되어, 주요우울장애에서의 위험이 과대평가되고 양극성장애에서의 위험이 과소평가될 수 있기 때문이다. 또한 경조증 삽화의 과거력이 있는 주요우울장애의 경우에는 양극성장애의 가장 흔한 형태임에도 불구하고 주요우울장애로 오인되기도 한다.[9] 주요우울 삽화에서 역치하의 경조증을 경험하였거나 양극성스펙트럼장애(주요우울장애 환자에서 혼재성 양상이나 초조 우울증 양상이 있는 경우, 양극성장애 가족력이 있는 경우, 치료 관련 조증이나 경조증이 발생한 경우)의 경우에는 50%에서 단극성 우울증이 추후에 양극성 우울증으로 진단이 변경된다.[9, 10] lithium 치료를 지속적으로 받지 않았던 양극성장애 환자를 대상으로 한 메타분석에서도 10년 동안의 SMR이 22에 이르며, 자살률은 연간 0.4%로 일반 인구에 비해 25배나 높았다.[11] 또 다른 연구에서도 양극성장애의 자살 SMR은 14.44로 남성의 경우 13, 여성의 경우 16이었다.[3]

전향적 연구들에서도 유사한 결과를 확인할 수 있다. 단극성에서 양극성으로의 전환을 염두에 두었던 40년간의 추적 연구에서 주요우울장애의 14.5%, 양극성장애의 8.2% 환자가 자살을 시도하였으며 각각의 SMR은 26, 12였다.[5] 반면 다른 연구에서는 약 11년간의 추적 관찰 기간 동안 양극성장애 환자의 자살성공률은 연간 0.25%로 주요우울장애 환자의 0.05%에 비해 5배가 높았다.[12] 입원치료를 받았던 환자를 35년간 추적한 연구에서도 2형 양극성장애 환자의 자살성공률은 4.2%로 1형 양극성장애(2.8%)나 주요우울장애(1.9%)에 비해 높았다.[13] 약물치료를 받는 양극성장애 환자들을 대상으로 한 연구에서는 18개월 동안 2형 양극성장애 환자(0.34%)가 1형 환자(0.14%)에 비해 2배 이상의 자살성공률을 보였다.[14] 첫 입원 후 퇴원한 환자들을 대상으로 한 네덜란드의 코호트에서도 양극성장애 환자(남성 7.8%, 여성 4.8%)가 주요우울장애 환자(남성 6.7%, 여성 3.8%)에 비해 자살의 위험성이 높음을 확인하였다.[15]

이전의 자살시도는 기분장애가 있는 환자에서 추후의 자살성공에 대한 가장 강력한 단일 예측인자이다.[7, 16~18] 주요우울장애와 양극성장애 환자를 개별적으로 분석한 메타 연구에서, 평생의 자살시도 비율은 단극성 우울증 환자(13%)보다 양극성장애 환자 (28%)에서 더 높았다.[18] 장기간의 전향적 연구에서도 추적 관찰 기간 동안 주요우울장애 환자보다 양극성장애가 2배 이상 높은 자살시도를 보였다.[12] 또 다른 18개월의 추적 연구에서도 주요우울장애 환자(9.5%)보다 양극성장애 환자(20%)에서 자살시도가 2배 더 빈번하였다.[19] 미국[20]과 헝가리[21]에서 실시한 지역사회 기반의 연구에서는 평생의 자살시도 비율이 주요우울장애보다 양극성장애 환자에서 1.5~2.5배 더 높았다. 자살사고도 입원 및 외래 환자 모두 주요우울장애(32~46%)보다 양극성장애(36~64%)에서 더 자주 발생하였다.[22, 23] 양극성장애 환자들은 높은 치사율의 자살 방법을 선택하기 때문에 일반 인구에 비해 자살시도 대비 자살성공의 비율도 10배나 높다.[24]

양극성장애에서의 자살 위험요인

양극성장애 환자의 자살행동(자살성공, 자살시도)과 자살충동은 주로 중증의 우울증 삽화에서 발생하며, 혼재성 양상의 조증에서는 적고, 다행감이 있는 조증(euphoric mania)/경조증/정상 기분인 경우에는 아주 드물게 발생한다.[16, 17, 19, 25, 26] 이러한 특성은 양극성장애 환자의 자살행동이 기분 상태나 중증도에 의존적임을 보여준다. 양극성장애 환자는 흔히 치명적인 자살 방법을 사용할 뿐 아니라, 주요우울장애 환자보다 우울증 삽화 혹은 혼재성 삽화 기간도 길다.[19] 그러나 상당수의 양극성장애 환자는 자살을 시도하지 않기 때문에 질환 외의 자살 위험요인들이 작용하는 것으로 추정할 수 있다. 특정 임상적 특성과 성격, 가족, 정신사회적 요인들이 여기에 속한다. 양극성장애에서의 주요한 위험요인은 급성기의 주요우울 삽화나 혼재성 삽화와 관련되어 있으며, 과거력이나 성격과 관련된 요인들도 자살위험성이 높은 환자를 구별하는 데 있어 도움이 될 수 있다.

양극성장애에서 자살행동을 경고하는 임상적 특징은 최근의 자살시도, 절망, 죄책감, 무가치감, 자살사고, 초조, 불면이 동반되는 중증의 멜랑콜리성 주요우울 삽화, 정신병적 증상 등이다.[5, 11, 17~19, 27, 28] 또한 가장 최근의 비정형 우울증 삽화도 자살시도와 관련성이 있으며, 혼재성 우울증 삽화도 자살시도와 자살성공의 위험을 높이게 된다.[10, 22, 23] 특히 치료 중에 발생한 혼재성 삽화는 양극성장애 환자의 자살 가능성을 높이게 되는데,[29, 30] 이는 항우울제에 의한 자살행동으로 이해될 수 있다. 양극성장애나 양극성스펙트럼장애 환자에서 기분조절제나 비정형 항정신병약물의 투약 없이 항우울제 단독요법을 시행하게 되면 경조증/조증 혹은 급속순환형으로 전환될 뿐 아니라 기존의 혼재성 상태를 악화시키거나 유도하여, 임상적인 양상을 더욱 심각하게 하고 자기파괴적 행동을 유발시킨다.[22, 28, 31] 또한 빠른 기분 변화와 공황발작이 양극성장애에서 자살사고 및 행동의 가능성을 높이므로 불안정한 기분은 자살행동에서 주요한 역할을 하게 된다.[32] 양극성장애의 조증/경조증 및 우울증 삽화에서 관찰되는 혼재성 양상은 표 1에 제시하였다.

양극성장애 환자에서의 자살행동은 우울증 삽화나 혼재성 삽화에만 국한되지 않는다. 다행감이 동반되는 전통적인 조증에서는 자살경향이 극도로 낮지만, 혼재성 양상을 가지는 경우 조증 삽화에서도 자살사고나 자살시도가 흔히 나타나게 된다.[11, 12, 17] 일반적으로 2형 양극성장애 환자가 1형보다 자살위험성이 높지만,[13, 14, 18, 30] 1형과 2형 사이에 차이가 없다는 연구 보고들도 있다.[5, 12, 17, 26]

양극성장애에 흔히 동반되는 정신질환으로는 불안장애,[17, 18, 26] 물질사용장애,[17, 33] 경계성인격장애를 비롯한 인격장애,[18, 26, 33] 주의력결핍과잉행동장애[34] 등이 있다. 심각한 신체질환도 고려되어야 하는 데, 특히 여러 질환이 동반되는 경우 자살의 위험성은 더욱 높아지게 된다.[17] 양극성장애의 급성기 치료나 유지치료는 자살시도와 자살성공의 위험성을 상당히 낮추지만,[5, 6, 11, 18] 치료가 부족하거나 초기 약물치료에 반응을 보이지 않는 경우에는 자살의 위험요인으로 고려해야 한다.[25, 28, 35]

기존의 자살시도, 특히 격렬하고 치명적인 방법을 사용했던 경우는 자살시도나 치명

표 1	양극성장애에서의 혼재성 양상

경조증/조증 삽화

- 불쾌감과 우울 기분
- 흥미나 즐거움의 저하
- 정신운동지연
- 피로나 활력의 상실
- 무가치감과 죄책감

우울증 삽화

- 들뜨거나 의기양양한 기분
- 자존감의 증가 또는 과대감
- 말이 많아짐
- 사고의 비약이나 사고 질주
- 활력 또는 목표지향적 활동의 증가(사회적 활동이나 성적 활동)
- 고통스러운 결과를 초래할 가능성이 높은 활동에의 몰두(과도한 쇼핑 등의 과소비, 무분별한 성행위, 어리석은 사업 투자)
- 수면에 대한 욕구 감소

적인 자살의 가장 강력한 단일 예측인자이다.[11, 17~19] 1형 양극성장애 환자의 경우 2형 양극성장애나 주요우울장애 환자에 비해 더욱 격렬하고 치명적인 방법을 사용하며,[12] 이러한 양상은 남성 환자에서 두드러진다.

그 외에도 조기 발병이나 양극성장애의 초기 단계,[5, 11, 12, 16, 26, 36] 급속순환형 경과와 우울 증상이 뚜렷한 경우, 입원이 잦은 경우[11, 17, 33] 또한 자살시도와 자살성공의 가능성을 높인다. 따라서 질환 초기의 높은 자살위험성은 젊은 양극성장애 환자에서 수명이 단축되는 주요한 원인이 된다.[4]

양극성장애의 진단까지 오랜 기간이 소요되거나 치료가 지연되는 경우에도 자살행동의 위험요인이 되며,[30, 37] 첫 삽화가 우울증인 경우에도 자살의 위험을 높인다.[26] 일반적으로 정신과 환자는 퇴원 직후 자살위험성이 급격히 높아지며, 이는 기분장애에서 두드러진다.[25, 38] 퇴원 후의 자살위험성은 우울증 삽화 이후의 혼재성 삽화에서 가장 높으며 다음으로 조증 삽화에서 높다.[25] 퇴원 후 시간이 지남에 따라 위험성은 감소하지만, 우울증 삽화보다는 혼재성 삽화에서 감소되는 속도가 느리다. 퇴원뿐만 아니라 입원 직후에도 자살위험성이 높아지므로 주의해야 한다.[33, 38]

성격 특성도 자살행동 양상의 결정에 중요한 역할을 한다. 공격적이고 충동적인 성격은 일관되게 위험요인으로 간주되고 있으며,[39] 절망과 비관이 심한 경우 자살행동의 위험성은 더욱 증가하게 된다.[19] 양극성장애 우울증 삽화에서 경조증 증상이 많을수록 충동성과 자살시도가 증가하는데, 이는 양극성 우울증과 충동성 사이의 강력한 상관관계를 시사한다.[40] 과민한 기분과 분노발작은 밀접하게 관련되어 있으며 분노발작은 주요우울장애보다는 양극성 우울증에서 흔하게 발생한다.[10, 40]

일반 인구에서 자살시도는 여성에서 많고 자살의 희생자는 주로 남자이지만,[16, 27, 28] 양극성장애 환자군에서는 성별이 자살의 시도나 성공의 예측인자로 고려될 만큼 남녀 차이를 보여주지 못한다.[3, 5, 11, 17, 26] 그러나 최근의 한 연구에서는 양극성장애 환자에서도 일반 인구와 유사하게 여성이 자살시도의 위험인자이며 남성은 자살로 인한 사망의 위험인자로 보고하고 있다.[26] 동성애자, 양성애자, 성전환자들은 양극성장애에 부가된 다른 자살 위험요인을 가지고 있는 경우 자살행동의 위험성이 증가하게 된다.[41]

개인의 과거력과 관련되어서는 과거의 부정적인 생활 사건(부모를 잃거나 부모로부터의 고립, 감정적/신체적/성적 학대),[17, 18, 27] 지속되는 부정적인 생활 환경(실직, 사회적 고립),[17, 18, 27] 급성 심리사회적 스트레스(재정 파탄, 상실)[18, 24, 27] 등이 임상적으로 유용한 자살 예측인자이다. 그러나 급성 정신사회적 스트레스는 양극성장애를 가진 희생자 본인의 행동으로 발생하는 경우가 많다. 조증과 경조증 시기에는 공격적이고 충동적인 행동을 보이기 쉽고, 낭비하거나 성적으로 문란할 수 있기 때문에 대인관계에서의 갈등이나 결혼생활의 파탄과 같은 부정적인 생활 사건이 유발되어 결국 질환의 경과에 부정적인 영향을 미치게 된다.

　1차 및 2차 친척의 자살행동이나 주요기분장애의 가족력은 일반적으로 정신과 환자, 특히 양극성장애 환자에서 자살시도나 성공의 강력한 위험요인이다.[17, 18, 26, 42] 그러나 정신병리를 통제한 후에도 자살희생자의 친척이 대조군의 친척보다 자살시도나 자살성공의 확률이 10배 이상 높기 때문에, 자살행동의 가족요인은 정신질환과는 부분적으로 무관한 것으로 보인다.[43] 최근의 종단 연구에서도 기분장애가 있는 부모의 자살행동은 자녀 개인의 위험요인을 통제 한 후에도 자녀의 자살행동 가능성을 높이는 것으로 보고하고 있다.[44]

　양극성장애에서 임상적으로 확인이 가능한 자살 위험요인은 표 2에 제시하였다. 양극성장애 환자의 자살행동은 기분 삽화가 없을 때는 매우 드물기 때문에 제시된 자살 위험요인은 가장 강력한 예측인자이며, 다른 위험요인이 동반되는 경우는 더욱 가능성이 높아진다. 또한 자살 위험요인의 개수가 많을수록 자살행동의 가능성도 높아지게 된다.

양극성장애에서의 자살 보호요인

다수의 자살 위험요인이 알려져 있지만, 자살행동에 대해 보호 효과가 확인된 요인은 드물다. 좋은 가정과 사회적 지원, 임신과 출산, 다자녀, 강한 종교적 신념, 치명적인 자살 방법의 제한(총기류 통제 법률)이 일부 보호 효과를 보이는 것으로 보인다.[16, 18] 그러나 주요기분장애에서 가장 광범위하게 연구된 자살 보호요인은 급성기 및 유지기 약물치료이다.[5, 6, 11, 18, 28, 31]

　자살은 지역사회에서는 드물지만, 사망 전에 여러 단계의 의료기관과 접촉하는 양극성장애 환자에서는 빈번히 발생한다. 양극성장애 환자가 자살행동 이전에 의료서비스 접촉이 높다는 사실은 자살예방에서 의료인의 역할이 중요함을 보여준다. 불행하게도, 양극성장애 자살희생자와 자살시도자의 일부(1/3 미만)만이 자살시행 당시 적절한 약물치료를 받고 있었다.[45] 2/3의 자살희생자는 첫 시도에 사망하게 되므로 과거에 자살시도가 없었던 양극성장애 환자라 하더라도 자살의 위험성을 고려해야 한다. 즉 자살 위험요인 및 보호요인에 대해 면밀하게 평가하여 가능한 조기에 자살위험성을 인지하고, 자살을 행동으로 옮기기 전에 개입해야 한다.

표 2	양극성장애의 자살 위험요인

기분 삽화와 관련된 위험요인
주요우울 삽화 • 절망감, 죄책감, 삶의 이유가 없음 • 초조성/혼재성 삽화 • 정신병적 특징, 비정형성 특징 • 2형 양극성장애의 우울증 삽화 • 가족이나 사회적 지지의 결핍 혼재성 특징이 포함된 조증이나 경조증 삽화

위험요인으로서의 동반질환
• 1축. 불안장애, 물질사용장애 • 2축. 경계성인격장애 등의 인격장애 • 3축. 심각한 신체질환

질환 경과에 따른 위험요인
• 과거의 자살시도/자살계획/자살사고(특히 폭력적이거나 치명적인 방법을 사용한 경우) • 조기 발병 • 급속순환형 경과 • 첫 삽화나 최근의 삽화가 우울증 삽화인 경우

치료 관련 위험요인
• 의학적 치료의 부족 • 진단이나 치료가 지연된 경우 • 치료 초기 • 입원 직후 • 퇴원 초기(우울증 삽화나 혼재성 삽화로 인한 입원 후) • 입원 빈도가 높은 경우

성격 특성과 관련된 위험요인
• 공격적이고 충동적인 성격 • 순환성, 자극과민성, 우울성 기질 • 동성애, 양성애

개인력과 관련된 위험요인
• 초기의 부정적 생활 사건(부모를 잃거나 부모로부터의 분리, 감정적/신체적/성적 학대) • 지속되는 부정적인 생활 환경(실직, 사회적 고립) • 급성 심리사회적 스트레스(재정 파탄, 상실)

가족력과 관련된 위험요인
• 일차/이차 친족의 기분장애 가족력 • 일차/이차 친족의 자살이나 자살시도의 가족력

양극성 환자에서의 자살행동의 예방

lithium의 급성기 및 유지기 치료는 1형 및 2형 양극성장애 환자에서 자살시도와 자살성 공의 위험을 현저히 감소시킨다.[5, 6, 11, 18, 28, 46] 그러나 divalproex나 carbamazepine과 같은 항경련제의 자살예방 효과는 아직도 논란이 많다. 2008년 미국 식품의약품안전처(FDA) 는 항경련제를 투여 중인 환자에서 자살위험성이 증가하였다고 발표하였다. 그러나 기 분조절제로 사용되는 divalproex, carbamazepine, lamotrigine는 양극성장애에서의 자살위 험을 높이지는 않았다. lithium만큼 충분한 연구가 되지는 않았지만, divalproex는 양극 성장애의 유지치료에서 자살예방 효과가 있는 것으로 보인다.[26, 47] 800여 명의 양극성장 애 환자를 대상으로 하는 최근의 연구에서도 valproate는 자살성공의 위험을 낮추는 경 향을 보였고, 이후의 연구들도 치료 초기 몇 년 동안은 lithium과 유사한 자살예방 효과 가 있다고 보고하였다.[2] valproate 외의 항경련제는 자살예방 효과가 명확하지 않지만, 양극성장애 환자의 자살률은 기분조절제의 처방 횟수가 증가함에 따라 감소된다.[48] 이 상을 종합해보면 lithium은 기분 삽화의 발생을 억제하거나 자살시도 횟수를 감소시킴 으로써 자살예방에 효과적이며, lithium의 사용이 어려운 경우에는 자살예방의 측면에 서 항경련제 중에는 valproate가 추천된다. 또한 자살 위험요인이 하나 이상이면 lithium 에 반응이 없는 경우라도 lithium을 다른 기분조절제로 바꾸지 말고, 저용량의 lithium을 유지하면서 다른 기분조절제를 병합하는 치료전략이 바람직하다.

양극성장애의 치료를 위해서 기분조절제 투약 이외에 항우울제나 항정신병제의 투약 이 필요한 경우가 있다. 그러나 항우울제 단독요법은 양극성장애의 임상경과를 악화시 킬 수 있으며, 간접적으로 자살행동을 유도할 수 있다. 조기에 발병한, 젊은 양극성 우 울증 환자에게 기분조절제 또는 비정형 항정신병약물의 병용 없이 항우울제를 단독으 로 사용하는 경우, 항우울제에 대한 치료저항성이 높아지고 우울증의 임상 상태를 악화 시킬 수 있다. 특히 청소년이나 젊은 성인에서는 조증이나 경조증을 유발할 뿐만 아니 라 우울증의 혼재성 상태나 초조성 우울증을 유발하거나 악화시킨다.[6, 22, 27, 28, 31, 35]

최근에는 기분 삽화의 치료를 위해 비정형 항정신병약물의 사용이 증가하고 있으며, 이들은 유지치료 약물로 이용되기도 한다. 하지만 무작위 대조군 연구가 부족하기 때문 에 항정신병제의 양극성장애 자살에 대한 효과는 아직 불분명하다. clozapine의 경우 유 일하게 자살의 위험을 낮추는 약물로 권고되고 있지만, 그 대상 질환이 조현병이나 조 현정동장애에 국한되어 있다. 양극성장애에서 정형 항정신병약물의 단독요법은 비정형 약물에 비해 자살위험을 높이지만, risperidone, olanzapine, quetiapine 등의 비정형약물들 사이에서는 자살시도율에 차이가 없다.[6, 46, 49] 하지만 정형/비정형 항정신병약물의 단독요법은 기분조절제의 단독요법에 비해 자살위험성이 높고, 치료를 받지 않은 경우에 비해서도 자살위험성이 높아진다는 연구 결과도 있다.[49, 50] 여기서 자살행동의 빈도는 항우울제나 항정신병약물을 단독으로 투약한 환자에서 가장 높고, 기분조절제 단독요법 환자에서는 가장 낮았으며, 병합요법(기분조절제와 항우울제 또는 항정신병약물) 환자의 위험은 그 사이에 위치하였다.[50] 따라서 항우울제와 더불어 항정신병약물도 양극성장애의 증상과 경과를 악화시키거나 자살률을 높일 수 있으므로, 자살위험을 감소시키기 위해서는 기분조절제를 병합하는 것이 도움이 될 수 있다.

항우울제 치료가 양극성장애 환자의 자살행동에 대해 보호요인으로 보고되기도 했고,[51] 국제 양극성장애 학회에서도 양극성장애 환자에서 항우울제와 자살행동의 사이의 관련은 증거가 부족하다고 결론지었다.[52] 하지만 다수의 연구 결과들을 종합해보면 양극성장애 환자에게는 가능한 짧은 기간 동안 항우울제를 투약해야 하며, 유지치료에는 기분조절제가 주된 치료약물이 되어야 한다. 그러나 기분조절제로 치료받는 양극성장애 환자에서도 자살행동의 위험이 잔존하기 때문에 대안적이거나 보완적인 치료전략의 개발도 필요하다.

전기경련치료는 양극성장애에서 대부분의 기분 삽화에 효과적이라고 알려져 있으며 단극성, 양극성 우울증에 모두 효과적이다. 자살예방의 측면에서 본다면 전기경련치료는 빠른 치료반응을 보이므로, 양극성장애의 우울증 삽화에서 효과적인 치료 도구가 될 수 있다.[53] 최근에는 약물에 대한 순응도가 낮거나, 약물에 과민하여 복용할 수 없거나, 약물에 반응이 없는 양극성장애 환자들에 대해 정신사회적 개입이 시도되고 있다.[18, 54] 이들 치료는 재발예방을 위해 고안되었기 때문에 자살예방에도 효과적일 것으로 추정되며, 장기간의 약물치료와 병행하게 되면 좋은 결과를 얻을 수 있을 것이다.[54]

참고문헌

1)   Chang C-K, Hayes RD, Perera G, Broadbent MT, Fernandes AC, Lee WE, et al. Life expectancy at birth for people with serious mental illness and other major disorders from a secondary mental health care case register in London. PloS one 2011;6:e19590.

2)   Crump C, Sundquist K, Winkleby MA, Sundquist J. Comorbidities and mortality in bipolar disorder: a Swedish national cohort study. JAMA psychiatry 2013;70:931-939.

3)   Hayes J, Miles J, Walters K, King M, Osborn D. A systematic review and meta analysis of premature mortality in bipolar affective disorder. Acta Psychiatr Scand 2015;131:417-425.

4)   Kessing LV, Vradi E, McIntyre RS, Andersen PK. Causes of decreased life expectancy over the life

span in bipolar disorder. J Affect Disord 2015;180:142-147.

5) Angst J, Angst F, Gerber-Werder R, Gamma A. Suicide in 406 mood-disorder patients with and without long-term medication: a 40 to 44 years' follow-up. Arch Suicide Res 2005;9:279-300.

6) Rihmer Z, Gonda X. Pharmacological prevention of suicide in patients with major mood disorders. Neurosci Biobehav Rev 2013;37:2398-2403.

7) Harris EC, Barraclough B. Suicide as an outcome for mental disorders: a meta-analysis. Br J Psychiatry 1997;170:205-228.

8) Chesney E, Goodwin GM, Fazel S. Risks of all cause and suicide mortality in mental disorders: a meta review. World Psychiatry 2014;13:153-160.

9) Rihmer Z, Angst J. Mood disorders- epidemiology. 9th ed. Philadelphia, PA: Lippincott Williams and Wilkins;2009.

10) Benazzi F. Mood patterns and classification in bipolar disorder. Curr Opin Psychiatry 2006;19:1-8.

11) Tondo L, Isacsson G, Baldessarini RJ. Suicidal behaviour in bipolar disorder. CNS drugs 2003;17:491-511.

12) Tondo L, Lepri B, Baldessarini RJ. Suicidal risks among 2826 Sardinian major affective disorder patients. Acta Psychiatr Scand 2007;116:419-428.

13) Sani G, Tondo L, Koukopoulos A, Reginaldi D, Kotzalidis GD, Koukopoulos AE, et al. Suicide in a large population of former psychiatric inpatients. Psychiatry Clin Neurosci 2011;65:286-295.

14) Dennehy EB, Marangell LB, Allen MH, Chessick C, Wisniewski SR, Thase ME. Suicide and suicide attempts in the systematic treatment enhancement program for bipolar disorder (STEP-BD). J Affect Disord 2011;133:423-427.

15) Nordentoft M, Mortensen PB. Absolute risk of suicide after first hospital contact in mental disorder. Arch Gen Psychiatry 2011;68:1058-1064.

16) Goodwin FK, Jamison KR. Manic-depressive illness: bipolar disorders and recurrent depression: Oxford University Press;2007.

17) Hawton K, Sutton L, Haw C, Sinclair J, Harriss L. Suicide and attempted suicide in bipolar disorder: a systematic review of risk factors. J Clin Psychiatry 2005.

18) Rihmer Z. Prediction and prevention of suicide in bipolar disorder. Clin Neuropsychiatry 2005;2:48-54.

19) Holma KM, Haukka J, Suominen K, Valtonen HM, Mantere O, Melartin TK, et al. Differences in incidence of suicide attempts between bipolar I and II disorders and major depressive disorder. Bipolar Disord 2014;16:652-661.

20) Kessler RC, Borges G, Walters EE. Prevalence of and risk factors for lifetime suicide attempts in the National Comorbidity Survey. Arch Gen Psychiatry 1999;56:617-626.

21) Szadoczky E, Vitrai J, Rihmer Z, Füredi J. Suicide attempts in the Hungarian adult population. Their relation with DIS/DSM-III-R affective and anxiety disorders. Eur Psychiatry 2000;15:343-347.

22) Benazzi F. Suicidal ideation and depressive mixed states. Psychother Psychosom 2005;74:61-62.

23) Sato T, Bottlender R, Kleindienst N, Möller H-J. Irritable psychomotor elation in depressed inpatients: a factor validation of mixed depression. J Affect Disord 2005;84:187-196.

24) Costa Lda S, Alencar AP, Nascimento Neto PJ, dos Santos Mdo S, da Silva CG, Pinheiro

Sde F, et al. Risk factors for suicide in bipolar disorder: a systematic review. J Affect Disord 2015;170:237-254.

25) Isometsä E, Sund R, Pirkola S. Post discharge suicides of inpatients with bipolar disorder in Finland. Bipolar Disord 2014;16:867-874.

26) Schaffer A, Isometsä ET, Tondo L, H Moreno D, Turecki G, Reis C, et al. International Society for Bipolar Disorders Task Force on Suicide: meta analyses and meta regression of correlates of suicide attempts and suicide deaths in bipolar disorder. Bipolar Disord 2015;17:1-16.

27) Rihmer Z. Suicide risk in mood disorders. Curr Opin Psychiatry 2007;20:17-22.

28) Rihmer Z, Akiskal H. Do antidepressants t(h)reat(en) depressives? Toward a clinically judicious formulation of the antidepressant-suicidality FDA advisory in light of declining national suicide statistics from many countries. J Affect Disord 2006;94:3-13.

29) Tidemalm D, Haglund A, Karanti A, Landén M, Runeson B. Attempted suicide in bipolar disorder: risk factors in a cohort of 6086 patients. PLOS one 2014;9:e94097.

30) Undurraga J, Baldessarini RJ, Valenti M, Pacchiarotti I, Vieta E. Suicidal risk factors in bipolar I and II disorder patients. J Clin Psychiatry 2012;73:778-782.

31) Rihmer Z. Pharmacological prevention of suicide in bipolar patients-A realizable target. J Affect Disord 2007;103:1-3.

32) MacKinnon DF, Potash JB, McMahon FJ, Simpson SG, Raymond DePaulo J, Zandi PP. Rapid mood switching and suicidality in familial bipolar disorder. Bipolar Disord 2005;7:441-448.

33) Clements C, Morriss R, Jones S, Peters S, Roberts C, Kapur N. Suicide in bipolar disorder in a national English sample, 1996-2009: frequency, trends and characteristics. Psychol Med 2013;43:2593-2602.

34) Lan W-H, Bai Y-M, Hsu J-W, Huang K-L, Su T-P, Li C-T, et al. Comorbidity of ADHD and suicide attempts among adolescents and young adults with bipolar disorder: a nationwide longitudinal study. J Affect Disord 2015;176:171-175.

35) Takeshima M, Oka T. Association between the so-called "activation syndrome" and bipolar II disorder, a related disorder, and bipolar suggestive features in outpatients with depression. J Affect Disord 2013;151:196-202.

36) Pompili M, Gonda X, Serafini G, Innamorati M, Sher L, Amore M, et al. Epidemiology of suicide in bipolar disorders: a systematic review of the literature. Bipolar Disord 2013;15:457-490.

37) Nery-Fernandes F, Quarantini LC, Guimarães JL, de Oliveira IR, Koenen KC, Kapczinski F, et al. Is there an association between suicide attempt and delay of initiation of mood stabilizers in bipolar I disorder? J Affect Disord 2012;136:1082-1087.

38) Popovic D, Benabarre A, Crespo J, Goikolea J, González Pinto A, Gutiérrez Rojas L, et al. Risk factors for suicide in schizophrenia: systematic review and clinical recommendations. Acta Psychiatr Scand 2014;130:418-426.

39) Zalsman G, Braun M, Arendt M, Grunebaum MF, Sher L, Burke AK, et al. A comparison of the medical lethality of suicide attempts in bipolar and major depressive disorders. Bipolar Disord 2006;8:558-565.

40) Benazzi F. Major depressive disorder with anger: a bipolar spectrum disorder? Psychother Psychosom 2003;72:300-306.

41) Fitzpatrick KK, Euton SJ, Jones JN, Schmidt NB. Gender role, sexual orientation and suicide risk. J Affect Disord 2005;87:35-42.

42) Rihmer Z, Benazzi F, Gonda X. Suicidal behavior in unipolar depression: Focus on mixed states. In: Tatrelli R, Pompili M, Girardi P, eds. Suicide in psychiatric disorders. New York, NY: Nova Science Publishers, Inc.;2007.p.223-235.

43) Kim CD, Seguin M, Therrien N, Riopel G, Chawky N, Lesage AD, et al. Familial aggregation of suicidal behavior: a family study of male suicide completers from the general population. Am J Psychiatry 2005;162:1017-1019.

44) Brent DA, Melhem NM, Oquendo M, Burke A, Birmaher B, Stanley B, et al. Familial pathways to early-onset suicide attempt: a 5.6-year prospective study. JAMA psychiatry 2015;72:160-168.

45) Isometsä ET, Henriksson MM, Aro HM, Lönnqvist JK. Suicide in bipolar disorder in Finland. Am J Psychiatry 1994;151:1020-1024.

46) Toffol E, Hätönen T, Tanskanen A, Lönnqvist J, Wahlbeck K, Joffe G, et al. Lithium is associated with decrease in all-cause and suicide mortality in high-risk bipolar patients: A nationwide registry-based prospective cohort study. J Affect Disord 2015;183:159-165.

47) Leon AC, Solomon DA, Li C, Fiedorowicz JG, Coryell WH, Endicott J, et al. Antiepileptic Drugs for Bipolar Disorder and the Risk of Suicidal Behavior: A 30 -Year Observational Study. Am J Psychiatry 2012;169:285-291.

48) Søndergård L, Lopez AG, Andersen PK, Kessing LV. Mood stabilizing pharmacological treatment in bipolar disorders and risk of suicide. Bipolar Disord 2008;10:87-94.

49) Yerevanian Boghos I, Choi Young M. Impact of psychotropic drugs on suicide and suicidal behaviors. Bipolar Disord 2013;15:594-621.

50) Yerevanian BI, Koek RJ, Mintz J. Bipolar pharmacotherapy and suicidal behavior. Part I: Lithium, divalproex and carbamazepine. J Affect Disord 2007;103:5-11.

51) Leon AC, Fiedorowicz JG, Solomonon DA, Li C, Coryell WH, Endicott J, et al. Risk of suicidal behavior with antidepressants in bipolar and unipolar disorders. J Clin Psychiatry 2014;75:720-727.

52) Pacchiarotti I, Bond DJ, Baldessarini RJ, Nolen WA, Grunze H, Licht RW, et al. The International Society for Bipolar Disorders (ISBD) task force report on antidepressant use in bipolar disorders. Am J Psychiatry 2013;170:1249-1262.

53) Fink M, Kellner CH, McCall WV. The Role of ECT in Suicide Prevention. J ECT 2014;30:5-9.

54) Rucci P, Frank E, Kostelnik B, Fagiolini A, Mallinger AG, Swartz HA, et al. Suicide attempts in patients with bipolar I disorder during acute and maintenance phases of intensive treatment with pharmacotherapy and adjunctive psychotherapy. Am J Psychiatry 2002;159:1160-1164.

역사적 인물과 양극성장애

Historical figures and bipolar disorder

하지현[+] | 이상열[++]

건국대학교 의학전문대학원 정신건강의학교실[+] | 원광대학교 의과대학 정신건강의학교실[++]

역사적 인물(historical figure)의 정의는 모호한 면이 있다. 대중에게 그 이름이 널리 알려진 유명인(celebrity)과 역사적으로 기록에 남아 한 영역의 사적인 측면에서 충분한 의미가 있어, 후대가 알 필요가 있는 사람은 구별할 필요가 있기 때문이다. 그런 면에서 역사적 인물 여부를 구별하는 것은 세심한 고려를 해야 한다. 저자들은 한국과 외국에서 정치, 문화, 예술사적 측면에서 반복해서 언급되고 있고 사후 충분한 시간이 지났음에도 대중들이 그의 이름과 자기 영역에서 사료적 가치가 충분히 검증되었다고 인정받고 있는 인물들을 역사적 인물로 정의하고 선택하였다. 이 장에서는 정치, 문화, 사회적 영역에서 양극성장애가 있다고 추정되거나 확인된 인물을 소개할 것이다. 이로써 양극성장애가 정신병리적 측면으로만 이해되는 것이 아니라 성격과 행동의 한 특성이며 상황의 맥락적 관점에서는 역사적 가치를 가질 만한 성취를 해낼 수 있는 장점이 될 수 있었다는 점을 이해할 수 있기를 바란다. 양극성장애의 진단기준과 적용이 시작된 것은 오래되지 않았다. 역사적 인물의 양극성장애의 존재는 그런 점에서 추정을 할 수밖에 없다. 현대사에 중요한 인물이라 해도 정신질환의 특성상 자신의 질환을 스스로 밝히게 되는 일은 매우 드물다. 지금껏 알려진 것들은 다음과 같다. (1) 학자들이 역사적 인물의 행동, 일기나 편지와 같은 직접 남긴 문서, 주변의 관찰을 종합하여 추정한 것, (2) 전기나 자서전 등에서 정신과 치료 혹은 근대 유럽의 수용식 정신병원(asylum)에 입원치료의 경험이 기록된 것이 논문이나 저서로 발표된 것들이다. 그 외에 (3) 본인이 인터뷰, 저술 등의 방식으로 직접 밝힌 것과 같은 여러 경로로 알려지게 된 것을 포함할 수 있다. 저자들은 지금까지 알려진 것들을 중심으로 양극성장애를 가진 것으로 추정되거나 확인된 역사적 인물에 대해 소개할 것이다.

사회 정치 영역

영국 국왕 George III(1738~1820)는 기이한 행동으로 재위기간에도 많은 논란이 있었다. 쉽게 흥분하고, 과잉활동을 하여 양극성장애와 유사했다. 일각에서는 그가 앓던 급성 포르피린증(acute porphyria)의 증상이라 하거나 그 치료를 위해 사용하던 비소에 중독된 결과로 해석하기도 한다. 최근 60년의 재위기간 중 그가 쓴 편지들을 모두 컴퓨터 프로그램으로 문장의 형태, 문체, 언어학적 특징을 분석하여 안정기와 급성 조증 삽화 시기에 확연한 차이가 있음을 밝힌 연구가 있었다.[1]

미국의 군인 William Tecumseh Sherman(1820~1891)은 미국 육군사관학교 수석에 가깝게 졸업, 바로 군대를 떠나 사업을 벌리다 실패하여 큰 빚을 졌고 오랜 시간 침울한 상태로 지냈다. 군대로 돌아가 신설 사관학교 교장을 하다 남북전쟁에 참전했는데, 그는 북군을 이끌고 남군 점령지역 깊숙한 곳까지 침투하면서 시민들의 재산을 약탈하고 파괴하는 파격적인 전략을 시도해서 큰 성공을 거뒀다. 전투를 하는 기간 동안 그는 극도로 예민하고 정력적이었고 기분이 고조된 상태를 유지했다. 그는 전면전을 도입한 현대전의 창시자로 불린다. Gaemi는 남북전쟁이 교착 상태일 때 Sherman 장군이 조증의 창의성으로 새로운 문제를 만들어 오래된 문제를 해결했다고 하였고, Sherman의 일생을 연구한 한 연구에서 그의 양극성장애의 증거가 다수 발견되었다.[2,3]

Winston Churchill(1874~1965)은 영국의 정치인으로 2차 세계대전 말기에 수상을 지냈다. 그는 20대 초반, 30대 중반 내무장관을 할 때, 그리고 40대와 50대 두 번 등 뚜렷하고 심한 우울증 삽화를 경험했다. 본인이 그 시기를 '검은 개'라고 칭할 정도였다. 35세경에 경험한 우울증은 2~3년간 이어지기도 했다. 그러나 우울증에서 벗어나고 나면 활달하고 성미가 까다롭고 공격적인 사람이 되었다. 대단히 사교적, 외향적이었고 행동과 생각이 빠르고 충동적이었으며 잠을 거의 자지 않고 많은 양의 저서를 완성해서 평생 72권의 저술을 남겼다. 미국의 전 대통령인 Roosevelt는 Churchill에 대해 "Churchill은 하루에 100개의 아이디어를 냈는데 그중 네 가지 정도가 좋았다"고 회고했다. 현재의 진단기준으로 보자면 2형 양극성장애에 가깝다고 할 수 있다.

Franklin Delano Roosevelt(1882~1945)는 미국의 32대 대통령이다. 언제나 에너지가 많고 사교적이며 외향적인 성격으로 쉬지 않고 말을 하는 다변가였다. 13년의 집권 동안 399회의 철도이동을 하였고, 매주 2번 100여 명의 기자들 앞에서 기자회견을 했는데 총 1,000회를 했다. 언제나 개방적이고 호기심이 많으며 유머가 많았다. 뚜렷한 양극성 장애라기보다 기분고조형 성격이라 할 수 있고, 39세에 소아마비를 앓고 난 이후 하체에 장애가 생긴 이후 공감능력이 강화되면서 더욱 성숙해진 면이 관찰되었다.[3]

Adolf Hitler(1889~1945)는 나치 정권을 만들고 제2차 세계대전을 일으킨 독일의 정치인이다. 아버지를 포함해 가족에서 정동의 불안정성이 관찰되어 가족력의 요인이 있다. 그의 친구 August Kubizek는 10대 말~20대 초에 그에 대해 "희열에 들떠 몰두하고 활동할 때와 아닐 때의 차이가 뚜렷하고, 몇 시간이고 걸어다니고, 일단 어떤 착상이 떠오르면 지루해하지 않고, 시간, 잠, 배고픔 등을 잊어버렸다"는 관찰을 했다. 기분이 고조될 때에는 수 시간 동안 쉬지 않고 정치에 대해 이야기하고 과대사고적 사회개혁을 설파했다. 반면 우울할 때는 많이 자고 혼자 식사를 하고 집중하기 어려워했다. 전반적으로 과대사고와 생각의 과다가 많이 관찰되었고 고함을 자주 치며 충동적인 면이 그의 말과 글, 기록된 필름 등에서 관찰된다. 1937년 정권을 잡기 전까지 그의 이런 경향은 카리스마, 정치적 창의성으로 표현되고 인식되었다. 많은 학자들이 그의 정신병리를 진단했는데 양극성장애, 후기에 자주 사용하던 amphetamine에 의한 정신증 등이 자주 언급된다. 그의 과대사고와 조증 경향은 amphetamine에 의해 악화되어 현실검증력의 저하로 이어진 것으로 해석하기도 한다.[3]

국내에서는 조선시대 사도세자(思悼世子 1735~1762)에 대한 연구가 있다. 아버지 영조에 의해 뒤주에 갇혀 아사한 후에 아내 혜경궁 홍씨가 쓴 한중록(閑中錄)의 묘사를 분석하여 사도세자의 정신병리를 분석하고 조선시대 이씨 왕조의 가계도를 분석하여 정신증상의 가족력을 보았다. 그 결과 20세와 21세에 기분저하와 자살사고를 동반한 우울증 삽화를, 21세 여름과 22세 여름에 기분과민, 고양된 기분, 난폭한 행동을 동반한 조증 삽화로 추정되는 행동과 감정변화가 관찰되었다. 25~26세에도 조증 삽화가 재발했고, 이때에는 환청 등 정신 증상이 동반된 것으로 추정된다. 27세에 사망할 때까지 정신증을 동반한 조증 삽화가 지속되어 이것이 그의 사망과 연관된 것으로 보인다.[4]

문화예술계

음악

Robert Schumann(1810~1856)은 독일의 작곡가로 20대부터 우울 증상이 있었고, 그 사이에 경조증으로 추정되는 행동과 감정의 변화가 관찰되었다. 우울증이 있을 때에는 환청과 같은 정신 증상이 동반될 정도의 중증이었다. 그의 양극성장애는 작품활동에 의해 평가되기도 했다. 우울증 삽화가 있을 때나 정상적 기분일 때 한 해에 5편 이내의 작품을 완성한 것과 달리, 1840년에는 24편, 1849년에는 27편 등 몇 배 많은 작품을 발표했다. 그 후 1855년까지 중증 우울 증상으로 두 번 자살을 시도한 후 1856년 46세에 정신병원에서 사망하였다. 그의 아들 중 하나도 30년 동안 정신병원에서 치료를 받았다.[5]

Ludwig Von Beethoven(1770~1827)은 빠른 정서의 변화와 불안정성, 알코올 문제가 있었다. 청력상실을 포함해 전반적으로 고립된 채 살았으며, 우울감이 지속되었고 세상에 대한 부정적 태도를 갖고 살았으나, 내면은 과대망상 수준의 능력에 대한 믿음이 있었다는 전기 작가들의 평가를 받는다. 이에 우울과 자살사고를 동반한 빠른 기분의 변화와 전반적 우울기조에도 불구하고 조카의 양육권을 둘러싼 7년에 걸친 편집증적 법정 소송 등을 종합하여 그가 양극성장애가 있다고 보는 견해가 있다.[6]

이탈리아의 작곡가 Gioacchino Rossini(1792~1868)는 37세가 될 때까지 39곡의 오페라를 작곡했다. 그런데 갑자기 오페라 작곡을 멈추고 40년간 더 이상 작품을 내놓지 않았다. 전기를 분석해보면 그의 이런 변화에 심한 우울 증상이 영향을 미친 것으로 보인다. 반면 그의 청소년기의 행동은 경조증이나 기분고조형 성격으로 추정할 수 있는 증거가 많고, 그런 성향이 청년기에 짧은 기간에 매우 많은 곡을 작곡하는 데 영향을 미친 것이다. 이런 점을 감안하여 그가 양극성장애를 가졌을 것으로 판단할 수 있다.[7]

현대 작곡가로는 Malcolm Arnold(1921~2006)가 있다. 평소 심한 기분변화가 있었다. 영화음악 '콰이강의 다리'를 작곡한 것으로 유명한데, 그는 이 곡을 단 10일 만에 완성하였다. 그는 양극성장애와 알코올 문제로 1978년 입원치료를 받았고 이후에도 치료를 받은 것으로 알려져 있다.

문학

독일의 철학자 Friedrich Nietzsche(1844~1900)는 '인간을 가장한 신'이라고 주장하는 과대사고, 반복적 발작이 있어 여러 번 정신병원에 입원을 했었다. 양극성장애가 있었을 것으로 추정하는 연구가 많고, 일부에서는 신경매독과 이로 인한 치매 증상으로 보는 견해도 있다.

영국의 시인으로 William Blake(1757~1827)와 George Gordon Byron(1788~1824)이 양극성장애가 있었던 것으로 추정된다. Alfred Tennyson(1809~1892)은 아버지, 할아버지, 직계형제들에서 양극성장애 등 정신질환의 가족력이 관찰되었고, 그 자신이 조증으로 사망할 때까지 정신병원에 입원했었다. Virginal Wolf(1882~1941)는 심한 우울증을 앓은 것으로 알려져 있으나 일부에서는 양극성장애로 보는 견해가 있다. 심한 우울 증상이 있을 때에는 환청을 동반한 정신 증상이 있을 정도로 심각하고, 정동의 불안정이 있었으며, 어머니의 사망 이후인 13세경부터 일찍 우울 증상이 있었던 점, 1904년에는 아버지 사망 이후 자살시도를 한 점 등이 양극성장애를 시사하는 소견이다. 그녀는 1941년 산책 중 행방불명되었고 자살로 판명되었다.

영국 소설가 Charles Dickens(1812~1870)는 주기적으로 심한 우울증 삽화가 있었는데, 이 시기에는 집필 중이던 글을 마치지 못할 정도였다. 그에 반해 활동성이 많을 때에는 매우 많은 양의 작품을 단기간에 완성하여 뚜렷한 차이가 있었다. 이런 작품 활동의 차이와 일상 활동성의 분명한 대비로 양극성장애를 갖고있었던 것으로 본다.

Sylvia Plath(1932~1963)는 20세에 우울증이 시작되었고, 여러 번의 전기경련치료와 인슐린 코마요법, 정신치료를 받았고, 결국 자살하였다. 일부에서는 그녀가 2형 양극성장애일 수 있다고 보기도 하지만, 최근 한 연구에서 자세한 사례분석을 통해 현대 진단기준으로 보면 정신 증상을 동반한 주요우울장애와 경계성인격장애가 동반한 것이라고 보는 것이 타당하다는 주장이 엇갈리고 있다.[8]

미국의 소설가 Ernest Hemingway(1899~1961)는 아버지가 자살을 했고 형제 중 여러 명 역시 자살을 했으며, 조카딸이자 모델인 Margaux Hemingway도 우울증과 폭식증을 앓다가 자살하였다. 이와 같은 현저한 가족력은 또한 막내아들 Gregory가 양극성장애로 진단받고 치료한 것으로 더욱 뚜렷해진다. 그의 전기들은 반복적으로 그가 양극성장애, 알코올의존, 두부손상이 있었던 것으로 보고하며, 성격적으로 경계성 혹은 자기애성 인격 성향이 관찰된다고 한다. 그의 첫 번째 부인은 그의 기분변화를 "기분이 하늘 높은 줄 모르게 올라가고 감정적으로 매우 강렬해진다. 폭발할 준비가 된 사람처럼 보인다"라고 묘사한 바 있다. 1924년 한 해에 7편의 단편소설을 써내는 왕성한 창작성과를 보였는데, 당시 "3주째 잠을 자지 않았다. 머릿속에서 밤새 달리는 느낌이다"라고 한 바 있는 것으로 보아 조증 삽화에 가까운 상태로 추정한다. 그는 1960년에 접어든 이후부터는 피해망상이 동반된 심한 우울 증상과 조절되지 않는 알코올 문제로 결국 치료를 받게 되었다. 미국의 Mayo 클리닉에서 전기경련치료를 받았고, 퇴원 이후 자살했다.[9]

미국의 시인 Ezra Pound(1885~1972)는 제2차 세계대전 중 이탈리아에서 반미활동과

정신질환이란 무엇인가?

정신질환도 역시 명확한 정의를 내리기는 어려운 개념이다. 그러나 미국 정신의학회의 정신질환의 진단 및 통계 편람(Diagnostic and Statistical Manual of Mental Disorders, DSM)과 세계보건기구의 국제질병분류(International Classification of Disease, ICD)에 정신질환에 대한 실용적인 개념이 규정되어 있다. DSM에서는 정신질환을 고통이나 기능장애, 자유의 상실과 연관될 수 있어서 임상적으로 의미가 있는 행동 혹은 심리적 증후군이라고 규정하고 있고, ICD는 개인 기능의 손상이나 고통을 동반하는 행동이나 증상의 조합이라고 규정하고 있다. 이렇게 두 체계 모두 어떤 형태의 기능장애와 연관된 증상들이 모여 있는 것이라는 조작적 정의를 사용하고 있다.

역사에 따른 개념의 변천

예술가들의 기행은 이전부터 많이 알려져 있었고, 인간의 광기와 창의성을 연관 짓는 개념도 오랫동안 존재해왔다. 신화에는 예술의 여신인 뮤즈의 광기에 대한 언급이 있고, 고대 그리스에서 소크라테스와 플라톤은 광기를 생각과 감정이 심각하게 변형된 상태로 보았으며 아리스토텔레스는 멜랑콜리(melancholy), 광기(madness)와 영감(inspiration)의 관계에 대해 기술하였다. 중세에는 광기에 대한 편협한 시각이 우세하다가 르네상스 시절에 다시 천재성과 광기, 우울의 관련에 대한 관심이 생겨났다.

이후 이에 대한 관념들은 시대에 따라 급격한 관점의 변화가 이어졌는데, 18세기에는 이성의 시대가 도래하면서 천재성에는 이성적 사고가 필수라는 개념이 강하였고, 19세기에는 낭만주의자들이 극단적인 경험과 정서가 예술적 영감과 표현에 중요하다고 주장하면서 완전히 반대의 관점이 우세하였다. 19세기 후반부터는 급진적 낭만주의 경향이 다소 약화되었고, 이 당시 새로 발달하기 시작한 심리학과 정신의학에 의해 천재성과 광기에 대한 학문적 검토가 시작되었다. 자신이 심한 우울증을 앓은 것으로 알려진 19세기 후반의 저명한 심리학자 William James나 정신의학의 아버지인 Emil Kraepelin도 심한 조울병은 매우 심각한 고통과 기능손상을 초래하지만 경미한 감정의 기복은 긍정적 측면이 있음을 기술하였다.

이렇게 광기와 창의성의 막연한 연관에서 시작된 개념은 근대에 들어 계몽주의적 관점과 낭만주의적 관점을 왔다 갔다 하였지만, 이제는 학문적인 연구와 올바른 관점이 필요한 시기가 되었다. 예술가, 창의성과 연관이 있는 정신병리로 이전에는 조현병과 우울증이 주로 고려되었으나, 1970년대 이후 구조적인 연구가 이루어지고 양극성장애에 대한 이해가 발달함에 따라 현재는 양극성장애가 창의성과 연관이 있는 대표적인 정신병리 현상으로 여겨지고 있다.

예술가와 양극성장애

유명한 예술가들이 정신질환을 겪었다든지, 정신병원에서 일생을 마감했다든지 하는 일화들은 매우 많다. 병원에 수용된 경력이 있는 작가만 하더라도 William Faulkner, Scott Fitzgerald, Ernest Hemingway, Eugene O'Neill, Virginia Woolf, Tennessee Williams 등 상당히 많다.

이미 사망한 유명 예술가들을 정확히 진단하는 것은 객관적 기록 부족과 진단체계의 변화로 인해 쉽지 않지만, 양극성장애를 겪었을 것이 거의 확실한 예술가들—Virginia Woolf, Robert Schumann, Byron, Vincent van Gogh—의 면면은 이들의 창의성과 양극성장애의 관련성에 대한 관심을 불러일으키기에 충분하다.

Virginia Woolf는 의식의 흐름에 따른 소설 장르를 탄생시킨 20세기 영국의 모더니즘 작가로, 일생에 걸쳐 심한 기분 변동과 정신착란 증세가 있었던 것으로 기록되고 있다. 잠 못 이루는 밤에 대한 묘사라든지, 감정의 양극단에서 줄타기를 하는 것과 같은 느낌을 표현한 글들은 현재 기준의 양극성장애가 거의 확실한 것으로 평가된다. Virginia Woolf는 결국 59세에 강에서 자살함으로써 생을 마감하였다.

낭만주의를 대표하는 작곡가 중 한 사람인 Robert Schumann은 20대부터 불안한 감정 상태가 있었고, 30대에 들어서는 왕성한 작곡 시기와 극심한 우울 시기가 번갈아 나타난 것으로 잘 알려져 있다. 40대에는 라인강에 몸을 던져 자살을 시도하였으나 목숨을 잃지는 않았고 이후 정신병원에 입원하여 지내다가 결국 그곳에서 사망하였다. 낭만파 시인을 대표하는 Byron도 역시 극심한 우울과 격렬한 열정으로 유명하며, 화가 Vincent van Gogh가 격렬한 감정 상태에서 자신의 귀를 자르는 자해를 한 것은 예술가의 극단적 행동을 이야기할 때 항상 언급되는 대표적인 예이다.

창의성과 광기에 대한 신비롭고 낭만적 해석은 이런 예술가들의 예로써 구체적 개념이 되었고, 오랫동안 사람들의 화제에 오르내리는 주제였다. 하지만 의학과 심리학의 발전과 더불어 이런 애매모호한 개념이 조금씩 구체화되기 시작하였다. 인간의 감정과 창의적 능력이란 인간의 본성을 이해하는 데 매우 중요한 요소들이기 때문에 이 주제에 대한 관심은 파악하기 어려움에도 불구하고 줄어들지 않고 있다.

뛰어난 창의성에 대한 연구와 일반인 대상 연구

창의성과 정신질환에 대한 수많은 금언과 경구에 비해 이에 대한 체계적 연구들은 일관된 결론을 내릴 만큼 충분하지가 않다. 이 주제에 대한 연구 자체가 어려울 뿐 아니라 여러 연구들의 방법들이 일관된 결론을 내리기에는 제한점이 많기 때문이다.

유명인의 일대기 연구(biographical studies)

유명인들의 일대기 연구들은 조증, 우울증과 같은 극도의 정서 상태가 유명인들의 인생과 업적에 미친 영향과 같은 매우 흥미로운 정보들을 제공해준다. 하지만 이런 일대기 연구들은 정보의 정확성과 객관성에 상당한 한계가 있기 마련인데, 유명인 자신이나 전기 작가들이 아무리 객관적이기 위해 노력을 한다고 해도 한 가지 관점으로 기술될 수밖에 없고, 편지나 일기, 비망록 같은 자료들도 남을 의식하지 않고 쓰일 수 없기 때문이다. 그리고 자료들이 작성된 시기의 사회 분위기도 유명인의 행동에 대한 해석에 많은 영향을 끼친다. 낭만적인 예술관이 강한 사회 분위기에서는 예술가에게는 광기나 우울, 자살들이 흔하고 정상적인 것이라는 관념이 지배적이어서 예술가의 인생과 행동에 대한 객관적 평가가 어려울 수 있고, 이런 사회 분위기는 시기에 따라 또 달라지기 때문이다.

또한 양극성장애의 진단 개념이 명확히 확립되지 못하고 시대나 연구자에 따라 차이가 많았던 점도 일대기 연구의 한계로 작용한다. 오랫동안 양극성장애의 진단에서 조증에만 임상적 관심이 모아져 우울증이 상대적으로 관심을 덜 받았던 경향이 있었고, 환각 등의 정신병적 증상이 있으면 양극성장애를 고려하기도 전에 조현병으로 예단하는 경향도 있었다. 그러나 최근에는 양극성장애에 대한 이해가 넓어지면서 예술가들의 일대기를 양극성장애에 비추어 체계적으로 분석할 수 있는 경우가 많아졌고, 이에 따라 양극성장애와 창의성에 대한 연관이 다른 정신질환에 비해 더 많은 공감을 얻고 있다.

작가들과 화가들의 정신질환에 대한 일대기 연구는 19세기 말과 20세기 초에 시작되었다. 이 시기의 많은 연구자들은 천재들의 일생을 살펴본 결과 양극성장애나 기분 불안정이 많았다고 보고하였고, 천재들의 가족들 중 정신질환을 겪은 사람이 많았다는 연구 결과도 내놓았다. 한 연구는 천재들 중에서도 과학자나 정치인에 비해 화가나 시인에게 정신질환이 많은 경향이 있다고 하였다.[8] 이후 20세기 후반부터 비교적 규모 있는 체계적 연구가 보고되었는데, 113명의 예술가와 그 가족을 조사한 독일 연구에서는 이들 중 1/3이 정신적으로 건강하지 않아 일반 인구에 비해 정신질환이 많았다고 하였다. 가장 장애가 흔한 직업군은 시인(50%), 음악가(38%), 화가(18%), 건축가(17%) 순이었으며, 이들의 가족들에서도 순환성 정동, 자살, 양극성장애가 많이 발견되었다고 하였다.[9] 많은 다른 연구들도 여러 한계점을 보이고 있지만 뛰어난 예술가들 중에 정신병적 증상이나 정신병원 입원, 자살이 일반 인구나 다른 직업군에 비해 월등히 많다는 것은 매우 일관되게 관찰되었다.

기분장애에 중점을 둔 연구들도 몇몇 시행되었다. 36명의 위대한 영어권 시인의 자료를 조사한 Jamison은 양극성장애에 대한 체계적인 접근 결과, 정신병적 증상과 양극성장애가 상당히 많았고, 17%가 정신병원 입원 경력이 있었고, 22%가 정신병적 증상, 6%가 자살하였다고 보고하였다.[10]

예술가 대상의 구조적 면담 연구(structured interview research)

일대기 연구와 달리 현재 생존해 있는 예술가들을 대상으로 구조적 면담과 대조군을 이용한 연구들도 1970년대부터 시행되었다. Andreason과 Canter[11]는 30명으로 구성된 작가 모임을 대상으로 조사한 결과 대조군에 비해 양극성장애를 비롯한 기분장애와 알코올의존이 월등히 많았다고 보고하였다. 작가들 중 80%가 주요우울장애(37%), 1형 양극성장애(13%), 2형 양극성장애(30%)의 진단기준에 부합하였고, 대조군은 총 30%만 기분장애의 진단기준에 부합하였다.

DSM-III-R과 생애 창의성 척도(Life Creativity Scale)[7]를 59명의 여성 작가와 59명의 여성 대조군에 적용한 Ludwig[2]의 연구에서도 작가들이 우울증이나 조증의 진단기준에 부합하는 경우가 훨씬 많았으며 자살시도의 경험은 5배나 더 많았다고 보고하였다. 또한 작가들에서 공황발작, 약물남용, 섭식장애도 더 많았다고 보고하였다.

각 분야에서 최고 수준의 상을 수상한 적이 있는 시인, 극작가, 소설가, 화가 등 47명을 조사한 Jamison[10]의 연구에서는 이들 중 38%가 기분장애로 치료를 받은 적이 있고, 치료받은 예술가들 중 70% 이상이 항우울제나 lithium으로 약물치료를 받거나 입원을 한 적이 있다고 하였다. 또한 이들 중 시인이 가장 많은 정신병리를 보여 33%가 우울증으로 약물치료를 받거나, 17%가 조증으로 약물치료 또는 입원치료를 받은 적이 있어, 총 50%가 의학적 치료를 받은 적이 있었다. 하지만 이 연구에서도 경조증이나 조증에 대한 체계적 질문은 시행하기 어려워 양극성장애가 충분히 조사되지는 않은 면이 있다. 대상자의 약 1/3이 심한 기분 변동을 경험한 적이 있고, 약 1/4이 기분이 들뜬 시기가 있었다고 보고한 것을 고려하면 양극성장애가 실제로는 더 많이 있을 가능성을 시사한다. 또한 소설가와 시인에게 기분의 상승이 가장 자주 일어나고, 극작가와 화가가 가장 심한 기분 변동을 보고하는 한편, 전기 작가는 이런 기분 변화를 전혀 보고하지 않아 일반인과 가장 비슷한 특성을 보였는데, 전기 작가가 생산하는 글의 양은 많지만 일반적으로 창의성 발휘가 적은 것을 고려하면 매우 흥미로운 결과라고 할 수 있다.

또한 이 연구는 예술가들에게 특별히 창작 활동이 왕성했던 기간이 있었는지 조사하였는데, 89%의 예술가들이 강한 창의성의 기간이 있었다고 답변하였고, 이런 기간은 대체로 2주간 지속된 경우가 가장 많았다. 이 시기에 보인 기분의 변화와 인지적 변화는 경조증에서 보이는 변화와 비슷하였는데, 열정과 에너지의 증가, 자신감 고조, 연상 속도의 증가, 기분의 고양, 행복감이 많이 나타났다. 하지만 경조증에서 특징적으로 나타나는 변화인 행동의 변화, 즉 과도한 성행동, 말이 많아짐, 돈을 많이 쓰는 행동까지 있었다고 답한 사람은 매우 적어서, 경조증 삽화와 '강한 창의성 삽화'의 차이를 암시한다. 기분의 변화와 인지적 변화는 경조증의 더 경한 모습이며 강한 창의성 삽화와 연관이 있고, 행동의 변화는 경조증의 본질을 더 잘 나타내며 창의성을 해친다는 가정을 해볼 수 있다. 하지만 아직 이 두 삽화가 근본적으로 다른 것인지, 같은 것의 심각도 차이인지는 알 수 없다.

기분장애는 계절과도 연관이 많으므로 창작 성과와 기분을 계절에 따라 조사한 내용도 흥미롭다. Jamison[10]은 예술가들이 36개월 동안 자신의 창작 성과와 기분을 기록하도록 하였고, 이들을 기분장애 치료경력이 있는 사람과 없는 사람으로 구분하여 비교해 본 결과 두 집단 사이에 뚜렷한 차이를 보였다고 보고하였다. 치료경력이 있었던 예술가들은 여름에 주로 기분이 상승되면서 오히려 창작 성과가 떨어졌고, 치료경력이 없었던 예술가들은 기분이 상승되면 창작 성과도 좋아져서 기분과 창작 성과가 비슷하게 변화하는 양상을 보였다. 이에 대하여 Jamison은 두 가지 가능한 해석을 제시하였는데, 하나는 기분 상승과 함께 창작 성과가 좋은 경우에는 치료로 연결되지 않는 경향이 있다는 해석과, 다른 하나는 치료경력이 있는 예술가들의 기분 상승이 진정한 경조증이고, 그렇기 때문에 창작 성과가 낮아진다는 해석이다. Andreason[11]도 몇몇 작가들에서 경조증이 확실히 창작 성과를 낮추는 경향이 있었다고 보고하였다. 이들이 경험하는 에너지의 증가가 창작 성과로 집중되지 못하고 개인적인 일이나 주변 사람들과의 관계 등에 소진된다는 것이다.

이렇게 경조증 시기와 강한 창의성 시기를 구별하기는 쉽지 않고, 서로 겹치는 부분이 상당히 존재한다. 특히 행동적인 측면보다 인지와 기분의 측면에서 겹치는 부분이 많다. 사실 정상 상태부터 경조증 시기, 조증 시기에 이르는 다양한 기분 상태는 조울병의 개념에서 매우 중요하지만 자세한 연구와 이해는 부족하다. 각각의 기분 상태가 서로 원인이 다른 개별적 증후군인지, 같은 원인의 다른 표현인지도 명확하지 않다. 그러므로 예술가들이 자신의 일반적인 기분 상태를 일반인들보다 더 민감하게 느끼고 더 적극적으로 표현하는 것인지, 아니면 근본적으로 다른 기분 상태가 되는 것인지도 명확하지 않은 것이다.

그러나 구조적 면담 연구들은 비교적 객관적인 정보들을 많이 제시하였고, 이를 통해 20세기 후반부터는 양극성장애, 주요우울장애를 포함한 기분장애가 창의성과 연관이 많은 정신병리로 급부상하였다.

일반인의 창의성에 대한 연구와 최근의 인구조사 분석 연구

위에 언급한 연구들은 탁월한 창의성을 보인 예술가들을 대상으로 한 연구였다. 그러나 창의성이란 반드시 뛰어난 인물에서만 나타나는 것이 아니다. 일반인들의 창의성도 무척 흥미로운 주제이며 이에 대한 연구가 오히려 우리 사회에는 더 필요할 것이다. 일반인의 창의성 연구는 탁월한 예술가 대상의 연구에 비해 많은 대상자를 포함시킬 수 있다는 장점이 있지만, 일반인의 창의성을 측정하기가 쉽지 않고 타당도가 떨어진다는 약점도 있다. 1980년대에 행해진 두 연구에서도 순환성 정동을 지닌 사람이 대조군에 비해 창의성이 높고, 양극성장애 환자의 가족도 대조군에 비해 창의성이 높다고 보고하였다.[12, 13] 하지만 1형 양극성장애 환자는 창의성이 유의하게 높게 측정되지 않아서 기분 변화를 가진 사람들 중에서도 기능이 비교적 좋을 때 창의성에 이점이 있다는 것을 시사하였다.

최근 Kyaga 등은 스웨덴 전국민 인구조사의 방대한 자료를 이용하여 창의성과 정신질환의 관계를 분석한 연구들을 발표하였다. 조현병, 양극성장애, 주요우울장애 환자 30만 명과 그 가족의 직업을 분석한 이 연구는 양극성장애 환자 그리고 조현병과 양극성장애 환자의 가족이 창의적인 직업에 종사하는 비율이 유의하게 높다고 보고하였다. 조현병 환자는 창의적 직업의 종사 비율이 유의하게 높지는 않았으나 예술 분야에 국한한 창의적 직업의 종사 비율은 높게 나타났고, 주요우울장애와 그 가족은 창의적 직업 종사 비율이 대조군에 비해 높지 않은 것으로 나타났다.[14] 이어진 후속 연구에서 이들은 전체 정신질환으로 범위를 넓혀 40년간의 인구 조사 자료에서 뽑아낸 환자 117만여 명과 그 가족의 직업을 분석하였는데, 양극성장애 환자들만이 전반적으로 창의적인 직업에 종사하는 비율이 높았고, 다른 질환을 가진 환자들은 대조군과 유의한 차이가 없었다. 하지만 작가에만 국한해보면 작가라는 직업은 양극성장애뿐만 아니라 조현병, 주요우울장애, 불안장애, 물질남용, 자살과 유의하게 연관이 있는 것으로 나타났다. 또한 조현병, 양극성장애, 거식증 환자의 1차 친족과 자폐증 환자의 형제자매도 창의적 직업과 연관이 있다고 보고되었다.[15]

창의성과 양극성장애의 관계에 대한 가설

질환의 특징으로서의 창의성

많은 예술가나 작가들은 영감이 넘치고 창작열이 불타는 시기의 기분 상태를 매우 고양되고 상승되어 환희에 찬 상태라고 말하는데, 이것은 경조증의 기분 상태와 매우 유사하다. 또한 이런 기분의 고양은 생각의 속도가 빨라지고 유창해지는 현상과 함께 나타나는데, 이것도 경조증에서 자주 보이는 현상이다. 생각의 속도가 빨라져 그 내용과 연상작용이 증가되면 생각의 질도 달라질 수 있다. Guilford[16]의 연구에 따르면 창의적 생각은 몇 가지 요소를 포함하는데, 생각의 유창성(fluency of thinking), 자발적 융통성(spontaneous flexibility), 적응적 융통성(adaptive flexibility)이 중요하다고 하였다. 또 몇몇 연구자들은 일반인이나 조현병 환자와는 달리 조증 환자들에서 특징적인 조합적 생각(combinatory thinking) —감각, 생각, 영상 같은 것들이 섞여서 나타나는 생각 —이 많다고 하였다. Andreason과 Glick[4]의 연구에서도 조증 환자들이 조현병 환자에 비해 다양한 대상들을 한 가지의 모호한 개념으로 합쳐버리는 경향이 있다고 하였다.

단어연상 연구에서 조증 환자들은 조증 기간 동안에 보통 때보다 특이한 연상 단어를 3배나 많이 말하는 경향을 보였다. 반면 흔하고 일반적인 반응은 보통 때보다 1/3이나 줄어든 수치를 보였다. 또한 이런 단어연상 패턴의 변화는 조증 증상의 심각도와 비례했다.[17] 이외에 경조증이 웩슬러 성인 지능지수 검사(Wechsler Adult Intelligence Scale)의 점수를 높이는 효과가 있다는 보고도 있었고,[18] 기분 고양이 창의적 문제해결능력과 연관이 있다는 보고도 있었다.[19] 이렇게 창의적 시기와 경조증 시기는 많은 것을 공유하여 연상속도의 증가, 새로운 아이디어, 원활한 생각의 흐름, 확장성 등을 나타낸다. 많은 예술가들의 진술과 연구들을 보면 창의성이 높아지면 기분이 고양되고, 창작이 잘 안 될 때에는 기분이 우울해진다고 할 수 있지만, 반대로 기분 고양이 창의적 생각을 유발하고, 우울한 기분이 창의성을 떨어트린다는 점도 자주 관찰된다. 이렇게 경조증의 인지적 특징은 창의성의 인지적 특징과 비슷한 측면이 많다. 그러나 상상력이 없는 일반적인 사람이 인지능력만 향상된다고 해서 창의적인 천재가 되는 것은 분명히 아니다. 또한 창의성이 있는 사람도 조증 증상이 심하여 사고의 연상이 급해지거나 이완된다면 창작열이 높아지는 것이 아니라 다른 결과가 생길 수도 있다.

질환의 특성과 연관된 성격 기질로서의 창의성

창의성과 양극성장애는 어떤 성격과 연관이 있을까? 양극성장애와 성격 기질에 대한 연구도 활발하기 때문에 창의성, 성격 기질, 양극성장애의 관계에 대한 의문은 충분한 흥미를 유발한다. 기질이나 성격 특성에 대한 연구들은 창의적인 사람들에게 끈기, 자기확신, 모험을 즐기기, 독립성, 충만함 등이 많이 관찰된다고 보고하고 있는데, 이는 경조증이나 순환성 기질의 특성과도 비슷하다. 한 연구에서는 이런 특성들 중에서 사고의 유창함과 탈억제(disinhibition) 특성이 특히 중요하다고 주장하였는데, 탈억제 특성은 주변의 수많은 자극에 개방적인 특성을 말하는 것으로, 하버드대 학생들 중 창의성이 높은 학생들이 낮은 학생들에 비해 억제 점수가 낮게 나타나 이런 주장을 뒷받침하였다.[20] 이 연구자들은 이 결과를 바탕으로 사고의 유연성과 낮은 억제 성향이 극도로 합쳐질 때 어떤 사람에서는 정신질환이 초래되고 어떤 사람에서는 창의적 성과로 나타난다는 가설을 제시하였다.

스탠퍼드 의대의 양극성장애 연구 팀도 이 주제에 대한 일련의 연구를 진행하였는데, 일단 양극성장애 환자와 창의적 대조군이 일반 대조군에 비해 창의성이 높고, 양극성장애 환자와 창의적 대조군의 성격 기질 특성이 비슷했다고 보고하면서,[21] 다섯 가지 성격 요소 모델 중에서 경험에 대한 개방성(openness to experience)과 신경증성(neuroticism)이 양극성장애 및 창의성과 연관이 있는 성격이라고 주장하였다.[22] 특히 경험에 대한 개방성은 인지적 이득을 제공하고, 부정적 감정과 감정 기복은 정서적 이득을 창의성에 가져다주는 것 같다는 제안을 하여 눈길을 끈다.[23]

질환을 앓은 경험에서 비롯된 창의성

위에서 본 것처럼 창의성의 여러 요소들을 기분장애의 특징으로 설명할 수 있고 이를 말해주는 연구들도 다수 존재한다. 하지만 기분장애를 앓은 작가들 중에는 자신의 창작을 병의 고통, 시련으로부터 끄집어낸 결과로 보는 사람들이 있다. 이들은 극심한 고통과 시련을 통해 깊고 강한 감정을 경험하고 이를 통해 얻은 교훈이나 깨달음을 창작물에 표현함으로써 작품의 깊이와 의미를 완성한다는 것이다.

실제로 심한 우울증이나 기타 정신질환의 고통은 개인의 삶에 대한 생각, 신이나 세계에 대한 생각을 바꾸어놓는 경우가 많다. 많은 작가들은 기나긴 우울증의 충격과 고통을 묘사하고 어떻게 자신이 이에 대처했으며, 이 경험을 어떻게 작품에 표현했는지 기술하고 있다. 퓰리처상을 받았으며 자살을 한 시인인 Anne Sexton과 John Berryman은 모두 양극성장애로 여러 차례 입원한 것으로 알려져 있는데, 이들의 묘사에서는 자신의 고통을 창작에 필요한 요소로 생각하고 있으며 고통을 피하려고 하지 말라는 이야기가 나온다.

경조증은 개인이 다른 사람과의 접촉을 늘리는 계기가 되기도 한다. 열정적인 때로는 파괴적인 인간관계의 경험을 통해 예술가들은 삶에 대한 다른 전망을 가지기도 한다. 또한 약한 우울증은 이런 열정을 잠재우고 경조증 시기의 경험을 조용히 뒤돌아보며 냉철하게 정리하게 해줄 수도 있다.

각 분야에 따른 차이점

양극성장애와 창의성의 연관에 있어서 창의성이 필요한 여러 분야들 각각에 양극성장애가 미치는 영향에도 조금씩 차이가 있는 것 같다. 일단 유병률에 있어서 자료들을 살펴보면 각 직종에 따라서 그 분포가 상당한 차이를 보인다. 시인들은 양극성장애의 유병률이 일반인보다 매우 높은 것으로 나타나고, 과학자들은 낮은 유병률을 보인다. 시인들에게는 우울이나 조울 상태의 기분, 에너지, 인지, 경험에서 얻는 이득이 혼란과 좌절, 작업의 심한 기복으로 인한 손해보다 더 큰 것으로 보이고, 과학자들에게는 이 단점이 훨씬 큰 영향을 주는 것으로 보인다. 양극성장애는 학업이나 직장생활 유지에 영향을 많이 미치므로 이런 면에서도 차이가 날 수 있다. 즉 작곡가나 시인은 업적을 위해 학력이나 일관된 직장생활이 필요하지 않는 경우도 있는 반면, 다른 분야들은 학력이나 지속적 직장생활을 통해 어떤 성과가 나오는 경우가 많다. 특히 의료나 법조 분야와 같이 오랜 기간 바쁜 일정을 모두 소화하고 기준 이상의 높은 성과를 계속 유지해야만 최종 학위를 취득하여 활동할 수 있는 분야에서는 양극성장애나 기분 변화 성향을 가진 개인은 들쭉날쭉한 성적으로 인해 탈락하는 경우가 많다.

　문학에서도 각 세부 분야에 따라 양극성장애의 영향을 서로 다르게 받는 것 같다. 소설 창작은 구조적인 짜임새가 필요하기 때문에 작가의 기분 변동은 손해로 작용할 가능성이 높고, 이에 비해 시 창작은 기분 변동이 이득으로 작용할 가능성이 높다. 시 창작에 필요한 운율이나 시어는 비논리적인 꿈과 같은 일차 사고 과정과 비슷한 면이 있고, 꾸준한 노력이 소설보다 훨씬 덜 필요하기 때문이다.

　양극성장애의 여러 특성은 각 분야에서 도움이 되거나 손해가 되기도 한다. 기분의 변화 측면은 고양된 기분, 자신감 팽창, 감정 강도의 증가 등을 통해서 예술가들이나 사업가들에게 도움이 될 수 있다. 에너지 수준의 증가와 수면 필요성 감소도 마찬가지이다. 인지 변화 측면도 사고 비약, 감각 과민, 빠르고 특이한 생각 등으로 나타나 사업이나 정치 분야보다는 예술이나 과학 분야에서 영향이 많다. 반대로 경조증에 의해 고양된 대인관계 측면은 예술이나 과학보다는 사업과 같은 리더십이 필요한 분야에서 이점으로 작용하는 경우가 많다.

양극성장애에 긍정적인 측면이 있는가?

임상적 측면

양극성장애에 긍정적 측면이 있다는 것이 널리 알려지면, 환자들이 병을 인식하고 치료를 잘 따르는 것에 좋지 않은 영향을 줄 수 있다. 많은 성공한 사람들은 기분장애가 있어도 치료를 받지 않으려고 한다. 기분장애에서 나타나는 극단의 경험을 다시 경험하고 싶어 하기도 한다. 어떤 사람들은 심각한 기분장애의 증상들을 인간 조건의 필수적인 한 부분으로 여기기도 한다. 특히 예술가들은 이런 고통을 예술적 기질과 예민한 감수성을 가지기 위한 어쩔 수 없는 대가라고 생각한다. 그래서 정신건강의학과 치료가 창의력을 말살할 것이라 생각하고 거부한다.

예술가를 지망하는 환자가 이런 이야기를 하면서 당신 앞에 있다면 어떻게 할 것인가? 실제 임상 장면에서 조증이라는 정신병리와 예술적인 생활방식을 칼로 자르듯 확실히 구별하는 것이 가능할까? 예술적 생활방식을 단지 정신병리로 설명하는 것이 치료에 도움이 될까? 양극성장애라는 병은 전혀 긍정적 측면이 없으니 지속적으로 약을 복용하라는 일방적 지시만이 있다면 이런 사람들은 수긍하지 못하고 치료에 저항할 것이다. 기분장애가 병일지라도, 기분이 다소 고양되어 있을 때 긍정적, 생산적 측면이 있다는 것은 부분적으로 인정하는 것이 좋다. 이런 측면을 인정할 때 환자가 치료자에 대한 믿음이 높아질 것이고 치료적 관계가 증진될 수 있다.

그럼 정신건강의학과 치료를 받으면 정말 창의성이 저하될까? 많은 예술가와 작가들은 정신건강의학과 치료, 특히 약물치료에 상당한 거부감과 우려를 나타낸다. 그들은 자신의 창의성, 작업 패턴, 인지능력에 약물이 부정적 역할을 할 것이라 걱정한다. 물론 약에 대한 이들의 생각에는 편견과 선입견도 존재한다. 하지만 실제로 몇몇 연구들은 기분조절제가 생산성이나 창의성에 좋지 않을 것이라는 잠정적 결과를 보였다.

lithium에 대한 초기 연구들에서부터 이런 측면은 잘 알려져 있었는데, lithium은 그 치료 효과를 통해 경조증의 고양감을 없애주지만, 에너지와 성욕을 감소시킬 뿐 아니라, 부작용으로 인지속도 감소와 기억력 저하를 발생시킬 수 있다. 일반인들이 lithium을 복용한 후의 느낌을 보고한 자료에 따르면 lithium 복용 후 약간의 전신 무력감과 주변에 대한 무관심이 생기고 이로 인해 수동적이 되는 것 같다고 하였다. 또한 지적 활동에 대한 욕구가 줄기 때문에 집중력과 기억력이 저하된 것 같은 느낌을 받는다고 하였다.[24] 물론 이런 부작용을 호소하지 않는 환자들도 많이 있고, 환자들이 치료를 받지 않음으로써 생기는 위험과 비교하여 이런 부작용은 사소한 것임에 틀림없다. 하지만 인지기능을 중요 시 여기는 사람들, 특히 예술가들에게 이런 부작용은 사소한 것이 아니다. 경조증 상태에서 많은 창작 작업을 성공적으로 하는 예술가들의 말에 따르면 lithium을 복용하면 창작 작업에 제동이 걸린다고 한다. 창의성, 창작 욕구가 줄어들어 작업을 진행할 수가 없고, 특히 우울증에 빠지면 기분이 매우 나쁘고 아무 일도 할 수 없게 된다고 한다.[25] 그래서 이들은 lithium을 복용하면서 약간 우울한 상태로 안정된 기분을 유지하는 것보다 기분 변동이 있지만 약간의 상승 기간이 있는 순환정동 상태가 더 좋다고 말한다. 실제 양극성장애 치료약물이 생산성이나 창의성에 미치는 영향에 대하여 예술가들을 관찰한 연구들을 보면 lithium을 복용한 예술가들 중 3/4 정도는 창작 활동에 변동이 없거나 증진되었다고 하였고, 1/4 정도는 창작 활동이 떨어졌다고 하였다.[26, 27] 결국 개인에 따라서 lithium에 대한 반응이 다르게 나타났다. 사실 여러 임상 상황의 차이, 즉 증상의 기간이나 심각도, 경조증 기간을 이용하는 개인의 습관, 약물에 대한 개인의 민감성 등에 따라 lithium에 대한 반응은 달라질 수 있다. 결국 치료에 있어서는 양극성장애를 치료함으로써 얻을 수 있는 이익을 최대화하고 인지기능과 창의성에 미칠 수 있는 약물의 부작용을 최소화하여 개인별로 치료 방법을 최적화해야 한다.

결론

기분장애와 예술적 창의성과의 연관성은 다양한 자료들을 통해 뒷받침되고 있다. 예술가들의 일대기와 그에 관한 연구에서는 창의성이 높은 사람들이 극한 감정을 자주 느끼고 기분장애를 더 흔히 앓는다는 것을 알 수 있고, 이를 뒷받침하는 체계적인 연구들도 조금씩 늘고 있다. 하지만 주의할 점은 이런 정신병리 현상이 그렇게 흔한 것은 아니라는 점이다. 즉 대부분의 예술가나 창의성을 지닌 사람들은 별다른 정신병리적 어려움을 겪지 않는다. 반대로 기분장애를 앓고 있는 대부분의 사람들이 특출하게 창의적인 사람들은 아니다. 창의성과 기분장애 문제를 이야기할 때 조심해야 하는 이유는 위대한 예술가가 양극성장애를 앓았다는 이야기가 자칫 그 예술가의 업적을 폄하하는 도구가 되거나, 주의 깊은 치료가 필요한 양극성장애를 너무 가벼이 여기게 하는 잘못된 해석을 유도할 수 있기 때문이다. 그러므로 이런 주의점을 고려하여 이 연관성에 대한 결론을 생각해보아야 한다.

기분장애, 특히 양극성장애와 이와 연관된 순환성 기질이나 과다기분 기질이 창의성과 연관이 있는 것은 분명한 사실이다. 하지만 이런 연관성이 임상적으로나 사회적으로 그다지 중요한 영향을 미치는 요소는 아니다. 양극성장애와 우울증은 고통스럽고 생활을 심각하게 손상시키며 생명에까지 악영향을 미치는 질환임에 틀림이 없으므로 급성기에는 반드시 치료가 필요하다. 유지기에는 개인의 상황에 따른 적절한 치료를 면밀히 조직함으로써 창의성을 훼손시키지 않을 수 있다. 대부분의 경우 치료로 인하여 창의성이 심각하게 손상되지는 않는다. 실제로 치료를 통해 훨씬 긴 시간 동안 창의적 업적을 낼 수 있었던 많은 사례들과 연구들이 소개되었다. 그러나 치료약물의 부작용, 인지기능에 대한 부작용은 간혹 창의성을 방해할 수도 있으므로 이를 줄이기 위한 연구가 필요하다.

신경생물학의 발달로 최근에는 질병뿐 아니라 여러 인간의 기본 감정에 대한 기초 연구들이 활발히 진행되고 있다. 그러므로 창의성과 기분과의 연관, 즉 우울증과 조증에 따라 어떻게 인지기능이 변화하는지, 창의성이 어떻게 변화하는지, 창의성의 신경생물학적인 기초가 어떤 것인지 등에 대해 앞으로 연구가 필요하다.

참고문헌

1) Goodwin FK and Jamison KR. Manic-Depressive Illness: Bipolar Disorders and Recurrent Depression, 2nd Edition. New York: Oxford University Press;2007.

2) Ludwig AM. Reflections on creativity and madness. Am J Psychotherapy 1989;43:4-14.

3) Drevdahl J, Cattel R. Personality and creativity in artists and writers. J Clin Psychology 1958;14:107-112.

4) Andreasen NC, Glick ID. Bipolar affective disorder and creativity: Implications and clinical management. Compr Psychiatry 1988;29:207-217.

5) Post F. Creativity and psychopathology. A study of 291 world-famous men. Br J Psychiatry 1994;165:22-34.

6) McKinnon DW. Personality and the realization of creative potential. Am J Psychology 1965;20:273-281.

7) Richard RL, Kinney DK, Benet M, Merzel APC. Assessing everyday creativity: Characteristics of the Lifetime Creativity Scales and validation with three large samples. J Pers Soc Psychology 1988;54:476-485.

8) Lange-Eichbaum W. The problem of genius. Translated by E. Paul and C. Paul. New York Macmillan;1932.

9) Juda A. The relationship between highest mental capacity and psychic abnormalities. Am J Psychiatry 1949;106:296-307.

10) Jamison KR. Mood disorders and seasonal patterns in British writers and artists. Psychiatry 1989;52:125-134.

11) Andreason NC and Canter A. The creativity writer: Psychiatric symptoms and family history. Compr Psychiatry 1974;15:123-131.

12) Richards R, Kinney DK, Lunde I, Benet M, Merzel AP. Creativity in manic-depressives, cyclothymes, their normal relatives, and control subjects. J Abnorm Psychol 1988;97:281-288.

13) Coryell W, Endicott J, Keller M, Andreasen N, Grove W, Hirschfeld RM, et al. Bipolar affective disorder and high achievement: a familial association. Am J Psychiatry 1989;146:983-988.

14) Kyaga S, Lichtenstein P, Boman M, Langstrom N, Landen M. Creativity and mental disorder: family study of 300,000 people with severe mental disorder. Br J Psychiatry 2011;199:373-379.

15) Kyaga S, Landen M, Boman M, Hultman CM, Langstrom N, Lichtenstein P. Mental illness, suicide and creativity: 40-year prospective total population study. J Psychiatr Research 2013;47:83-90.

16) Guilford JP. A revised structure of intellect: Studies of aptitudes of high-level personnel. Report from the psychological laboratory, University of Southern California (No.19).

17) Henry GM, Weingartner H, Murphy DL. Idiosyncratic patterns of learning and word association during mania. Am J Psychiatry 1971;128:564-574.

18) Donnelly EF, Murphy DL, Goodwin FK, Waldman IN. Intellectual function in primary affective disorder. Br J Psychiatry 1982;140:633-636.

19) Isen AM, Johnson MS, Mertz E, Robinson GF. The influence of positive affect on the unusualness of word associations. J Pers Soc Psychol 1985;48:1413-1426.

20) Carson SH, Peterson JB, Higgins DM. Decreased latent inhibition is associated with increased creative achievement in high-functioning individuals. J Pers Soc Psychol 2003;85:499-506.

21) Nowakowska C, Strong CM, Santosa CM, Wang PW, Ketter TA. Temperamental commonalities and differences in euthymic mood disorder patients, creative controls, and healthy controls. J Affect Disord 2005;85:207-215.

22) Strong CM, Nowakowska C, Santosa CM, Wang PW, Kraemer HC, Ketter TA. Treatment-creativity relationships in mood disorder patients, healthy controls and highly creative individuals. J Affect Disord 2007;100:41-48.

23) Srivastava S, Childer ME, Baek JH, Strong CM, Hill SJ, Warsett KS, et al. Toward interaction of affective and cognitive contributors to creativity in bipolar disorders: a controlled study. J Affect Disord 2010;125:27-34.

24) Schou M. Lithium in psychiatric therapy and prophylaxis. J Psychiatr Res 1968;6:67-95.

25) Polatin P and Fieve RR. Patient rejection of lithium carbonate prophylaxis. JAMA 1971;2128:864-866.

26) Marshall MH, Neumann CP, Robinson M. Lithium, creativity, and manic-depressive illness: Review and prospectus. Psychosomatics 1970;11:406-488.

27) Schou M. Artistic productivity and lithium prophylaxis in manic-depressive illness. Br J Psychiatry 1979;135:97-103.

양극성장애 국내 연구 현황

Researches on bipolar disorder in Korea

장승호[+] | 박원명[++]

원광대학교 의과대학 정신건강의학교실[+] | 가톨릭대학교 의과대학 정신과학교실[++]

서론

양극성장애는 반복되는 삽화적 발병과 삽화 사이의 관해기간을 특징으로 하는 질환이다. 1990년대 이후 정신과 영역에서 비정형 항정신병약물을 비롯한 다양한 치료약물의 개발은 양극성장애 치료에 획기적인 발전을 가져왔다. 양극성장애 급성기 혹은 유지기에 효과적인 약물을 구분하여 사용하게 되었고, 급성기 치료에서도 조증 삽화에 보다 효과적인 약물과 우울증 삽화에 보다 효과적인 약물을 구분하여 치료할 것을 권고하는 치료지침이 지속적으로 제시되고 있다. 양극성장애는 치료적 측면에서의 발전뿐만 아니라 진단적 측면에서도 많은 발전이 있었다. 특히 양극성스펙트럼장애(bipolar spectrum disorder)라는 개념이 소개되면서 과거 반복성 우울증으로만 여겨지던 일부 환자군에서 양극성장애의 특성을 가진 군을 구분하려는 연구가 이루어졌다. 이와 같이 양극성장애에 대한 풍부하고 다양한 연구 결과는 양극성장애 진단의 폭을 넓히고 약물치료의 양적과 질적 향상을 가져왔다. 따라서 본 장에서는 그동안 국내에서 시행된 양극성장애에 관련한 연구들을 살펴보고, 향후 연구방향에 대해 모색해보고자 한다.

양극성장애의 일반적 특성에 관한 국내 연구

양극성장애의 정신병리

Kraepeline이 양극성장애의 소인이 되는 여러 기질에 대해 기술한 이래 양극성 환자의 인격 특성은 많은 관심의 초점이 되어 왔으며, 최근에는 Cloninger가 주장한 생물사회학적 성격이론에 입각하여 양극성장애의 기질과 성격 특성을 밝히려는 연구들이 시도되고 있다. 국내 연구에서 양극성장애 환자는 급성 조증 삽화가 호전되었을 때 주의력, 충동성과 충동적인 기질 특성은 호전되는 양상을 보였지만 자살이나 물질남용 등의 정신행동 증상과 연관되는 운동 충동성과 무계획적 충동성은 호전되지 않았다.[1] 또한 양극성장애 환자에서 대조군에 비해 정서중심 대처방식을 더 많이 사용하고, 불안 수준이 높을수록 정서중심 대처방식이 흔했다.[2] 1형 양극성장애 환자의 공감능력을 정상인 및 조현병 환자와 비교해보았을 때 정상인에 비해 정서적 공감 요소인 개인적 고통이 조현병 환자와 비슷한 수준으로 증가되어 있었으며,[3] 적응적, 비반추적 특성의 상태적 죄책감은 정상군과 동일한 수준으로 나타났으나 비적응적, 반추적 특성의 특질적 죄책감은 대조군에 비해 높게 나타났는데, 이것은 내재되어 있는 것으로 추정되는 수치심 때문인 것으로 보인다.[4] 양극성장애 환자에서 나타나는 인지장애의 양상과 정도는 아직 명확하지 않다. 국내에서 시행된 연구에서는 1형 양극성장애 환자 60명을 대상으로 한국형 조울병(양극성장애) 선별검사지(Korean version of Mood Disorder Questionnaire, K-MDQ)로 양성군과 음성군 등 두 군으로 나누어 비교하였을 때, 인지적 병식에서 유의한 차이가 나타났으며, 특히 반추척도에서 차이가 컸다.[5] 1형 양극성장애와 2형 양극성장애에서 임상양상의 차이에서는 2형 양극성장애의 경우 무직의 비율이 더 높고 인격장애를 동반하는 경우가 많았으며, 우울증의 임상양상 중 과수면, 체중증가 등의 비전형적 증상이 더 빈번했다.[6] 또한 조기 및 후기 발병 양극성장애 환자의 임상특성 비교에서는 50세 이전 및 이후 발병군 간에 삽화의 횟수 및 간격에는 차이가 있었지만, 정신질환의 가족력이나 기질성 질환이 동반되는 빈도에서는 차이가 없었다.[7] 이외에도 산전우울증 환자에서는 배우자와의 관계가 매우 중요하고, 양극성을 나타내는 임산부의 경우 더욱 심한 우울증을 보였다.[8] 양극성장애 환자의 낙인 저항에 영향을 미치는 요인들로는 남성, 낮은 교육기간, 높은 자아존중감이 주요한 예측인자로 알려져 있다.[9]

양극성장애 선별도구 및 유병률 연구

Jon 등[10]은 국내 최초로 K-MDQ의 타당도 및 신뢰도 연구를 통해 K-MDQ가 한국인의 양극성장애 선별에 매우 유용한 도구임을 보고하였다. 하지만 선별검사로서 제한점을 가지고 있기 때문에 이를 보완하기 위한 다양한 연구들이 국내에서 시행되었다. 먼저 동양과 서양 국가들 사이에 MDQ의 진단적 정확도를 분석한 메타 연구에서는 차이가 나타나지 않았고, 이전에 양극성장애로 진단받지 않은 우울증 환자에서 MDQ를 시행했을 때 더욱 낮은 민감도를 보였다.[11] 95명의 양극성장애 환자와 346명의 대조군에게 진단기준의 가중치를 적용한 방법으로 New Weighted Version of the K-MDQ(W-K-MDQ)를 이용하여 양극성장애 진단의 정확성을 평가한 연구에서는 W-K-MDQ의 정확성이 매우 높은 것으로 평가되었다.[12] 또한 한국형 조울병 선별검사지 청소년용(Korean version of Mood Disorder Questionnaire-Adolescent, K-MDQ-A)도 청소년들의 양극성장애를 선별하는 데 유용하였다.[13] 기분장애로 진단된 454명의 환자를 대상으로 한 연구에서 한국판 경조증 증상 체크리스트-32(Korean Version of Hypomania Checklist-32-Second Revision, KHCL-32-R2)는 우울증과 양극성장애를 구분하는 데 있어 매우 효과적이었다.[14] 한글판 양극성 우울증 평가 척도(Korean Version of the Bipolar Depression Rating Scale, K-BDRS)도 양극성장애 환자의 우울 증상을 평가하는 데 있어 매우 높은 신뢰도와 타당도를 보였다.[15] 1,026명의 대학생들을 대상으로 양극성스펙트럼장애를 조사한 연구에서는 유병률이 18.6%로 나타났고, 성별 차이에서 남성은 19.8%, 여성은 17.5%였다.[16] K-MDQ를 이용하여 국내 고등학생들의 양극성스펙트럼장애를 조사한 연구에서는 5.2%의 유병률이 보고되었다.[17] 스마트폰 애플리케이션을 활용하여 27,159명에게 K-MDQ를 시행한 연구에서 양극성스펙트럼장애의 유병률은 8.2%로 나타났는데 이는 전통적인 방식의 평가 방법에 따른 결과와 비슷한 수준이었다.[18] 이외에도 1,948명의 대학생들을 대상으로 K-MDQ와 한국판 웬더 유타 평가척도(Wender Utah Rating Scale, WURS)를 사용하여 평가한 결과 주의력결핍과잉행동장애가 동반된 양극성스펙트럼장애의 유병률이 0.8%로 보고되었다.[19]

양극성장애 혼재성 양상 연구

양극성의 개념에 대한 외연이 확대되고, 서로 상반되는 양극의 조증과 우울 증상이 공존하는 혼재성 상태와 정신병적 양상이 이전에 생각했던 것보다 훨씬 빈번하며, 알코올을 비롯한 물질남용과 불안장애 또한 흔히 동반되는 것으로 알려지고 있다. 국내 연구 결과 불안과 정신운동지연이 혼재성 양상을 동반한 기분장애의 핵심적인 증상이며, 치료에 대한 반응과 질환의 경과를 예측하는 데 매우 중요한 임상적 단서였다.[20] 또한 개정된 정신질환의 진단 및 통계 편람 5판(Diagnostic and Statistical Manual of Mental Disorders 5th edition, DSM-5) 진단체계를 사용하여 양극성장애를 진단하였을 때 이전보다 혼재성 양상(삽화)이 3배 이상 많았고, 혼재성 양상은 혼재성 양상을 동반하지 않은 환자와 비교하여 젊은 나이에 발병과 입원, 잦은 입원, 더 높은 자살위험성을 나타냈다.[21] 334명의 양극성장애 환자를 대상으로 자살행동을 조사한 연구에서는 혼재성 양상을 나타내는 경우에 odds ratio(OR)＝3.39[confidence interval(CI)：1.57~7.34], 이전에 우울증 삽화를 경험한 경우에는 odds ratio(OR)＝1.62[confidence interval(CI)：1.34~1.95]로 혼재성 양상이 자살행동에 있어 더욱 강력한 위험인자로 보고되었다.[22]

양극성장애에서의 신경인지검사

양극성장애에서는 기분의 변화뿐만 아니라 인지기능의 저하 또한 임상에서 흔히 경험할 수 있는 증상이다. 기분 증상이 관해된 상태에서도 일부 인지기능 저하가 관찰되었고, 이러한 결함은 삽화의 재발 또는 입원 횟수와 관련된다는 초기의 선행 연구가 알려지면서 양극성장애에서 인지기능의 저하가 주목받게 되었다. 국내 연구 결과를 종합해보면 환자군은 전체-국소 선택 과제에서 대조군에 비해 전체반응비율이 낮고 전체반응시간이 길어 전체 우세성이 감소하였으며, 우울기에는 더욱 현저한 감소를 나타냈는데 이것은 양극성장애의 신경생물학적 이상을 반영한다고 할 수 있다.[23] 양극성 조증 환자에서 정보처리 및 사고장애를 반영하는 로샤변인들은 인지 유연성과 정신운동속도를 반영하는 실행기능과 관련되며, 기분 조절을 반영하는 로샤변인은 언어유창성 및 시지각 조직화와 연관된 실행기능과 연관된다.[24] 또한 양극성장애 환자에서 주의력, 작업기억, 언어학습, 언어기억, 시각기억, 언어유창성은 대조군에 비해 유의하게 저하되나, 일차 친족군에서는 작업기억만이 유의한 저하를 보여서 작업기억이 양극성장애에서 내재형질의 후보(candidate)로 제안되었다.[25]

양극성장애의 경과

양극성장애의 경과에 대한 국내 연구를 종합해보면 첫째, 양극성장애의 첫 발병 삽화의 종류는 성별의 영향을 받고, 발병나이는 발병 삽화의 종류와 연관된다.[26] 둘째, 조증 삽화만을 재발적으로 겪는 환자군에서 병전 기능이 좋고 자살시도율이나 전체 삽화 횟수, 입원 횟수가 적고 삽화가 급성으로 시작되어 짧은 입원기간을 보인다.[27] 셋째, 양극성 우울증에서 아형증후군적(sub-syndromal) 조증 증상이 동반된 경우에 관해에 도달하는 시간이 더 길어진다.[28] 넷째, 조증 환자에서 정신병적 증상이나 우울증 삽화의 과거력이 재입원에 영향을 주는 주요한 요인이다.[29] 다섯째, 과거 기분 삽화로 인한 입원 횟수, 미혼, 무직, 급성기 항우울제의 사용 등을 통해 입원기간의 단축을 예측할 수 있다.[30] 마지막으로 양극성장애로 외래치료 중인 환자들에서 고령, 남성, 기존 입원기간이 긴 경

우, 입원 이전에 정신과 치료력이 있는 경우에서 퇴원 이후 1년 이상 외래치료 유지율이 높다.[31)]

　양극성장애에서는 주요우울장애와의 감별이 매우 중요한데 국내 연구에서는 5년간의 추적 관찰기간 동안 주요우울장애로 입원한 환자군 중 8.5%가 양극성장애로 진단되었고, 비정형적인 우울 증상, 정신병적 증상, 치료저항성이 동반된 경우에 향후 양극성장애로 전환될 가능성이 높다.[32)] 또한 주요우울 삽화가 3회 초과하여 재발할 때 AUC(area under the curve)=0.647로 양극성장애가 가장 잘 예측되었으며,[33)] 양극성장애 부모의 자녀들에서 불안장애, 주의력결핍과잉행동장애, 파괴적 행동장애와 같은 공존질환이 있을 때 양극성장애가 더욱 많고,[34)] 행동장애의 동반비율이 높으며 주관적 우울, 불안 정도가 심하다.[35)]

양극성장애의 계절성

양극성장애는 기분과 행동이 주기적으로 변화하는 현상학적 특성에 근거하여 볼 때, 계절성을 비롯한 생체리듬과 관련된 생물학적 기전을 나타낼 가능성이 높다. 국내 연구에서는 양극성장애 환자에서 전반적으로 계절성이 정상군보다 높았고[36)] 1형 양극성장애와 2형 양극성장애 환자 간의 임상양상을 비교한 연구에서는 2형 환자에서 계절에 따른 기분변화를 더 많이 겪는 것으로 나타났다.[37)]

양극성장애의 생물학적 특성에 관한 국내 연구

양극성장애의 대사 연구

양극성장애 환자의 대사증후군에 대한 연구는 비교적 최근에 이루어졌고, 일반 인구에 비하여 많다는 연구와 차이가 없다는 연구가 있어 아직 논란의 여지가 있다. 국내에서 시행된 연구에서는 표준 인구에 대한 양극성장애 환자의 대사증후군 간접 표준화 유병률은 1.48(1.02~1.9)로, 일반 인구에 비해 1.5배가량 위험률이 높았다.[38)] 양극성장애 환자에서 혈청 alanine aminotransferase 농도는 대사증후군과 밀접한 연관이 있는데,[39)] 주요 정신질환의 치료에서 대사증후군을 모니터링할 수 있는 생체지표로는 leptin, ghrelin 및 adiponectin 등에 대한 연구가 활발히 진행되고 있다. 특히 양극성장애 환자는 대사증후군의 위험군에 속하며, 이로 인한 질병 부담과 사망률이 증가하고 있기 때문에 향후 양극성장애 환자의 대사증후군을 조기에 발견하고 치료하기 위한 추가적인 연구가 필요하다.[40)] 혈청 uric acid의 농도 증가는 purine의 회전율 증가와 adenosine 전달의 감소를 나타내는 표지자로 중추신경계 내의 adenosine은 다양한 신경전달물질의 분비를 억제하고 신경의 흥분을 억제하는 역할을 하기 때문에 그 기능의 장애는 조증 삽화의 발생으로 이어질 수 있다. 조증 환자를 대상으로 한 국내 연구에서는 정상대조군과의 비교 관찰을 통해 purine 대사의 주요 표지자인 혈청 uric acid 농도에서 유의하게 차이가 확인되었다.[41]

양극성장애의 유전학 연구

유전적 요인은 양극성장애의 발병과 중요한 연관성을 가지고 있으며 이는 쌍생아 연구, 양자 연구 및 가계 조사 등을 통해 지속적으로 보고되고 있다. 양극성장애와 일부 염색체들 사이의 연관성은 발견되었지만 후속 연구에서 이들의 연관성을 찾는 데 실패하기도 하였다. 또한 양극성장애의 조직적합성항원 다형성과 연관된 잠재적 유전자로서의 가능성이 제시되기도 하였지만 그 결과가 일관되지는 않다.[42] 일부 연구자들은 양극성장애에 영향을 미치는 유전자들의 유전 모델을 제시하기도 하였으며,[43] 두 가지 이상의 유전자들 사이에서의 상호작용의 가능성과 다양한 표현형이나 투과성을 가진 유전자의 존재 가능성도 제안되었다.[44] 국내에서 시행된 양극성장애의 유전학적 연구 초기에는 세로토닌과 연관된 단백질 유전자에 대한 연구로 트립토판 수산화요소(tryptophan hydroxylase, TPH), 세로토닌 전달체 유전자(5-HT transporter gene), 세로토닌 수용체 유전자(5-HT receptor gene) 등에 대한 연구가 진행되었다. Kwon 등[45]은 티로신 수산화효소(tyrosine hydroxylase, TH) 유전자 첫 번째 인트론의 VNTR 유전자 다형성과 양극성장애의 유전적 연관성 및 5-Ht2a-1438A/G polymorphism과 양극성장애의 정신증상 사이의 연관성을 보고하였다.[46] 광범위 유전체 연합 연구(Genome-wide association study, GWAS)는 관찰 가능한 특성(trait)과 관련된 유전적 연합성을 확인하기 위한 인간 유전체 전체에 걸친 흔한 유전변이(common genetic variants)에 대한 연구로 정의된다.[47] GWAS는 생물학적 후보유전자에 초점을 맞추는 대신 가설이 없이, 즉 어떤 특정 부위 또는 유전자에 대한 사전 예측 없이 전체 유전체를 조사(screening)한다. 이런 GWAS 접근은 병태생리에 대한 불안전한 이해로 인해 실제 원인 유전변이가 존재하는 곳이 아닌 다른 곳을 조사할 위험이 있는 후보유전자 연구의 제한점을 극복할 수 있다. 국내 연구에서는 양극성장애에서 CACNA1C SNPs rs723672와 rs 1051375 사이에 연관성이 있고, 양극성장애의 민감도를 결정하는 데 있어 CACNA1C가 매우 중요하였다.[48] 또한 zinc finger protein 804A(ZNF804A) gene과 양극성장애 사이의 연관성이 있었고,[49] ANK3 variants인 rs193826과 rs10994336이 양극성장애의 민감도와 연관되었다.[50] 또한 DUSP6(dual-specificity phosphatase 6 gene)는 lithium의 세포 내 신호전달 효과를 조정

함으로써 치료반응에 영향을 미치는 것으로 나타났다.[51]

양극성장애의 뇌영상학적 연구

뇌영상 분석기법의 발전은 신경회로 모델을 통한 양극성장애의 병인 연구를 가속화시키고 있다. 이 모델은 양극성장애의 신경생물학적 원인의 한 가지로 정서처리 및 감정조절에 관여하는 신경회로의 기능적, 구조적 이상을 가정한다. 최근까지 뇌 자기공명영상을 이용한 연구들은 양극성장애와 관련하여 이 회로와 관련된 영역에서의 구조적, 기능적 이상을 일관되게 보고하고 있는데, 이 중 구조적 뇌영상 연구에서는 prefrontal cortex, orbito-frontal cortex, anterior temporal lobe, insula의 용적 및 두께의 감소가 보고되었다.[52] 국내에서는 양극성장애에서 정서처리 신경회로의 구조적 변화가 제안되었다.[53] posterior cerebellar vermal 부피 감소가 양극성장애의 경과와 연관되고 기분조절제를 통한 적절한 치료와 연관되었다.[54] 특히 좌측 ventromedial prefrontal cortex(VMPFC), dorsomedial prefrontal cortex(DMPFC), ventrolateral prefrontal cortex(VLPFC) 부위의 brain reward processing neural circuitry의 장애가 1형 양극성장애의 병태생리에 중요한 역할을 하였고,[55] 2형 양극성장애 연구에서는 commissural fiber와 anterior paralimbic 부위의 통합이 손상된 반면, dorsal system은 상대적으로 보존되고 long association fiber가 존재하였다.[56]

양극성장애의 치료적 특성에 관한 국내 연구

약물치료 경향에 관한 연구

조증과 혼재성 삽화에서는 비정형 항정신병약물의 처방이 선호되고 기분조절제와 특히 정형 항정신병약물의 처방은 감소하고 있다.[57] 또한 양극성장애 유지치료에서는 기분조절제와 항정신병약물의 병합요법이 가장 많았고, 항우울제의 병합은 감소하는 추세에 있다.[58] 국내에서 보고된 양극성장애 환자의 약물치료 효과를 살펴보면, 급성 조증 환자에서 risperidone의 부가요법이 효과적이고,[59] ziprasidone과 valproate의 병합요법의 경우 초기에 충분한 용량의 ziprasidone을 사용하는 것이 중요하였다.[60] 증상이 일부 남아 있거나 약물 내성이 있는 양극성장애 환자에서 처방 중인 비정형 항정신병약물을 aripiprazole로 교체할 경우에 아형증후군적 기분 증상(subsyndromal mood symptoms)이 호전되고 지질과 대사성(lipid/metabolic), 안전성 프로파일이 향상되었으며,[61] lithium

혹은 valproate와 olanzapine의 병합요법에도 치료 효과가 적은 1형 양극성장애 환자의 경우에 olanzapine을 ziprasidone으로의 변경이 부작용이 적고 효과적이었다.[62] 1형 양극성장애의 조증 및 혼재성 삽화에서 aripiprazole과 divalproex(valproate)의 병합요법은 divalproex 단독요법에 비해 재발이 적고,[63] 급성기 조증 환자에서 quetiapine의 단독요법 또한 우수한 항조증 효과 및 항우울 효과를 나타냈으며, 추체외로증후군 등의 부작용이 적었다.[64~65] 양극성장애 입원환자에서는 lithium과 정형 항정신병약물의 사용이 감소하고 valproate, lamotrigine, 비정형 항정신병약물의 처방은 증가하는 경향을 보였다.[66] 비정형 항정신병약물은 조증, 우울증, 혼재성 삽화(혼재성 양상) 및 유지치료에 효과가 있고, 급성 삽화에서는 aripiprazole을 고려할 수 있다.[67] 전통적인 기분조절제나 항정신병약물에 효과가 불충분한 양극성장애 환자에서 lamotrigine을 효과적으로 사용할 수 있다.[68~69] lamotrigine 투약에 따른 가장 흔한 부작용인 피부발진의 발생은 12.7%에서 나타났으며, 0.8%에서는 심각한 수준의 증상을 보였다.[70] 현재까지 국내에 시판되지는 않았지만 lurasidone은 양극성장애 환자에서 우울증을 감소시키고 대사성 합병증의 위험이 높은 환자들에서도 안전하고 효과적으로 사용할 수 있을 것으로 기대되고 있다.[71] 소아기 양극성장애에서는 비정형 항정신병약물이 안전하고 효과적이며 특히 aripiprazole이 다른 항정신병약물에 비해 부작용이 적고 효과적인 것으로 알려져 있다.[72] Shim 등[73]은 8세에 뚜렛증후군으로 진단받았으나 약물치료에 반응이 없던 환아가 valproate와 aripiprazole 병합요법으로 호전된 사례를 보고하기도 하였다. 양극성장애의 치료에 있어 약물치료에 대한 부가치료로 심리사회치료를 시행하는 것은 환자에게 분명한 이득이 되며, 어떤 종류의 심리사회치료가 더 효과적인지는 명확히 밝혀져 있지 않지만, 임상 여건에 따라 심리사회치료의 기법을 부분 적용하거나 집단치료 모델로의 수정 등을 거쳐 임상에 적용해볼 수 있겠다.[74]

한국형 양극성장애 약물치료 알고리듬 및 지침서 (Korea Medication Algorithm Project for Bipolar Disorder, KMAP-BP)

연구배경

1990년대 활발하게 개발된 해외의 임상 진료지침서 또는 알고리듬을 국내 실정에 맞추고 실용성을 높이기 위해 2001년 1월에 조현병과 양극성장애를 대상으로 국내 최초로 한국형 약물치료 알고리듬 프로젝트를 시작하여 2002년에 한국형 양극성장애 약물치료 알고리듬 및 지침서(Korea Medication Algorithm Project for Bipolar Disorder, KMAP-BP)

가 처음 발표되었다. 이후 KMAP-BP는 의료정책을 포함한 의료 환경의 변화, 새로 개발된 약물이나 새로운 연구 결과를 반영하여 지속적인 개정 작업을 하였으며, 2006년, 2010년, 2014년에 이어 2018년에 네 번째 개정이 이루어졌다.

KMAP-BP 연구 결과

Jon 등[75]은 126명의 양극성장애 환자들을 상대로 KMAP-BP 2002 지침서에 따른 실제 임상치료를 통해 KMAP-BP 2002 알고리듬이 임상적으로 매우 효과적이고 안전한 지침서임을 보고하였다. 2010년에 발간된 2차 개정판인 KMAP-BP 2010에서는 급성기 조증 삽화의 치료에 사용하는 기분조절제로서는 valproate와 lithium이 1차 선택 약물로 조사되었다. 양극성장애의 우울증 삽화의 경우 경도-중등도의 우울증에 대한 1차 전략은 기분조절제 단독, lamotrigine 단독이 1차 선택으로 평가되었다. 1형 양극성장애의 유지치료는 기분조절제와 비정형 항정신병약물을 병합하는 것이 1차 치료전략으로 가장 높은 점수를 받았으며, 기분조절제 단독요법도 1차 치료전략으로 평가되었다. 2014년에 발간된 KMAP-BP 2014에서는 급성기 조증 삽화의 경우 기분조절제와 비정형 항정신병약물의 병합요법이 가장 선호되는 치료전략이었다. 경도-중등도의 양극성 우울증의 1차 치료전략은 기분조절제 단독, 기분조절제와 비정형 항정신병약물의 병합, 비정형 항정신병약물과 lamotrigine의 병합요법이 선택되었다. 2018년에 발간된 KMAP-BP 2018에서는 이전 연구에 비하여 조증 삽화 치료전략에서는 최우선 치료 항목이 늘어나고 전문가 합의를 이룬 항목이 증가하였다. 반면에 우울증 삽화에서는 최우선 치료가 상대적으로 적고 다양한 치료전략을 권장하고 있어 최근까지도 치료약물 선택에 어려움이 있음이 반영되고 있으며, 비정형 항정신병약물에 대한 선호도의 증가와 항우울제 사용에 조심스러운 경향이 유지되고 있었다. KMAP-BP에 대해서는 제2부에서 따로 자세히 다루고 있으니 참고하기 바란다.

양극성장애 관련 국내 출판 도서

양극성장애와 관련한 도서로는 박원명과 전덕인이 대표저자로 2009년에 전문가를 위한 양극성장애 교과서[76]를, 2014년에는 개정판[77]을 출간하였고, 일반인과 환자를 위한 조울병으로의 여행 : 기분이 불안정한 당신을 위하여[78]를 발간하였다. 번역서로는 박원명 등이 *The Bipolar Disorder Survival Guide: What You and Your Family Need to Know*를 번역한 조울병 치유로 가는 길[79]과 *Preventing Patient Suicide: Clinical Assessment and Management*를 번역한 자살 예방을 위한 임상적 평가와 관리[80]가 있다. 또한 *Family Experiences of Bipolar Disorder: The Ups, the Downs and the Bits in Between*을 번역한 조울병 환자의 가족으로 살아가는 법[81]과 *Essentials of Psychiatric Diagnosis: Responding to the Challenge of DSM-5*를 번역한 정신의학적 진단의 핵심 : DSM-5의 변화와 쟁점에 대한 대응[82]도 독자들의 사랑을 받고 있다. 박민철[83]은 *An Unquiet Mind*를 번역한 조울병 나는 이렇게 극복했다와 *Nothing Was the Same*을 번역한 언제나 새로웠어요[84]도 출간하였다. 이문수[85]가 *What Works for Bipolar Kids*를 번역한 조울병이 있는 아이에게 도움이 되는 것과 김원[86]이 *The Dialectical Behavior Therapy Skills Workbook for Bipolar Disorder*를 번역한 조울병의 변증법적 행동치료 워크북도 출간되었다.

결론

지난 20년간 국내에서는 대한우울조울병학회와 Korean Bipolar Disorders Forum(KBF) 혹은 개인 연구자를 중심으로 양극성장애에 관련한 다양한 주제의 연구가 진행되면서 진단, 원인 및 치료에 있어 괄목할 만한 학문적 발전이 이루어졌다. KMDQ, KHCL 등 국내 현실에 맞는 한국형 선별검사 도구들이 개발되었고, 뇌영상 연구를 통한 양극성장애 연관 신경회로의 분석 및 유전 연구를 통한 특정 유전자의 선별, 기타 다양한 방향의 연구는 양극성장애에 관한 새로운 관점을 제시하였다. 특히 치료에 있어서는 2002년 이후 전 세계적으로도 유래가 드문 실제 임상에서의 적용 가능성 연구를 통하여 임상적용의 유용성을 확인한 KMAP-BP가 시대적 상황에 맞게 4년마다 지속 개정되고 있다. KMAP-BP는 국내 양극성장애 전문가들의 일치된 의견을 바탕으로 표준화된 치료법을 제시하여 양극성장애 환자들의 치료 향상에 크게 이바지하고 있으며, 이를 바탕으로 다양한 약물의 임상적 활용에 대한 연구와 평가가 활발히 이루지고 있다. 또한 양극성장애의 특성을 바탕으로 환자들의 예후나 약물 반응, 기타 경과를 예측할 수 있는 방법이 연구되고 있고, 초발 우울증 환자들에서 양극성장애를 조기에 예측하고 선별할 수 있는 방법이 지속적으로 연구되고 있다. 이외에도 전문가를 위한 양극성장애 교과서 발간과 개정작업, 환자와 보호자, 일반인을 위한 관련 도서 출간 및 다양한 해외 단행본의 번역 작업 등의 연구도 활발히 진행이 되고 있다. 다만, 대다수의 국내 연구들이 역학, 진단, 생물학적 원인, 약물학적 치료에 치중되고 있다는 아쉬움이 있다. 대부분의 정신질환이 그렇듯 양극성장애 또한 생물-심리-사회적 모델에 기초하여 통합적인 접근이 필요하다. 심리적인 요인과 사회적인 요인들이 양극성장애의 발병 및 경과에 미치는 영향에 관한 연구가 지속되어야 하며, 치료에 있어서는 약물치료를 기반으로 한 정신치료, 인지치료 등에 대한 체계적인 연구가 이루어지고 새로운 약물의 개발이 지속되어야 할 것이다.

참고문헌

1) Kim HB, Shim JH, Kang WS, Lee WH, Lee SR, et al. Impulsivity between the acute manic episode and the improved state of manic episode in bipolar patients. J of Kor Soc for Dep and Bip Disorders 2013;11:182-8.

2) Jung SH, Moon ES, Park JM, Lee BD, Lee YM, et al. Coping strategies for stressful situation in remitted bipolar patients. J of Kor Soc for Dep and Bip Disorders 2011;9:177-82.

3) Lee HB, Kim SH, Ryu V, Cho HS. Self-reported empathic responding in stable patients with bipolar I disorder: A comparison with schizophrenia patient and healthy controls Mood Emot 2016;14:81-86.

4) Kim JY, Kim SH, Ha RY, Lee SJ, Ryu V, et al. Shame and guilt in euthymic patients with bipolar disorder and its relation to temperaments. J of Kor Soc for Dep and Bip Disorders 2014;12:215-221.

5) Park JY, Sohn IK, Nam BW, Min KJ, Hahm W. The characteristics of bipolar outpatients in remission showing false-negatives on the Korean version of mood disorder questionnaire. J Korean Neuropsychiart Assoc 2011;50:187-192.

6) Kim IW, Woo YS, Jun TY, Kim KS, Bahk WM. Differentiating between bipolar disorder types I and II focusing on depressive symptoms: a preliminary study. J of Kor Soc for Dep and Bip Disorders 2013;11:170-4.

7) Kim W, Bahk WM, Lee KU, Chae JH, Jun TY, et al. Clinical characteristics of early and late onset bipolar disorder. Korean J Pschopharmacol 2004;15:319-324.

8) Park CM, Seo HJ, Jung YE, Kim MD, Hong SC, et al. Factors associated with antenatal depression in pregnant Korean females: the effect of bipolarity on depressive symptoms. Neuropsychiatric Dis Treat 2014;10:1017-1023.

9) Kang SH, Kim WJ, Song YJ, Kim JM, Namkoong K, et al. Factors affecting stigma resistance in patient with bipolar disorder. J Korean Neuropsychiart Assoc 2015;54:309-315.

10) Jon DI, Hong NR, Yoon BH, Jung HY, Ha KS, et al. Validity and reliability of the Korean version of the mood disorder questionnaire. Compr Psychiatry 2009;50:286-91.

11) Wang HR, Woo YS, Ahn HS, Ahn IM, Kim HJ, et al. The validity of the mood disorder questionnaire for screening bipolar disorder: a meta-analysis. Depress Anxiety 2015;32:527-538.

12) Hong NR, Bahk WM, Yoon BH, Min KJ, Shin YC, et al. Improving the screening instrument of bipolar spectrum disorders weighted Korean version of the mood disorder questionnaire. Clin Psychopharmacol Neurosci 2018;16:333-338.

13) Shim SH, Lee JH, Song JH, Nam MW, Yoon BH, et al. Screening with the Korean version of the mood disorder questionnaire for bipolar disorders in adolescents: Korean validity and reliability study. Clin Psychopharmacol Neurosci 2018;16:316-323.

14) Yoon BH, Angst J, Bahk WM, Wang HR, Bae SO, et al. Psychometric properties of the

hypomania checklist-32 in Korean patients with mood disorders. Clin Psychopharmacol Neurosci 2017;15:352-360.

15) Jung YE, Kim MD, Bahk WM, Woo YS, Lee JH, et al. Clinical assessment of bipolar depression: validity, factor structure and psychometric properties of the Korean version of the Bipolar Depression Rating Scale (BDRS). BMC Psychiatry 2016;16:239.

16) Bae SO, Kim MD, Lee JG, Seo JS, Won SH, et al. Prevalence of bipolar spectrum disorder in the Korean college students according to the K-MDQ. Neuropsychiatric Dis Treat 2013;9:869-874.

17) Bae SO, Yoon BH, Bahk WM, Kim MD, Kim HC, et al. Screening of bipolar disorders in high school students. J Korean Neuropsychiatr Assoc 2009;48:502-509.

18) Woo YS, Bahk WM, Hong JW, Yoon BH, Hwang TY, et al. Use of a smartphone application to screen for bipolar spectrum disorder in a community sample. Health Informatics J 2016;22:779-788.

19) Wang HR, Jung YE, Chung SK, Hong JW, Kang NR, et al. Prevalence and correlates of bipolar spectrum disorder comorbid with ADHD features in nonclinical young adults. J Affect Disord 2017;207:175-180.

20) Shim IH, Bae DS, Bahk WM. Anxiety or agitation in mood disorder with mixed features: A review with a focus on validity as a dimensional criterion. Ann Clin Psychiarty 2016;28:213-220.

21) Shim IH, Woo YS, Bahk WM. Prevalence rates and clinical implications of bipolar disorder "with mixed features" as defined by DSM-5. J Affect Disord 2015;173:120-125.

22) Seo HJ, Wang HR, Jung TY, Woo YS, Bahk WM. Factors related to suicidal behavior in patients with bipolar disorder: the effect of mixed features on suicidality. Gen Hosp Psychiatry 2016;39:91-6.

23) Lee WJ, Kim JS, Chung TW, Jang SL, Kim EJ, et al. Disrupted hierarchical organization of visual perception in female patients with bipolar disorders. J of Kor Soc for Dep and Bip Disorders 2015;13:150-156.

24) Lee CW, Kim JS, Cho HH, Lee SJ, Ryu HS, et al. Relations of executive cognitive functions with Rorschach variables in patients with bipolar mania. J of Kor Soc for Dep and Bip Disorders 2013;11:97-103.

25) Kim DH, Kim JW, Joe SH, Won SH. Neurocognitive deficits in patients with remitted bipolar I disorder and unaffected first-degree relatives. J Korean Neuropsychiart Assoc 2013;52:318-326.

26) Lee HB, Yim SJ, Yoo NH. The longitudinal course and cycling pattern of Korean patients with bipolar I disorder. J of Kor Soc for Dep and Bip Disorders 2014;12:228-33.

27) Lee SJ, Kim HR, Joo YH. Clinical characteristics of patients with recurrent mania. J of Kor Soc for Dep and Bip Disorders 2014;12:222-227.

28) Shim IH, Woo YS, Jun TY, Bahk WM. Mixed-state bipolar I and II depression: Time to remission and clinical characteristics. J Affect Disord 2014;152-154:340-6.

29) Jung YE, Song HR, Wang HR, Jun TY, Bahk WM. One-year rehospitalization rates of inpatients with first-episode bipolar mania treated with atypical antipsychotics in combination with mood stabilizers: A preliminary study. Korean J Pschopharmacol 2010;21:137-143.

30) Shim IH, Woo YS, Wang HR, Bahk WM. Predictors of a shorter time to hospitalization in patients with bipolar disorder: medication during the acute and maintenance phases and other clinical factors. Clin Psychopharmacol Neurosci 2017;15:248-255.

31) Wang HR, Jung YE, Song HR, Jun TY, Kim KS, et al. Predictors of continuity of care after inpatient discharge of patients with bipolar disorder: a retrospective chart review study in a university hospital. J of Kor Soc for Dep and Bip Disorders 2011;9:126-132.

32) Oh YJ, Woo YS, Jun TY, Bahk WM. Predictive factors of switching to bipolar disorder in early onset depressive disorder patients: 5-year retrospective, preliminary study in a university hospital. J of Kor Soc for Dep and Bip Disorders 2014;12:110-114.

33) Choi WJ, Lee DB, Wang HR, Woo YS, Jun TY, et al. Determining the cut-off for recurrent depressive episode to predict diagnostic conversion from unipolar depression to bipolar disorder: 5-year retrospective study in one university hospital. Mood Emot 2015;13:30-35.

34) Kim JM, Shim SH, Kwon YJ, Lee HY, Song HR. Factors affecting psychiatric disorders in offspring of parents with bipolar disorder. Mood Emot 2015;13:134-143.

35) Cho YS, Lee HY, Kwon YJ, Jeon HY, Shin JY, et al. Mental disorders in offspring of parents with bipolar disorder. J Korean Neuropsychiart Assoc 2014;53:310-319.

36) Choi JM, Baek JH, Kim JS, Choi JS, Nam HJ, et al. Seasonal changes in mood and behavior and associate factors of seasonality in Korean bipolar disorder patients and normal controls. J Korean Soc Biol Psychiatry 2010;3:153-60.

37) Chung JK, Lee KY, Kim SH, Kim EJ, Seong SH, et al. Circadian rhythm characteristics in mood disorders: comparison among bipolar I disorder, bipolar II disorder and recurrent major depressive disorder. Clin Psychopharmocol Neurosci 2012;10:110-6.

38) Lee NY, Cho BL, Lee YJ, Chang JS, Kang UG, et al. Patients taking medications for bipolar disorder are more prone to metabolic syndrome than Korea's general population. Prog Neuro-spychopharmacol Biol Psychiatry 2010;34:1243-1249.

39) Yoon HR, Lee JH, Lee NY, Yu HY, Kim YS, et al. The association of serum alanine aminotransferase and metabolic syndrome in patients with bipolar disorder. J of Kor Soc for Dep and Bip Disorders 2010;8:126-132.

40) Kim EY, Lee HJ, Lee NY, Yu HY, Kim YS, et al. The association between serum leptin, active ghrelin, adiponectin and metabolic syndrome in patients with bipolar disorder. J of Kor Soc for Dep and Bip Disorders 2011;9:194-201.

41) Kim YI, Kim SM, Hong JS, Song JU, Han DH, et al. The correlation between clinical symptoms, serum uric acid level and EEG in patient with bipolar I disorder. J Korean Neuropsyhiatr Assoc 2016;55:25-32.

42) Suarez BD, Reich T. HLA and major affective disorder. Arch Gen Psychiatry 1984;41:22-27.

43) Rice J, Reich t, Andreasen NC, Endicott J, Van Eerdewegh M, et al. The familial transmission of bipolar illness. Arch Gen Pschiatry 1987;44:441-447.

44) Bellivier F, Levoyer M, Courtet P, Buresi C, Beaufils B, et al. Association between the tryptophan hydroxylase gene and manic-depressive illness. Arch Gen Psychiatry 1998;55:33-37.

45) Kweon YS, Toh KY, Jun TY, Paik IH. VNTR polymorphism of the tyrosine hydroxylase in bipolar patients. J Korean Neuropsychiart Assoc 1998;37:363-371.

46) Cho CH, Lee HJ, Woo HG, Choi JH, Greenwood TA, et al. CDH13 and HCRTR2 may be associated with hypersomnia symptom of bipolar depression: a genome-wide functional enrichment pathway analysis. Psychiatry Investig 2015;12:402-7.

47) National institute of Health. Policy for sharing of data obtained in NIH supported or conducted

genome-wide association study(GWAS). Federal Regis 2007;2007:49290-49297.

48) Kim SJ, Cho CH, Geum DG, Lee HJ. Association of CACNA1C variants with bipolar disorder in the Korean population. Psychiatry Investig 2016;13:453-457.

49) Baek JH, Ha K, Kim Y, Yang SY, Cho EY, et al. Association between the zinc finger protein 804A(ZNF804A) gene and the risk of schizophrenia and bipolar I disorder across diagnostic boundaries. Bipolar Disord 2017;19:305-313.

50) Cho CH, Kim S, Geum D, Lee HJ. Association analysis of ANK3 variants with bipolar disorder in the Korean population. Nord J Psychiatry 2017;71:245-249.

51) Kim SH, Shin SY, Lee KY, Joo EJ, Song JY, et al. The genetic association of DUSP6 with bipolar disorder and its effect on ERK activity. Prog Neuropsychopharmacol Biol Psychiatry 2012;37:41-9.

52) Phillips ML, Swartz HA. A critical appraisal of neuroimaging studies of bipolar disorder: toward a new conceptualization of underlying neural circuitry and a road map for future research. Am J Psychiatry 2014;171:829-843.

53) Lee JY, Han KM, Won ES, Lee MS, Ham BJ. Alteration of cortical folding patterns in patients with bipolar I disorder: analysis of local gyrification index. J Korean Soc Biol Psychiatry 2017;4:225-34.

54) Kim D, Cho HB, Dager SR, Yurgelun-Todd DA, Yoon S, et al. Posterior cerebellar vermal deficits in bipolar disorder. J Affect Disord 2013;150:499-506.

55) Lee J, Choi S, Kang J, Won E, Tae WS, et al. Structural characteristics of the brain reward circuit regions in patients with bipolar I disorder: A voxel-based morphometric study. Psychiatry Res Neuroimaging 2017;269:82-89.

56) Ha TH, Her JY, Kim JH, Chang JS, Cho HS, et al. Similarities and differences of white matter connectivity and water diffusivity in bipolar I and II disorder. Nerosci Lett 2011;505:150-4.

57) Woo YS, Bahk WM, Min KJ, Ha KS, Jon DI, et al. Medication prescription pattern for outpatients with bipolar disorder: focusing on atypical antipsychotics. Korean J Pschopharmacol 2006;17:538-549.

58) Song HR, Kwon YJ, Bahk WM, Woo YS, Lee HB, et al. Current prescription pattern of maintenance treatments for bipolar patients in Korea: A focus on the transition from acute treatments. Psychiatry Clin Neurosci 2016;70:42-50.

59) Bahk WM, Yoon JS, Kim YH, Lee YH, Lee C, et al. Risperidone in combination with mood stabilizers for acute mania: a multicenter, open study. Int Clin Psychopharmacol 2004;19:299-303.

60) Woo YS, Bahk WM, Jo SH, Yoon BH, Lee JG, et al. Effect of initial ziprasidone dose on treatment outcome of Korean patients with acute manic or mixed eposodes. Psychiatry Invetig 2011;8:207-213.

61) Woo YS, Bahk WM, Par YM, Chung SK, Yoon BH, et al. Effects of switching to aripiprazole from current atypical antipsychotics on subsyndromal symptoms and tolerability in patients with bipolar disorder. Int Clin Psychopharmacol 2016;31:275-286.

62) Lee HB, Yoon BH, Kwon YJ, Woo YS, Lee JG, et al. The efficacy and safety of switching to ziprasidone from olanzapine in patients with bipolar I disorder: An 8-week, multicenter, open-label study. Clin Drug Invest 2013;33:743-753.

63) Woo YS, Bahk WM, Chung MY, Kim DH, Yoon BH, et al. Aripiprazole plus divalproex for

recently manic or mixed patients with bipolar I disorder: a 6-month, randomized, placebo-controlled, double-blind maintenance trial. Hum Psychopharmacol Clin Exp 2011;26:543-553.

64) Yoon BH, Bahk WM, Min KJ, Lee JG, Won SH, et al. The subjective effect of quetiapine monotherapy on sleep and daytime sleepiness in acute manic patients. Korean J Pschopharmacol 2007;18:152-162.

65) Bahk WM, Yoon BH, Lee KU, Chae JH. Combination of mood stabilizers with quetiapine for treatment of acute bipolar disorder: an open label study. Hum Psychopharmacol Clin Exp 2004;19:181-185.

66) Cha JM, Shim IH, Woo YS, Jun TY, Bahk WM. T trend of drug use in inpatients with bipolar disorder: comparing 2009-2012 with 1998-2001 in one university hospital. Korean J Pschopharmacol 2014;25:114-123.

67) Lee SM, Shim IH, Woo YS, Jun TY, Bahk WM. A trend of medication prescription pattern for outpatients with bipolar disorder in a university hospital: Focusing on atypical antipsychotics. Korean J Psychopharmacol 2014;25:124-133.

68) Woo YS, Bahk WM, Pae CU, Jeong JH, Koo BH, et al. Observational study to evaluate the clinical benefit of lamotrigine add-on therapy in bipolar patients in a naturalistic treatment setting. Asia Pac Psychiatry 2014;6:334-41.

69) Woo YS, Chae JH, Jun Ty, Bahk WM. Lamotrigine added to valproate successfully treated a case of ultra-rapid cycling bipolar disorder. Psychiatry Clin Neurosci 2007;61:130-131.

70) Woo YS, Bahk WM, Jon DI, Joo YH, Kim W, et al. Rash in adult patients receiving lamotrigine to treat bipolar I disorder in Korea: A multicenter, prospective, naturalistic, open-label trial. Prog Neuro-Psychopharmacol Biol Psychiatry 2009;33:1147-1152.

71) Woo YS, Wang HR, Bahk WM. Lurasidone as a potential therapy for bipolar disorder. Neuropsychiatric Dis Treat 2013;9:1521-1529.

72) Oh JY, Chang JG, Lee SB, Song DH, Cheon KA. Comparison of aripiprazole and other atypical antipsychotics for pediatric bipolar disorder: A retrospective chart review of efficacy and tolerability. Clin Psychopharmocol Neurosci 2013;11:72-79.

73) Shim SH, Kwon YJ. Adolescent with tourette syndrome and bipolar disorder: a case report. Clin Psychopharmocol Neurosci 2014;12:235-239.

74) Jung YE, Kim MD. Psychosocial treatment for bipolar disorder. Mood Emot 2016;14:19-24.

75) Jon DI, Bahk WM, Yoon BH, Min KJ, Shin YC, et al. Algorithm-driven treatment for bipolar disorder in Korea: Clinical feasibility, efficacy, and safety. Int J Psychiatry Clin Pract 2009;13:122-129.

76) Bahk WM, Jon Di. (2009) Textbook of bipolar disorder. Sigma press, Seoul, Korea.

77) Bahk WM, Jon DI. (2014) Texbook of bipolar disorder 2nd Edition. Sigma press, Seoul, Korea.

78) Bahk WM et al. (2015). The journey to bipolar disorders. Sigma press, Seoul, Korea.

79) Bahk WM, Jon DI, Song HR. (2013) The bipolar disorder survival guide-what you and your family need to know (Translated Book 2nd Edition), Sigma press, Seoul, Korea.

80) Bahk WM, Woo YS, Kim MD, Yoon BH (2013) Preventing patient suicide-clinical assessment and management (Translated Book), Hakjisa, Seoul, Korea.

81) Bahk WM, Yoon BH, Kim MD, Song HR. (2014). Family experiences of bipolar disorder: The Ups, The Downs and the Bits in Between. (Translated Book), Sigma press, Seoul, Korea.

82) Bahk WM, Min KJ, Jon DI, Yoon BH, Kim MD, et al. (2014) Essentials of psychiatric diagnosis: responding to the challenge of DSM-5. (Translated Book), Sigma press, Seoul, Korea.

83) Park MC. (2005) An unquiet mind. (Translated Book), Hana medical publishing company, Seoul, Korea.

84) Park MC. (2011) Nothing was the same. (Translated Book), Hana medical publishing company, Seoul, Korea.

85) Lee MS. (2014) What works for bipolar kids. (Translated Book), Hana medical publishing company, Seoul, Korea.

86) Kim W. (2015) The dialectical behavior therapy skills workbook for bipolar disorder. (Translated Book), Sigma press, Seoul, Korea.

찾아보기

국문

영문

기타

▪ 집필진 소개 ▪

(가나다순)

고영훈 고려대학교 의과대학 정신건강의학교실
구본훈 영남대학교병원 정신건강의학과
권영준 순천향대학교 의과대학 정신건강의학과
김문두 제주대학교 의과대학 정신건강의학교실
김성곤 부산대학교 의과대학 정신건강의학교실
김 원 인제대학교 서울백병원 정신건강의학과
김찬형 연세대학교 의과대학 정신과학교실
김희철 계명대학교 의과대학 정신건강의학교실
남범우 건국대학교 충주병원 정신건강의학과
문은수 부산대학교 의과대학 정신건강의학교실
민경준 중앙대학교 의과대학 정신건강의학교실
박성용 계요의료재단 계요병원 정신건강의학과
박영민 인제대학교 의과대학 정신건강의학교실
박원명 가톨릭대학교 의과대학 정신과학교실
반건호 경희대학교 의과대학 정신건강의학과
배치운 가톨릭대학교 의과대학 정신과학교실
서정석 건국대학교 충주병원 정신건강의학과
성형모 차의과학대학교 의학전문대학원 정신건강의학교실
손인기 계요의료재단 계요병원 정신건강의학과
송후림 한양대학교 명지병원 정신건강의학과
신영철 강북삼성병원 정신건강의학과
심세훈 순천향대학교 의과대학 정신건강의학과

심인희 동남권원자력의학원 정신건강의학과
양종철 전북대학교 의과대학 정신건강의학교실
왕희령 서울시 영등포구 정신건강복지센터
우영섭 가톨릭대학교 의과대학 정신과학교실
윤보현 국립나주병원 정신건강의학과
이광헌 동국대학교 경주병원 정신건강의학과
이상열 원광대학교 의과대학 정신건강의학교실
이정구 인제대학교 해운대백병원 및 백인제기념임상의학연구소
이종훈 대구가톨릭대학병원 정신건강의학과
이황빈 Michigan Psychoanalytic Institute
임은성 신세계효병원 정신건강의학과
장세헌 김원묵기념 봉생병원 정신건강의학과
장승호 원광대학교 의과대학 정신건강의학교실
전덕인 한림대학교 의과대학 정신건강의학교실
정상근 전북대학교 의과대학 정신건강의학교실
정영은 제주대학교 의과대학 정신건강의학교실
정종현 가톨릭대학교 의과대학 정신과학교실
제영묘 김원묵기념 봉생병원 정신건강의학과
하지현 건국대학교 의학전문대학원 정신건강의학교실
함병주 고려대학교 의과대학 정신건강의학교실
홍정완 익산병원 정신건강의학과